Word/Excel/PPT

在市场和销售管理中的应用

凤凰高新教育◎编著

销售总监+办公高手强强联手，

告诉你从“如何工作”到“如何有效率地工作”

北京大学出版社
PEKING UNIVERSITY PRESS

内 容 提 要

Word、Excel、PPT是Office办公软件中最重要、最常用的3个组件。在市场与销售管理工作中，经常需要使用这3个组件来处理相关事项。

本书从实际工作应用出发，以“市场调研管理→营销决策与计划→产品上市管理→产品广告管理→产品促销与推广管理→销售管理→公司客户管理→客户服务管理→商品管理→销售报告与工作总结”为线索，精心挑选多个案例，详细地给读者讲解Word、Excel、PPT在市场与销售管理工作中的实操应用。

本书既适合在公司中从事产品销售、产品营销、销售管理等相关人员学习，也适合作为大中专职业院校市场销售、市场营销相关专业的学习用书，同时还可以作为市场销售办公技能培训教材。

图书在版编目(CIP)数据

Word/Excel/PPT在市场和销售管理中的应用 / 凤凰高新教育编著. — 北京 : 北京大学出版社，2018.2

ISBN 978-7-301-28972-3

Ⅰ. ①W… Ⅱ. ①凤… Ⅲ. ①办公自动化—应用软件—应用—市场营销 Ⅳ. ①F713.3—39

中国版本图书馆CIP数据核字(2017)第298423号

书　　名 Word/Excel/PPT在市场和销售管理中的应用
WORD/EXCEL/PPT ZAI SHICHANG HE XIAOSHOU GUANLI ZHONG DE YINGYONG

著作责任者 凤凰高新教育　编著

责 任 编 辑 尹　毅

标 准 书 号 ISBN 978-7-301-28972-3

出 版 发 行 北京大学出版社

地　　址 北京市海淀区成府路205 号　100871

网　　址 http://www.pup.cn　　新浪微博: @ 北京大学出版社

电 子 信 箱 pup7@ pup. cn

电　　话 邮购部 62752015　发行部 62750672　编辑部 62570390

印 刷 者 北京鑫海金澳胶印有限公司

经 销 者 新华书店

787毫米×1092毫米　16开本　22印张　508千字

2018年2月第1版　2018年2月第1次印刷

印　　数 1-3000册

定　　价 59.00 元

INTRODUCTION 前言

新产品要上市，如何做一份市场调查问卷?

产品销售离不开营销，如何给领导做一份营销计划书?

面对大量的客户信息，如何做一套高效的客户信息管理系统?

要了解产品销售实情，如何做每天、每周，甚至每月的产品销售分析?

在企业从事销售与管理工作，如何制作一份有说服力的工作总结与销售报告文档?

本书从工作应用需求出发，结合市场与销售管理工作实际，以“市场调研管理→营销决策与计划→产品上市管理→产品广告管理→产品促销与推广管理→销售管理→公司客户管理→客户服务管理→商品管理→销售报告与工作总结”为线索，详细地给读者讲解Word、Excel、PPT在市场与销售管理工作中的实操应用。

本书具有以下特色。

案例引导

本书不是一本软件学习书，而是一本以解决市场与销售管理工作中的相关问题为出发点的专著，着重提高读者的技能。

实战经验

本书精心安排了30个“大神支招”，让读者快速掌握Word、Excel、PPT高效处理市场与销售管理工作中的技巧与经验。同时也安排了31个“教您一招”和62个“温馨提示”，让读者在实际操作中少走弯路。

双目录索引

本书在内容安排及目录设计时，考虑到读者学习和工作中的使用情况，为方便用户查询，设置了案例及软件知识功能索引目录。

双栏排版

本书在讲解中，采用N字型阅读的双栏排版方式进行编写，其图书信息容量是传统单栏图书的2倍，力争将内容讲全、讲透。

超值光盘

本书配送一张DVD多媒体教学光盘，里面包含了丰富的内容，无论是与书同步的教学视频，还是赠送的其他资源，都能帮助读者学习相关的技能，让读者在职场中快速提升自己的竞争力，做到“早做完，不加班，只加薪！”

光盘中具体内容如下。

- 与书同步的素材文件和结果文件；
- 与书同步长达8小时的多媒体视频教程；
- 与书同步的PPT课件；
- “如何学好用好Word”“如何学好用好Excel”“如何学好用好PPT”视频教程；
- 200个Word办公模板、200个Excel办公模板、100个PPT商务办公模板；
- 高效办公电子书，包括“微信高手技随身查”“QQ高手技巧随身查”“手机办公10招就够”“高效人士效率倍增手册”；
- “5分钟学会番茄工作法”视频教程。

温馨提示：以上光盘内容，还可以打开浏览器，输入网址（https://eyun.baidu.com/s/3eRKb1IE）登录百度云盘，输入提取密码（QRI7）进行下载。

本书由凤凰高新教育组织编写。全书由多位MVP教师（微软全球最有价值专家）及市场与销售管理办公高手合作编写，他们具有丰富的实战经验，在此对他们的辛苦付出表示衷心的感谢！同时，由于计算机技术发展非常迅速，书中疏漏和不足之处在所难免，敬请广大读者及专家指正。若在学习过程中产生疑问或有任何建议，可以通过 E-mail 或 QQ 群与我们联系。同时，您还可以登录我们的服务网站或关注我们的微信公众号，获取更多信息。

投稿信箱：pup7@pup.cn
读者信箱：2751801073@qq.com
读者交流 QQ 群：218192911（办公之家）、586527675（职场办公之家群2）
网址：www.elite168.top
微信公众号：
“小白升职技”

CONTENTS 目录

第1章 市场调研管理

第2章 营销决策与计划

第3章 产品上市管理

第4章 产品广告管理

第5章 产品促销与推广管理

第6章 销售管理

大神支招

第7章 公司客户管理

大神支招

第8章 客户服务管理

大神支招

第9章 商品管理

大神支招

第10章 销售报告与工作总结

大神支招

第1章 市场调研管理

本章导读

市场调研是营销工作中不可或缺的重要环节，本章将通过制作市场调查报告、新产品调查问卷和产品价值调查分析文档，来分析产品的市场响应和价值，以帮助营销人员定位产品方向、掌握市场动向。

知识要点

- ❖ 插入图表
- ❖ 设置样式规范正文样式
- ❖ 插入页码目录
- ❖ 新建与保存演示文稿
- ❖ 添加幻灯片文字内容
- ❖ 使用形状制作图形

1.1 使用Word制作“市场调查报告”

案例背景

市场调查报告是一种帮助公司决策的办公文档，是以科学的方法对市场的供求关系、购销状况以及消费情况等进行深入细致的研究后，所写成的书面报告。市场调查报告具有较强的针对性，材料必须丰富翔实，以帮助企业了解掌握市场的现状和趋势，增强企业在市场经济大潮中的应变能力和竞争能力，从而有效地促进管理水平的提高。

本例将通过使用Word制作市场调查报告，制作完成后的效果如下图所示。实例最终效果见“光盘\结果文件\第1章\市场调查报告.docx”文件。

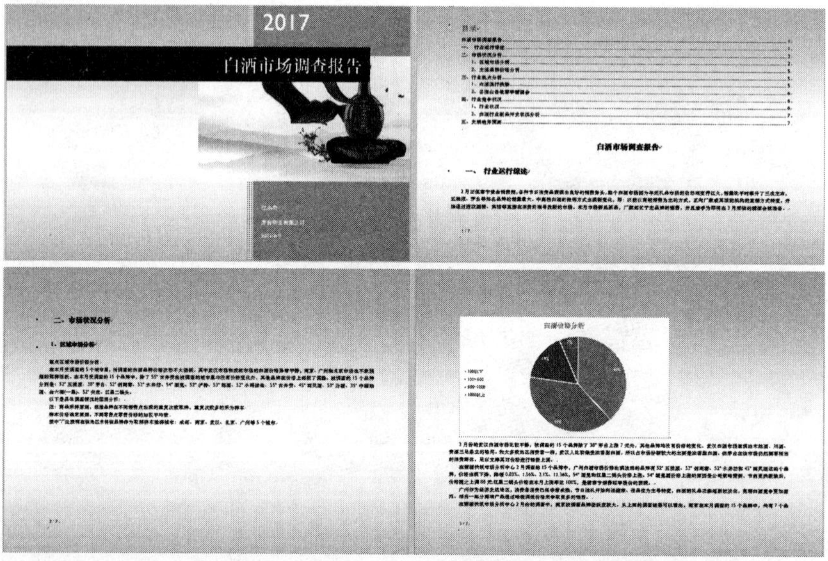

光盘文件	素材文件	光盘\素材文件\第1章\市场调查报告.docx、封面图片.jpg
	结果文件	光盘\结果文件\第1章\市场调查报告.docx
	教学视频	光盘\视频文件\第1章\1.1使用Word制作市场调查报告.mp4

1.1.1 设置报告页面样式

本例要为报告设置页面方向及页面渐变填充，再插入内置封面，具体操作步骤如下。

1. 设置纸张方向

在制作文档之前，可以根据需要先设置纸张方向，下面以设置横向页面为例，介绍设置纸张方向的方法。

❶ 打开“光盘\素材文件\第1章\市场调查报告.docx”文件，在【布局】选项卡单击

【页面设置】组中的【纸张方向】下拉按钮；❷在弹出的下拉列表中选择【横向】命令，如下图所示。

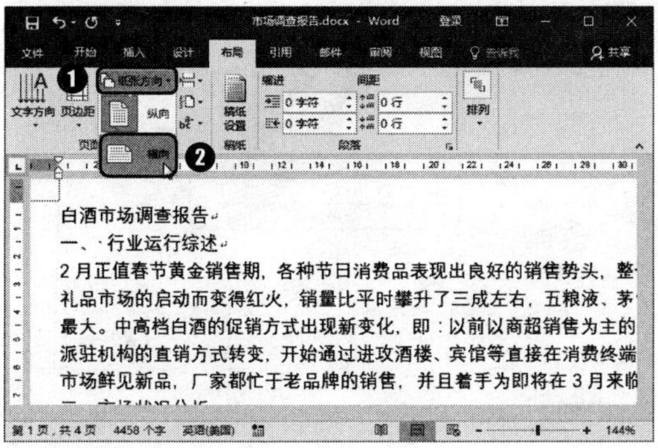

2. 设置渐变填充

根据文档的用途，用户可以为页面设置各种填充方式，如渐变、纹理、图案和图片等，下面以设置渐变填充为例，介绍设置页面颜色的步骤。

第1步 ❶单击【设计】选项卡【页面背景】组中的【页面颜色】下拉按钮；❷在弹出的下拉列表中选择【填充效果】选项，如下图所示。

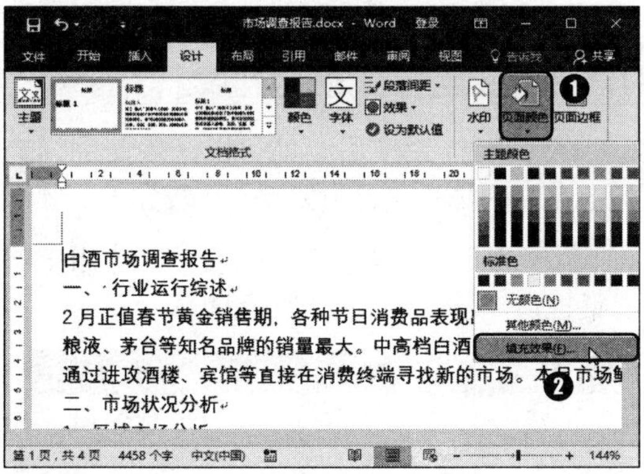

第2步 ❶弹出【填充效果】对话框，在【颜色】栏选中【双色】单选按钮；❷在【颜色1】和【颜色2】下拉列表中分别设置需要的颜色；❸在【底纹样式】栏选中【水平】单选按钮；❹在【变形】列表中选择一种渐变样式；❺单击【确定】按钮，如下图所示。

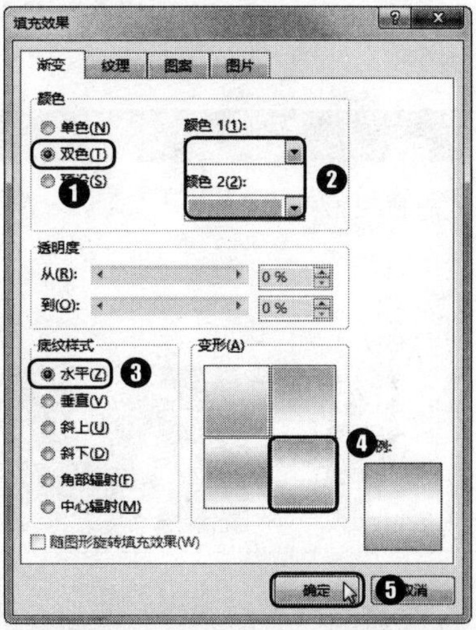

> **温馨提示**
>
> 如果需要设置更丰富的颜色，可以在【颜色1】或【颜色2】下拉列表中选择【其他颜色】选项，在打开的【颜色】对话框中有更多的颜色选择。

3. 插入封面

使用内置封面可以快速制作出专业、美观的封面，插入封面的具体操作步骤如下。

第1步 ❶单击【插入】选项卡【页面】组中的【封面】下拉按钮；❷在弹出的下拉列表中选择【运动型】选项，如下图所示。

第2步 ❶单击【设计】选项卡【主题】组

中的【主题】下拉按钮；❷ 在弹出的下拉列表中选择一种主题样式，如选择【包裹】选项，如下图所示。

第 3 步 ❶ 在封面中，单击“年”文本右侧的下拉按钮；❷ 在弹出的列表中选择制作报告的时间，如选择【今日】选项，如下图所示。

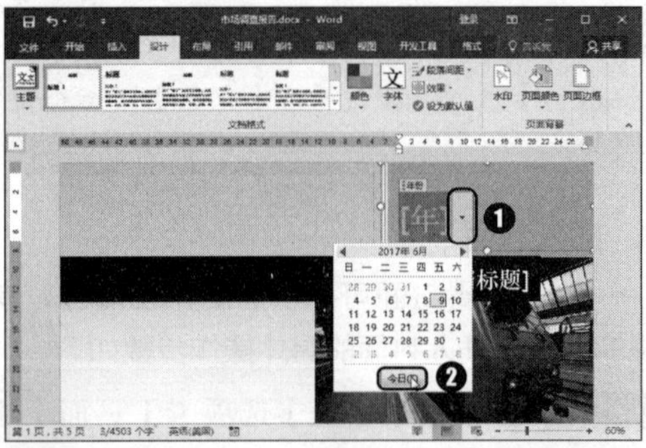

第 4 步 ❶ 单击封面的图片，单击【图片工具 / 格式】选项卡【调整】组中的【更改图片】下拉按钮；❷ 在弹出的下拉列表中选择【来自文件】选项，如下图所示。

第 5 步 ❶ 弹出【插入图片】对话框，选择“光盘 \ 素材文件 \ 第 1 章 \ 封面图片 .jpg” 图像文件；❷ 单击【插入】按钮，如下图所示。

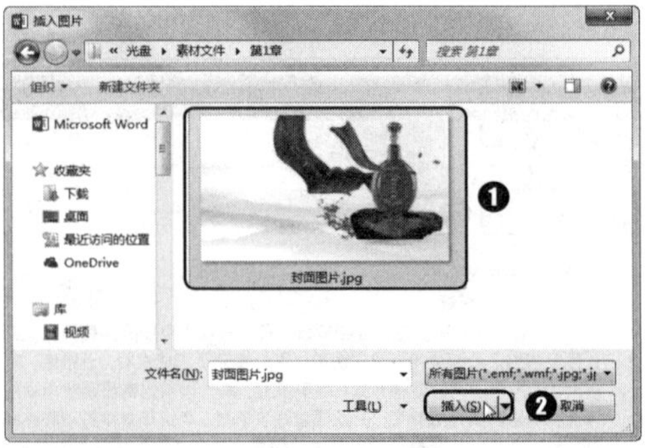

第 6 步 返回文档主界面，在图片下方输入制作人名称和公司名称即可，如下图所示。

1.1.2 使用样式规范正文样式

封面制作完成后，就可以开始使用样式规范正文的样式了，具体操作步骤如下。

第 1 步 单击【开始】选项卡【样式】组中的对话框启动器，如下图所示。

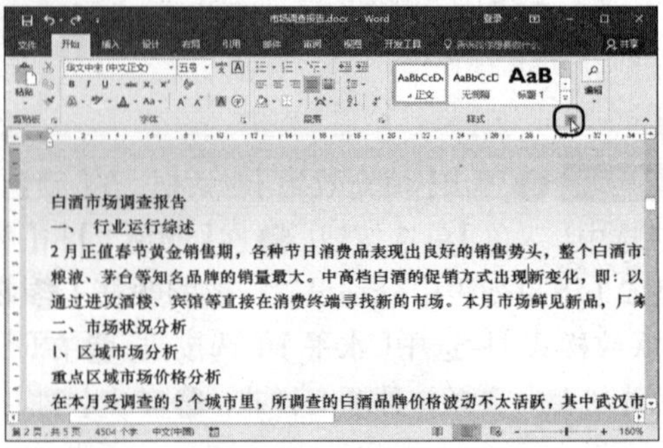

第 2 步 ❶打开【样式】窗格，单击【正文】右侧的下拉按钮▾；❷在弹出的下拉列表中选择【修改】命令，如下图所示。

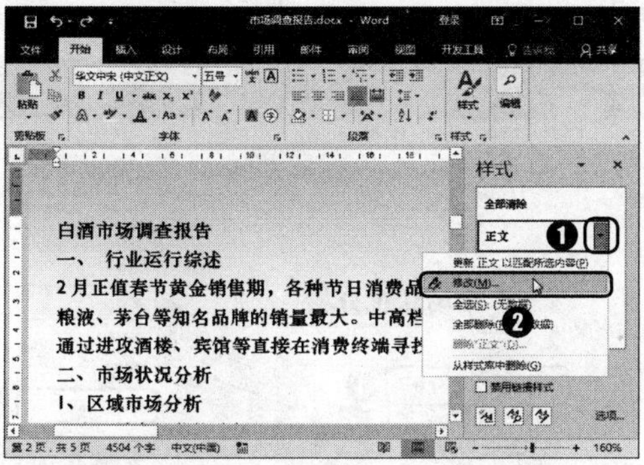

第 3 步 ❶打开【修改样式】对话框，单击【格式】下拉按钮；❷在弹出的下拉列表中选择【段落】命令，如下图所示。

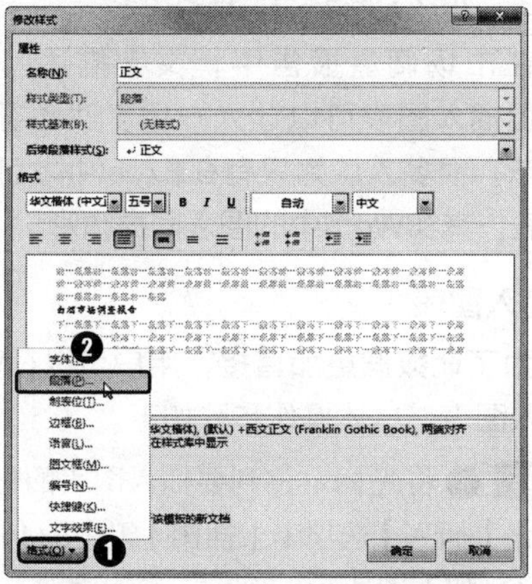

教您一招

为样式设置快捷键

在【修改样式】对话框的【格式】下拉列表中选择【快捷键】命令，可以为样式设置快捷键。设置了快捷键的样式，在使用时只需要按下快捷键即可应用，可以提高工作效率。

第 4 步 ❶打开【段落】对话框，在【缩进和间距】选项卡中设置特殊格式为【首行缩进，2 字符】；❷依次单击【确定】按钮退出【修改样式】对话框，如下图所示。

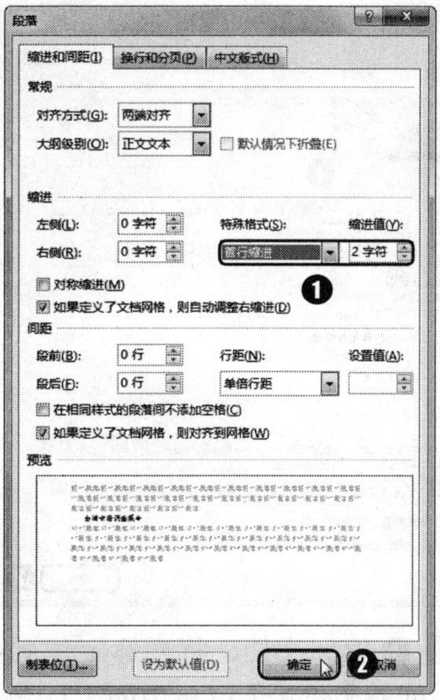

第 5 步 ❶使用相同的方法打开【标题 1】的【修改样式】对话框，在【格式】组中设置字号为【小三】；❷单击【确定】按钮，如下图所示。

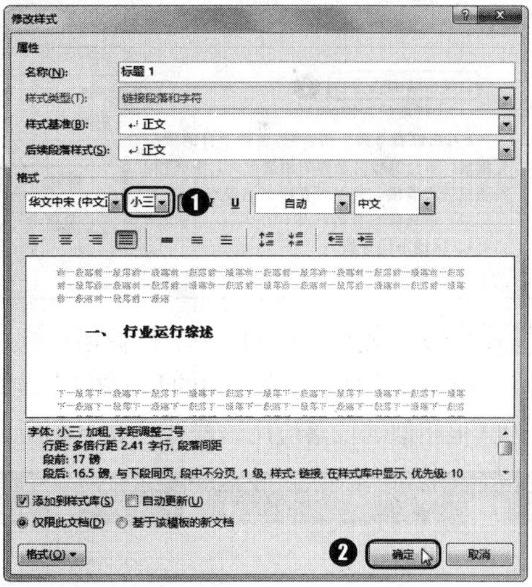

第 6 步 ❶使用相同的方法打开【标题 2】的【修改样式】对话框，在【格式】组中设置字号为【小四】；❷单击【确定】按钮，如下图所示。

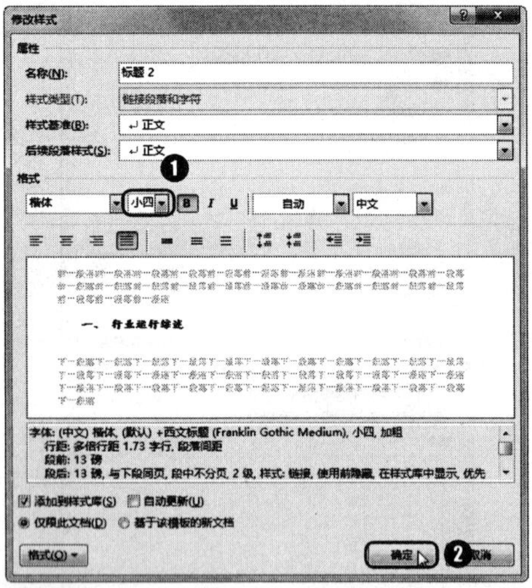

第 7 步 ❶返回文档，将光标定位到标题段落；❷单击【样式】窗格中的【标题】样式即可为标题段落应用该样式，如下图所示。

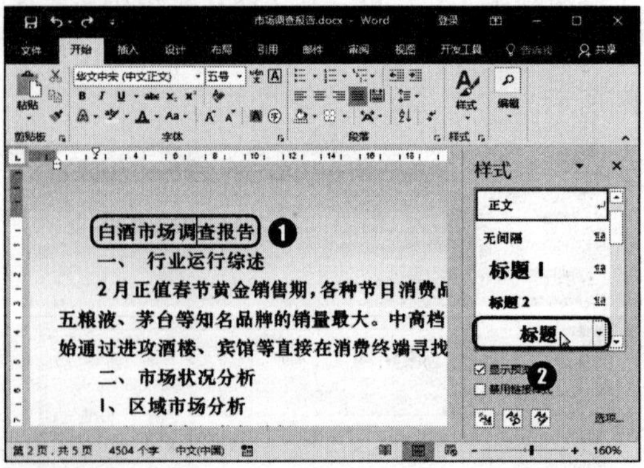

第 8 步 ❶将光标定位到"一、行业运行综述"段落；❷单击【样式】窗格中的【标题 1】样式，并为其他相似的段落应用该样式，如下图所示。

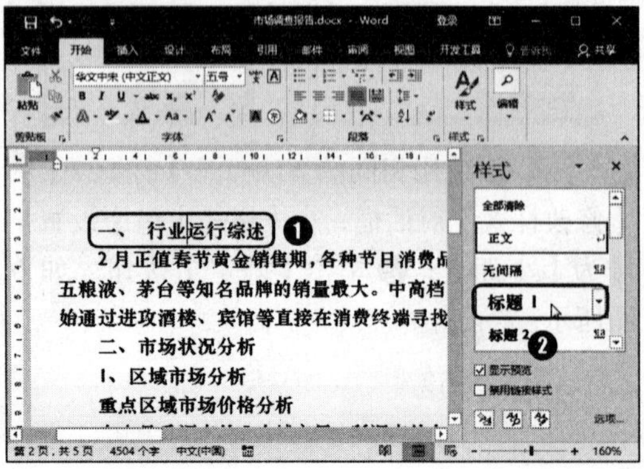

第 9 步 ❶将光标定位到"1、区域市场分析"段落；❷单击【样式】窗格中的【标题 2】样式，并为其他相似的段落应用该样式，如下图所示。

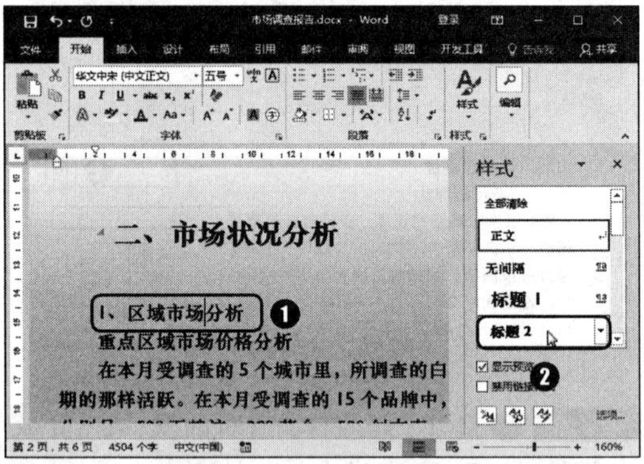

1.1.3 插入图表丰富文档

在市场调查报告中，文字描述固然重要，但插入图表可以让人一目了然地看清市场动态，很多人认为只有在Excel中才可以插入图表，其实Word中的图表同样精彩。

1. 插入图表

为了让数据更加直接，用户可以在Word中插入图表，具体操作步骤如下。

第 1 步 ❶将光标定位到要插入图表的位置；❷单击【插入】选项卡【插图】组中的【图表】按钮，如下图所示。

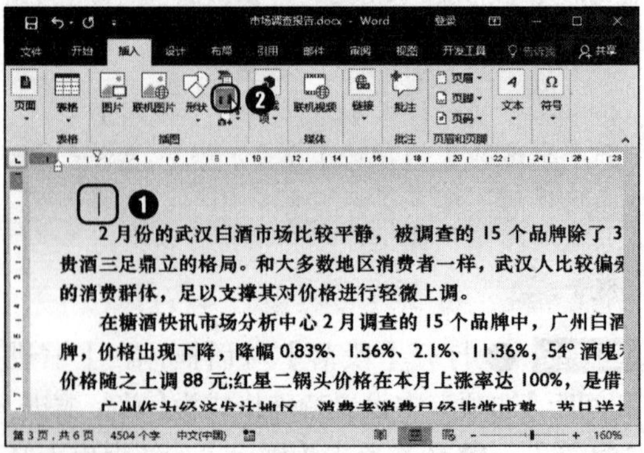

第 2 步 ❶打开【插入图表】对话框，选择一种图表样式，如选择【饼图】选项；❷单

击【确定】按钮，如下图所示。

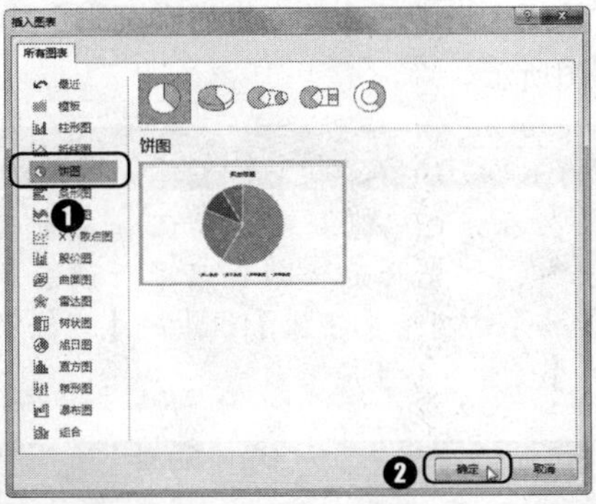

第 3 步 ❶ 自动启动 Excel 2016，在单元格中输入图表需要显示的数据；❷ 完成后单击【关闭】按钮⊠即可，如下图所示。

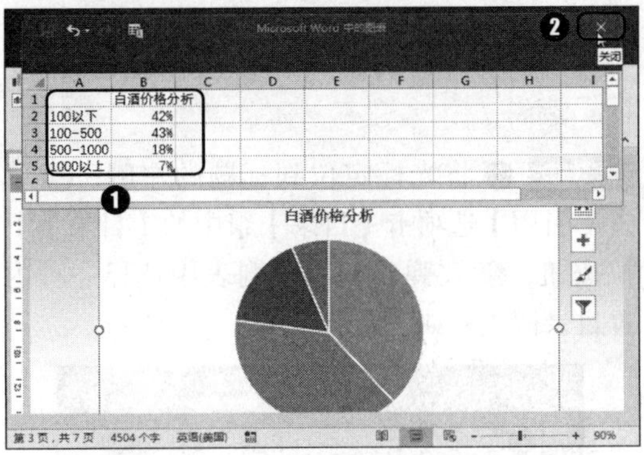

2. 美化图表

在Word中，不仅可以插入图表，还可以美化图表，具体操作步骤如下。

第 1 步 ❶ 选中图表标题；❷ 在【图表工具/格式】选项卡【艺术字样式】组中选择一种艺术字样式，如下图所示。

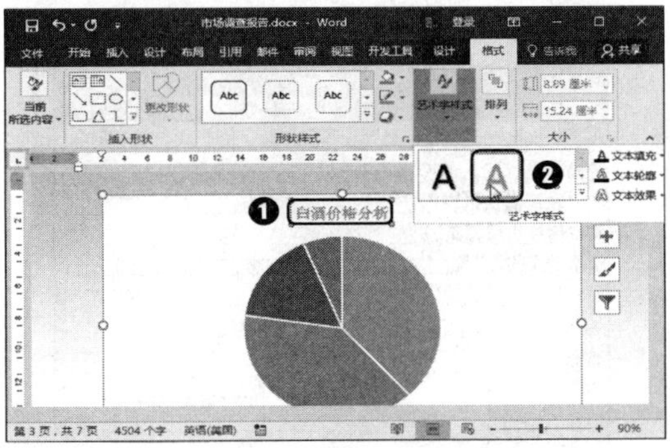

温馨提示

如果要更改图表标题，也可以选中图表后在本框中输入需要的标题。

第 2 步 ❶ 选中图表；❷ 单击【图表工具/设计】选项卡【图表布局】组中的【添加图表元素】下拉按钮；❸ 在弹出的下拉列表中选择【数据标签】选项；❹ 在弹出的级联菜单中选择【数据标签内】选项，如下图所示。

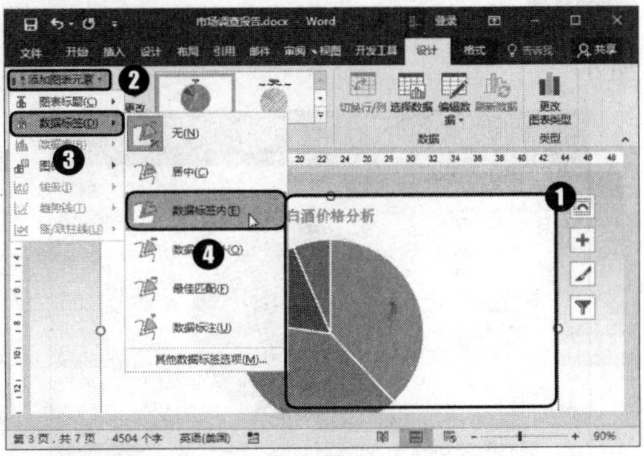

第 3 步 ❶ 选中图表标签；❷ 单击【开始】选项卡【字体】组中的【字体颜色】下拉按钮A；❸ 在弹出的下拉列表中选择【白色】选项，如下图所示。

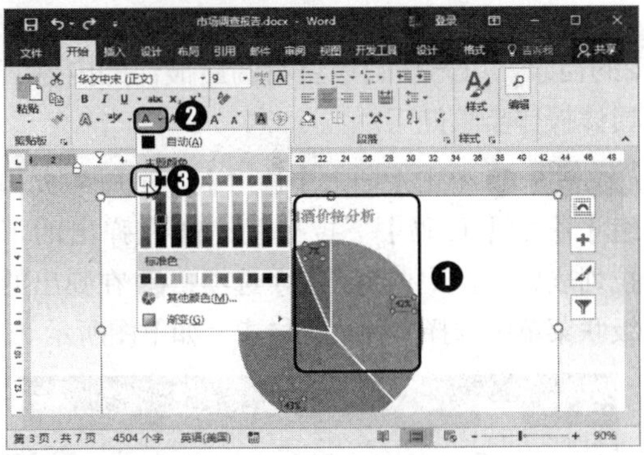

第 4 步 ❶ 选中图表，单击【图表工具/设计】选项卡【图表布局】组中的【添加图表元素】下拉按钮；❷ 在弹出的下拉列表中选择【图例】选项；❸ 在弹出的级联菜单中选择【左侧】选项，如下图所示。

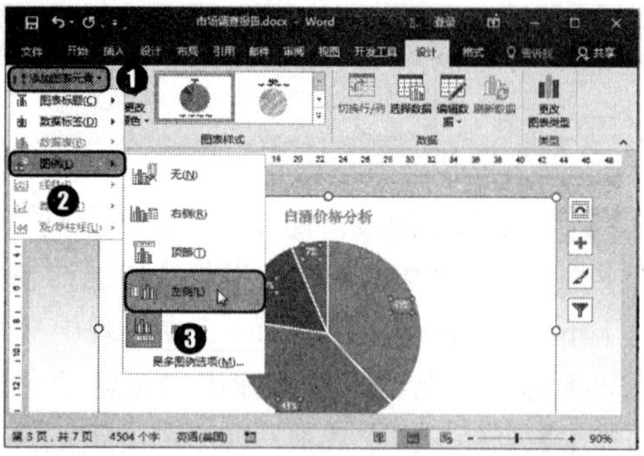

第 5 步 设置完成后，图表的最终效果如下图所示。

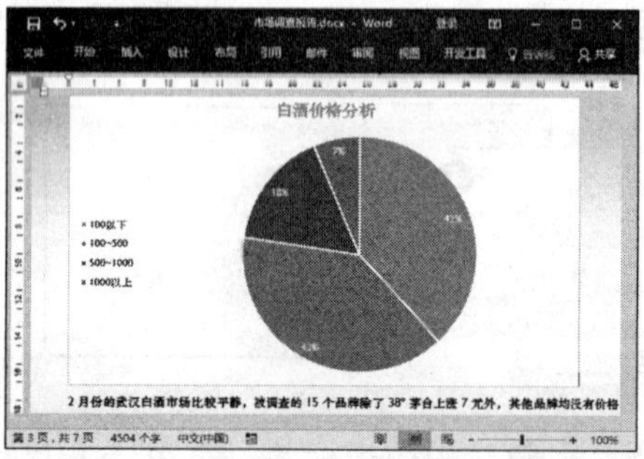

1.1.4 插入页码与目录

下面，将在市场调查报告的页面右侧插入页码，并使用目录功能，提取标题1和标题2的目录，以方便随意查看调查报告的内容，具体操作步骤如下。

第 1 步 ❶单击【插入】选项卡【页眉和页脚组】中的【页码】下拉按钮；❷在弹出的下拉列表中选择【页面底端】选项；❸在弹出的级联菜单中选择一种页码样式，如下图所示。

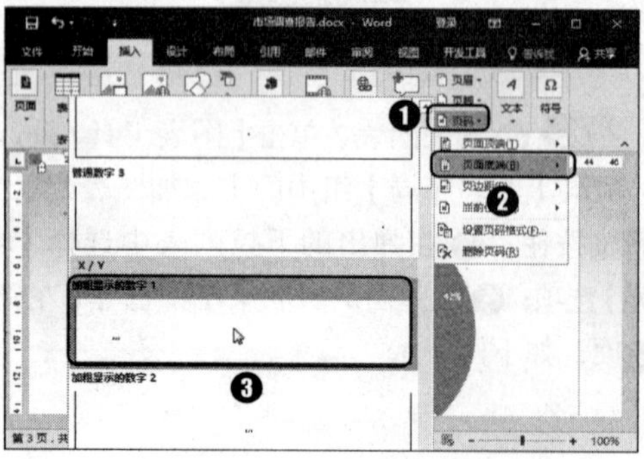

第 2 步 单击【页眉和页脚工具 / 设计】选项卡【关闭】组中的【关闭页眉和页脚】按钮，如下图所示。

温馨提示

在添加页码时如果同时添加了页眉横线，可以将光标定位到页眉中，然后单击【开始】选项卡【字体】组中的【清除所有格式】按钮，去除页眉横线。

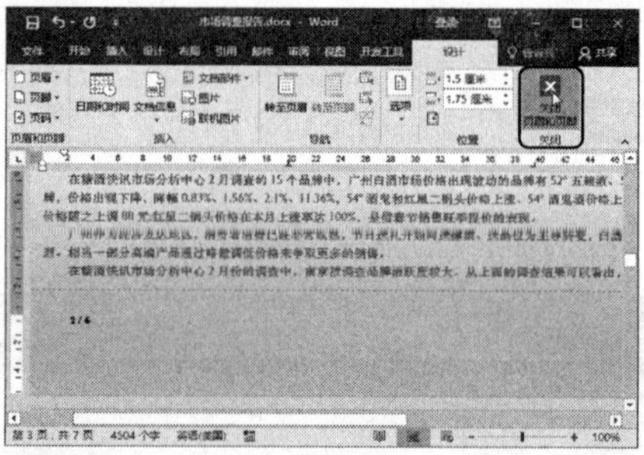

第 3 步 ❶将光标定位到标题的左侧；❷单击【引用】选项卡【目录】组中的【目录】下拉按钮；❸在弹出的下拉列表中选择一种内置目录样式，如下图所示。

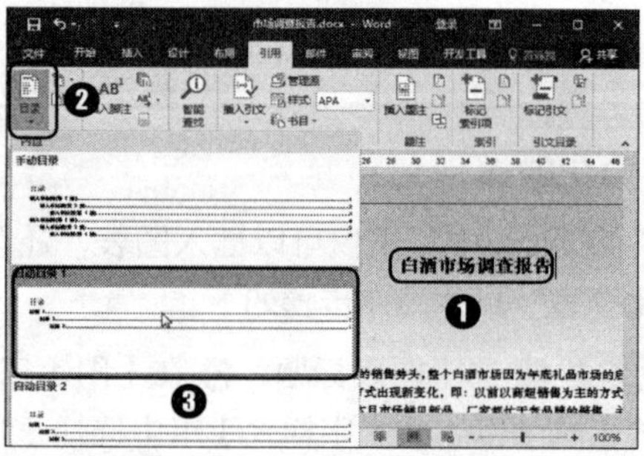

第 4 步 返回文档，即可看到目录已经插入，如下图所示。

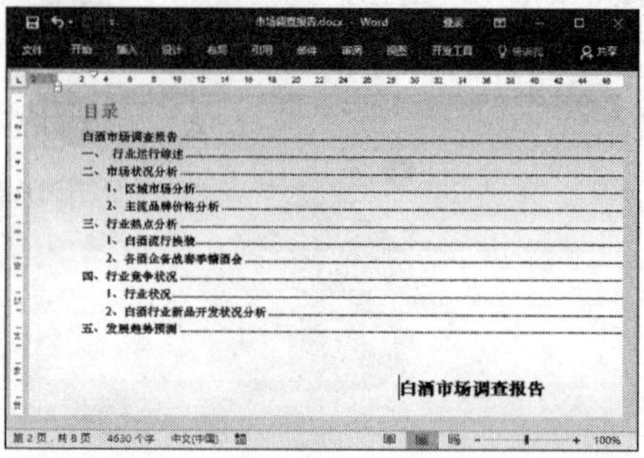

1.2 使用Excel制作“新产品市场调查问卷”

案例背景

新产品市场调查问卷的用处在于收集客户信息以获取新产品的市场反响，从而掌握市场对新产品的接受能力。

本例将使用Excel制作新产品市场调查问卷，制作完成后的效果如下图所示。实例最终效果见“光盘\结果文件\第1章\新产品市场调查问卷.xlsx”文件。

 光盘文件	素材文件	无
	结果文件	光盘\结果文件\第1章\新产品市场调查问卷.xlsx
	教学视频	光盘\视频文件\第1章\1.2使用Excel制作新产品市场调查问卷.mp4

1.2.1 自定义功能区

在默认情况下，Excel功能区中没有显示出【开发工具】选项卡。如果需要使用宏等功能，需要用到该选项卡。此时，用户可以自定义功能区，将【开发工具】选项卡显示出来，具体操作步骤如下。

第1步 ❶新建一个名为“新产品市场调查问卷”的工作簿，重命名“Sheet1”工作表为“新产品调查问卷”；❷在工作表中输入基本数据内容，并适当设置表格格式等，如下图所示。

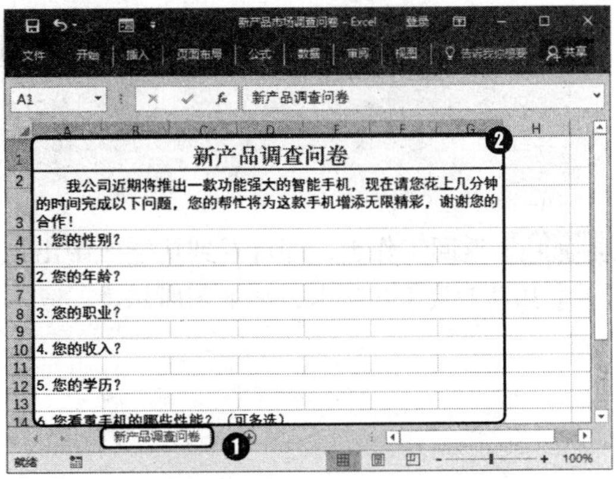

第 2 步 切换到【文件】选项卡，选择【选项】命令，如下图所示。

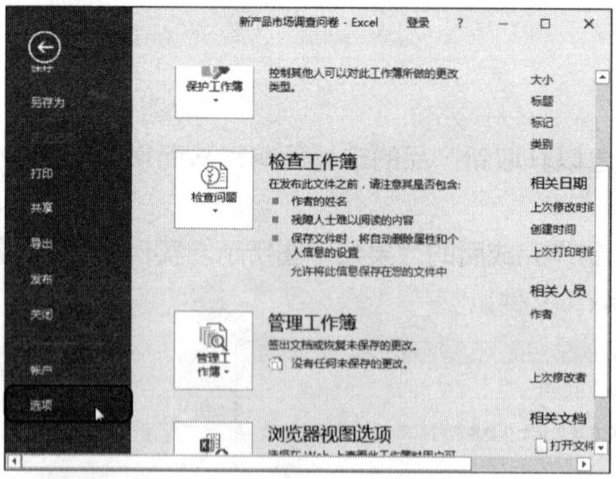

第 3 步 ❶弹出【Excel 选项】对话框，切换到【自定义功能区】选项卡；❷在右侧的【自定义功能区】下拉列表中选择【主选项卡】选项；❸在下方的列表框中，选中【开发工具】复选框；❹单击【确定】按钮，如下图所示。

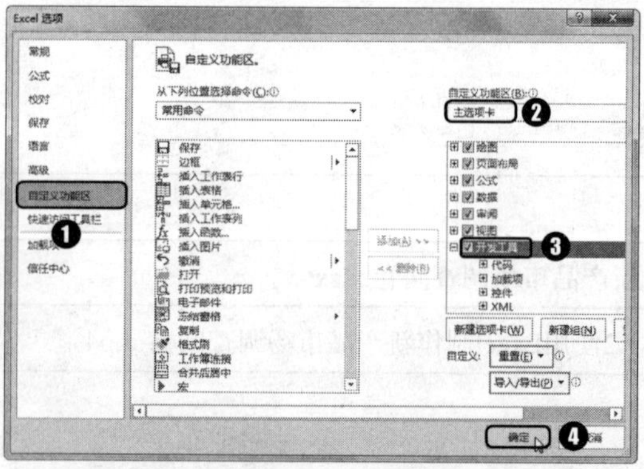

温馨提示

如果有需要，用户也可以在【自定义功能区】中新建选项卡，将常用的功能放置到该选项卡中。

第 4 步 返回工作表，即可看到功能区中出现了【开发工具】选项卡，如下图所示。

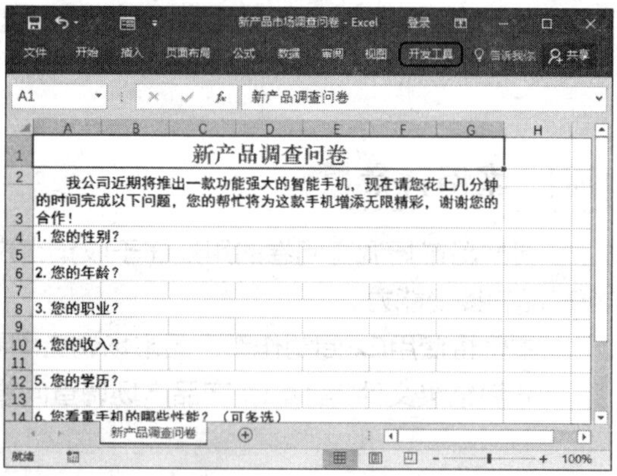

1.2.2 插入与编辑表单控件

控件即添加在窗体上的一些图形对象，用户可以操作该对象来执行某一行为。本例需要在调查问卷中插入单选选项和复选选项，具体操作步骤如下。

第 1 步 ❶切换到【开发工具】选项卡，在【控件】组中单击【插入】下拉按钮；❷在打开的下拉列表中单击【表单控件】栏中的【选项按钮】按钮◉，如下图所示。

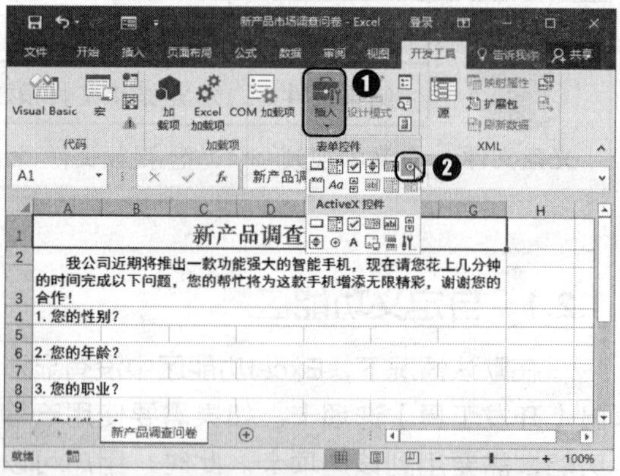

温馨提示

在Excel工作表中，如果需要在工作表中录制所有的宏并指定控件，又想在VBA中编写或更改任何一个宏代码，可以使用表单控件。但表单控件不能控制事件，在Web页中也不能用表单控件运行Web脚本。

第2步 此时鼠标指针呈"十"字形状，在工作表中按下鼠标左键并拖动，到合适位置释放鼠标，即可绘制一个选项按钮，如下图所示。

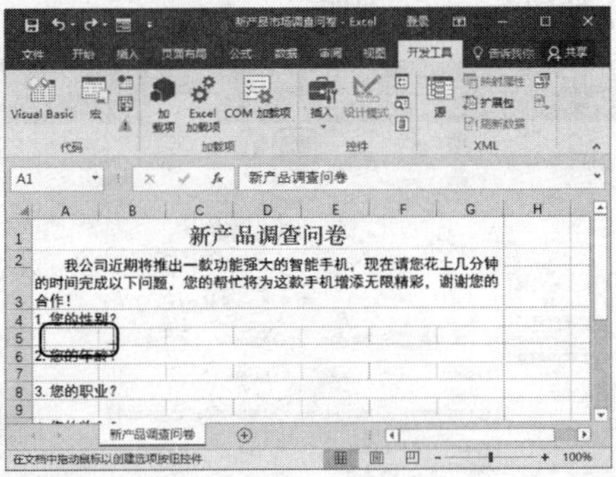

第3步 ❶右击绘制的选项按钮；❷在弹出的快捷菜单中选择【编辑文字】命令，如下图所示。

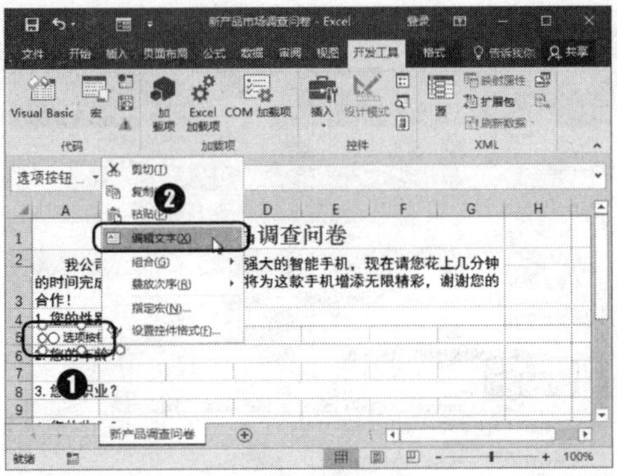

第4步 ❶此时绘制的选项按钮呈可编辑状态，删除该选项按钮的名称，输入需要的内容，这里输入"男"；❷单击工作表其他位置即可退出编辑状态，如下图所示。

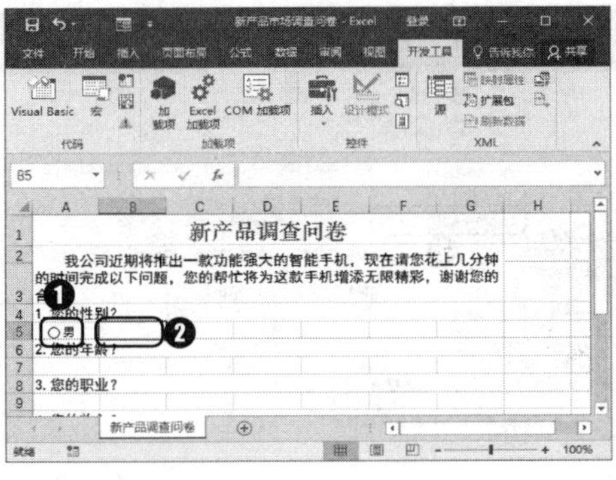

第5步 右击绘制的选项按钮，然后单击工作表其他空白处，此时出现控制框，将鼠标指针指向控制框，当鼠标指针呈✣形状时，使用鼠标左键拖动，如下图所示。

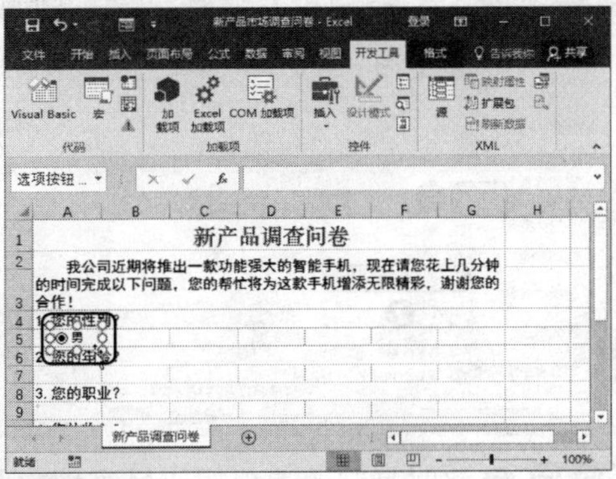

第6步 ❶右击绘制的选项按钮；❷在弹出的快捷菜单中选择【复制】命令，复制该选项按钮，如下图所示。

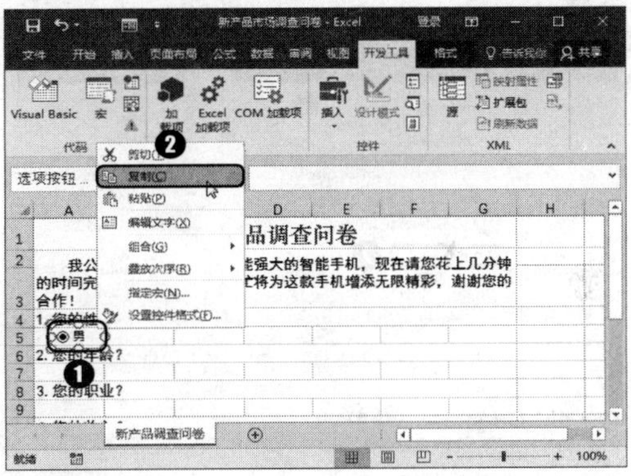

第7步 ❶在工作表合适位置右击；❷在弹出的下拉列表中选择【粘贴】命令，如下图所示。

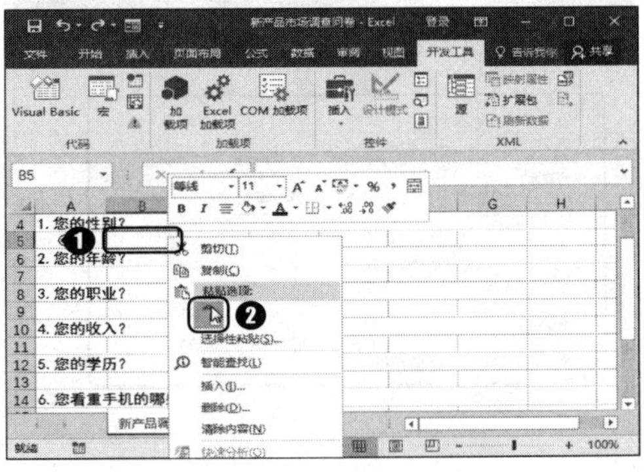

第 8 步 ❶ 右击刚复制的选项按钮；❷ 在弹出的下拉列表中选择【编辑文字】命令，如下图所示。

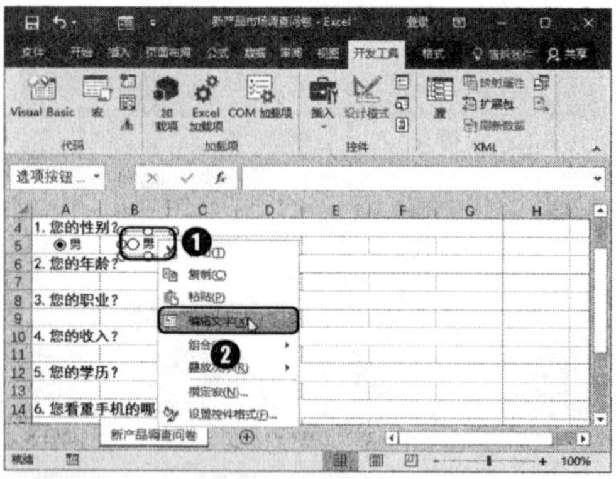

第 9 步 ❶ 此时复制的选项按钮呈可编辑状态，删除该选项按钮的名称，输入需要的内容，这里输入“女”；❷ 单击工作表其他位置即可退出编辑状态，如下图所示。

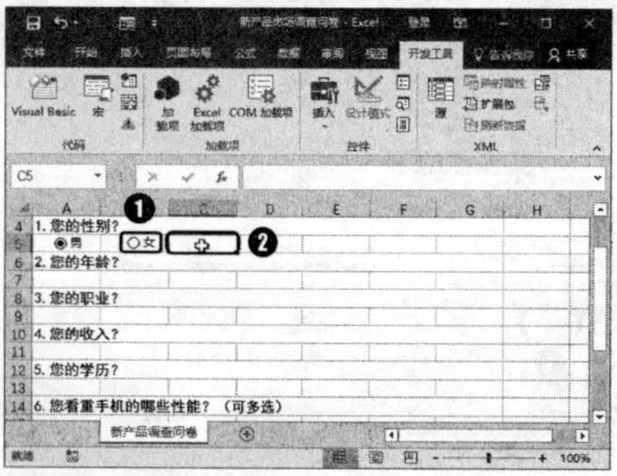

第 10 步 按照上面的方法添加其他选项按钮，设置后的效果如下图所示。

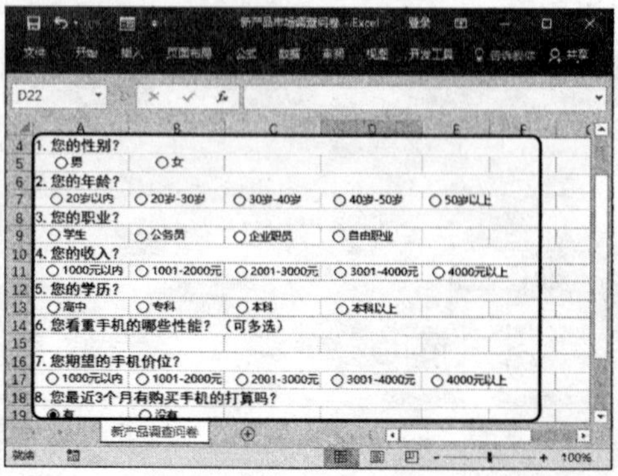

第 11 步 ❶ 切换到【开发工具】选项卡，在【控件】组中单击【插入】下拉按钮；❷ 在打开的下拉列表中单击【表单控件】栏中的【复选框】按钮☑，如下图所示。

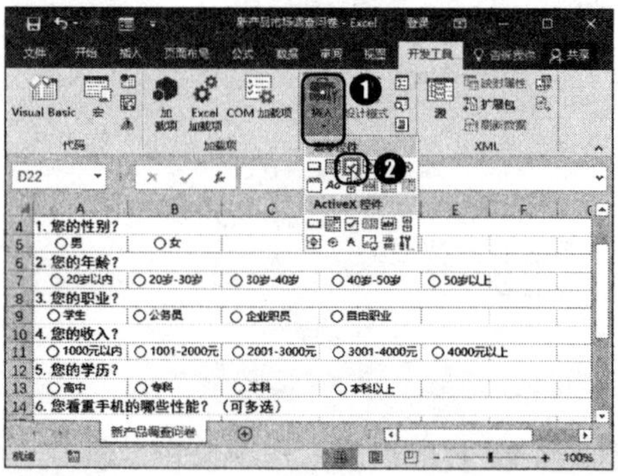

第 12 步 此时鼠标指针呈“十”字形状，在工作表中按下鼠标左键并拖动到合适位置释放鼠标，即可绘制一个复选框按钮，如下图所示。

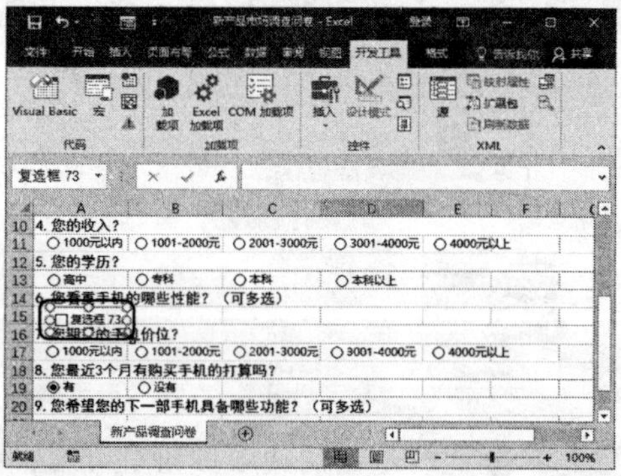

第 13 步 ❶ 右击绘制的复选框按钮；❷ 在弹出的快捷菜单中选择【编辑文字】命令，如下图所示。

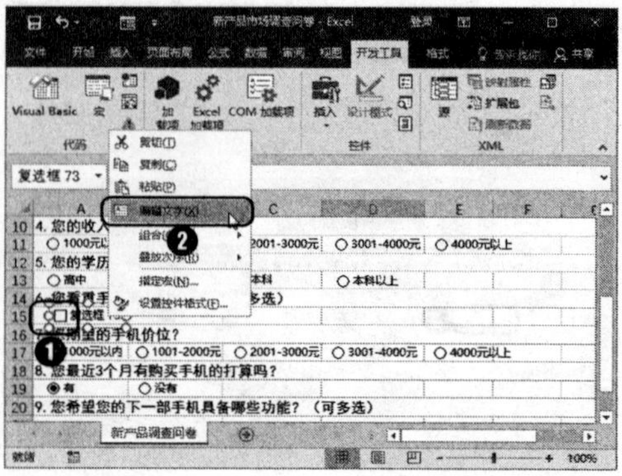

第 14 步 ❶此时绘制的复选框按钮呈可编辑状态，删除该复选框按钮的名称，输入需要的内容，这里输入“外观”；❷单击工作表其他位置即可退出编辑状态，如下图所示。

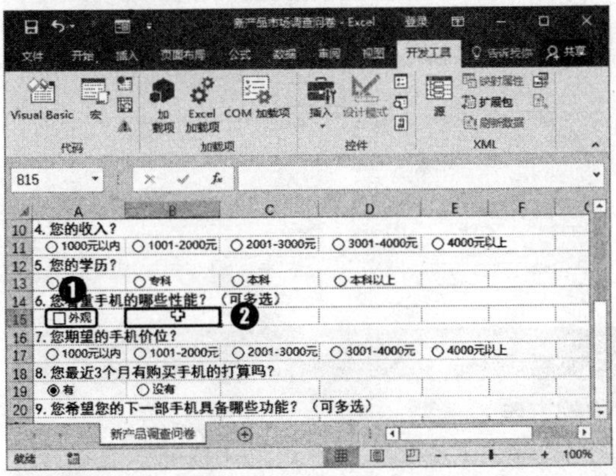

第 15 步 按照前面的步骤，通过复制和粘贴的方式继续添加其他复选框，根据需要修改复制的复选框按钮的名称，完成后效果如下图所示。

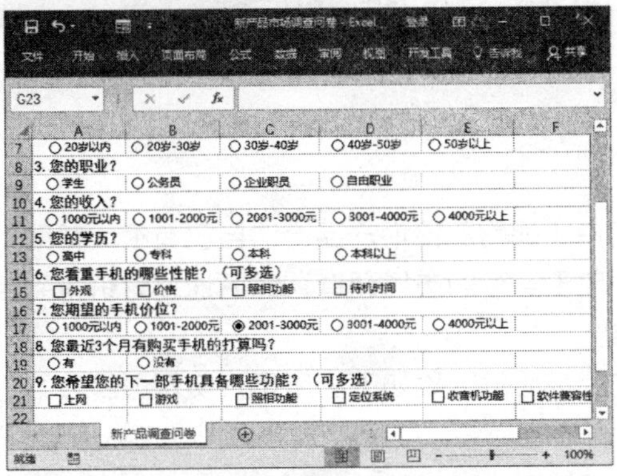

温馨提示

ActiveX控件可以控制事件并有一个属性列表，在Excel工作表和VBA编辑器中都可以使用该类型控件，也可以在Web页上的Excel窗体和数据中使用，但不能在图表工作表中使用该类型控件。

1.2.3 保护工作表

在制作完成新产品市场调查问卷之后，可以设置密码保护工作表，使其无法轻易遭到修改和破坏，具体操作步骤如下。

第 1 步 在完成调查问卷的制作之后，在【审阅】选项卡单击【更改】组中的【保护工作表】按钮，如下图所示。

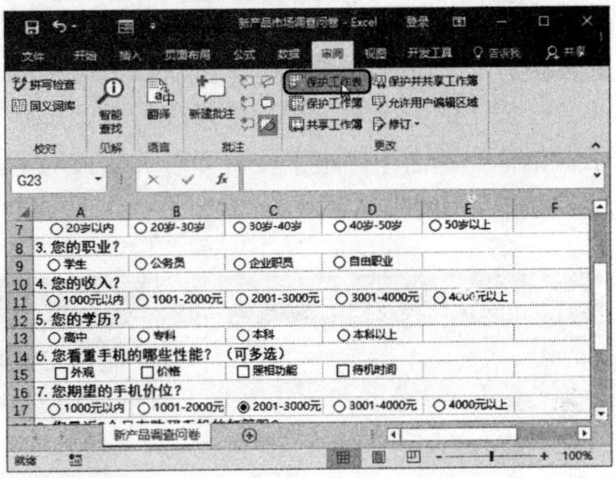

第 2 步 ❶弹出【保护工作表】对话框，默认情况下，选中【保护工作表及锁定的单元格内容】【选定锁定单元格】【选定未锁定的单元格】3 个复选框，保持其选中状态；❷在文本框中输入密码，本例输入“123”；❸单击【确定】按钮，如下图所示。

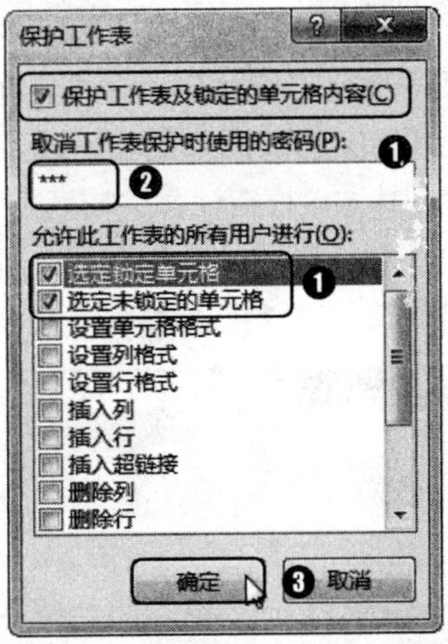

第 3 步 弹出【确认密码】对话框，❶在文本框中再次输入密码；❷单击【确定】按钮，如下图所示。

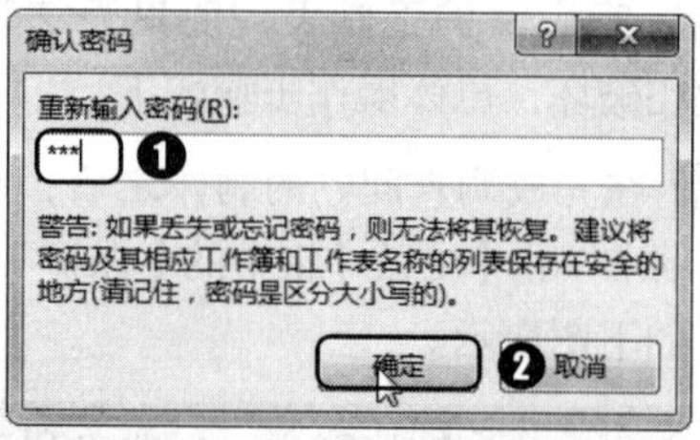

第 4 步 按照上述步骤保护工作表后，试图修改工作表中的内容时，将拒绝修改，并弹出提示对话框，单击【确定】按钮即可关闭该对话框，如下图所示。

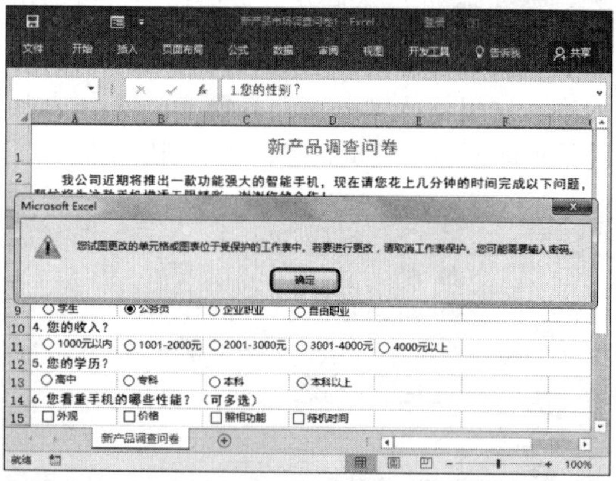

教您一招

撤销工作表保护的方法

在【审阅】选项卡【更改】组中单击【撤销工作表保护】按钮，在弹出的【撤销工作表保护】对话框【密码】文本框，输入设置保护工作表时设定的密码，然后单击【确定】按钮即可。

1.3 使用PPT制作“产品价值调查分析”

案例背景

一项产品在市场上有何价值或优势，如何让客户了解购买该项产品会对自己有很大帮助，这就需要用真实的数据来说明。真实可靠的数据源自于实际的市场调查，然后通过分析得到相应的结论，并通过报告让客户或商家了解产品的价值。

本例将制作产品价值调查分析演示文稿，制作完成后的效果如下图所示。实例最终效果见“光盘\结果文件\第1章\产品价值调查.pptx”文件。

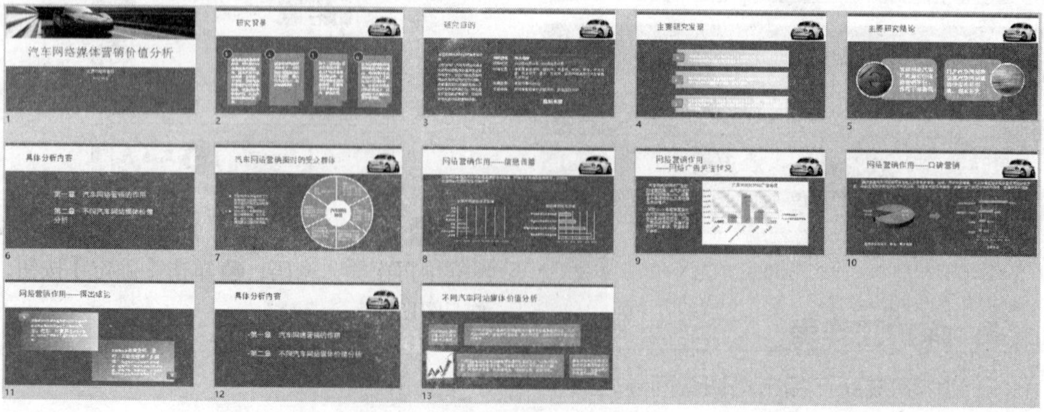

光盘文件		
	素材文件	光盘\素材文件\第1章\产品价值调查.pptx
	结果文件	光盘\结果文件\第1章\产品价值调查.pptx
	教学视频	光盘\视频文件\第1章\1.3使用PPT制作产品价值调查分析.mp4

1.3.1 新建与保存演示文稿

在制作演示文稿之前，首先要新建演示文稿，并保存演示文稿。

1. 根据模板创建演示文稿

PowerPoint中自带了多个模板，使用模板可以快速地制作出专业的演示文稿，具体操作步骤如下。

第 1 步 启动 PowerPoint 程序，在模板列表中选择需要的模板样式，如下图所示。

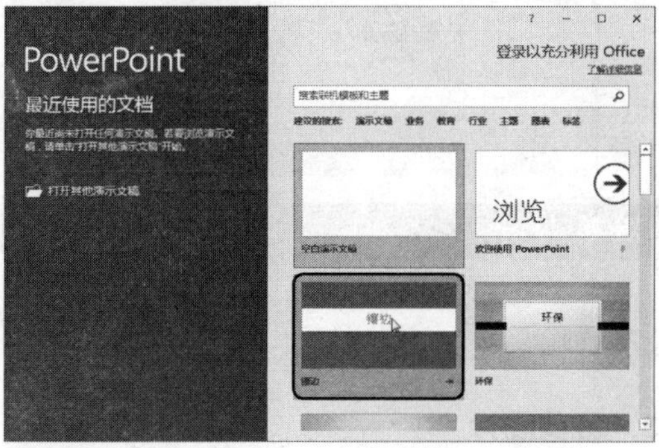

第 2 步 打开预览窗口，查看预览效果后，如果确定使用该模板，则单击【创建】按钮，如下图所示。

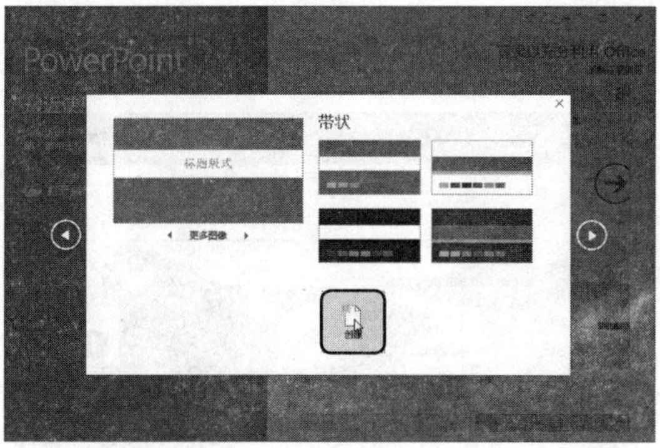

2. 保存演示文稿

创建了演示文稿之后，需要将其保存，具体操作步骤如下。

第 1 步 创建演示文稿后，单击左上角的【保存】按钮，如下图所示。

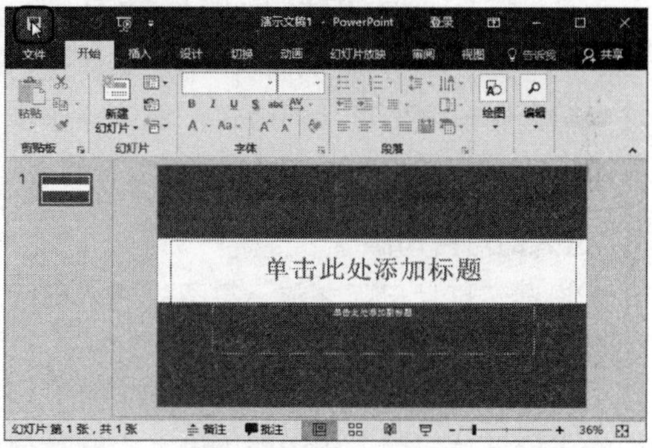

第 2 步 由于演示文稿未保存过，此时将自动切换到【文件】选项卡的【另存为】选项界面中，在右侧选择【浏览】选项，如下图所示。

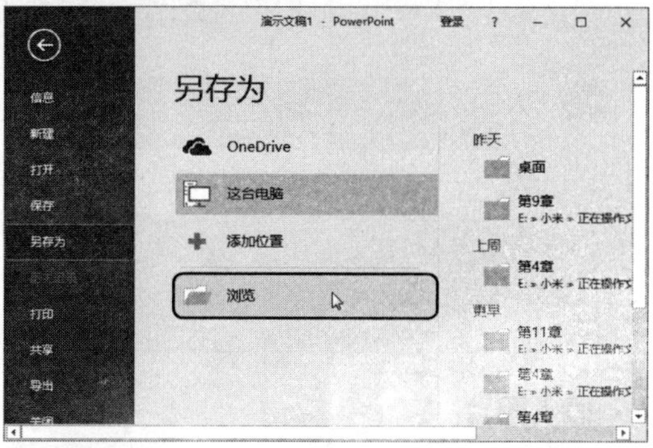

第 3 步 ❶弹出【另存为】对话框，设置文件保存路径，设置文件名称和文件保存类型；❷完成后单击【保存】按钮，如下图所示。

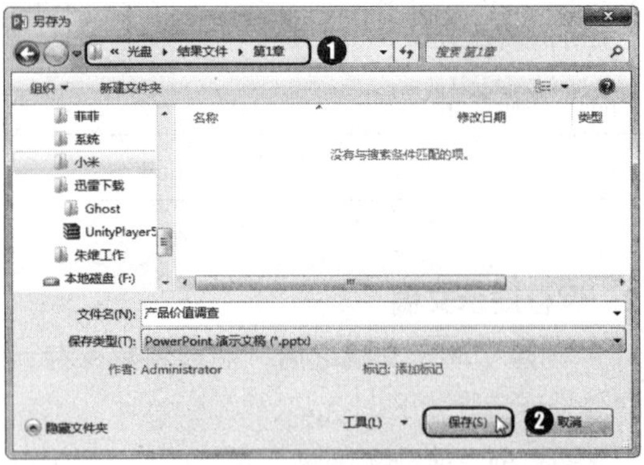

1.3.2　在母版中设计幻灯片版式

为了统一幻灯片的风格，用户需要在幻灯片母版中设置幻灯片的版式，具体操作步骤如下。

1. 进入幻灯片母版

设置幻灯片母版之前，需要先进入母版视图，具体操作步骤如下。

单击【视图】选项卡【母版视图】组中的【幻灯片母版】按钮即可进入幻灯片母版，如下图所示。

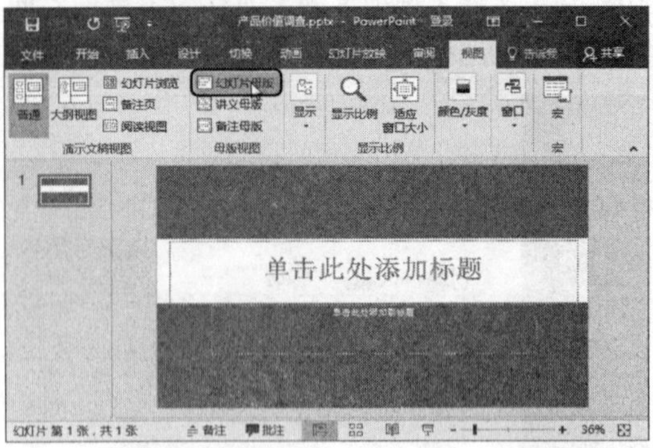

2. 插入图片

在制作幻灯片母版时，可能需要插入一些图片来美化幻灯片，插入图片的具体操作步骤如下。

第 1 步 单击【插入】选项卡【图像】组中的【图片】按钮，如下图所示。

第 2 步 ❶打开【插入图片】对话框，选择"光盘\素材文件\第 1 章\产品价值调查\封面 .jpg" 图像文件；❷单击【插入】按钮即可，如下图所示。

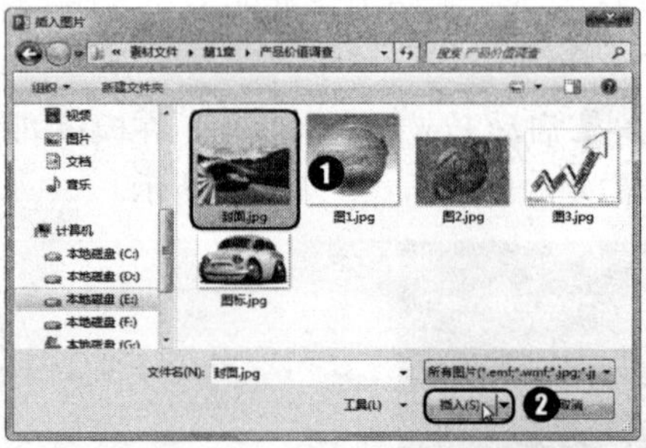

温馨提示

在【插入图片】对话框中，双击需要插入的图片，可以快速将图片插入文档中。

3. 裁剪图片

插入图片后，如果图片的大小、形状不合适，可以通过以下的操作步骤裁剪图片。

第 1 步 ❶选择图片；❷单击【图片工具 / 格式】选项卡【大小】组中的【裁剪】按钮，如下图所示。

第 2 步 图片四周将出现 8 个裁剪按钮，按下鼠标左键拖动按钮到合适的位置，完成后单击空白位置即可成功裁剪图片，如下图所示。

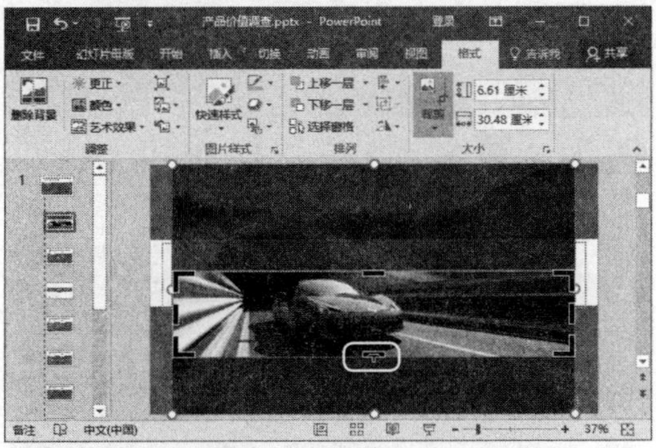

第 3 步 将图片移动到合适的位置，然后调整图片大小，如下图所示。

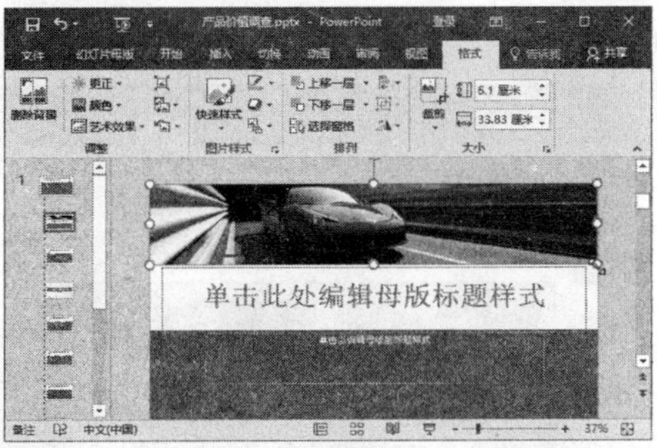

第 4 步 ❶选择【仅标题版式】幻灯片；❷将“光盘 \ 素材文件 \ 第 1 章 \ 产品价值调查 \ 图标 .jpg”图像文件插入幻灯片右侧，并调整图片大小，如下图所示。

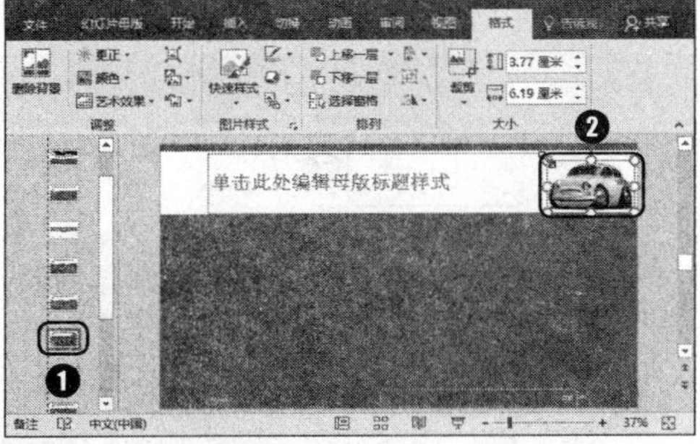

第 5 步 单击【幻灯片母版】选项卡【关闭】组中的【关闭母版视图】按钮，退出幻灯片母版视图，如下图所示。

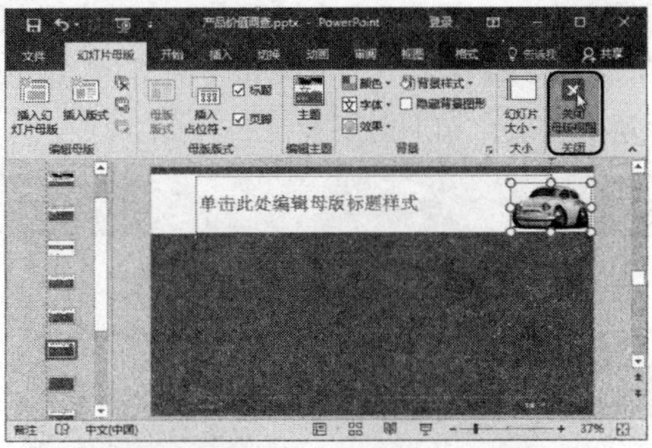

1.3.3 添加幻灯片文字内容

幻灯片母版编辑完成后，就可以开始添加幻灯片的文字内容，具体操作步骤如下。

第 1 步 在标题幻灯片的文本占位符中输入标题和副标题，如下图所示。

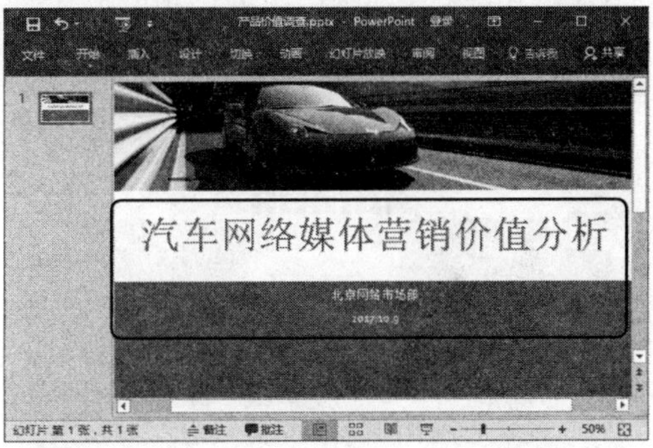

第 2 步 ❶单击【开始】选项卡【幻灯片】组中的【新建幻灯片】下拉按钮；❷在弹出的下拉列表中选择【仅标题】选项，如下图所示。

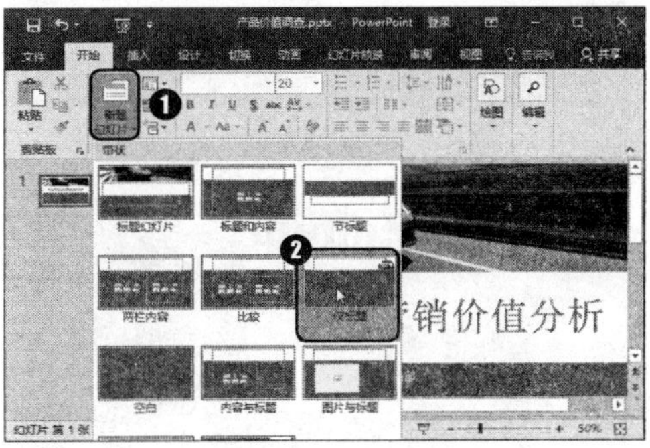

第 3 步 ❶在第 2 张幻灯片中输入标题，然后单击【插入】选项卡【插图】组中的【形状】下拉按钮；❷在弹出的下拉列表中选择【矩形：折角】选项，如下图所示。

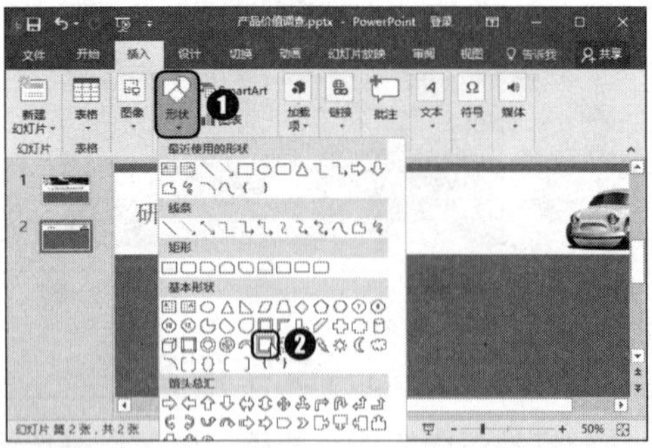

第 4 步 ❶在幻灯片中绘制形状，然后在【绘图工具 / 格式】选项卡的【形状样式】组中单击【形状填充】下拉按钮；❷在弹出的下拉列表中选择一种填充颜色，如下图所示。

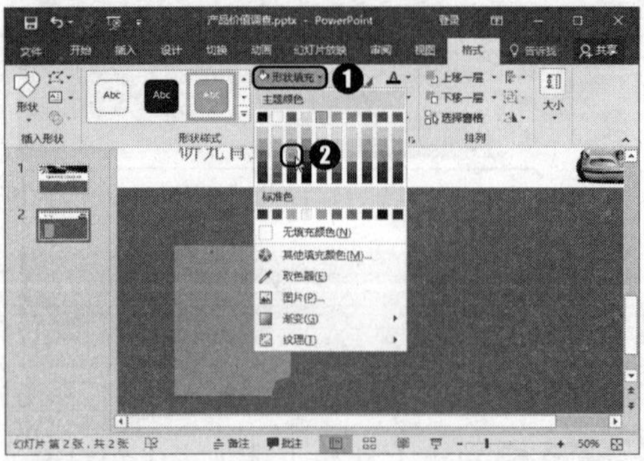

第 5 步 ❶在【绘图工具 / 格式】选项卡的【形状样式】组中单击【形状轮廓】下拉按钮；❷在弹出的下拉列表中选择【无轮廓】选项，如下图所示。

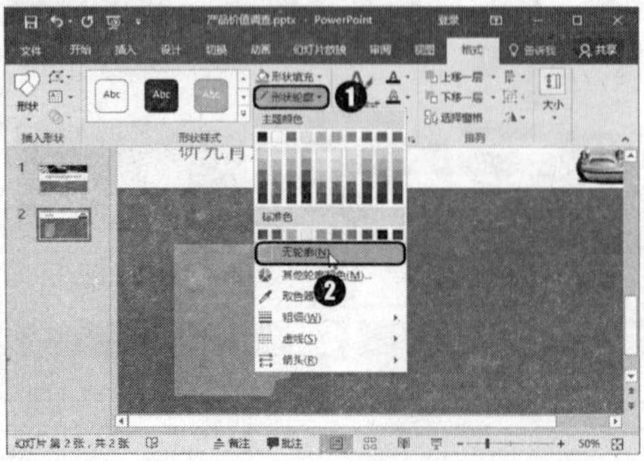

第 6 步 ❶单击【绘图工具 / 格式】选项卡【插入形状】组中的【文本框】下拉按钮；❷在弹出的下拉列表中选择【横排文本框】选项，如下图所示。

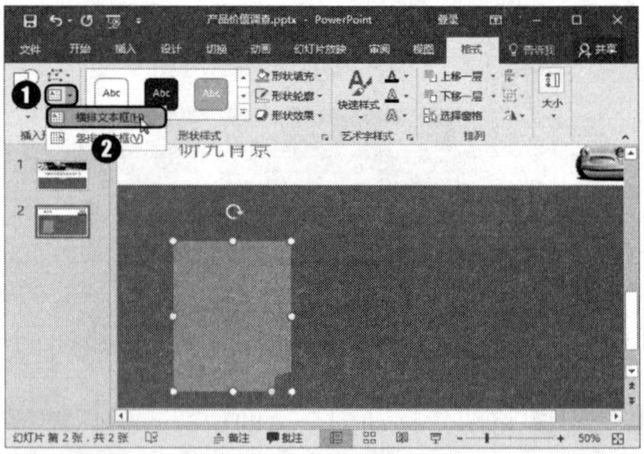

第 7 步 拖动鼠标在形状中绘制一个文本框，如下图所示。

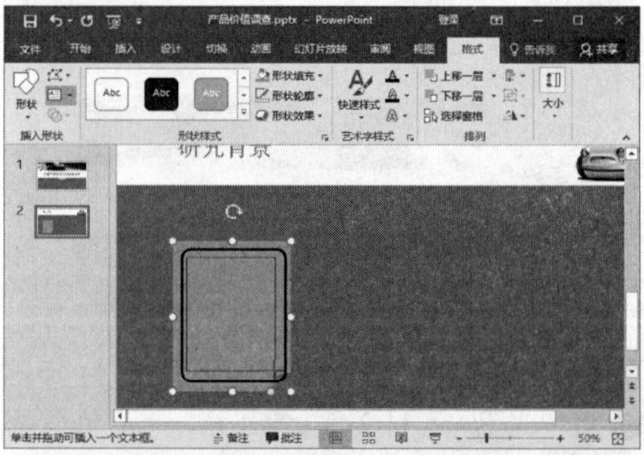

第 8 步 ❶在文本框中输入文本；❷在【开始】选项卡的【字体】组中设置字体样式，如下图所示。

第 9 步 ❶使用圆形工具绘制一个正圆形，并设置填充颜色和填充轮廓；❷单击【绘图工具 / 格式】选项卡【形状样式】组中的【形状轮廓】下拉按钮；❸在弹出的下拉列表中选择【粗细】选项；❹在弹出的级联菜单中选择【2.25 磅】选项，如下图所示。

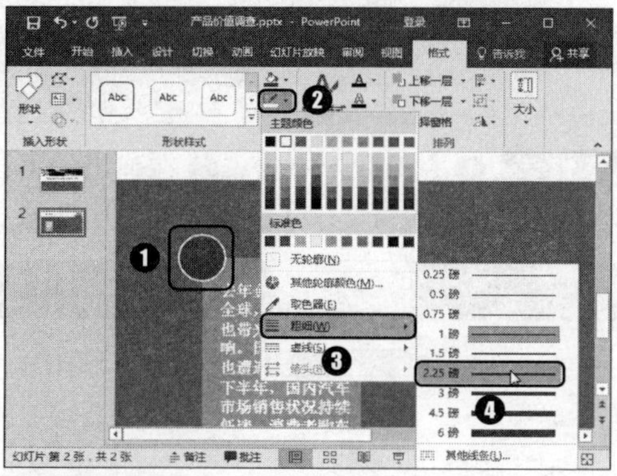

第 10 步 ❶添加文本框并输入数字“1”，然后按下【Ctrl】键分别选中圆形和数字文本框；❷单击【绘图工具 / 格式】选项卡【排列】组中的【对齐】下拉按钮；❸在弹出的下拉列表中选择【水平居中】选项，如下图所示。

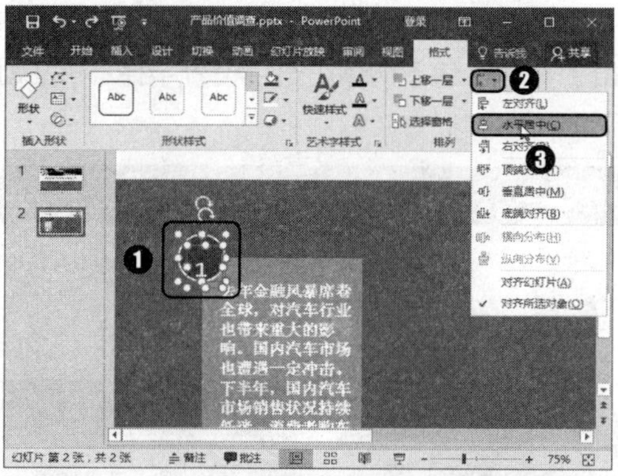

教您一招

使用选择窗格

如果要选择两个大小相差不大的形状，使用鼠标可能会不太方便，此时可以打开【选择窗格】选择。方法：单击【开始】选项卡【编辑】组中的【选择】下拉按钮，在弹出的下拉列表中选择【选择窗格】选项，在打开的【选择窗格】中即可自由选择形状。

第 11 步 ❶单击【绘图工具 / 格式】选项卡【排列】组中的【对齐】下拉按钮；❷在弹出的下拉列表中选择【垂直居中】选项，如下图所示。

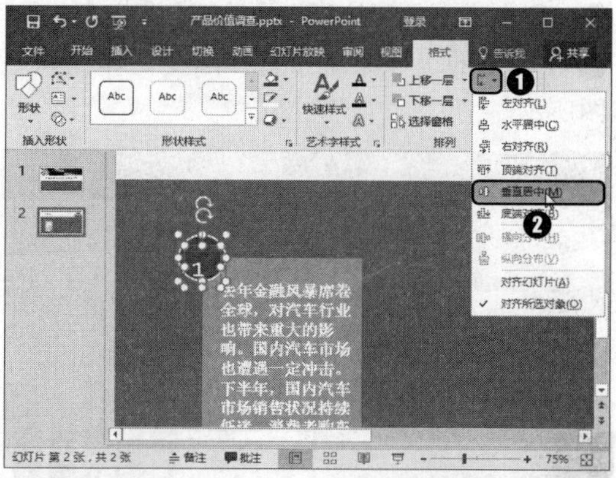

第 12 步 ❶单击【绘图工具 / 格式】选项卡【排列】组中的【组合】下拉按钮；❷在弹出的下拉列表中选择【组合】选项，如下图所示。

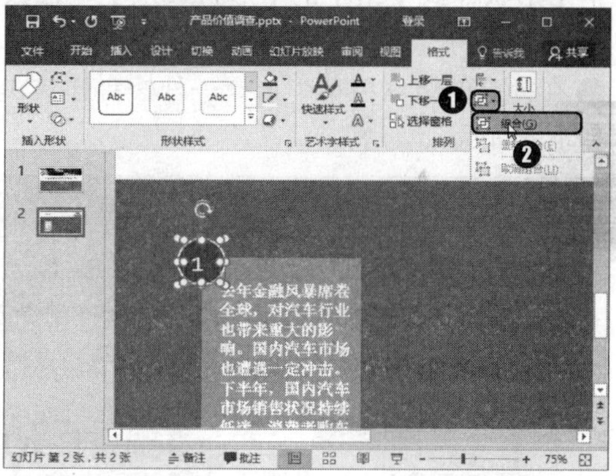

第 13 步 复制 3 个形状，然后修改其中的内容即可，如下图所示。

第 14 步 ❶添加一张【仅标题】版式幻灯片，使用矩形工具绘制一个矩形，然后设置形状填充和形状轮廓；❷单击【绘图工具 / 格式】选项卡【形状样式】组中的【形状填充】下拉按钮；❸在弹出的下拉列表中选择【渐变】选项；❹在弹出的级联菜单中选择渐变变体，如下图所示。

第 15 步 ❶单击【绘图工具 / 格式】选项卡【形状样式】组中的【形状效果】下拉按钮；❷在弹出的下拉列表中选择【棱台】选项；❸在弹出的级联菜单中选择一种棱台样式，如下图所示。

第 16 步 ❶在形状中添加一个文本框，输入文字，并设置文字格式；❷使用圆角矩形工具绘制一个圆角矩形□；❸在【绘图工具 / 格式】选项卡的【形状样式】组中选择一种形状的快速样式，如下图所示。

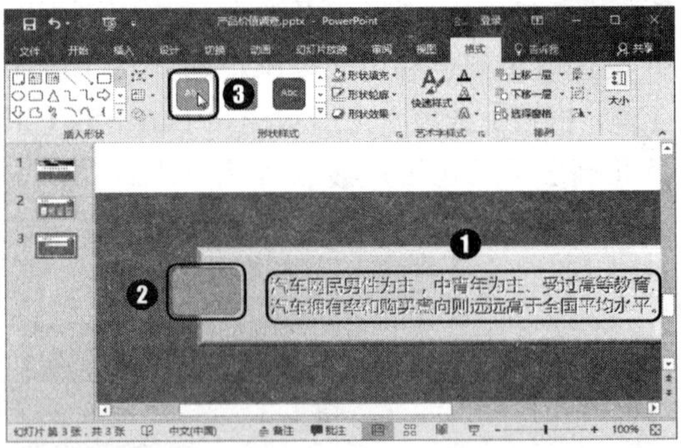

第 17 步 ❶在形状上右击；❷在弹出的下拉列表中选择【编辑文字】选项，如下图所示。

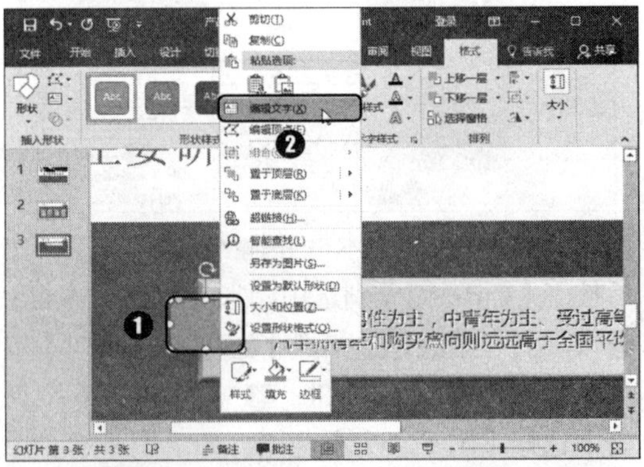

第 18 步 ❶直接在形状中输入数字；❷在【开始】选项卡的【字体】组中设置字体样式，如下图所示。

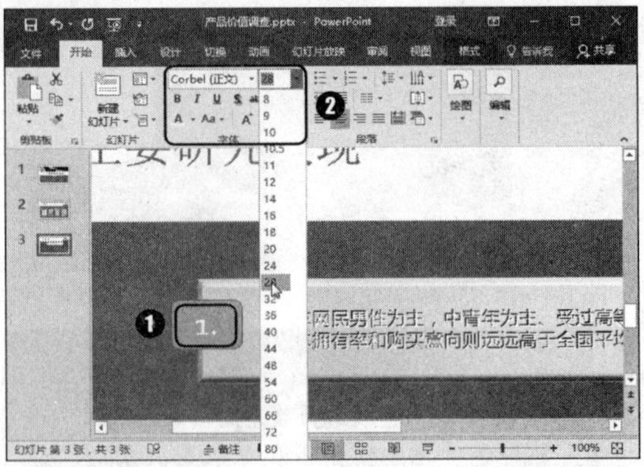

第 19 步 使用相同的方法制作其他形状和文字，如下图所示。

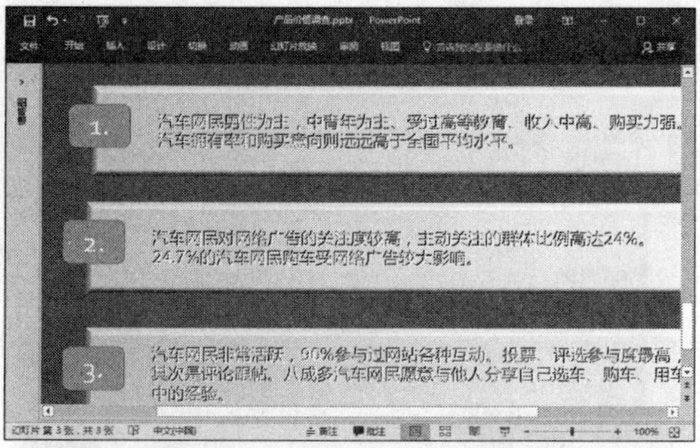

第 20 步 ❶添加第 4 张幻灯片，使用前文所学的方法制作形状和文字；❷使用【椭圆】工具○绘制一个正圆形；❸在【绘图工具/格式】选项卡的【形状样式】组中设置形状填充为【白色】，形状轮廓为【无轮廓】，如下图所示。

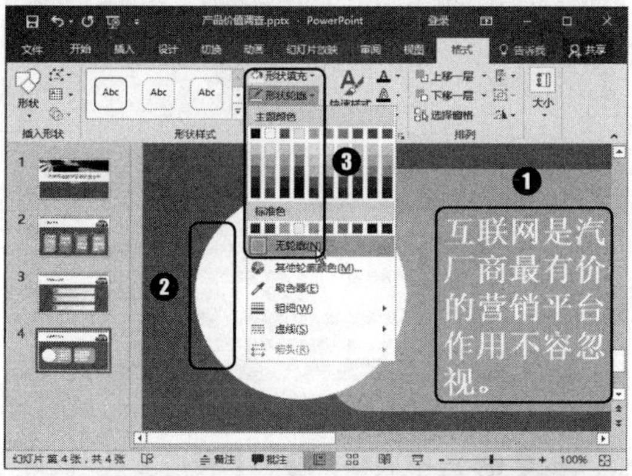

> **教您一招**
>
> **如何绘制正圆形**
>
> 在使用【椭圆】工具○绘制形状时按下【Shift】键，可以绘制正圆形。

第 21 步 ❶插入图片“光盘\素材文件\第 1 章\产品价值调查\图 2.jpg”；❷单击【绘图工具/格式】选项卡【大小】组中的【裁剪】下拉按钮；❸在弹出的下拉列表中选择【裁剪为形状】选项；❹在弹出的级联菜单中选择【椭圆】选项，如下图所示。

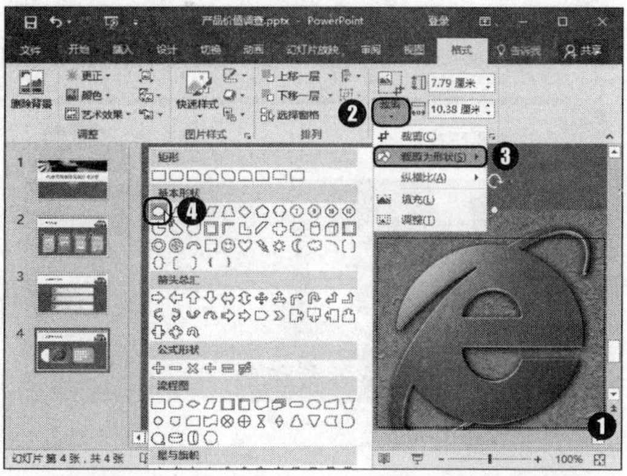

第 22 步 ❶单击【绘图工具/格式】选项卡【大小】组中的【裁剪】按钮；❷将图片裁剪为圆形，如下图所示。

第 23 步 调整圆形图片的大小，并将图片移动到圆形中间，如下图所示。

第 24 步 使用相同的方法制作其他文字幻灯片，如下图所示。

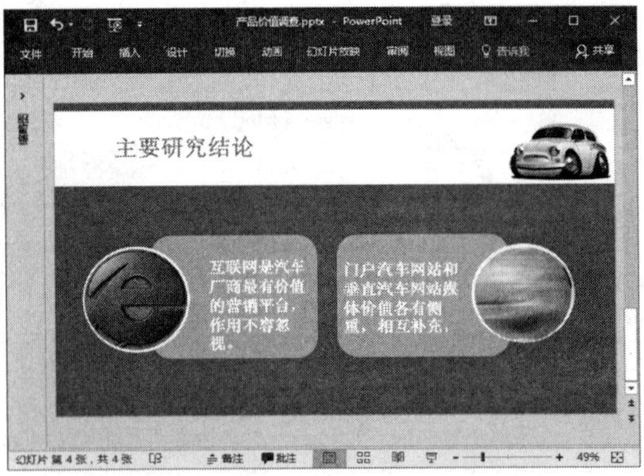

1.3.4 在幻灯片中插入表格

在展示数据型内容时，使用表格可以使数据更加清晰，具体操作步骤如下。

第 1 步 ❶在第 2 张幻灯片后添加一张【仅标题】版式的幻灯片；❷单击【插入】选项卡【表格】组中的【表格】下拉按钮；❸在打开的下拉列表中选择【2×5】的表格，如下图所示。

第 2 步 在表格中输入数据，然后将鼠标指针移动到表格的两列之间，当鼠标指针变为+‖+时，按下鼠标左键拖动，调整列宽至合适的宽度，如下图所示。

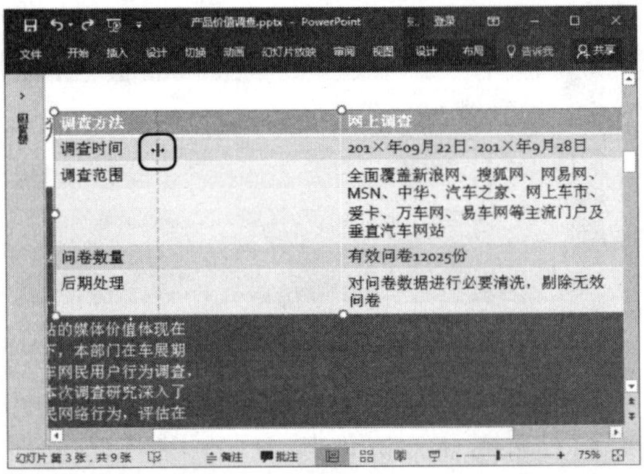

第 3 步 将鼠标指针移动到表格的边框处，当鼠标指针变为✥时，按下鼠标左键拖动表格到合适的位置，如下图所示。

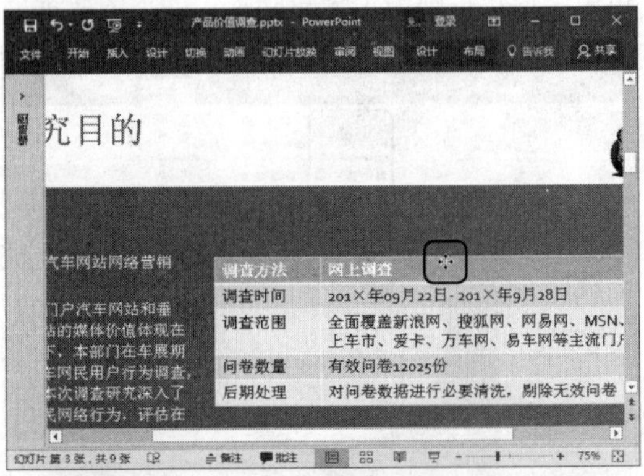

第 4 步 ❶选中表格；❷在【表格工具 / 设计】选项卡【表格样式】组中选择一种表格的快速样式，如下图所示。

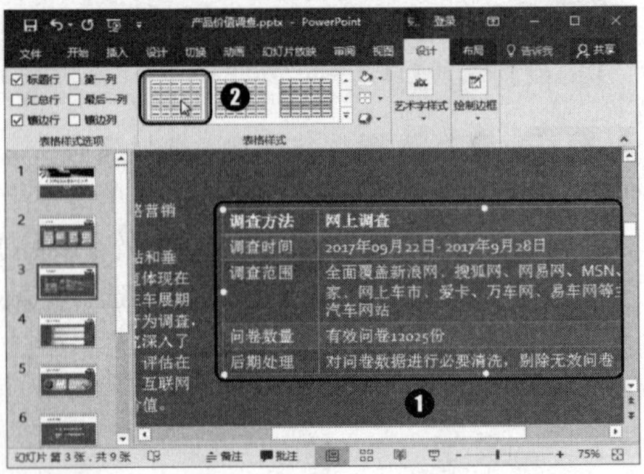

第 5 步 在表格下方添加文本框，输入表格标题即可，如下图所示。

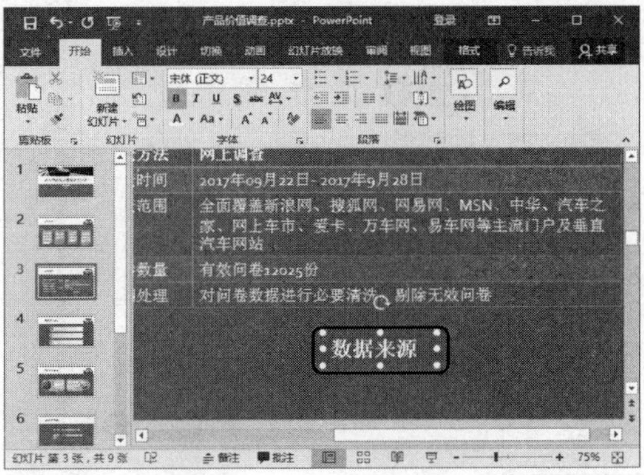

1.3.5 使用形状制作图形

为了使表格更美观、易读，可以对字体、字号和对齐方式等进行设置，具体操作步骤如下。

第 1 步 ❶使用椭圆工具绘制一个正圆形，并设置形状样式为蓝色填充，白色边框；❷单击【绘图工具 / 格式】选项卡的【形状样式】组中的【形状轮廓】下拉按钮；❸在弹出的下拉列表中选择【粗细】选项；❹在弹出的级联菜单中选择【4.5 磅】选项，如下图所示。

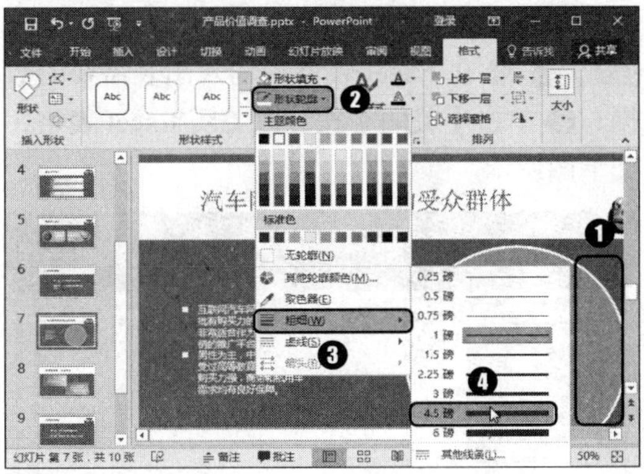

第 2 步 ❶绘制一个无边框，白色填充的正圆形，并在形状中添加文字；❷选择两个形状，在【绘图工具 / 格式】选项卡的【排列】组中设置对齐方式为水平居中和垂直居中，如下图所示。

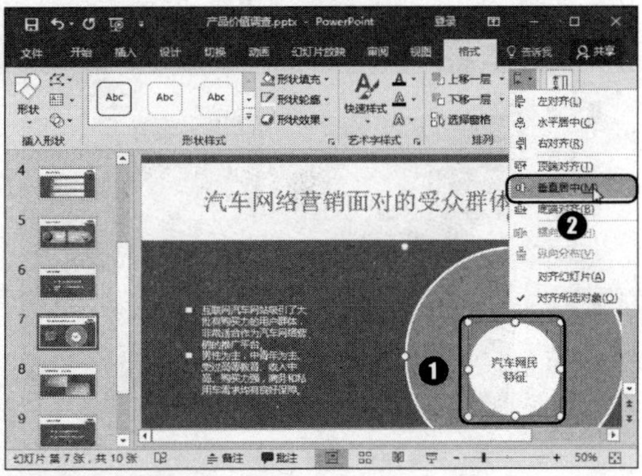

第 3 步 绘制 3 条白色的直线，将大圆形分为 6 等份，如下图所示。

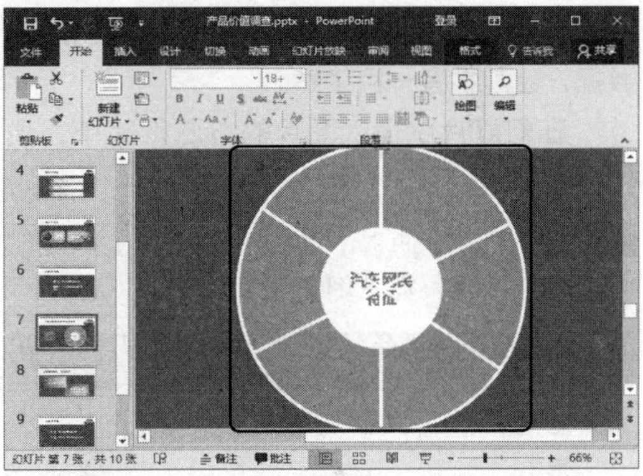

第 4 步 ❶选择中间的白色小圆形；❷单击【绘图工具 / 格式】选项卡【排列】组中的【上移一层】下拉按钮；❸在弹出的下拉列表中选择【置于顶层】选项，如下图所示。

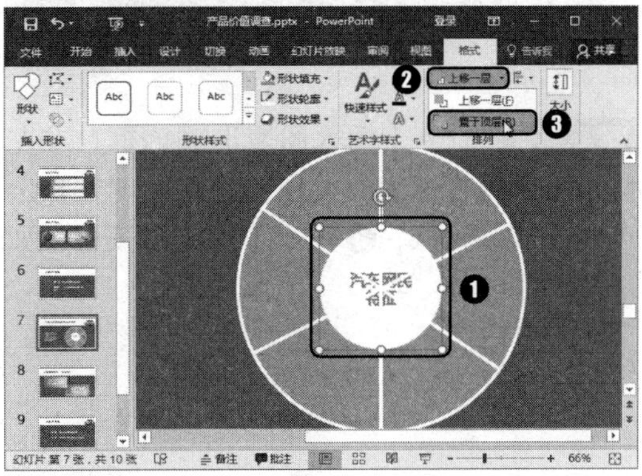

第 5 步 在每个部分插入文本框，并输入相应的文本即可，如下图所示。

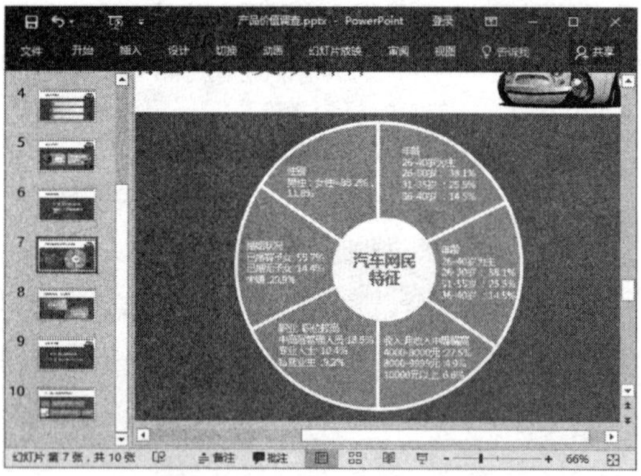

1.3.6 插入图表分析数据

在幻灯片中插入图表可以更直观的表现数据，让观看者一目了然。

在幻灯片中插入图片的方法很简单，具体操作步骤如下。

第 1 步 单击【插入】选项卡【插图】组中的【图表】按钮，如下图所示。

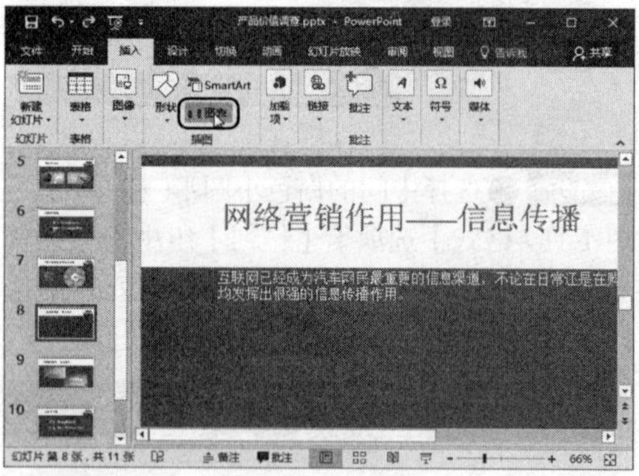

第 2 步 ❶打开【插入图表】对话框，在左侧窗格中选择图表的类型；❷在右侧窗格中选择图表的样式；❸单击【确定】按钮，如下图所示。

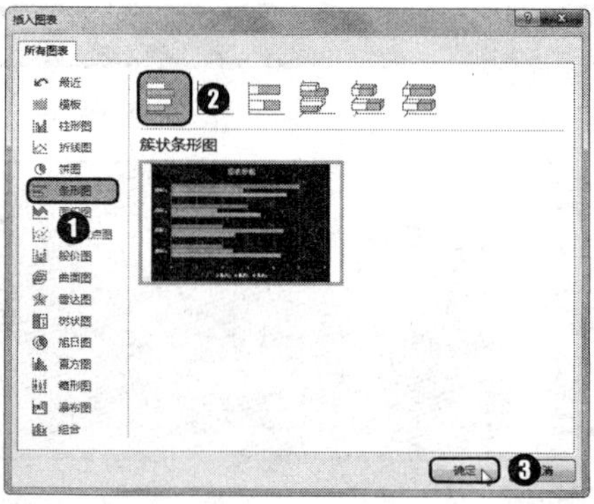

第 3 步 ❶打开 Excel 表格模块，选择 C、D 列并右击；❷在弹出的快捷菜单中选择【删除】命令，如下图所示。

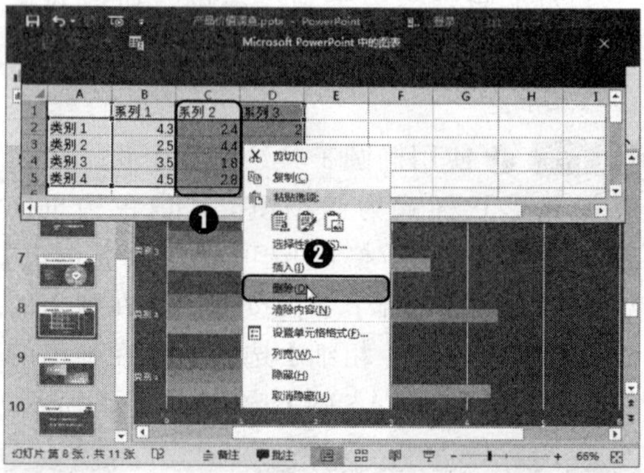

第 4 步 ❶在 Excel 表格中输入图表需要的数据；❷单击【关闭】按钮关闭 Excel 表格，如下图所示。

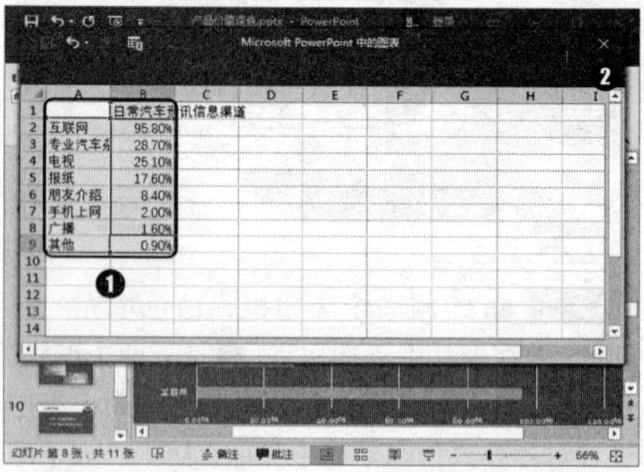

第 5 步 选择图表，将鼠标指针移动到图表周围的控制点，当鼠标指针变为↘时按下鼠标左

键拖动鼠标，调整图表大小，如下图所示。

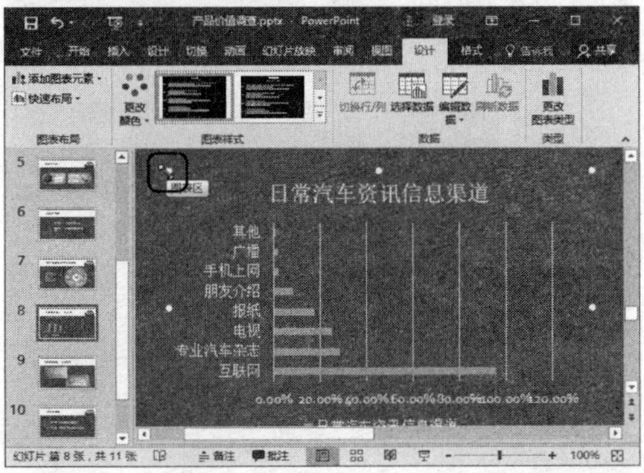

第 6 步 将鼠标指针移动到图表的边框，当鼠标指针变为✥时按下鼠标左键不放，拖动图表到合适的位置，如下图所示。

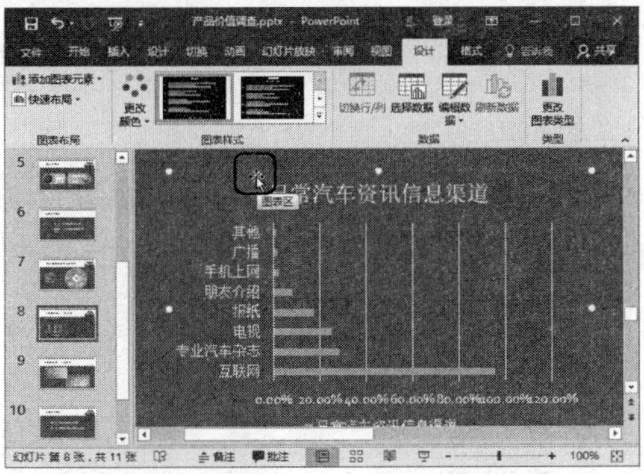

第 7 步 ❶ 在图例上右击；❷ 在弹出的快捷菜单中选择【删除】命令，如下图所示。

第 8 步 ❶ 选中图表，单击【图表工具 / 设计】选项卡【图表样式】组中的【更改颜色】下拉按钮；❷ 在弹出的下拉列表中选择一种颜色，如下图所示。

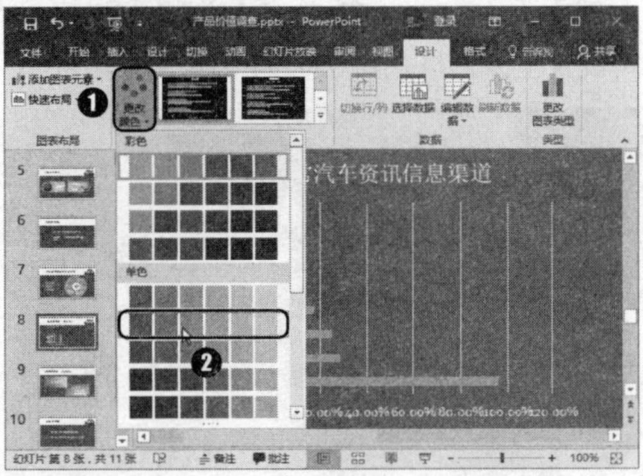

第 9 步 ❶ 选中最长的数据点；❷ 单击【图表工具 / 格式】选项卡【形状样式】组中的【形状填充】下拉按钮；❸ 在弹出的下拉列表中选择【红色】选项，如下图所示。

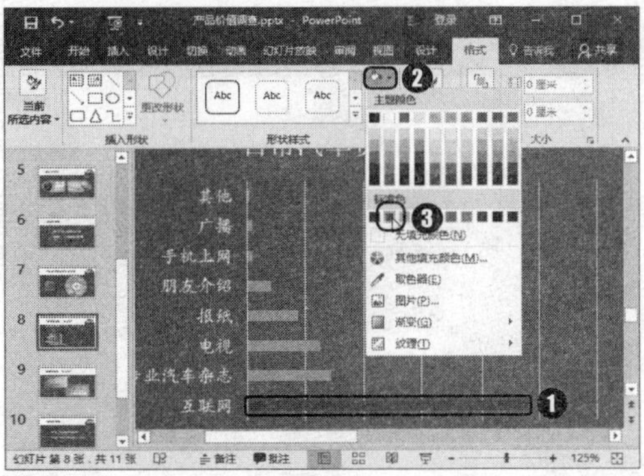

第 10 步 ❶ 在坐标轴上右击；❷ 在弹出的快捷菜单中选择【设置坐标轴格式】选项，如下图所示。

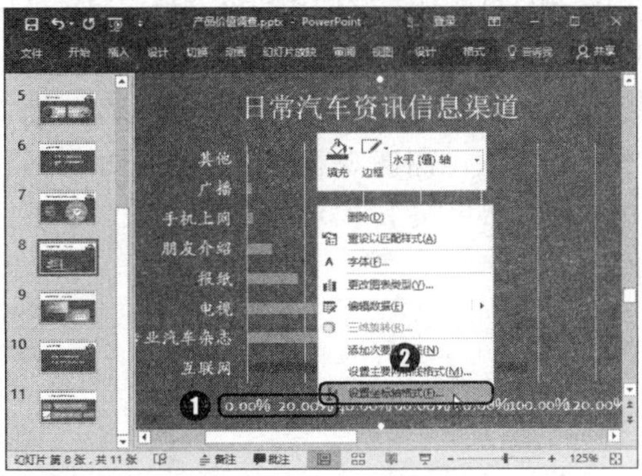

第 11 步 ❶ 打开【设置坐标轴格式】窗格，

在【坐标轴选项】栏设置【坐标轴选项】的【最大值】为【1.0】；❷单击【关闭】按钮×关闭设置坐标轴格式窗格，如下图所示。

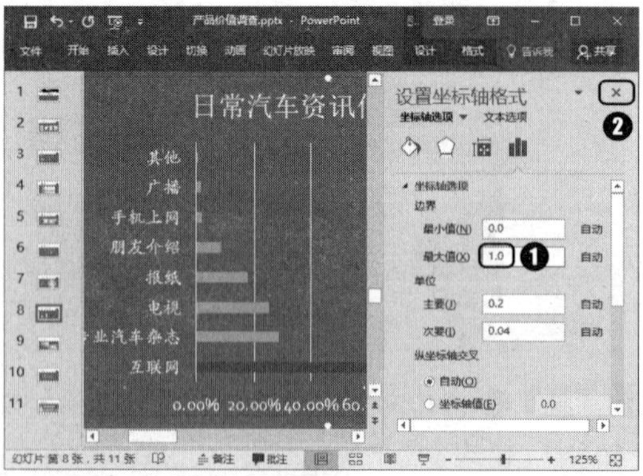

第 12 步 使用相同的操作步骤制作其他图表幻灯片，如下图所示。

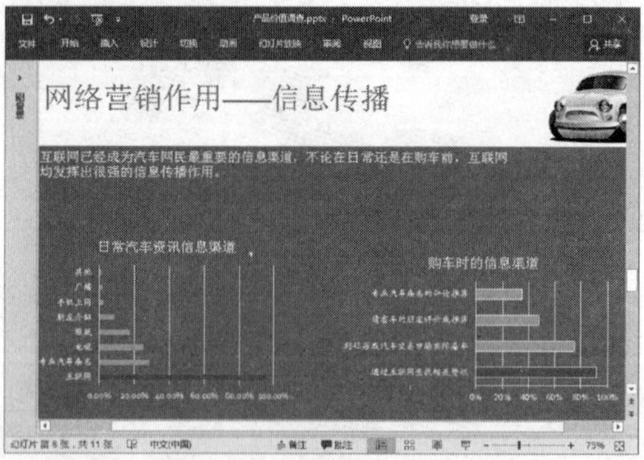

1.3.7 添加切换效果

幻灯片制作完成后，可以为其设置播放动画，并预览播放效果，具体操作步骤如下。

第 1 步 ❶添加一张标题幻灯片，在标题文本框中输入“谢谢观看！”；❷选择副标题文本框，然后按下【Delete】键删除，如下图所示。

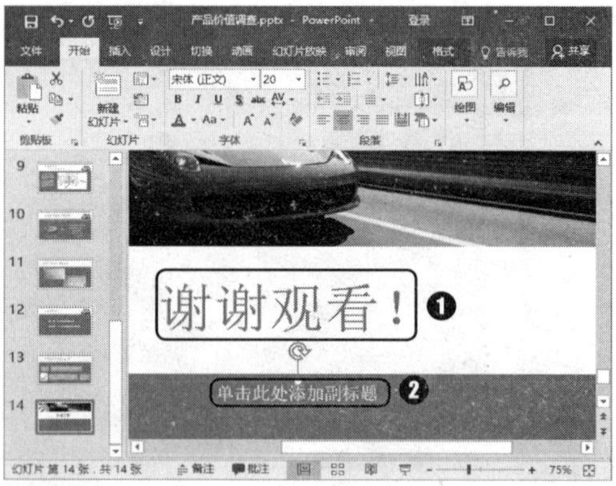

第 2 步 ❶单击【切换】选项卡【切换到此幻灯片】组中的【切换效果】下拉按钮；❷在弹出的下拉列表中选择一种切换样式，如下图所示。

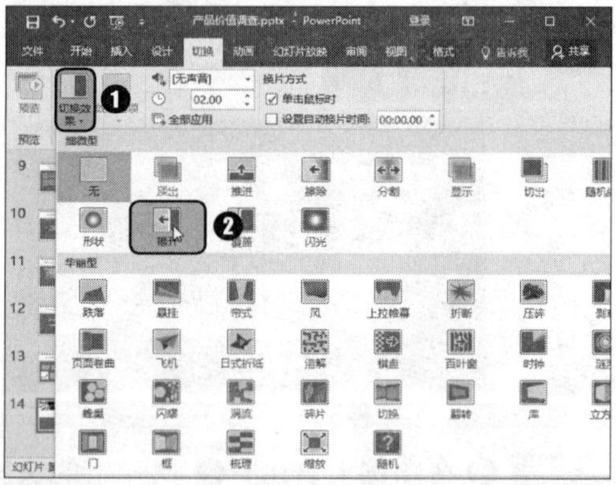

第 3 步 ❶单击【切换】选项卡【计时】组中的【声音】下拉按钮▾；❷在弹出的下拉列表中选择一种切换声音，如下图所示。

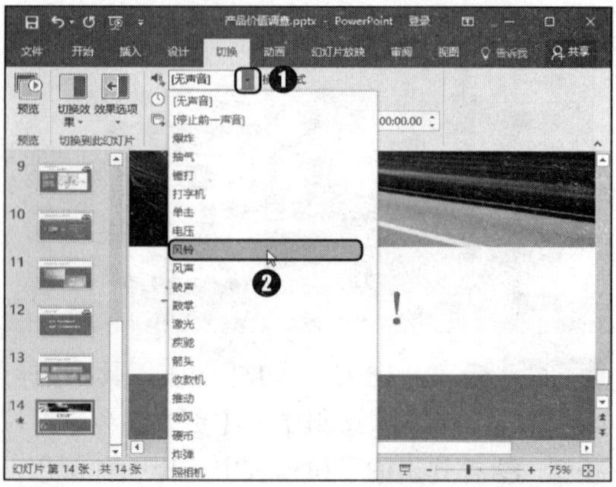

第4步 单击【切换】选项卡【计时】组中的【全部应用】按钮，将设置应用到全部幻灯片，如下图所示。

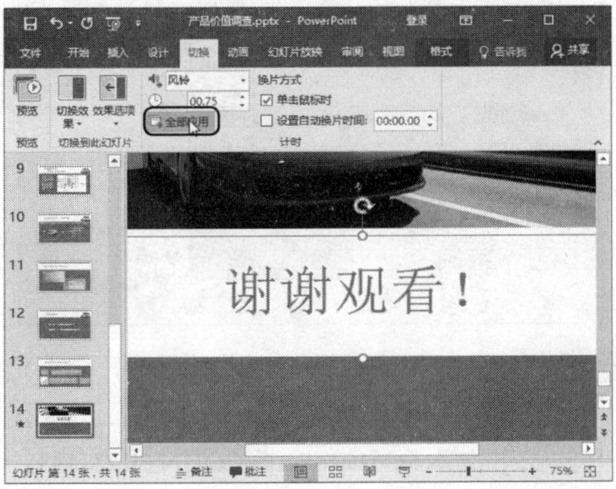

第5步 单击快速访问工具栏中的【从头开始】按钮，观看制作的幻灯片效果，如下图所示。

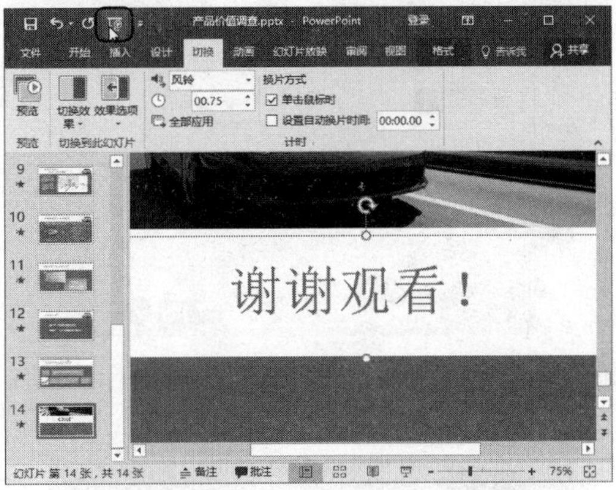

大神支招

通过前面知识的学习，相信读者已经掌握了市场调研管理工作中制作文档的基本方法，如在Word中设置字体样式、使用图表表现数据，在Excel中使用表单控件制作调查问卷，在PPT中使用形状和图表表现调研数据等。下面结合本章内容，介绍一些工作中的实用经验与技巧，让你早做完，不加班。

01 设置提取目录时不要提取页码

视频文件：光盘\视频文件\第1章\01.mp4

默认情况下，在提取目录时会同时提取页码，但是在工作中并不是所有的文档在提取目录时都需要页码，此时，可以通过以下的操作步骤来设置。

第1步 ❶打开“光盘\素材文件\第1章\市场调查报告（页码）.docx”文件，单击【引用】选项卡【目录】组中的【目录】下拉按钮；❷在弹出的下拉列表中选择【自定义目录】选项，如下图所示。

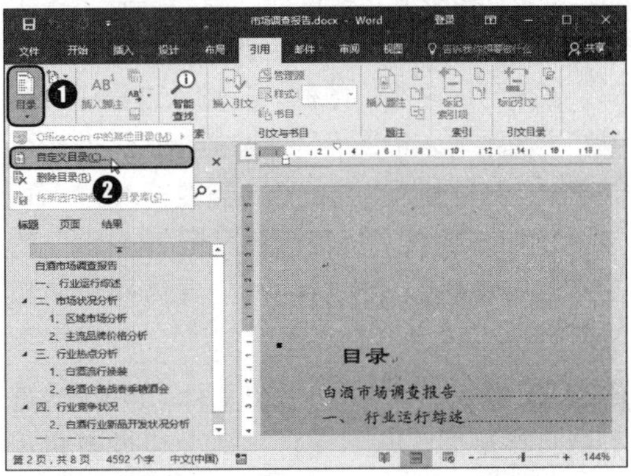

第2步 ❶打开【目录】对话框，取消选中【显示页码】复选框；❷单击【确定】按钮，如下图所示。

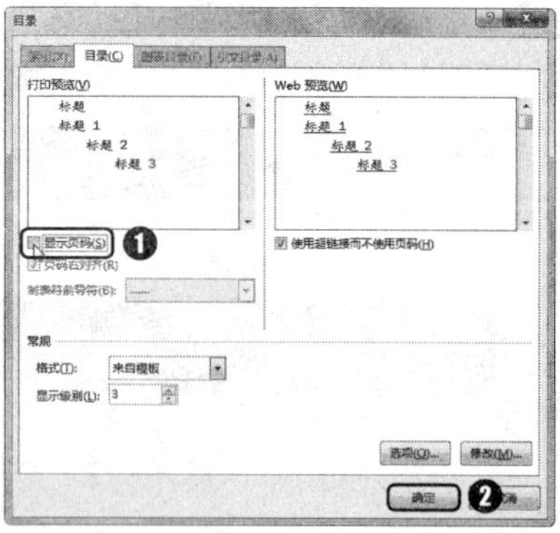

第 3 步 返回文档，即可看到提取的目录没有包含页码，如下图所示。

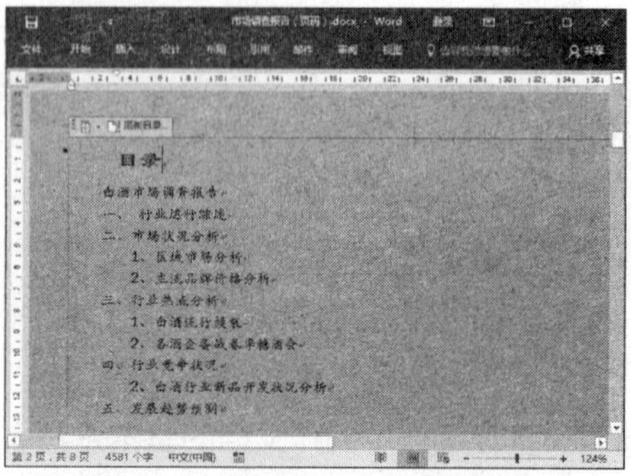

02 限制重复数据的输入

视频文件：光盘\视频文件\第1章\02.mp4

在Excel中输入数据时，有时会要求某个区域的单元格数据具有唯一性，如身份证号码、发票号码之类的数据。在输入过程中，有可能会因为输入错误而导致数据相同，此时可以通过“数据验证”功能防止重复输入。

例如，要在“员工信息登记表.xlsx”的工作表中设置防止重复输入，具体操作步骤如下。

第 1 步 ❶打开“光盘\素材文件\第 1 章\员工信息登记表 .xlsx”文件，选中要设置防止重复输入的单元格区域，如 D3：D17（注：表示单元格区域时，“：”为英文冒号状态）；❷单击【数据】选项卡【数据工具】组中的【数据验证】按钮，如下图所示。

第 2 步 ❶打开【数据验证】对话框，在【允许】下拉列表中选择【自定义】选项；❷在【公式】文本框中输入“=COUNTIF($D$3:$D$17,D3)<=1”；❸单击【确定】按钮，如下图所示。

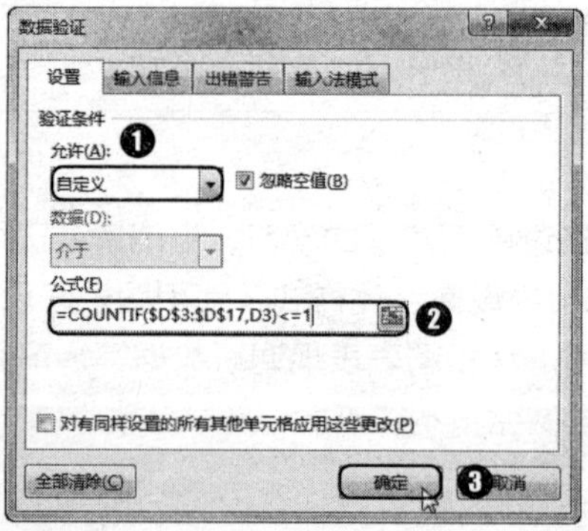

第 3 步 通过上述操作后，当在 D3：D17 单元格区域中输入重复数据时，就会出现错误提示的警告，如下图所示。

03　快速切换行 / 列

视频文件：光盘\视频文件\第1章\03.mp4

在图表制作完成后，有时需要将图表的行和列交互，此时可以使用切换图表的行和列功能，而不需要重新制作，具体操作步骤如下。

第 1 步 ❶打开“光盘\素材文件\第 1 章\市场调研 .pptx”文件，选择图表；❷单击【图表工具 / 设计】选项卡【数据】组中的【选择数据】按钮，如下图所示。

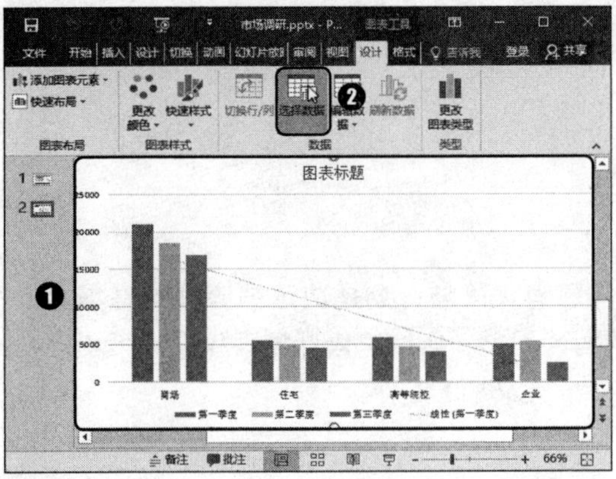

第 2 步 弹出 Excel 工作表和【选择数据源】对话框，单击【选择数据源】对话框中的【切换行 / 列】按钮，如下图所示。

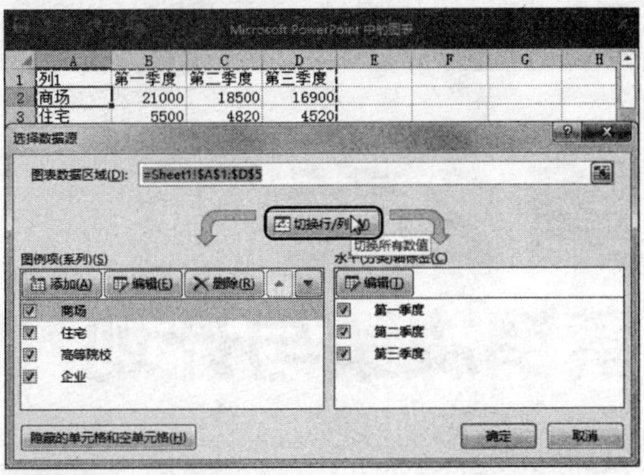

第 3 步 返回幻灯片，即可看到行列切换后的效果，如下图所示。

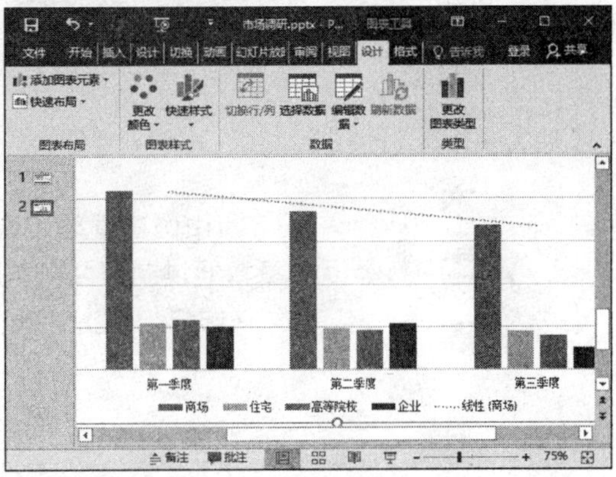

第2章
营销决策与计划

本章导读

在市场和销售管理工作中，营销决策与计划是决定销售额的基本要素。本章将通过制作公司年度营销计划书、年度销售计划表和投资策划方案，介绍在市场和销售管理工作中此类文档的制作。

知识要点

- ❖ 创建模板文件
- ❖ 定义文本样式
- ❖ 使用单变量求解
- ❖ 制作方案
- ❖ 设计幻灯片母版
- ❖ 绘制形状

2.1 使用Word制作“公司年度营销计划书”

案例背景

营销计划是根据企业的营销目标，通过企业设计和规划企业产品、服务、创意、价格、渠道、促销，从而实现个人和组织的交换过程的行为。以满足消费者需求和欲望为核心。在销售过程中，一份好的营销计划书可以让营销过程事半功倍，让销售工作顺利、有序的发展。

本例将通过使用Word制作公司年度营销计划书，制作完成后的效果如下图所示。实例最终效果见“光盘\结果文件\第2章\东华科技年度销售计划书.docx”文件。

光盘文件	素材文件	光盘\素材文件\第2章\营销计划书.docx
	结果文件	光盘\结果文件\第2章\东华科技年度销售计划书.docx
	教学视频	光盘\视频文件\第2章\2.1使用Word制作公司年度营销计划书.mp4

2.1.1 创建模板文件

要创建企业模板，需要先新建一个模板文件，然后将常用的元素添加到模板文件中，以方便使用。

1. 另存为模板文件

创建模板文件最常用的方法是在Word文档中另存为模板文件，那么首先就需要先创建一个Word文档，然后再执行以下操作步骤。

❶新建一个Word文档，然后在【文件】菜单的【另存为】选项卡中单击【浏览】按钮，打开【另存为】对话框，在【保存类型】下拉列表中选择【Word模板】选项；❷单击【保存】按钮，如下图所示。

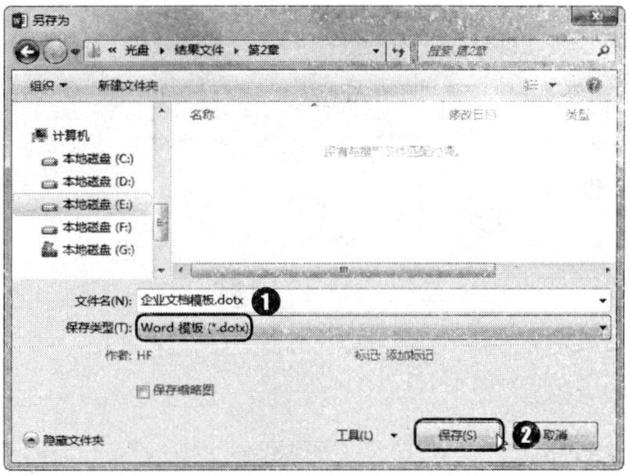

2. 在功能区显示【开发工具】选项卡

在制作模板文档时，需要用到【开发工具】选项卡中的功能，而【开发工具】选项卡并没有默认显示在工具栏中，需要通过以下操作步骤来显示。

第 1 步 切换到【文件】选项卡后选择【选项】命令，如下图所示。

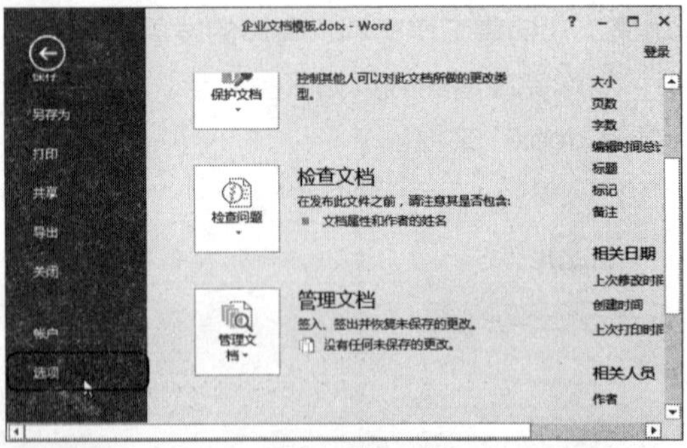

第 2 步 ❶打开【Word 选项】对话框，在【自定义功能区】列表框中选中【开发工具】复选框；❷单击【确定】按钮即可，如下图所示。

2.1.2 添加模板内容

创建好模板文件之后，就可以为模板添加内容和设置到该文件中，以便以后直接用该模板创建文件。通常模板中的内容含有固定的成分，如固定的标题、背景、页面版式等。

1. 制作模板页眉

企业文档大多会使用公司的名称作为页眉，所以需要将固定的页眉格式添加到模板文件中，具体操作步骤如下。

第 1 步 ❶双击页眉位置，激活页眉页脚编辑模式；❷单击【开始】选项卡【字体】组中的【清除所有格式】按钮去除页眉横线，如下图所示。

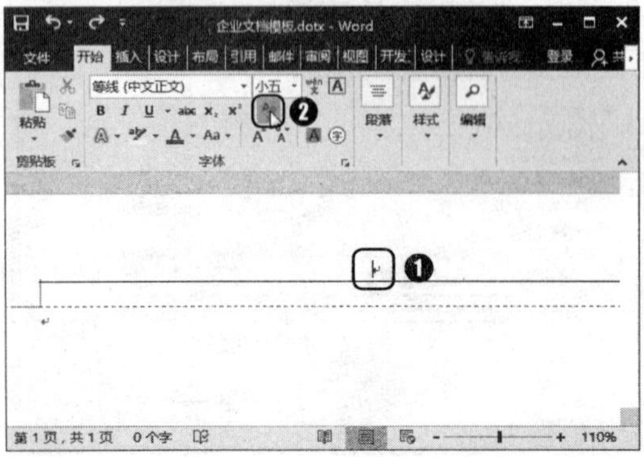

第 2 步 ❶单击【插入】选项卡【插图】组中的【形状】下拉按钮；❷在弹出的下拉列表中选择【曲线】工具⌒，如下图所示。

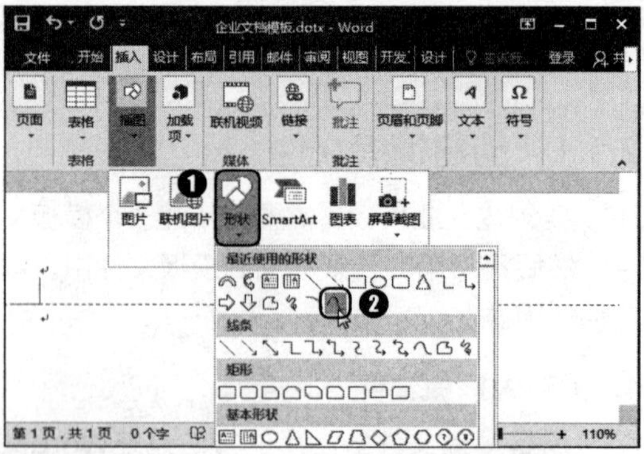

第 3 步 ❶在页眉处绘制如图所示的曲线；❷单击【开始】选项卡【编辑】组中的【选择】下拉按钮；❸在弹出的下拉列表中选择【选择窗格】命令，如下图所示。

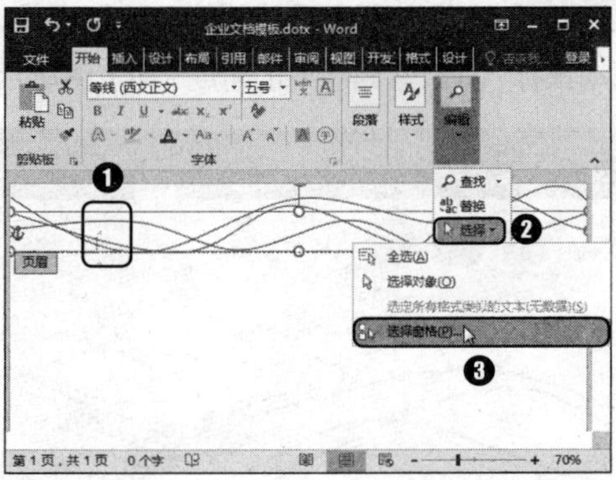

第 4 步 ❶ 打开【选择】窗格，按下【Ctrl】键选择所有图形；❷ 在【绘图工具 / 格式】选项卡的【形状样式】组中设置图形的快速样式，如下图所示。

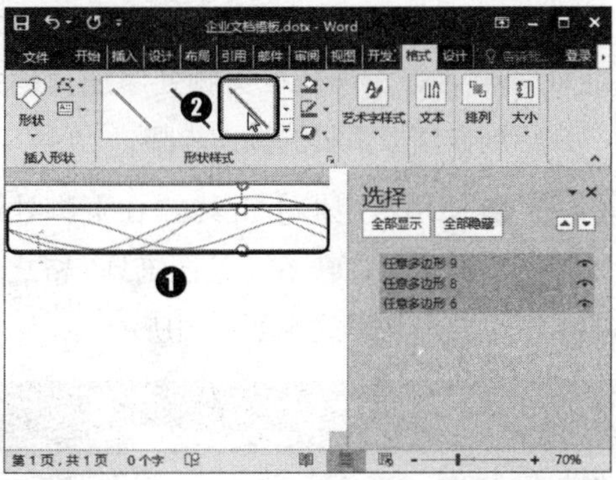

第 5 步 ❶ 单击【插入】选项卡【插图】组中的【图片】按钮，打开【插入图片】对话框，选择“光盘 \ 素材文件 \ 第 2 章 \ 公司图标 .jpg”图片文件；❷ 单击【插入】按钮，如下图所示。

第 6 步 ❶ 选择图片，单击【图片工具 / 格式】选项卡【排列】组中的【环绕文字】下拉按钮；❷ 在弹出的下拉列表中选择【四周型】选项，如下图所示。

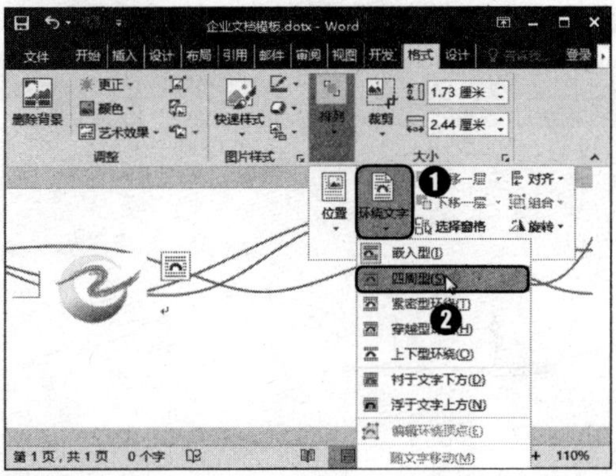

第 7 步 ❶ 在图片上右击；❷ 在弹出的快捷菜单中选择【置于底层】选项；❸ 在弹出的级联菜单中选择【置于底层】命令，如下图所示。

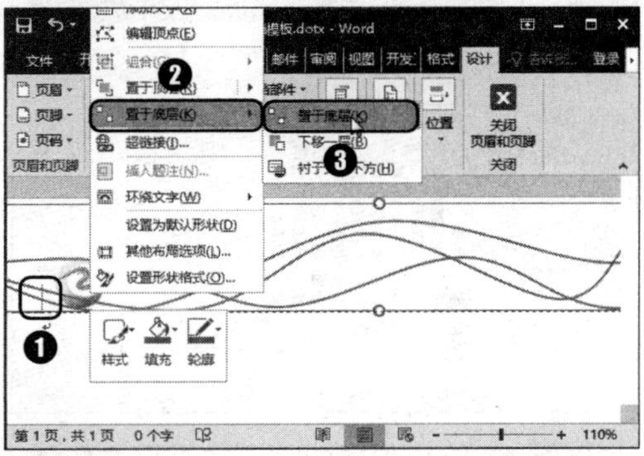

第 8 步 ❶ 单击【插入】选项卡【插图】组中的【形状】下拉按钮；❷ 在弹出的下拉列表中选择【文本框】工具，如下图所示。

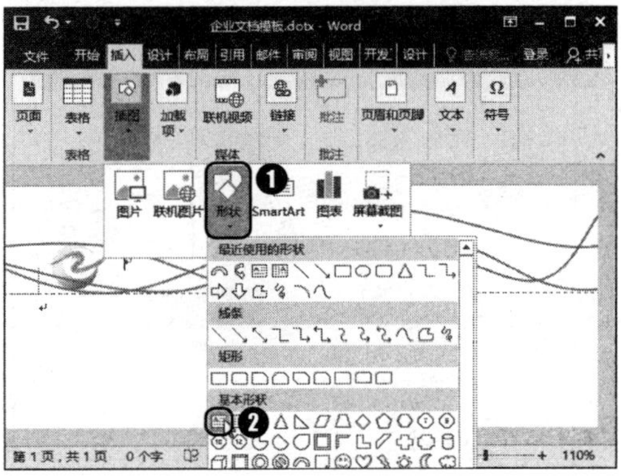

第 9 步 ❶在公司图标右侧绘制文本框，并设置文本框格式为无轮廓和无填充颜色；❷在文本框中输入公司名称，如下图所示。

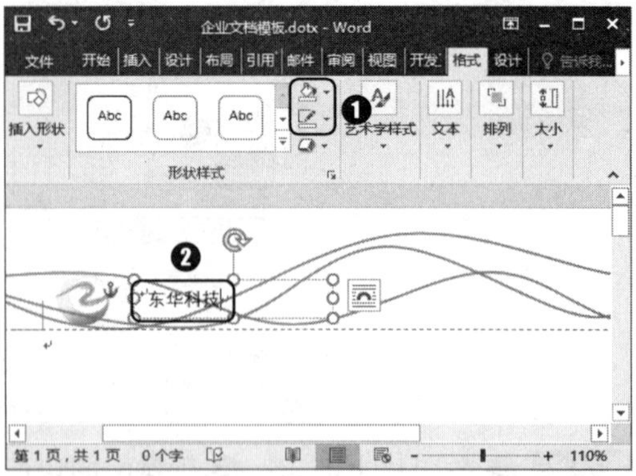

第 10 步 设置文字格式为【华文隶书，小三，橙色，个性 2，深色 50%】，如下图所示。

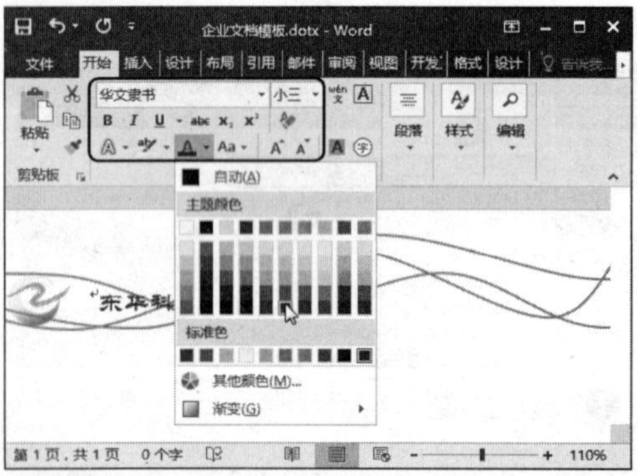

第 11 步 ❶使用相同的方法在页眉右侧插入文本框；❷在【绘图工具 / 格式】选项卡的【形状样式】组中设置形状样式；❸在【艺术字样式】组中设置艺术字样式，如下图所示。

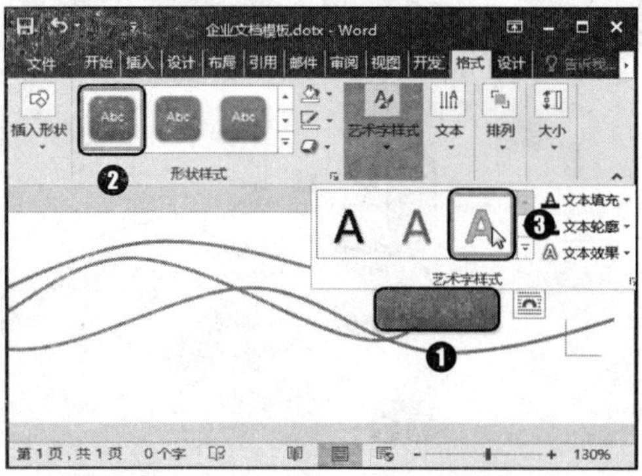

第 12 步 按住文本框顶端的旋转按钮不放，拖动鼠标，直至达到想要的角度，如下图所示。

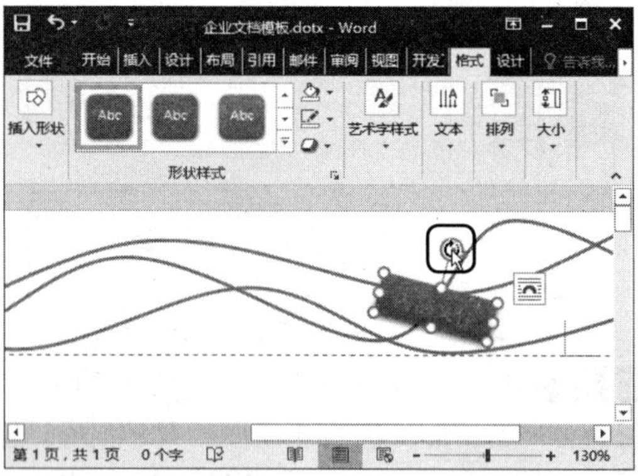

2. 制作模板页脚

在模板的页脚，大多会添加页码、公司地址、电话等，现在在页脚处添加页码为例，介绍制作模板页脚的操作步骤。

第 1 步 ❶使用【矩形】工具□在页脚处绘制如图所示的矩形；❷在【绘图工具 / 格式】选项卡中设置形状样式，如下图所示。

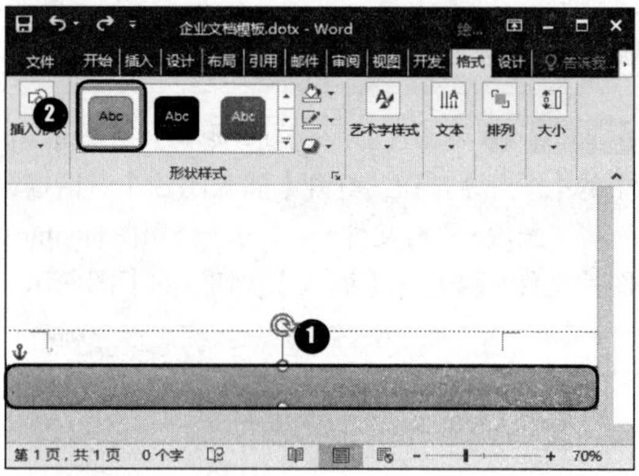

第 2 步 ❶在矩形形状的中间绘制一个椭圆形状；❷在【绘图工具 / 格式】选项卡中设置形状样式；❸在椭圆形状上右击，在弹出的快捷菜单中选择【添加文字】命令，如下图所示。

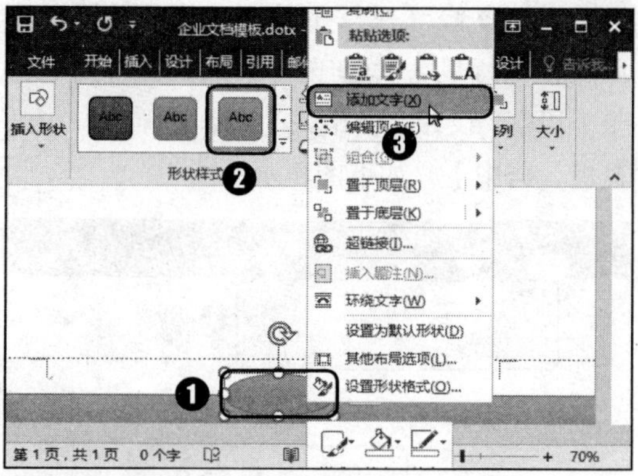

第 3 步 ❶ 单击【页眉和页脚工具 / 设计】选项卡【页眉和页脚】组中的【页码】下拉按钮；❷ 在弹出的下拉列表中选择【当前位置】选项；❸ 在弹出的级联菜单中选择一种页码样式，如下图所示。

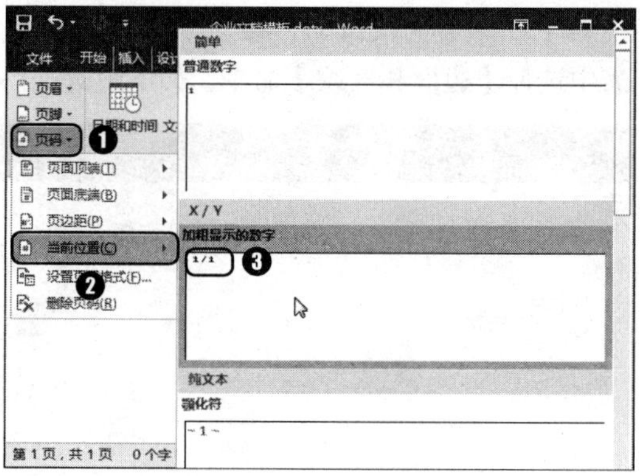

3. 添加水印图片

为了防止公司的信息被他人复制盗用，可以在模板中添加公司标志作为水印图片，具体操作步骤如下。

第 1 步 ❶ 双击页面空白处，退出页眉和页脚编辑模式，单击【设计】选项卡【页面背景】组中的【水印】下拉按钮；❷ 在弹出的下拉列表中选择【自定义水印】命令，如下图所示。

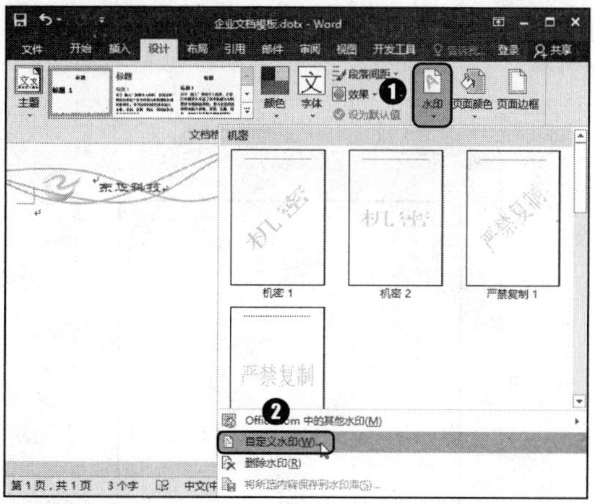

第 2 步 ❶ 打开【水印】对话框，选中【图片水印】单选按钮；❷ 单击【选择图片】按钮，如下图所示。

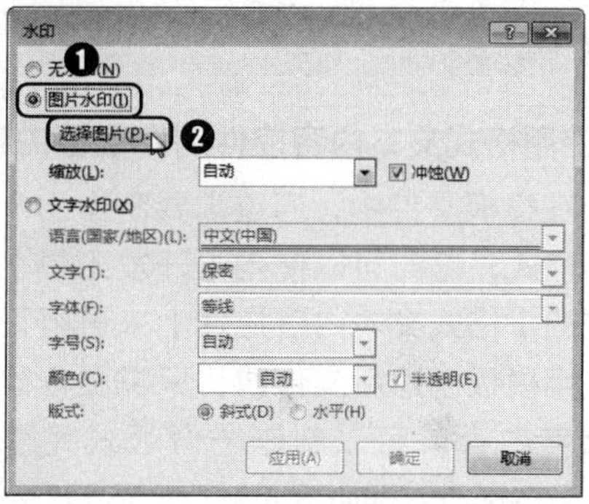

第 3 步 ❶ 在打开的【水印】对话框中，选择"光盘 \ 素材文件 \ 第 2 章 \ 公司图标 .jpg"图片文件插入；❷ 单击【确定】按钮，如下图所示。

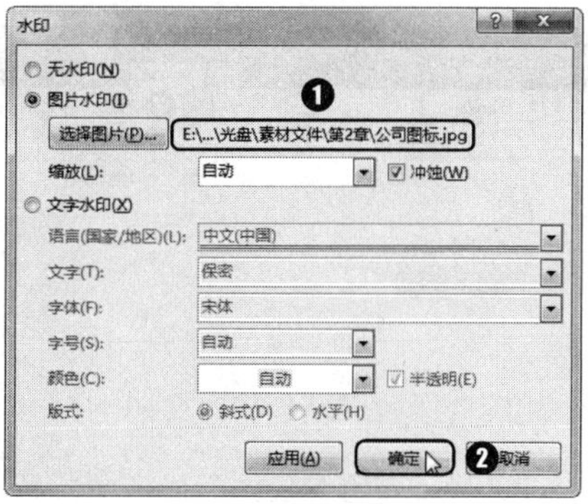

第 4 步 进入页眉页脚编辑状态，复制多个水

印图片到页面，并调图片大小和位置，如下图所示。

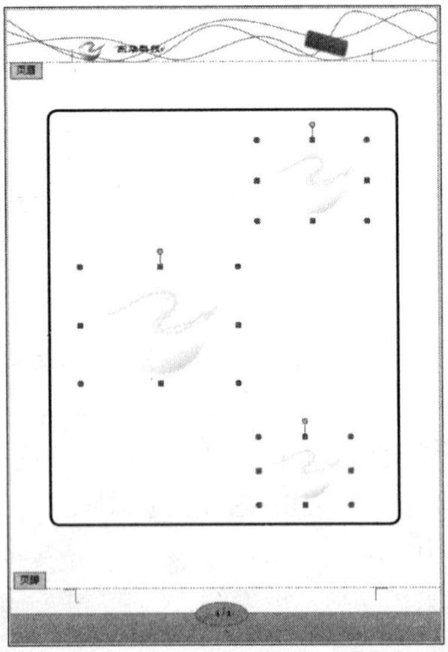

4. 使用格式文本内容控件制作模板内容

在模板文件中，通过需要制作出一些固定的格式，这时可以使用【开发工具】选项卡中的【格式文本内容控件】来进行设置。在使用模板创建新文件时，只需要修改少量的文字内容就可以制作一份版式完整的文档，具体操作步骤如下。

第1步 ❶单击【开发工具】选项卡【控件】组中的【格式文本内容控件】按钮 Aa；❷单击【开发工具】选项卡【控件】组中的【设计模式】按钮，如下图所示。

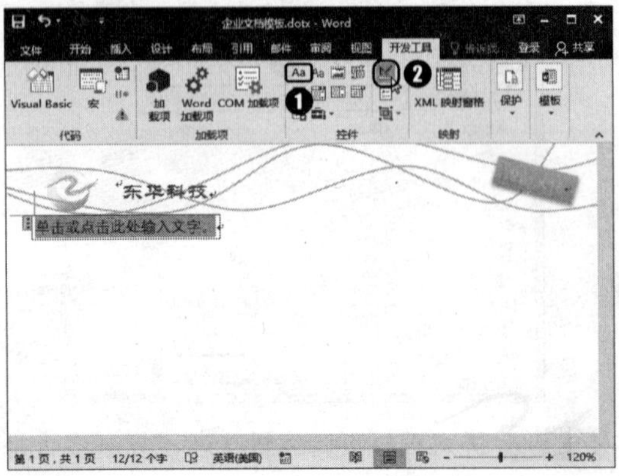

第2步 ❶修改控件中的文本内容为【单击此处输入标题】；❷选中插入的控件所在的整个段落，设置字体格式为【华文行楷，二号，蓝色，居中】，如下图所示。

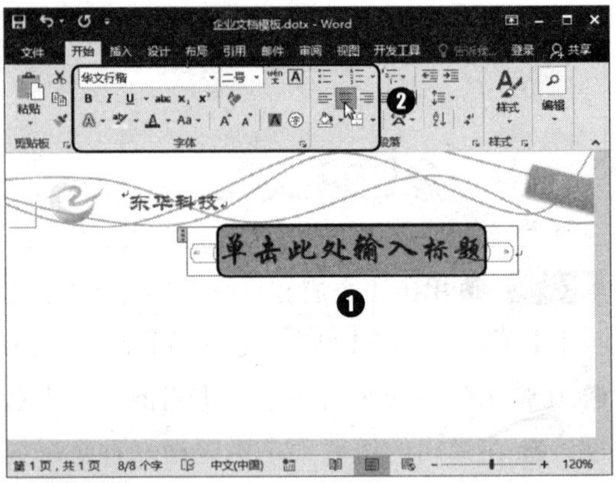

第3步 ❶单击【开始】选项卡【段落】组中的【边框】下拉按钮；❷在弹出的下拉列表中选择【边框和底纹】命令，如下图所示。

第4步 ❶打开【边框和底纹】对话框，在【边框】选项卡中，设置应用于选项为【段落】；❷设置边框类型为【自定义】；❸分别设置线条的样式、颜色和宽度；❹单击【预览】栏中的【下框线】按钮；❺单击【确定】按钮，如下图所示。

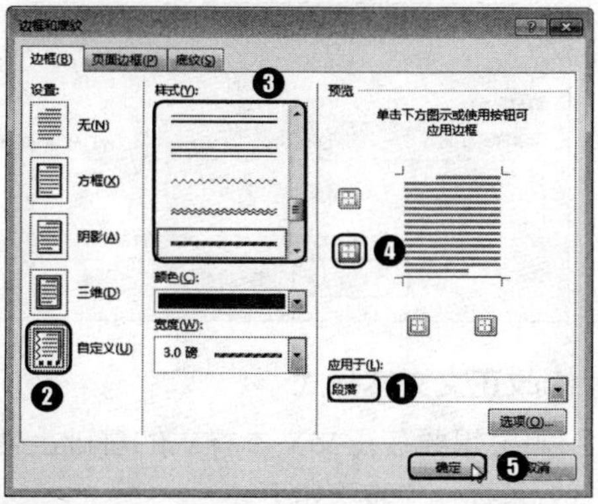

第 5 步 ❶使用相同的方法在下方插入第 2 个格式文本内容控件；❷单击【开发工具】选项卡【控件】组中的【属性】按钮，如下图所示。

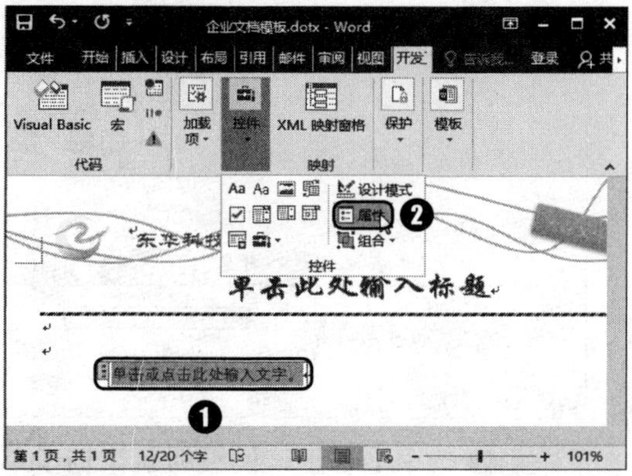

第 6 步 ❶打开【内容控件属性】对话框，在【常规】栏的【标题】文本框中设置标题为【正文】；❷选中【内容被编辑后删除内容控件】复选框；❸单击【确定】按钮，如下图所示。

5. 添加日期选取器内容控件

为了方便公司员工方便地为文档添加日期，可以在文档的末尾添加日期选取器内容控件，具体操作步骤如下。

第 1 步 ❶在文档的末尾处输入“发布日期：”文本；❷单击【开发工具】选项卡【控件】组中的【日期选取器内容控件】按钮；❸单击【开发工具】选项卡【控件】组中的【属性】按钮，如下图所示。

第 2 步 ❶打开【内容控件属性】对话框，在【锁定】栏选中【无法删除内容控件】复选框；❷在【日期选取器属性】栏选择日期格式；❸单击【确定】按钮，如下图所示。

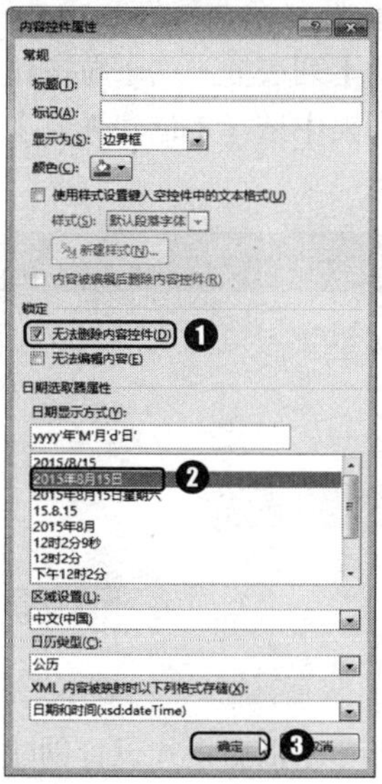

第 3 步 ❶ 选中日期控件所在段落；❷ 设置文本格式为【方正姚体，小四，右对齐】，如下图所示。

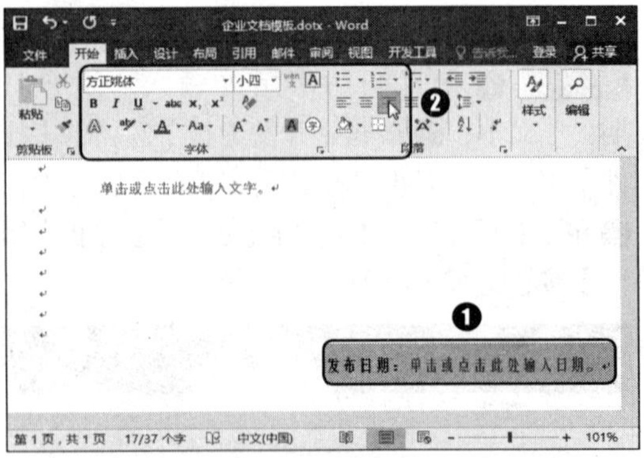

2.1.3 定义文本样式

为了方便在使用模板创建文档时，可以快速地为文档设置内容格式，可以在模板中预先设置一些可用的样式效果，在编辑文件时，直接选用相应的样式即可。

1. 将标题内容的格式新建为样式

如果已经在模板文档中设置了文本的样式，可以将该样式直接创建为新样式，以便于日后使用，具体操作步骤如下。

第 1 步 ❶ 选中标题段落，单击【开始】选项卡【样式】列表框中的下拉按钮；❷ 在弹出的下拉列表中选择【创建样式】命令，如下图所示。

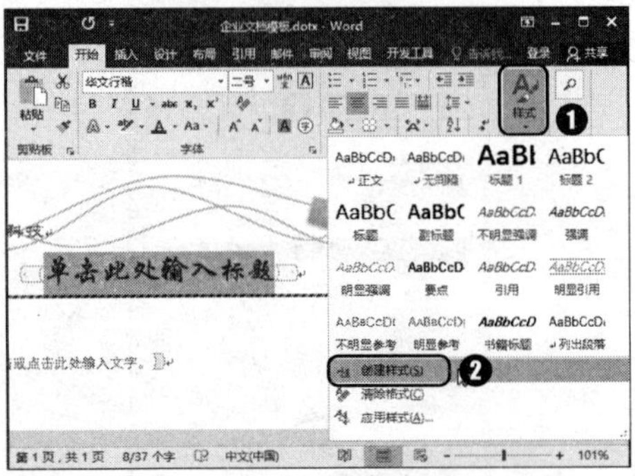

第 2 步 打开【根据格式设置创建新样式】对话框，单击【确定】按钮，如下图所示。

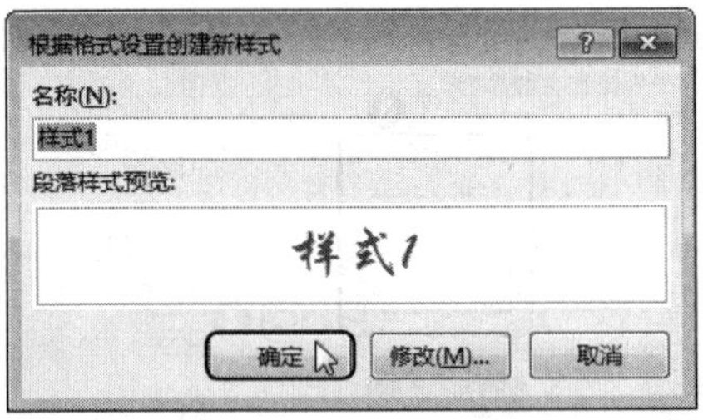

2. 修改正文文本样式

如果想要在正文文本样式的基础上修改样式，具体操作步骤如下。

第 1 步 ❶ 单击【样式】对话框启动器；❷ 在样式窗格中单击【正文】右侧的下拉按钮；❸ 在弹出的下拉列表中选择【修改】命令，如下图所示。

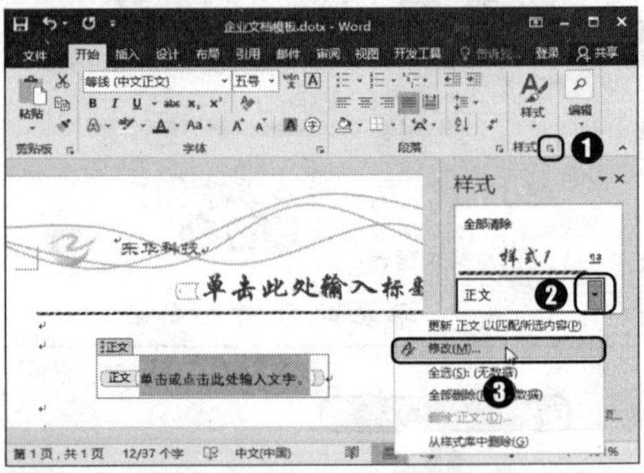

第 2 步 ❶ 选中【基于该模板的新文档】单选按钮；❷ 单击【格式】按钮，在弹出的下拉列表中选择【段落】命令，如下图所示。

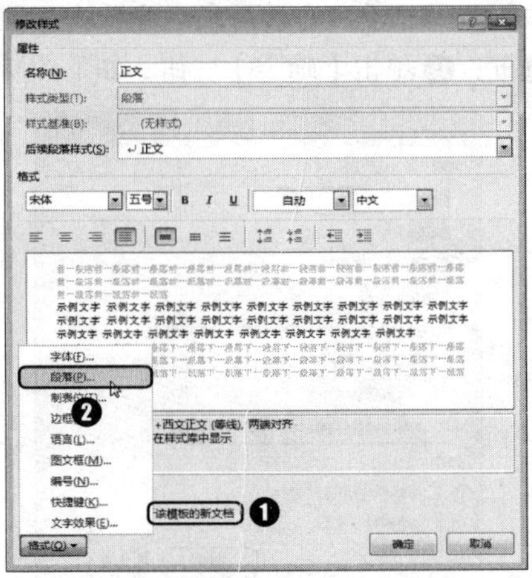

第 3 步 ❶打开【段落】对话框，设置【缩进】为【首行缩进；2 字符】；❷设置【行距】为【1.5 倍行距】；❸依次单击【确定】按钮，并使用相同的方法修改【标题 1】和【标题 2】的样式，如下图所示。

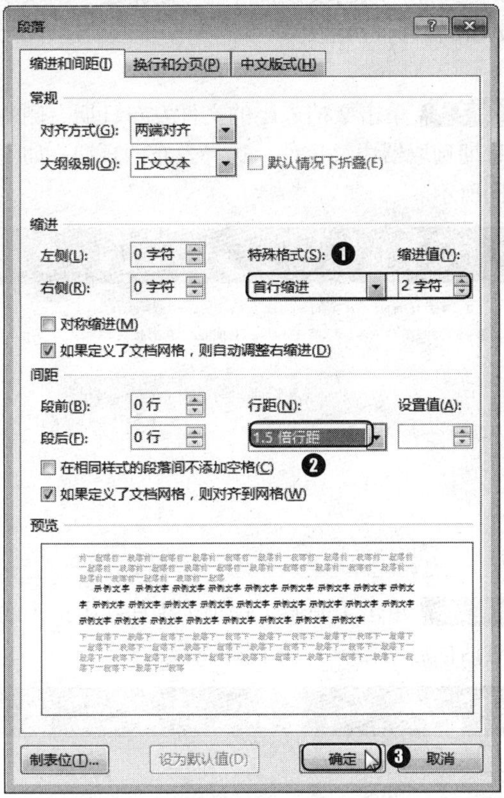

2.1.4 保护模板文件

模板制作完成后，为了避免他人随意更改模板内容，可以为其设置密码，以保护模板的安全，具体操作步骤如下。

第 1 步 ❶选择【文件】选项卡中的【信息】选项；❷单击【保护文档】下拉按钮；❸在打开的下拉列表中选择【限制编辑】命令，如下图所示。

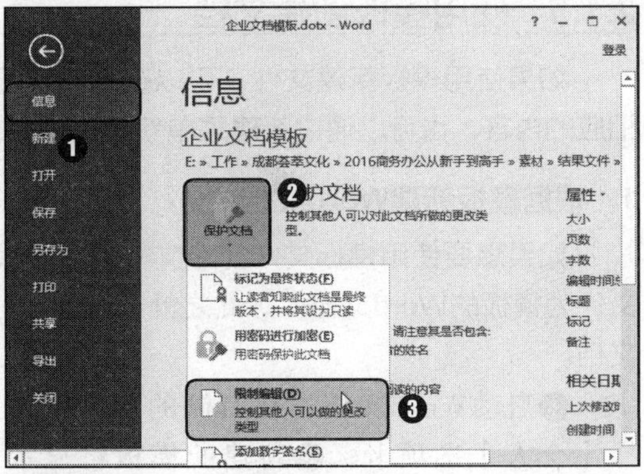

第 2 步 ❶打开【限制编辑】窗格，选中【编辑限制】组中的【仅允许在文档中进行此类型的编辑】复选框；❷分别选中标题、正文和日期控件后，选中【例外项（可选）】栏中的【每个人】复选框；❸单击【限制编辑】窗格中的【是，启动强制保护】按钮，如下图所示。

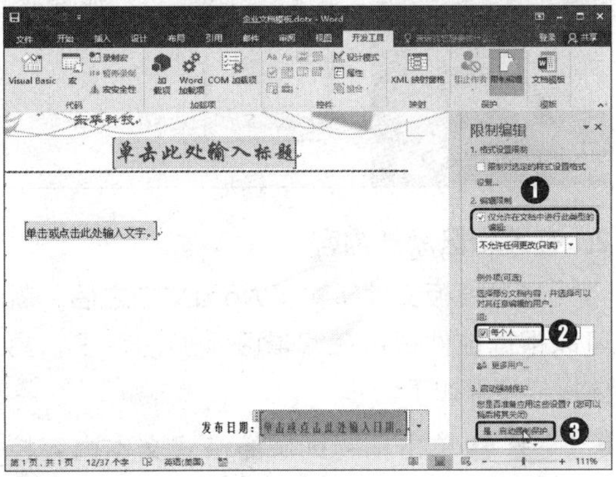

第 3 步 ❶打开【启动强制保护】对话框，在【新密码（可选）】文本框和【确认新密码】文本框中输入密码；❷单击【确定】按钮，如下图所示。

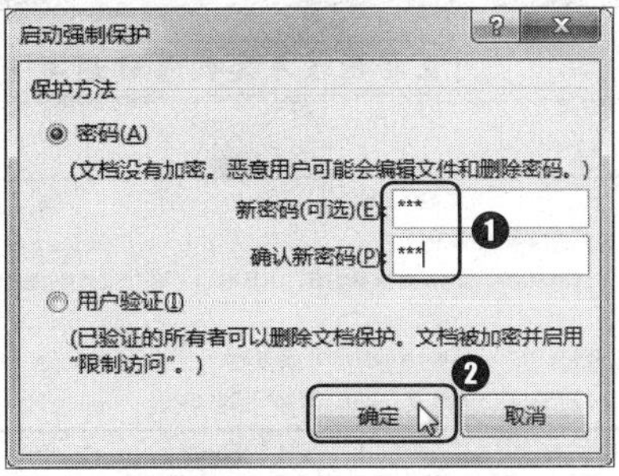

2.1.5 使用模板创建文档

如果使用模板新建文件，可以在系统资源管理器中双击打开模板文件，然后在模板中添加相应的内容，也可以通过新建菜单新建文件。

1. 根据模板新建Word文档

如果想要使用模板文件创建文档，直接找到模板文件，双击模板文件就可以新建一个以该文件为模板的Word文档。除此之外，也可以打开Word软件，再通过以下的操作步骤新建Word文档。

❶启动Word文档，在右侧的窗口中选择【个人】选项卡；❷新建的模板将显示在该选项卡中，单击模板创建文件，如下图所示。

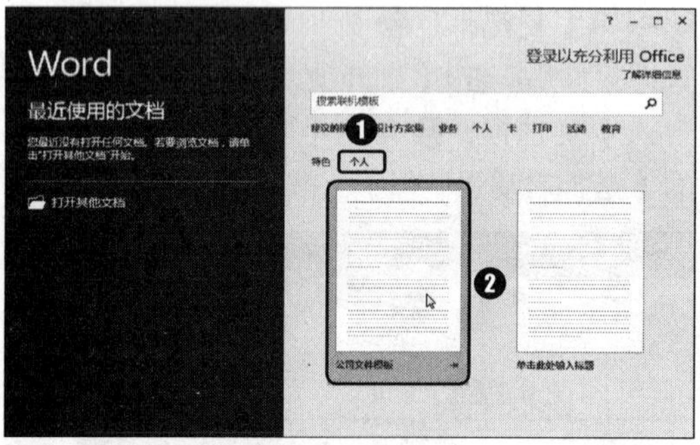

2. 在编辑区添加内容

通过模板文件新建了Word文档之后，就可以根据控件提示在编辑区添加内容了，具体操作步骤如下。

第 1 步 ❶单击标题区域的格式文本内容控件，输入标题文字“东华科技年度销售计划书”；❷单击文本中的正文的格式文本内容控件，输入正文内容，如下图所示。

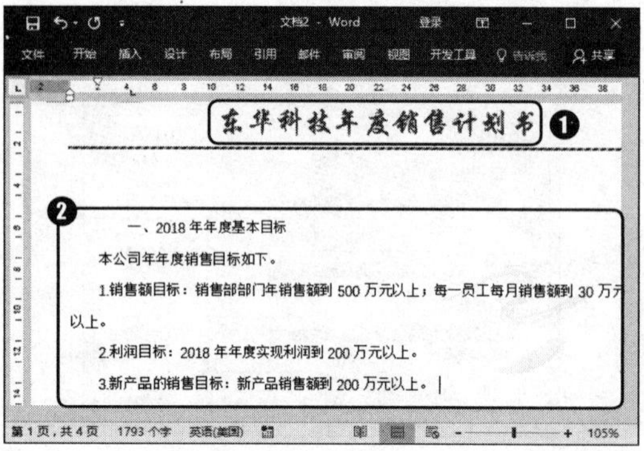

第 2 步 单击文档末尾的文件发布日期右侧的日期选取器内容控件，选择发布的日期，如下图所示。

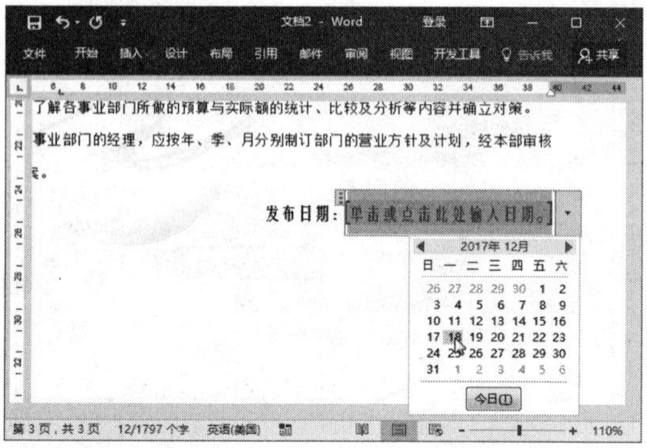

第 3 步 单击【开始】选项卡【样式】组中的对话框启动器，如下图所示。

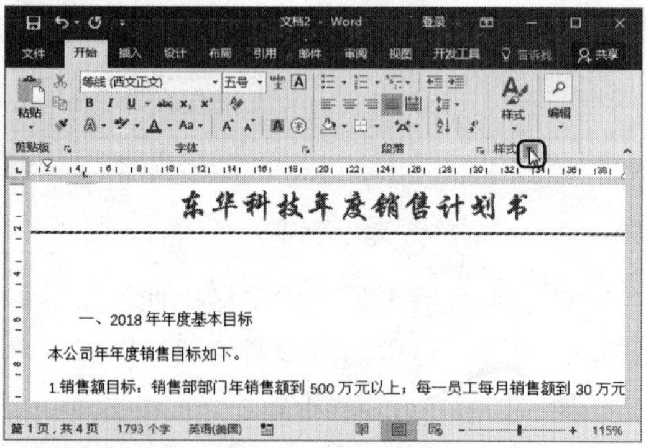

第 4 步 ❶打开【样式】对话框，在文档中选择“一、2018 年年度基本目标”文本；❷选择【样式】窗格中的【标题 1】样式，并使用相同的方法为其他相关文本应用【标题 1】样式，如下图所示。

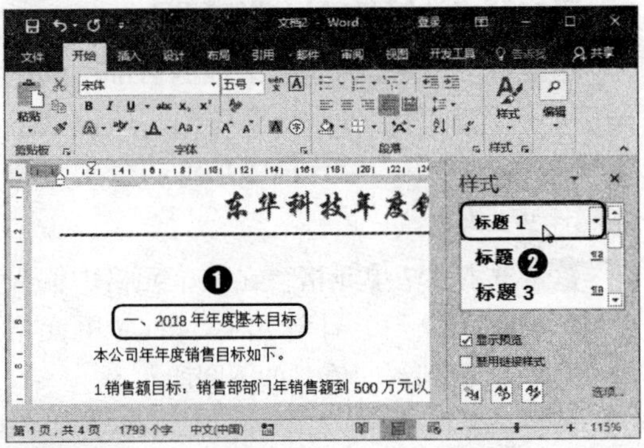

第5步 ❶在文档中选择“（一）新产品的销售方式”文本；❷选择【样式】窗格中的【标题2】样式，并使用相同的方法为其他相关文本应用【标题2】样式，然后保存文档即可完成本例操作，如下图所示。

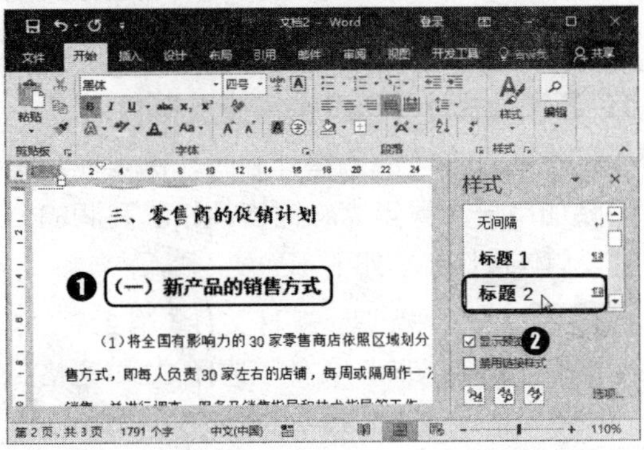

2.2 使用Excel制作“年度销售计划表”

案例背景

在年初或年末的时候，企业常常会提出新一年的各种计划和目标，如产品的销售计划。销售计划通常会依据上一年的销售情况，为新一年的销售额提出要求。本例将应用Excel对新一年的销售情况做出规划，确定要完成的目标、各部门需要完成的总目标等。

本例使用Excel制作年度销售计划表，制作完成后的效果如下图所示。实例最终效果见“光盘\结果文件\第2章\年度销售计划表.xlsx”文件。

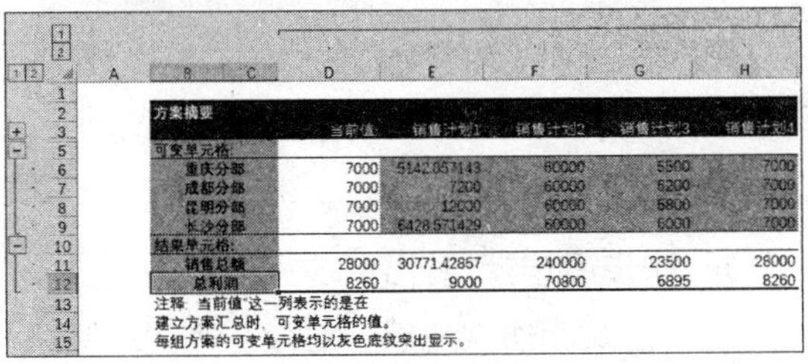

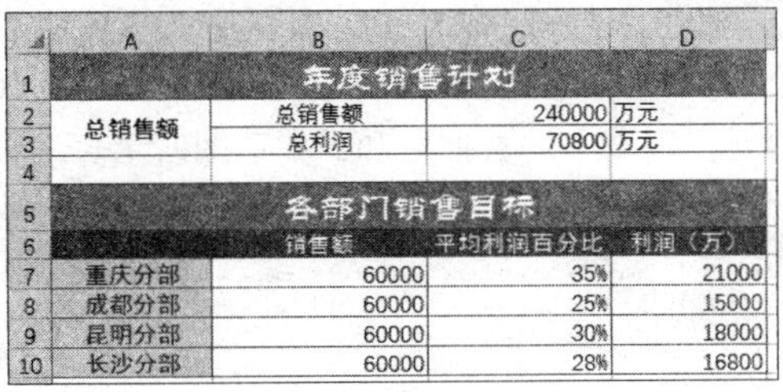

光盘文件	素材文件	光盘\素材文件\第2章\年度销售计划表.xlsx
	结果文件	光盘\结果文件\第2章\年度销售计划表.xlsx
	教学视频	光盘\视频文件\第2章\2.2使用Excel制作年度销售计划表.mp4

2.2.1 制作年度销售计划表

在对年度销量进行规划时，需要在年度销售计划表中添加相应的公式以确定数据间的关系。

1. 添加公式计算年度销售额及利润

在制订部门的销售计划时，需要在表格中添加用于计算年度总销售额和总利润的公式，具体操作步骤如下。

第 1 步 打开“光盘\素材文件\第 2 章\年度销售计划表 .xlsx”文件，选择 C2 单元格，在该单元格中输入公式“=SUM(B7：B10)”，计算出 B7：B10 单元格区域中的数据之和，如下图所示。

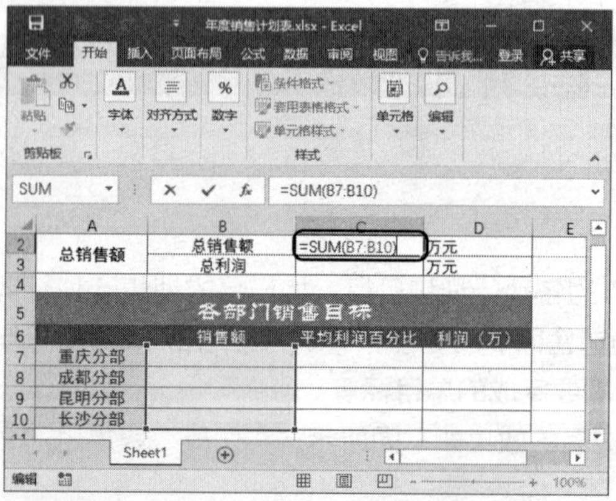

第 2 步 选择 C3 单元格，在该单元格中输入公式“=SUM(D7：D10)”，计算出 D7：D10 单元格区域中的数据之和，如下图所示。

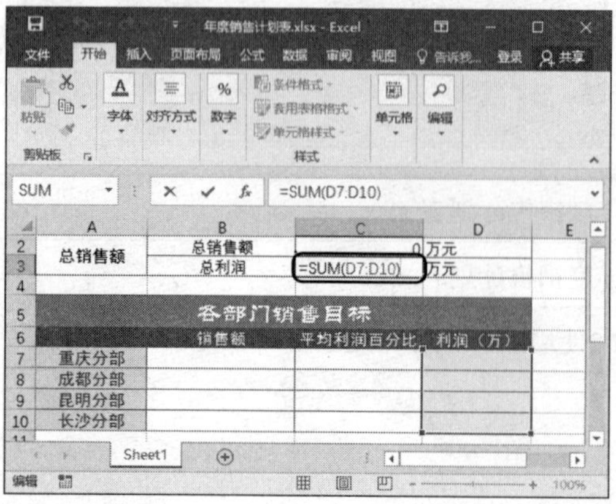

2. 添加公式计算各部门销售利润

各部门的销售利润应该根据各部门的销售额与平均利润百分比计算得出，所以应该在“利润”列中的单元格添加计算公式，具体操作步骤如下。

第 1 步 选择 D7 单元格，在该单元格中输入公式“= B7*C7 ”，计算出 B7 和 C7 单元格的乘积，以得到利润值，如下图所示。

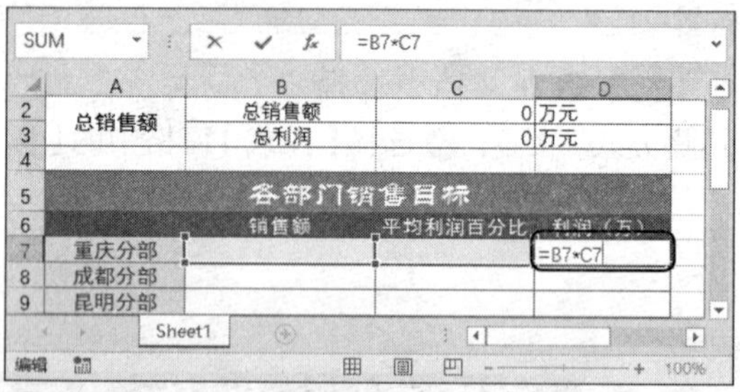

第 2 步 拖动 D7 单元格右下角的填充句柄，将公式填充至整列，如下图所示。

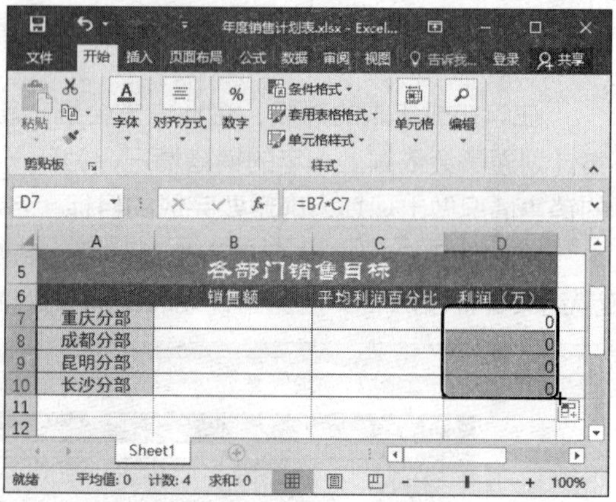

3. 初步设定销售计划

公式添加完成后，可以在表格中设置部门的目标销售额及其平均利润百分比，从而可以查年到该计划能达到的总销售额及总利润。例如，假设各部门均能完成5000万元的销售额，而其平均利润百分比分别为35%、25%、30%、28%，计算各部门的平均利润百分比操作步骤如下。

将各部门的平均利润填入表格区域即可

计算出各部门要达到的目标利润、全年总销售额和总利润，如下图所示。

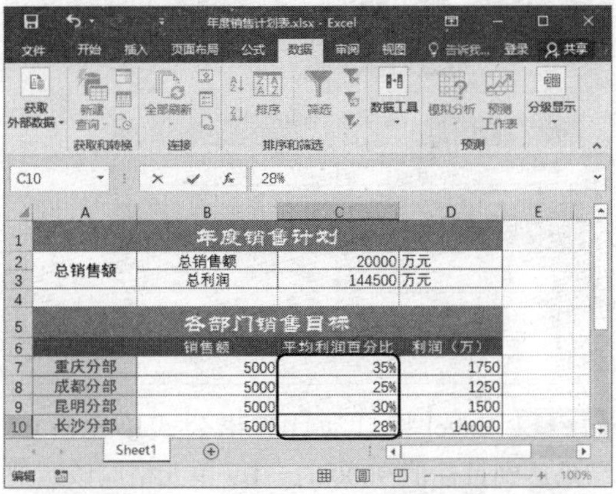

2.2.2 计算要达到目标利润的销售额

在制订计划时，通常以最终利润为目标，从而设定该部门需要完成的销售目标。例如，针对某一部门要达到指定的利润，该部门应完成多少的销售任务。在进行此类运算时，可以使用Excel中的“单变量求解”命令，以使公式结果达到目标值，自动计算出公式中的变量结果。

1. 计算各部门要达到目标利润的销售额

假设要使总利润达到7200万元，即各部门的平均利润应达到1800万元。为了使各部门能达到1800万元的利润，则需要计算出各部门需要达到的销售额，具体操作步骤如下。

第1步 ❶选择【重庆分部】的【利润】单元格 D7；❷单击【数据】选项卡【预测】组中的【模拟分析】下拉按钮；❸在弹出的下拉列表中选择【单变量求解】命令，如下图所示。

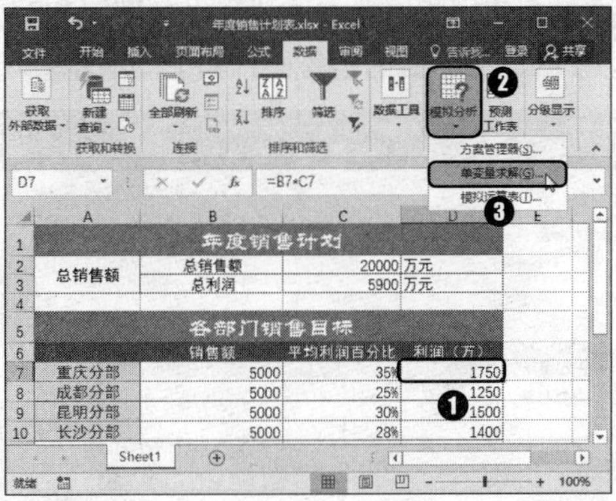

第2步 ❶打开【单变量求解】对话框，设置目标值为【1800】；❷在【可变单元格】文本框中引用要计算结果的单元格 B7；❸单击【确定】按钮，如下图所示。

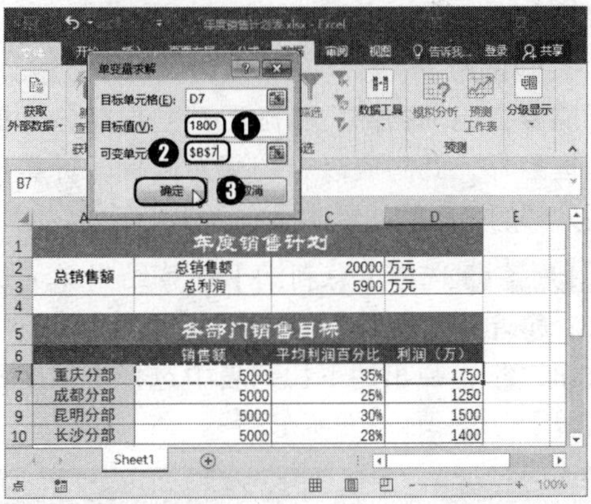

第3步 Excel 将自动计算出公式单元格 D7 结果达到目标值 1800 时，B7 单元格应达到的值，如下图所示。

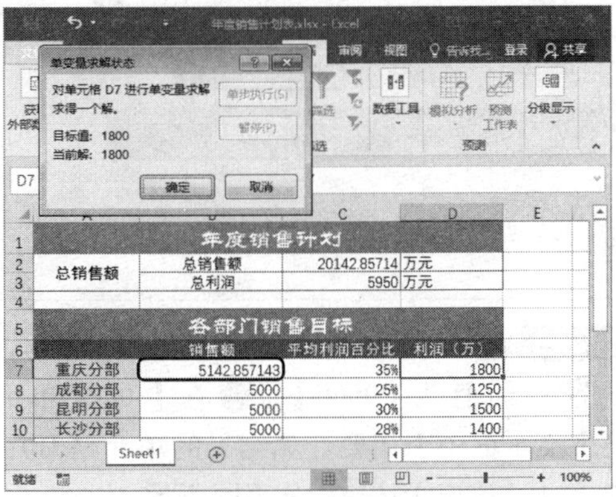

第 4 步 使用相同的方法计算出各部门利润要达到 1800 万元时的销售额，如下图所示。

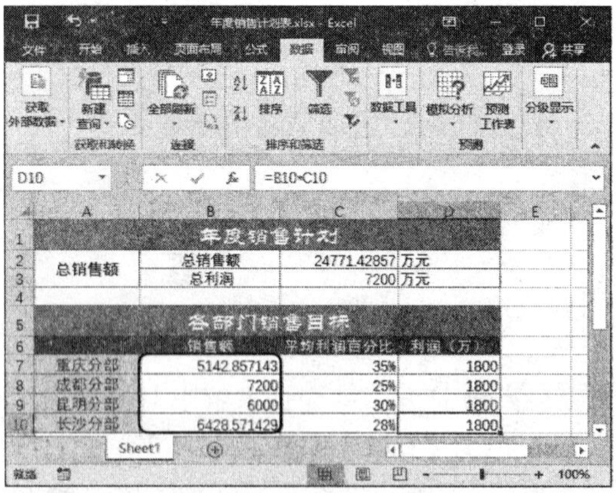

2. 以总利润为目标计算一个部门的销售计划

假设为了使总利润可以达到9000万元，现需要在当前各部门基础上调整昆明分部的销售目标，此时应以总利润为目标，计算昆明分部的销售额，具体操作步骤如下。

第 1 步 ❶选择【总利润】计算结果单元格 C3；❷单击【数据】选项卡中的【模拟分析】按钮；❸在弹出的下拉列表中选择【单变量求解】命令，如下图所示。

第 2 步 ❶打开【单变量求解】对话框，设置目标值为【9000】；❷在【可变单元格】文本框中引用要计算结果的单元格 B9；❸单击【确定】按钮，如下图所示。

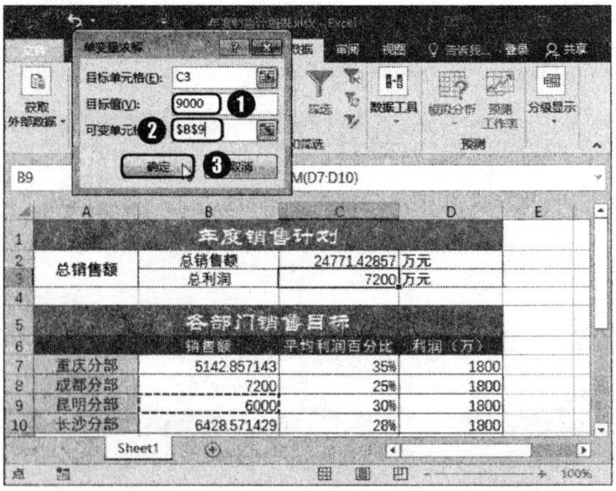

第 3 步 Excel 将自动计算出公式单元格 C3 结果达到目标值 9000 时，B9 单元格应该达到的值，如下图所示。

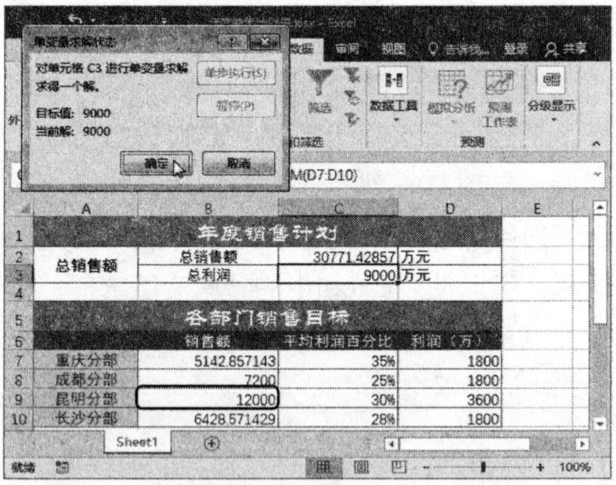

2.2.3 使用方案制订销售计划

在各部门完成不同的销售目标的情况下，为了查看总销售额、总利润及各部门利润的变化情况，可为各部门要达到的不同销售额制订不同的方案。

1. 添加方案

要使表格中部分单元格内保存多个不同的值，可针对这些单元格添加方案，将不同的值保存到方案中，具体操作步骤如下。

第 1 步 ❶选择【数据】选项卡【模拟】组中的【模拟分析】下拉按钮；❷在弹出的下拉列

表中选择【方案管理器】命令，如下图所示。

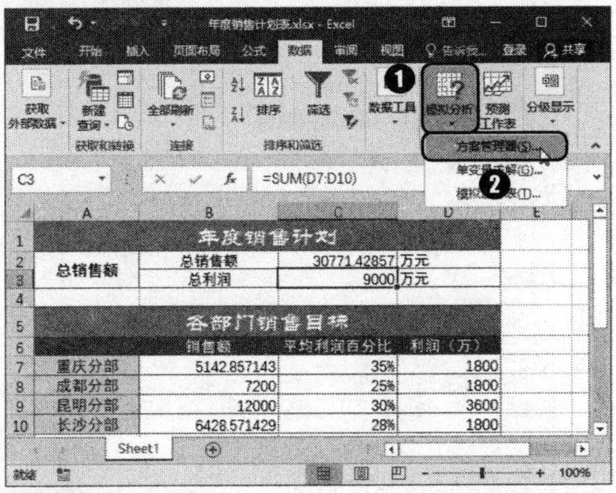

第 2 步 在打开的【方案管理器】对话框中单击【添加】按钮，如下图所示。

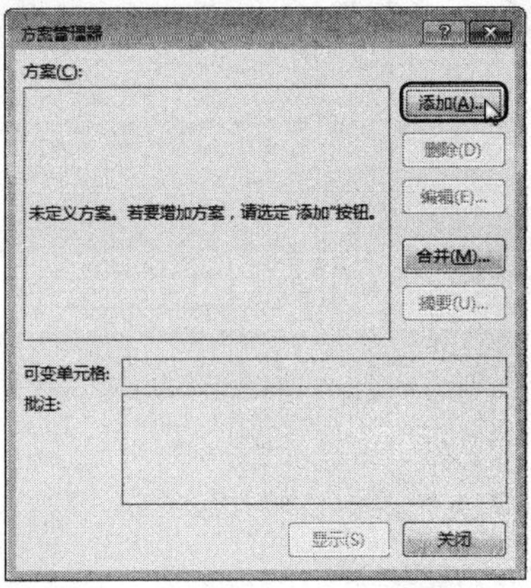

第 3 步 ❶打开【编辑方案】对话框，在【方案名】文本框中输入方案名称“销售计划 1”；❷在【可变单元格】文本框中引用单元格区域 B7：B10；❸单击【确定】按钮，如下图所示。

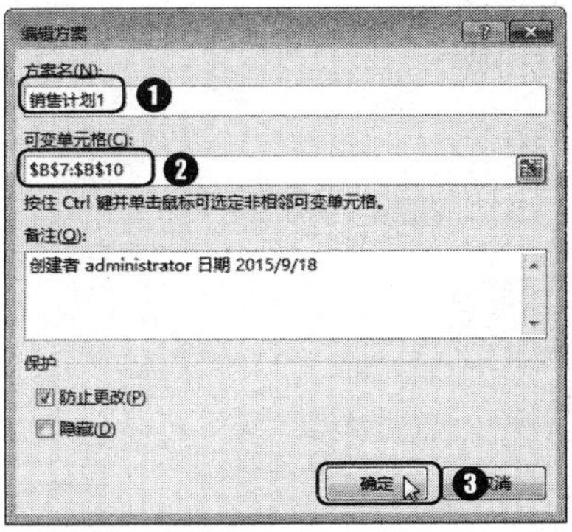

第 4 步 打开【方案变量值】对话框，单击【确定】按钮将当前单元格中的值作为方案中各可变单元格的值，完成第一个方案的添加，如下图所示。

第 5 步 在【方案管理器】对话框中单击【添加】按钮，如下图所示。

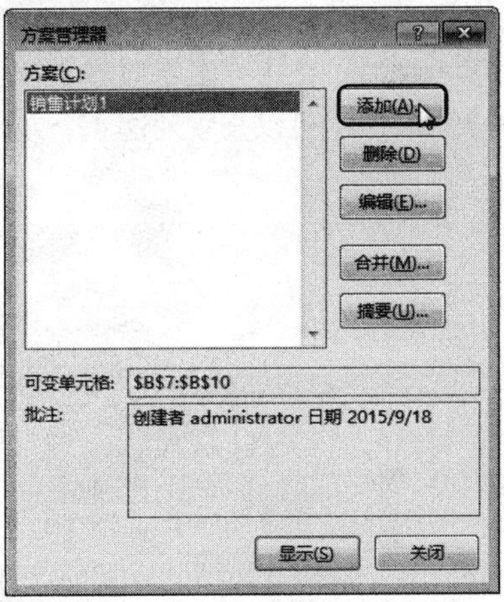

第 6 步 ❶打开【添加方案】对话框，设置新方案名称，并在【可变单元格】文本框中再次引用 B7：B10 单元格区域；❷单击【确定】按钮，如下图所示。

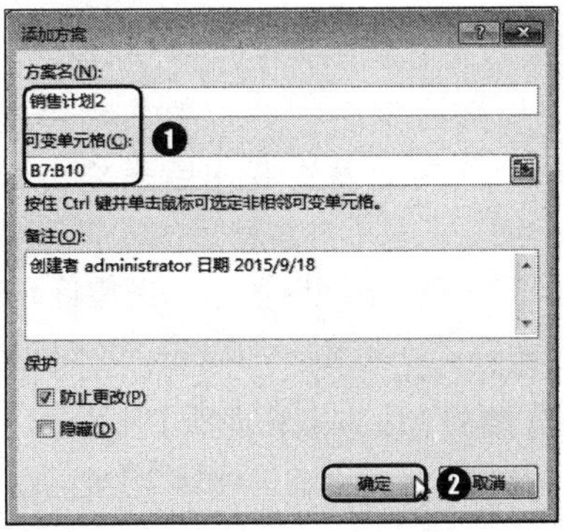

第 7 步 ❶ 在打开的【方案变量值】对话框中设置 4 个可变单元格值为【6000】；❷ 单击【确定】按钮完成新方案的添加，如下图所示。

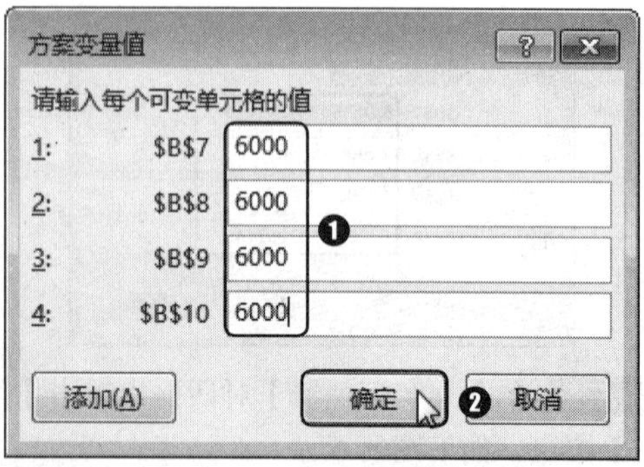

第 8 步 使用相同的方法添加方案 3 和方案 4，完成方案添加后，在【方案管理器】对话框的【方案】列表框中可以查看到这 4 个方案的选项，如下图所示。

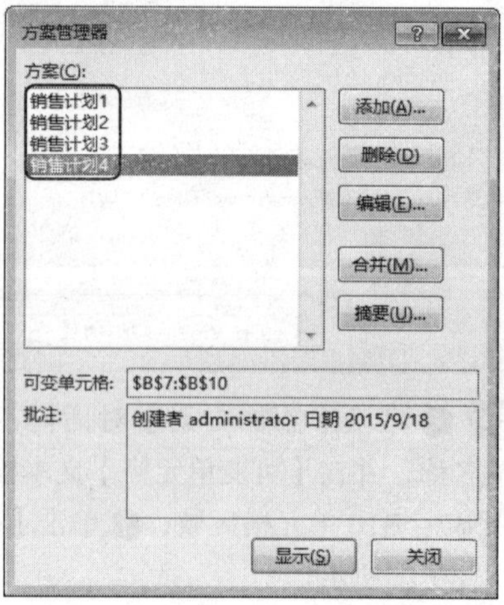

2. 查看方案求解结果

添加好方案后，要查看方案中设置的可变单元格的值发生变化后表格中数据的变化，可以单击【方案管理器】对话框中的【显示】按钮。下面以显示【销售计划2】为例，介绍查看方案求解结果的操作步骤。

第 1 步 ❶ 打开【方案管理器】对话框，在【方案】列表框中选择【销售计划 2】选项；❷ 单击【显示】按钮，如下图所示。

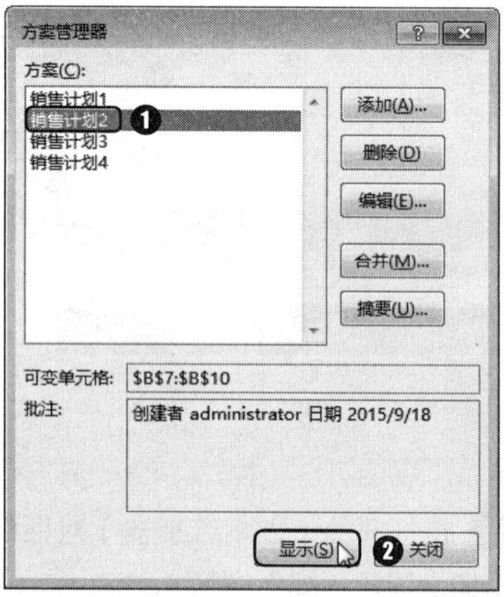

第 2 步 在工作表中，将应用【销售计划 2】的结果，如下图所示。

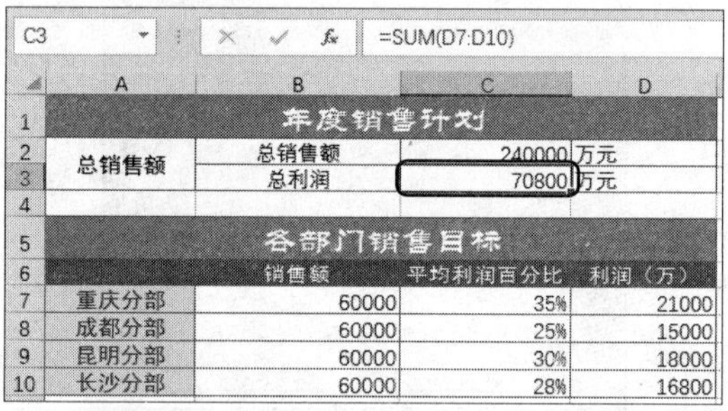

3. 生成方案摘要

在表格中应用了多个不同的方案，如果要对比不同的方案得到的结果，可以应用方案摘要，具体操作步骤如下。

第 1 步 打开【方案管理器】对话框，然后单击【摘要】按钮，如下图所示。

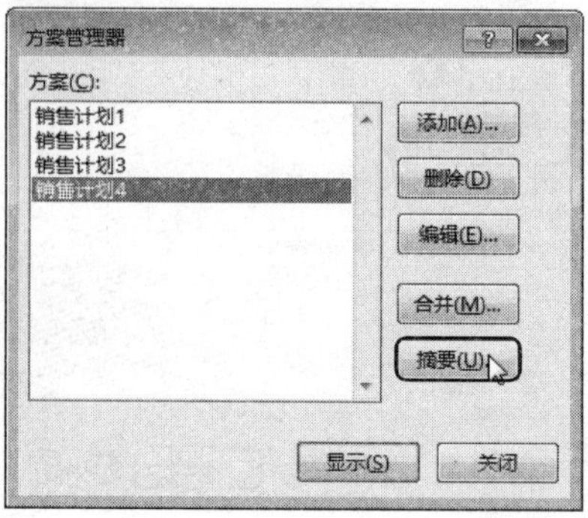

第 2 步 ❶打开【方案摘要】对话框，在【结果单元格】文本框中引用单元格 C2 和 C3；❷单击【确定】按钮，如下图所示。

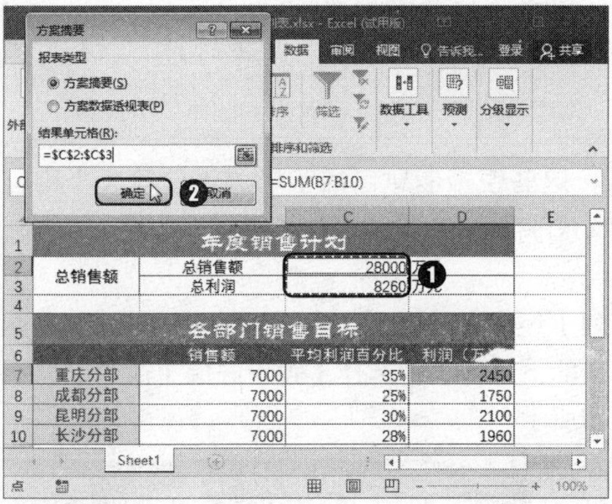

第 3 步 返回文档，即可看到生成的方案摘要，如下图所示。

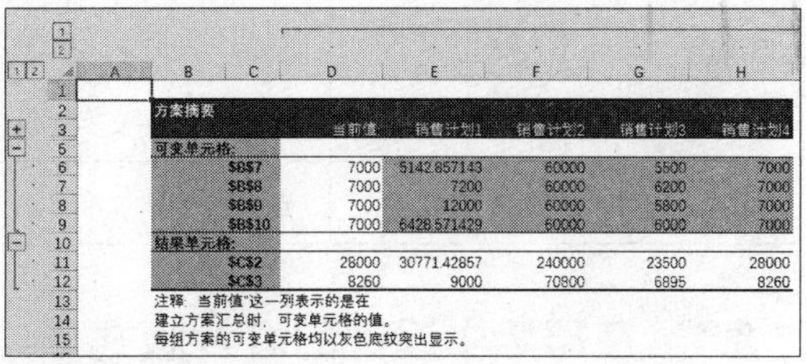

第 4 步 修改摘要报表中的部分单元格内容，将原本为引用单元格地址的文本内容更改为对应的标题文字，并调整表格的格式，最终效果如下图所示。

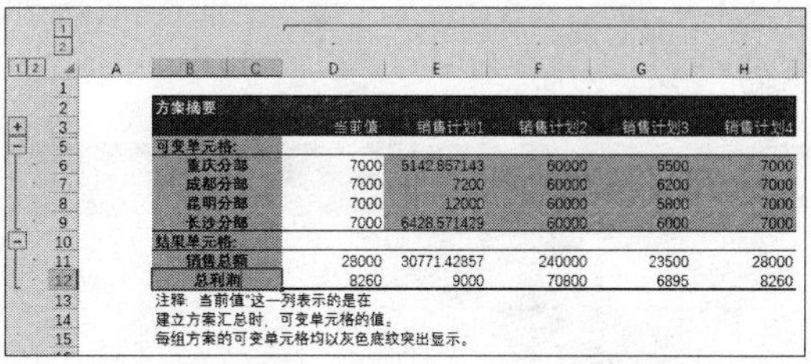

2.3 使用PPT制作“投资策划方案”

案例背景

策划方案是公司根据一定格式的内容和要求编辑整理出的全面展示公司状况的材料，本例将制作该类演示文稿，目的是让投资人对公司现状、地位、价值成本等有一个基本的了解，以便更好地进行项目定位。

本例将使用PowerPoint制作投资策划方案，制作完成后的效果如下图所示。实例最终效果见“光盘\结果文件\第2章\投资策划方案.pptx”文件。

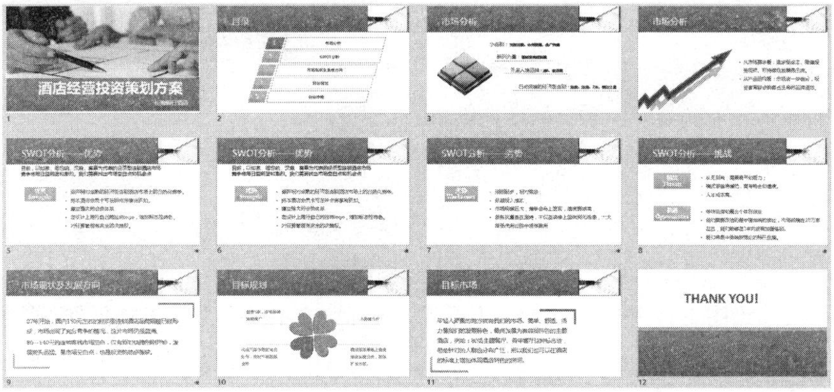

光盘文件	素材文件	光盘\素材文件\第2章\投资策划方案.pptx
	结果文件	光盘\结果文件\第2章\投资策划方案.pptx
	教学视频	光盘\视频文件\第2章\2.3使用 PPT制作投资策划方案.mp4

2.3.1 在母版中设计幻灯片版式

幻灯片母版是用于存储模板信息的设计模板，这些模板信息包括字形、占位符大小和位置、背景设计和配色方案等，下面将讲解如何设计幻灯片版式，具体操作步骤如下。

第 1 步 新建并将演示文稿另存为“投资策划方案”，在【视图】选项卡下单击【幻灯片母版】按钮，如下图所示。

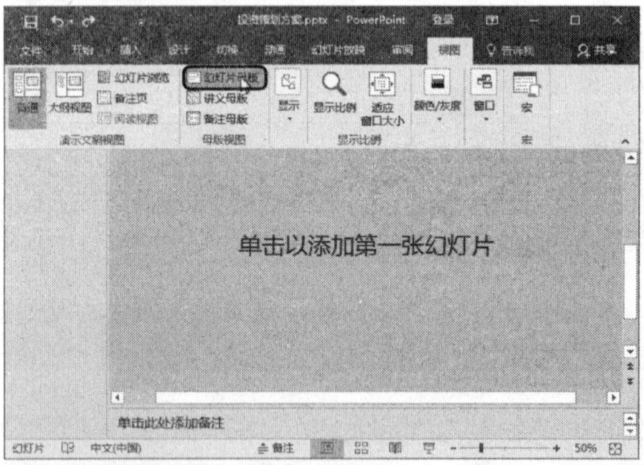

第 2 步 ❶选择【仅标题】版式；❷使用【矩形】工具□在页面上方绘制一个矩形；❸在【绘图工具 / 格式】选项卡的【形状样式】组中设置形状样式，如下图所示。

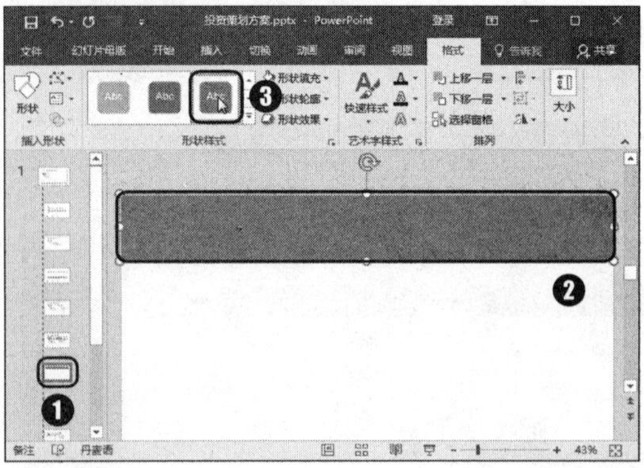

第 3 步 ❶单击【绘图工具 / 格式】选项卡【排列】组中的【下移一层】下拉按钮；❷在弹出的下拉列表中选择【置于底层】命令，如下图所示。

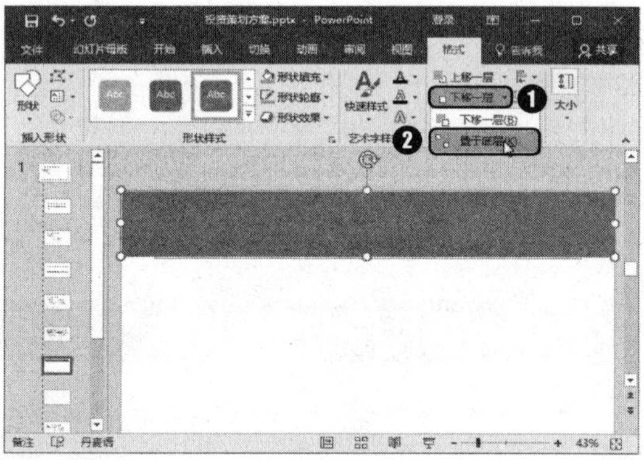

第 4 步 在页面中插入图片“光盘 \ 素材文件 \ 第 2 章 \ 投资策划方案 \ 图片 1.jpg”，更改图片大小，并移至矩形右侧，如下图所示。

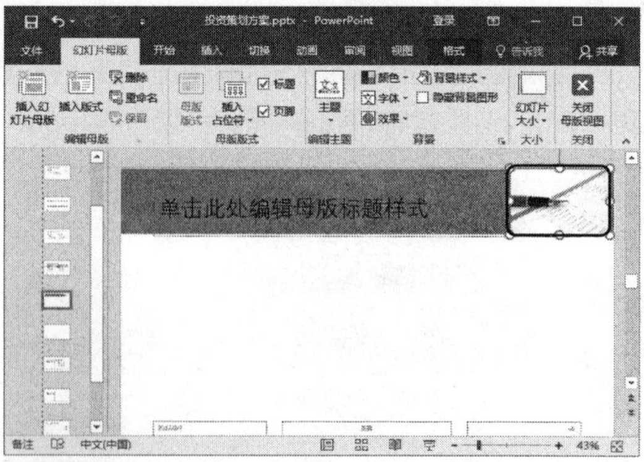

第 5 步 在【开始】选项卡的【字体】组中设置标题文本框内文字格式，如下图所示。

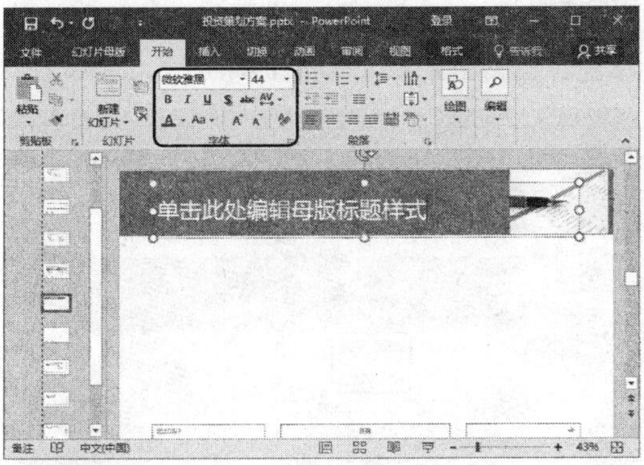

第 6 步 ❶单击【幻灯片母版】选项卡【背景】组中的【背景样式】下拉按钮；❷在弹出的下拉列表中选择一种背景颜色，如下图所示。

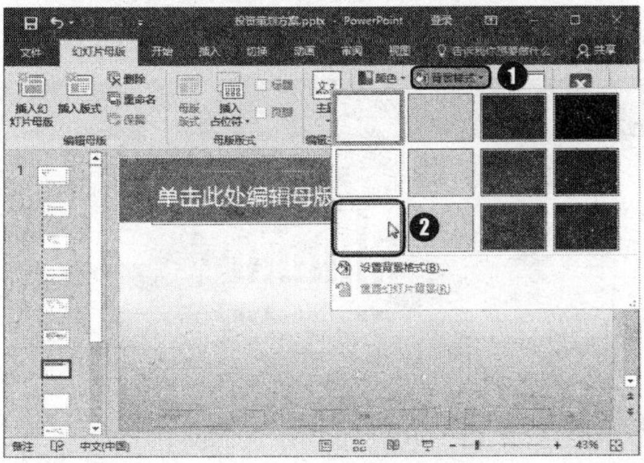

第 7 步 ❶选择【标题幻灯片】版式；❷插入图片“光盘\素材文件\第 2 章\投资策划方案\封面.jpg”，并将图片裁剪至合适的大小，如下图所示。

第 8 步 ❶选中图片，单击【图片工具/格式】选项卡【排列】组中的【下移一层】下拉按钮；❷在弹出的下拉列表中选择【置于底层】命令，如下图所示。

第 9 步 ❶复制【仅标题】版式中的矩形到【标题幻灯片】版式中，并调整矩形的大小；❷分别设置标题和副标题的文字格式，如下图所示。

第 10 步 退出幻灯片母版，新建一张标题幻灯片，在占位符中输入标题和副标题，完成封面的制作，如下图所示。

2.3.2 绘制形状制作目录

目录是幻灯片的总要概况，需要简单明了地向观看者表达幻灯片中的内容，本例使用形状来制作目录，具体操作步骤如下。

第 1 步 ❶默认选择第一张幻灯片，单击【开始】选项卡【幻灯片】组中的【新建幻灯片】下拉按钮；❷在弹出的下拉列表中选择【仅标题】选项，如下图所示。

第 2 步 ❶在标题占位符中输入“目录”文本；❷单击【开始】选项卡【绘图】组中的【其他】下拉按钮，在弹出的下拉列表中选择【平行四边形】工具▱，如下图所示。

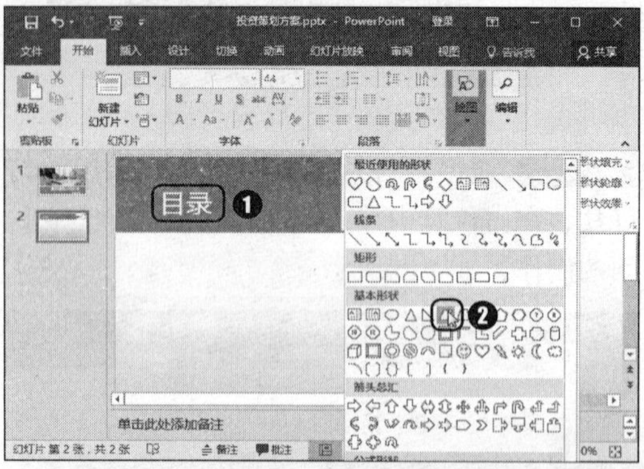

温馨提示

虽然在形状中可以直接输入文字，但如果需要对文字排版，最好使用文本框在形状上才能更加灵活地添加文字。

第 3 步 在页面中绘制一个平行四边形形状并设置合适的主题填充，如下图所示。

第 4 步 再次执行插入【平行四边形】形状操作，在上步骤绘制的矩形旁绘制一个新的矩形，设置填充颜色为【无填充】，填充轮廓为与上一步骤的颜色相同，如下图所示。

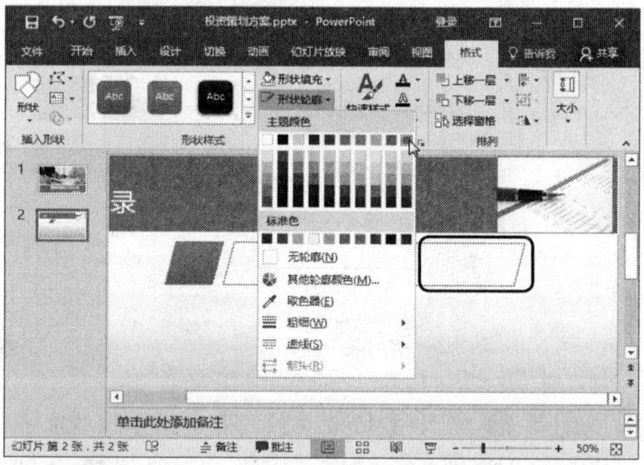

第 5 步 使用相同的方法绘制更多的平行四边形，并为其设置形状样式，然后在形状中添加目录内容。完成后效果如下图所示。

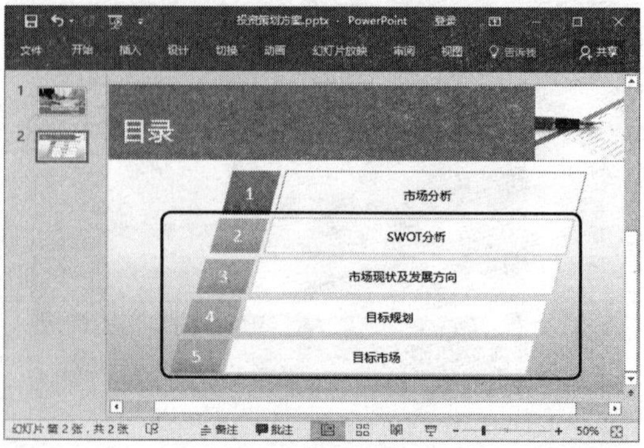

2.3.3 绘制立体图形

在制作演示文稿中，为了使整个演示文稿更具视觉感，需要使用概念图表，即形状组合而成的各种立体图形，具体操作步骤如下。

第 1 步 ❶新建一张仅标题幻灯片，在标题占位符中输入标题；❷绘制一个菱形，将填充颜色设置为与幻灯片主题相同，设置形状轮廓为【无轮廓】，如下图所示。

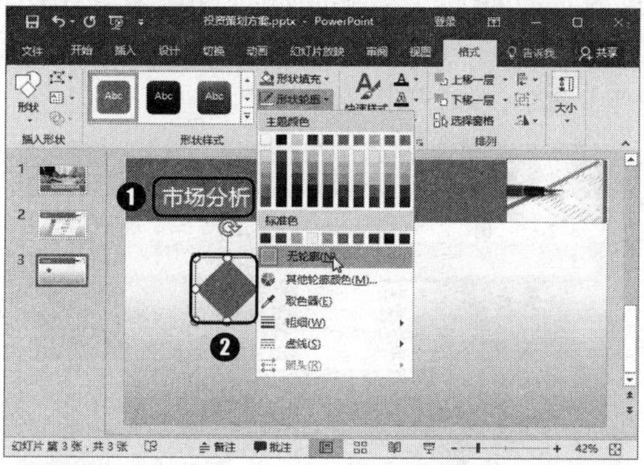

第 2 步 ❶在形状上右击；❷在弹出的快捷菜单中选择【设置形状格式】命令，如下图所示。

第 3 步 ❶打开【设置形状格式】窗格，在【效果】选项卡的【三维格式】栏设置【顶部棱台】为【圆形】；❷【深度】大小为【20 磅】；❸【光源】角度为【100】，如下图所示。

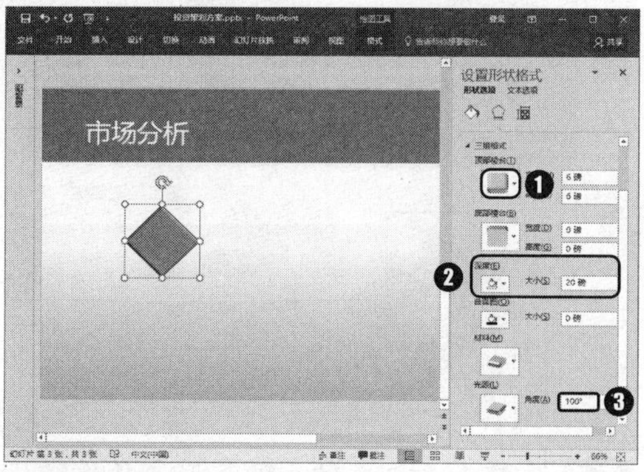

第 4 步 ❶在【三维旋转】栏设置【Y 旋转】为【320º】；❷单击【关闭】按钮×关闭【设置形状格式】窗格，如下图所示。

第 5 步 复制 3 个相同大小的菱形，并将其排列在一起，如下图所示。

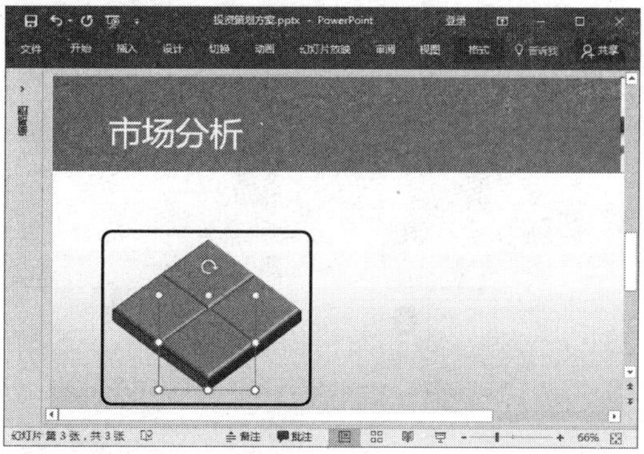

第 6 步 再次复制一个菱形，按住【Shift】键将其缩小，并放置在已有菱形上，如下图所示。

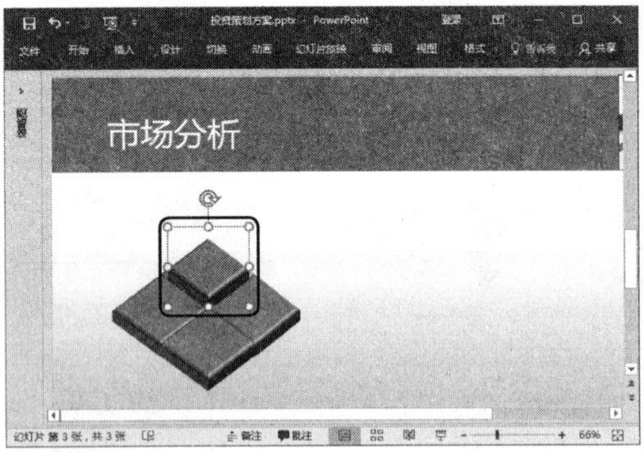

第 7 步 ❶复制 3 个较小的菱形，并将其排列在底层的菱形上，然后选中置于上层菱形并右击；❷在弹出的快捷菜单中依次选择【置于底层】→【下移一层】命令，如下图所示。

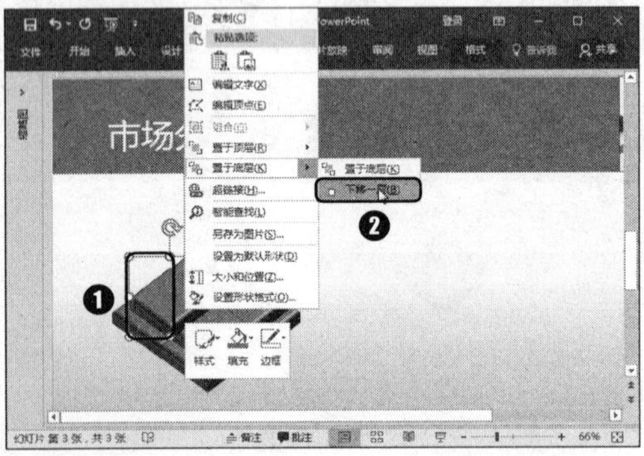

第 8 步 ❶选中一个菱形，打开【设置形状格式】窗格；❷在【填充与线条】选项卡的【填充】栏中选中【渐变填充】单选按钮；❸分别设置【渐变光圈】的渐变色，如下图所示。

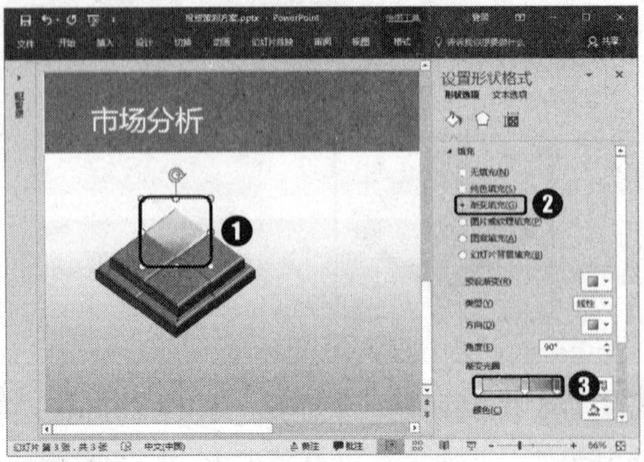

第 9 步 使用相同的方法设置其他 3 个菱形的渐变色，如下图所示。

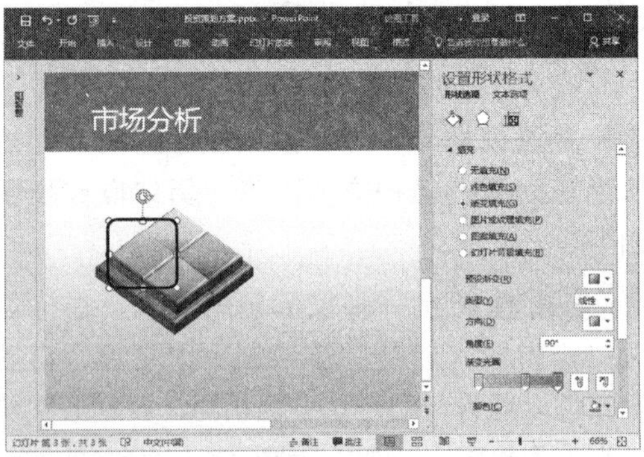

第 10 步 ❶选中绘制的所有形状，然后右击；❷在弹出的快捷菜单中依次选择【组合】→【组合】命令，如下图所示。

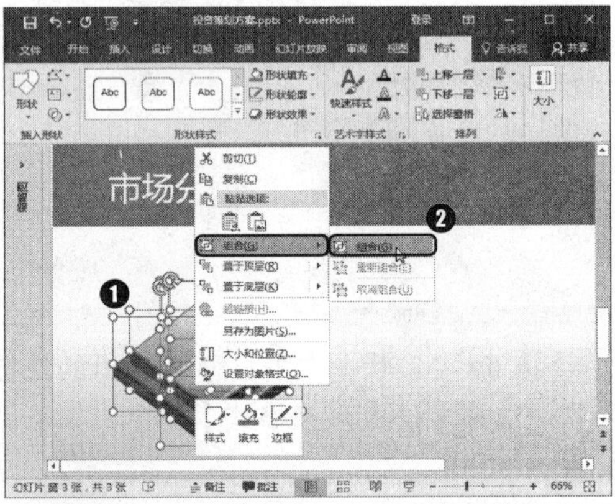

第 11 步 绘制的形状将组合成一个整体，选中该组合形状，拖动形状四周的控制点调整形状的大小，如下图所示。

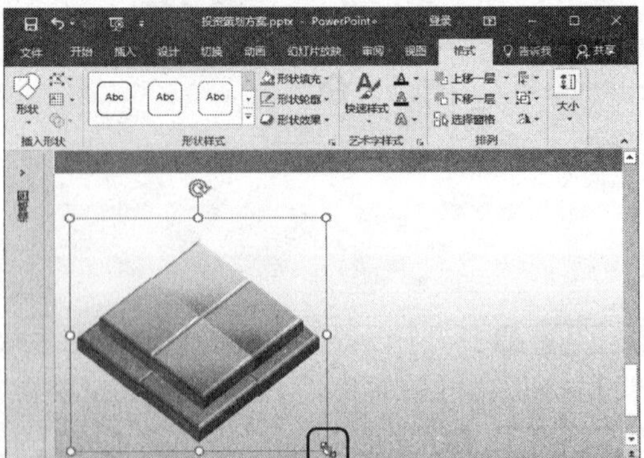

第 12 步 ❶插入横排文本框，输入幻灯片的

内容，并设置文本格式；❷使用【直线】工具在文本下方绘制一条直线；❸选中直线，在【绘图工具/格式】选项卡的【形状样式】组中设置直线的颜色和粗细，如下图所示。

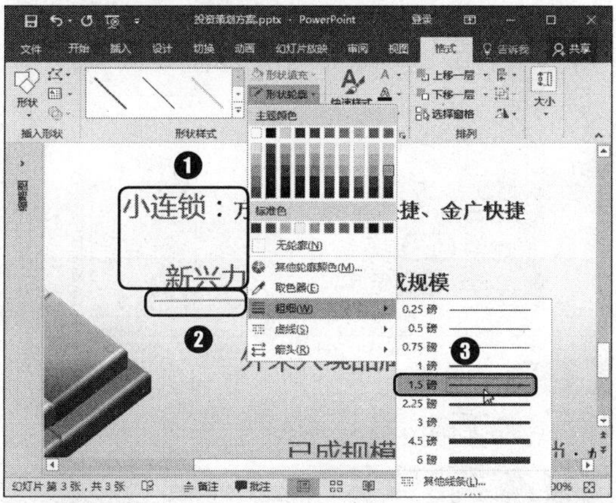

第 13 步 ❶选中直线，在【绘图工具/格式】选项卡的【形状样式】组中单击【形状轮廓】下拉按钮；❷在弹出的下拉列表中选择【虚线】选项；❸在弹出的级联菜单中选择一种虚线样式，如下图所示。

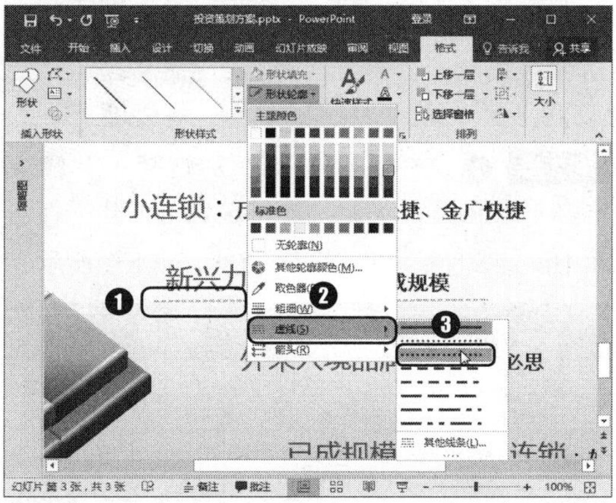

第 14 步 复制虚线到其他文本下方，并根据需要调整虚线的长度，如下图所示。

> **温馨提示**
>
> 在绘制形状时，按住【Shift】键可以等比例缩放形状的大小。

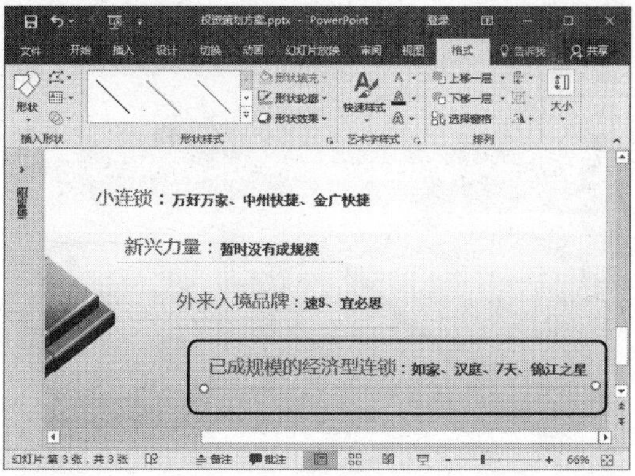

2.3.4 制作其他幻灯片

幻灯片大多由图形、形状、文本框等元素构成，下面介绍制作其他幻灯片的操作步骤。

第 1 步 ❶插入图片“光盘\素材文件\第 2 章\投资策划方案\图片 2.jpg”；❷在【图片工具/格式】选项卡的【图片样式】组中单击【快速样式】下拉按钮；❸在弹出的下拉列表中选择一种图片样式，如下图所示。

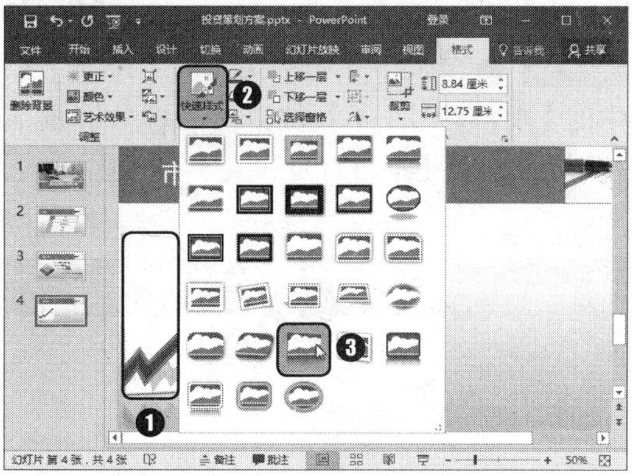

第 2 步 ❶插入横排文本框，输入幻灯片内容，并设置文本格式；❷单击【开始】选项卡【段落】组中的对话框启动器，如下图所示。

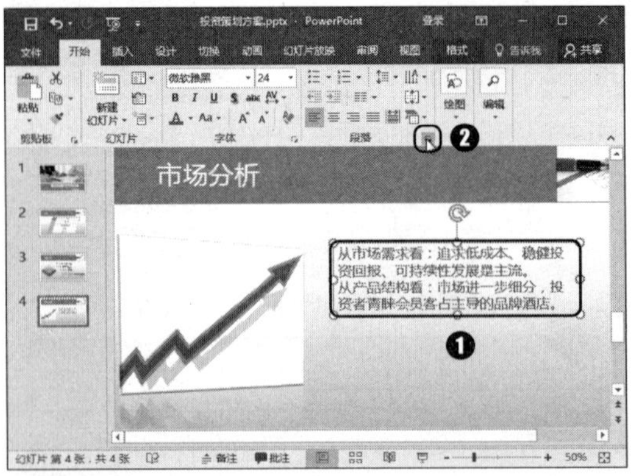

第 3 步 ❶打开【段落】对话框，在【缩进和间距】选项卡中设置【行距】为【1.5 倍行距】；❷单击【确定】按钮，如下图所示。

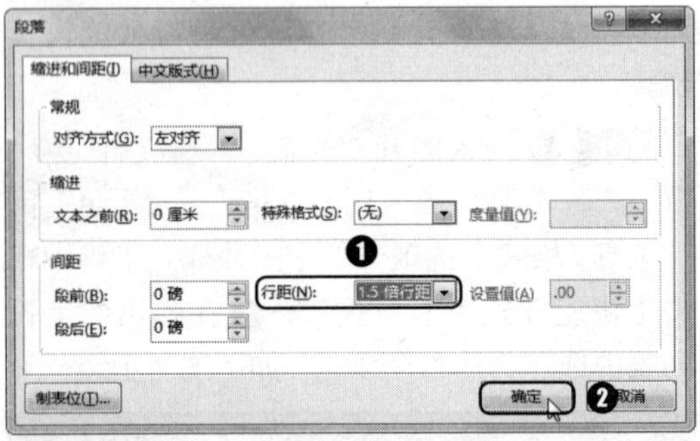

第 4 步 ❶单击【开始】选项卡【段落】组中的【项目符号】下拉按钮；❷在弹出下拉列表中选择【项目符号和编号】选项，如下图所示。

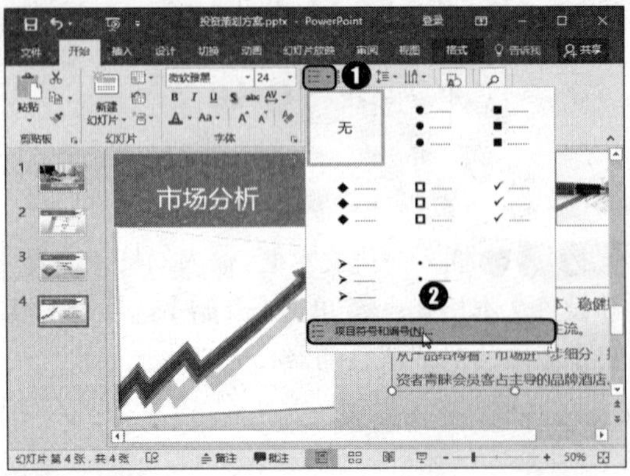

第 5 步 ❶打开【项目符号和编号】对话框，在列表框中选择项目符号的样式；❷在【颜色】下拉列表中选择项目符号的颜色；❸单击【确定】按钮，如下图所示。

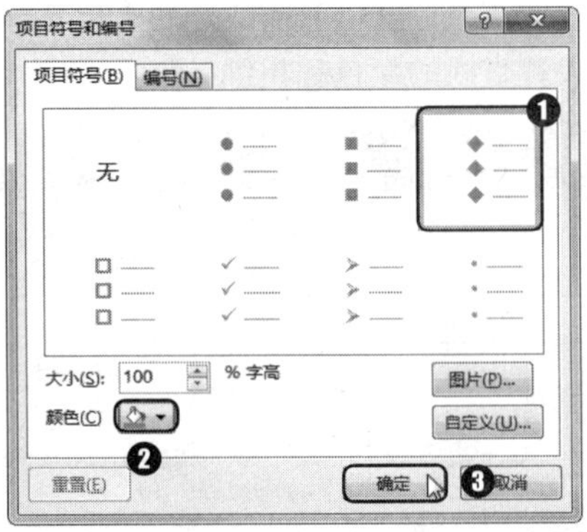

第 6 步 返回幻灯片，即可看到项目符号已经插入，如下图所示。

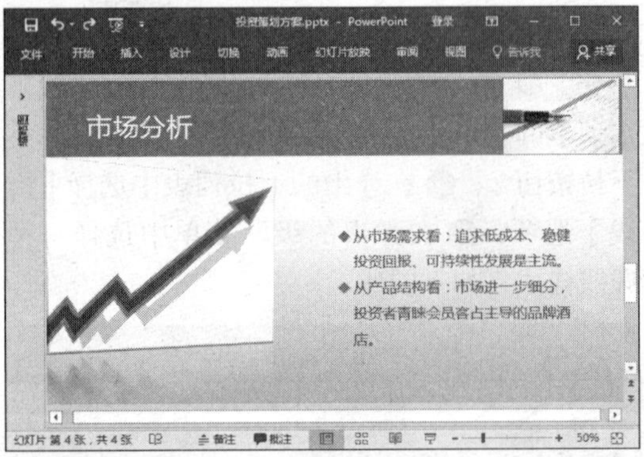

第 7 步 ❶新建一张仅标题幻灯片，并输入目录文本和内容文本；❷插入矩形形状，在形状中添加文字，并设置文本格式，如下图所示。

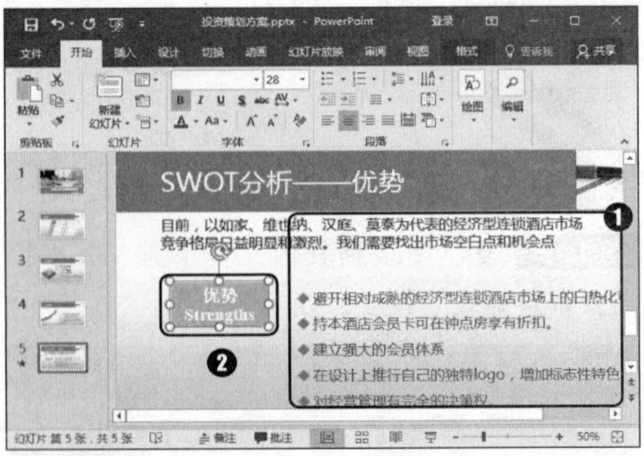

第 8 步 使用相同的方法制作第 5、6、7 张幻灯片，如下图所示。

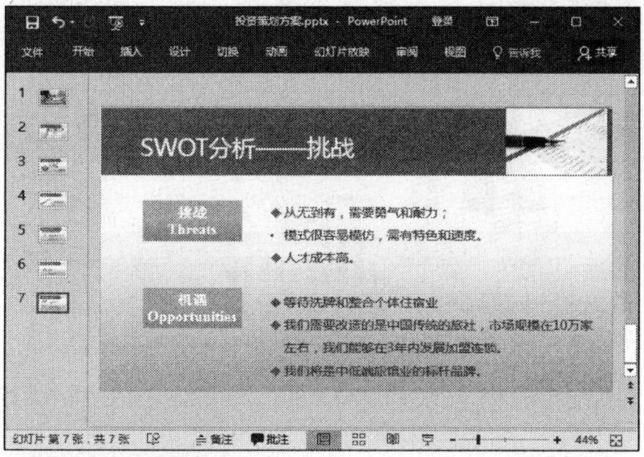

第 9 步 ❶新建第 8 张幻灯片，输入标题和内容文本；❷使用【半闭框】形状工具绘制一个如图所示的形状，并设置形状样式，如下图所示。

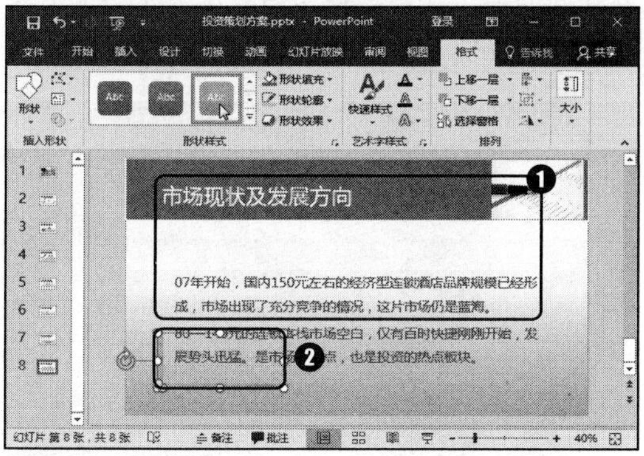

第 10 步 ❶复制一个形状，单击【绘图工具 / 格式】选项卡【排列】组中的【旋转对象】下拉按钮；❷在弹出的下拉列表中选择【其他旋转选项】命令，如下图所示。

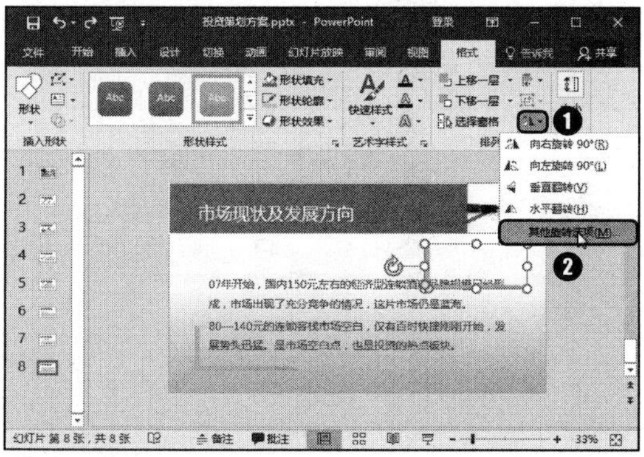

第 11 步 ❶打开【设置形状格式】窗格，在【大小与属性】选项卡的【大小】组中设置【旋转】为【450°】；❷单击【关闭】按钮关闭【设置形状格式】窗格，如下图所示。

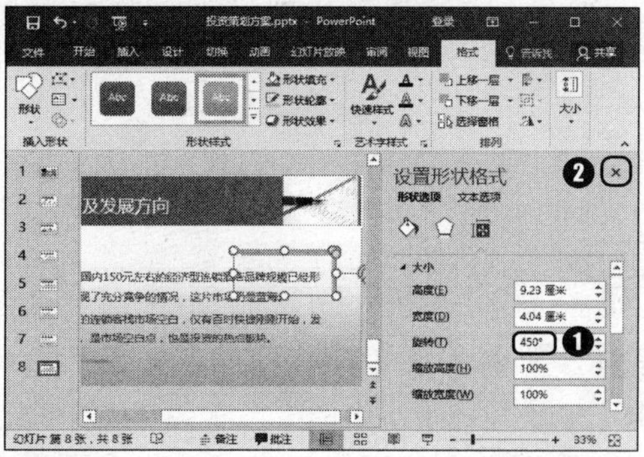

第 12 步 在【绘图工具 / 格式】选项卡的【形状样式】组中设置形状样式，如下图所示。

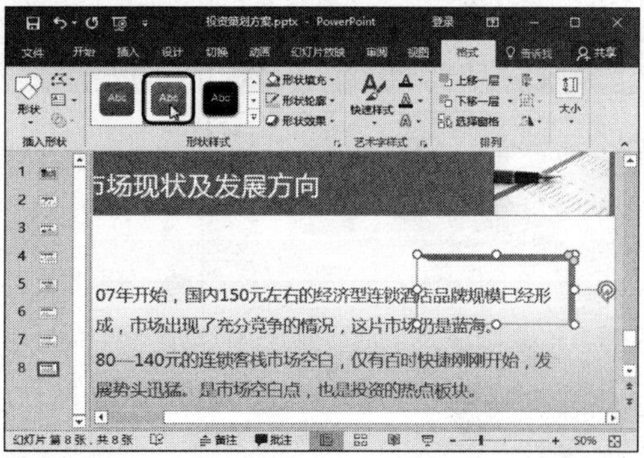

第 13 步 使用相同的方法制作第 9 张幻灯片，如下图所示。

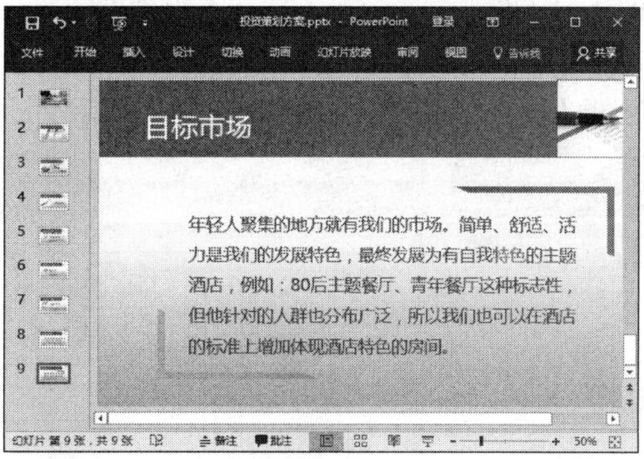

第 14 步 ❶在第 8 张幻灯片后插入一张【仅标题】版式幻灯片；❷使用【心形】工具♡绘制一个心形，并设置形状样式，如下图所示。

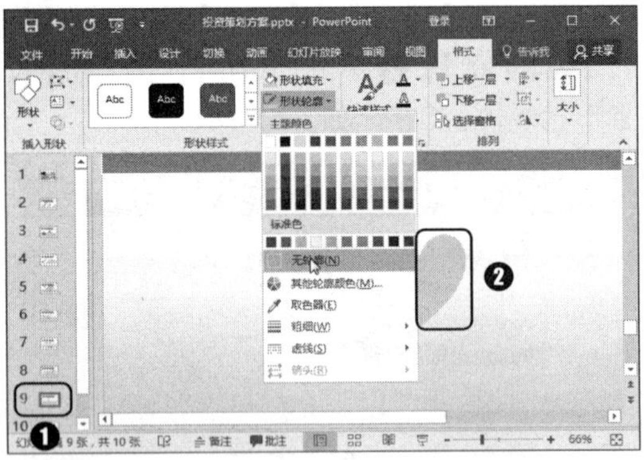

第 15 步 ❶单击【绘图工具 / 格式】选项卡【形状样式】组中的【形状效果】下拉按钮；❷在弹出的下拉列表中选择【预设】选项；❸在弹出的级联菜单中选择【预设 1】选项，如下图所示。

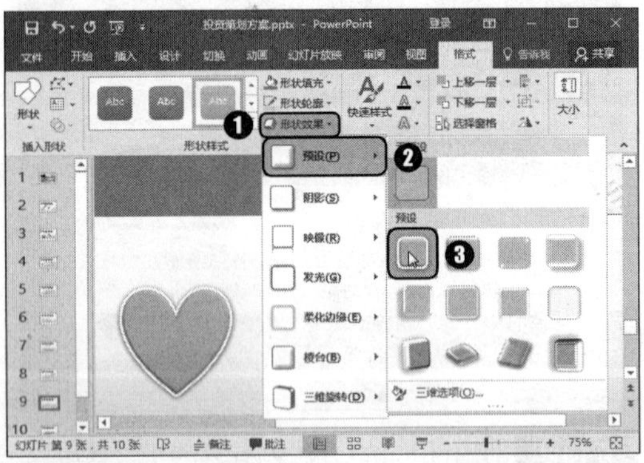

第 16 步 ❶复制一个心形形状；❷单击【绘图工具 / 格式】选项卡【排列】组中的【旋转对象】下拉按钮；❸在弹出的下拉列表中选择【向右旋转 90°】命令，如下图所示。

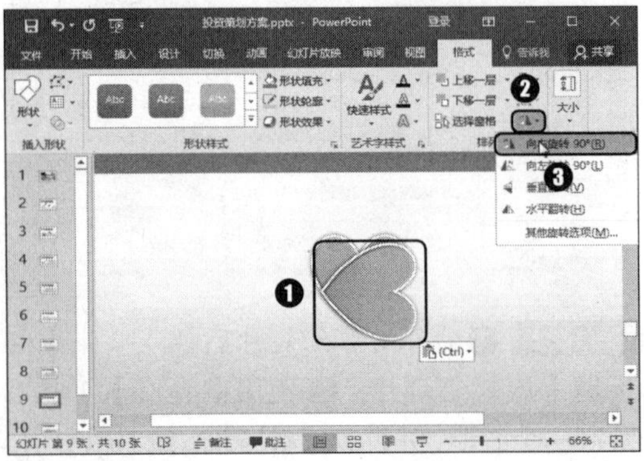

第 17 步 拖动形状到合适的位置，并更改形状的填充颜色，如下图所示。

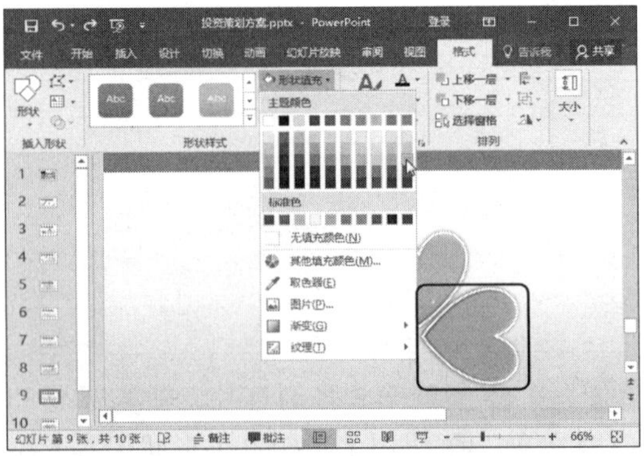

第 18 步 ❶使用相同的方法制作两个心形形状，完成后选中所有形状并右击；❷在弹出的快捷菜单中依次选择【组合】→【组合】命令，如下图所示。

第 19 步 在形状四周绘制文本框、输入文本内容，并绘制直线连接形状与文本内容，如下图所示。

第 20 步 新建一张幻灯片制作结束页，插入多个形状，并设置形状样式；插入文本框输入结束语即可完成幻灯片的制作，如下图所示。

2.3.5 播放幻灯片

在幻灯片制作完成后，需要为其设置播放动画，具体操作步骤如下。

第 1 步 ❶单击【切换】选项卡【切换到此幻灯片】组中的【切换效果】下拉按钮；❷在弹出的下拉列表中选择一种切换动画，如下图所示。

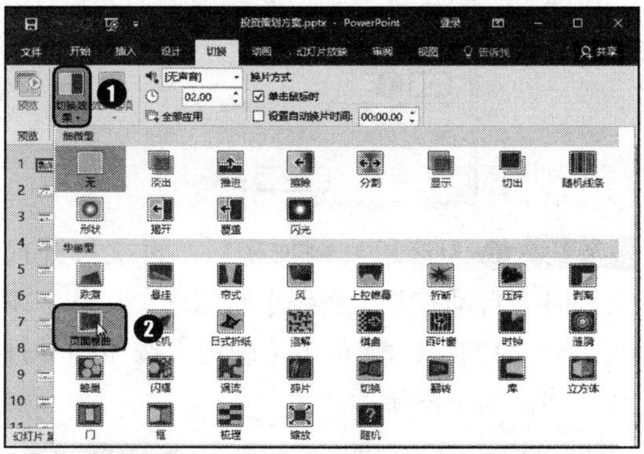

第 2 步 ❶单击【切换】选项卡的【计时】组中的【声音】按钮，在弹出的下拉列表中选择一种切换声音；❷单击【全部应用】按钮，将切换设置应用于所有幻灯片，如下图所示。

第 3 步 ❶选择第 2 张幻灯片，选中第一条目录中的所有对象并右击；❷在弹出的快捷菜单中选择【组合】→【组合】命令，并使用相同的方法组合其他目录，如下图所示。

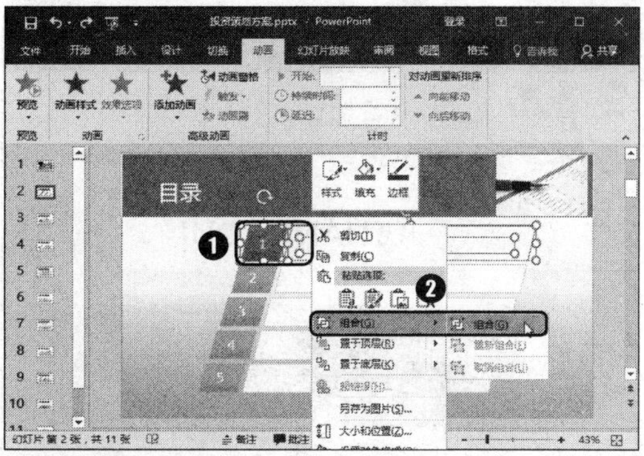

第 4 步 ❶选择第一条目录；❷单击【动画】选项卡的【动画】组中的【动画样式】下拉按钮；❸在弹出的下拉列表中选择一种动画样式，如下图所示。

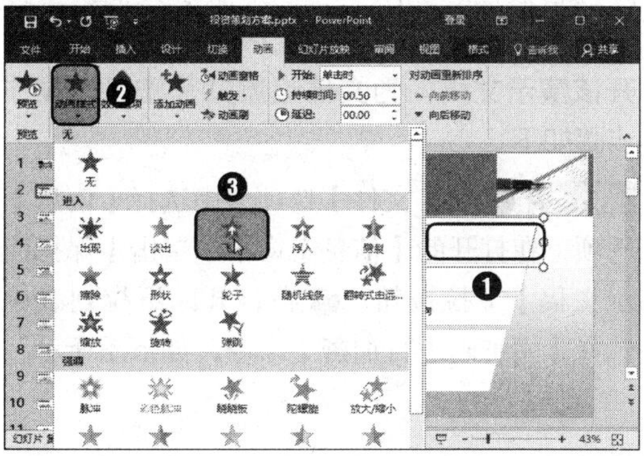

第 5 步 使用相同的方法依次为其他目录设置动画效果，如下图所示。

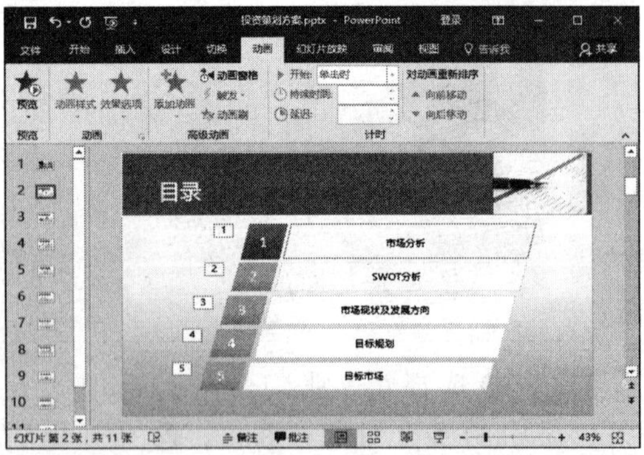

第 6 步 为所有幻灯片设置了动画效果后，单击快速访问工具栏中的【从头开始】按钮，预览幻灯片，如下图所示。

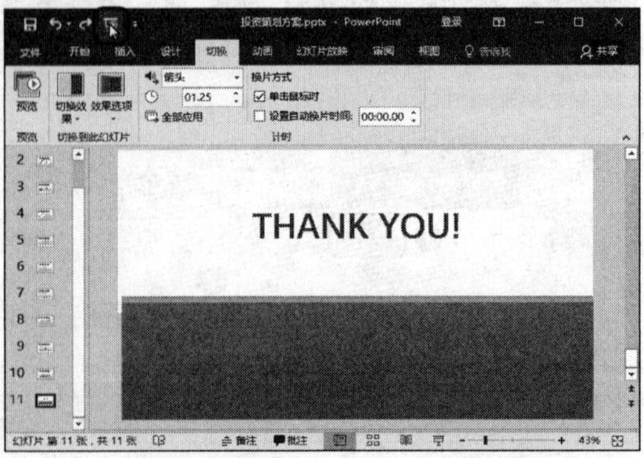

2.3.6　为演示文稿设置打开密码

对于商业性比较强的演示文稿，为了防止内容被任意删改，可以为演示文稿设置打开密码，这样只有输入正确密码后才可以打开该演示文稿。为文稿设置打开密码的操作步骤如下。

第 1 步 ❶在【文件】选项卡中选择【信息】选项，在打开的【信息】窗格中单击【保护演示文稿】下拉按钮；❷在打开的下拉列表中选择【用密码进行加密】命令，如下图所示。

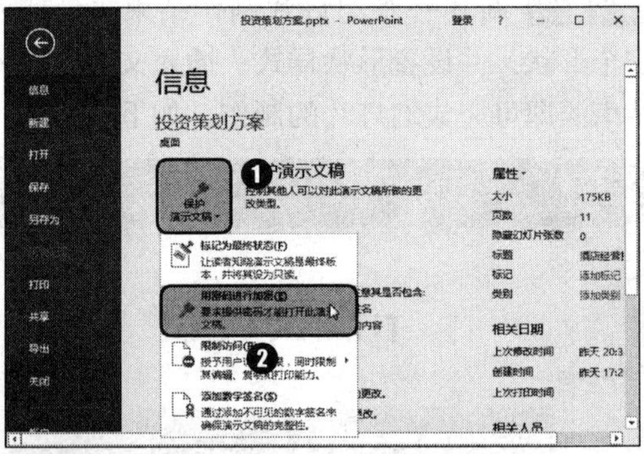

第 2 步 ❶弹出【加密文档】对话框，在【密码】文本框中输入要设置的密码，如“123”；❷单击【确定】按钮，如下图所示。

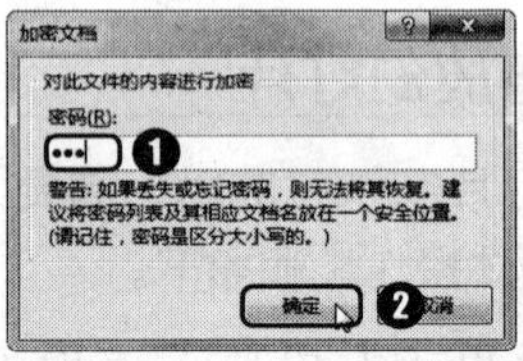

第 3 步 ❶在接下来的【确认密码】对话框中再次输入密码“123”；❷单击【确定】按钮，如下图所示。

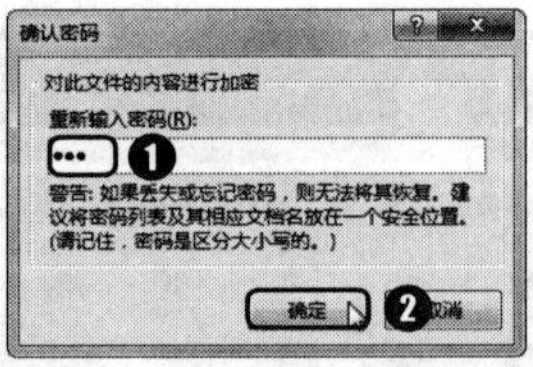

第 4 步 ❶为演示文稿加密后，再次打开该文档时会自动打开【密码】对话框，在其中输入密码“123”；❷单击【确定】按钮即可打开文档，如下图所示。

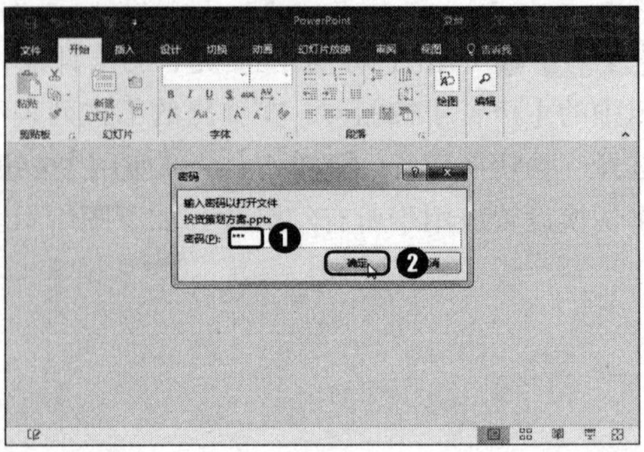

大神支招

通过前面知识的学习，相信读者已经掌握了市场和销售管理工作中在营销决策与计划中制作相关文档的操作方法。下面结合本章内容，介绍一些工作中的实用经验与技巧，以便制作出更加精美的文档。

01　将模板添加到常用列表

视频文件：光盘\视频文件\第2章\01.mp4

在工作中用户可能会经常用到某一模板，如“培训”模板，但这一模板又不在常用列表中，每次使用时都需要通过搜索使用该模板，难免浪费时间。其实，用户可以在搜索到该模板后将其添加到常用模板中，那么下次再用到该模板时就可以方便地使用了，具体操作步骤如下。

第1步 ❶在【新建】选项卡右侧的【主页】文本框中输入关键字，如“通知”；❷单击【搜索】按钮；❸在搜索结果中将显示与通知有关的模板列表，找到要添加到常用列表中的模板，单击模板右下角的【固定至列表】按钮即可将该模板添加到常用模板，如下图所示。

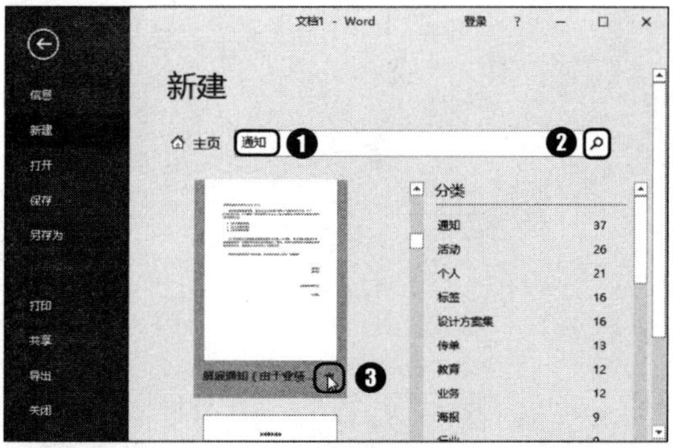

第2步 模板添加到常用模板后，如果用户不再需要该模板，也可以取消固定，方法为：单击模板右下角的从列表中【取消固定】按钮即可，如下图所示。

02　巧用双击定位到列表的最后一行

视频文件：光盘\视频文件\第2章\02.mp4

当Excel工作簿中的数据较多时，如果要查找最后一行的数据需要不断地往下翻，其实，用户可以双击快速的定位到列表的最后一行，具体操作步骤如下。

打开“光盘\素材文件\第2章\库存列表.xlsx”工作簿，将光标定位到需要查看的数据列的单元格边框，当鼠标指针变为双向十字箭头时双击即可定位到最后一行，如下图所示。

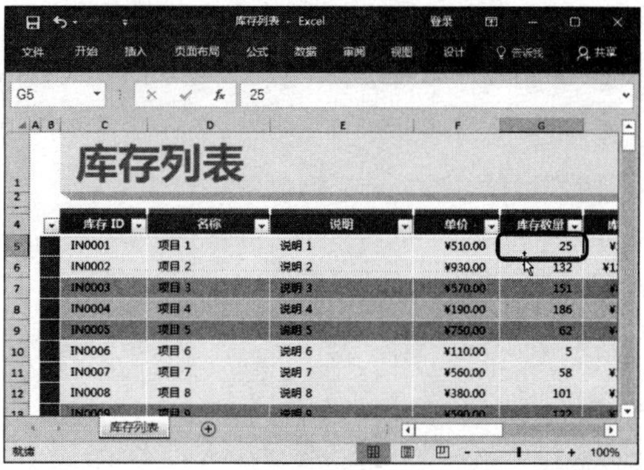

03 隐藏重叠的多个对象

视频文件：光盘\视频文件\第2章\03.mp4

如果在幻灯片中插入很多对象，如图片、文本框、图形等，在编辑时这些对象将不可避免地重叠在一起，妨碍工作，为了让它们暂时消失，可以通过以下操作步骤实现。

第 1 步 打开“光盘\素材文件\第 2 章\楼盘简介 .pptx”文件，选中单元格区域，在【开始】选项卡【编辑】组中选择【选择】→【选择窗格】命令，如下图所示。

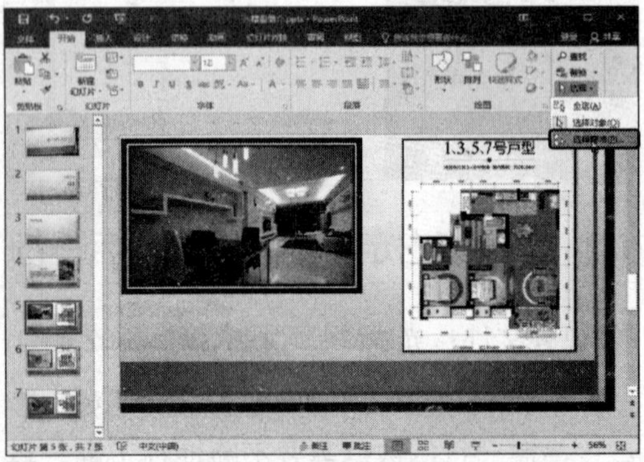

第 2 步 在工作区域的右侧会出现【选择】窗格。在该窗格中，列出了所有当前幻灯片上的对象，并且在每个对象右侧都有一个【眼睛】图标，单击想隐藏的对象右侧的【眼睛】图标，就可以把挡住视线的【形状】隐藏起来。隐藏后图标变为，如果需要再次显示该形状，单击图标即可，效果如下图所示。

第3章 产品上市管理

本章导读

在产品上市之前，需要让消费者了解企业和产品，提升消费者对企业和产品的认知。本章通过制作产品说明书、新产品上市铺货率分析、产品定价分析表和企业宣传幻灯片，介绍在市场和销售管理工作中的文档制作。

知识要点

- ❖ 设置分栏
- ❖ 设置编号
- ❖ 使用函数计算数据
- ❖ 使用公式计算数据
- ❖ 插入形状
- ❖ 使用SmartArt图形

3.1 使用Word制作“产品说明书”

案例背景

说明书是对工商业产品、工程、产品设计、图书报刊、旅游览胜，以及各种博览、展销活动做介绍说明的一种文体。凡是工业产品，一般都需要编制使用说明书，好的产品说明书不仅可以充分展示公司的产品优势，还能向消费者提供满意的产品和服务。在产品上市之前，首先需要制作产品说明书，让消费者及时、全面地了解产品的相关信息、产品优势及同类其他产品的状况，增强消费者对本企业的信息了解。

本例将通过使用Word制作产品说明书，制作完成后的效果如下图所示。实例最终效果见“光盘\结果文件\第3章\产品说明书.docx”文件。

光盘文件		
	素材文件	光盘\素材文件\第3章\产品说明书.docx
	结果文件	光盘\结果文件\第3章\产品说明书.docx
	教学视频	光盘\视频文件\第3章\3.1使用Word制作产品说明书.mp4

3.1.1 制作页面和标题

制作页面和标题主要是为页面设置样式和背景图片，然后在其中输入艺术文字制作标题。

1. 设置页面方向和纸张大小

Word默认的纸张大小为A4，如果需要其他纸张大小，可以重新设置，具体操作步骤如下。

第 1 步 新建一个名为“产品说明书 .docx”的空白文档，在【布局】选项卡单击【页面设置】组中功能扩展按钮，如下图所示。

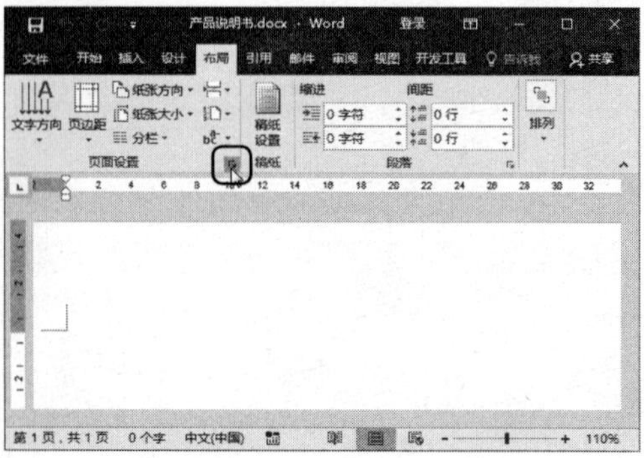

第 2 步 打开【页面设置】对话框，在【页边距】选项卡的【纸张方向】组中选择【横向】命令，如下图所示。

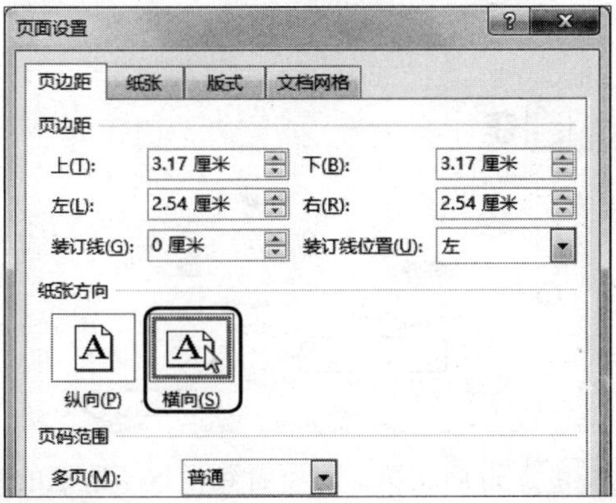

第 3 步 ❶ 切换到【纸张】选项卡，设置【纸张大小】宽度为【25 厘米】，高度为【18 厘米】；❷ 单击【确定】按钮，如下图所示。

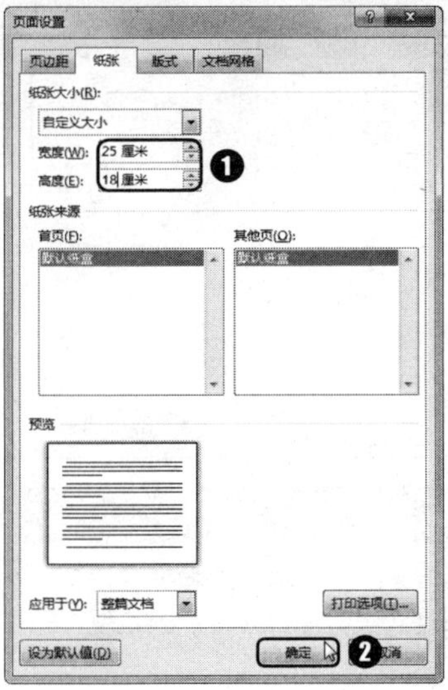

2. 设置底纹样式

为说明书添加底纹，可以美化说明书，增加可读性，具体操作步骤如下。

第 1 步 ❶ 双击页眉位置，进入页眉和页脚编辑状态；❷ 单击【开始】选项卡【字体】组中的【清除所有格式】按钮取消页眉横线，如下图所示。

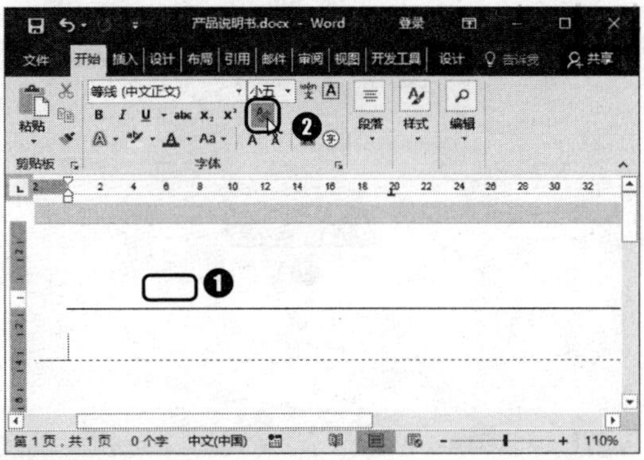

第 2 步 单击【页眉和页脚工具 / 设计】选项卡【插入】组中的【图片】按钮，如下图所示。

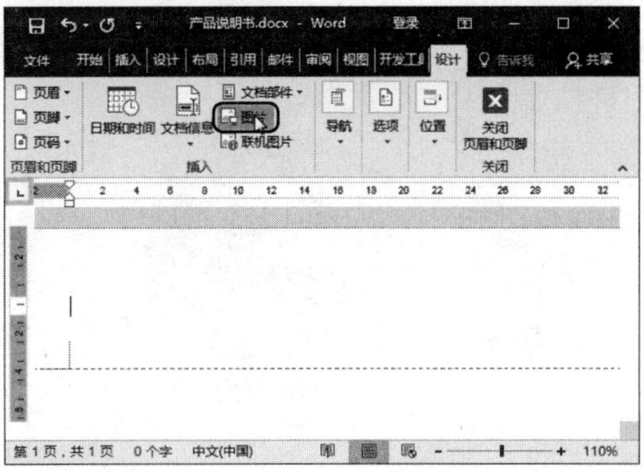

第 3 步 ❶ 打开【插入图片】对话框，选择“光盘 \ 素材文件 \ 第 3 章 \ 产品说明书 \ 背景 .jpg”素材图片；❷ 单击【插入】按钮，如下图所示。

第 4 步 ❶ 单击【图片工具 / 格式】选项卡【排列】组中的【环绕文字】下拉按钮；❷ 在弹出下拉列表中选择【衬于文字下方】命令，如下图所示。

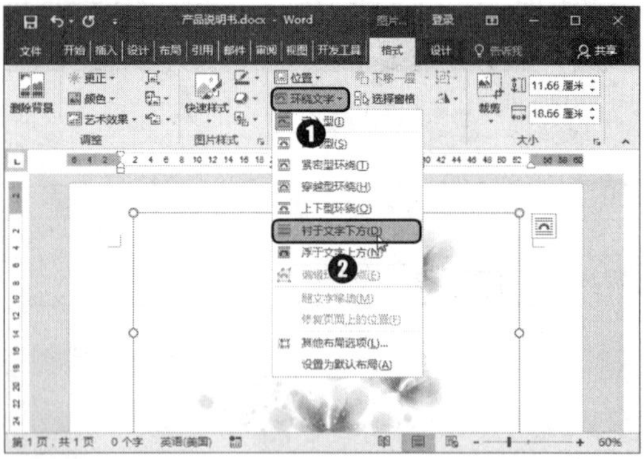

第 5 步 拖动图片周围的控制点，使图片覆盖整个文档区域，如下图所示。

3. 设置页面边框

为了美化文档，可以为页面设置边框，具体操作步骤如下。

第 1 步 单击【设计】选项卡【页面背景】组中的【页面边框】按钮，如下图所示。

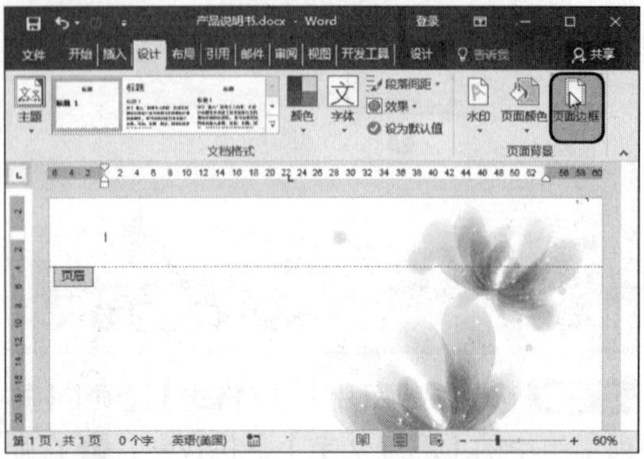

第 2 步 ❶打开【边框和底纹】对话框，在【页面边框】选项卡的【设置】组中选择【方框】选项；❷在【艺术型】下拉列表中选择一种边框样式；❸单击【确定】按钮，如下图所示。

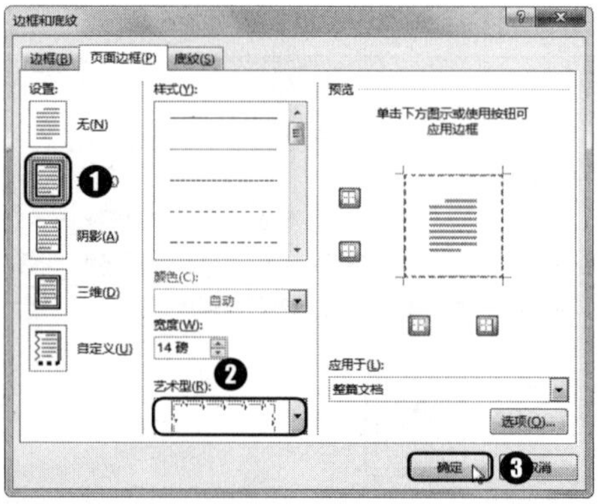

第 3 步 返回文档，即可看到设置了边框的效果，单击【页眉和页脚工具 / 设计】选项卡【关闭】组中的【关闭页眉和页脚】按钮，如下图所示。

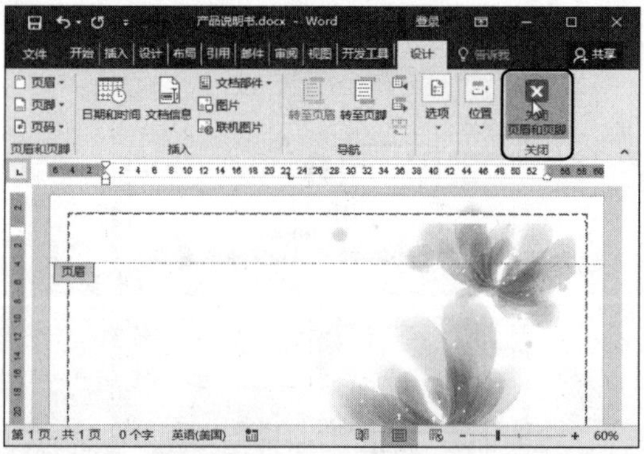

温馨提示

页眉和页脚编辑完成后，按下【Esc】键也可以退出页眉和页脚编辑状态。

4. 使用艺术字制作标题

如果文字的标题比较单调，此时可以使用艺术文字来制作标题，具体操作步骤如下。

第 1 步 ❶单击【开始】选项卡【字体】组中的【文本效果和版式】下拉按钮；❷在弹出的下拉列表中选择一种艺术字样式，如下图所示。

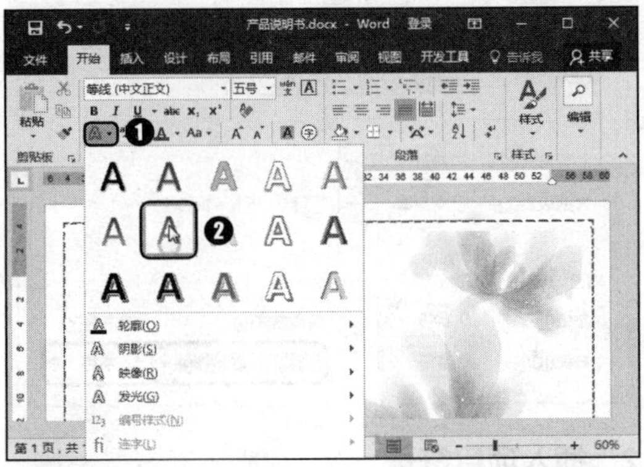

第 2 步 ❶直接输入产品说明书的标题，然后选中标题；❷在【开始】选项卡的【字体】组中设置字体格式为【黑体，小初，深红】；❸在【段落】组中单击【居中】按钮≡，如下图所示。

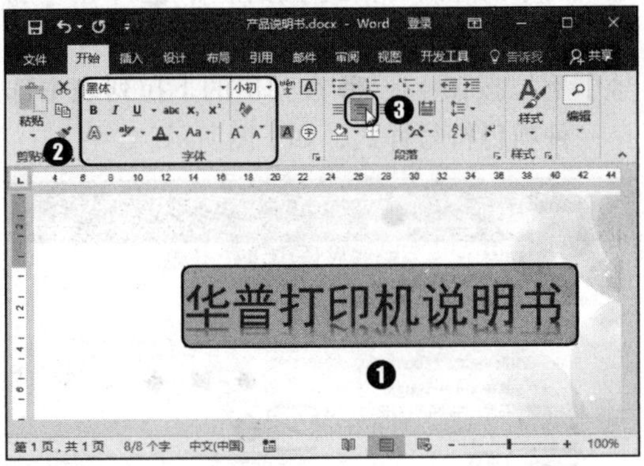

3.1.2 制作产品简介

产品说明书的产品简介主要是利用文字和图片说明产品信息，并使用项目符号列举产品性能等信息，具体操作步骤如下。

1. 设置段落格式

在输入产品简介之后，还需要对文档进行段落设置，并为其分栏，具体操作步骤如下。

第 1 步 ❶输入产品简介文本，然后选中所有产品简介文本；❷单击【布局】选项卡【页面设置】组中的【分栏】下拉按钮；❸在弹出的下拉列表中选择【更多分栏】选项，如下图所示。

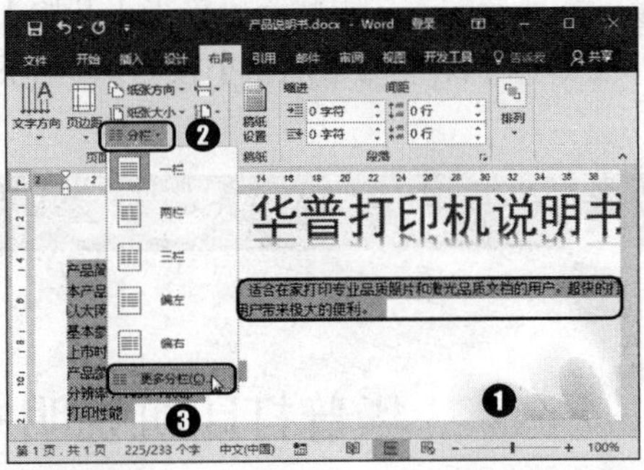

第 2 步 ❶打开【分栏】对话框，在【预设】栏选择【两栏】选项；❷在【宽度和间距】栏设置【间距】为【3 字符】；❸单击【确定】按钮，如下图所示。

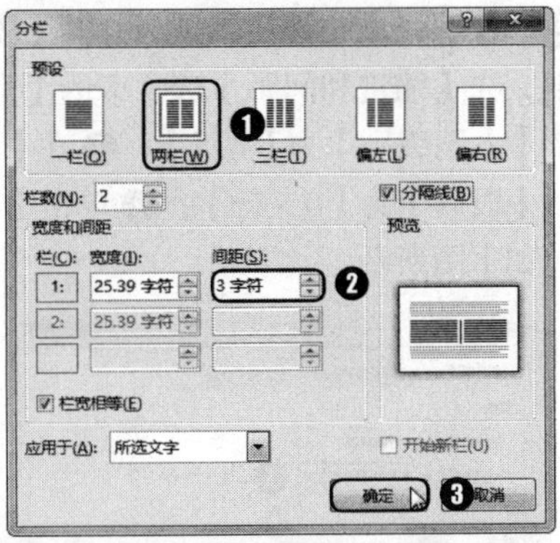

> **温馨提示**
>
> 在【布局】选项卡【页面设置】组中的【分栏】下拉列表中也可以选择分栏选项。

第 3 步 ❶选择“产品简介”文本，打开【边框和底纹】对话框，在【底纹】选项卡的【填充】下拉列表中选择填充颜色；❷单击【确定】按钮，如下图所示。

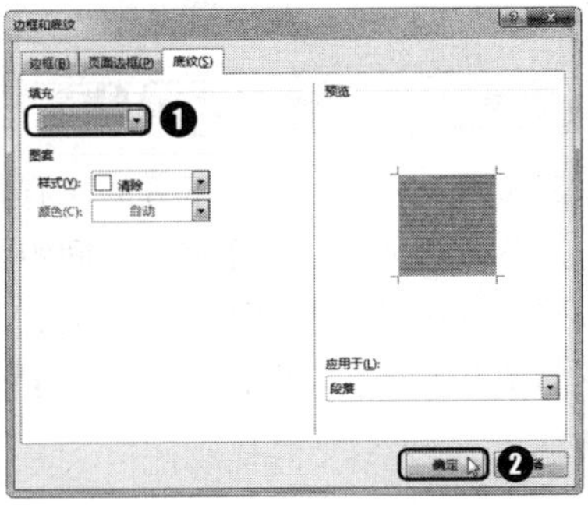

第 4 步 保持文本选中状态，单击【开始】选项卡【字体】组中的【加粗】按钮B，如下图所示。

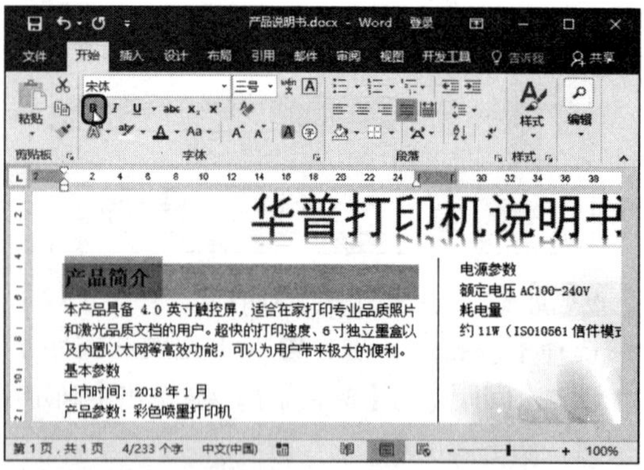

第 5 步 ❶保持文本选中状态，打开【段落】对话框，在【缩进和间距】选项卡的【常规】栏设置【大纲级别】为【1 级】；❷在【间距】栏设置【段后】为【0.5 行】；❸单击【确定】按钮，如下图所示。

第 6 步 选择“产品简介”下方的所有文本，打开【段落】对话框，在【缩进和间距】选项卡下设置【特殊格式】为【首行缩进】，【缩进值】为【2 字符】，然后按【Enter】键，如下图所示。

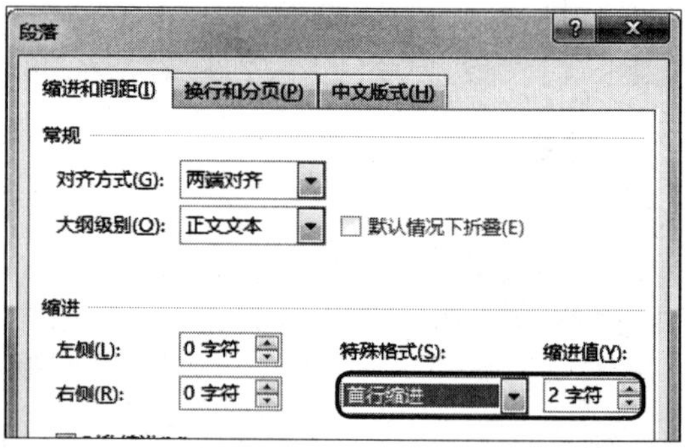

2. 插入项目符号

使用项目符号可以让产品简介的条理更加清晰，具体操作步骤如下。

❶按下【Ctrl】键选中需要设置项目符号的文本；❷单击【开始】选项卡【字体】组中的【清除所有格式】按钮；❸单击【加粗】按钮B；❹单击【段落】组中的【项目符号】下拉按钮；❺在弹出的下拉列表中选择一种项目符号样式，如下图所示。

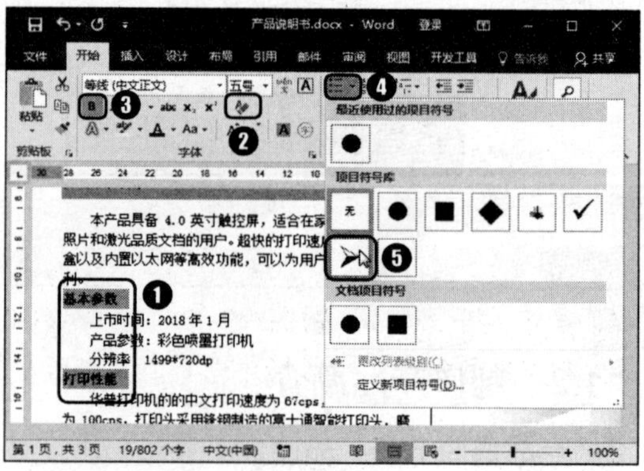

3. 插入并设置产品图片

插入图片可以让消费者更直观地了解产品信息，具体操作步骤如下。

第 1 步 ❶在第一段段落文本后按【Enter】键；❷单击【开始】选项卡【字体】组中的【清除所有格式】按钮，如下图所示。

第 2 步 ❶打开【插入图片】对话框，选择“光盘\素材文件\第 3 章\产品说明书\打印机 .jpg”素材图片插入文档，将光标定位到图片右侧；❷单击【开始】选项卡【段落】组中的【居中】按钮≡，如下图所示。

第 3 步 ❶单击【图片工具 / 格式】选项卡【大小】组中的【裁剪】按钮；❷拖动图片周围的控制点裁剪图片，完成后单击页面空白处，如下图所示。

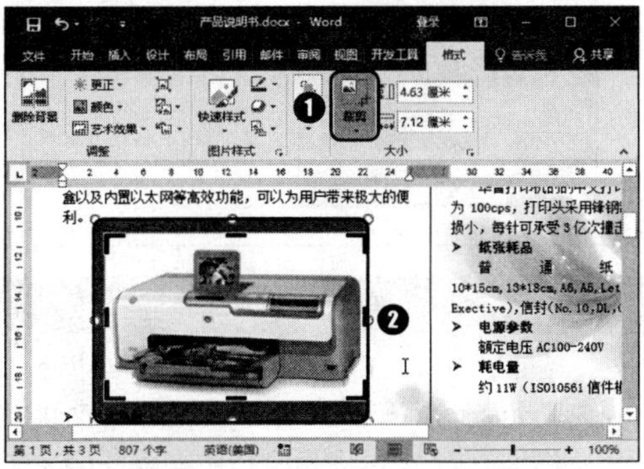

第 4 步 ❶单击【图片工具 / 格式】选项卡【图片样式】组中的【快速样式】下拉按钮；❷在弹出的下拉列表中选择一种边框样式，如下图所示。

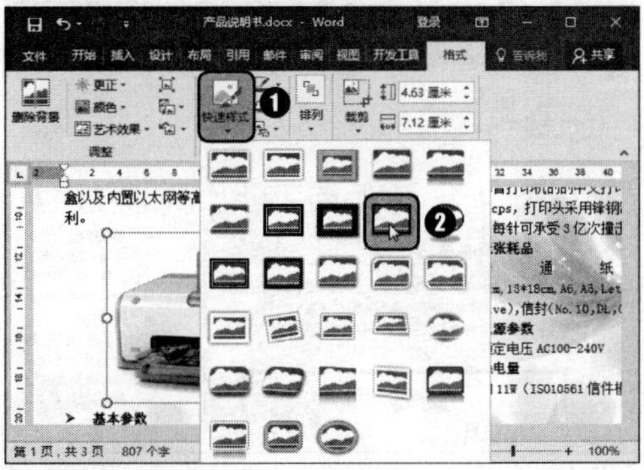

第 5 步 拖动图片四周的控制点，更改图片的大小，如下图所示。

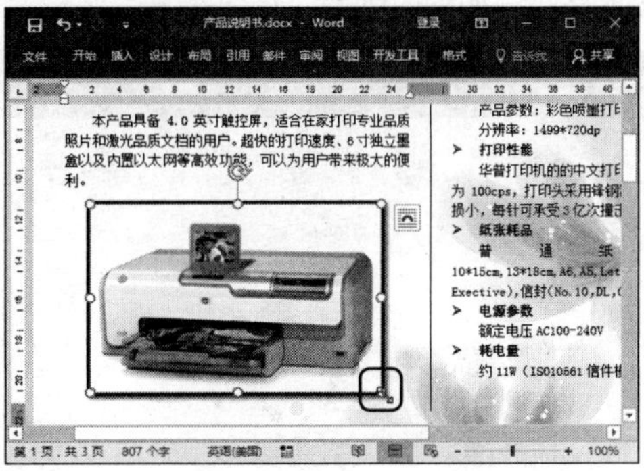

3.1.3 设置编号

对于有条理性的文字，可以使用编号让条理更清晰，帮助用户阅读，具体操作步骤如下。

第 1 步 在第二页输入“产品安装”说明文字，如下图所示。

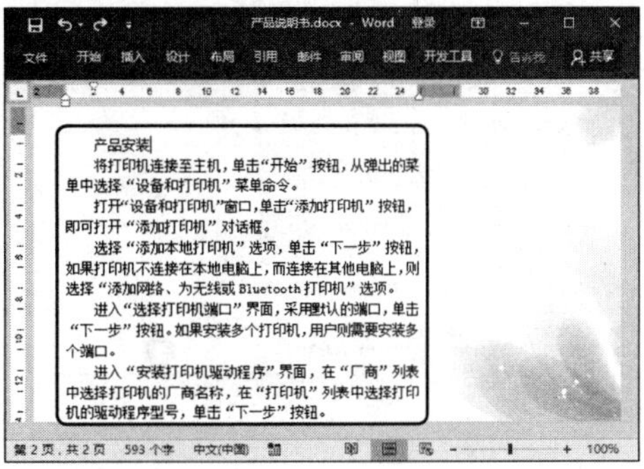

第 2 步 ❶选择“产品简介”文本；❷单击【开始】选项卡【剪贴板】组中的【格式刷】按钮，复制文本格式，如下图所示。

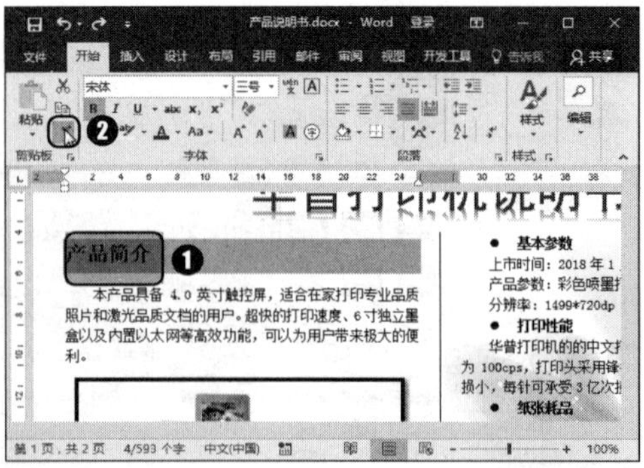

第 3 步 鼠标指针将变为格式刷形状，按下鼠标左键不放，在“产品安装”文本上拖动鼠标即可复制文本格式，如下图所示。

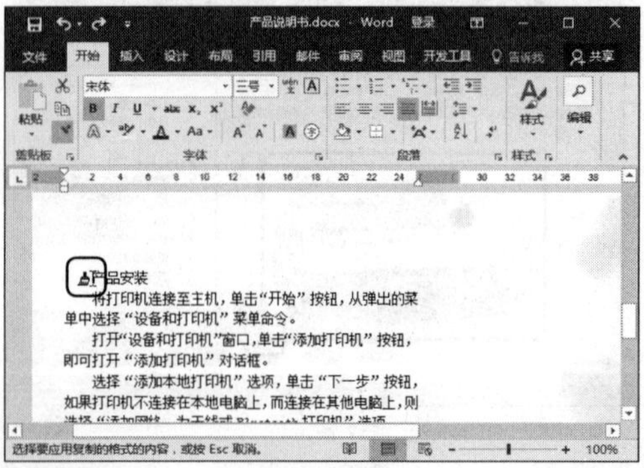

第 4 步 ❶单击【开始】选项卡【段落】组中的【编号】下拉按钮；❷在弹出的下拉列表中选择【定义新编号格式】命令，如下图所示。

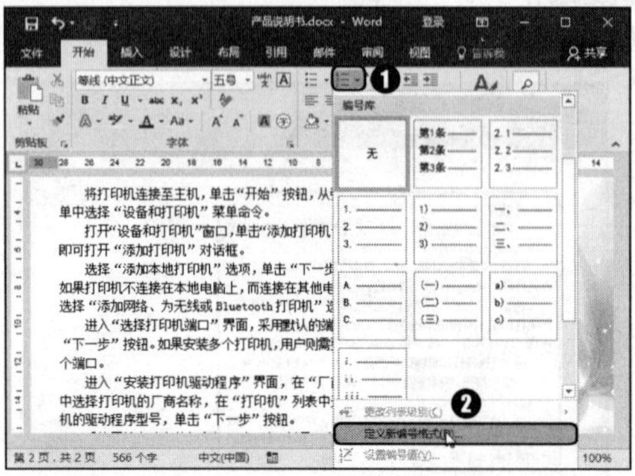

第 5 步 ❶打开【定义新编号格式】对话框，在【编号样式】下拉列表中选择【1，2，3…】选项；❷在【编号格式】文本框中，删除【1】右侧的【.】，并在编号的左、右侧分别输入【第】和【条】；❸在【对齐方式】下拉列表中选择【右对齐】选项；❹单击【确定】按钮，如下图所示。

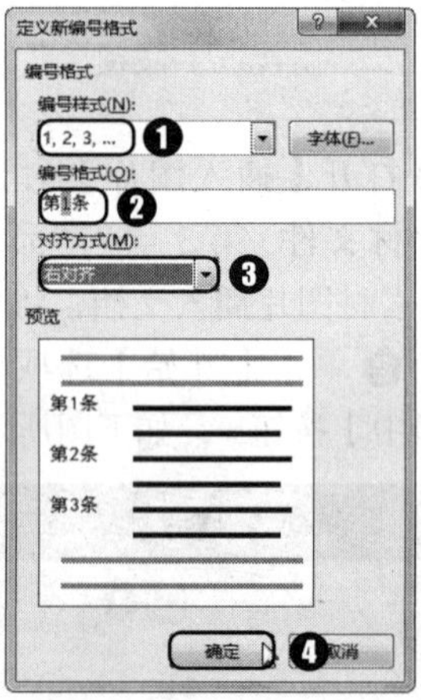

第 6 步 ❶选择除“产品安装”外的正文文本；❷单击【开始】选项卡【段落】组中的【编号】下拉按钮；❸在弹出的下拉列表中选择上一步中自定义的编号样式，如下图所示。

温馨提示

通过对文本设置编号，可以将文档中的文本以编号的形式顺序排列，它主要用于步骤、论文中的主要论点及合同条款等方面。

3.1.4 插入表格

在Word中插入表格后，可以使用快速样式快速地美化表格，具体操作步骤如下。

第1步 ❶输入“产品常见故障排除”文本，并复制前文的格式；❷单击【插入】选项卡【表格】组中的【表格】下拉按钮；❸在弹出的下拉列表中选择【2×4】的快速表格，如下图所示。

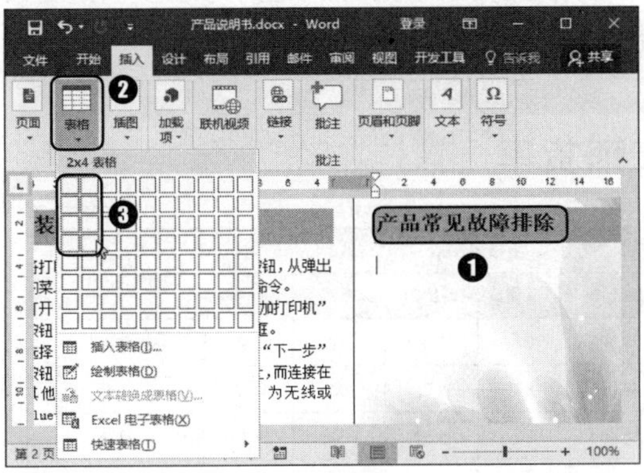

第2步 返回文档，即可看到表格已经插入，将光标定位到表格中，输入需要的文本，如下图所示。

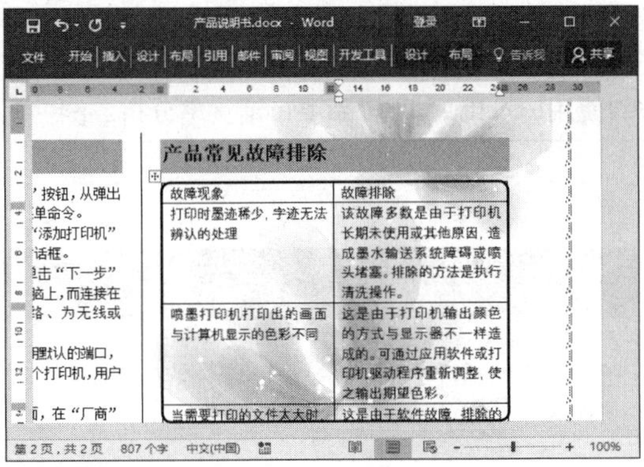

第3步 ❶将光标定位在表格中；❷在【表格工具/设计】选项卡的【表格样式】组中选择一种表格的快速样式，如下图所示。

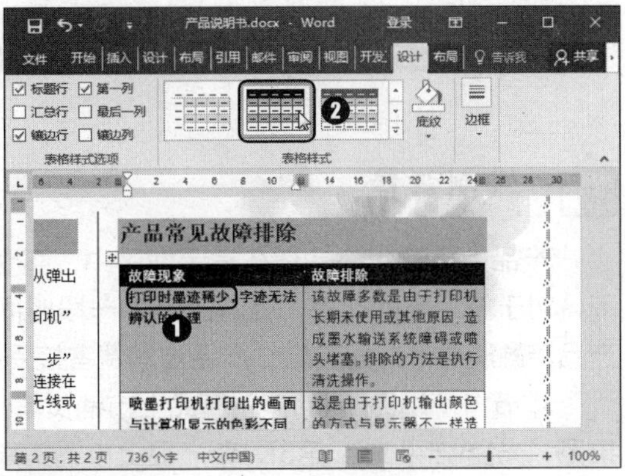

第4步 ❶在表格左上角单击⊞按钮全选表格；❷单击【表格工具/布局】选项卡【对齐方式】组中的【中部两端对齐】按钮，如下图所示。

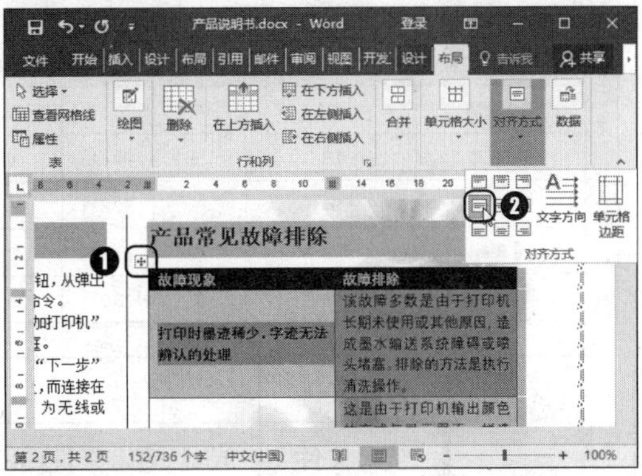

第5步 ❶选择表格的第一行；❷在【开始】选项卡的【字体】组中设置字号为【小四】；❸在【段落】组中单击【居中】按钮，如下图所示。

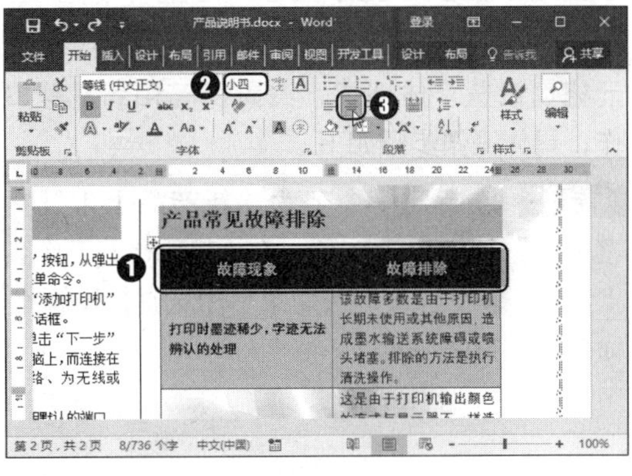

3.2 使用Excel制作“新产品上市铺货率分析”

案例背景

产品上市铺货率是指在指定地区中，实现的铺货总数与目标的铺货总数的比例。一般情况下，对于新上市的产品，在其上市的一段时间内都需要对铺货率进行分析，铺货率越高，表示产品接触消费者的面越广，产品被消费者接受的可能性也就越大。

本节将使用Excel制作新产品上市铺货率分析，制作完成后的效果如下图所示。实例最终效果见“光盘\结果文件\第3章\新产品上市铺货率分析.xlsx”文件。

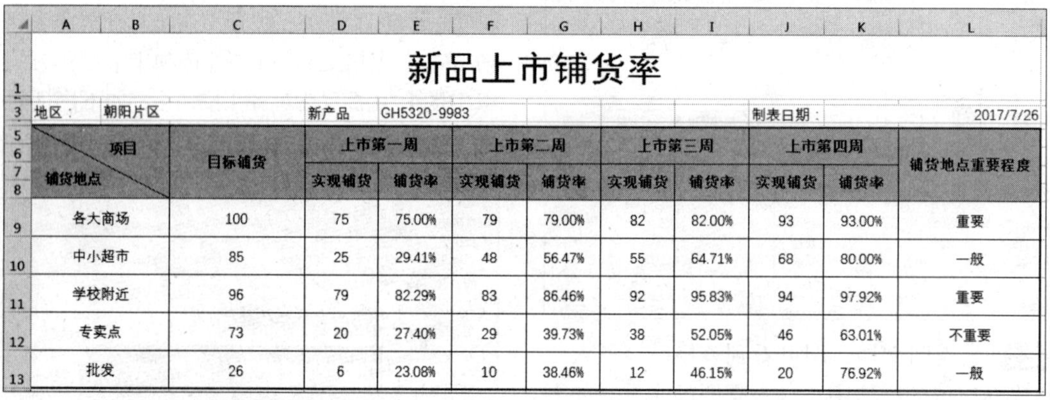

新品上市铺货率

地区：	朝阳片区	新产品	GH5320-9983					制表日期：		2017/7/26
项目 / 铺货地点	目标铺货	上市第一周		上市第二周		上市第三周		上市第四周		铺货地点重要程度
		实现铺货	铺货率	实现铺货	铺货率	实现铺货	铺货率	实现铺货	铺货率	
各大商场	100	75	75.00%	79	79.00%	82	82.00%	93	93.00%	重要
中小超市	85	25	29.41%	48	56.47%	55	64.71%	68	80.00%	一般
学校附近	96	79	82.29%	83	86.46%	92	95.83%	94	97.92%	重要
专卖点	73	20	27.40%	29	39.73%	38	52.05%	46	63.01%	不重要
批发	26	6	23.08%	10	38.46%	12	46.15%	20	76.92%	一般

光盘文件		
	素材文件	无
	结果文件	光盘\结果文件\第3章\新产品上市铺货率分析.xlsx
	教学视频	光盘\视频文件\第3章\3.2使用Excel制作新产品上市铺货率分析.mp4

3.2.1 制作表格框架

在制作本例表格时，需要执行合并单元格、设置字体格式、设置行高和列宽等操作，具体操作步骤如下。

第1步 ❶新建一个名为“新产品上市铺货率分析”的空白工作簿，在【Sheet1】工作表上右击；❷在弹出的快捷菜单中选择【重命名】命令，如下图所示。

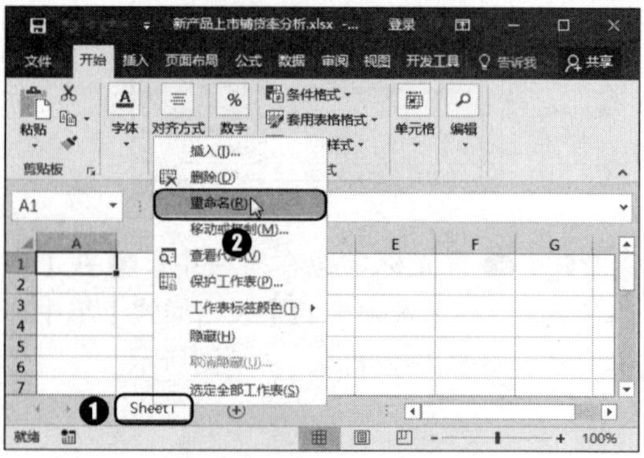

第2步 工作表名称呈可编辑状态，直接输入新工作表名称；完成后单击任意空白处即可为工作表重命名，如下图所示。

温馨提示

在工作表上双击，也可以让工作表名称呈可编辑状态，然后重命名工作表。

第3步 将鼠标指针移动到第1行的行标下方，当鼠标指针呈+时，按下鼠标左键拖动，调整行高到合适的位置，如下图所示。

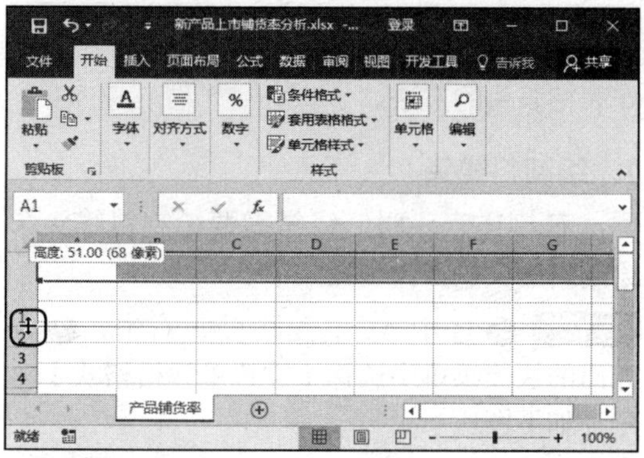

第4步 ❶选择第2行和第4行；❷单击【开始】选项卡【单元格】组中的【格式】下拉按钮；❸在弹出的下拉列表中选择【行高】命令；❹打开【行高】对话框，在【行高】文本框中输入“5”；❺单击【确定】按钮，如下图所示。

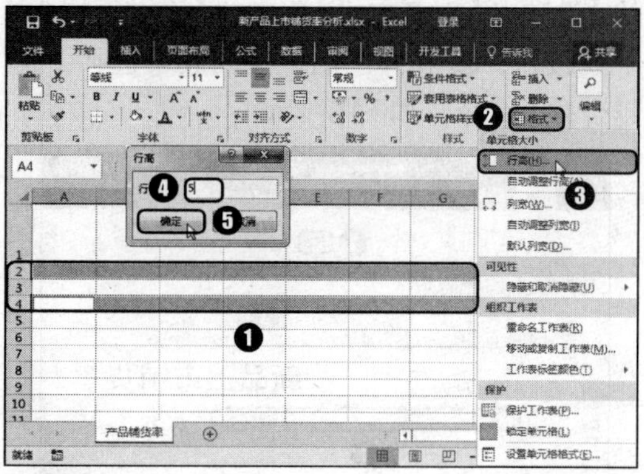

第5步 ❶选择A1：L1单元格区域；❷单击【开始】选项卡【对齐方式】组中的【合并后居中】下拉按钮；❸在弹出的下拉列表中选择【合并后居中】命令，如下图所示。

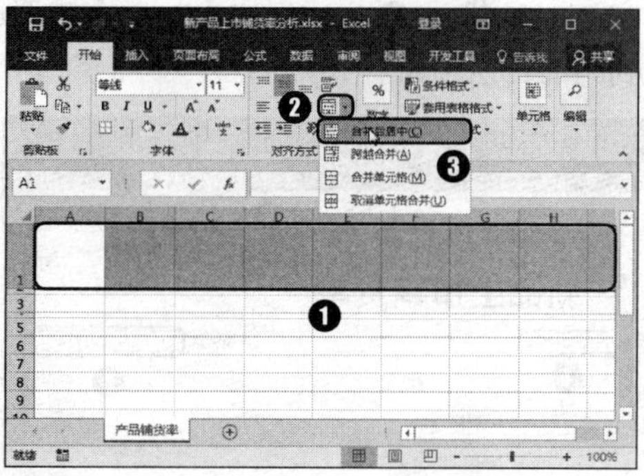

第6步 ❶输入表格标题；❷在【开始】选项卡的【字体】组中设置字体格式为【黑体；28号】，如下图所示。

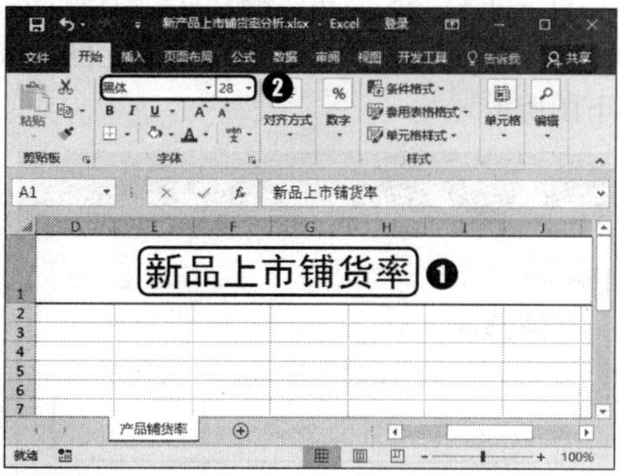

第7步 ❶按住【Ctrl】键分别选中B3：C3、E3：F3、K3：L3单元格区域；❷单击【开

始】选项卡【对齐方式】组中的【合并后居中】下拉按钮；❸ 在弹出的下拉列表中选择【跨越合并】命令，如下图所示。

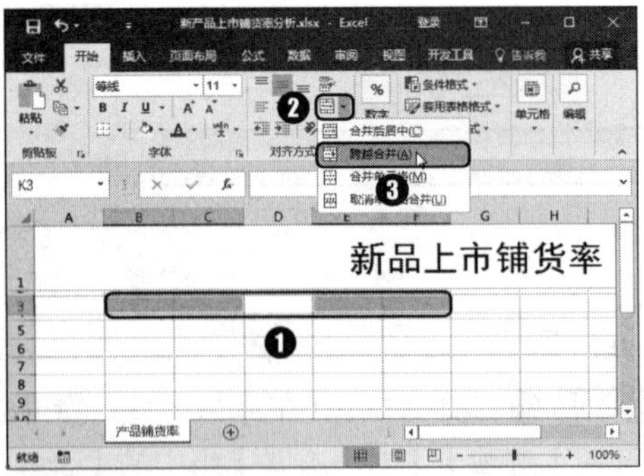

第 8 步 ❶ 在合并后的单元格中输入需要的文本；❷ 选择 K3 单元格，在编辑栏输入公式“=TODAY()”；❸ 完成后按【Enter】键即可得到当前日期，如下图所示。

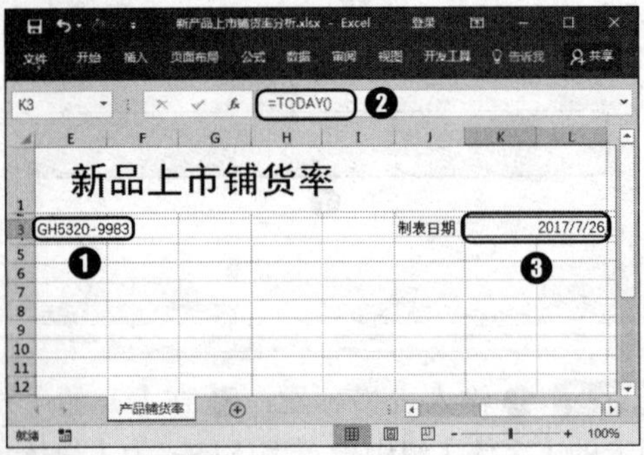

第 9 步 分别合并 A5：B8、C5：C8、D5：E6、D7：E8、F5：G6、F7：G8、H5：I6、H6: I8、J5: K6、J6: K8 和 L5: L8 单元格区域，如下图所示。

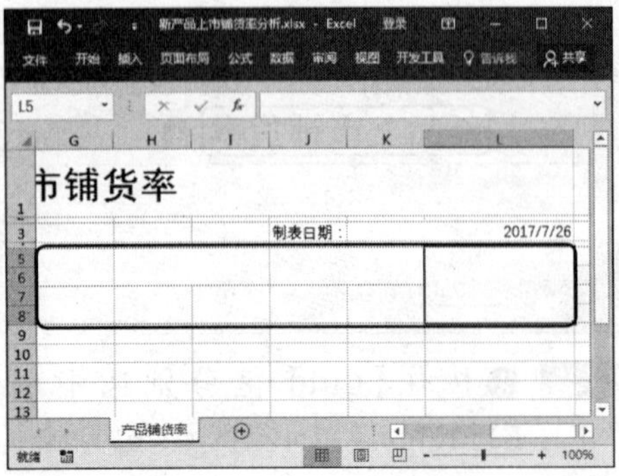

第 10 步 ❶ 选择 C 列并右击；❷ 在弹出的快捷菜单中选择【列宽】选项；❸ 打开【列宽】对话框，在【列宽】文本框中输入“17.25”；❹ 单击【确定】按钮。使用相同的方法设置 D~K 列的列宽为 9，L 列的列宽为 18，如下图所示。

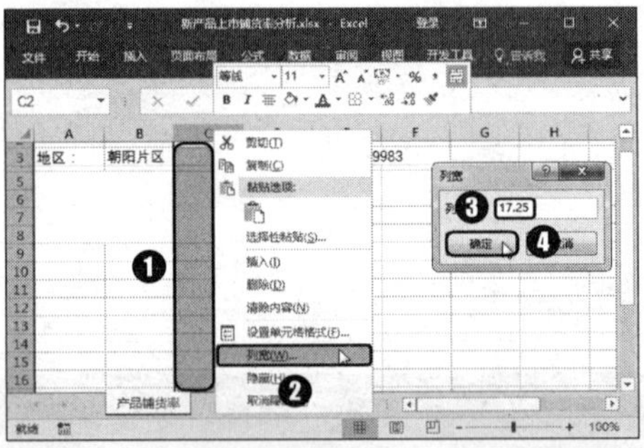

> **温馨提示**
>
> 选中【固定宽度】单选按钮，可以根据数据的列宽来分隔数据。

3.2.2 制作表格表头

表头是对数据的说明文字，下面介绍制作表格表头的方法。

1. 绘制斜线头

在制作表头时，经常需要绘制斜线头，绘制斜线头的操作步骤如下。

第 1 步 ❶ 选中 A5 单元格，并右击；❷ 在弹出的快捷菜单中选择【设置单元格格式】命令，如下图所示。

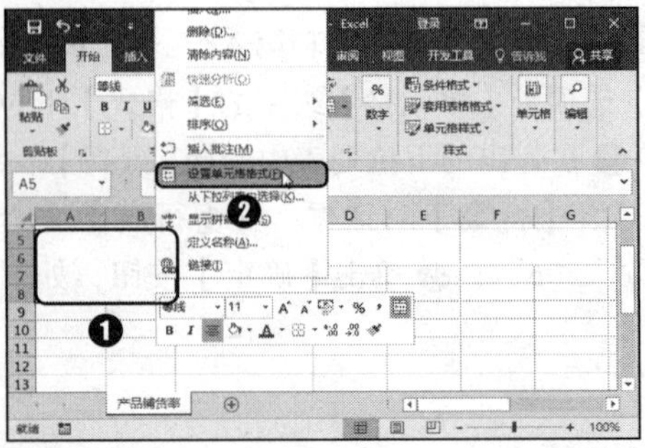

第 2 步 ❶ 打开【设置单元格格式】对话框，

在【边框】选项卡的【边框】栏中选择【右斜线】按钮◻；❷单击【确定】按钮，如下图所示。

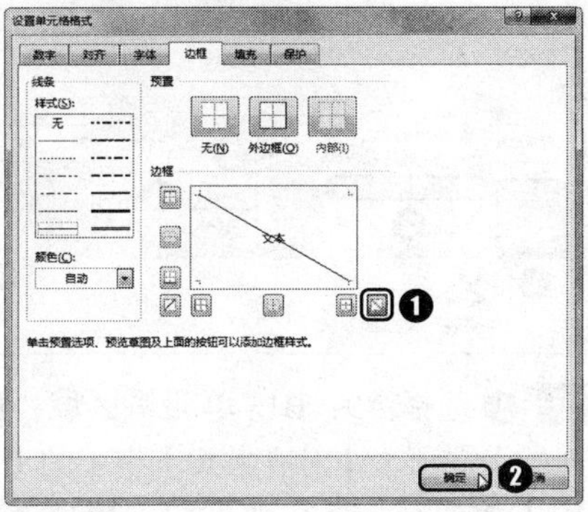

第3步 ❶单击【插入】选项卡【插图】组中的【形状】下拉按钮；❷在弹出的下拉列表中选择【文本框】工具◻，如下图所示。

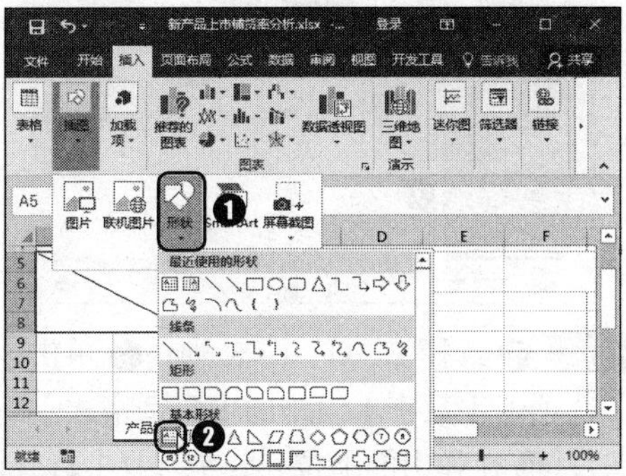

第4步 ❶拖动鼠标绘制文本框；❷在【绘图工具/格式】选项卡的【形状样式】组中单击【形状填充】下拉按钮；❸在打开的下拉列表中选择【无填充颜色】命令，如下图所示。

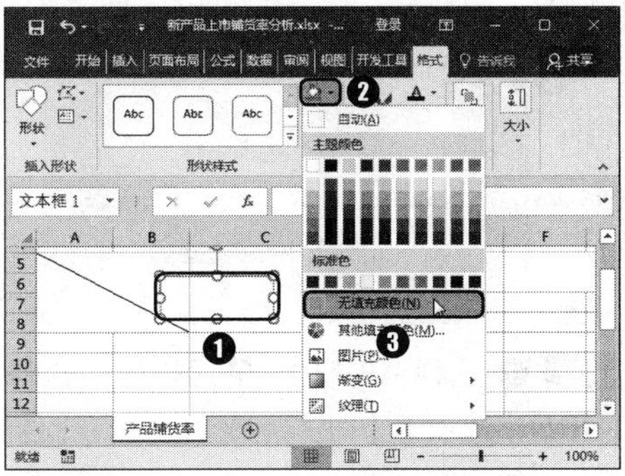

第5步 ❶在【绘图工具/格式】选项卡的【形状样式】组中单击【形状轮廓】下拉按钮；❷在打开的下拉列表中选择【无轮廓】命令，如下图所示。

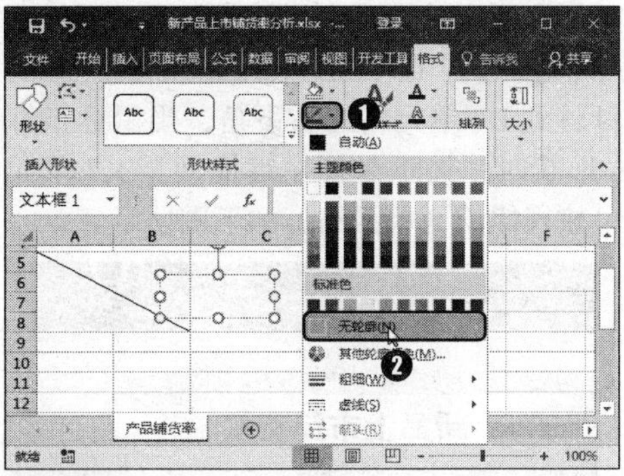

第6步 ❶在文本框中输入需要的文本，然后选中文本；❷在【开始】选项卡的【字体】组中设置字体格式为【宋体，11号，加粗】，如下图所示。

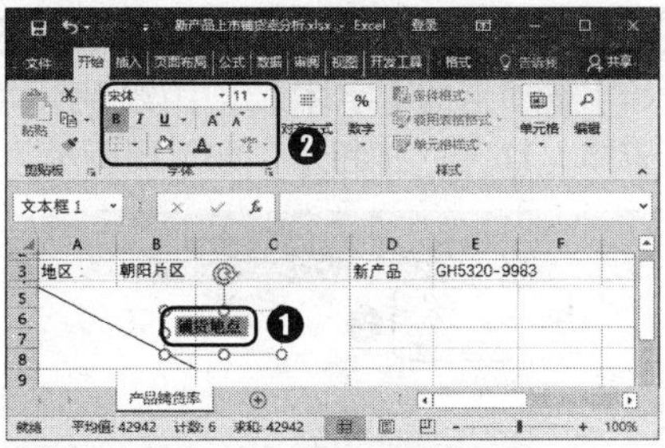

第7步 ❶将文本框拖动到斜线的下方；❷复制一个文本框，更改文本框中的文字，然后拖动到斜线的上方，如下图所示。

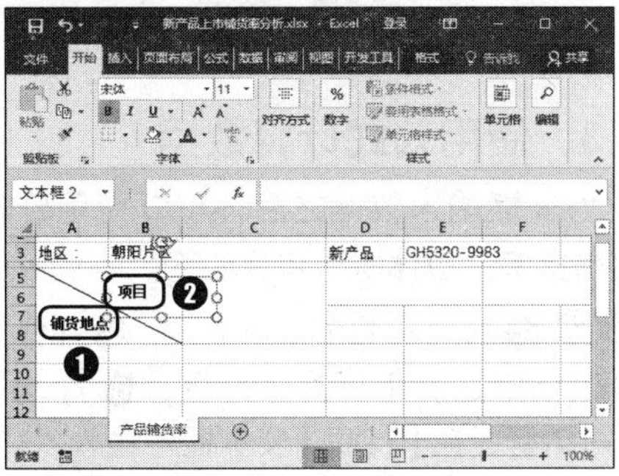

2. 快速填充数据

如果在工作表中输入有规律的文本，可以使用填充的方法快速输入，具体操作步骤如下。

第 1 步 ❶在 D5：J5 单元格区域输入“上市第一周”～“上市第四周”文本，在 D7 和 E7 单元格中分别输入“实现铺货”和“铺货率”文本；❷选择 D7：E7 单元格区域，将鼠标指针移到 E7 单元格的右下角，当鼠标指针变为+形状时，按下鼠标左键拖动至 K7 单元格即可按规律填充单元格，如下图所示。

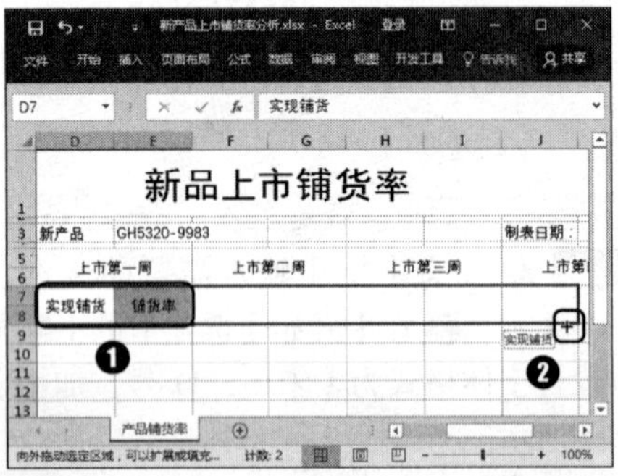

第 2 步 ❶选择 C5：K7 单元格区域；❷在【开始】选项卡的【字体】组中设置字体格式为【宋体，11 号，加粗】，如下图所示。

3.2.3 使用公式计算数据

为表格输入数据之后，可以使用公式计算出铺货率，具体操作步骤如下。

第 1 步 ❶选择 9~13 行，并右击；❷在弹出的快捷菜单中选择【行高】命令；❸打开【行高】对话框，在【行高】文本框中输入“30”；❹单击【确定】按钮，如下图所示。

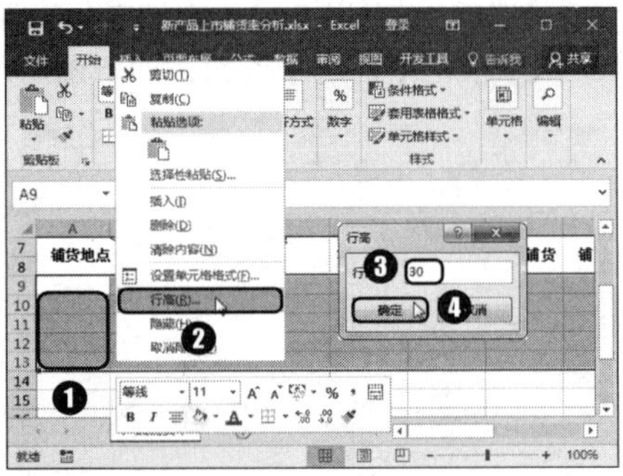

第 2 步 ❶选择 A9：B13 单元格区域；❷单击【开始】选项卡【对齐方式】组中的【合并后居中】按钮；❸在弹出的下拉列表中选择【跨越合并】命令，如下图所示。

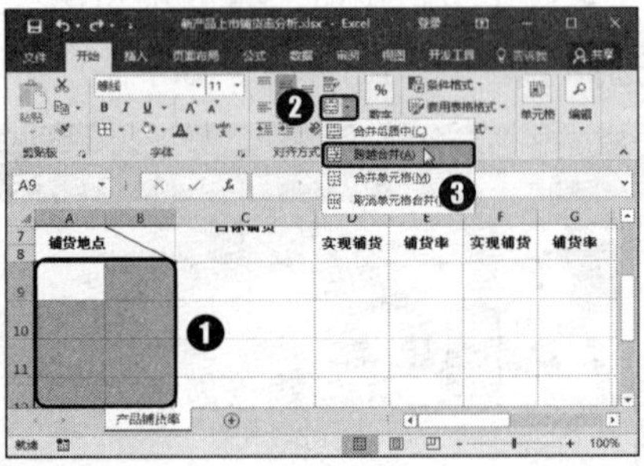

第 3 步 ❶选择 E、G、I、K 列；❷单击【开始】选项卡【数字】组中的【数字格式】下拉按钮；❸在弹出的下拉列表中选择【百分比】选项，如下图所示。

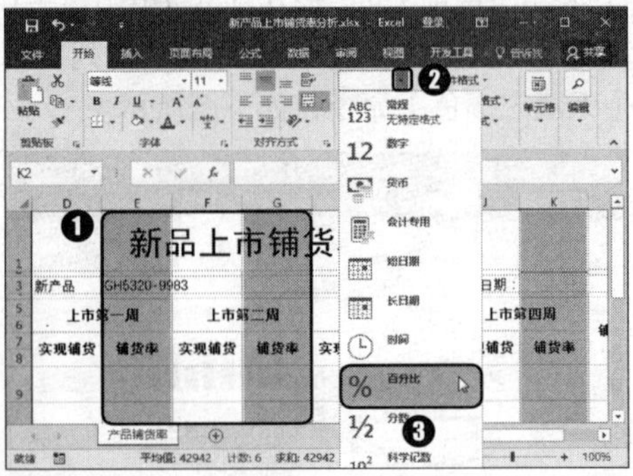

第 4 步 ❶选择 A9：L13 单元格区域；❷单击【开始】选项卡【对齐方式】组中的【居中】按钮，如下图所示。

第 5 步 ❶输入铺货数据，在输入“上市第一周”的“实现铺货”数据后，选择 E9 单元格；❷在编辑栏中输入公式“=D9/C9”，按【Enter】键得到铺货率；❸向下填充数据，如下图所示。

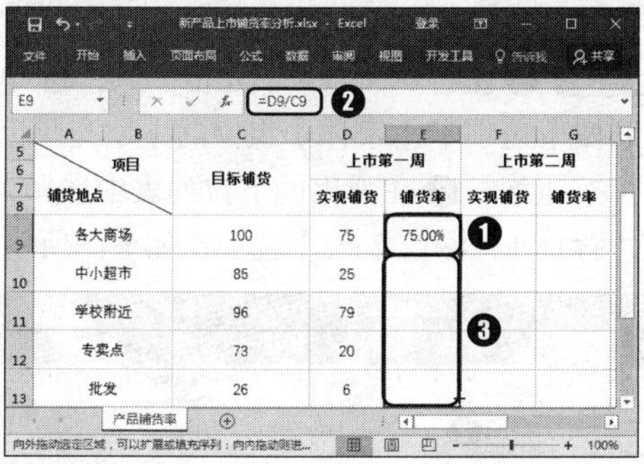

第 6 步 ❶在输入“上市第二周”的“实现铺货”数据后，选择 G9 单元格；❷在编辑栏中输入公式“=F9/C9”，按【Enter】键得到铺货率；❸向下填充数据，如下图所示。

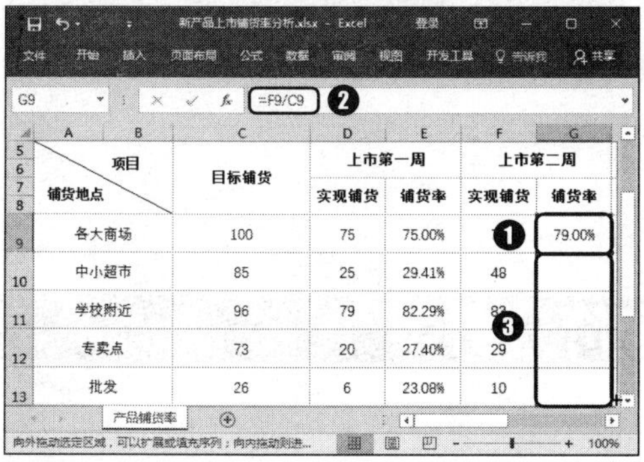

第 7 步 ❶使用相同的方法计算其他时间的铺货率；❷选择 L9 单元格；❸单击【插入函数】按钮 f_x，如下图所示。

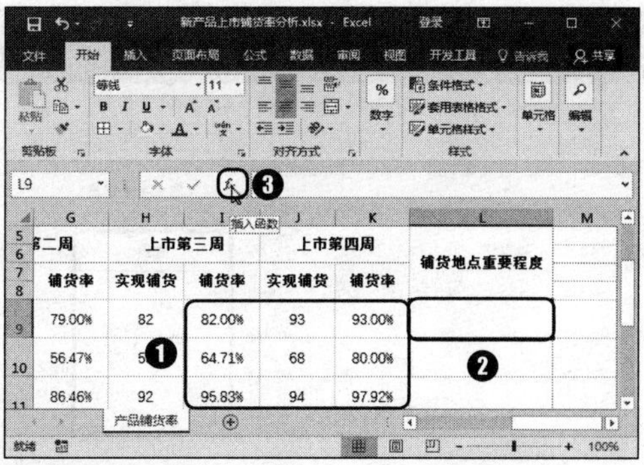

第 8 步 ❶弹出【插入函数】对话框，在【选择函数】列表框中选择【IF】函数；❷单击【确定】按钮，如下图所示。

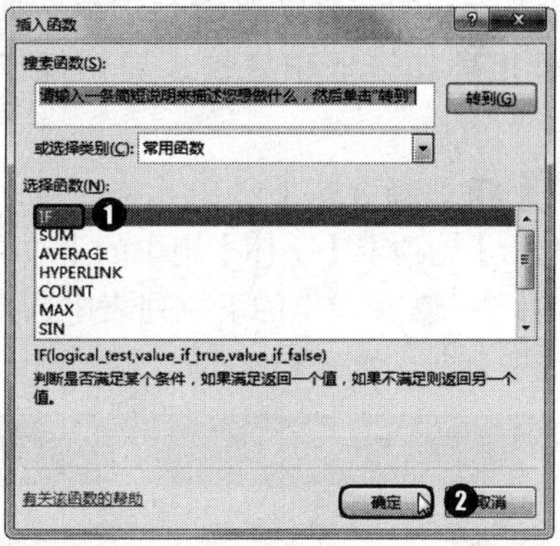

第 9 步 ❶弹出【函数参数】对话框，设置【Logical_test】为【K9>=85%】；设置【Value_if_true】为【"重要"】；设置【Value_if_false】为【IF(AND(65%<=K9,K9<85%),"一般",IF(K9<65%,"不重要",""))】；❷单击【确定】按钮，如下图所示。

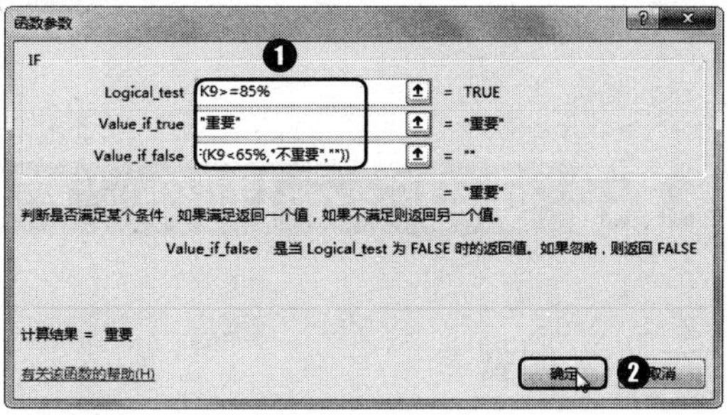

第 10 步 即可计算出铺货地点的重要程度，向下填充公式即可，如下图所示。

3.2.4 设置表格边框和底纹

在Excel中，默认并没有边框，如果需要为表格添加边框和底纹，具体操作步骤如下。

第 1 步 ❶ 选择 A5：L13 单元格区域；❷ 单击【开始】选项卡【字体】组中的【边框】下拉按钮 ；❸ 在弹出的下拉列表中选择【所有框线】命令，如下图所示。

第 2 步 ❶ 保持单元格区域的选中状态，单击【开始】选项卡【字体】组中的【边框】下拉按钮 ；❷ 在弹出的下拉列表选择【粗外侧框线】命令，如下图所示。

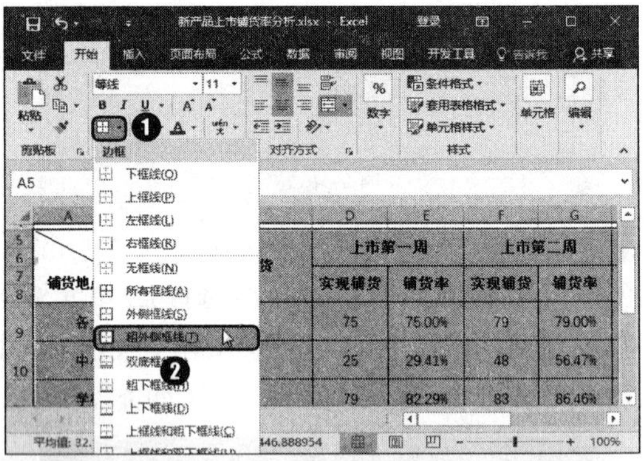

第 3 步 ❶ 选择 A5：L8 单元格区域；❷ 单击【开始】选项卡【字体】组中的【填充颜色】下拉按钮 ；❸ 在弹出的下拉列表中选择【白色，背景 1，深色 25%】选项，如下图所示。

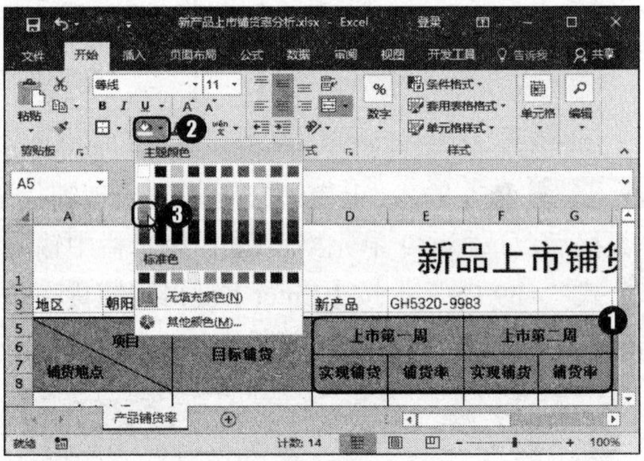

3.3 使用Excel制作“产品定价分析表”

案例背景

产品上市之前，需要对市场进行调查分析，对同类产品进行比较，并制定产品定价分析表。产品定价分析表用于根据产品所需的各种成本进行统计，并与其他竞争产品进行比较，然后再根据企业的定价目标和策略进行定价。

本节将使用Excel制作产品定价分析表，制作完成后的效果如下图所示。实例最终效果见“光盘\结果文件\第3章\新产品资料.xlsx”文件。

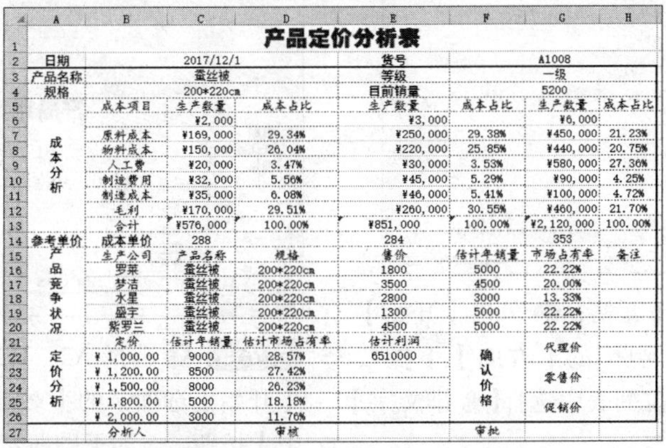

	A	B	C	D	E	F	G	H
1	产品定价分析表							
2	日期	2017/12/1			货号	A1008		
3	产品名称	蚕丝被			等级	一级		
4	规格	200*220cm			目前销量	5200		
5	成本分析	成本项目	生产数量	成本占比	生产数量	成本占比	生产数量	成本占比
6			¥2,000		¥3,000		¥6,000	
7		原料成本	¥169,000	29.34%	¥250,000	29.38%	¥450,000	21.23%
8		物料成本	¥150,000	26.04%	¥220,000	25.85%	¥440,000	20.75%
9		人工费	¥20,000	3.47%	¥30,000	3.53%	¥580,000	27.36%
10		制造费用	¥32,000	5.56%	¥45,000	5.29%	¥90,000	4.25%
11		制造成本	¥35,000	6.08%	¥46,000	5.41%	¥100,000	4.72%
12		毛利	¥170,000	29.51%	¥260,000	30.55%	¥460,000	21.70%
13		合计	¥576,000	100.00%	¥851,000	100.00%	¥2,120,000	100.00%
14	参考单价	成本单价	288		284		353	
15	产品竞争状况	生产公司	产品名称	规格	售价	估计年销量	市场占有率	备注
16		罗莱	蚕丝被	200*220cm	1800	5000	22.22%	
17		梦洁	蚕丝被	200*220cm	3500	4500	20.00%	
18		水星	蚕丝被	200*220cm	2800	3000	13.33%	
19		盛宇	蚕丝被	200*220cm	1300	5000	22.22%	
20		紫罗兰	蚕丝被	200*220cm	4500	5000	22.22%	
21	定价分析	定价	估计年销量	估计市场占有率	估计利润	确认价格	代理价	
22		¥ 1,000.00	9000	28.57%	6510000			
23		¥ 1,200.00	8500	27.42%			零售价	
24		¥ 1,500.00	8000	26.23%				
25		¥ 1,800.00	5000	18.18%			促销价	
26		¥ 2,000.00	3000	11.76%				
27		分析人		审核		审批		

光盘文件	素材文件	光盘\素材文件\第3章\新产品资料.xlsx
	结果文件	光盘\结果文件\第3章\新产品资料.xlsx
	教学视频	光盘\视频文件\第3章\3.3使用Excel制作产品定价分析表.mp4

3.3.1 制作表格框架

本例首先制作产品定价分析表的框架，并为其设置边框样式，具体操作步骤如下。

第 1 步 ❶ 打开“光盘\素材文件\第 3 章\新产品资料 .xlsx”工作簿，新建一个名为“产品定价分析表”的工作表；❷ 选择 A1：H1 单元格区域；❸ 单击【开始】选项卡【对齐方式】组中的【合并后居中】按钮，如下图所示。

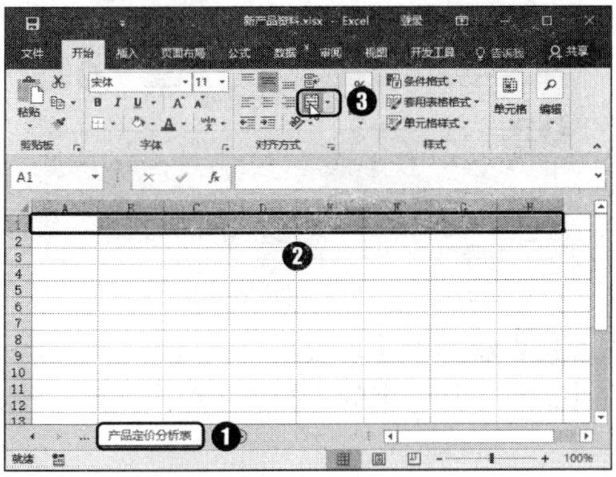

第 2 步 ❶ 在 A1 单元格输入标题；❷ 在工作表中输入相关数据，按住【Ctrl】键不放，选择 B2：D4 和 F2：H2 单元格区域；❸单击【开始】选项卡【对齐方式】组中的【合并后居中】下拉按钮；❹ 在弹出的下拉列表中选择【跨越合并】选项，如下图所示。

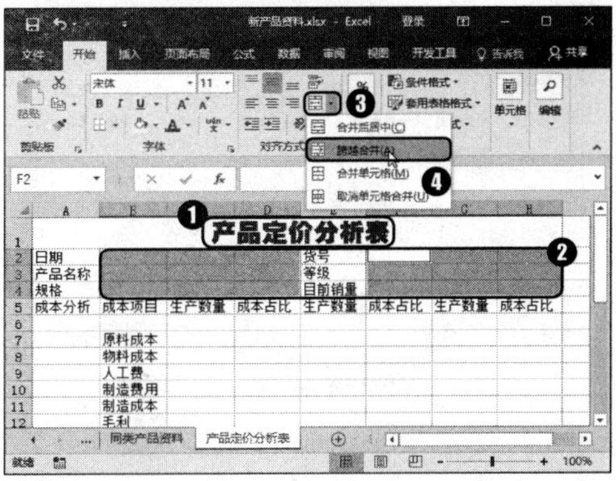

第 3 步 ❶ 选择 A5：A13 单元格区域；❷ 单击【开始】选项卡【对齐方式】组中的【合并后居中】按钮，如下图所示。

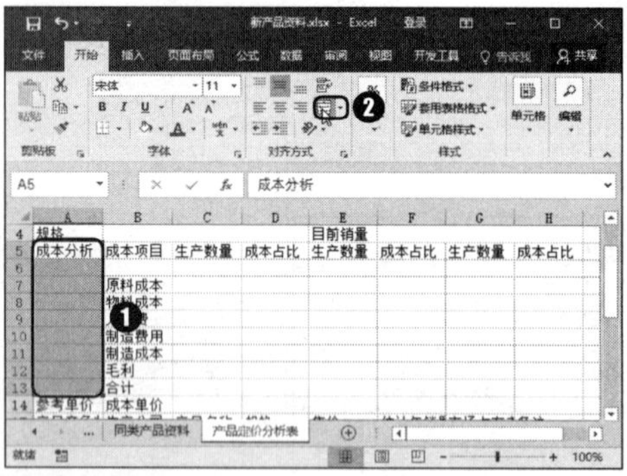

第 4 步 ❶选择 A5 单元格；❷单击【开始】选项卡【对齐方式】组中的【方向】下拉按钮；❸在弹出的下拉列表中选择【竖排文字】选项，如下图所示。

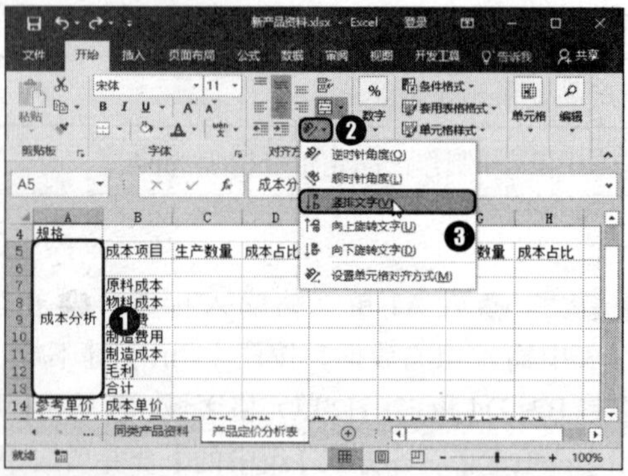

第 5 步 使用相同的方法设置其他单元格区域的格式，如下图所示。

第 6 步 分别设置工作表中文本数据的字体格式，如下图所示。

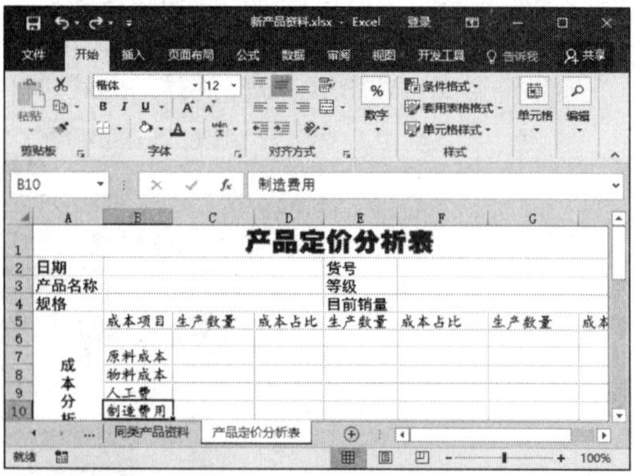

第 7 步 ❶选择 A2：H27 单元格区域；❷在【开始】选项卡的【对齐方式】组中单击【居中】按钮，如下图所示。

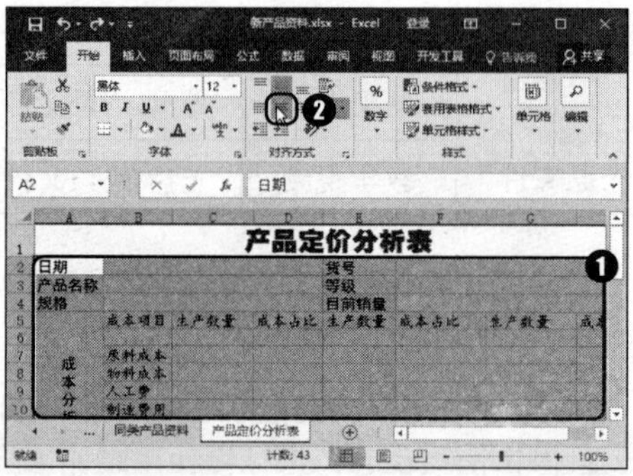

第 8 步 ❶选择 A3：H26 单元格区域；❷单击【开始】选项卡【单元格】组中的【格式】下拉按钮；❸在弹出的下拉列表中选择【设置单元格格式】选项，如下图所示。

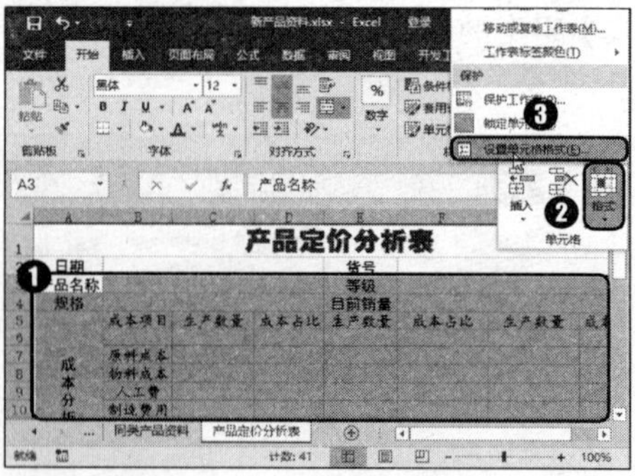

第 9 步 ❶打开【设置单元格格式】对话框，在【边框】选项卡的【样式】组中选择一种虚

线样式；❷ 在【颜色】下拉列表中选择一种颜色；❸ 在【预置】栏中选择【内部】选项；❹ 单击【确定】按钮，如下图所示。

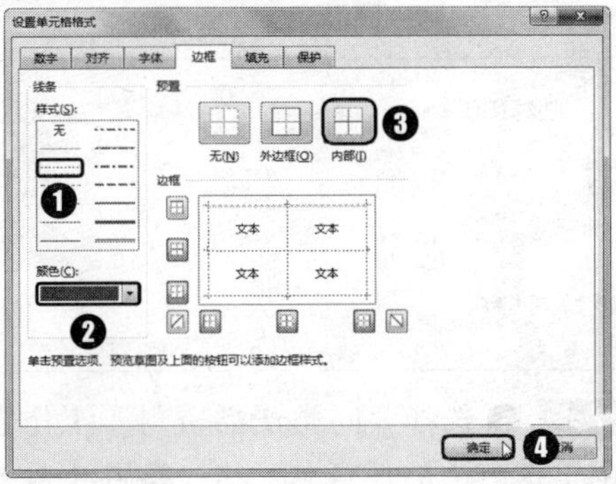

第 10 步 ❶ 保持单元格区域选中状态，单击【开始】选项卡【字体】组中的【边框】下拉按钮 ；❷ 在弹出的下拉列表中选择【粗外侧框线】命令即可完成表格框架的制作，如下图所示。

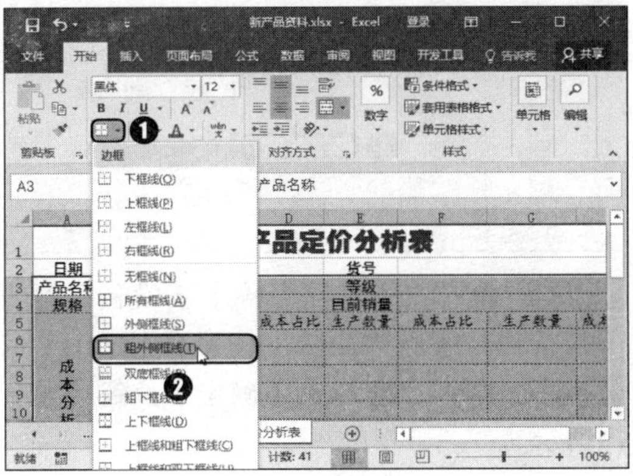

3.3.2 筛选表格数据

在制作本例时，需要将筛选出的数据粘贴到新建的工作表中，具体操作步骤如下。

第 1 步 ❶ 选择“产品资料表”工作表，选中工作表中的任意单元格；❷ 在【数据】选项卡中单击【筛选】按钮，如下图所示。

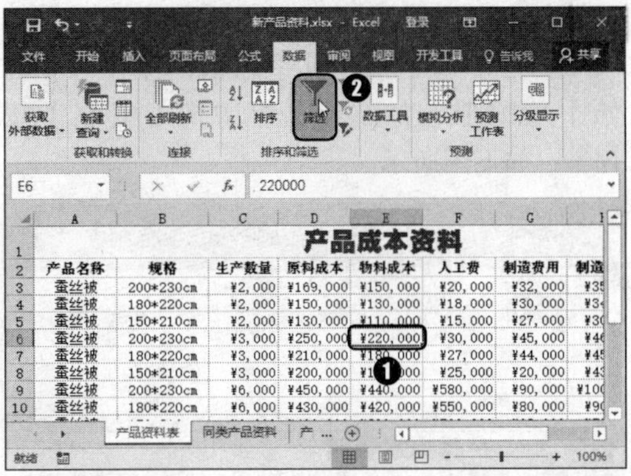

第 2 步 ❶ 单击【产品名称】字段名右侧的下拉按钮；❷ 在弹出的下拉列表中选中【蚕丝被】复选框；❸ 单击【确定】按钮，如下图所示。

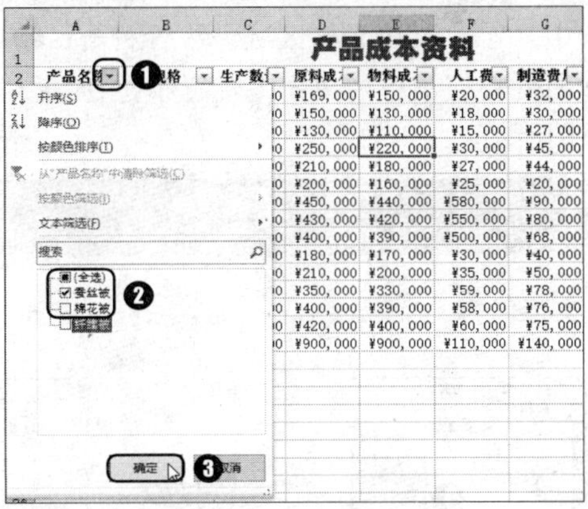

第 3 步 ❶ 单击【规格】字段名右侧的下拉按钮；❷ 在弹出的下拉列表中选中【200*230cm】复选框；❸ 单击【确定】按钮，如下图所示。

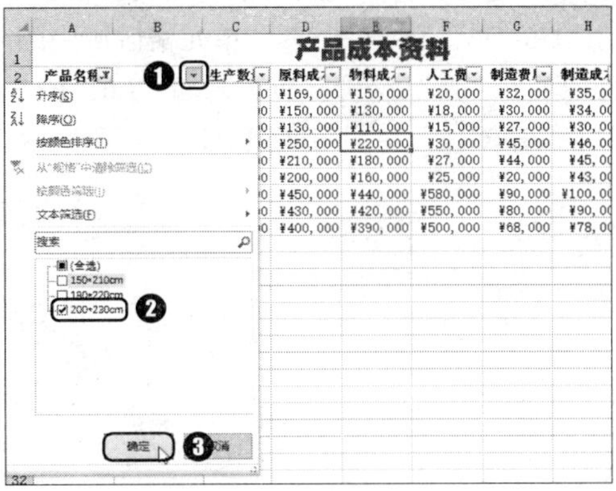

第 4 步 ❶返回工作表，即可看到筛选后的结果，选中 C3：I3 单元格区域；❷单击【开始】选项卡【剪贴板】组中的【复制】按钮，如下图所示。

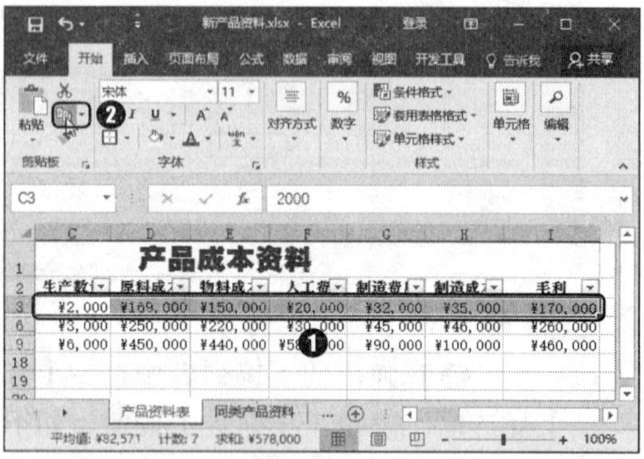

第 5 步 ❶切换到“产品定价分析表”工作表，选中 C6：C12 单元格区域，然后右击；❷在弹出的快捷菜单中单击【转置】按钮，如下图所示。

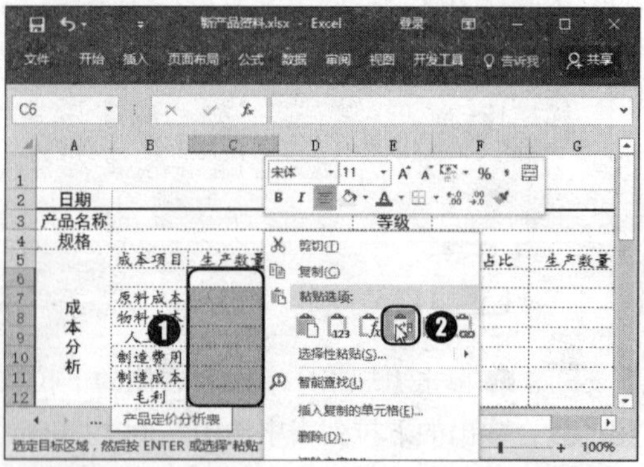

第 6 步 按照同样的方法将“产品资料表”中的“C6：I6”和“C9：I9”单元格区域中的内容转置到“产品定价分析表”的“E6：E12”和“G6：G12”单元格区域中，如下图所示。

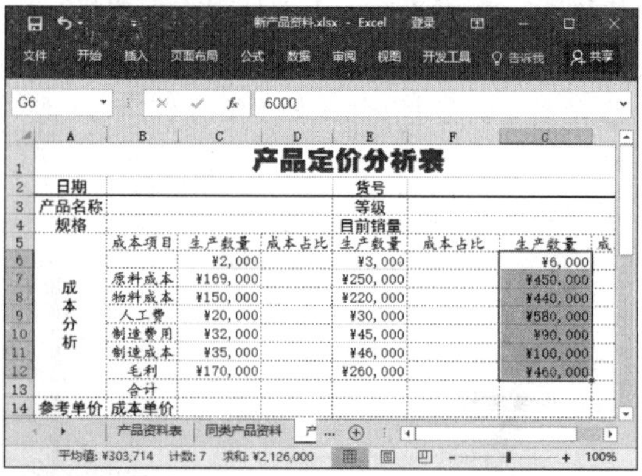

第 7 步 ❶选择“同类产品资料”工作表，选中工作表中的任意单元格；❷在【数据】选项卡中单击【筛选】按钮，如下图所示。

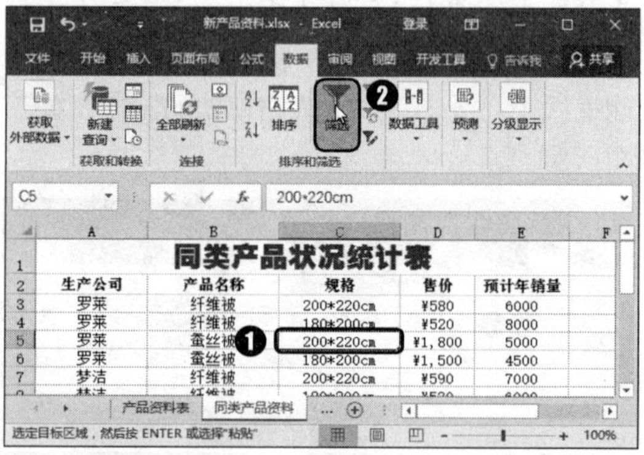

第 8 步 ❶单击【产品名称】字段名右侧的下拉按钮；❷在弹出的下拉列表中选中【蚕丝被】复选框；❸单击【确定】按钮，如下图所示。

第 9 步 ❶ 单击【规格】字段名右侧的下拉按钮 ；❷ 在弹出的下拉列表中选中【200*220cm】复选框；❸ 单击【确定】按钮，如下图所示。

第 10 步 ❶ 选中筛选结果；❷ 单击【开始】选项卡【剪贴板】组中的【复制】按钮 ，如下图所示。

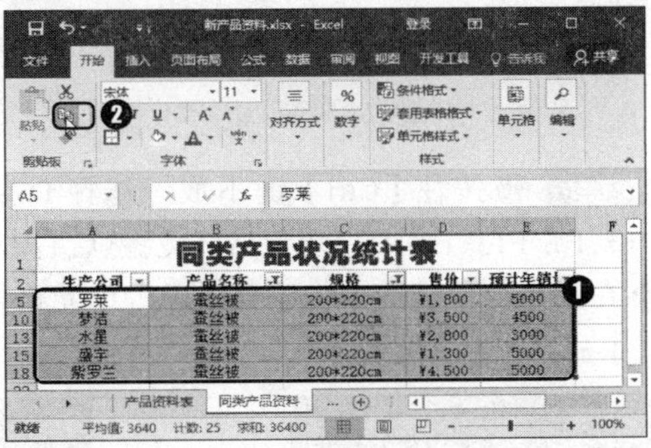

第 11 步 ❶ 切换到“产品定价分析表”；❷ 将复制的内容粘贴到“B16：F20”单元格区域中，如下图所示。

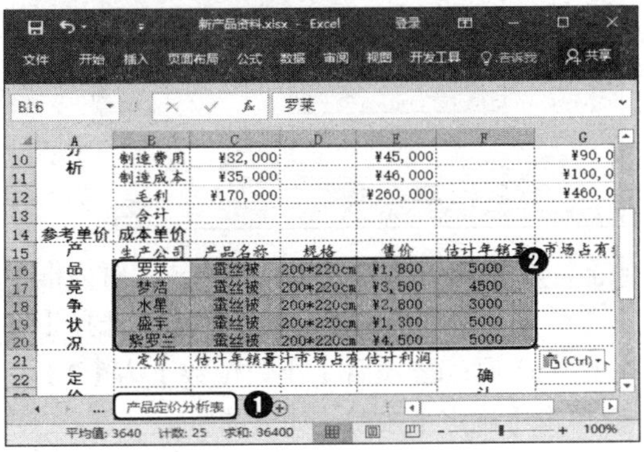

3.3.3 使用公式计算成本

资料准备好之后，就可以通过公式计算产品成本，并为其定价，具体操作步骤如下。

第 1 步 ❶ 选中“C13”单元格，在其中输入公式“=SUM(C7：C12)”；❷ 按【Enter】键确认得到计算结果，如下图所示。

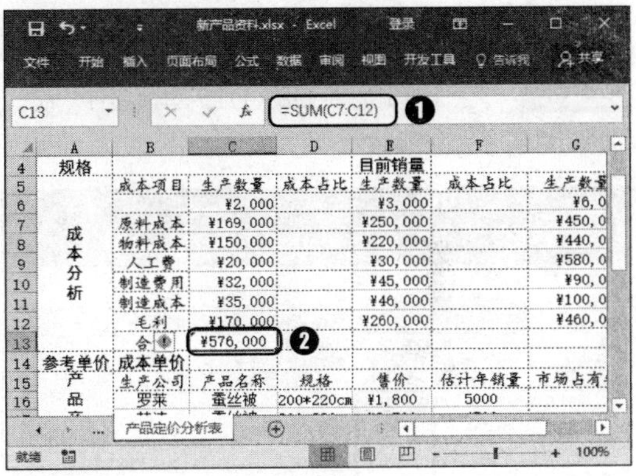

第 2 步 将公式复制到“E13”和“G13”单元格中，得到计算结果，如下图所示。

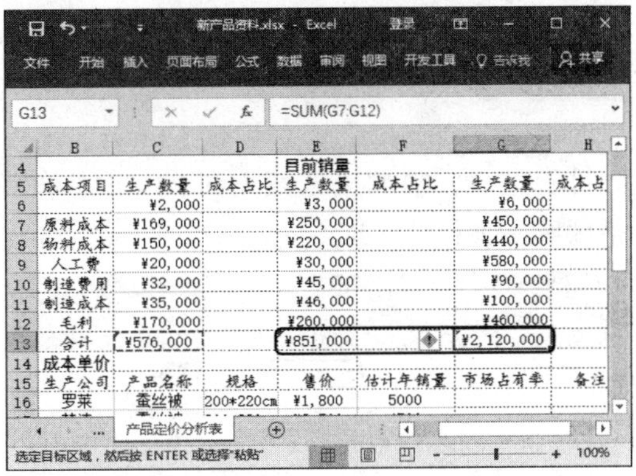

第 3 步 ❶ 选中 D7 单元格，在其中输入公式“=C7/SUM($C$7：$C$12)”；❷ 按【Enter】键确认得到计算结果，如下图所示。

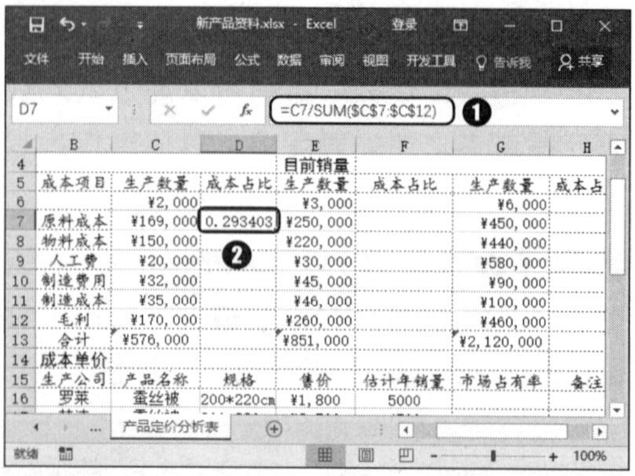

第 4 步 将公式填充到 D8：D13 单元格区域，如下图所示。

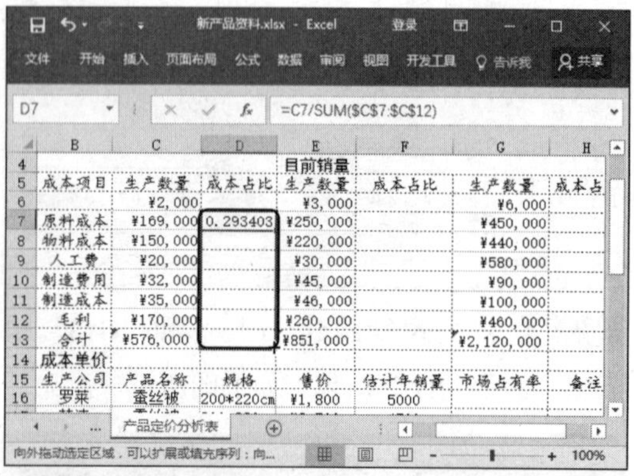

第 5 步 ❶在 F7 单元格中，输入公式“=E7/SUM($E$7：$E$12)”，然后按【Enter】键得到计算结果；❷将公式填充到 F8：F13 单元格区域，如下图所示。

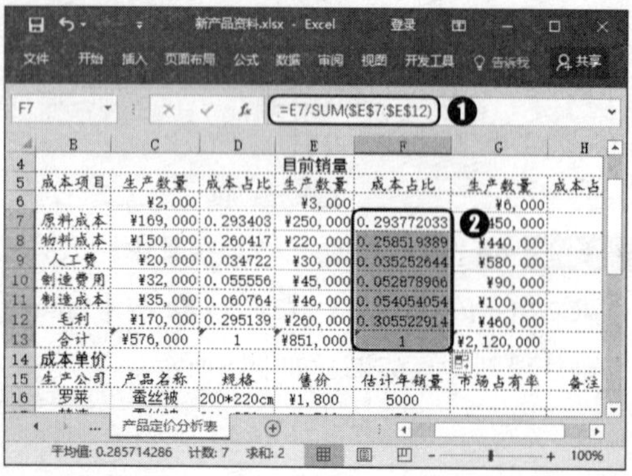

第 6 步 ❶在 H7 单元格中输入公式“=G7/SUM($G$7：$G$12)”，然后按【Enter】键得到计算结果；❷将公式填充到 H8：H13 单元格区域，如下图所示。

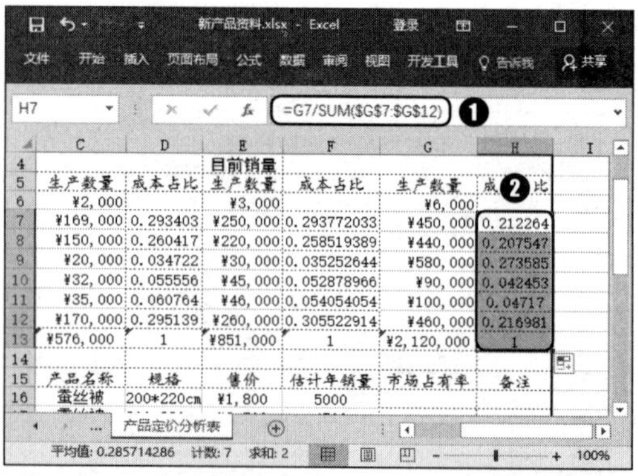

温馨提示

在公式“=E7/SUM($E$7:$E$12)”中，E7为相对引用，复制公式时，单元格引用会随公式所在单元格位置的变更而改变，而【$E$7:$E$12】为绝对引用，公式被复制到新位置后，公式中引用的单元格地址不会发生变化，如将公式复制到F8单元格后，公式则变为“=E8/SUM($E$7:$E$12)”。

第 7 步 ❶按住【Ctrl】键不放，选择 D7：D13、F7：F13、H7：H13 单元格区域，然后右击；❷在弹出的快捷菜单中选择【设置单元格格式】命令，如下图所示。

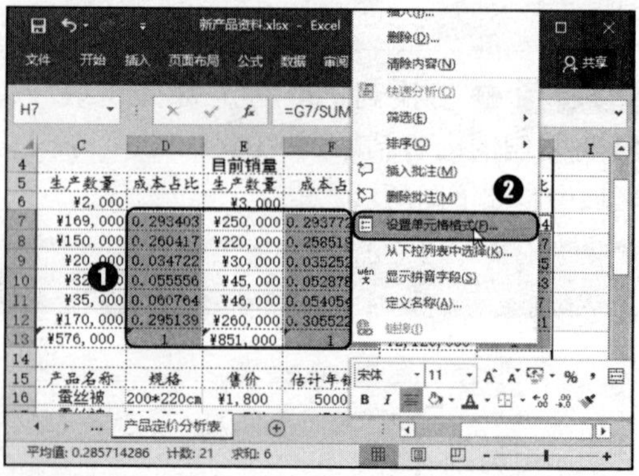

第 8 步 ❶打开【设置单元格格式】对话框，在【数字】选项卡的【分类】列表中选择【百分比】选项；❷设置【小数位数】为【2】；❸单击【确定】按钮，如下图所示。

第 9 步 返回工作表，可看到单元格区域中的格式更改为百分比后的效果，如下图所示。

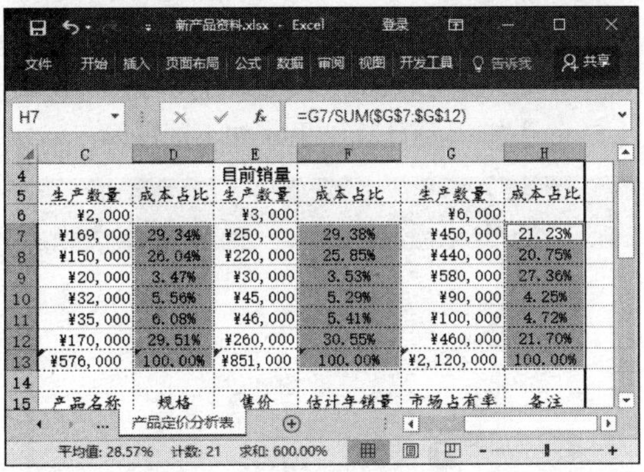

第 10 步 ❶选中 C14 单元格区域，在编辑栏输入公式“=C13/C6”；❷按【Enter】键确认得到计算结果，如下图所示。

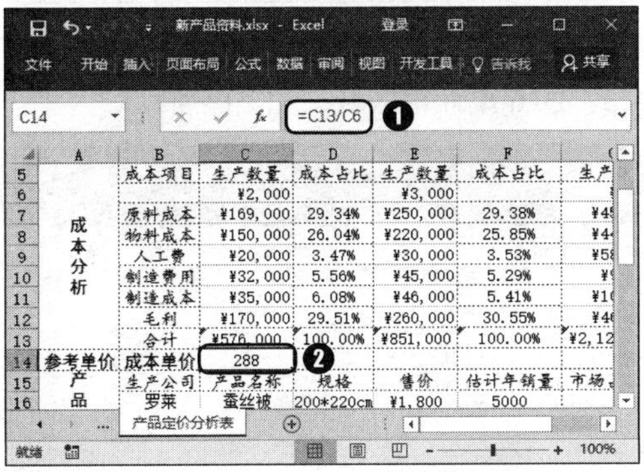

第 11 步 ❶选中 E14 单元格区域，在编辑栏输入公式“=E13/E6”；❷按【Enter】键确认得到计算结果，如下图所示。

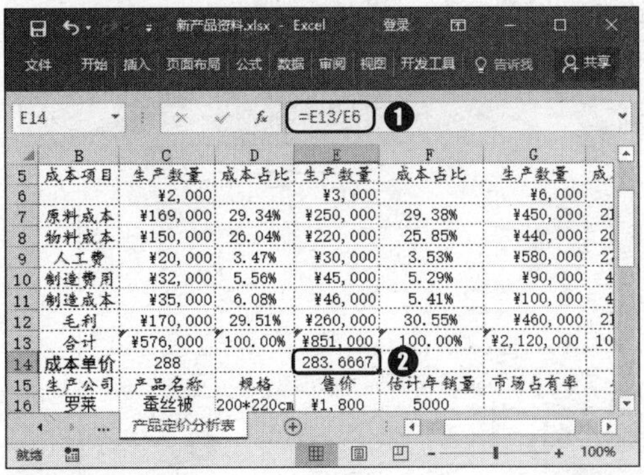

第 12 步 ❶选中 G14 单元格区域，在编辑栏输入公式“=G13/G6”；❷按【Enter】键确认得到计算结果，如下图所示。

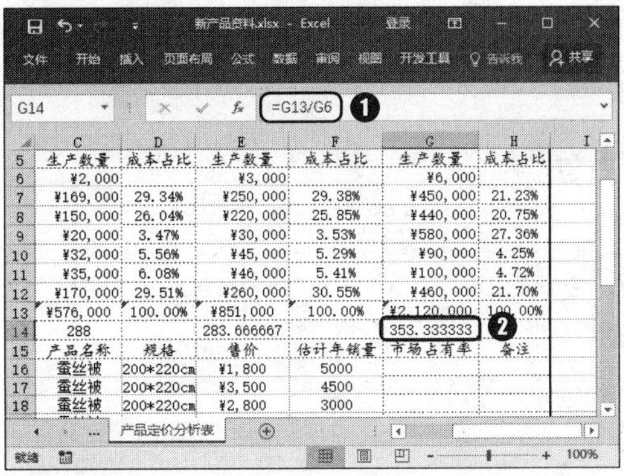

第 13 步 ❶选择 E14 和 G14 单元格；❷单击多次【开始】选项卡【数字】组中的【减少小数位数】按钮，取消小数位数，如下图所示。

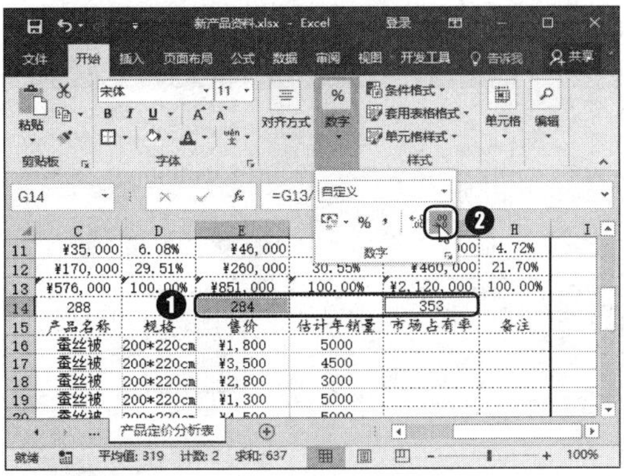

第 14 步 ❶在 G16 单元格中输入公式“=F16/

SUM($F$16：$F$20)”；❷按【Enter】键得到计算结果，如下图所示。

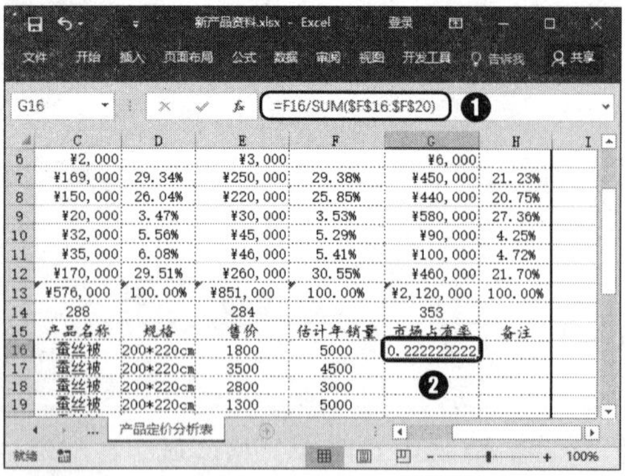

第 15 步 使用填充柄将公式复制到 G17：G20 单元格区域，如下图所示。

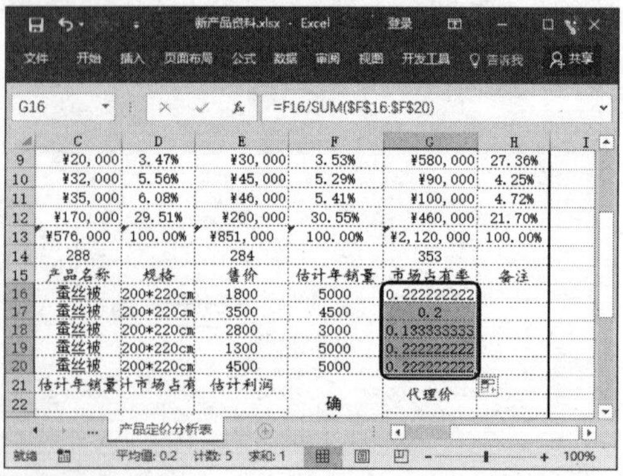

第 16 步 ❶选择 G16：G20 单元格区域；❷单击【开始】选项卡【数字】组中的【百分比样式】按钮%，如下图所示。

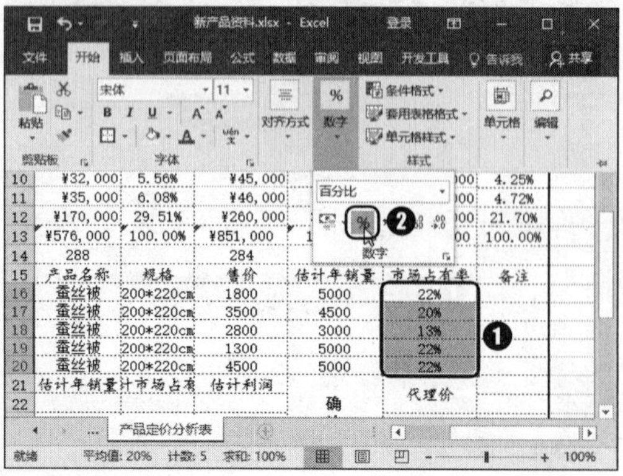

第 17 步 单击两次【开始】选项卡【数字】组中的【增加小数位数】按钮，为数据添加小数位数，如下图所示。

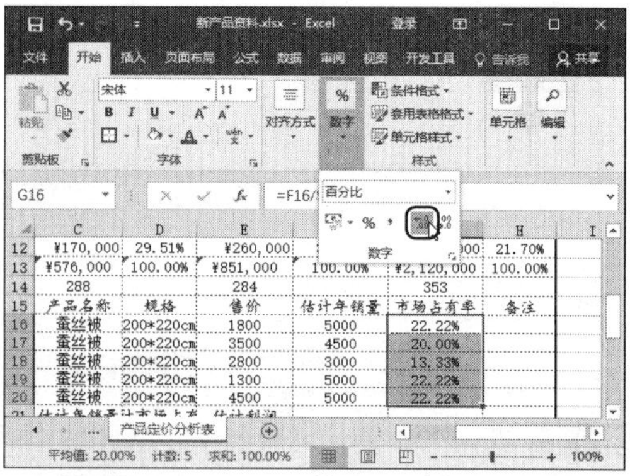

第 18 步 ❶在 B22：C26 单元格区域中输入需要的数据信息；❷在 D22 单元格中输入公式“=C22/(SUM($F$16：$F$20)+C22)”，按【Enter】键得到计算结果，如下图所示。

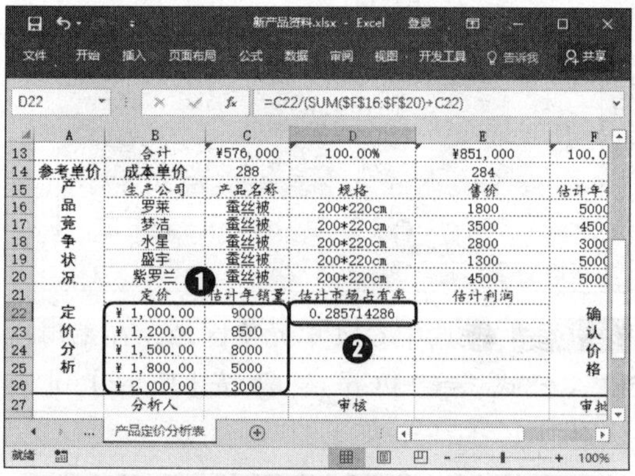

第 19 步 使用填充柄将 D22 中的公式复制到 D23：D26 单元格区域，如下图所示。

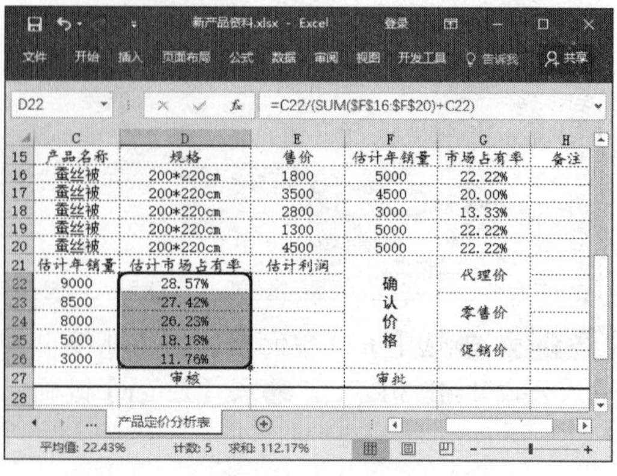

第 20 步 在 E22 单元格中输入公式"=(B22-SUM($G$7:$G$11,/$G$6)*C22"，按【Enter】键得到计算结果；将 E22 中的公式复制到 E23：E26 单元格区域，如下图所示。

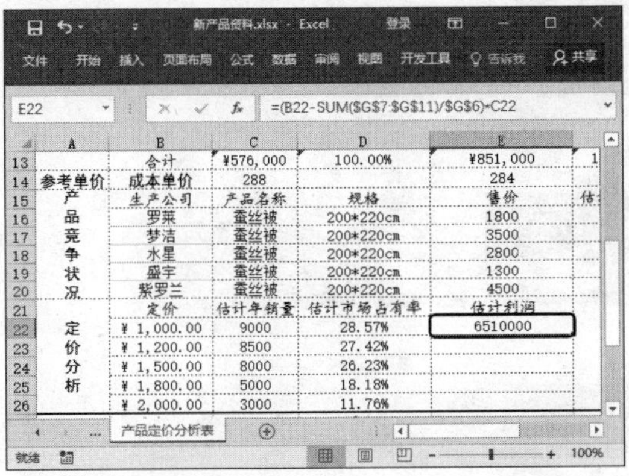

第 21 步 ❶选择 E22：E26 单元格区域；❷单击【开始】选项卡【数字】组中的【会计数字格式】按钮，如下图所示。

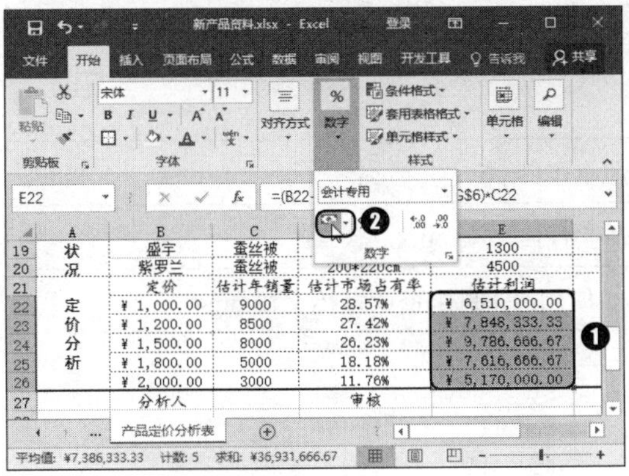

第 22 步 保持单元格区域的选中状态，单击两次【减少小数位数】按钮，如下图所示。

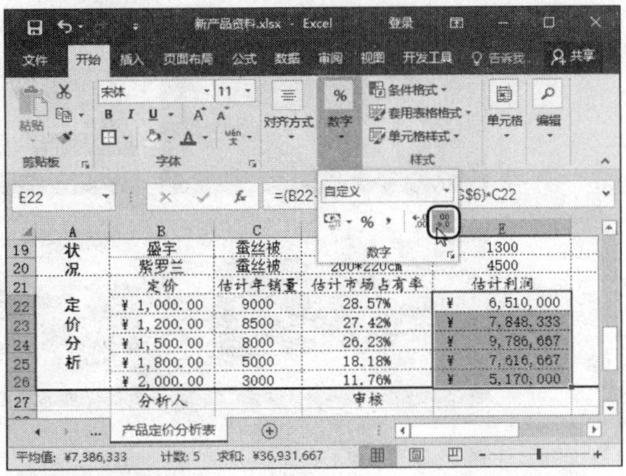

第 23 步 在工作表中输入其他需要的信息，完成后保存工作簿，最终效果如下图所示。

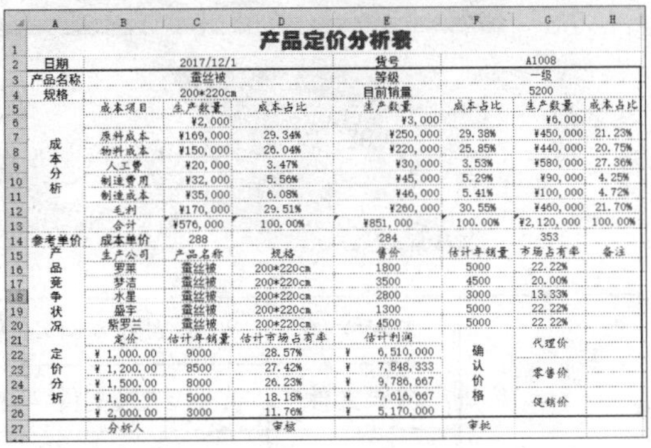

3.4 使用PPT制作"企业宣传文稿"

案例背景

在产品上市前，需要让他人更好地了解企业，认识企业的品牌和产品，需要制作宣传演示文稿，以便更好地展示品牌及形象，提高自身的知名度。企业宣传演示文稿用于介绍企业的业务、产品、企业规模及人文历史，是他人了解企业的重要途径。

本节将使用PPT制作企业宣传文稿，制作完成后的效果如下图所示。实例最终效果见“光盘\结果文件\第3章\企业宣传文稿.pptx”文件。

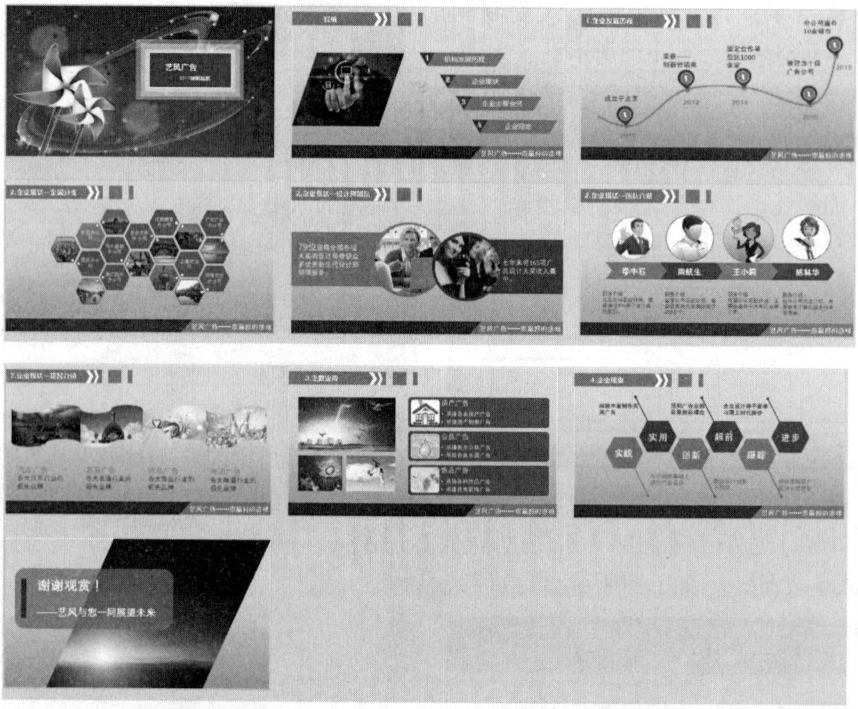

光盘文件	素材文件	光盘\素材文件\第3章\企业宣传.pptx
	结果文件	光盘\结果文件\第3章\企业宣传文稿.pptx
	教学视频	光盘\视频文件\第3章\3.4使用PPT制作企业宣传文稿.mp4

3.4.1 创建演示文稿文件

如果制作企业宣传演示文稿，首先需要创建演示文稿，在PowerPoint 2016中，常用的新建演示文稿的方法如下。

1. 新建空白演示文稿

如果要从零开始制作演示文稿，可以新建一个空白的演示文稿，具体操作步骤如下。

第1步 在【开始】菜单中依次选择【所有程序】→【PowerPoint 2016】选项，如下图所示。

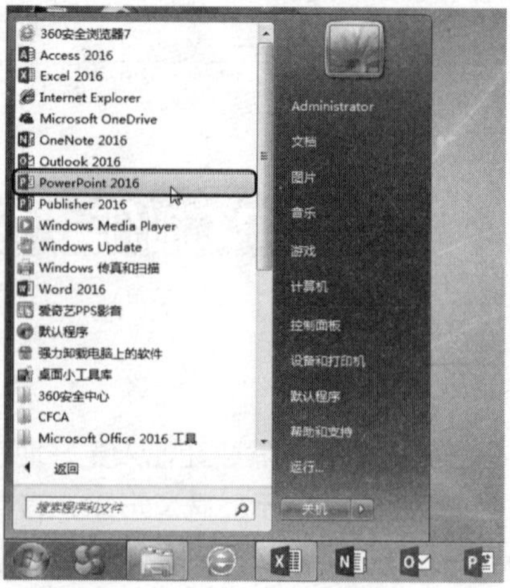

第 2 步 待程序启动完毕后，按【Enter】键或【Esc】键，或者选择【空白演示文稿】选项即可进入空白演示文稿界面，如下图所示。

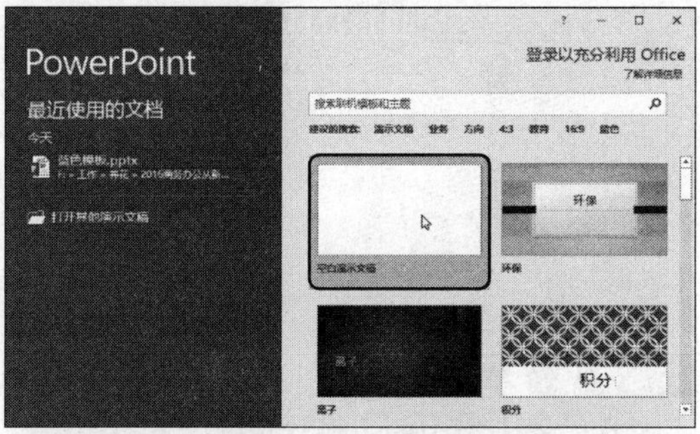

温馨提示

在PowerPoint环境下，按【Ctrl+N】组合键，可快速创建一个空白演示文稿。

2. 保存演示文稿

在创建出新的演示文稿后，可以先将文件保存，并在制作的过程和完成制作后不时执行保存操作，以避免文件丢失，具体操作步骤如下。

第 1 步 单击【快速访问工具栏】上的【保存】按钮，如下图所示。

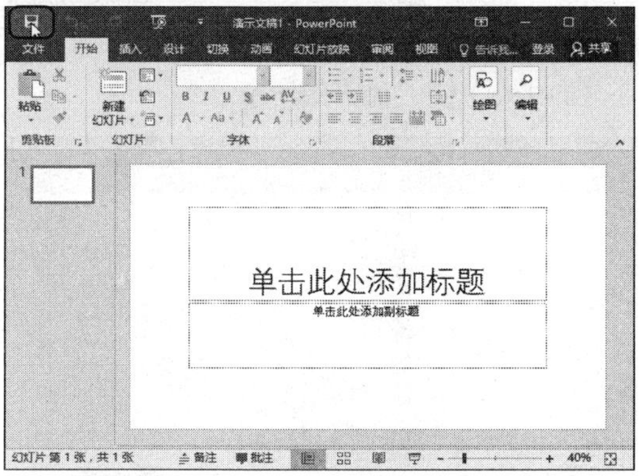

第 2 步 在打开的页面中依次选择【另存为】→【浏览】命令，如下图所示。

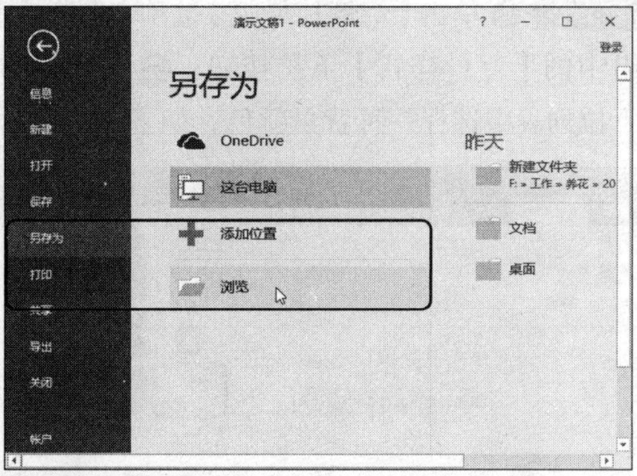

第 3 步 ❶打开【另存为】对话框，设置保存路径；❷输入文件名；❸单击【保存】按钮即可，如下图所示。

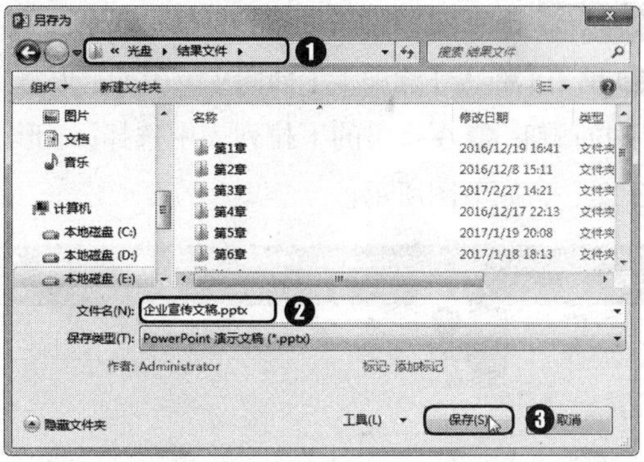

3.4.2 设置幻灯片母版

设置幻灯片母版可以统一演示文稿的风格，设置幻灯片母版的操作步骤如下。

第 1 步 单击【视图】选项卡【母版视图】组中的【幻灯片母版】按钮，如下图所示。

第 2 步 ❶单击【幻灯片母版】选项卡【背景】组中的【背景样式】下拉按钮；❷在弹出的下拉列表中选择一种背景颜色，如下图所示。

第 3 步 ❶在左侧窗格选择【空白版式】选项；❷单击【插入】选项卡【插图】组中的【形状】下拉按钮；❸在弹出的下拉列表中选择【矩形】工具□，如下图所示。

第 4 步 ❶在幻灯片母版中绘制一个如图所示的矩形；❷单击【绘图工具 / 格式】选项卡【形状样式】组中的【形状填充】下拉按钮；❸在弹出的下拉列表中选择一种合适的颜色，如下图所示。

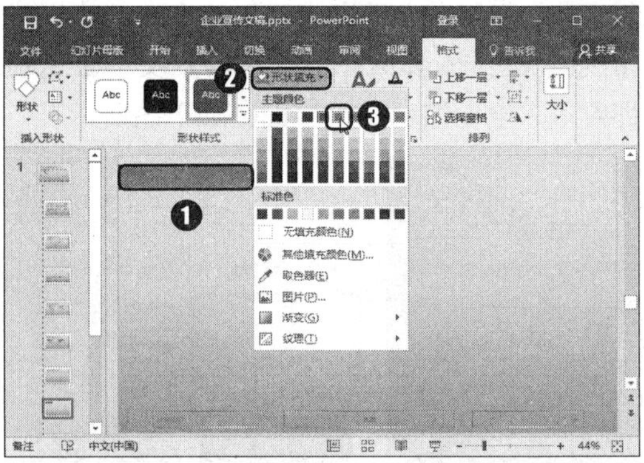

第 5 步 ❶单击【绘图工具 / 格式】选项卡【形状样式】组中的【形状轮廓】下拉按钮；❷在弹出的下拉列表中选择【无轮廓】选项，如下图所示。

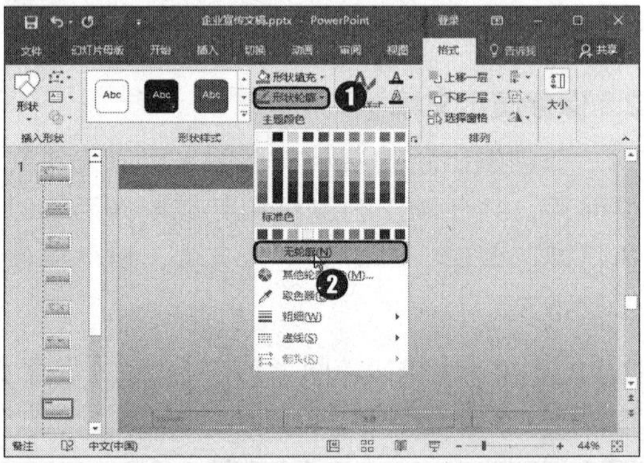

第 6 步 选择页面下方的页脚文本框，然后按下【Delete】键，如下图所示。

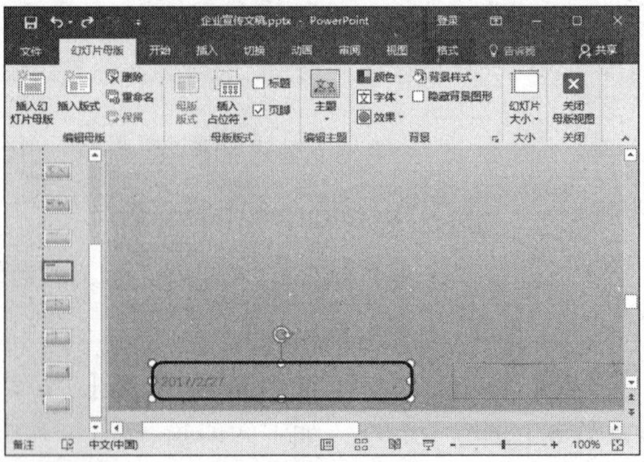

第 7 步 在页面下方绘制一个矩形，然后设置形状填充和形状轮廓，如下图所示。

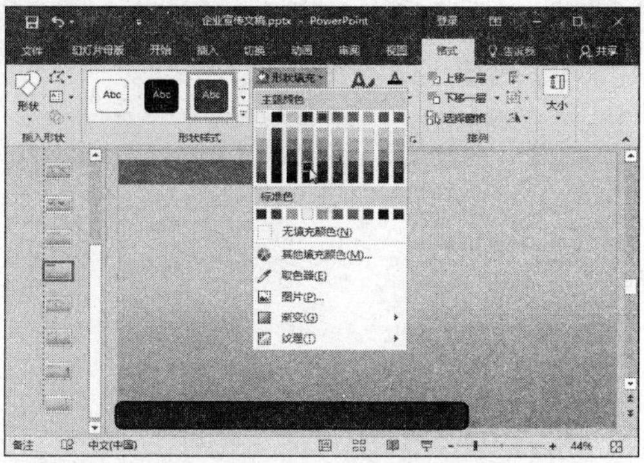

第 8 步 ❶ 单击【插入】选项卡【插图】组中的【形状】下拉按钮；❷ 在弹出的下拉列表中选择【任意多边形】工具，如下图所示。

第 9 步 在页面下方的右侧绘制如图所示的多边形，并设置形状填充和形状轮廓，如下图所示。

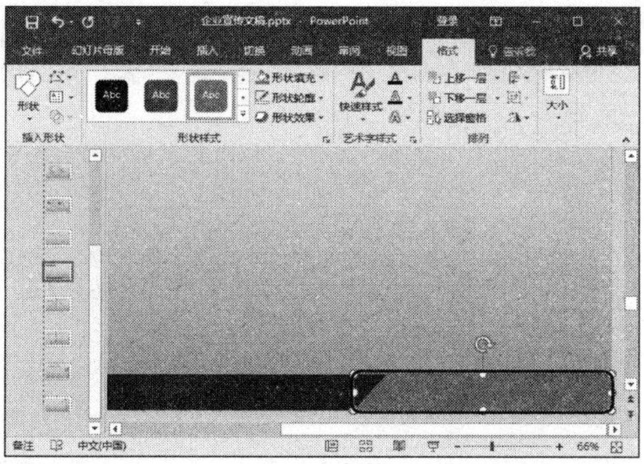

第 10 步 ❶ 单击【绘图工具 / 格式】选项卡【插入形状】组中的【文本框】下拉按钮；❷ 在弹出的下拉列表中选择【横排文本框】选项，如下图所示。

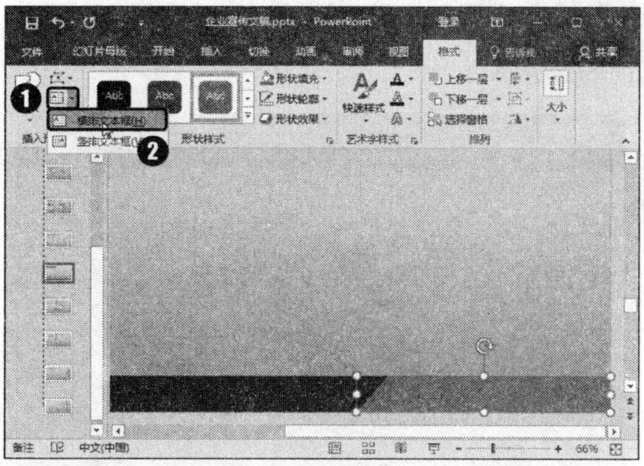

第 11 步 ❶ 在文本框中输入文字；❷ 在【开始】选项卡的【字体】组中设置文字格式，如下图所示。

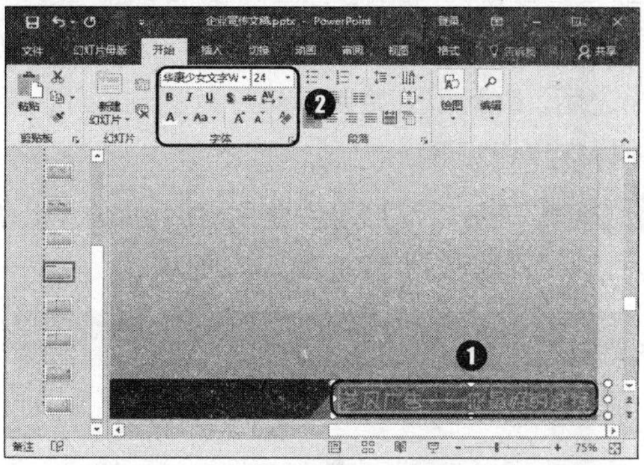

第 12 步 ❶ 在页面上方的矩形右侧绘制两个如图所示的矩形，并设置与左侧矩形相同的形状样式；❷ 使用【箭头】绘图工具在左侧的矩形上方绘制两个箭头，并设置形状样式，如下图所示。

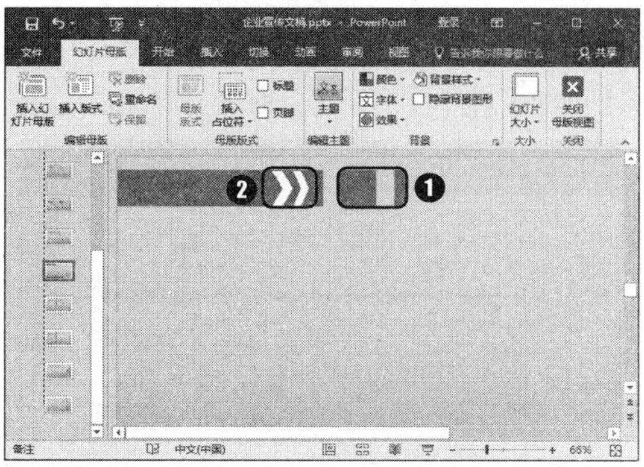

第 13 步 单击【幻灯片母版】选项卡【关闭】

组中的【关闭母版视图】按钮退出母版视图，如下图所示。

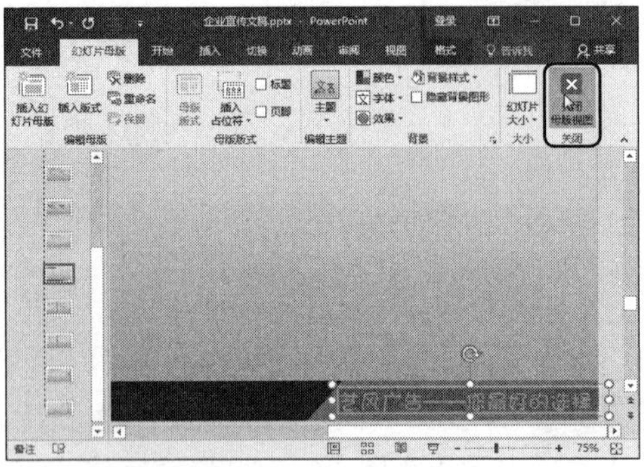

3.4.3 制作幻灯片封面

在制作了幻灯片卡片，统一了幻灯片的风格之后，就可以开始制作幻灯片的封面了，具体操作步骤如下。

第 1 步 单击以添加第一张幻灯片文本，默认创建一张标题幻灯片，如下图所示。

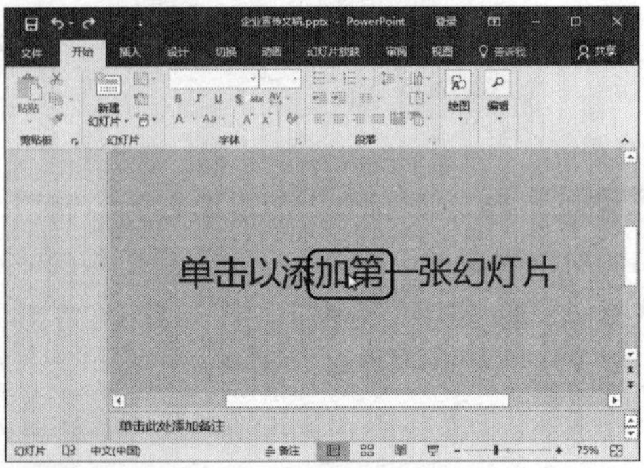

第 2 步 选中标题和副标题文本框，按下【Delete】键删除文本框，如下图所示。

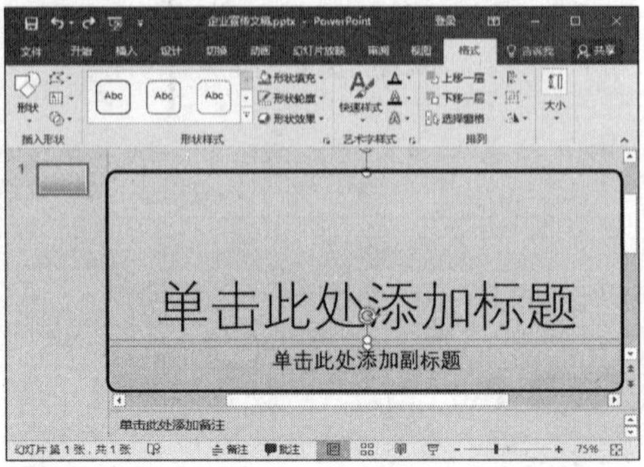

第 3 步 单击【插入】选项卡【图像】组中的【图片】按钮，如下图所示。

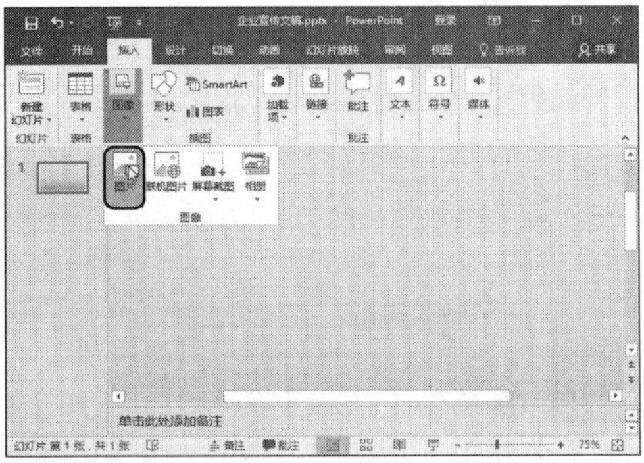

第 4 步 ❶打开【插入图片】对话框，选择“光盘\素材文件\第 3 章\企业宣传\背景.jpg”图片文件；❷单击【插入】按钮，如下图所示。

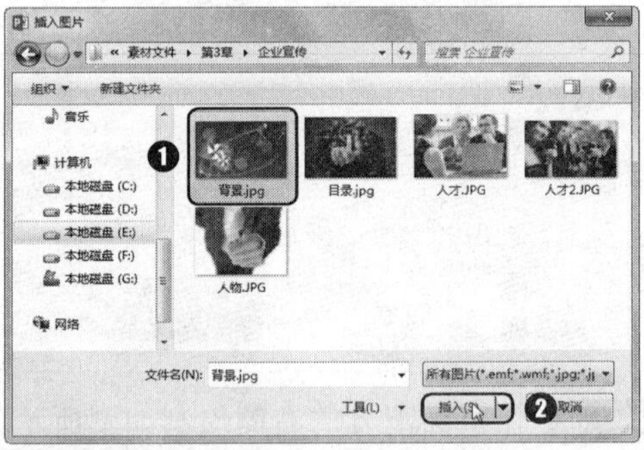

第 5 步 拖动图片四周的控制点，使用图片的大小与页面相同，如下图所示。

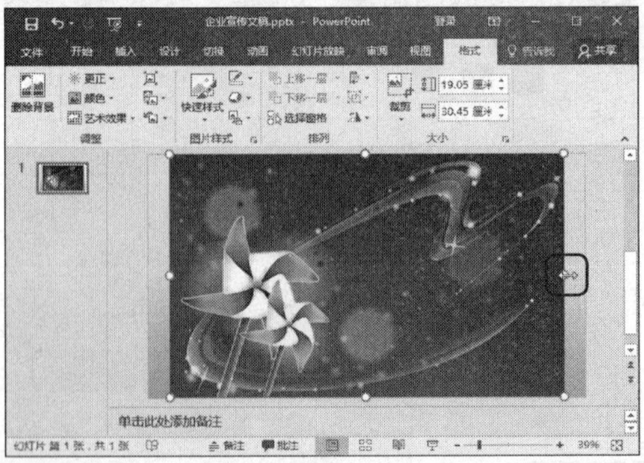

第 6 步 ❶单击【插入】选项卡【插图】组中的【形状】下拉按钮；❷在弹出的下拉列表中选择【矩形】工具□，如下图所示。

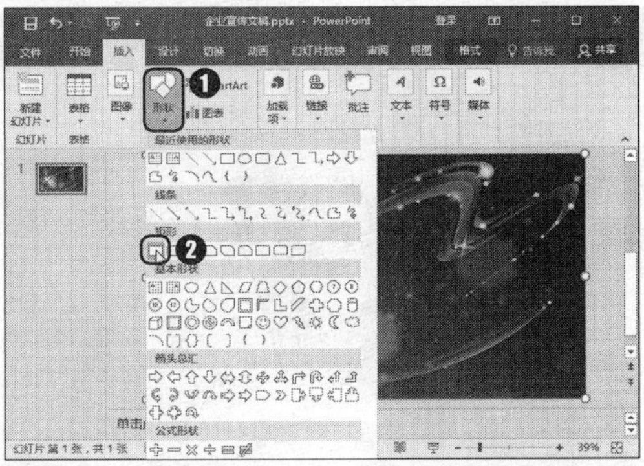

第 7 步 绘制一个矩形，然后在矩形上右击，在弹出的快捷菜单中选择【设置形状格式】命令，如下图所示。

第 8 步 ❶打开【设置形状格式】窗格，在【填充与线条】选项卡的【填充】栏设置颜色为【白色】，设置透明度为【50%】；❷在【线条】栏中选中【无线条】单选按钮，如下图所示。

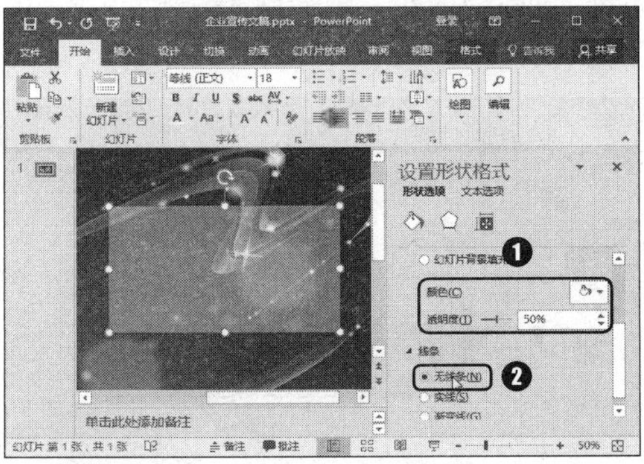

第 9 步 ❶使用相同的方法再次绘制两个矩形，并设置相同的形状样式，大小和摆放位置如图所示；❷再次绘制一个较小的矩形，位于其他矩形的中间，并设置形状填充，设置形状轮廓为白色，如下图所示。

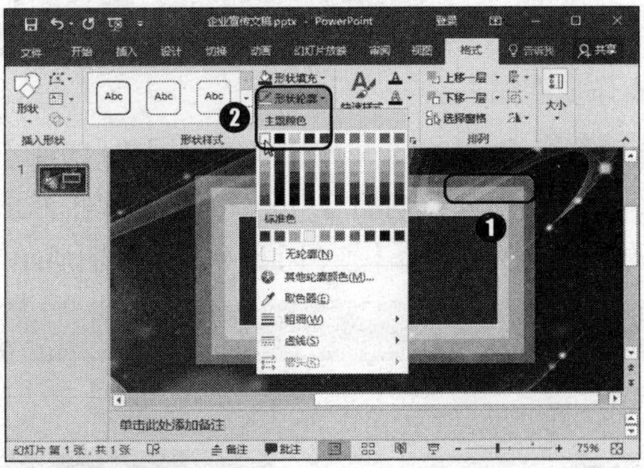

第 10 步 ❶单击【绘图工具/格式】选项卡【形状样式】组中的【形状轮廓】下拉按钮；❷在弹出的下拉列表中选择【粗细】选项；❸在弹出的级联菜单中选择【3 磅】选项，如下图所示。

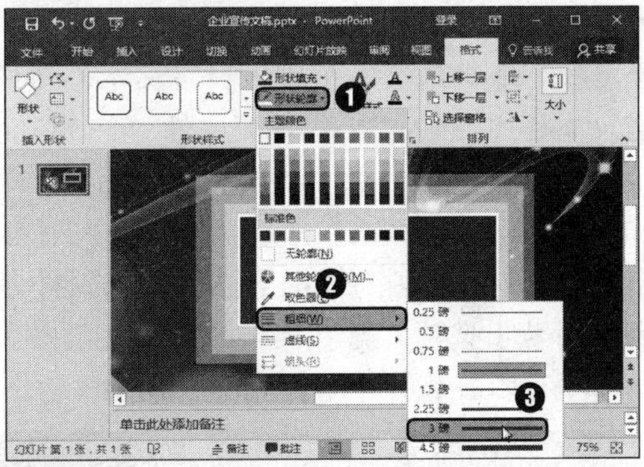

第 11 步 在矩形中间绘制文本框，输入标题文本，并设置文本格式。设置完成后，封面的效果如下图所示。

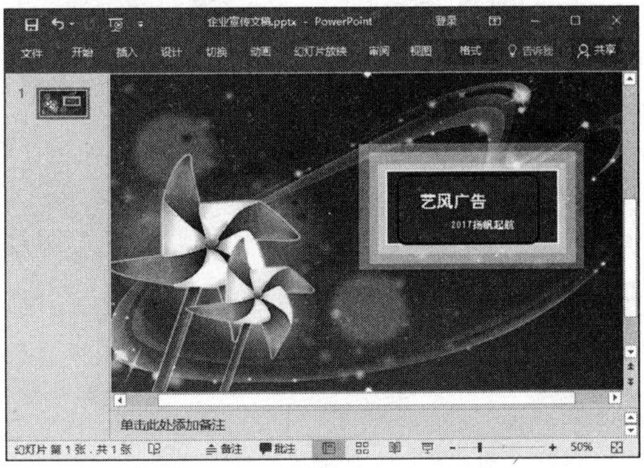

3.4.4 制作目录

使用形状可以组合出变化多样的目录，下面来为企业宣传演示文稿制作目录，具体操作步骤如下。

第 1 步 ❶单击【开始】选项卡【幻灯片】组中的【新建幻灯片】下拉按钮；❷在弹出的下拉列表中选择【空白】选项，如下图所示。

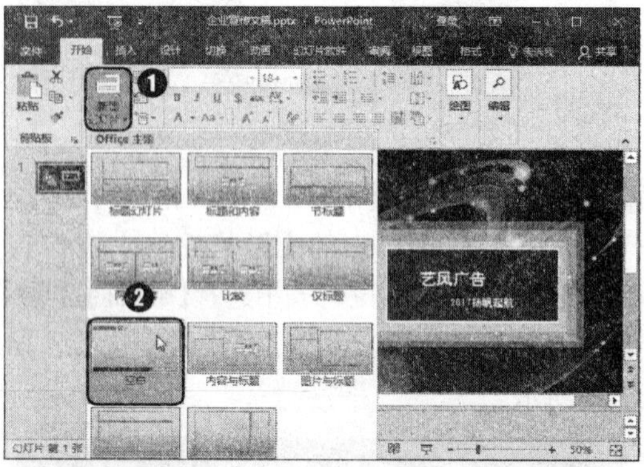

第 2 步 ❶插入文本框输入目录文本，并设置文本格式。插入“光盘\素材文件\第3章\企业宣传\目录.jpg”图片文件，选中图片，单击【图片工具/格式】选项卡【大小】组中的【裁剪】下拉按钮；❷在弹出的下拉列表中选择【裁剪为形状】选项；❸在弹出的级联菜单中选择【平行四边形】工具▱，如下图所示。

第 3 步 选中并拖动图片上的黄色控制点，调整平行四边形的倾斜角度，如下图所示。

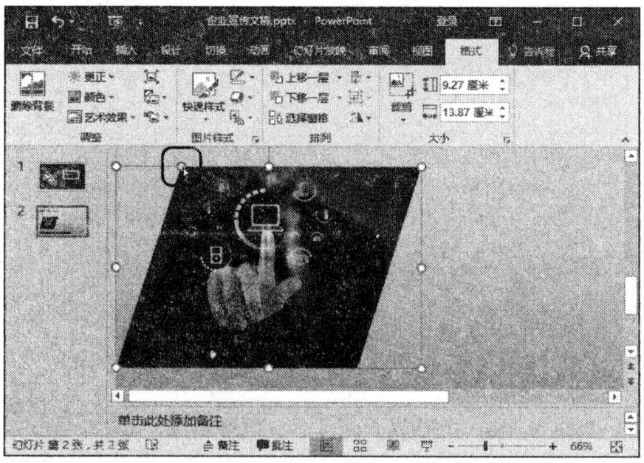

第 4 步 使用【等腰三角形】工具△绘制一个等腰三角形，拖动三角形上方的【旋转】按钮将其倒置，并设置形状填充与轮廓填充，如下图所示。

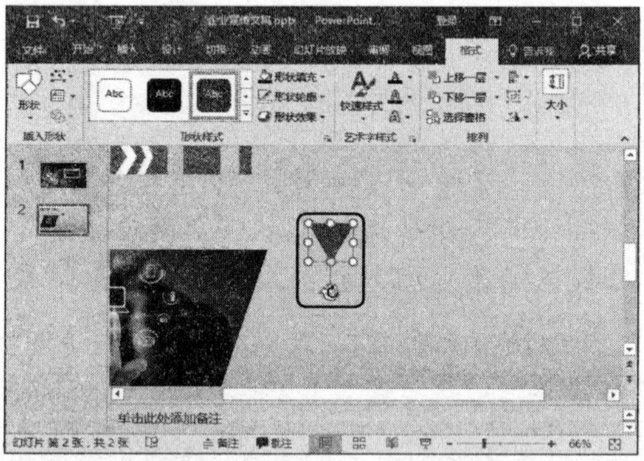

第 5 步 使用【平行四边形】工具▱绘制一个平行四边形，并设置形状填充与轮廓填充。然后插入两个文本框，输入目录编号与文字，如下图所示。

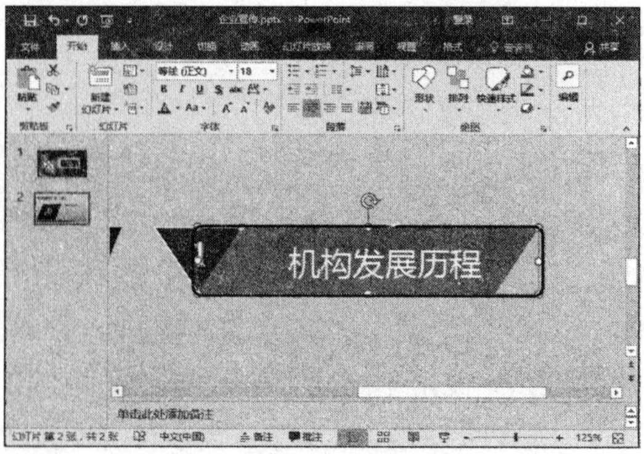

第 6 步 复制第一条目录的文本和形状，并将复制的文本和形状拖动到合适的位置，如下图所示。

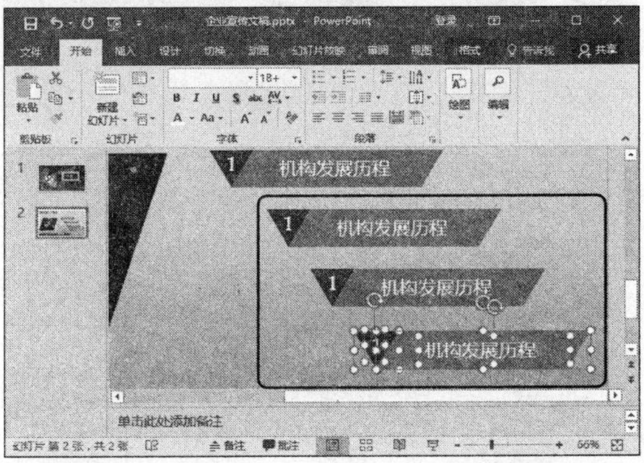

第 7 步 更改形状中的文本内容，如下图所示。

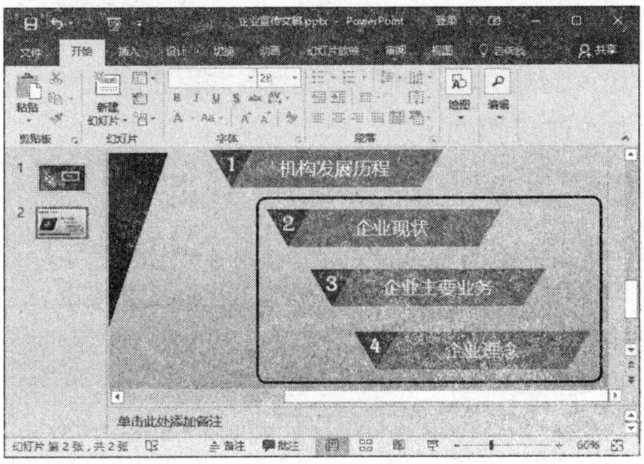

3.4.5 制作“发展历程”幻灯片

制作“发展历程”幻灯片可以使用【曲线】工具绘制发展曲线，具体操作步骤如下。

第 1 步 ❶插入一张空白幻灯片，使用【曲线】工具绘制一条曲线；❷单击【绘图工具 / 格式】选项卡【形状样式】组中的【形状轮廓】下拉按钮；❸在弹出的下拉列表中选择【粗细】选项；❹在弹出的级联菜单中选择磅值，如下图所示。

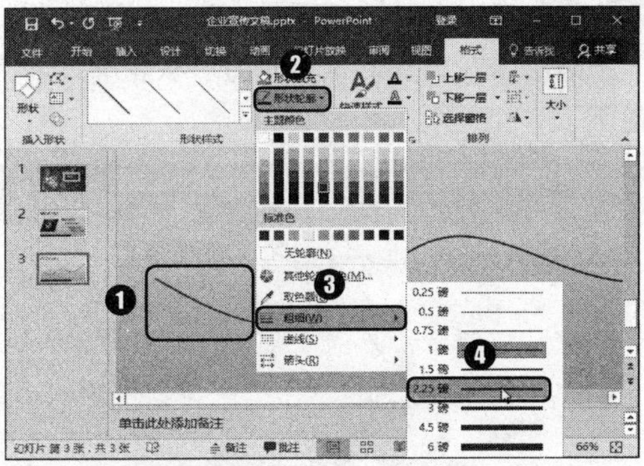

第 2 步 ❶单击【绘图工具 / 格式】选项卡【形状样式】组中的【形状效果】下拉按钮；❷在弹出的下拉列表中选择【发光】选项；❸在弹出的级联菜单中选择一种发光变体，如下图所示。

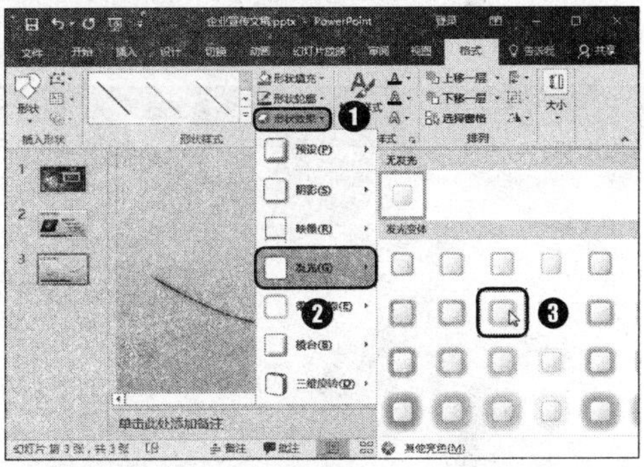

第 3 步 ❶使用【椭圆】工具在曲线上绘制一个正圆形，并设置形状填充与形状轮廓；❷使用【泪滴形】工具绘制一个泪滴形状，并设置形状填充与形状轮廓，拖动【旋转】按钮旋转泪滴形状，如下图所示。

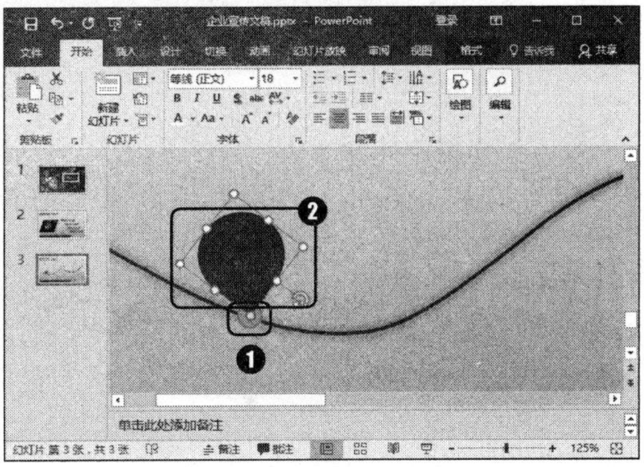

第 4 步 使用【椭圆】工具○在曲线上绘制一个正圆形，并设置形状填充与形状轮廓，如下图所示。

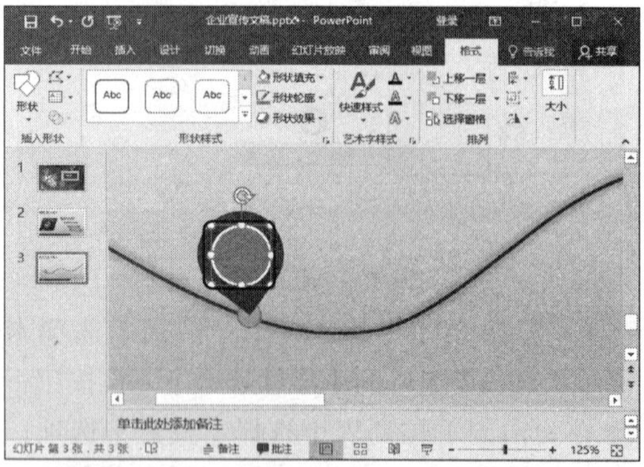

第 5 步 使用【箭头：上】工具⇧在圆形中绘制一个箭头，并拖动【旋转】按钮旋转至合适的位置，如下图所示。

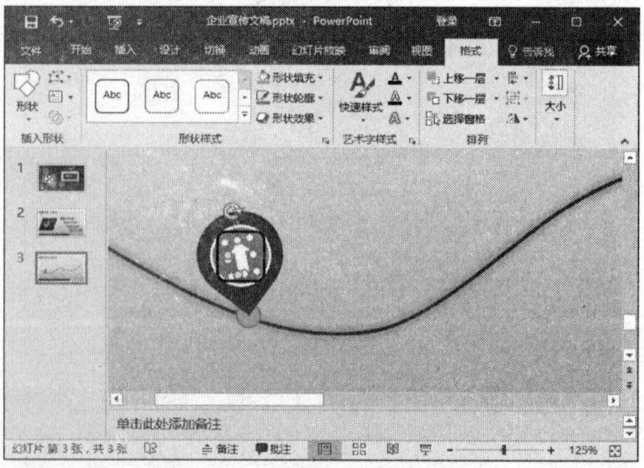

第 6 步 在形状的上方和下方添加文本框，输入文字并设置文本格式，如下图所示。

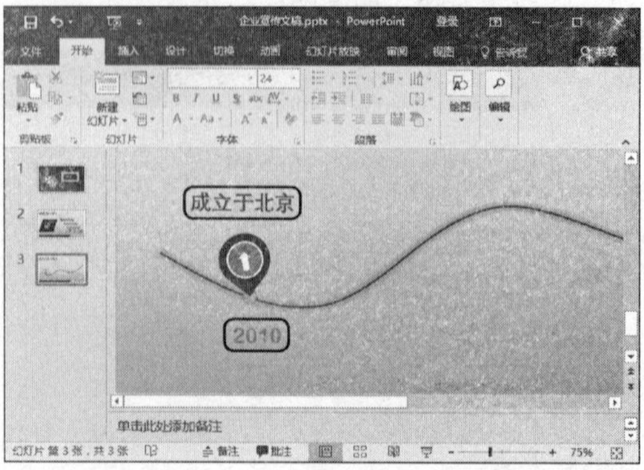

第 7 步 使用相同的方法绘制其他形状和文本框，如下图所示。

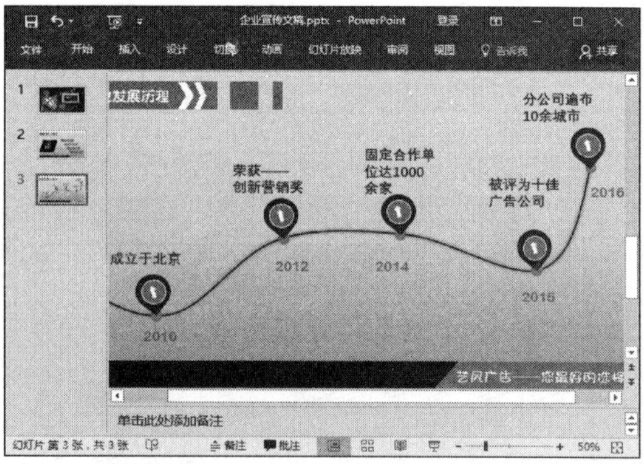

3.4.6 制作“全国分支”幻灯片

下面将使用SmartArt图形制作“全国分支”幻灯片，并插入各代表地区的图片，具体操作步骤如下。

第 1 步 ❶插入一张空白幻灯片，插入文本框输入目录文本；❷单击【插入】选项卡【插图】组的【SmartArt】按钮，如下图所示。

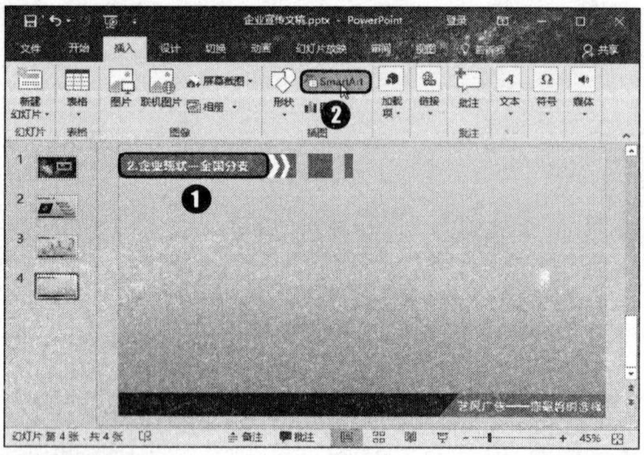

第 2 步 ❶打开【选择 SmartArt 图形】对话框，选择【六边形群集】选项；❷单击【确定】按钮，如下图所示。

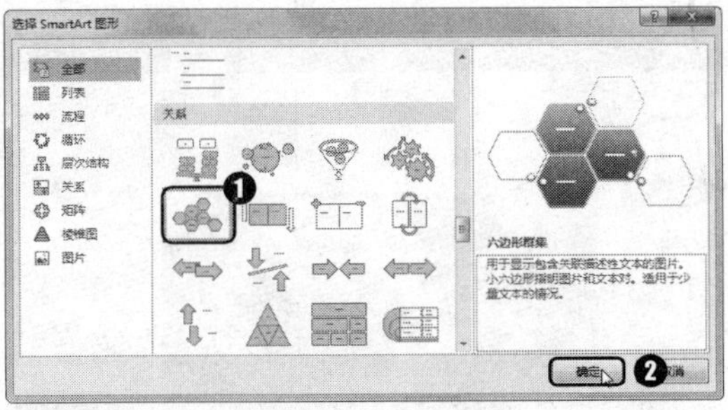

第 3 步 ❶ 在蓝色的图形中输入分公司文本；❷ 单击白色图形中的【插入图片】按钮，如下图所示。

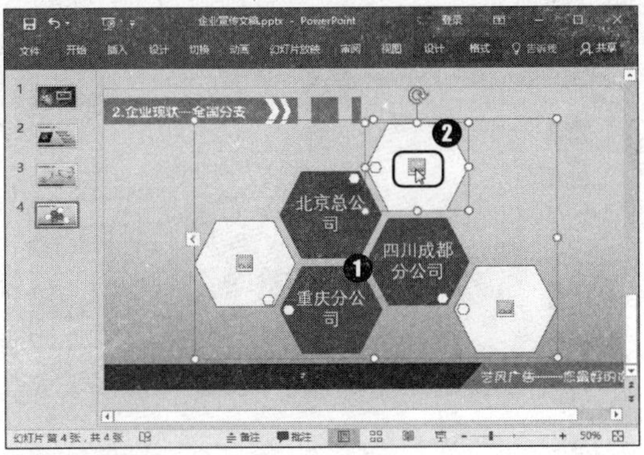

第 4 步 ❶ 打开【插入图片】对话框，插入“光盘 \ 素材文件 \ 第 3 章 \ 企业宣传 \ 北京 .jpg”图片；❷ 单击【插入】按钮，如下图所示。

第 5 步 ❶ 使用相同的方法添加其他图片；❷ 单击【SmartArt 工具 / 设计】选项卡【创建图形】组中的【添加形状】下拉按钮；❸ 在弹出的下拉列表中选择【在后面添加形状】命令，如下图所示。

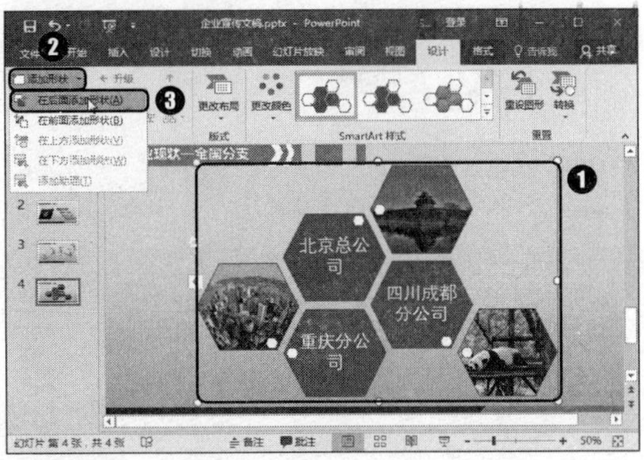

第 6 步 在右侧将添加一个文本形状和一个图片形状，使用前文的方法添加文本和图片，如下图所示。

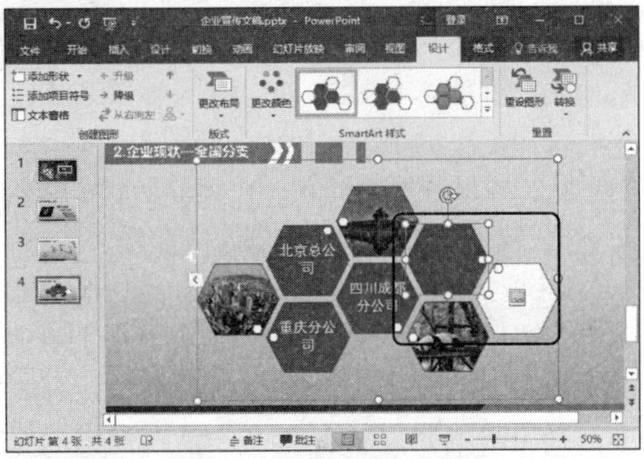

第 7 步 使用相同的方法制作其他地区文本和图片，如下图所示。

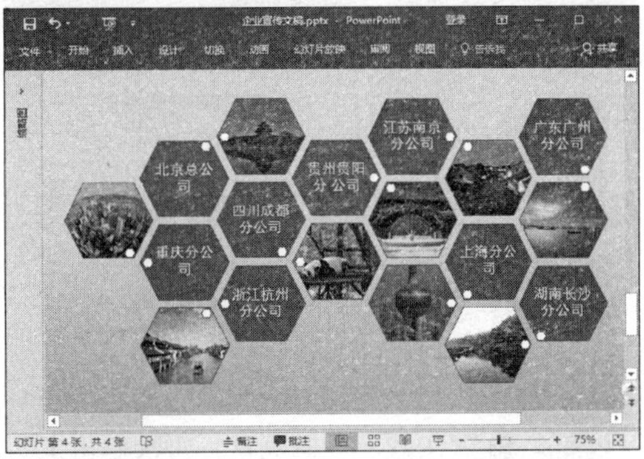

第 8 步 ❶ 选中【北京总公司】形状；❷ 在【SmartArt 工具 / 格式】选项卡的【形状样式】组中设置形状样式即可，如下图所示。

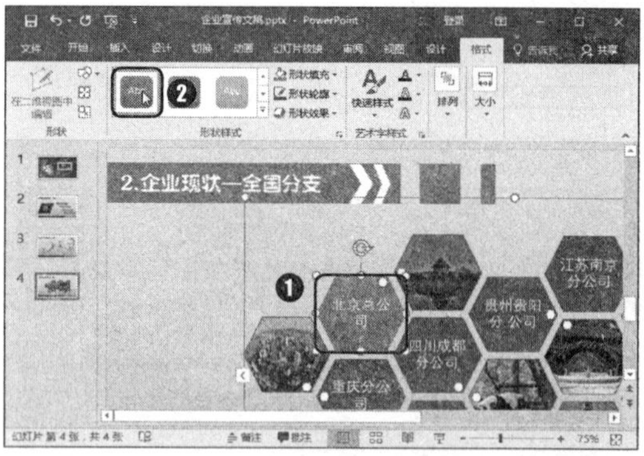

3.4.7 制作“设计师团队”幻灯片

下面开始制作“设计师团队”幻灯片，具体操作步骤如下。

第 1 步 ❶ 插入横排文本框输入标题文本，然后使用【矩形】工具□和【椭圆】工具○绘制形状，并设置形状样式，在矩形形状中插入文本框，输入文本；❷插入“光盘\素材文件\第 3 章\企业宣传\人才.jpg”图片，选中图片，单击【图片工具 / 格式】选项卡【大小】组中的【裁剪】下拉按钮；❸ 在弹出的下拉列表中选择【裁剪为形状】选项；❹ 在弹出的级联菜单中选择【椭圆】工具○，如下图所示。

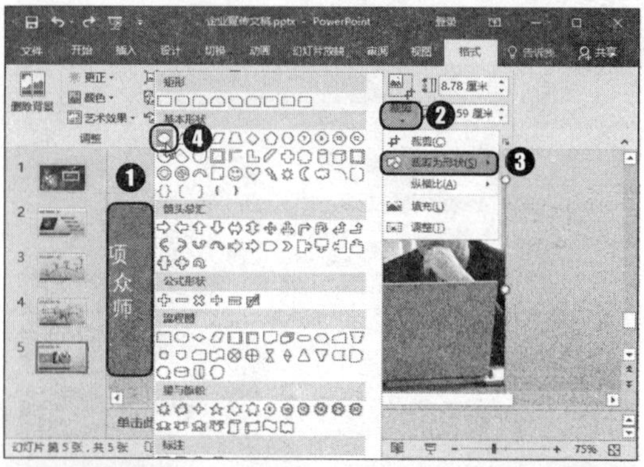

第 2 步 ❶ 默认裁剪为椭圆形，再次单击【图片工具 / 格式】选项卡【大小】组中的【裁剪】按钮；❷ 拖动图片四周的控制点，将图片裁剪成正圆形，如下图所示。

第 3 步 使用相同的方法制作另一半幻灯片，如下图所示。

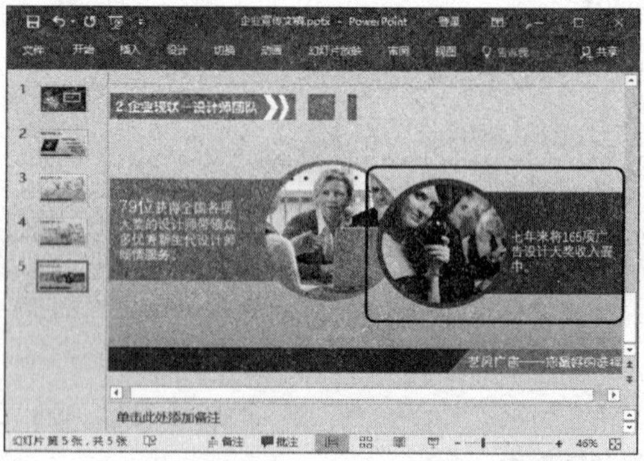

3.4.8 制作“团队介绍”幻灯片

在“团队介绍”幻灯片中，需要插入设计师照片和人物介绍，具体操作步骤如下。

第 1 步 ❶ 插入横排文本框输入标题文本；❷ 然后使用【箭头：V 形】工具»绘制形状，并设置形状样式，如下图所示。

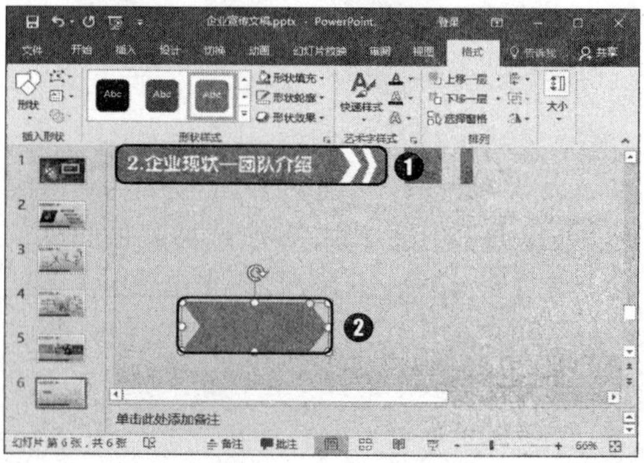

第 2 步 ❶在形状中插入文本框，输入文本并设置字体样式；❷插入“光盘 \ 素材文件 \ 第 3 章 \ 企业宣传 \ 团队 1.jpg”图片，并裁剪为圆形，如下图所示。

第 3 步 在【图片工具 / 格式】选项卡的【图片样式】组中设置图片边框颜色和边框粗细，如下图所示。

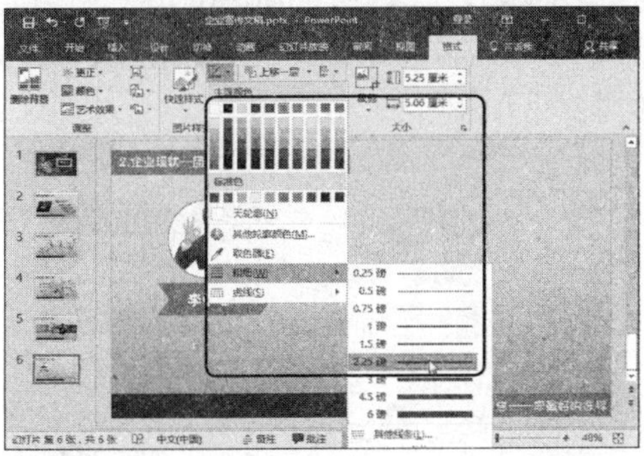

第 4 步 在下方插入横排文本框，输入介绍文本，如下图所示。

第 5 步 复制形状，并更改形状填充颜色，如下图所示。

第 6 步 使用相同的方法制作其他设计师介绍，如下图所示。

3.4.9 制作“项目介绍”幻灯片

在“项目介绍”幻灯片中，插入项目图片，然后对项目进行简单的介绍，具体操作步骤如下。

第 1 步 ❶插入横排文本框输入标题文本；❷插入“光盘 \ 素材文件 \ 第 3 章 \ 企业宣传 \ 广告 1.jpg”图片，并将其裁剪为【流程图：资料带】，如下图所示。

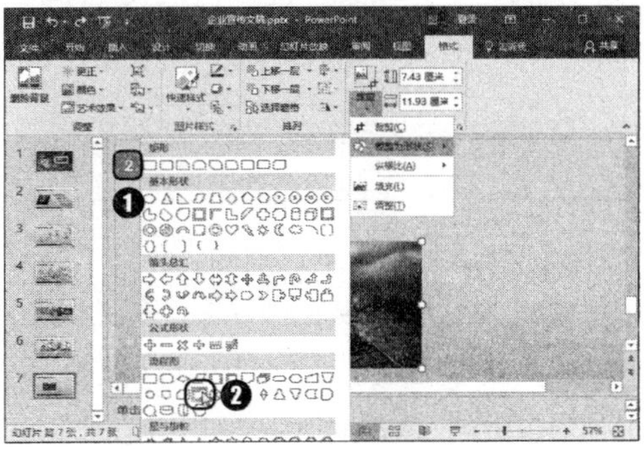

第 2 步 在图片下方插入文本框，输入文字并设置文本样式，如下图所示。

第 3 步 插入“光盘 \ 素材文件 \ 第 3 章 \ 企业宣传 \ 广告 2.jpg”图片，将其裁剪为【流程图：资料带】，然后将图片移动到前一图片后方，如下图所示。

第 4 步 使用相同的方法插入文本框和其他图片，如下图所示。

3.4.10 制作“主要业务”幻灯片

在“主要业务”幻灯片中，需要插入SmartArt图形，具体操作步骤如下。

第 1 步 ❶插入横排文本框输入标题文本；分别插入“光盘 \ 素材文件 \ 第 3 章 \ 企业宣传 \ 业务 1.jpg”“光盘 \ 素材文件 \ 第 3 章 \ 企业宣传 \ 业务 2.jpg”“光盘 \ 素材文件 \ 第 3 章 \ 企业宣传 \ 业务 3.jpg”图片；❷单击【插入】选项卡【插图】组中的【SmartArt】按钮，如下图所示。

第 2 步 ❶打开【选择 SmartArt 图形】对话框，选择【垂直图片列表】样式；❷单击【确定】按钮，如下图所示。

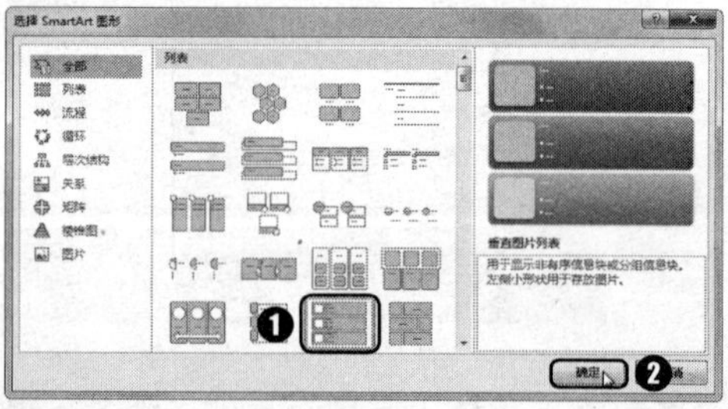

第 3 步 拖动 SmartArt 图形四周的控制点，调整图形的大小，并移动到合适的位置，如下图所示。

第 4 步 单击 SmartArt 图形中的图标，如下图所示。

第 5 步 ❶打开【插入图片】对话框，选择“光盘\素材文件\第 3 章\企业宣传\图标 3.jpg”图片；❷在右侧的文本占位符中输入文本介绍，如下图所示。

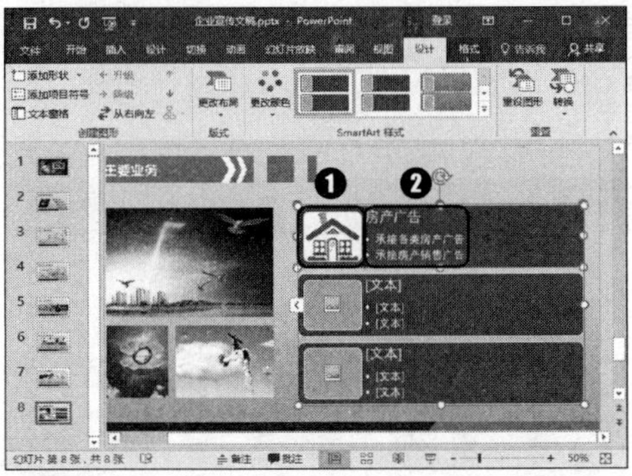

第 6 步 使用相同的方法插入其他图片和文本，如下图所示。

3.4.11 制作“企业理念”幻灯片

在“企业理念”幻灯片中，插入形状和文本框输入文本，具体操作步骤如下。

第 1 步 插入横排文本框输入标题文本，使用【六边形】工具绘制一个六边形，并设置形状样式，然后在形状中插入文本，并设置字体格式，如下图所示。

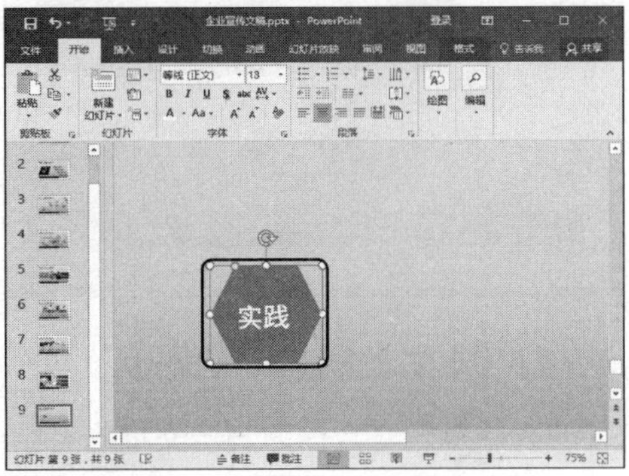

第 2 步 使用【直线】工具绘制直线，并在【设置形状格式】窗格中设置【箭头末端类型】为【圆形箭头】，如下图所示。

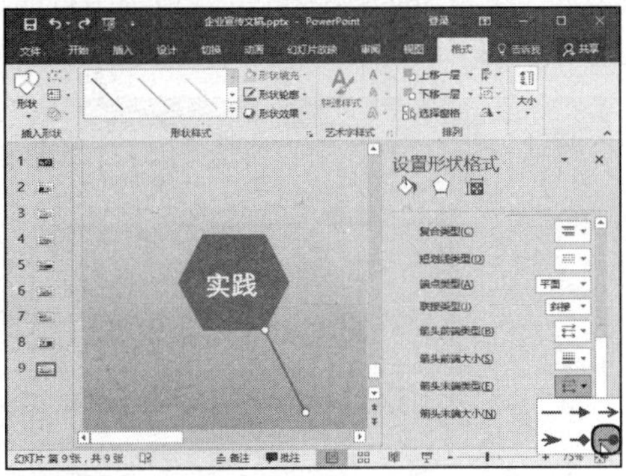

第 3 步 插入文本框输入文本，并设置文本样式，如下图所示。

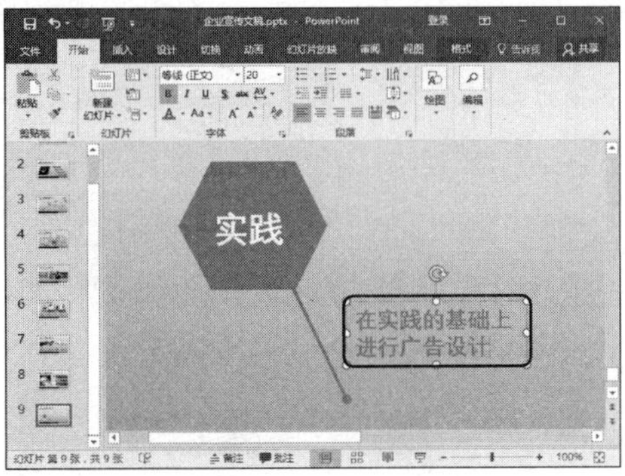

第 4 步 使用相同的方法绘制其他形状，并插入文本框，输入文本，如下图所示。

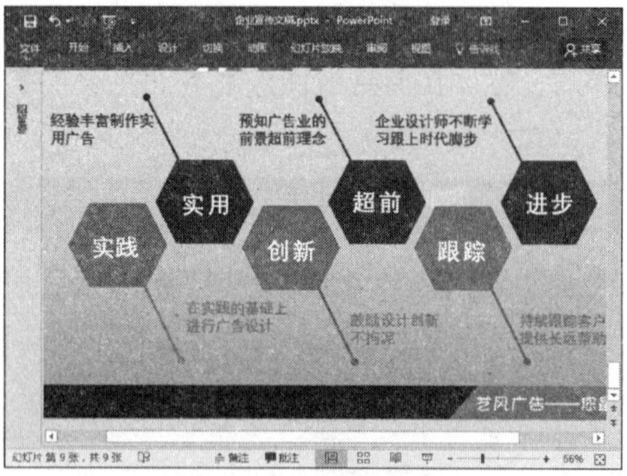

3.4.12 制作“封底”幻灯片

“封底”幻灯片作为演示文稿的完结幻灯片，多以图片和简单的文字结尾，具体操作步骤如下。

第 1 步 插入“光盘 \ 素材文件 \ 第 3 章 \ 企业宣传 \ 封底 .jpg”图片，并裁剪为平行四边形形状，如下图所示。

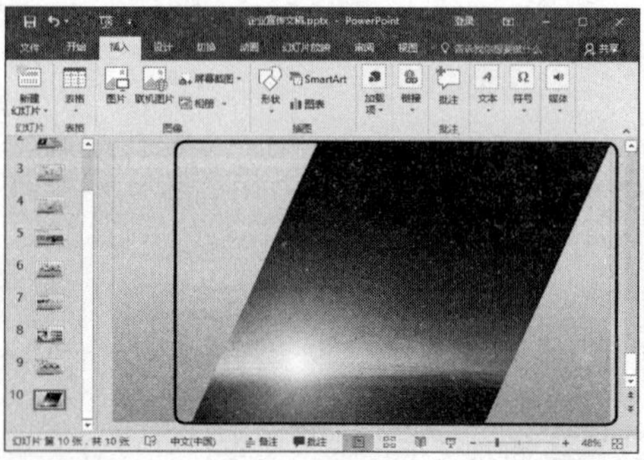

第 2 步 插入两个矩形形状，并分别设置形状样式，如下图所示。

第 3 步 在文本框中输入封底文本，并设置字体样式，如下图所示。

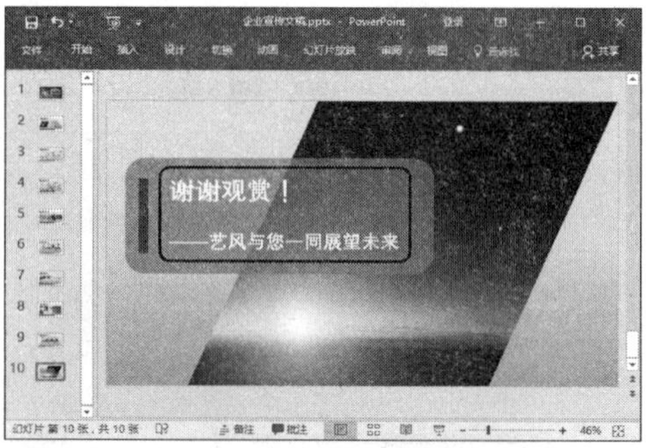

3.4.13 设置幻灯片的播放

幻灯片制作完成后，需要为其设置切换方式，具体操作步骤如下。

第 1 步 ❶单击【切换】选项卡【切换到此幻灯片】组中的【切换效果】下拉按钮；❷在弹出的下拉列表中选择一种切换方式，如下图所示。

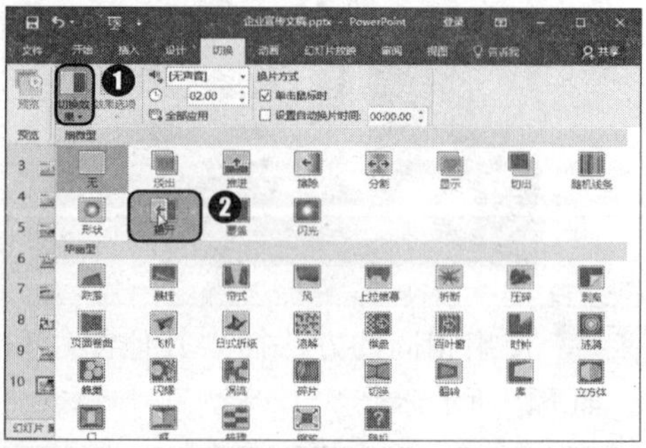

第 2 步 单击【切换】选项卡【计时】组中的【全部应用】按钮，将切换效果应用到全部幻灯片，如下图所示。

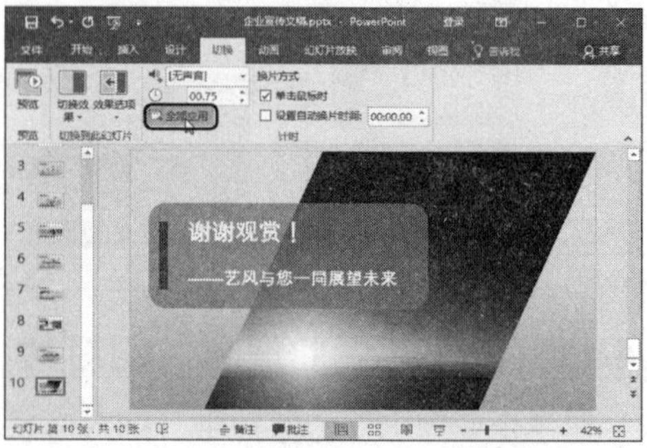

第3步 ❶在【切换】选项卡的【计时】组中选中【设置自动换片时间】复选框；❷在微调框中设置换片时间，如下图所示。

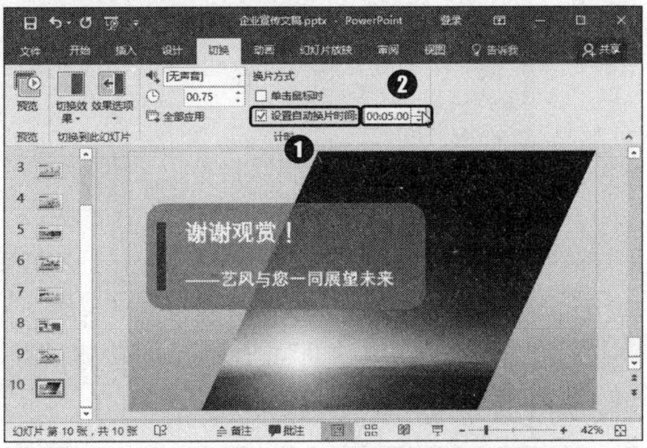

第4步 设置完成后单击【快速访问工具】栏中的【从头开始】按钮播放幻灯片，如下图所示。

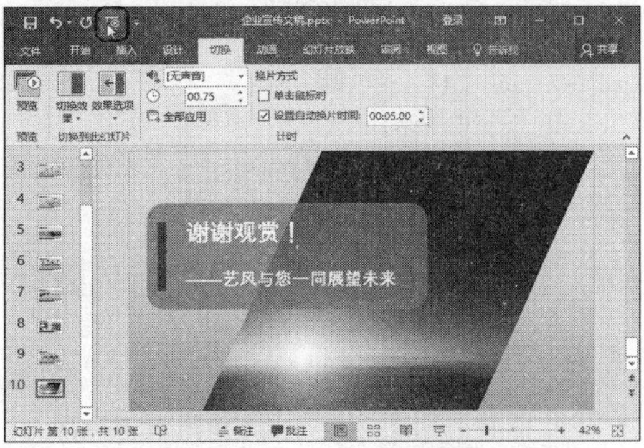

大神支招

通过前面知识的学习，相信读者已经掌握了在市场和销售管理中，制作产品上市管理相关文档的基本操作。下面结合本章内容，介绍一些工作中的实用经验与技巧，以便于更快地制作出精美文档。

01 让列表以指定的值重新开始编号

视频文件：光盘\视频文件\第3章\01.mp4

通常而言，编号都是从1开始，但是一些文档的起始内容由于紧接着其他文档，因此其起始值并不是“1”，遇到这种情况，需要更改编号起始值。设置编号起始值的操作步骤如下。

第1步 打开“光盘\素材文件\第3章\公司考勤制度.docx”文件，在要重新编号的数字上右击，在弹出的快捷菜单中选择【设置编号值】选项，如下图所示。

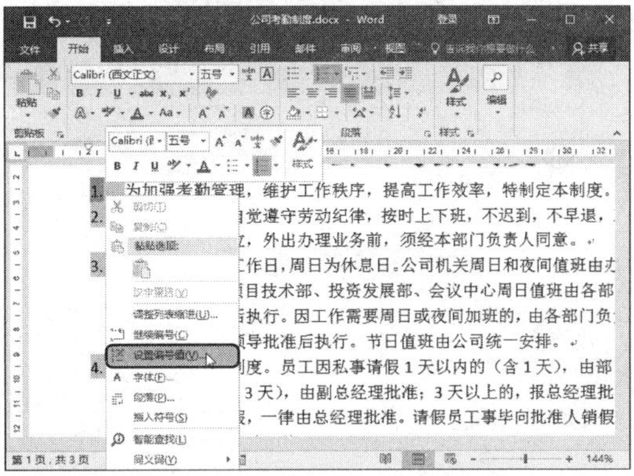

第2步 ❶打开【起始编号】对话框，在【值设置为】微调框中设置起始编号；❷单击【确定】按钮即可重新开始编号，如下图所示。

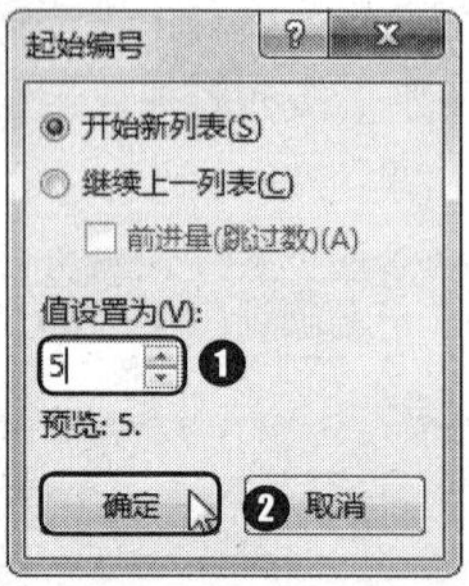

02 使用“转置”功能互换行列数据

视频文件：光盘\视频文件\第3章\02.mp4

在复制数据时，有时需要将原本为行的单元格数据复制为以列显示，将以列显示的单元格数据复制为行的数据，即行列互换，此时可使用单元格的“转置”功能，具体操作步骤如下。

第 1 步 ❶打开“光盘\素材文件\第 3 章\价格目录表.xlsx”文件，选中数据区域，按【Ctrl+C】组合键复制；❷选择要粘贴的单元格；❸单击【开始】选项卡【剪贴板】组中的【粘贴】下拉按钮；❹在弹出的下拉列表中选择【选择性粘贴】选项，如下图所示。

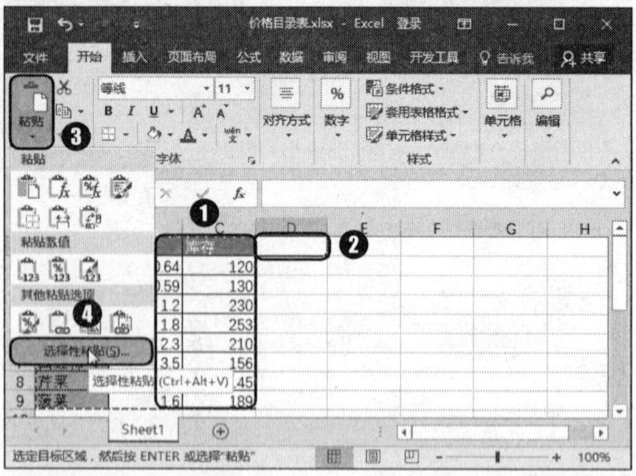

第2步 ❶打开【选择性粘贴】对话框，选中【转置】复选框；❷单击【确定】按钮，如下图所示。

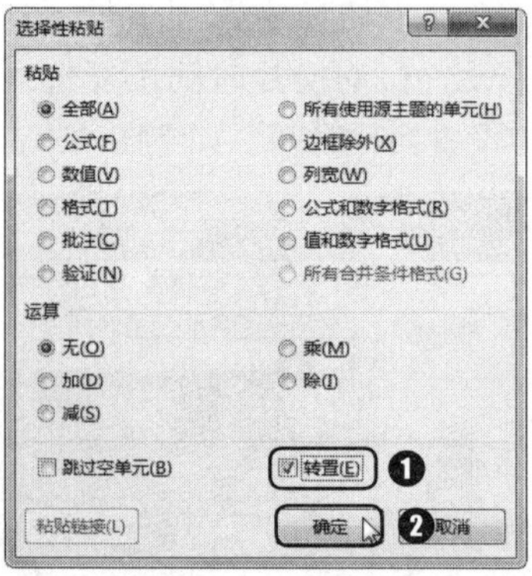

第 3 步 返回工作簿，即可看到行列转置的效果，如下图所示。

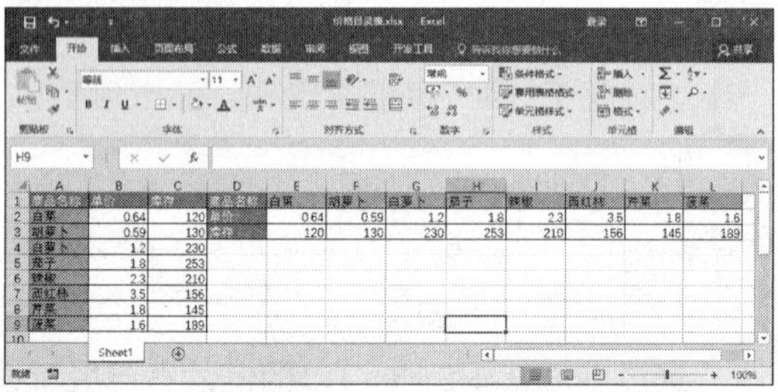

03 将演示文稿制作为视频文件

视频文件：光盘\视频文件\第3章\03.mp4

在放映演示文稿时，为了让演示文稿的放映以满足更多的需求，可以将演示文稿制作成视频文件。制作成为视频文件的演示文稿可以使用常用的播放软件进行播放，并能保留演示文稿中的动画、切换效果和多媒体等信息。

将演示文稿制作为视频文件的具体操作步骤如下。

第 1 步 打开“光盘\素材文件\第 3 章\市场占有率报告.pptx”文件，打开制作的演示文稿，❶在【文件】选项卡中依次选择【导出】→【创建视频】命令；❷在右边页面中，可以对将要发布的视频进行详细设置，包括视频大小、是否使用计时和旁白，以及每页幻灯片的播放时间等；❸完成后单击【创建视频】

按钮，如下图所示。

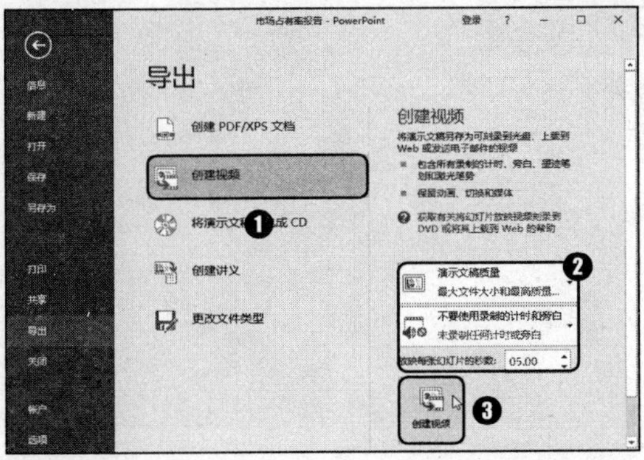

第 2 步 ❶弹出【另存为】对话框，默认的文件类型为【MPEG-4 视频】，设置文件名及保存路径；❷单击【保存】按钮，如下图所示。

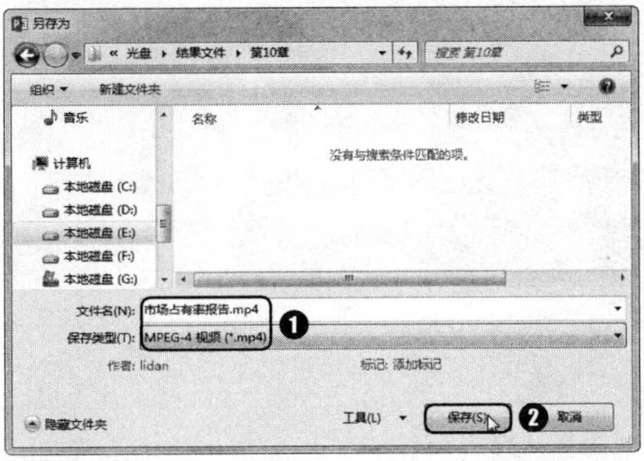

第 3 步 程序开始制作视频文件，在文档状态栏中可以看到制作进度，在制作过程中不要关闭演示文稿，效果如下图所示。

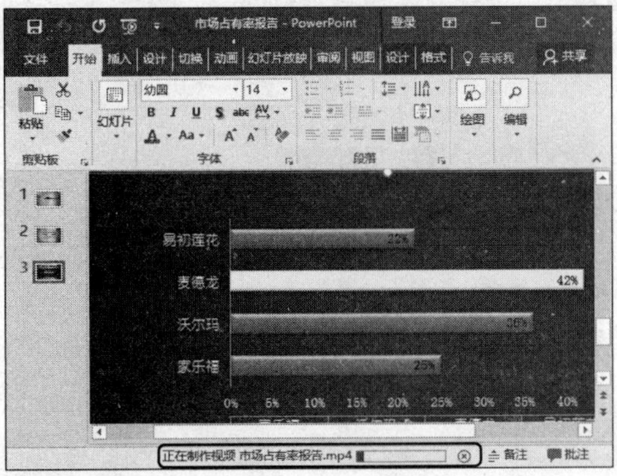

第 4 步 制作完成后，可以使用常用的视频播放软件进行播放，如 Windows Media Player、暴风影音等，如下图所示。

第4章 产品广告管理

本章导读

在市场和销售管理工作中，产品广告是必不可少的重要环节，本章将通过制作广告宣传管理制度、广告费用申请单和新品广告媒体策划文档，介绍在产品广告管理工作中经常用到的文档制作方法。

知识要点

- ❖ 插入书签和链接
- ❖ 审阅文档
- ❖ 制作工作表模板
- ❖ 打印申请表
- ❖ 插入Smart图形和图表
- ❖ 使用外部数据制作图表

4.1 使用Word制作“广告宣传管理制度”

案例背景

为了确保广告宣传发布有序，发布的广告宣传内容准确，符合法律法规和风俗民情，以及更好地发挥广告宣传在企业宣传中的作用，使广告宣传更贴近实际，更加科学、高效，所以需要制作广告宣传管理制度。

本例将通过使用Word制作广告宣传管理制度，制作完成后的效果如下图所示。实例最终效果见“光盘\结果文件\第4章\广告宣传管理制度.docx”文件。

广告宣传管理制度

光盘文件	素材文件	光盘\素材文件\第4章\广告宣传管理方案.txt
	结果文件	光盘\结果文件\第4章\广告宣传管理制度.docx
	教学视频	光盘\视频文件\第4章\4.1使用Word制作广告宣传管理制度.mp4

4.1.1 设置制度段落格式

设置了段落格式的文档不仅方便阅读，而且可以起到美化文档的作用。下面介绍美化广告宣传管理制度的方法。

1. 设置段落格式

本例将从文本文档中复制文本内容，然后为其设置段落格式，具体操作步骤如下。

第1步 ❶ 新建一个名为“广告宣传管理制度 .docx”的空白文档，打开“光盘 \ 素材文件 \ 第 4 章 \ 广告宣传管理方案 .txt”文档，按【Ctrl+A】组合键全选内容并右击；❷ 在弹出的快捷菜单中选择【复制】命令，如下图所示。

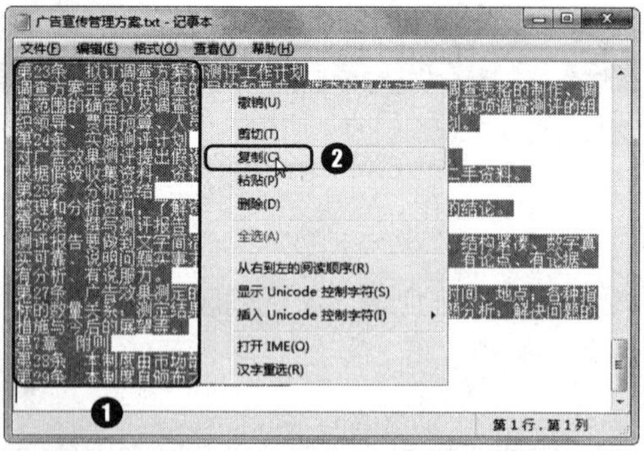

第 2 步 切换到“广告宣传管理制度 .docx”文档中，单击【开始】选项卡【剪贴板】组中的【粘贴】按钮，如下图所示。

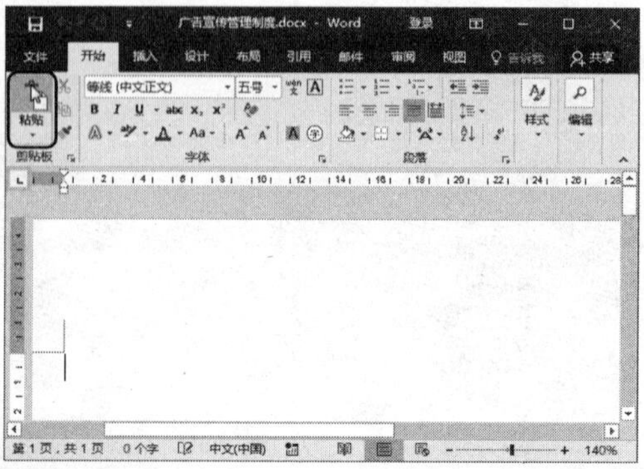

第 3 步 ❶按【Ctrl+A】组合键全选内容；❷单击【开始】选项卡【段落】组中的功能扩展按钮，如下图所示。

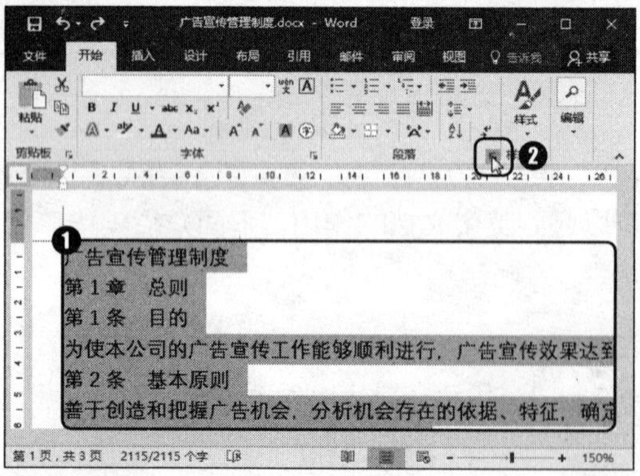

第 4 步 ❶打开【段落】对话框，在【缩进】栏中设置【特殊格式】为【首行缩进】，【缩进值】为【2 字符】；❷单击【确定】按钮，如下图所示。

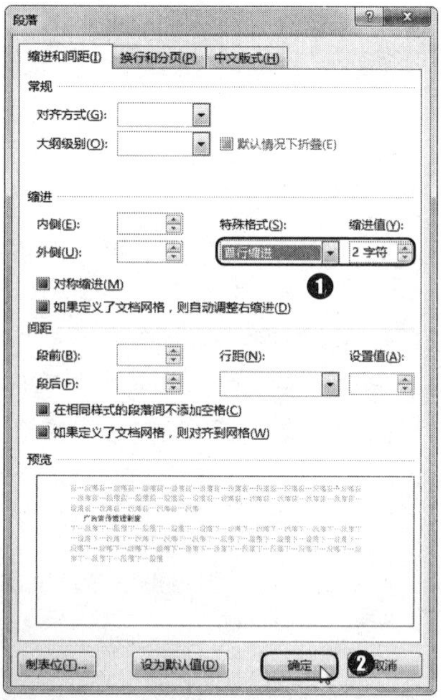

第 5 步 ❶选择第一个段落；❷单击【开始】选项卡【字体】组中的功能扩展按钮，如下图所示。

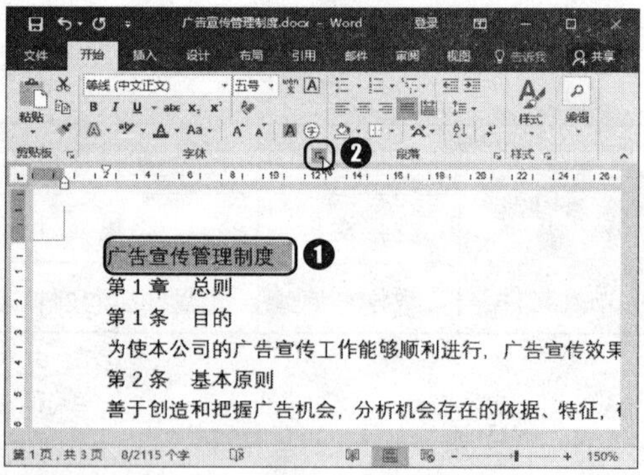

第 6 步 打开【字体】对话框，设置字体格式为【华文仿宋，加粗，小二】，如下图所示。

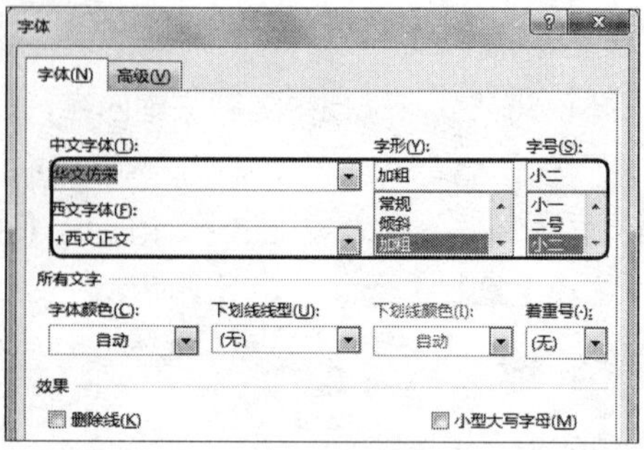

第 7 步 ❶切换到【高级】选项卡；❷在【字符间距】栏的【间距】下拉列表中选择【加宽】选项；❸在【磅值】微调框中选择【4 磅】选项；❹单击【确定】按钮，如下图所示。

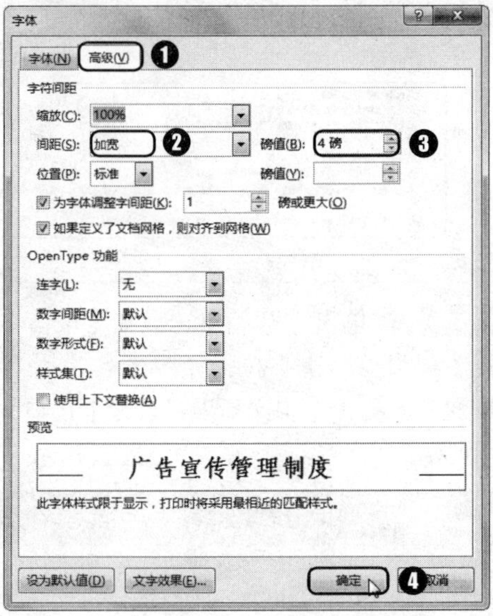

第 8 步 返回文档，单击【开始】选项卡【段落】组中的【居中】按钮，如下图所示。

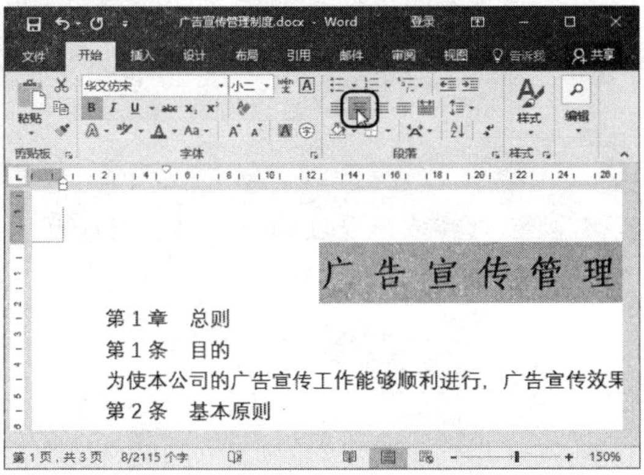

第 9 步 ❶选择"第 1 章 总则"文本；❷单击【开始】选项卡【段落】组中的【边框】下拉按钮；❸在弹出的下拉列表中选择【边框和底纹】选项，如下图所示。

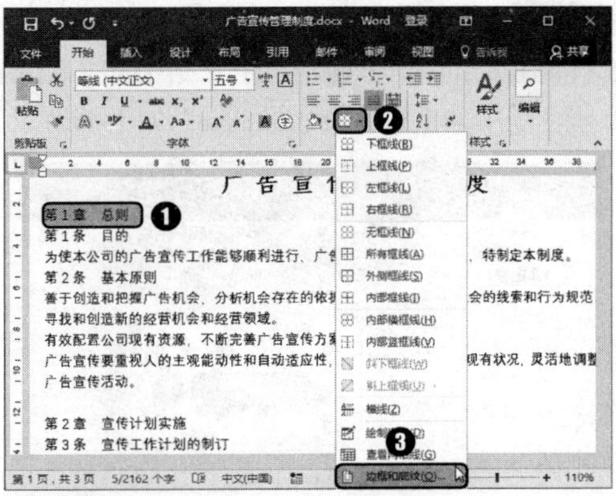

第 10 步 ❶打开【边框和底纹】对话框，在【设置】栏中选择【阴影】选项；❷在【颜色】下拉列表中选择边框的颜色；❸在【应用于】下拉列表中选择【文字】选项，如下图所示。

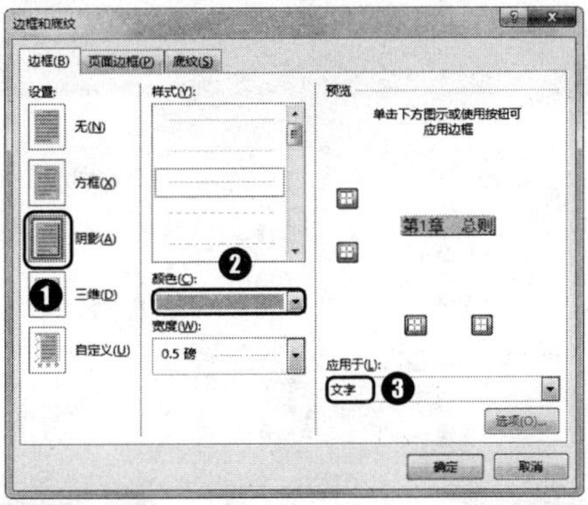

第 11 步 ❶切换到【底纹】选项卡，在【填充】下拉列表中选择填充颜色；❷在【应用于】下拉列表中选择【文字】选项；❸完成后单击【确定】按钮，如下图所示。

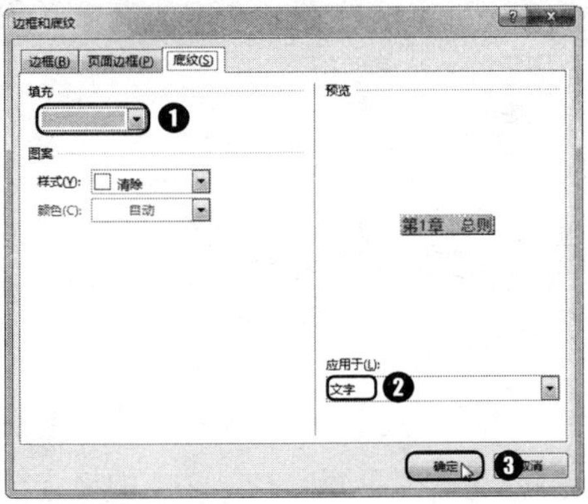

第 12 步 ❶返回文档，即可看到设置效果，选择设置后的文本；❷单击【开始】选项卡【剪贴板】组中的【格式刷】按钮，如下图所示。

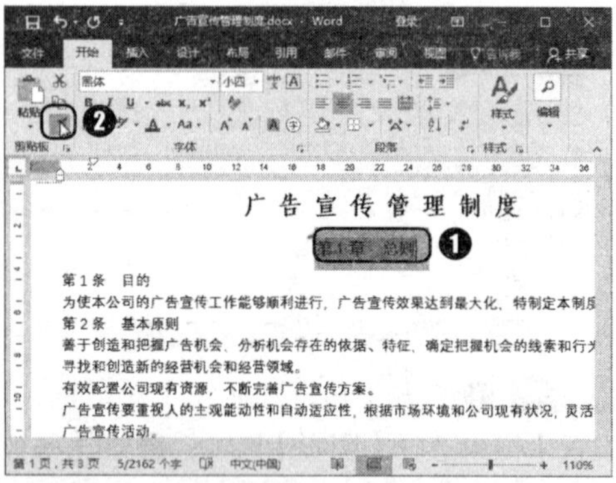

第 13 步 当鼠标指针呈形状时，拖动鼠标指针将格式复制到其他章标题，如下图所示。

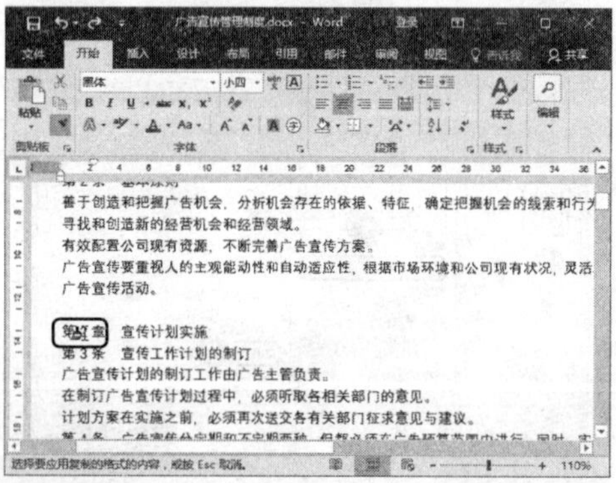

第 14 步 ❶选择"第 1 条……"文本；❷在【开始】选项卡的【字体】组中设置字体格式为【宋体】，如下图所示。

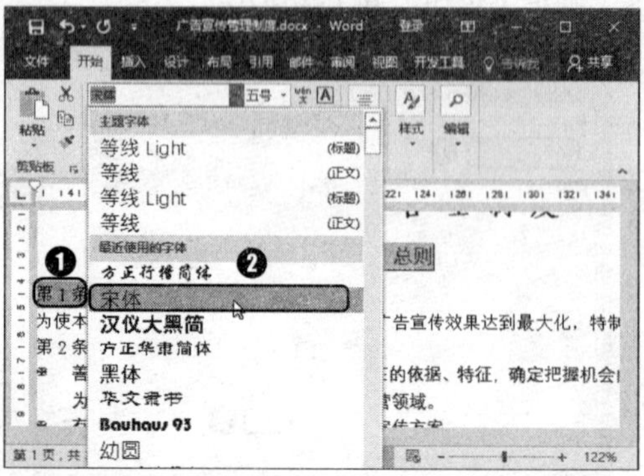

第 15 步 将"第 1 条……"文本的格式复制到其他"第 *N* 条"文本，如下图所示。

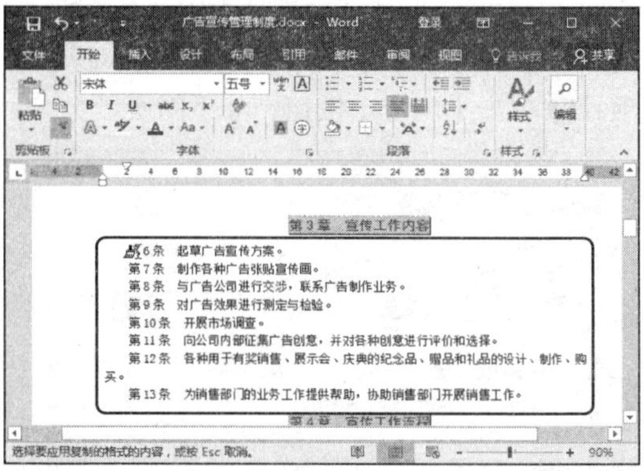

第 16 步 ❶单击【开始】选项卡【段落】组中的【项目符号】下拉按钮；❷在弹出的下拉列表中选择【定义新项目符号】选项，如下图所示。

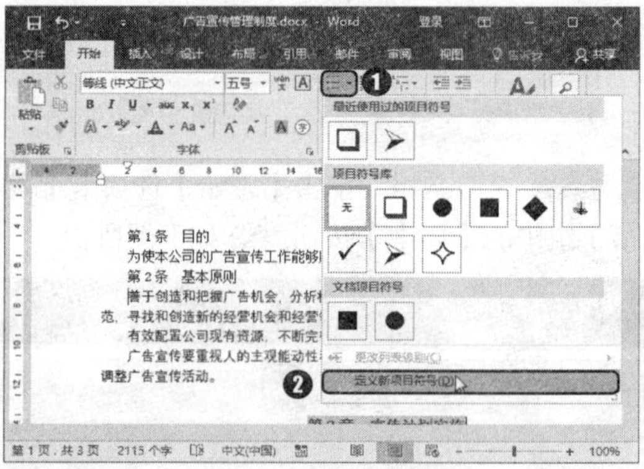

第 17 步 打开【定义新项目符号】对话框，单击【符号】按钮，如下图所示。

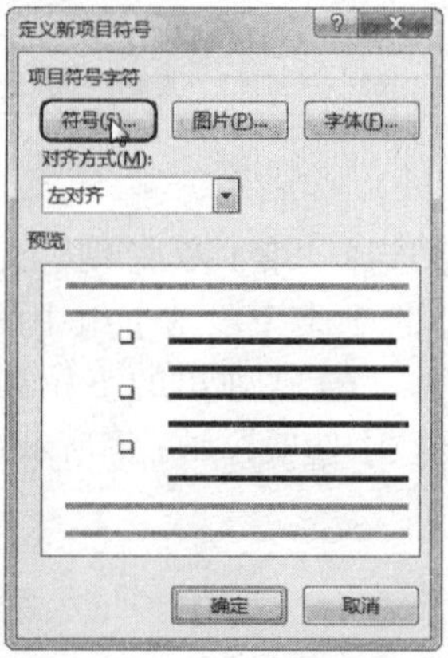

第 18 步 ❶打开【符号】对话框，在列表框

中选择需要的符号；❷单击【确定】按钮，如下图所示。

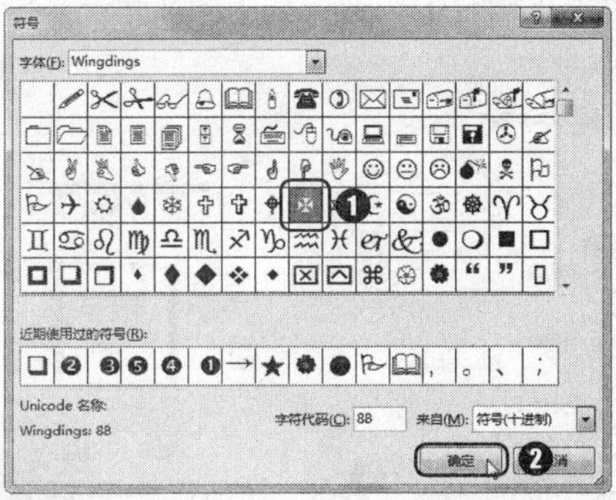

第 19 步 返回【定义新项目符号】对话框，单击【字体】按钮，如下图所示。

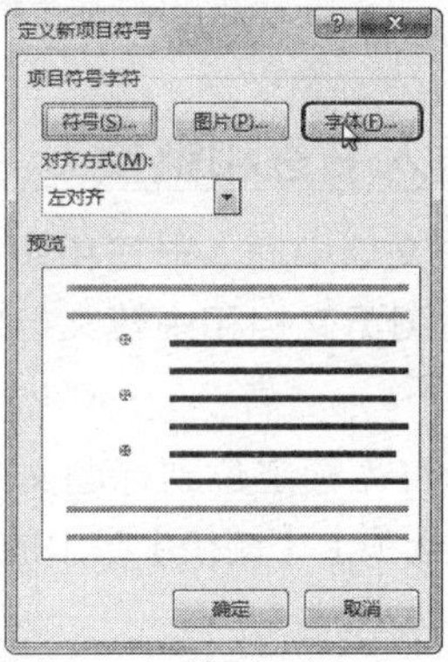

第 20 步 ❶打开【字体】对话框，在【所有文字】栏的【字体颜色】下拉列表中选择字体颜色；❷单击【确定】按钮，如下图所示。

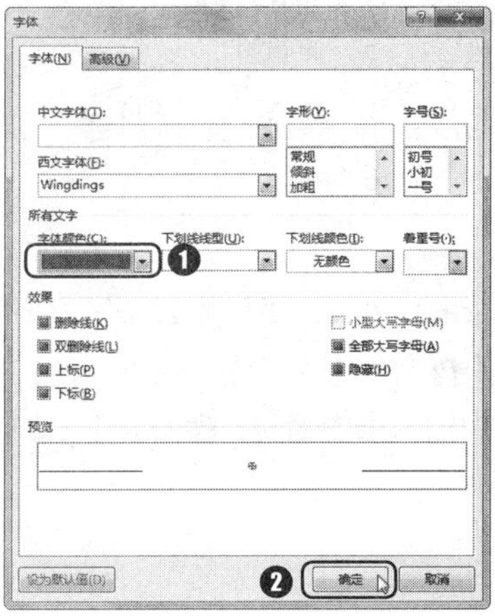

第 21 步 ❶选择"第 2 条"段落下方需要添加项目符号的文本；❷单击【开始】选项卡【段落】组中的【项目符号】下拉按钮；❸在弹出的下拉列表中选择自定义的项目符号，如下图所示。

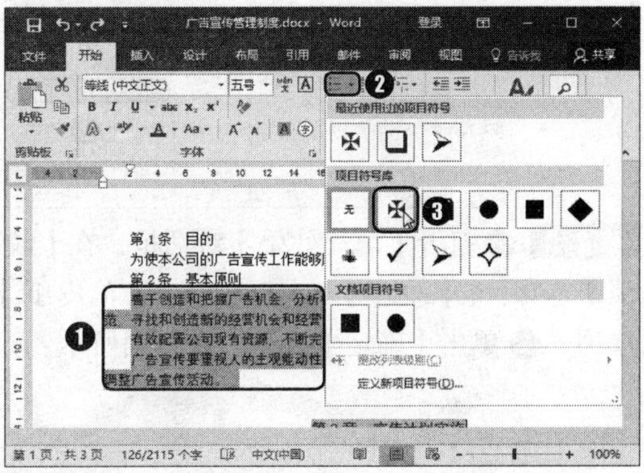

第 22 步 ❶选择其他需要添加项目符号的段落；❷单击【开始】选项卡【段落】组中的【项目符号】按钮即可，如下图所示。

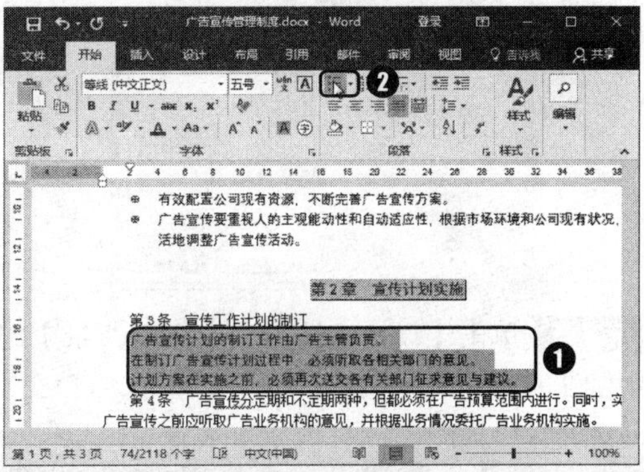

> **温馨提示**
>
> 直接单击【项目符号】按钮，即默认使用上一次使用过的项目符号样式。

2. 设置边框和底纹

为文档应用边框和底纹，可以美化文档，具体操作步骤如下。

第 1 步 ❶单击【设计】选项卡【页面背景】组中的【页面颜色】下拉按钮；❷在弹出的下拉列表中选择【填充效果】选项，如下图所示。

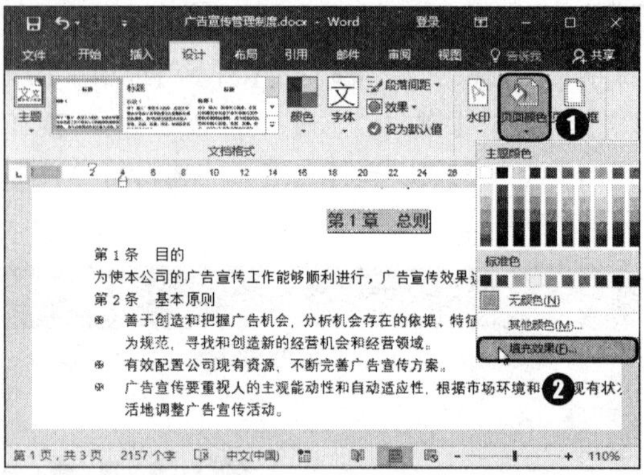

第 2 步 ❶打开【填充效果】对话框，在【纹理】选项卡的【纹理】列表框中选择【羊皮纸】选项；❷单击【确定】按钮，如下图所示。

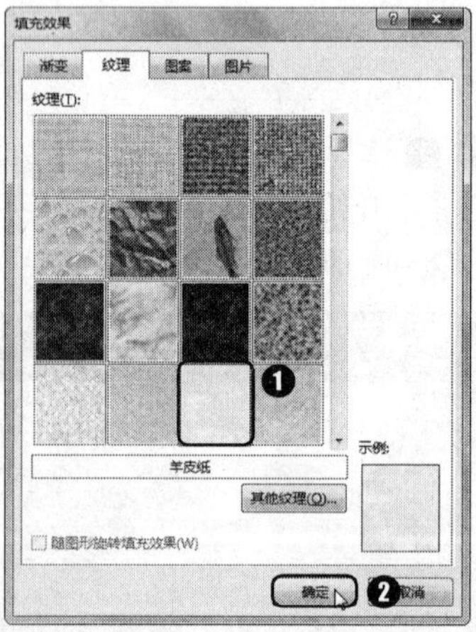

第 3 步 单击【设计】选项卡【页面背景】组中的【页面边框】按钮，如下图所示。

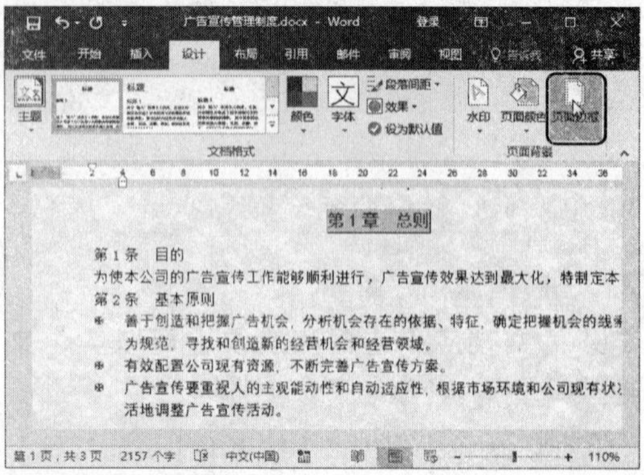

第 4 步 ❶打开【边框和底纹】对话框，在【页面边框】选项卡的【设置】栏中选择【方框】选项；❷在【艺术型】下拉列表中选择边框的样式；❸将【宽度】设置为【10 磅】；❹单击【确定】按钮，如下图所示。

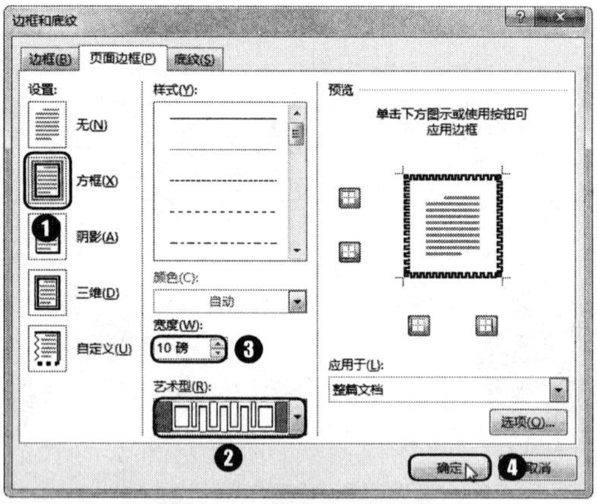

4.1.2 插入书签和链接

通过在文档中插入书签和超链接，可以更加方便地浏览文档和中转文档内容，具体操作步骤如下。

第 1 步 ❶将光标定位到标题文本处；❷单击【插入】选项卡【链接】组中的【书签】按钮，如下图所示。

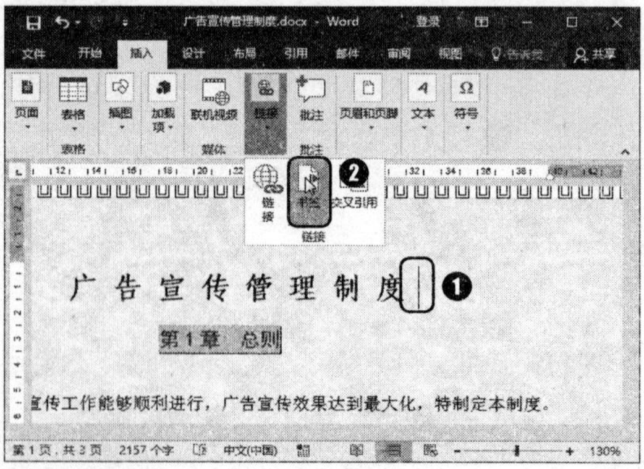

第 2 步 ❶打开【书签】对话框，在【书签名】文本框中输入书签名称；❷单击【添加】按钮，如下图所示。

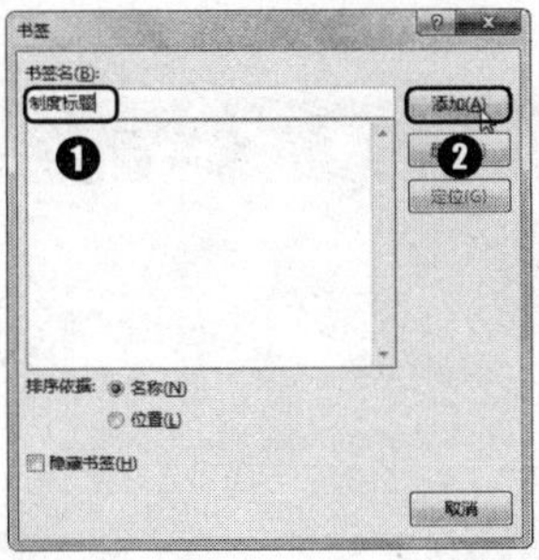

第 3 步 ❶将光标定位到文档的末尾处；❷单击【插入】选项卡【链接】组中的【超链接】按钮，如下图所示。

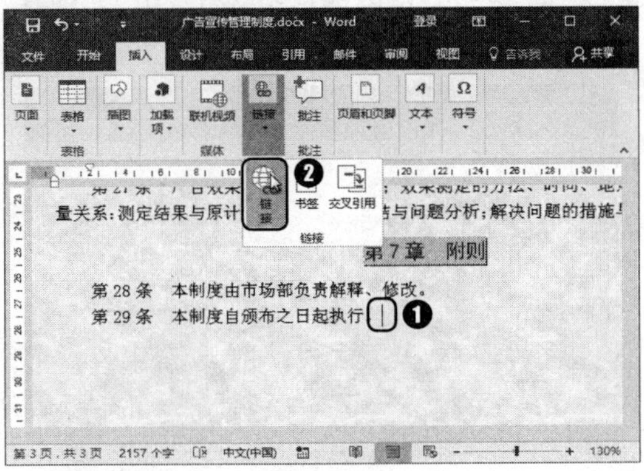

第 4 步 ❶打开【插入超链接】对话框，在【链接到】列表中选择【本文档中的位置】选项；❷在【请选择文档中的位置】列表框中选择刚才设置的书签名，本例为【制度标题】；❸在【要显示的文字】文本框中输入“点击返回标题”；❹单击【确定】按钮，如下图所示。

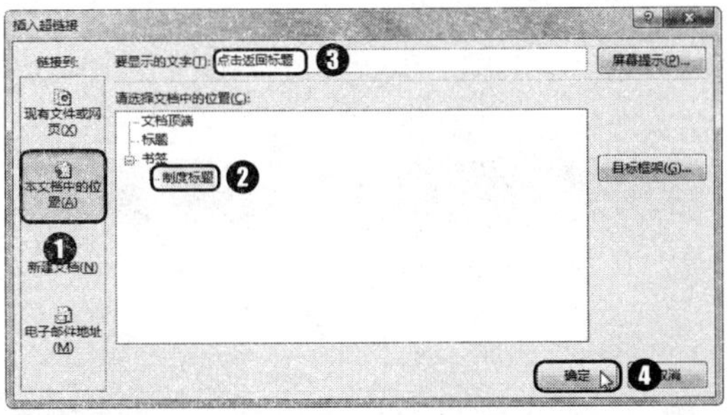

第 5 步 ❶返回文档，即可看到超链接已经插入，且文本下方会添加下画线，选择超链接文本；❷单击【开始】选项卡【字体】组中的【下画线】按钮 U 取消下画线，如下图所示。

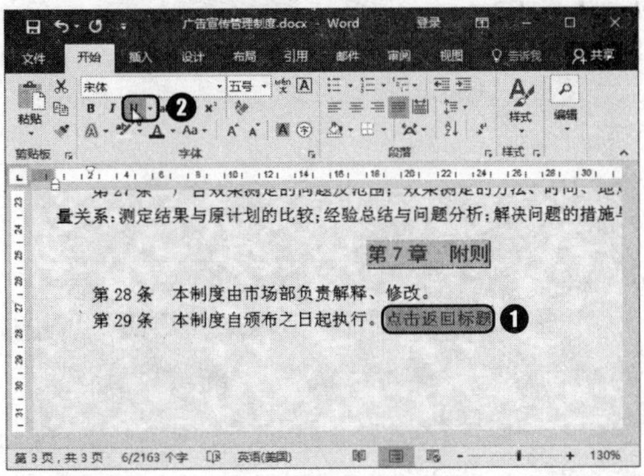

第 6 步 ❶单击【开始】选项卡【字体】组中的【字体颜色】下拉按钮；❷在弹出的下拉列表中选择一种主题颜色，如下图所示。

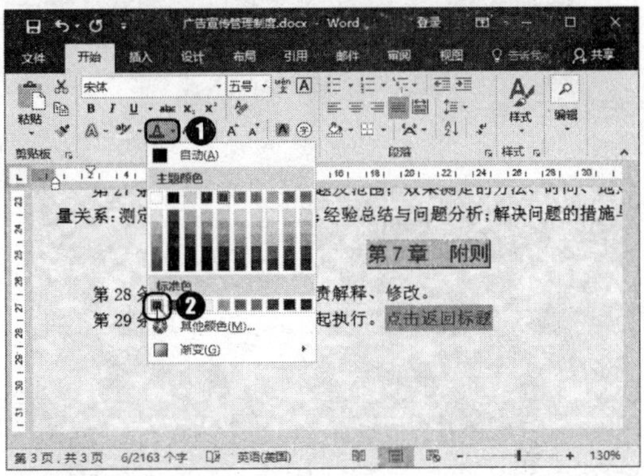

第 7 步 按住【Crtl】键，此时鼠标指针将变为👆形状，单击超链接文本即可返回标题段落，如下图所示。

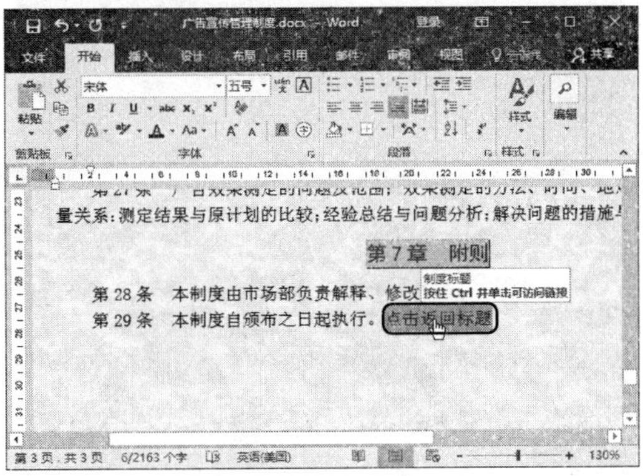

> **温馨提示**
>
> 在Word文档内部创建超链接时，目标位置只能是文档顶端、应用了标题样式的段落或书签。

4.1.3 文档拼写语法校对

为了避免文档中出现错误，可以用Word的拼写和语法功能对文档内容进行全面检查，具体操作步骤如下。

第1步 ❶将光标定位到文档的开头处；❷单击【审阅】选项卡【校对】组中的【拼写和语法】按钮，如下图所示。

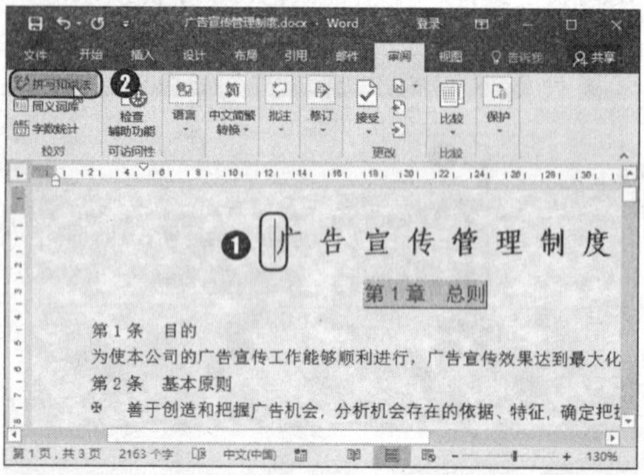

第2步 打开【语法】窗格，自动搜索第一处错误，并提示错误的类型，如果此处错误并不需要修改，可单击【忽略】按钮，如下图所示。

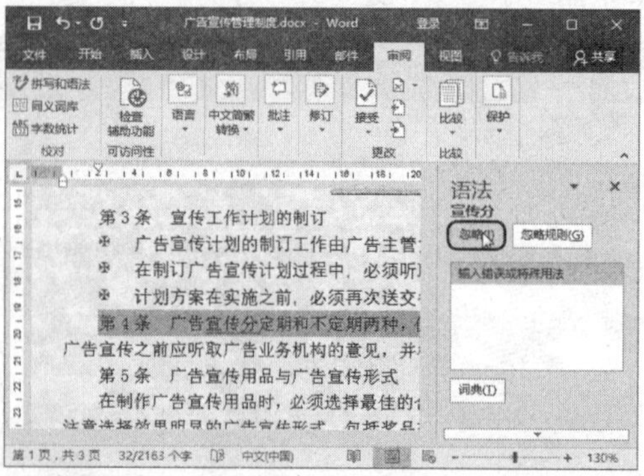

第3步 ❶自动跳转到下一处错误，在下方的列表框中显示系统认为的正确方案，选择正确的方案；❷单击【更改】按钮，如下图所示。

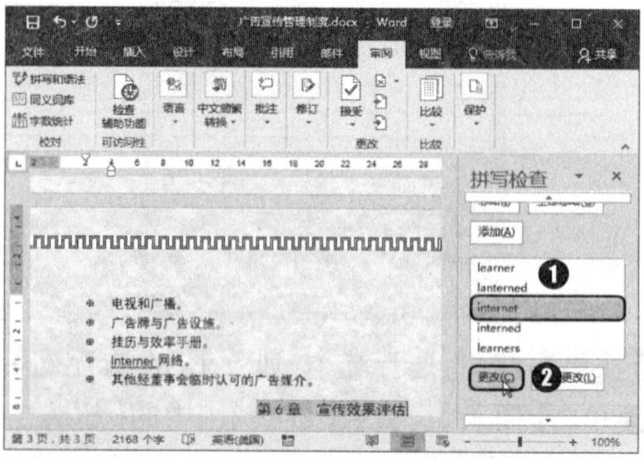

第4步 拼写和语法检查完成后弹出提示框，单击【确定】按钮即可，如下图所示。

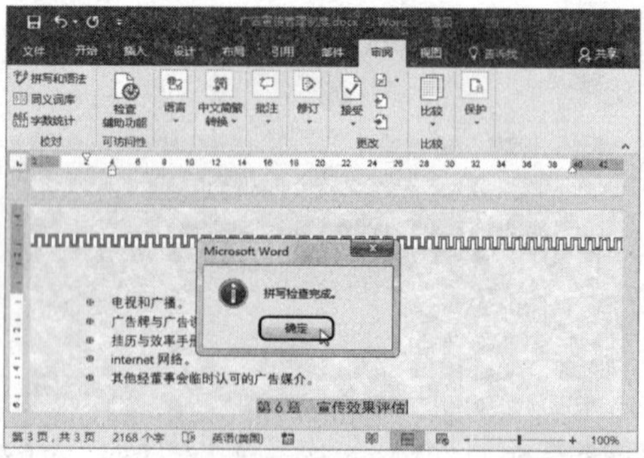

4.1.4 修订文档

对于制作好的文档，还可以通过修订文档的方式在文档中进行修改，并将修改情况用不同的颜色、删除线或下画线显示出来，具体操作步骤如下。

第1步 单击【审阅】选项卡【修订】组中的【修订】按钮开启修订模式，如下图所示。

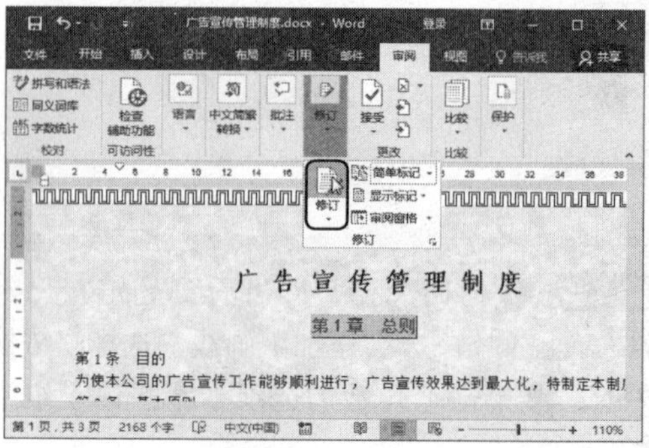

第2步 开启修订模式后，如果文档中增加或删除文本，均会在左侧显示红色竖线标识，如下图所示。

第3步 ❶如果要查看修订轨迹，可以单击【审阅】选项卡【修订】组中的【显示以供审阅】下拉按钮；❷在弹出的下拉列表中选择【所有标记】命令，如下图所示。

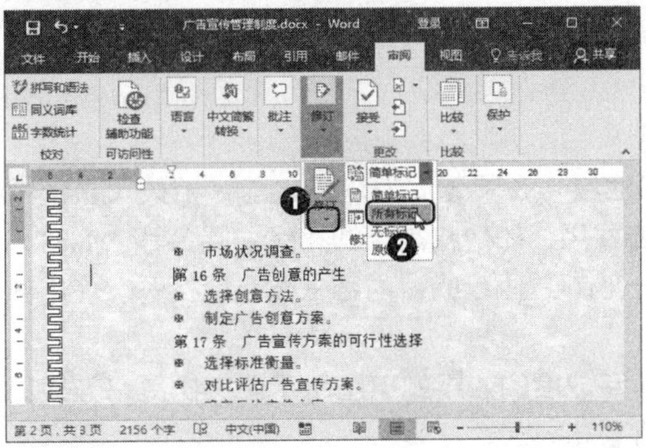

第4步 返回文档，即可看到修订的详细信息，如果接受这些更改，可以单击【审阅】选项卡【更改】组中的【接受】按钮，如下图所示。

教您一招

快速接受或拒绝修订

如果用户要接受或拒绝文档中的所有修订，可以单击【审阅】选项卡【更改】组中的【接受】或【拒绝】下拉按钮，在弹出的下拉列表中选择【接受所有修订】或【拒绝所有修订】选项即可。

第5步 如果不接受修订，可以单击【审阅】选项卡【更改】组中的【拒绝】按钮，如下图所示。

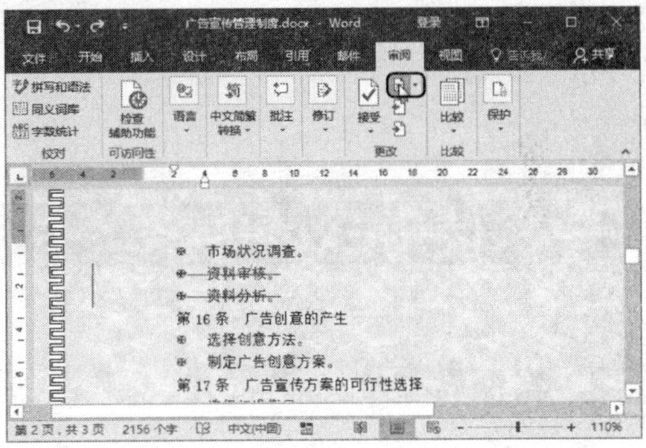

4.1.5　为文档添加批注

在对于别人制作的文档提出意见和看法时，如果不方便直接在文档中修改，可以在文档中添加批注，文档制作者可以通过添加的批注来更改文档，具体操作步骤如下。

第1步 ❶将光标定位到需要批注的地方；❷单击【审阅】选项卡批注组中的【新建批注】按钮，如下图所示。

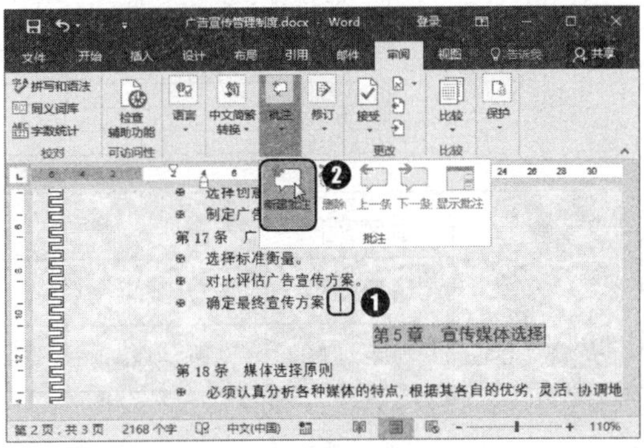

第 2 步 弹出【批注】窗口，在【批注】窗口中直接输入批注内容即可为文档添加批注，如下图所示。

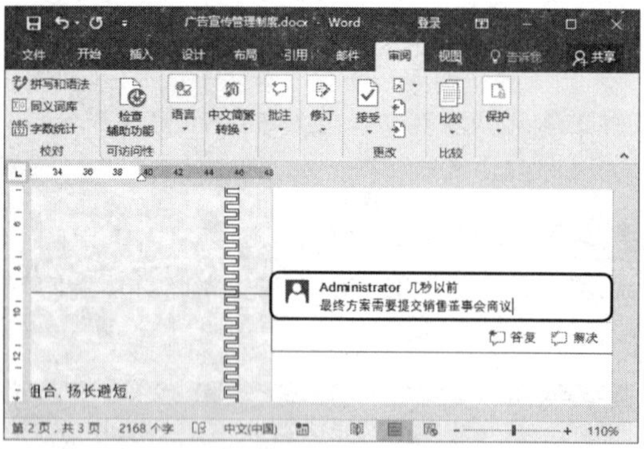

> **教您一招**
>
> **删除批注**
>
> 如果要删除批注，可以选择文档中的要删除的批注框，然后单击【审阅】选项卡【批注】组中的【删除】下拉按钮，在弹出的下拉列表中选择【删除】命令。如果需要一次性删除文档中的所有批注，可以在单击【批注】组的【删除】下拉按钮后，在弹出的下拉列表中选择【删除文档中的所有批注】命令。

4.2 使用Excel制作“广告费用申请单”

案例背景

在销售过程中，广告无疑占据了非常重要的地位，在展开促销广告之前，相关负责部门需要将必须的花费整理出来，向上级部门申请广告费用，如广告需要的礼品、展台等。此时，需要制作广告费用申请单，而申请表的书写格式一般都是固定的，内容主要包括标题、使用部门、费用明细、费用合计等。

本例将通过Excel制作广告费用申请单，制作完成后的效果如下图所示。实例最终效果见“光盘\结果文件\第4章\广告费用申请单.xlsx”文件。

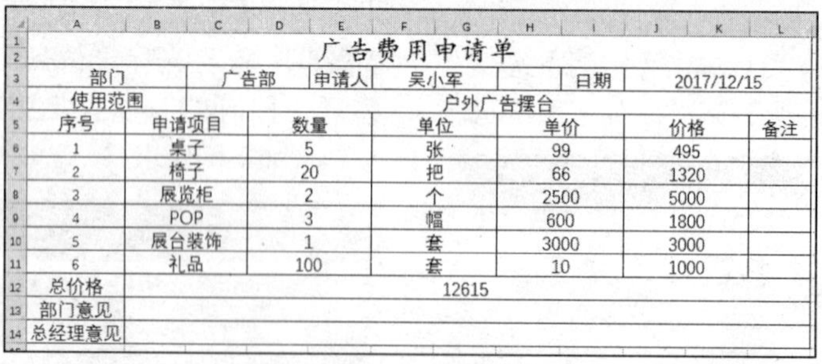

广告费用申请单						
部门	广告部	申请人	吴小军	日期	2017/12/15	
使用范围	户外广告摆台					
序号	申请项目	数量	单位	单价	价格	备注
1	桌子	5	张	99	495	
2	椅子	20	把	66	1320	
3	展览柜	2	个	2500	5000	
4	POP	3	幅	600	1800	
5	展台装饰	1	套	3000	3000	
6	礼品	100	套	10	1000	
总价格	12615					
部门意见						
总经理意见						

光盘文件		
	素材文件	无
	结果文件	光盘\结果文件\第4章\广告费用申请单.xltx
	教学视频	光盘\视频文件\第4章\4.2使用Excel制作广告费用申请单.mp4

4.2.1 制作申请表模板

本例将制作一个广告费用申请表模板，以方便日后申请广告费用时，可以直接调用模板并填写数据，以提高办公效率。

1. 制作申请表框架

广告费用申请表包含了部门、申请人、物品、数量等信息，下面介绍在申请表中建立框架的具体操作步骤。

第1步 新建一个名为“广告费用申请单”的空白工作簿，输入如下图所示的申请单内容。

第2步 ❶选择A1：L2单元格区域；❷单击【开始】选项卡【对齐方式】组中的【合并后居中】按钮，并使用相同的方法合并其他单元格，如下图所示。

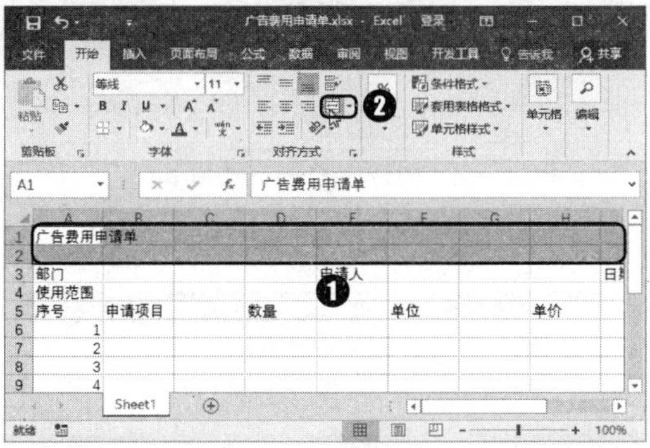

第3步 ❶选中A3：B4单元格区域；❷单击【开始】选项卡【对齐方式】组中的【合并后居中】右侧的下拉按钮；❸在弹出的下拉列表中选择【跨越合并】选项，并使用相同的方法合并其他单元格，如下图所示。

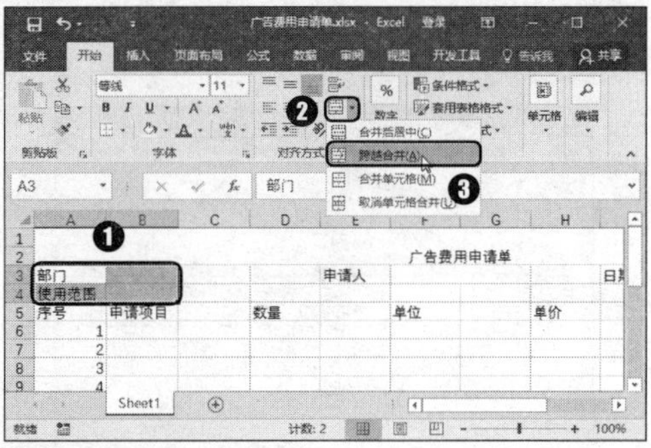

第4步 ❶选中A1：L15单元格区域，单击【开始】选项卡【字体】组中的【边框】下拉按钮；❷在弹出的下拉列表中选择【所有框线】命令，如下图所示。

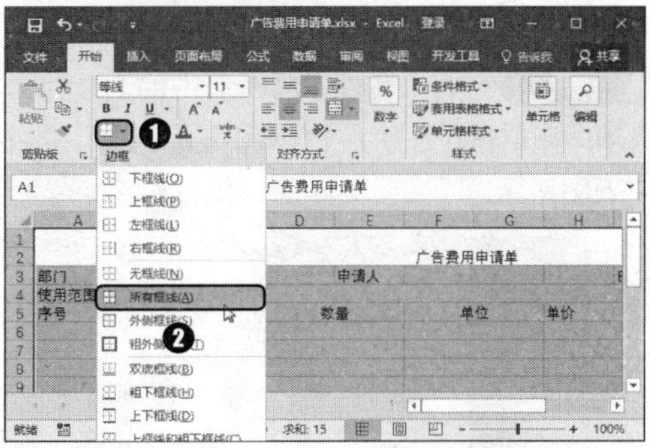

第5步 ❶选择A3：L15单元格区域；❷单击【开始】选项卡【对齐方式】组中的【居中】按钮，如下图所示。

温馨提示

在需要合并大量单元格的表格中，用户可以综合利用居中合并与跨越合并的方法，以提高合并效率。

第6步 将标题字体设置为【楷体】，字号设置为【24】；将序号字号设置为【12】；将其余字号设置为【16】，如下图所示。

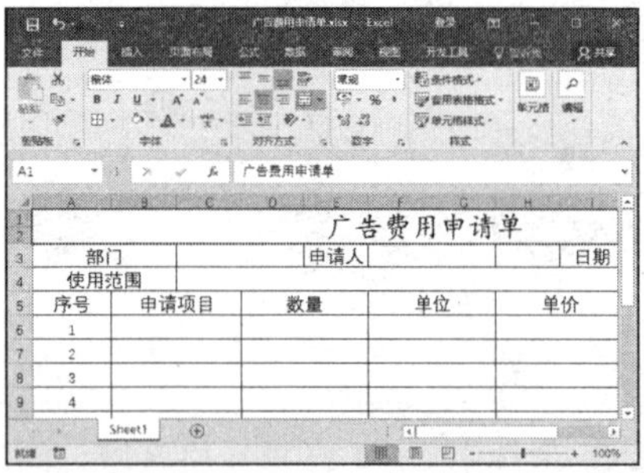

2. 将申请表保存为模板

广告费用申请表制作完成后，将其保存为Excel模板，可以快速地根据该模板创建申请表，具体操作步骤如下。

第1步 ❶选择【文件】选项卡中的【另存为】选项；❷单击【另存为】窗格中的【浏览】按钮，如下图所示。

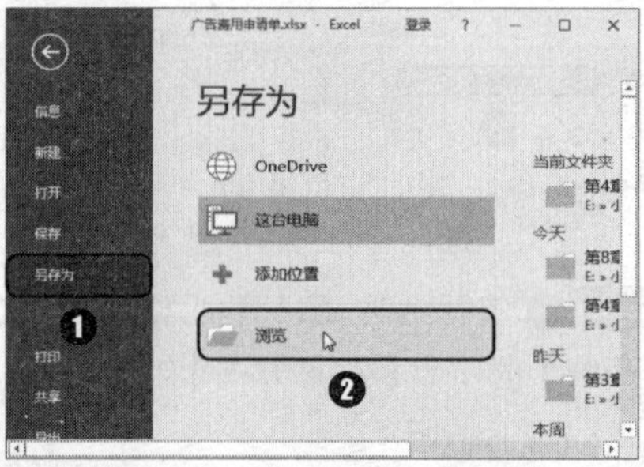

第2步 ❶打开【另存为】对话框，设置文件名和保存路径；❷在【保存类型】下拉列表中选择【Excel模板】选项；❸单击【保存】按钮，如下图所示。

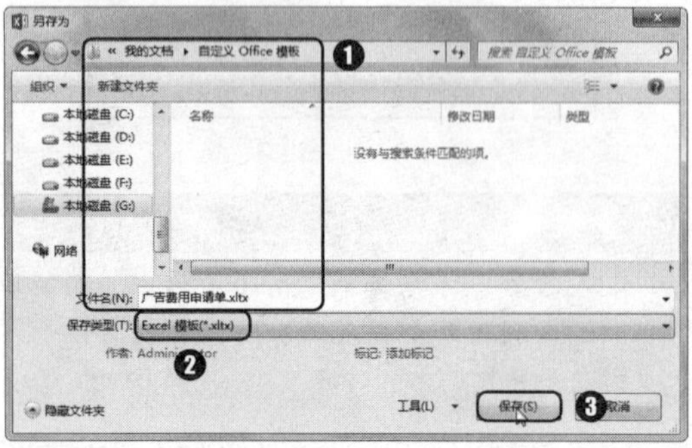

4.2.2 根据模板创建申请单

申请单模板制作完成后，就可以使用申请模板创建一份广告费用申请单，在填写申请单时，可以通过插入单元格来创建一份完整的申请项目，并对费用进行估算，具体操作步骤如下。

第1步 打开保存的"广告费用申请单.xltx"模板文档，输入申请日期、部门、申请人、申请项目、数量和单价等信息，如下图所示。

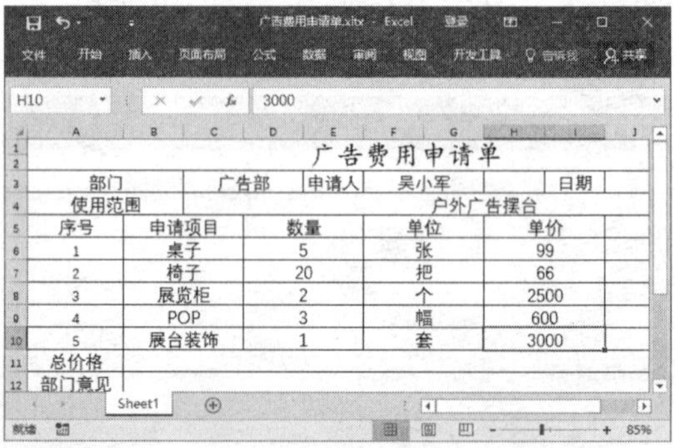

第2步 ❶选择A10：L10单元格区域，按【Ctrl+C】组合键复制；❷右击，在弹出的快捷菜单中选择【插入复制的单元格】选项，如下图所示。

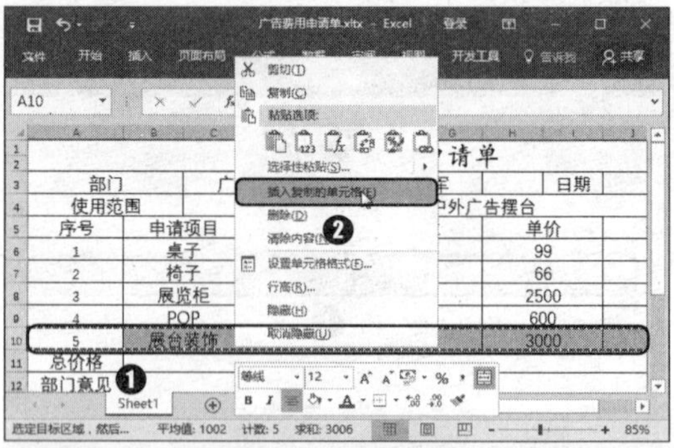

> **教您一招**
>
> **快速插入多行**
>
> 如果想要快速插入多行，可以在选择多行后，再执行【插入复制的单元格】命令。

第3步 ❶在弹出的【插入粘贴】对话框中

选中【活动单元格下移】单选按钮；❷单击【确定】按钮，如下图所示。

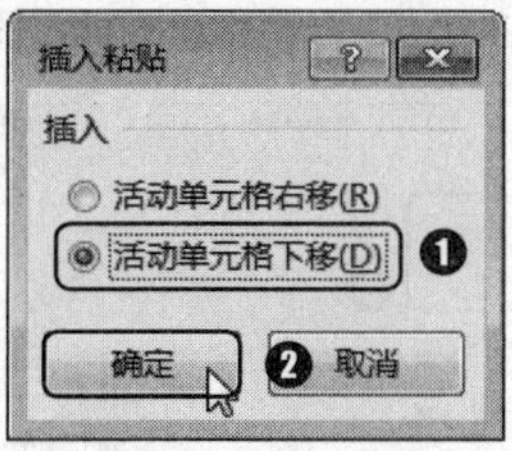

第 4 步 使用相同的方法，插入足够数量要输入申请的广告费用的单元格，如下图所示。

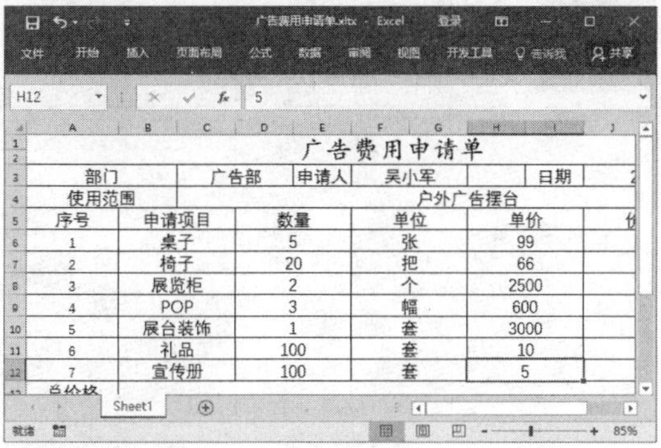

第 5 步 ❶选中 J6 单元格，在单元格中输入公式“=D6*H6”；❷单击【输入】按钮✔得出计算结果，如下图所示。

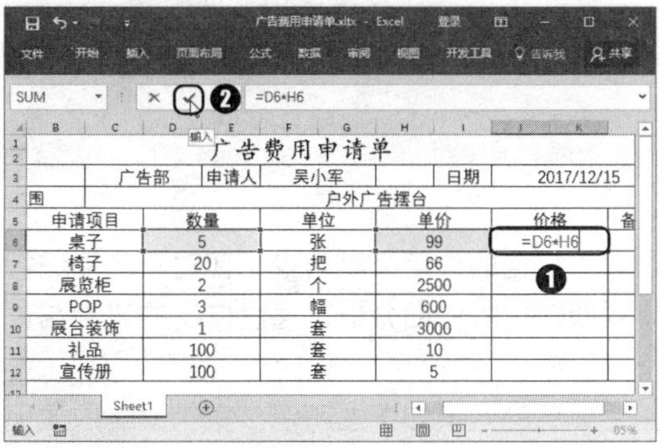

第 6 步 选择 J6 单元格，拖动填充柄向下填充公式，如下图所示。

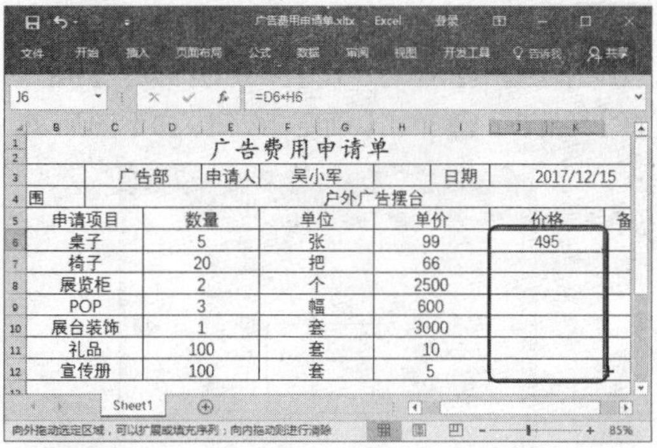

第 7 步 ❶选中 C13 单元格，在单元格中输入公式“=SUM(J6：K12)”；❷单击【输入】按钮✔得出计算结果，如下图所示。

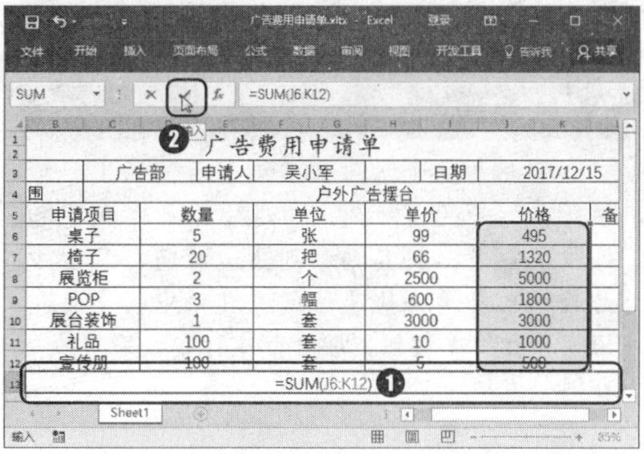

4.2.3 打印申请表

申请表填写完成后，需要打印出来，送到相关部门审批。在打印之前，首先需要设置相应的打印格式，具体操作步骤如下。

第 1 步 单击【页面布局】选项卡【页面设置】组中的对话框启动器按钮，如下图所示。

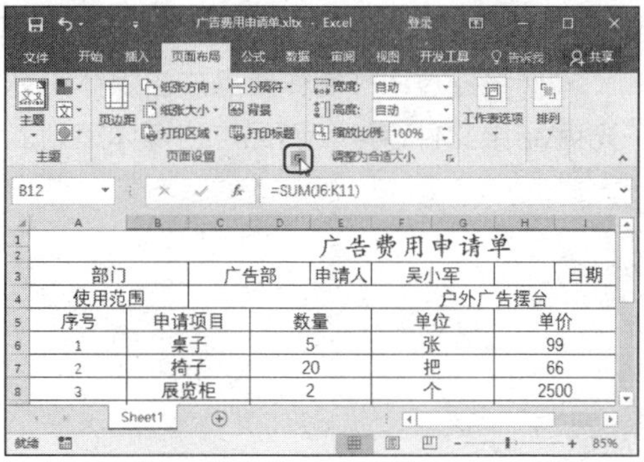

第2步 ❶打开【页面设置】对话框，选中【页边距】选项卡【居中方式】栏中的【水平】和【垂直】复选框；❷单击【确定】按钮，如下图所示。

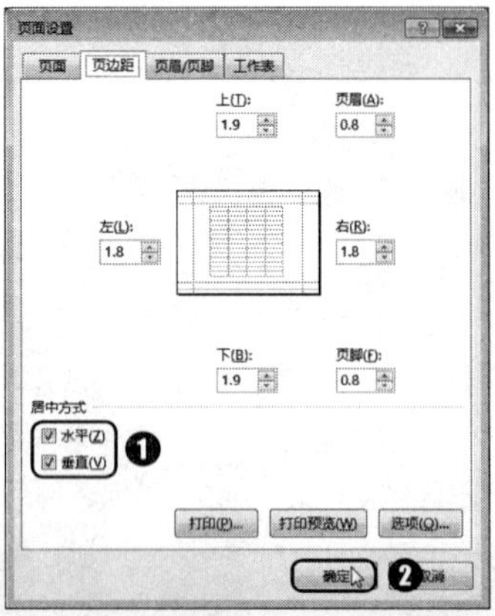

温馨提示

单击【快速访问工具栏】右侧的下拉按钮，在打开的下拉列表中选中【打印预览和打印】命令，将其添加到快速访问工具栏中之后，只要单击快速访问工具栏中的【打印预览和打印】按钮，即可预览打印效果。

第3步 ❶选择【文件】选项卡中的【打印】选项；❷设置页面方向为【横向】；❸单击【打印】按钮，即可开始打印申请表，如下图所示。

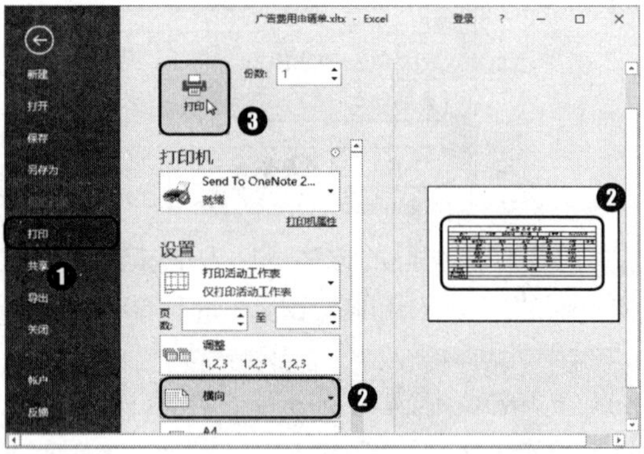

4.3 使用PPT制作“新品广告媒体策划”

案例背景

为了让一项新产品在上市之后得到消费者的认可，广告的作用必不可少。在对新产品进行广告宣传之前，需要通过充分的市场调查，以及对各项数据的仔细分析，通过广泛的研究与讨论，才能得到最恰当的广告媒体推广策划方案。

本例将通过PPT制作新品广告媒体策划，制作完成后的效果如下图所示。实例最终效果见“光盘\结果文件\第4章\新品广告媒体策划.pptx”文件。

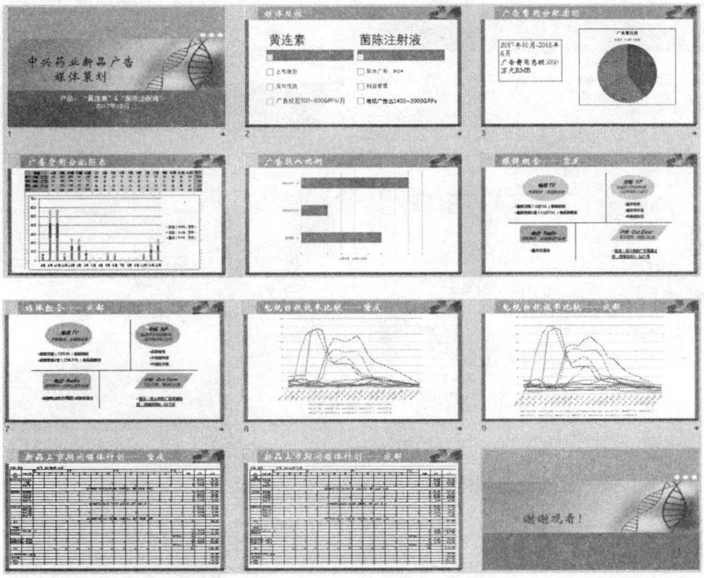

	素材文件	光盘\素材文件\第4章\新产品广告\
	结果文件	光盘\结果文件\第4章\新品广告媒体策划.pptx
光盘文件	教学视频	光盘\视频文件\第4章\4.3使用PPT制作新品广告媒体策划.mp4

4.3.1 设置幻灯片母版样式

在幻灯片母版中使用图片作为背景样式，不仅美观，还能统一格式，更容易制作出美观的演示文稿，具体操作步骤如下。

第1步 新建一个名为“新品广告媒体策划.pptx”的演示文稿，单击【视图】选项卡【母版视图】组中的【幻灯片母版】按钮，如下图所示。

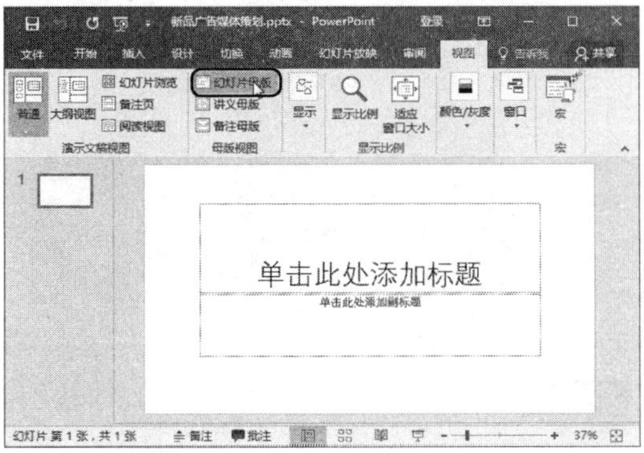

第2步 ❶ 进入母版视图，选择第一张母版幻灯片；❷ 单击【幻灯片母版】选项卡【背景】组中的【背景样式】下拉按钮；❸ 在弹出的下拉列表中选择【设置背景格式】选项，如下图所示。

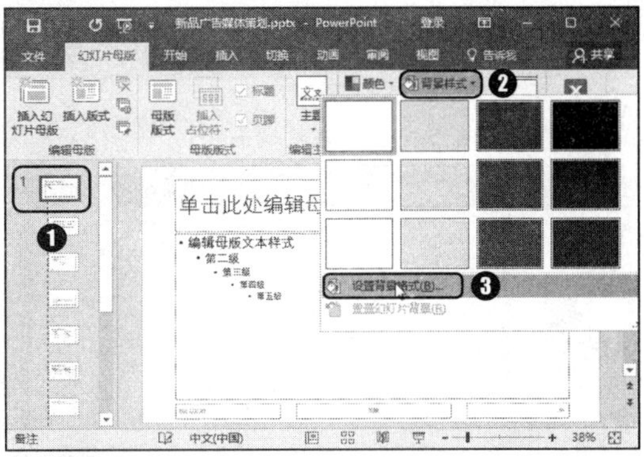

第3步 ❶ 打开【设置背景格式】窗格，选中【图片或纹理填充】单选按钮；❷ 单击【文件】按钮，如下图所示。

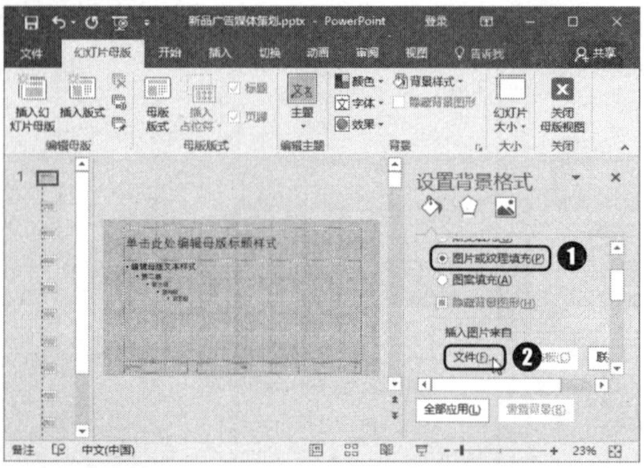

第4步 ❶打开【插入图片】对话框，选择“光盘\素材文件\第4章\新产品广告\bj1.png”图片；❷单击【插入】按钮，如下图所示。

第5步 ❶返回演示文稿，即可看到图片已经插入，选择标题文本框；❷在【开始】选项卡的【字体】组中设置字体格式，如下图所示。

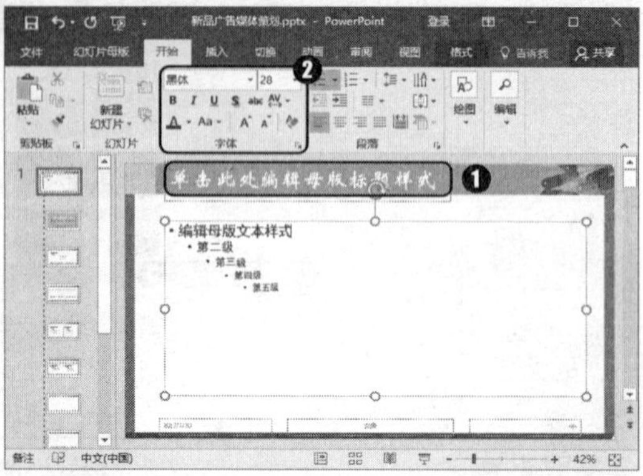

第6步 ❶选择标题幻灯片母版；❷使用相同的方法插入“光盘\素材文件\第4章\新产品广告\bj2.png”图片作为背景，并分别设置标题和副标题的字体格式，如下图所示。

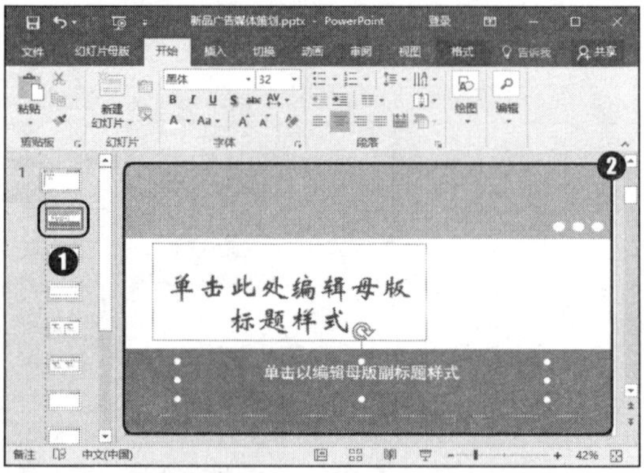

第7步 单击【插入】选项卡【图像】组中的【图片】按钮，如下图所示。

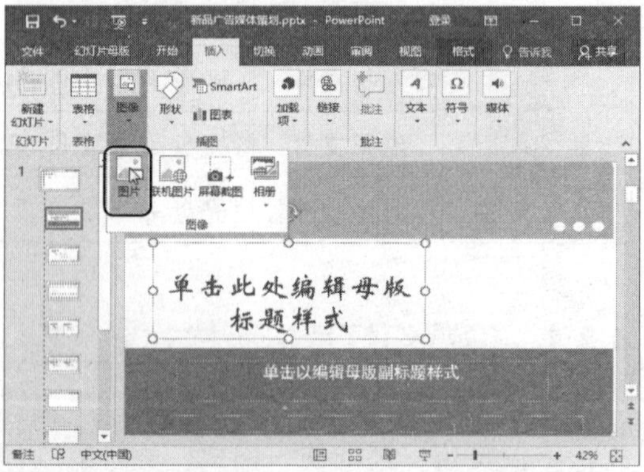

第8步 ❶将图片调整到合适的大小；❷在【图片工具/格式】选项卡【排列】组中单击【下移一层】按钮，如下图所示。

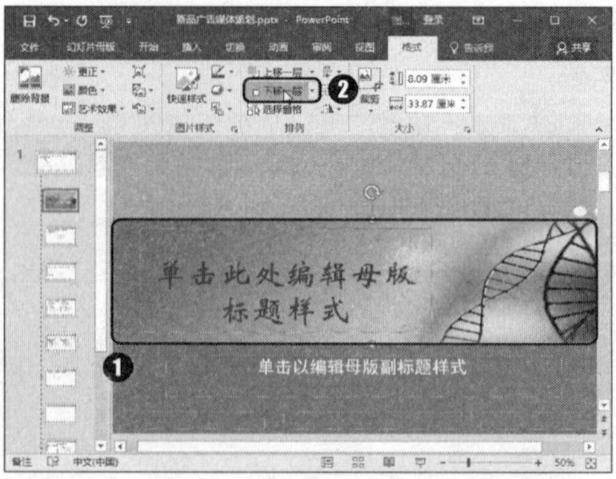

第9步 ❶选中图片；❷单击【绘图工具/格

式】选项卡【调整】组中的【颜色】下拉按钮；❸在弹出的下拉列表中选择【蓝色，个性色1，浅色】选项，如下图所示。

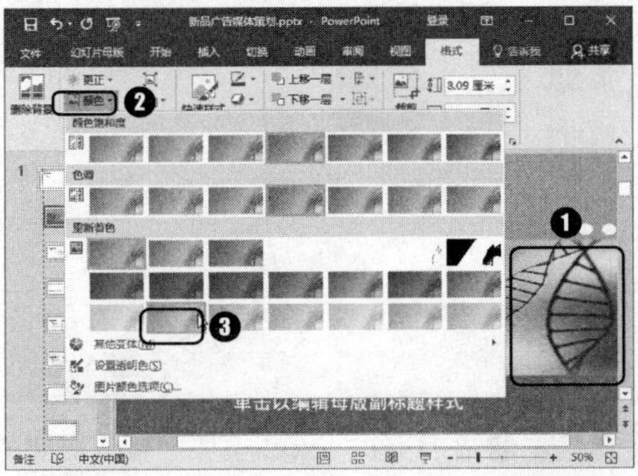

第10步 单击【幻灯片母版】选项卡【关闭】组中的【关闭母版视图】按钮，返回普通视图，如下图所示。

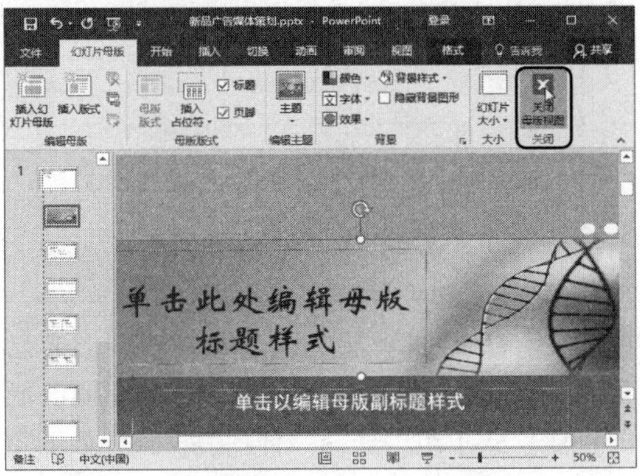

第11步 第1张幻灯片默认为标题幻灯片版式，直接输入标题和副标题，如下图所示。

4.3.2 插入SmartArt图形和图表

在幻灯片中插入SmartArt图形和图表不仅可以让数据表达更清晰，而且更加简单和美观，具体操作步骤如下。

第1步 ❶单击【开始】选项卡【幻灯片】组中的【新建幻灯片】下拉按钮；❷在弹出的下拉列表中选择【标题和内容】选项，如下图所示。

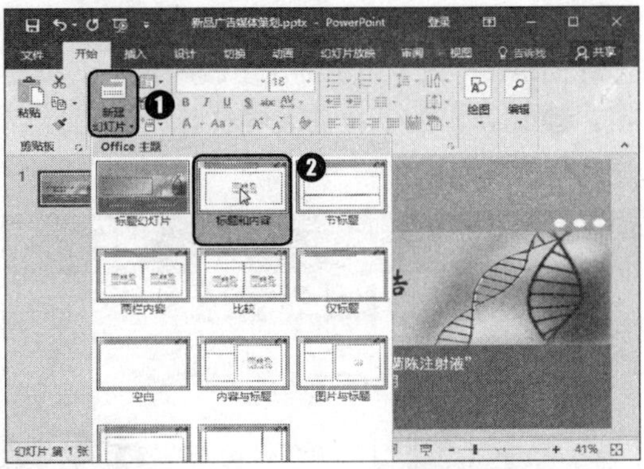

第2步 ❶输入标题内容；❷单击【插入SmartArt图形】按钮，如下图所示。

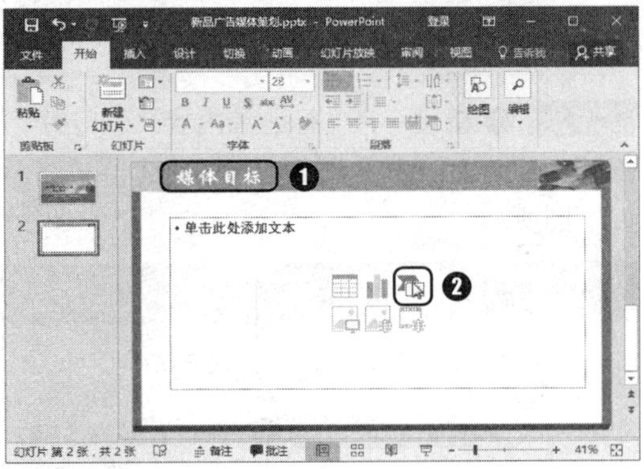

第3步 ❶打开【选择SmartArt图形】对话框，在【列表】列表框中选择【方型重点列表】选项；❷单击【确定】按钮，如下图所示。

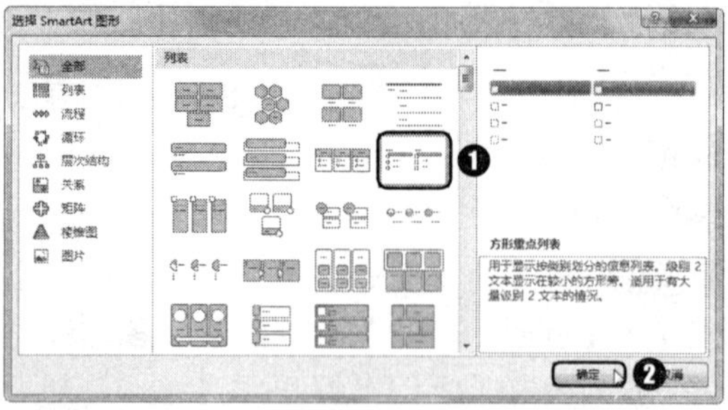

第 4 步 ❶在文本占位符中输入文本内容；❷单击【SmartArt 工具 / 设计】选项卡【SmartArt 样式】组中的【更改颜色】下拉按钮；❸在弹出的下拉列表中选择一种个性颜色，如下图所示。

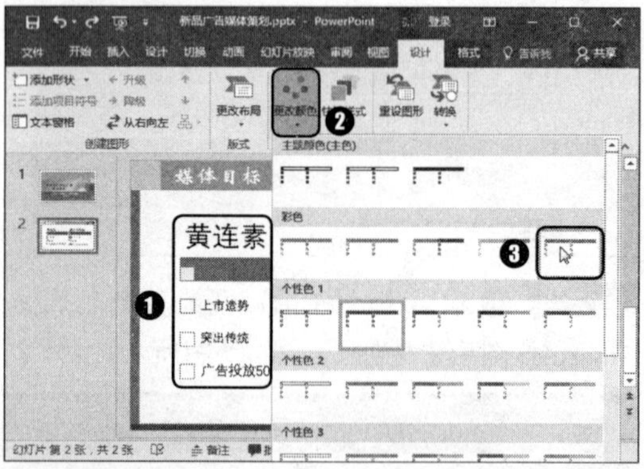

第 5 步 ❶新建一张“标题和内容”幻灯片，输入标题内容；❷单击【插入图表】按钮，如下图所示。

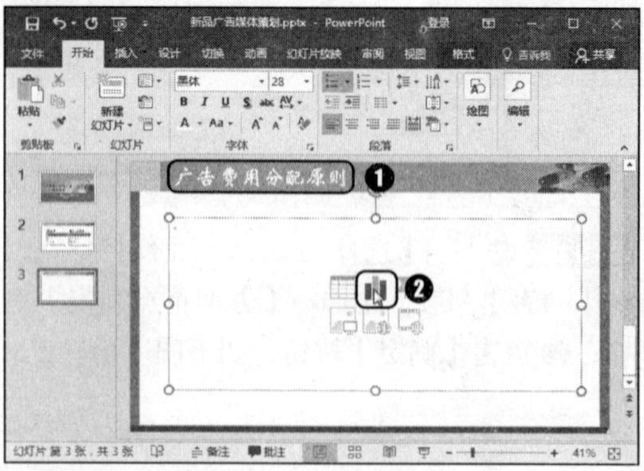

第 6 步 ❶打开【插入图表】对话框，选择【饼图】选项；❷单击【确定】按钮，如下图所示。

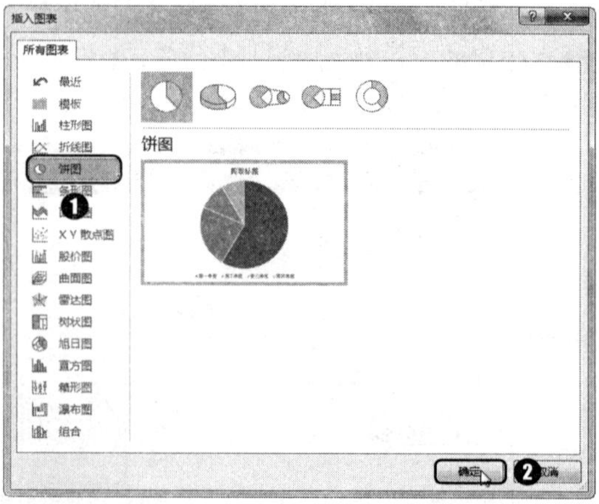

第 7 步 ❶在打开的 Excel 模块中输入需要的数据；❷单击【关闭】按钮，如下图所示。

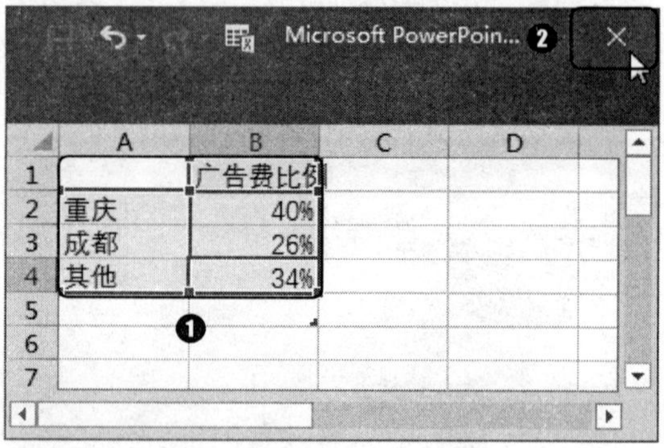

第 8 步 ❶返回演示文稿，即可看到图表已经插入；❷在【图表工具 / 设计】选项卡的【图表样式】组中选择一种图表样式，如下图所示。

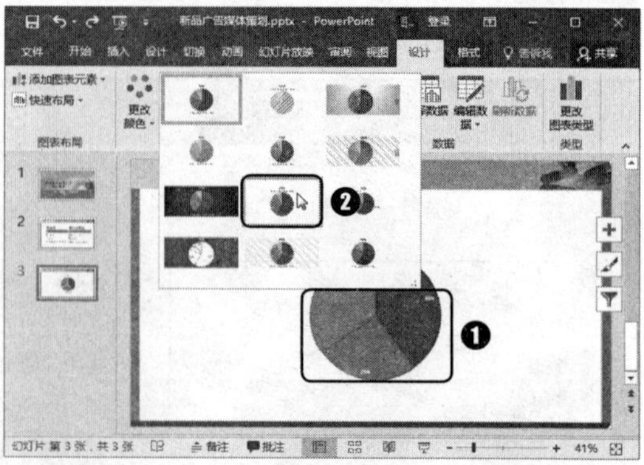

第 9 步 选中图表区，拖动图表区周围的控制

点调整图表区大小，如下图所示。

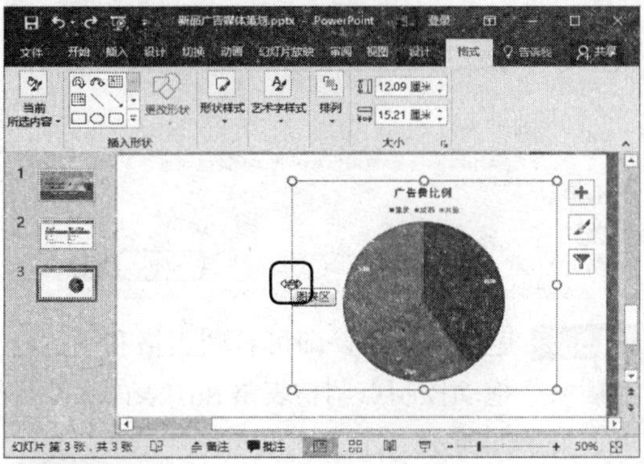

第 10 步 ❶保持图表区的选中状态；❷在【图表工具 / 格式】选项卡的【形状样式】组中选择一种形状样式，如下图所示。

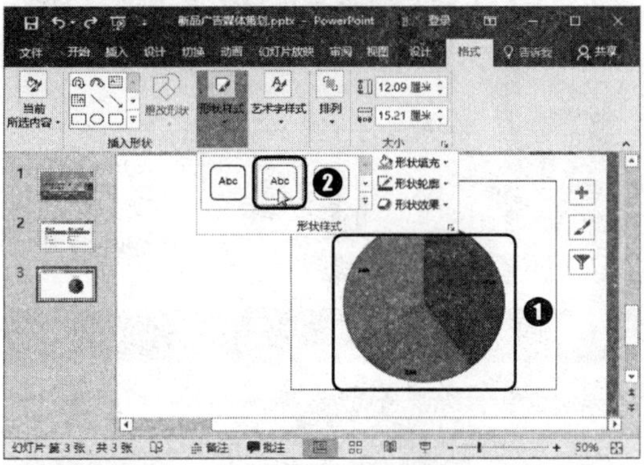

第 11 步 ❶单击【插入】选项卡【插图】组中的【形状】下拉按钮；❷在弹出的下拉列表中选择【文本框】选项，如下图所示。

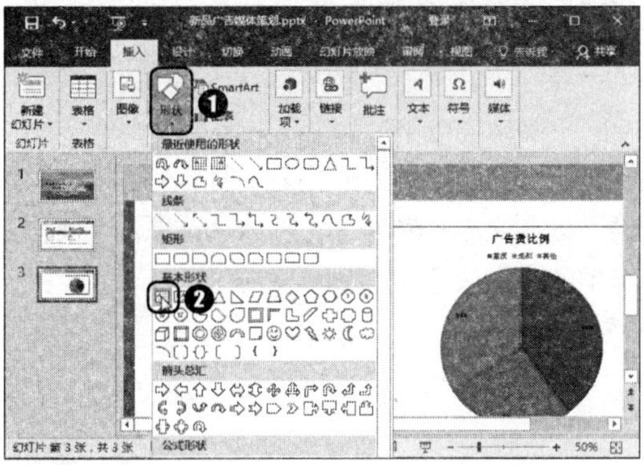

第 12 步 ❶在图表左侧绘制文本框，输入说明文字，并设置文本格式；❷在【绘图工具 / 格式】选项卡的【形状样式】组中选择一种形状样式，如下图所示。

第 13 步 ❶选择金额文本；❷在【开始】选项卡的【字体】组中设置【字体颜色】为【红色】，如下图所示。

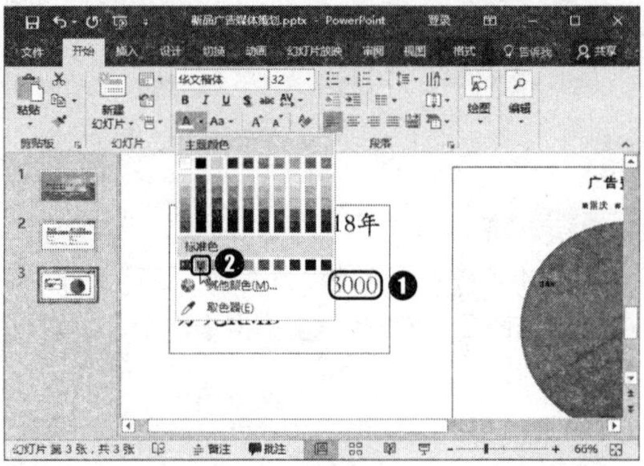

4.3.3 插入Excel中的表格和图表

如果已经在Excel中制作好了表格和图表，用户可以直接将其插入幻灯片中，具体操作步骤如下。

第 1 步 ❶新建一张仅标题版式的幻灯片；❷单击【插入】选项卡【文本】组中的【对象】按钮，如下图所示。

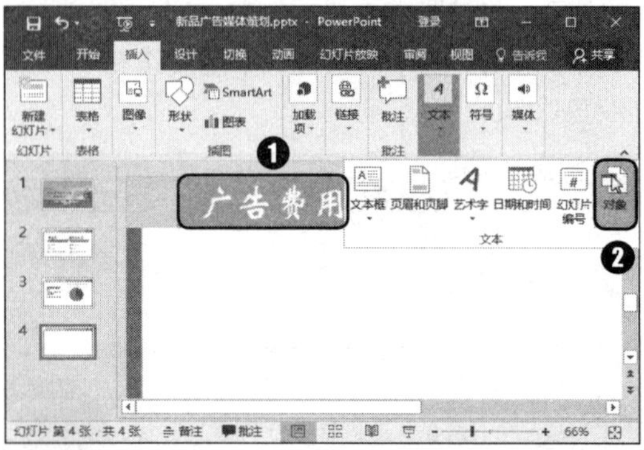

第 2 步 ❶打开【插入对象】对话框，选中【由文件创建】单选按钮；❷单击【浏览】按钮，如下图所示。

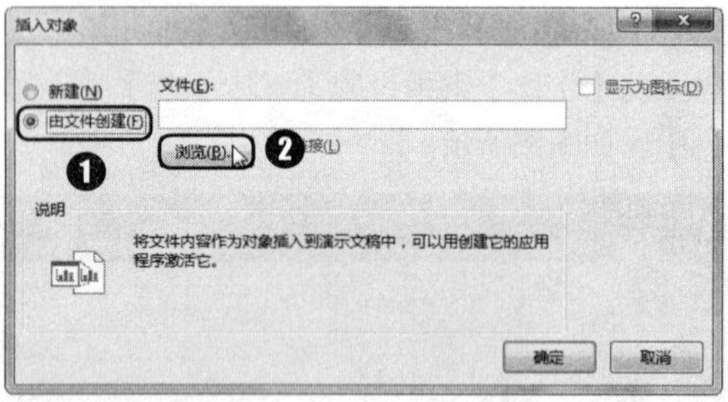

第 3 步 ❶打开【浏览】对话框，选择“光盘 \ 素材文件 \ 第 4 章 \ 新产品广告 \ 广告费用分配 .xlsx”工作簿；❷单击【确定】按钮，如下图所示。

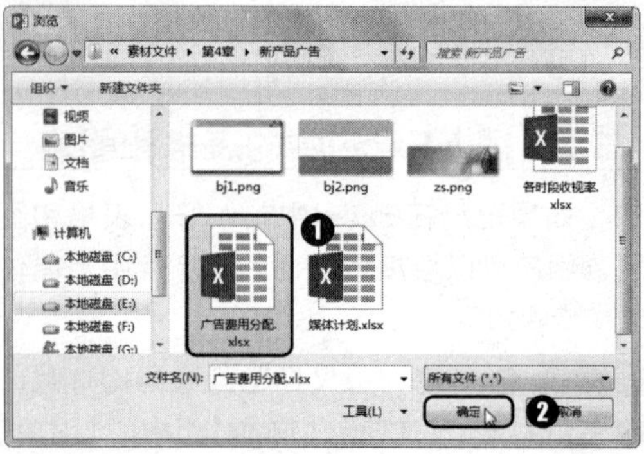

第 4 步 ❶返回【插入对象】对话框，即可看到所选工作簿路径已经显示在【由文件创建】文本框中；❷单击【确定】按钮，如下图所示。

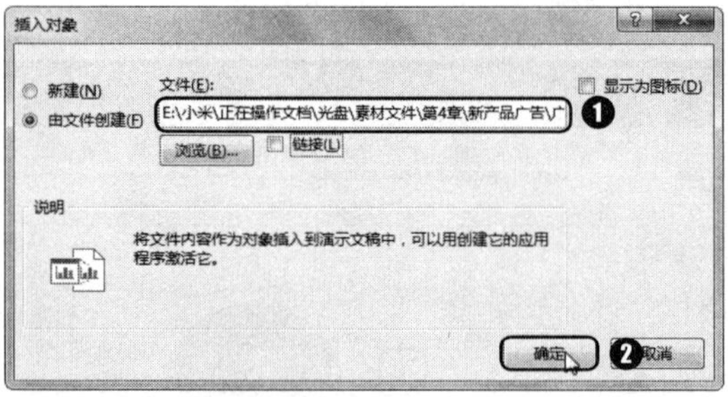

第 5 步 返回幻灯片，即可看到表格和图表已经插入，拖动控制点调整表格和图表的大小即可，如下图所示。

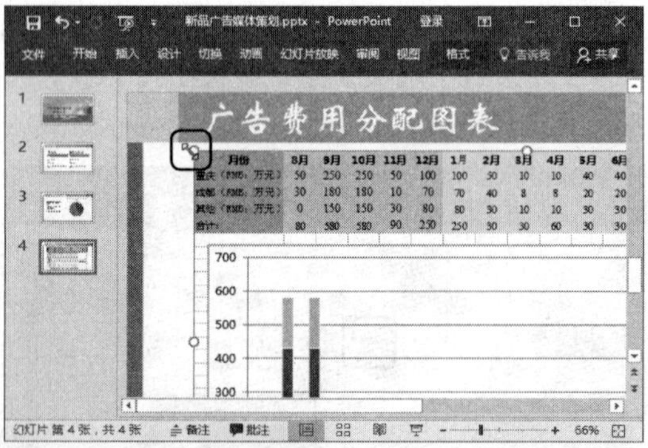

温馨提示

使用插入对象的方法插入Excel文件中的表格和图表，在PowerPoint中不能直接对插入的表格中的数据进行编辑。当需要编辑时，可以双击插入的表格，此时PowerPoint的功能区将变为Excel的功能区，可对表格进行各项编辑操作。编辑完成后，单击非表格区域即可返回PowerPoint的编辑状态。

第 6 步 ❶新建一张“仅标题”幻灯片，并输入标题文本；❷单击【插入】选项卡【插图】组中的【图表】按钮，如下图所示。

第 7 步 ❶打开【插入图表】对话框，选择【条形图】选项；❷在右侧选择【堆积条形图】选项；❸单击【确定】按钮，如下图所示。

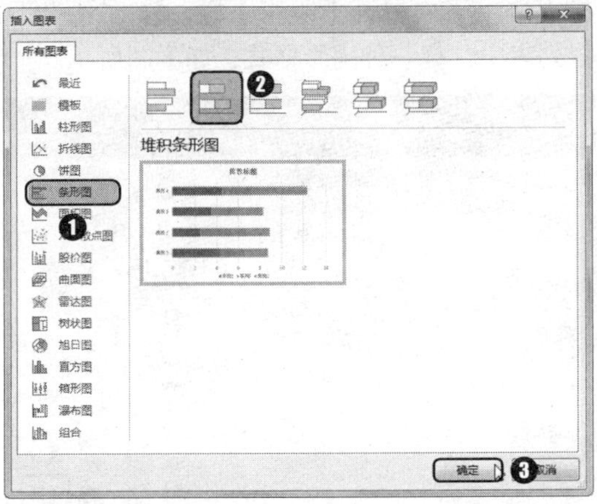

第 8 步 ❶在打开的 Excel 模块中输入需要的数据；❷选择不需要的行或列并右击；❸在弹出的快捷菜单中选择【删除】命令，如下图所示。

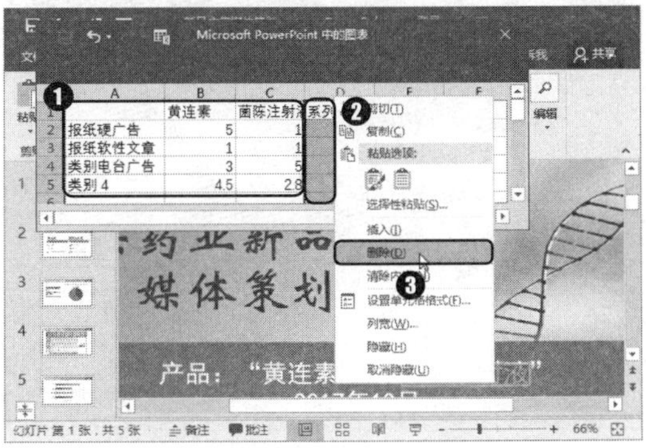

第 9 步 返回演示文稿，即可看到所选图表已经插入，选中图表标题文本框，按【Delete】键删除图表标题，如下图所示。

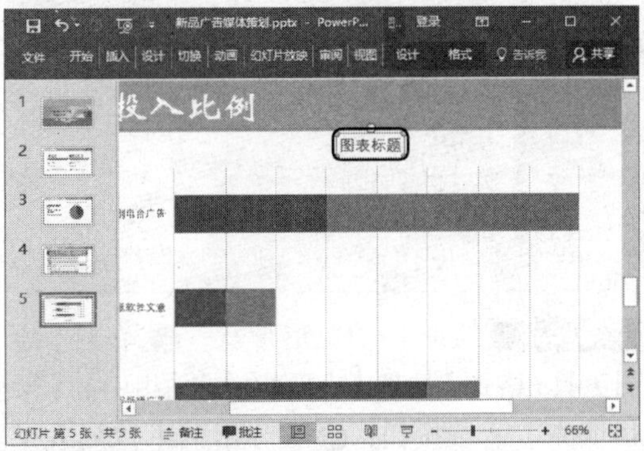

第 10 步 ❶选择图表；❷单击【图表工具/设计】选项卡【图表样式】组中的【更改颜色】下拉按钮；❸在弹出的下拉列表中选择一种个性颜色，如下图所示。

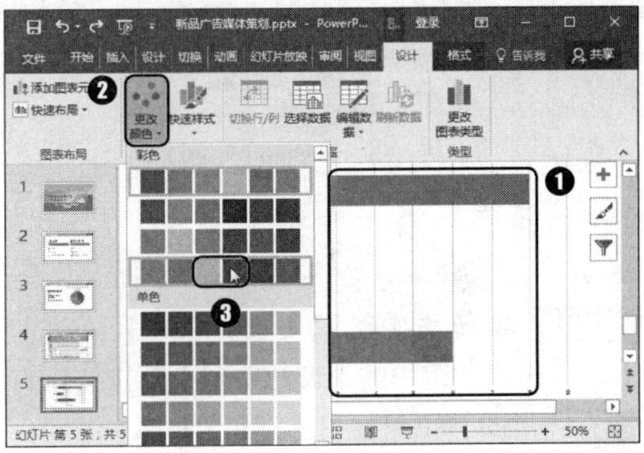

4.3.4 插入形状并设置格式

在幻灯片中插入形状之后，可以为形状设置丰富的形状样式，本例将为形状添加阴影效果，让形状看起来更加立体，具体操作步骤如下。

第 1 步 ❶新建一张“仅标题”幻灯片，并输入标题文本，单击【插入】选项卡【插图】组中的【形状】下拉按钮；❷在弹出的下拉列表中选择【椭圆】工具○，如下图所示。

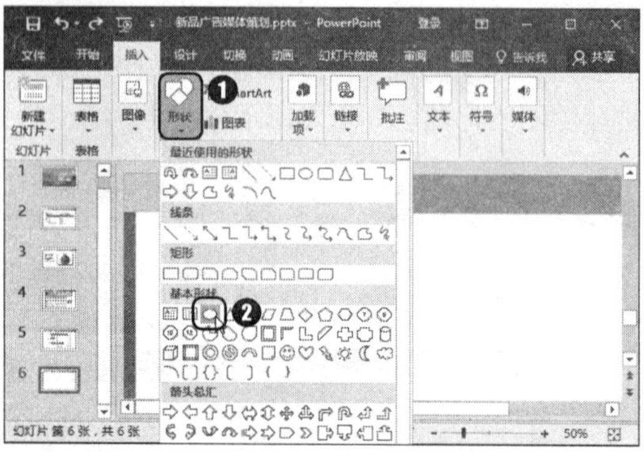

第 2 步 ❶ 绘制一个矩形形状；❷ 单击【绘图工具 / 格式】选项卡【形状样式】组中的【形状填充】下拉按钮；❸ 在弹出的下拉列表中选择填充颜色，如下图所示。

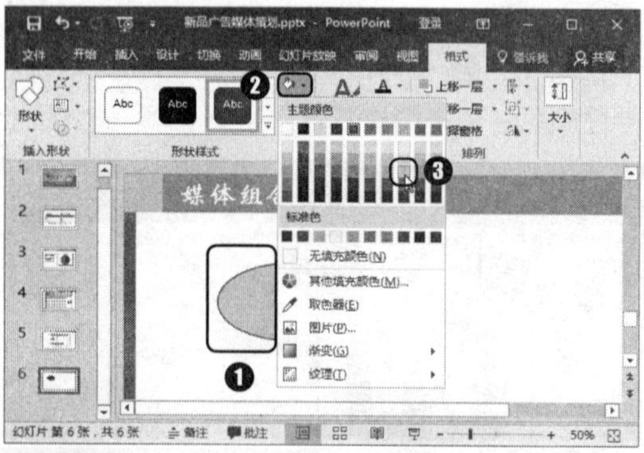

第 3 步 ❶ 单击【绘图工具 / 格式】选项卡【形状样式】组中的【形状轮廓】下拉按钮；❷ 在弹出的下拉列表中选择【无轮廓】选项，如下图所示。

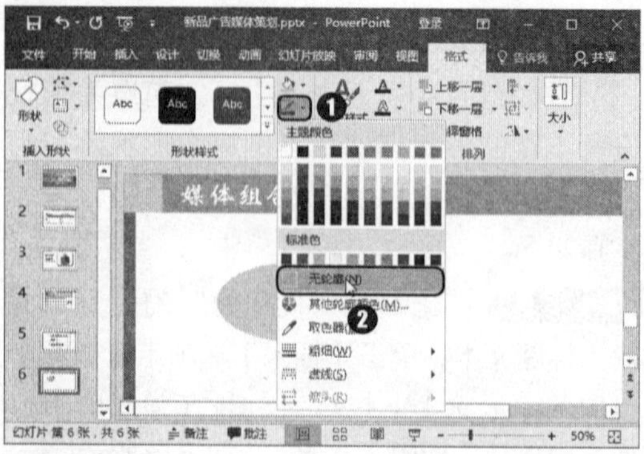

第 4 步 ❶ 在形状上右击；❷ 在弹出的快捷菜单中选择【设置形状格式】命令，如下图所示。

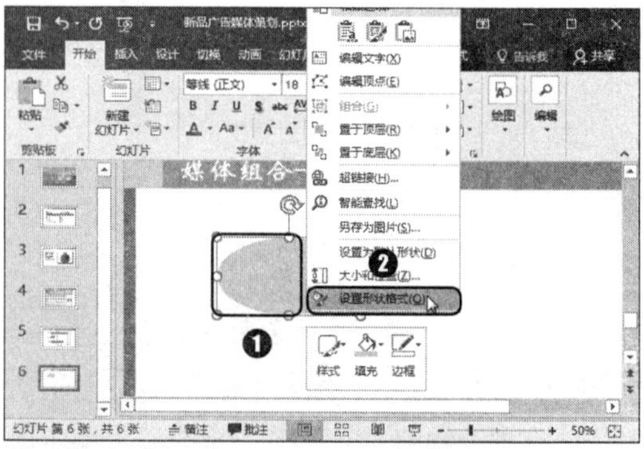

第 5 步 ❶ 打开【设置形状格式】窗格，在【效果】选项卡中展开【阴影】栏；❷ 在预设下拉列表中选择一种阴影样式，如下图所示。

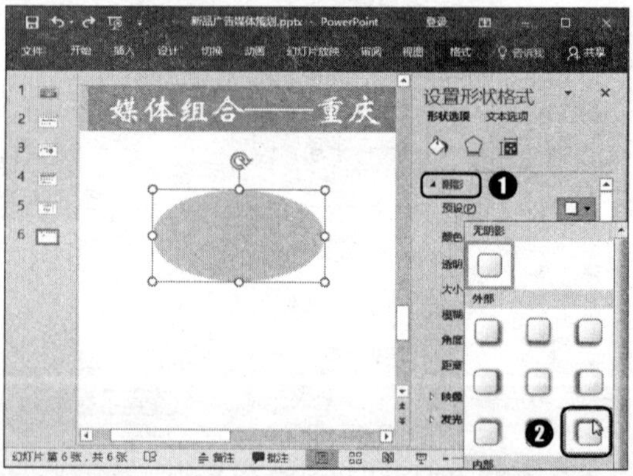

第 6 步 ❶ 在【阴影】栏中设置颜色、透明度、大小、模糊等参数；❷ 完成后单击【关闭】按钮 ×，如下图所示。

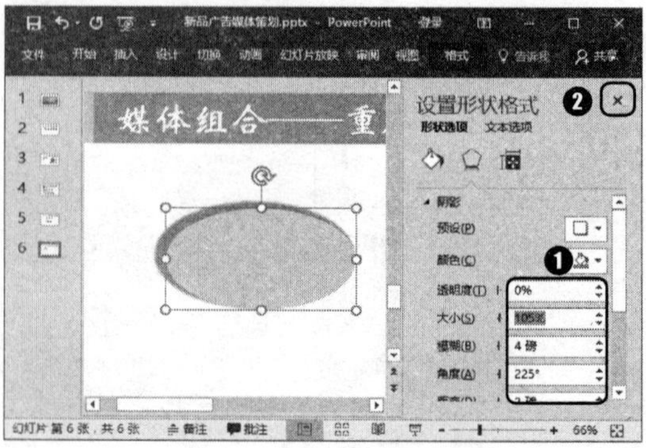

第 7 步 插入文本框输入文本，并将文本框移动到形状的上方，如下图所示。

第 8 步 ❶ 在形状下方插入文本框，并输入文本；❷ 单击【开始】选项卡【段落】组中的【项目符号】下拉按钮；❸ 在弹出的下拉列表中选择一种项目符号样式，如下图所示。

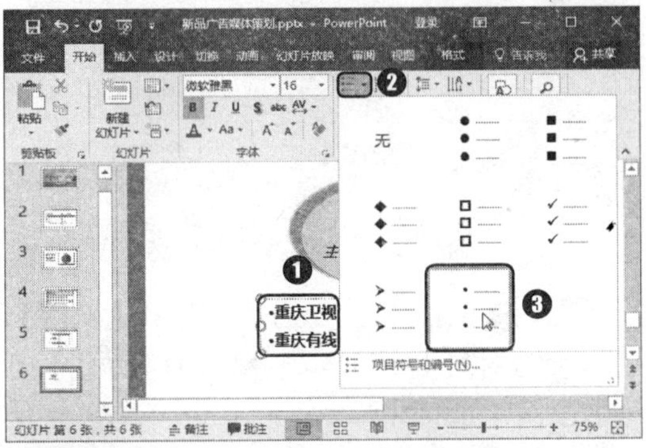

第 9 步 使用相同的方法绘制其他形状，并设置不同的填充颜色，如下图所示。

第 10 步 ❶ 使用【直线】工具 在形状的中间绘制一条直线；❷ 单击【绘图工具 / 格式】选项卡【形状样式】组中的【其他】下拉按钮，如下图所示。

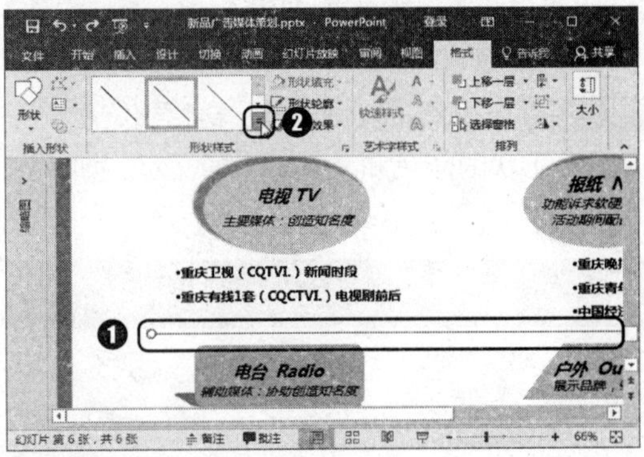

第 11 步 在弹出的下拉列表中选择一种直线样式，如下图所示。

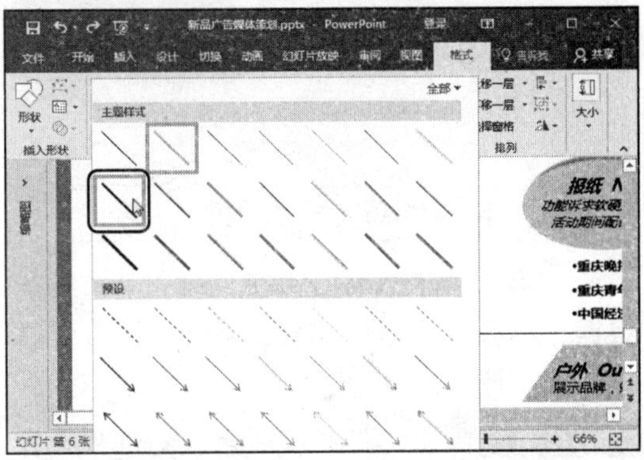

第 12 步 使用相同的方法绘制两条直线，将 4 个形状隔开，如下图所示。

温馨提示

在绘制直线时按【Shift】键，可以绘制水平、垂直和呈45°角的直线。

第13步 复制第6页的形状，粘贴到第7页，并修改形状的颜色和文本框中的文字，如下图所示。

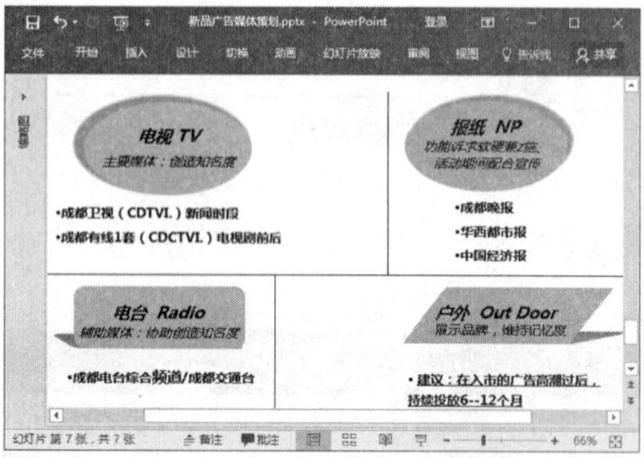

4.3.5 使用外部数据制作图表

如果已经在Excel工作表中输入了需要的数据，也可以使用外部数据来制作图表，具体操作步骤如下。

第1步 ❶新建一张“仅标题”幻灯片，并输入标题文本；❷单击【插入】选项卡【插图】组中的【图表】按钮，如下图所示。

第2步 ❶打开【插入图表】对话框，在左侧选择【折线图】选项；❷单击【确定】按钮，如下图所示。

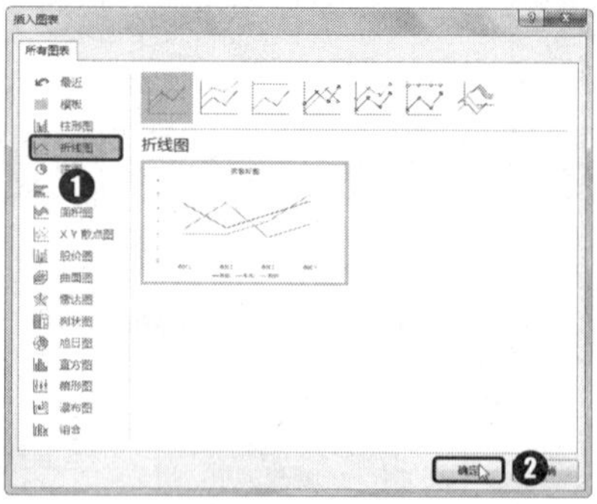

第3步 在打开的Excel模块中单击【在Microsoft Excel中编辑数据】按钮，如下图所示。

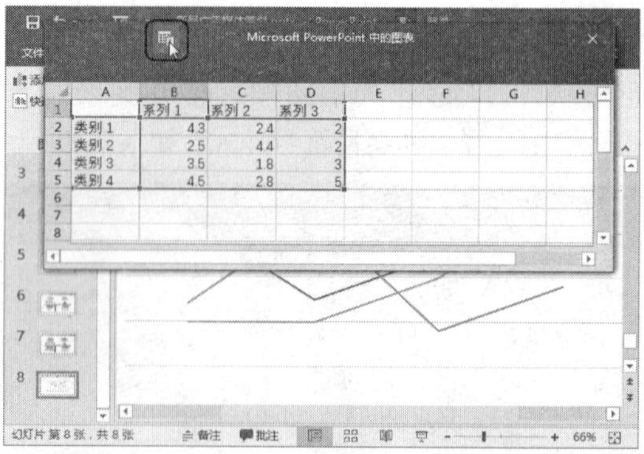

第4步 ❶在打开的Excel中切换到【文件】选项卡，选择【打开】选项；❷在右侧单击【浏览】按钮，如下图所示。

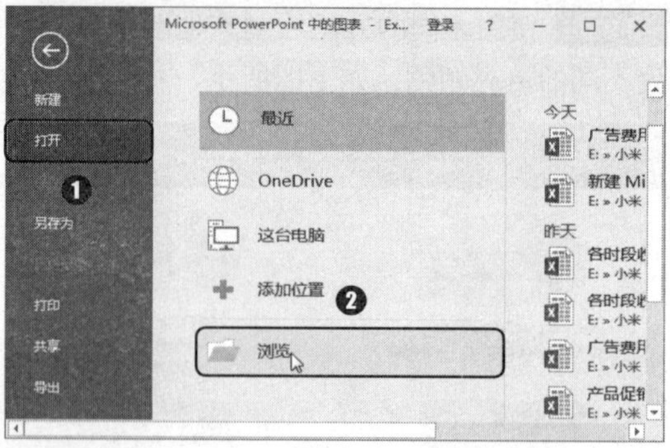

第5步 ❶打开【打开】对话框，选择“光盘\素材文件\第4章\新产品广告\各时段收视率.xlsx”工作簿；❷单击【打开】按钮，如下图所示。

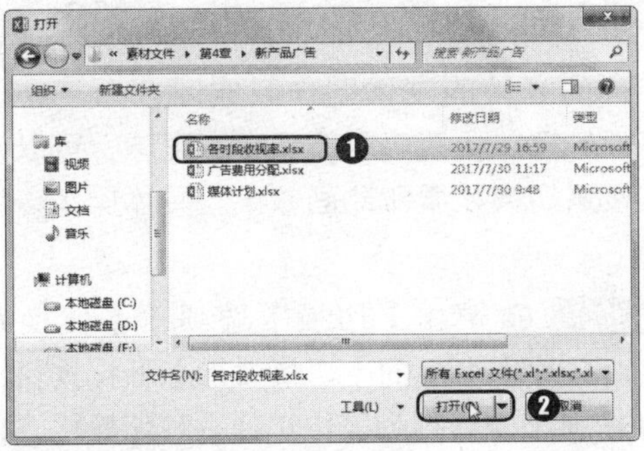

第 6 步 将打开 Excel 工作簿，如下图所示。

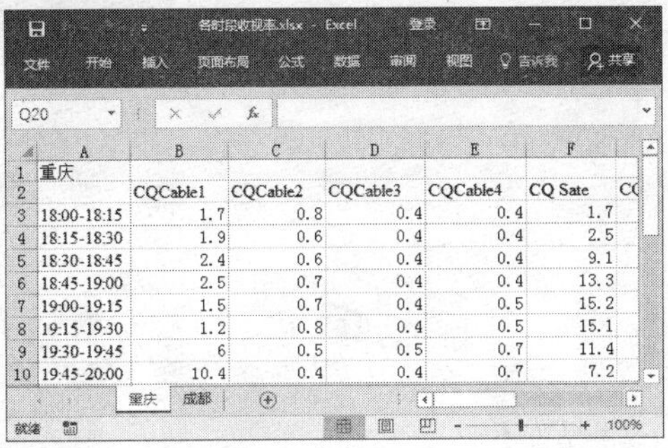

	A	B	C	D	E	F
1	重庆					
2		CQCable1	CQCable2	CQCable3	CQCable4	CQ Sate
3	18:00-18:15	1.7	0.8	0.4	0.4	1.7
4	18:15-18:30	1.9	0.6	0.4	0.4	2.5
5	18:30-18:45	2.4	0.6	0.4	0.4	9.1
6	18:45-19:00	2.5	0.7	0.4	0.4	13.3
7	19:00-19:15	1.5	0.7	0.4	0.5	15.2
8	19:15-19:30	1.2	0.8	0.4	0.5	15.1
9	19:30-19:45	6	0.5	0.5	0.7	11.4
10	19:45-20:00	10.4	0.4	0.4	0.7	7.2

第 7 步 切换到 PowerPoint 2016，单击【图表工具 / 设计】选项卡【数据】组中的【选择数据】按钮，如下图所示。

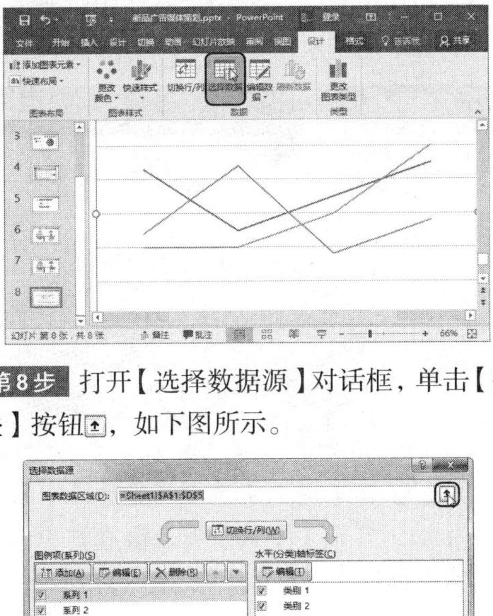

第 8 步 打开【选择数据源】对话框，单击【折叠】按钮，如下图所示。

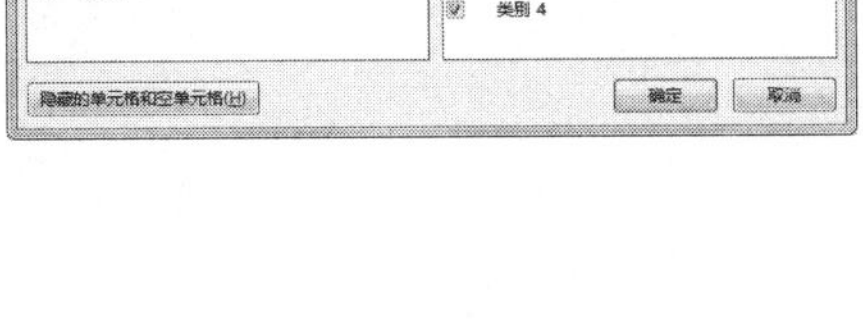

第 9 步 ❶在打开的 Excel 工作簿中选择【重庆】工作表中的数据，然后单击【展开】按钮返回【选择数据源】对话框；❷单击【确定】按钮，如下图所示。

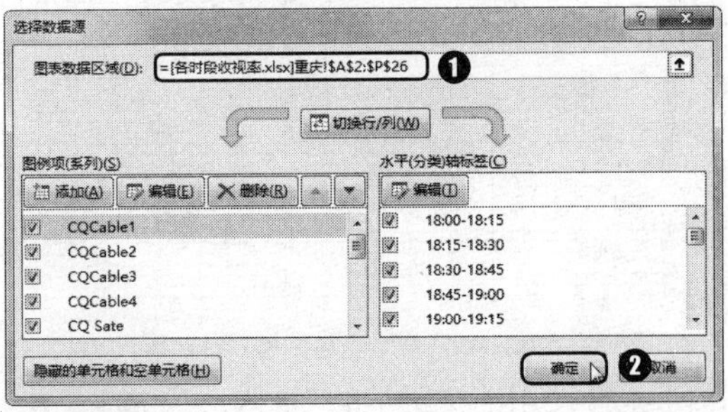

第 10 步 返回幻灯片，即可看到图表已经创建，调整图表的大小和位置，如下图所示。

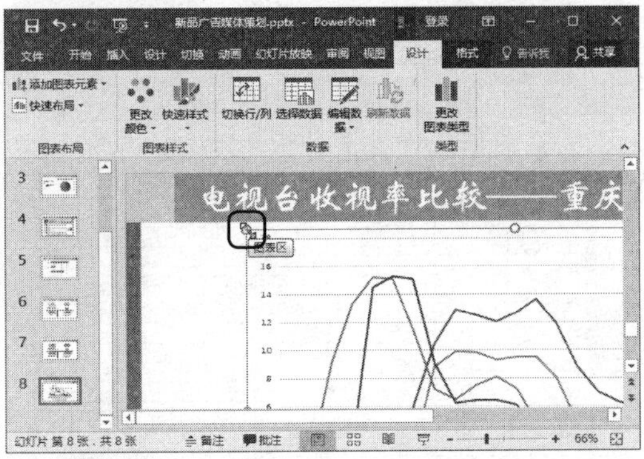

第 11 步 使用相同的方法选择【成都】工作表中的数据，创建另一张幻灯片，如下图所示。

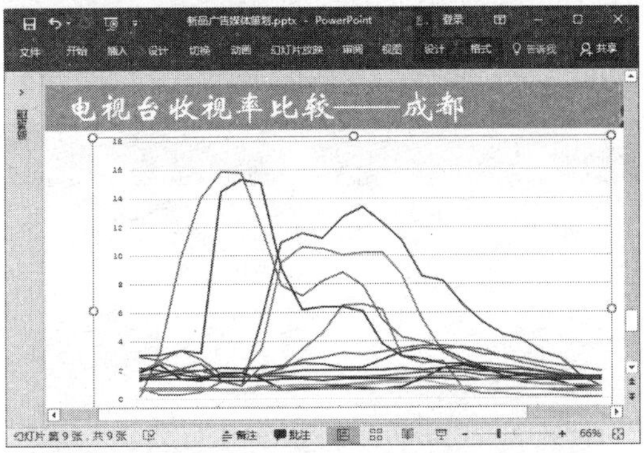

第 12 步 使用前文所学的"插入对象"的方法，将"光盘 \ 素材文件 \ 第 4 章 \ 新产品广告 \ 媒体计划（重庆）.xlsx"工作簿插入幻灯片中，

如下图所示。

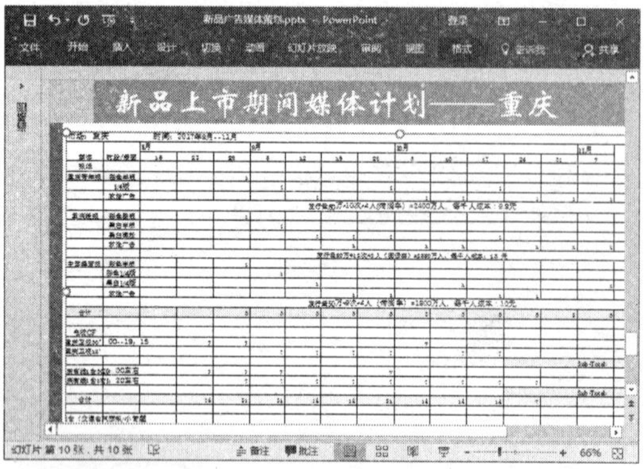

第 13 步 使用前文所学的“插入对象”的方法，将“光盘\素材文件\第 4 章\新产品广告\媒体计划（成都）.xlsx”工作簿插入幻灯片中即可，如下图所示。

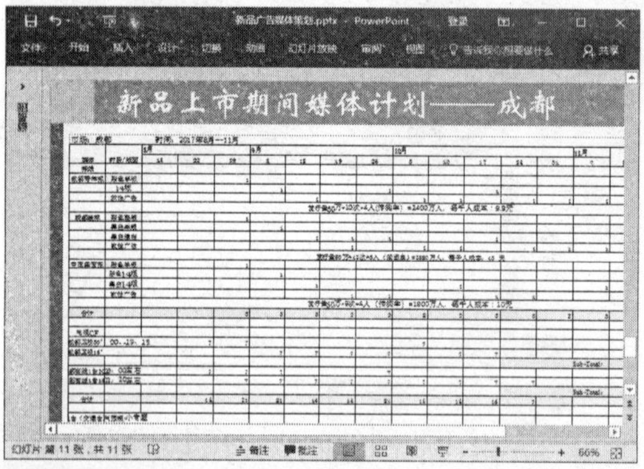

第 14 步 新建一张“标题”幻灯片，删除副标题占位符，然后在标题占位符中输入结束语即可，如下图所示。

4.3.6 设置演示文稿的动画效果

幻灯片的主体制作完成后，为了让幻灯片的播放更能吸引观看者的眼球，可以为其设置切换效果和动画效果，具体操作步骤如下。

第 1 步 ❶ 单击【切换】选项卡【切换到此幻灯片】组中的【切换效果】下拉按钮；❷ 在弹出的下拉列表中选择一种切换样式，如下图所示。

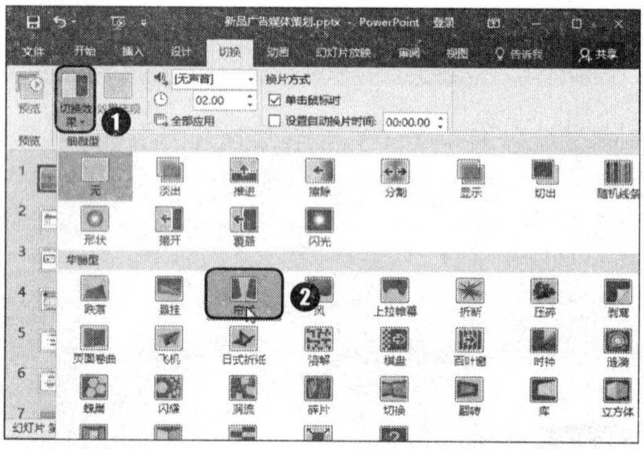

第 2 步 ❶ 在【切换】选项卡【计时】组【声音】下拉列表中选择【鼓掌】选项；❷ 单击【全部应用】按钮，将切换效果应用于所有幻灯片，如下图所示。

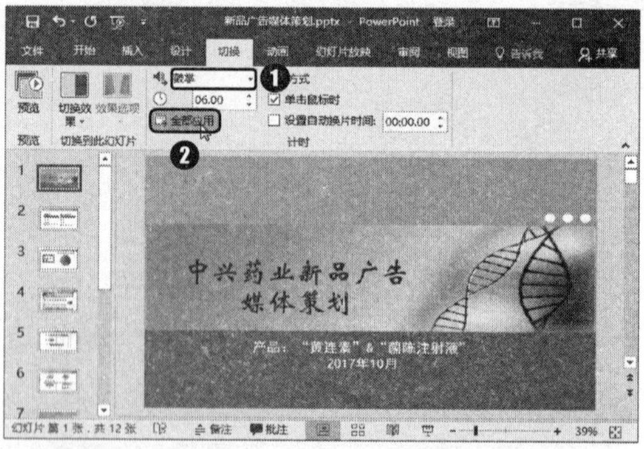

第 3 步 ❶ 在【动画】选项卡【动画】组中单击【动画样式】下拉按钮；❷ 在弹出的下拉列表中选择【浮入】选项，如下图所示。

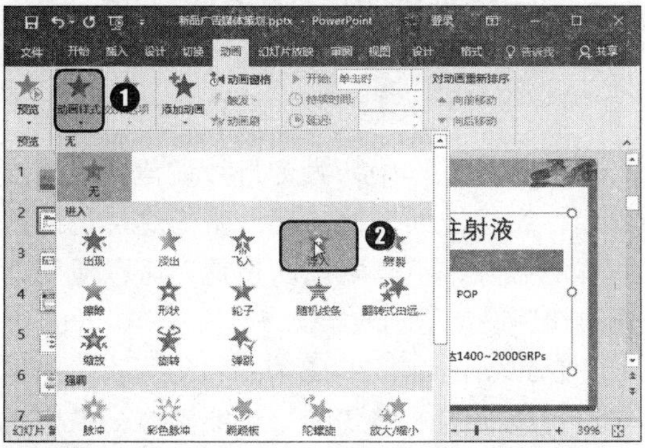

第4步 ❶单击【动画】选项卡【动画】组中的【效果选项】下拉按钮；❷在弹出的下拉列表中选择【逐个】选项，如下图所示。

第5步 使用相同的方法为其他幻灯片设置动画效果，设置完成后单击快速访问工具栏中的【从头开始】按钮观看幻灯片，如下图所示。

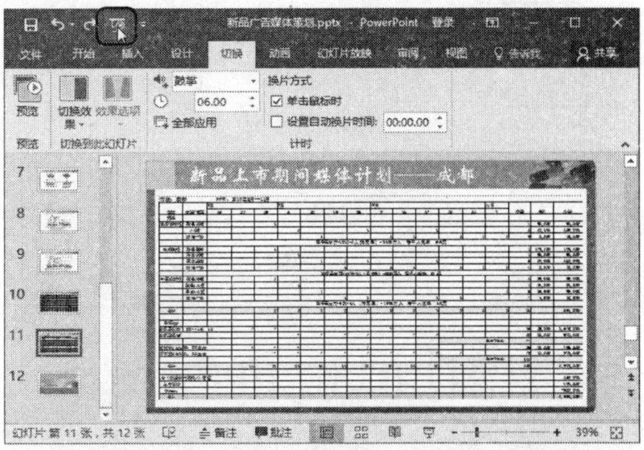

温馨提示

在【切换】选项卡【换片方式】组中同时选中【单击鼠标时】和【设置自动换片时间】复选框，则表示满足两者中任意一个条件时，都可以切换到下一张幻灯片并进行放映。

大神支招

通过前面知识的学习，相信读者已经掌握了在市场和销售管理中，制作产品广告管理相关文档的操作方法。下面结合本章内容，介绍一些工作中的实用经验与技巧，让你可以更高效地制作出合适的文档。

01 隐藏拼写错误标记

视频文件：光盘\视频文件\第4章\01.mp4

在制作文档时，如果系统检查出文档中有语法错误，会自动用错误标记标识出来。但是，自动检查语法功能并不是万能的，会发生很多错误的判断，显示的错误标记会影响版面整洁。此时，用户可以选择隐藏拼写错误，具体操作步骤如下。

❶打开【Word选项】对话框，切换到【校对】选项卡；❷取消选中【在Word中更正拼写和语法时】选项区域中需要隐藏的语

法错误对应的复选框；❸单击【确定】按钮即可，如下图所示。

02　避免打印工作表中的错误值

视频文件：光盘\视频文件\第4章\02.mp4

在工作表中使用公式时，可能会因为数据空缺或数据不全等原因而导致返回错误值。在打印工作表时，为了不影响美观，可以通过设置避免打印错误值，具体操作步骤如下。

❶在要进行操作的工作表中，打开【页面设置】对话框，切换到【工作表】选项卡；❷在【错误单元格打印为】下拉列表中选择【空白】选项；❸单击【确定】按钮即可，如下图所示。

03　使用动画刷快速设置动画效果

视频文件：光盘\视频文件\第4章\03.mp4

在日常工作中，为幻灯片设置好动画效果后，如果想为其他的某一张幻灯片也设置同样的效果，不需要重新设置，可以使用动画刷快速设置动画效果。

PowerPoint 2016中的“动画刷”功能与设置格式的“格式刷”功能类似，“格式刷”是复制文字格式，而“动画刷”则是复制设置好的动画效果。

第 1 步 ❶打开“光盘\素材文件\第 4 章\年终总结报告 .pptx”演示文稿，选中单元格区域，选中已设置动画效果的对象；❷在【动画】选项卡【高级动画】组中单击【动画刷】按钮，如下图所示。

第 2 步 鼠标指针将会显示为形状，单击需要应用相同动画的对象即可，如下图所示。

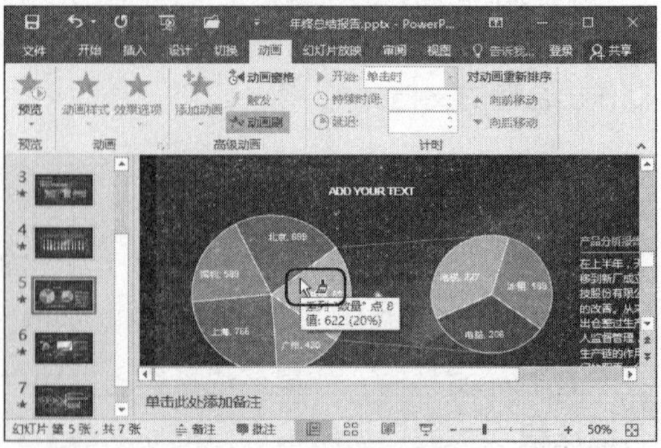

第5章 产品促销与推广管理

本章导读

在各种促销活动中，需要制作一些面向消费者的推广文档。本章通过制作促销海报、产品促销活动价目表和楼盘营销宣传文档，介绍在市场和销售管理工作中，制作产品促销与推广管理相关文档的方法。

知识要点

- 插入并美化图片
- 插入并美化形状
- 新建表样式
- 插入页眉和页脚
- 插入图片美化演示文稿
- 排练计时

5.1 使用Word制作“促销海报”

案例背景

促销海报属于宣传类文书，主要是面向消费群体或组织单位的一种周期性文本，其使用范围可以是本单位内部，也可以面向外部对象。海报具有宣传性、商业性的特点，属于一种广告，主要以图片表达为主，文字表达为辅，制作一份突出产品特色的促销海报，可以吸引顾客前来购买。在本例的促销海报中，主要涉及图片的编辑与图形绘制，以及文字的特殊排版方式。

本例将通过Word制作一份促销海报，制作完成后的效果如右图所示。实例最终效果见“光盘\结果文件\第5章\促销海报.docx”文件。

光盘文件		
光盘文件	素材文件	光盘\素材文件\第5章\促销海报\
	结果文件	光盘\结果文件\第5章\促销海报.docx
	教学视频	光盘\视频文件\第5章\5.1使用Word制作促销海报.mp4

5.1.1 制作海报版面

海报的版面设计决定了产品是否能第一时间吸引他人的注意，本例将制作海报的大致版面，包括绘制形状作为页面背景、插入图片、文本框等操作。

1. 使用形状制作背景

促销海报需要添加多个促销信息，如果使用图片制作海报背景难免杂乱，使用形状制作背景可以更好地突出促销信息。

第1步 ❶ 新建一个名为“促销海报.docx”的Word文档，单击【插入】选项卡【插图】组中的【形状】下拉列表；❷ 在弹出的下拉列表中选择【圆角矩形】工具▭，如下图所示。

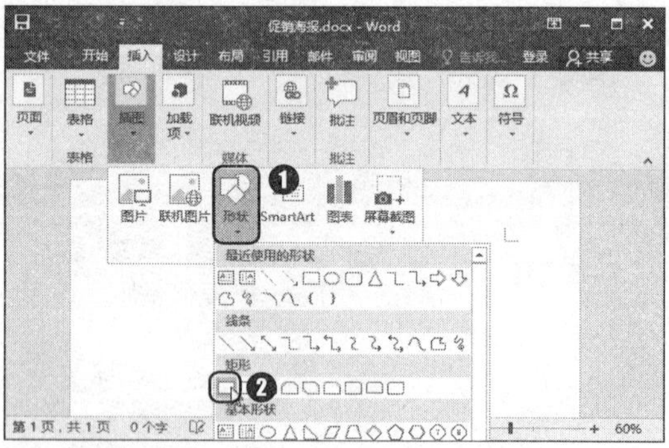

第2步 ❶ 在页面上拖动鼠标绘制形状，单击【绘图工具/格式】选项卡【形状样式】组中的【形状填充】下拉按钮；❷ 在弹出的下拉列表中选择【渐变】命令；❸ 在弹出的级联菜单中选择【其他渐变】选项，如下图所示。

第 3 步 打开【设置形状格式】窗格并自动选中【填充】栏的【渐变填充】单选按钮，分别设置渐变光圈下方的滑块颜色，如下图所示。

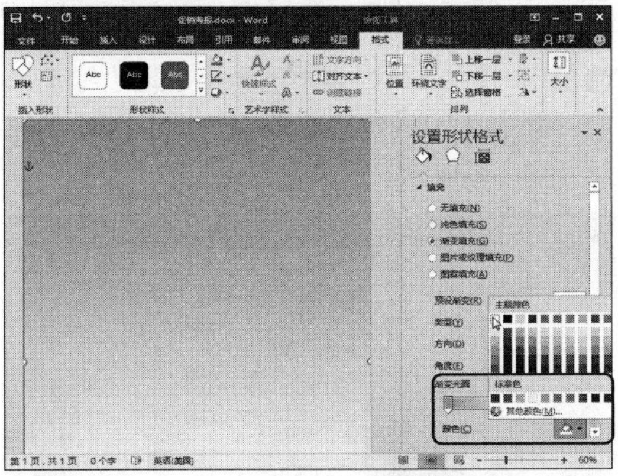

第 4 步 ❶ 在形状上右击，在弹出的快捷菜单中选择【置于底层】选项；❷ 在弹出的级联菜单中选择【置于底层】选项，如下图所示。

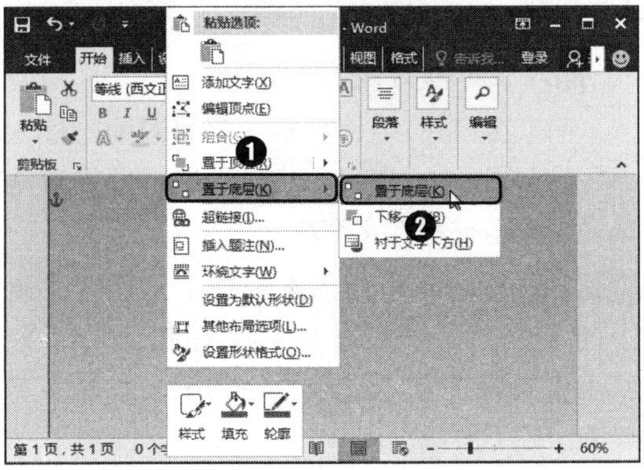

第 5 步 ❶ 选择【圆角矩形标注】形状，在页面绘制如图所示的形状；❷ 在【绘图工具/格式】选项卡的【形状样式】组中设置需要的颜色和轮廓等样式，如下图所示。

第 6 步 ❶ 单击【绘图工具/格式】选项卡【形状样式】组中的【形状效果】下拉按钮；❷ 在弹出的下拉列表中选择【映像】选项；❸ 在弹出的级联菜单中选择一种映像变体，如下图所示。

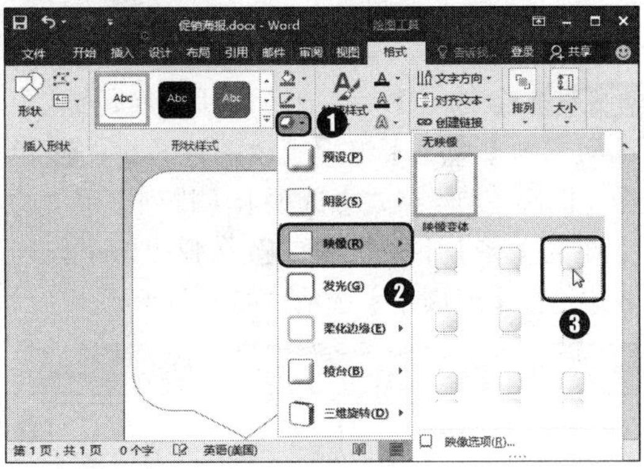

2. 插入图片

版面形状制作完成后，就可以为促销海报添加图片了。

第 1 步 单击【插入】选项卡【插图】组中的【图片】按钮，如下图所示。

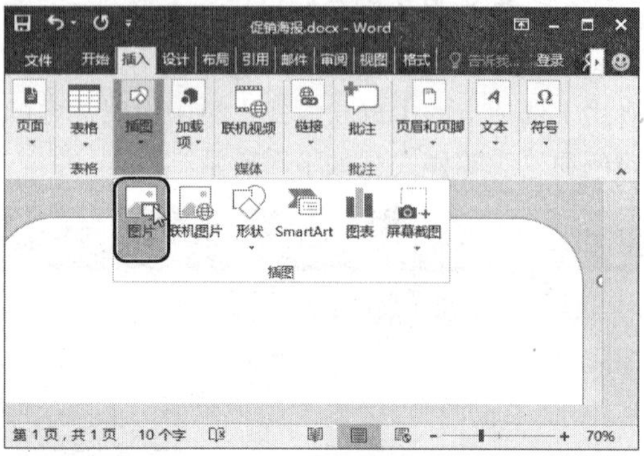

第 2 步 ❶打开【插入图片】对话框，选择“光盘\素材文件\第 5 章\促销海报\咖啡 3.jpg”图片；❷单击【插入】按钮，如下图所示。

第 3 步 ❶选中图片，在【图片工具/格式】选项卡的【大小】组中更改图片大小；❷单击【图片工具/格式】选项卡【排列】组中的【环绕文字】下拉按钮；❸在弹出的下拉列表中选择【四周型】选项，如下图所示。

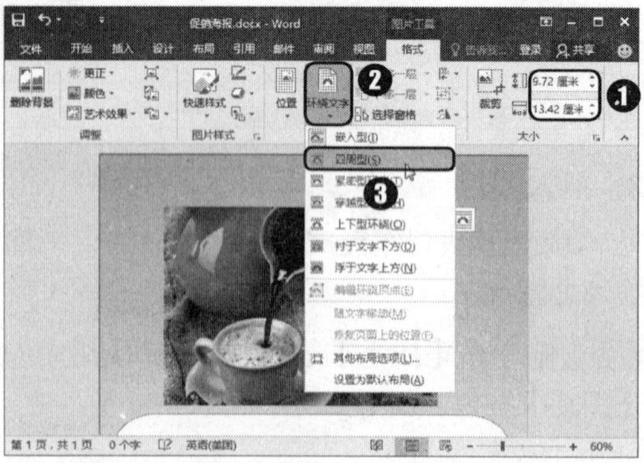

第 4 步 ❶选中图片，单击【图片工具/格式】选项卡【调整】组中的【颜色】下拉按钮；❷在弹出的下拉列表中选择一种颜色模式，如下图所示。

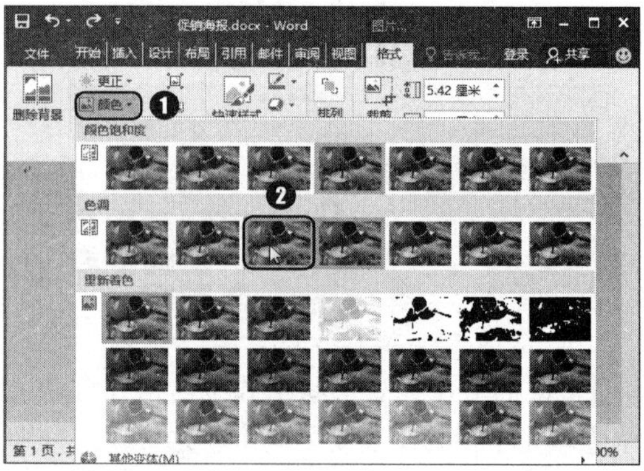

第 5 步 ❶单击【图片工具/格式】选项卡【图片样式】组中的【图片效果】下拉按钮；❷在弹出的下拉列表中选择【柔化边缘】选项；❸在弹出的级联菜单中选择【10 磅】选项，如下图所示。

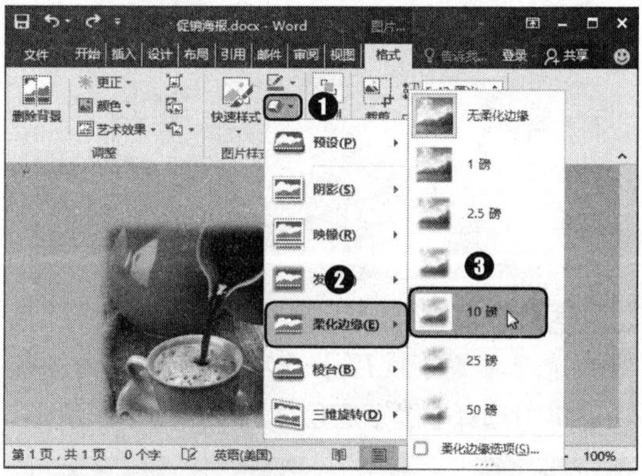

3. 插入文本框并设置格式

在促销海报中，需要在不同的地方插入不同字体格式的文字，此时，最方便的方法是使用文本框制作文字块。

第 1 步 ❶单击【插入】选项卡【插图】组中的【形状】下拉按钮；❷在弹出的下拉列表中选择【基本形状】栏的【文本框】工具▤，如下图所示。

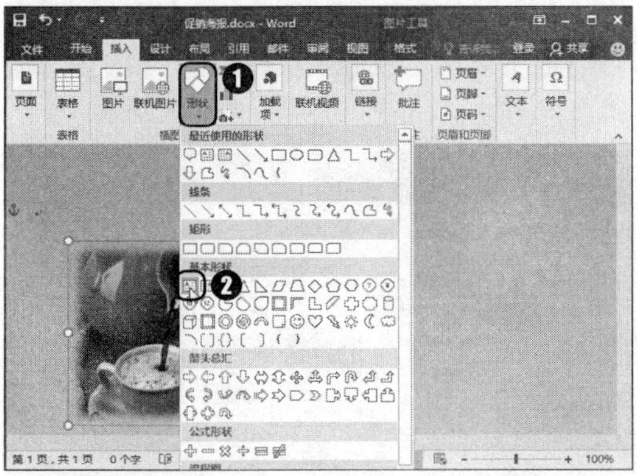

第2步 ❶在页面中需要添加文字的地方拖动鼠标，绘制一个文本框；❷选择文本框，单击【绘图工具/格式】选项卡【形状样式】组中的【形状填充】下拉按钮；❸在弹出的下拉列表中选择【无填充颜色】选项，如下图所示。

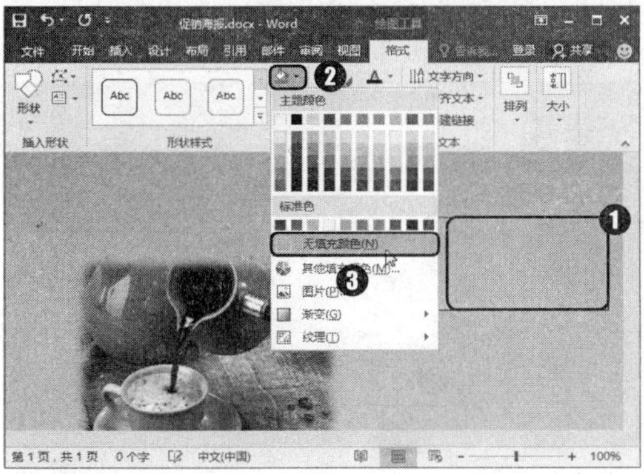

第3步 ❶选择文本框，单击【绘图工具/格式】选项卡【形状样式】组中的【形状轮廓】下拉按钮；❷在弹出的下拉列表中选择【无轮廓】选项，如下图所示。

4. 设置双行合一

通过中文版式命令，可以为文字设置多种格式，如纵横混排、字符缩放、双行合一等特殊格式。

第1步 ❶插入一个无填充、无边框的文本框，在其中输入文字；❷设置字体格式为【华文行楷，初号】；❸选择文字，单击【开始】选项卡【段落】组中的【中文版式】下拉按钮；❹在弹出的下拉列表中选择【双行合一】选项，如下图所示。

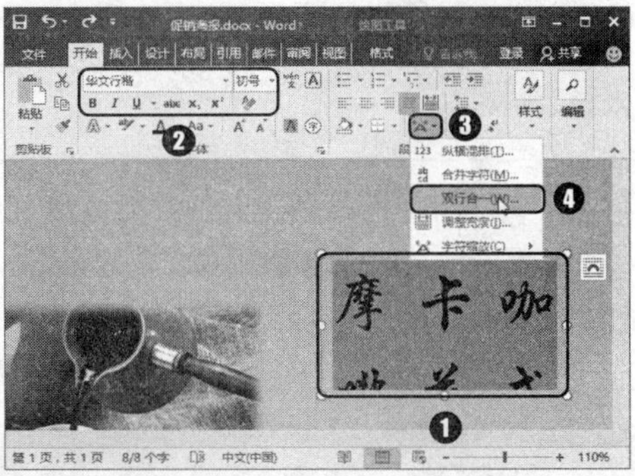

教您一招

更改文本框的形状

文本框是另一种形式的自选图形，如果要更改文本框的形状，可以在选中文本框后，单击【绘图工具/格式】选项卡【插入形状】组中的【编辑形状】下拉按钮，在弹出的下拉列表中选择一种形状样式即可。

第2步 ❶打开【双行合一】对话框，选中【带括号】复选框；❷在【括号样式】下拉列表中选择括号样式；❸单击【确定】按钮，如下图所示。

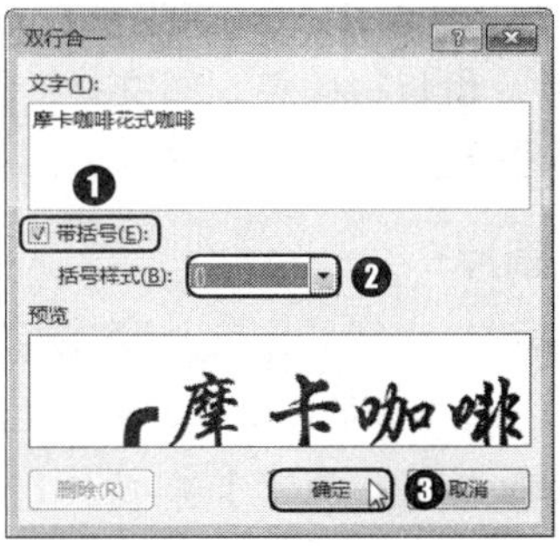

第 3 步 ❶选择文字，单击【绘图工具 / 格式】选项卡【艺术字样式】组中的【快速样式】下拉按钮；❷在弹出的下拉列表中选择一种艺术字样式，如下图所示。

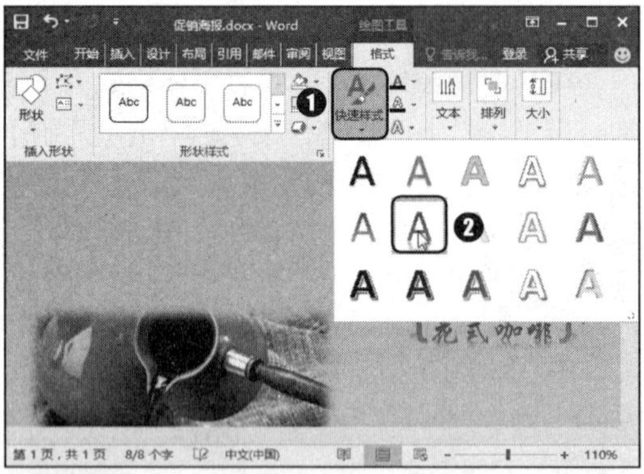

第 4 步 ❶使用相同的方法在下方添加另一个文本框，在文本框中输入“Gourmet coffee”；❷设置字体格式为【华文琥珀，小三，浅蓝】，如下图所示。

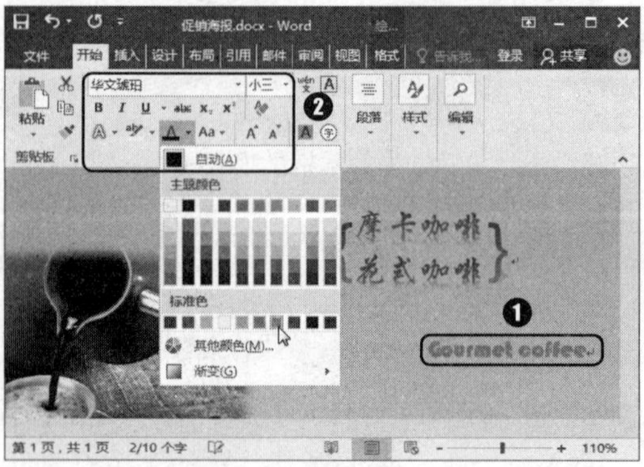

5.1.2 添加促销内容

促销内容包括促销海报的促销商品图片、文字、价格等信息，图文并茂的促销信息可以吸引更多的眼球。

1. 插入图片

促销海报一定要图文并茂才能达到吸引眼球的目的，下面插入商品的图片。

第 1 步 ❶单击【插入】选项卡【插图】组中的【图片】按钮；❷在弹出的【插入图片】对话框中双击“光盘 \ 素材文件 \ 第 5 章 \ 促销海报 \ 咖啡 1.jpg”图片，如下图所示。

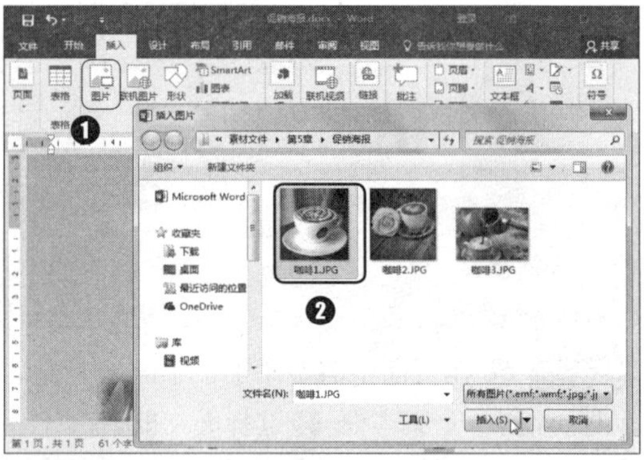

第 2 步 ❶在插入的图片上右击，在弹出的快捷菜单中选择【环绕文字】选项；❷在弹出的级联菜单中选择【四周型】选项，如下图所示。

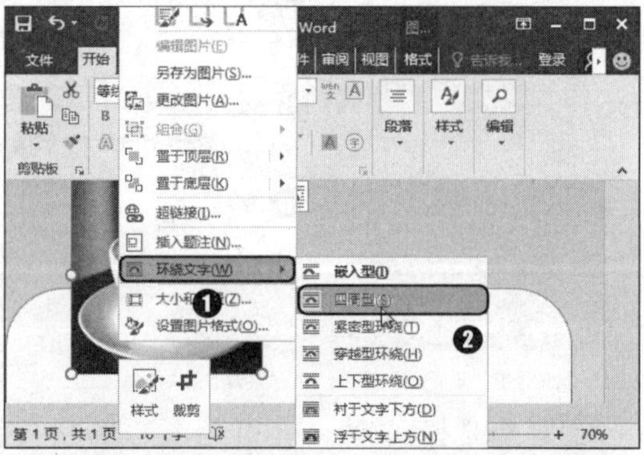

> **教您一招**
>
> **设置图片默认插入为嵌入型**
>
> 先将图片设置为【四周型】，然后单击【图片工具/格式】选项卡【排列】组中的【自动换行】下拉按钮，在弹出的下拉列表中选择【设置为默认布局】选项即可。

第 3 步 ❶选择图片，单击【图片工具 / 格式】选项卡【大小】组中的【裁剪】按钮；❷将鼠标指针移至图片右侧的边线上，按住鼠标左键向左拖动，将多余的部分裁掉，按【Enter】键完成裁剪，如下图所示。

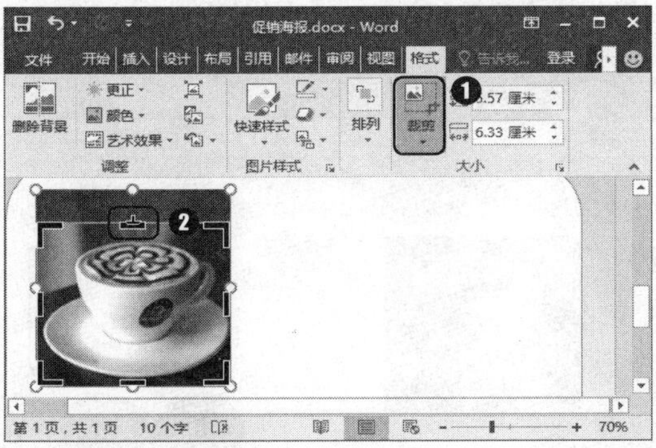

第 4 步 ❶使用相同的方法插入“光盘\素材文件\第 5 章\促销海报\咖啡 2.jpg”图片，并进行环绕设置，单击【图片工具/格式】选项卡【大小】组中的【裁剪】下拉按钮；❷在弹出的下拉列表中选择【裁剪为形状】选项；❸在弹出的级联菜单中选择【心形】选项♡，如下图所示。

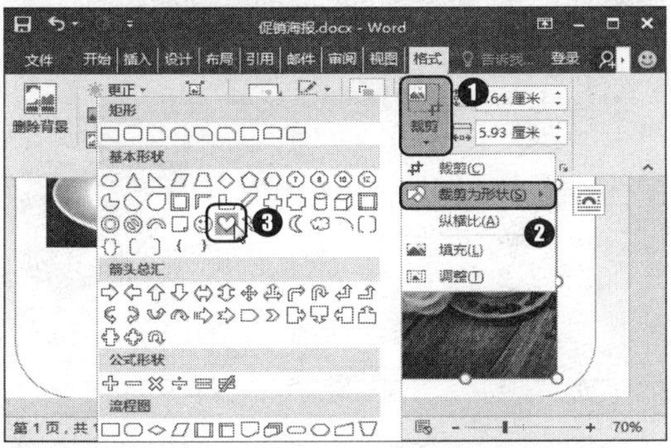

第 5 步 将鼠标指针移至图片右侧的边线上，按住鼠标左键向左拖动，将多余的部分裁掉，按【Enter】键完成裁剪，如下图所示。

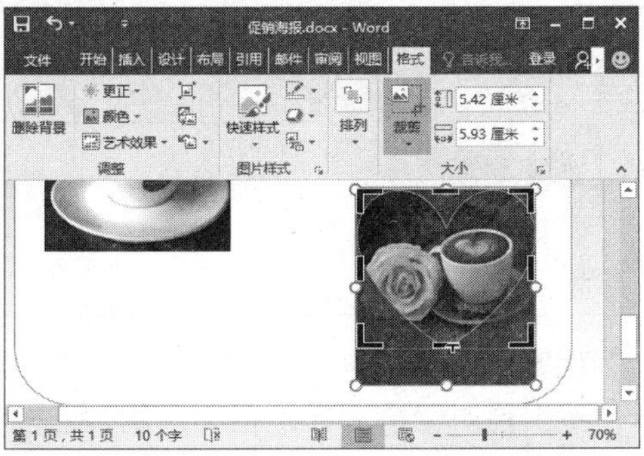

2. 添加促销文字

促销商品的价格标题和价格需要具有醒目的特点，让人一目了然地了解商品的折扣价格，从而刺激顾客的购买欲。

第 1 步 ❶在图片下方添加无填充无轮廓的文本框，输入商品名称和价格，然后选择商品名称；❷在【绘图工具/格式】选项卡【艺术字】组中设置艺术字样式，如下图所示。

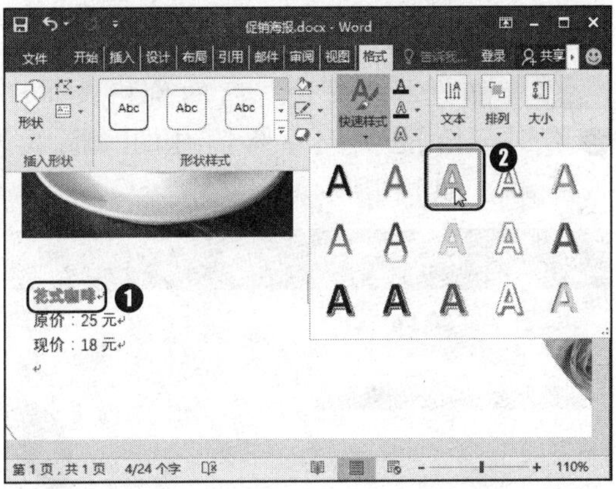

第 2 步 选择商品名称，设置字体格式为【华文琥珀，二号，加粗】，如下图所示。

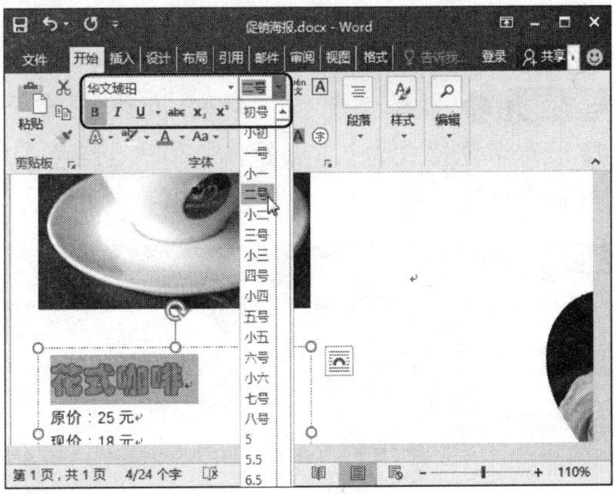

第 3 步 选择商品价格，设置字体格式为【华文隶书，四号】，如下图所示。

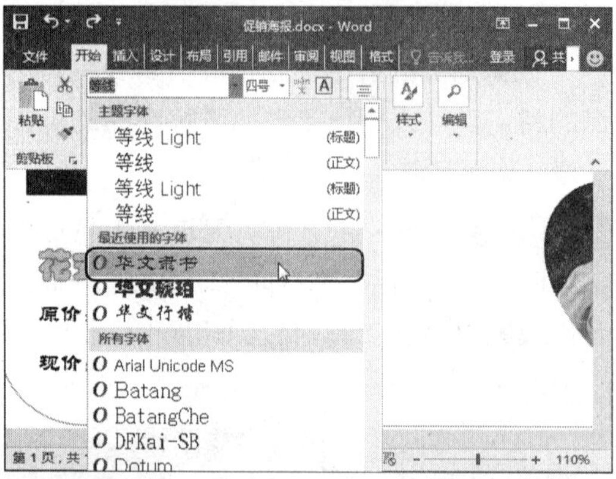

第4步 ❶选择“原价”后的价格文本；❷单击【开始】选项卡【字体】组中的【删除线】按钮 abc，如下图所示。

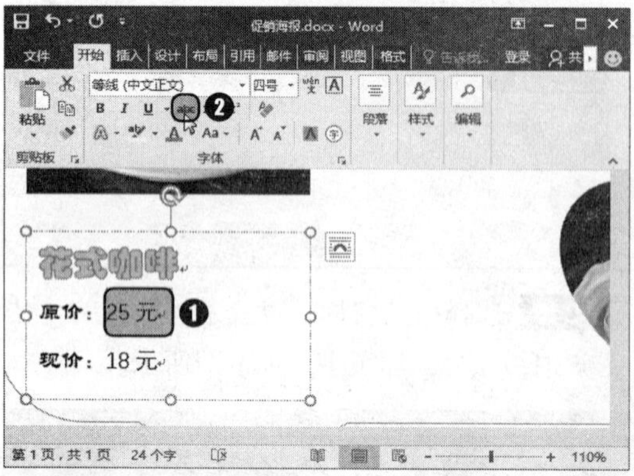

第5步 ❶选择“现价”后的价格文本；❷设置字体格式为【方正姚体，小二，红色】，如下图所示。

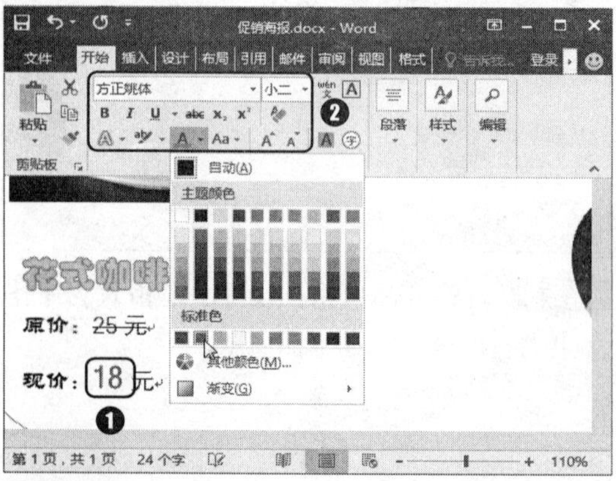

第6步 将文本框复制到另一张图片的上方，修改商品名称和价格，如下图所示。

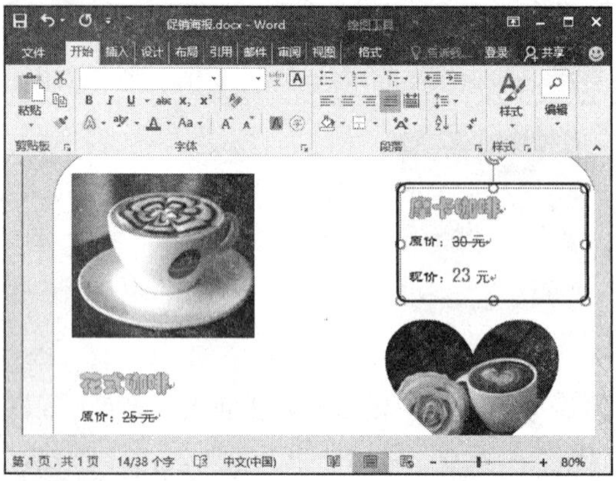

第7步 ❶在页面下方添加文本框，设置格式为无填充和无轮廓样式；❷输入促销时间文本，设置文本格式为【黑体，四号，蓝色】，如下图所示。

> **教您一招**
>
> **设置文本框的默认样式**
>
> 如果需要长期使用某一格式的文本框，可以在需要设置为默认格式的文本框上右击，在弹出的快捷菜单中选择【设置为默认文本框】选项即可。

5.1.3 插入形状

促销海报上通常会有一些小标签突出显示，不仅是对促销海报的补充说明，还能起到美化促销海报的作用。通常，使用形状可以快速地制作这些小标签。

第1步 ❶选择【椭圆】工具○绘制椭圆；❷在【绘图工具/格式】选项卡中设置形状样式，如下图所示。

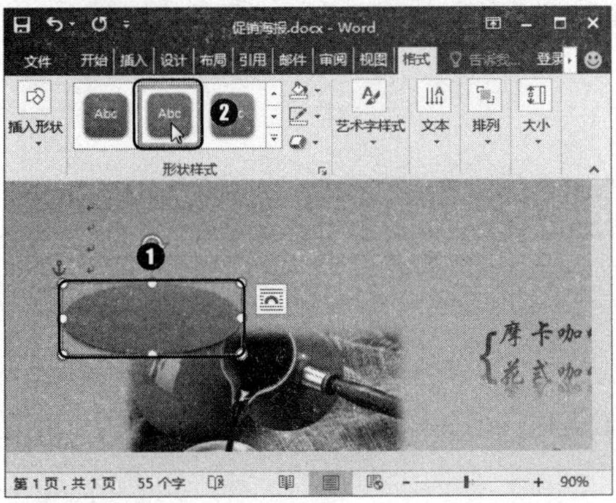

第2步 ❶在椭圆形中绘制一个文本框，取消文本框的轮廓与填充，在其中输入文本；❷设置字体格式为【华文隶书，二号，白色】，如下图所示。

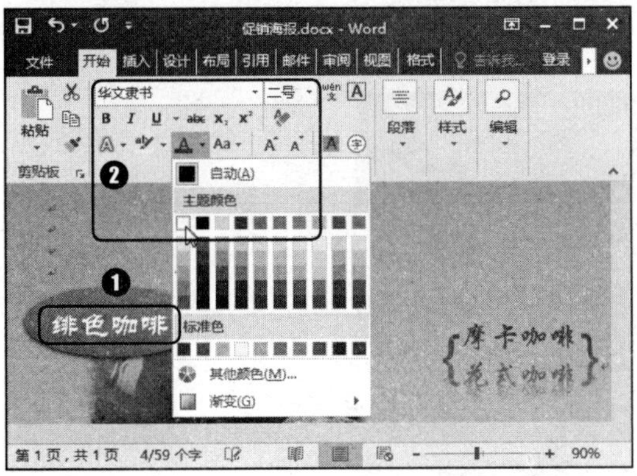

第3步 ❶选择【椭圆】工具，按住【Shift】键绘制一个正圆形，并设置与椭圆形相同的形状样式；❷在圆形中绘制一个文本框，取消文本框的轮廓与填充，在其中输入“限时促销”文本，并设置字体格式；拖动文本框上方的旋转控制点，旋转文本框。如下图所示。

第4步 ❶在第一张图片的左上角绘制【爆炸】图形；❷在【绘图工具/格式】选项卡中设置形状样式，如下图所示。

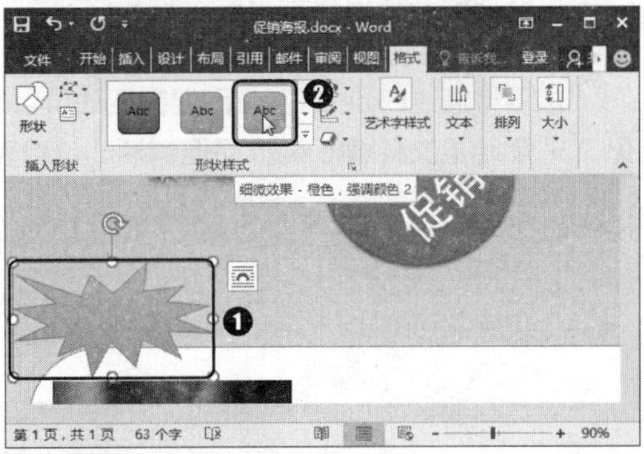

第5步 ❶在爆炸形状中间绘制文本框，取消文本框的轮廓和填充，输入“热卖”文本；❷选择文本，单击【开始】选项卡【字体】组中的【文本效果和版式】下拉按钮A；❸在弹出的下拉列表中选择一种艺术字样式，如下图所示。

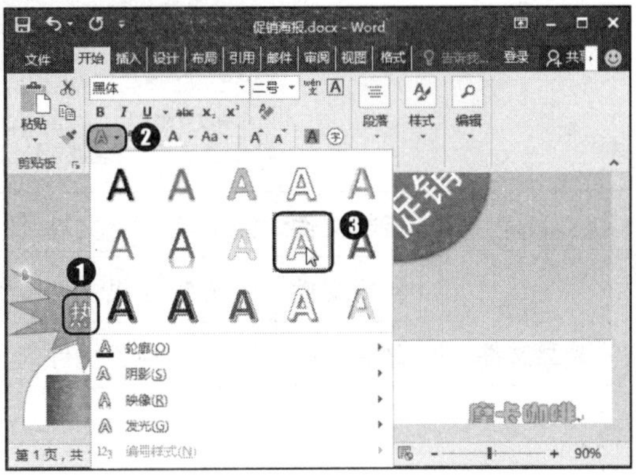

教您一招

制等比例的形状

在Word中绘制形状时，按住【Ctrl】键拖动鼠标绘制形状，可以使鼠标指针位置为图形的中心点；按住【Shift】键拖动鼠标绘制形状，可以绘制出固定长宽比的形状。例如，要绘制一个正方形，先选择矩形工具，然后按住【Shift】键拖动鼠标即可。

5.2 使用Excel制作“产品促销活动价目表”

案例背景

产品促销活动价目表主要是针对产品的价格数据进行相关处理，包括对不同产品的价格进行统计、对产品的促销时间进行说明等。

本例将通过Excel制作产品促销活动价目表，制作完成后的效果如下图所示。实例最终效果见“光盘\结果文件\第5章\产品促销活动价目表.xlsx”文件。

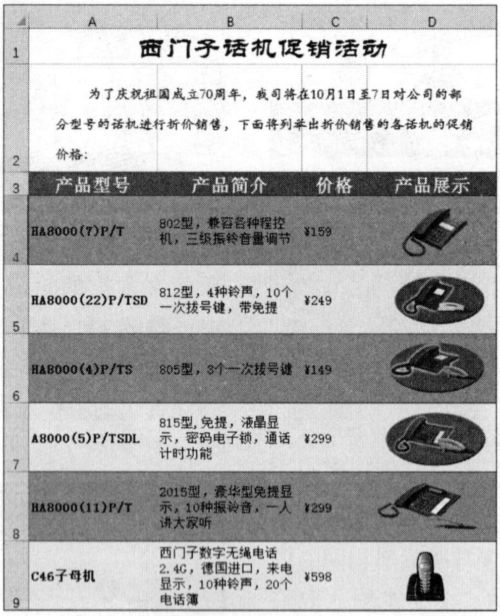

	A	B	C	D
1	西门子话机促销活动			
2	为了庆祝祖国成立70周年，我司将在10月1日至7日对公司的部分型号的话机进行折价销售，下面将列举出折价销售的各话机的促销价格：			
3	产品型号	产品简介	价格	产品展示
4	HA8000(7)P/T	802型，兼容各种程控机，三级振铃音量调节	¥159	
5	HA8000(22)P/TSD	812型，4种铃声，10个一次拔号键，带免提	¥249	
6	HA8000(4)P/TS	805型，3个一次拔号键	¥149	
7	A8000(5)P/TSDL	815型,免提，液晶显示，密码电子锁，通话计时功能	¥299	
8	HA8000(11)P/T	2015型，豪华型免提显示，10种振铃音，一人讲大家听	¥299	
9	C46子母机	西门子数字无绳电话2.4G，德国进口，来电显示，10种铃声，20个电话薄	¥598	

光盘文件	素材文件	光盘\素材文件\第5章\产品促销.xlsx
	结果文件	光盘\结果文件\第5章\产品促销活动价目表.xlsx
	教学视频	光盘\视频文件\第5章\5.2使用Excel制作产品促销活动价目表.mp4

5.2.1 制作促销表格

在制作促销表格时，首先需要对表格的行高与列宽进行设置，然后输入表格数据，再设置数据的数字格式。

1. 设置表格的行高与列宽

在制作工作表时，工作表原有的行高与列宽并不能满足使用的需要，此时需要先对其进行设置，具体操作步骤如下。

第 1 步 ❶新建一个名为“产品促销活动价目表”的工作簿，在 A1 单元格输入表格标题；❷单击【开始】选项卡【对齐方式】组中的【合并后居中】按钮，如下图所示。

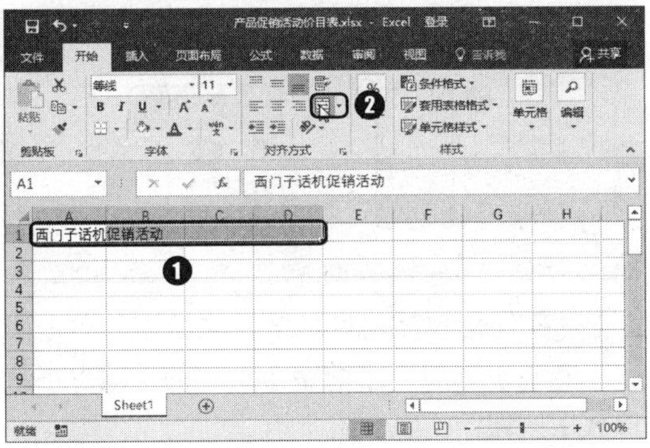

第 2 步 将鼠标指针移动到 A 列与 B 列的分隔线上，当鼠标指针变为+形状时，按住鼠标左键不放拖动鼠标到合适的位置，如下图所示。

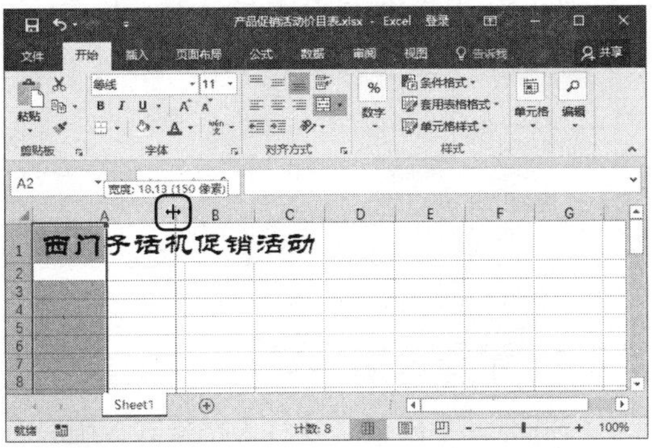

第 3 步 ❶选中 B 列并右击；❷在弹出的快捷菜单中选择【列宽】命令；❸弹出【列宽】对话框，在【列宽】文本框中输入【20】；❹单击【确定】按钮，如下图所示。

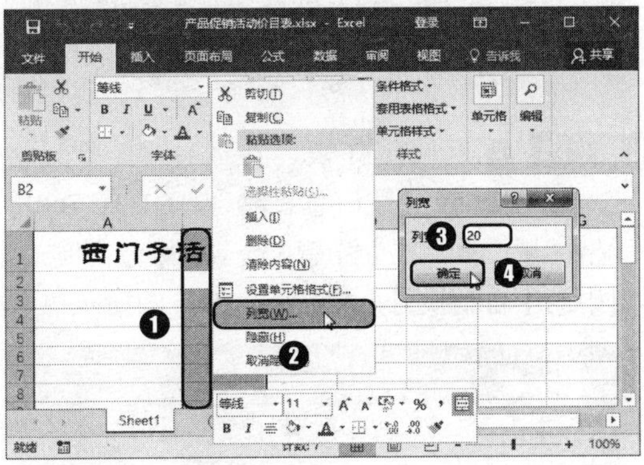

第 4 步 使用相同的方法，分别调整 C 列和 D 列的列宽，如下图所示。

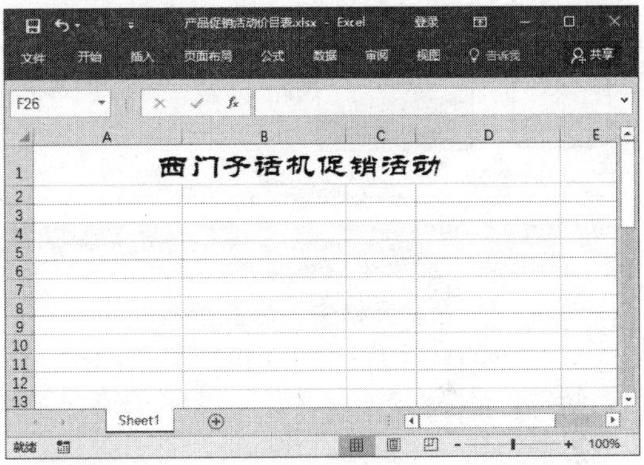

第 5 步 ❶在第 2 行输入表头文字；❷选择第 3~8 行并右击；❸在弹出的快捷菜单中选择【行高】命令；❹弹出【行高】对话框，在【行高】文本框中输入【60】；❺单击【确定】按钮，如下图所示。

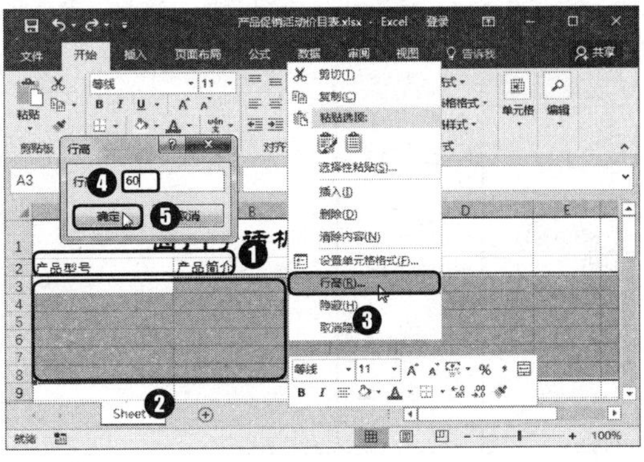

温馨提示

使用拖动列标线的方法调整列宽，适合于对列宽要求不精确的工作表，如果想要精确的列宽，可以打开【列宽】对话框进行设置。

第 6 步 ❶返回工作表，在 A3：A8 单元格区域输入产品型号信息；❷选择 B3：B8 单元格区域；❸单击【开始】选项卡【对齐方式】组中的【自动换行】按钮，如下图所示。

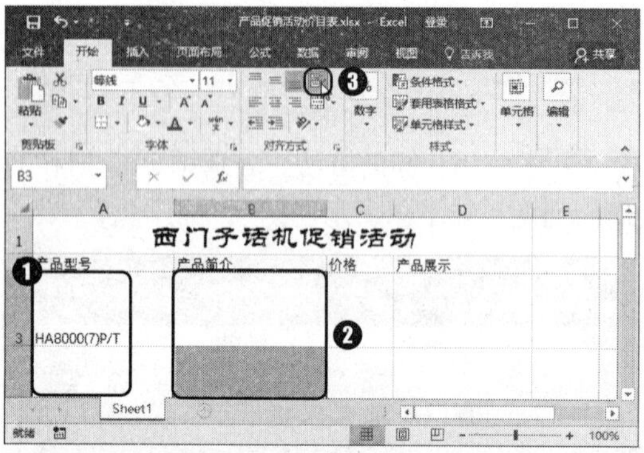

教您一招

在单元格中强制换行

设置了自动换行后，在单元格中输入数据时会根据列宽自动换行。如果要在特定的位置换行，可以将光标定位到需要换行的位置，然后按【Alt+Enter】组合键即可强制换行。

第 7 步 在设置了自动换行的单元格区域输入产品简介信息，如下图所示。

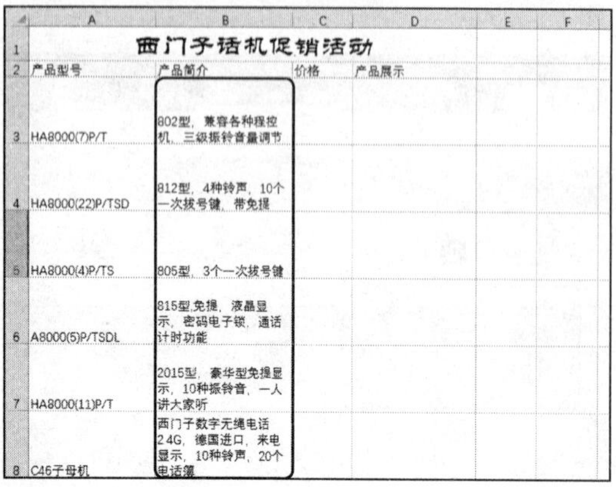

2. 设置数字格式

为产品输入价格后，需要设置数字格式为【货币】，并取消显示小数，具体操作步骤如下。

第 1 步 ❶在 C3：C8 单元格区域输入产品的价格，然后选中该单元格区域；❷单击【开始】选项卡【数字】组中的【数字格式】下拉按钮；❸在弹出的下拉列表中选择【货币】选项，如下图所示。

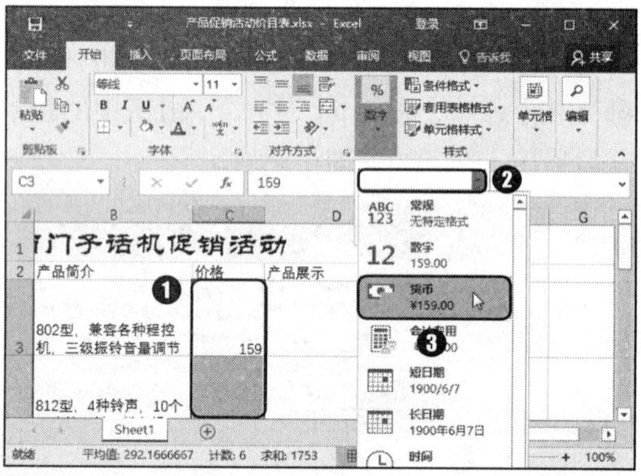

第 2 步 保持单元格区域的选中状态，单击两次【开始】选项卡【数字】组中的【减少小数位数】按钮，如下图所示。

5.2.2 设置表格样式

在Excel中内置了多种表格样式，用户可以选择表格样式快速美化表格。如果对内置的表格样式不满意，也可以自定义表格样式。

1. 新建表样式

新建表样式可以根据用户的需要，设置单元格的边框和填充样式，具体操作步骤如下。

第1步 ❶单击【开始】选项卡【样式】组中的【套用表格格式】下拉按钮；❷在弹出的下拉列表中选择【新建表格样式】选项，如下图所示。

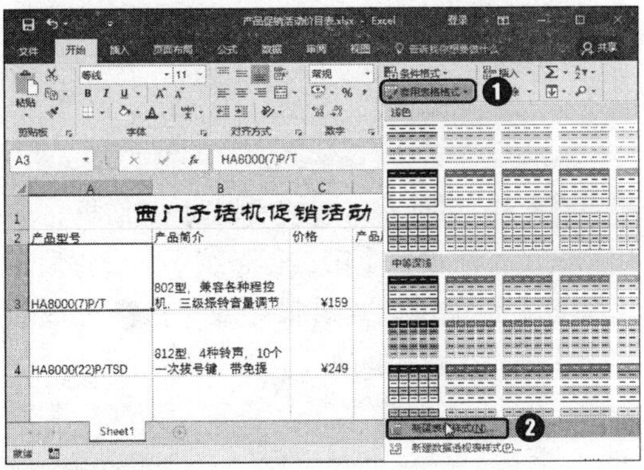

第2步 ❶打开【新建表样式】对话框，在【表元素】列表框中选择【标题行】选项；❷单击【格式】按钮，如下图所示。

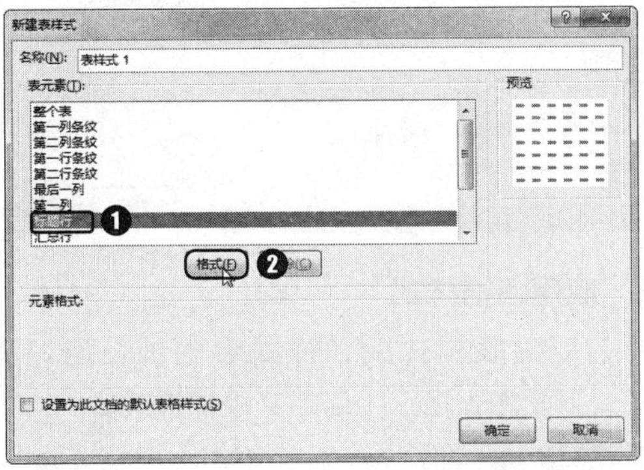

第3步 ❶打开【设置单元格格式】对话框，在【填充】选项卡【背景色】栏中选择填充颜色；❷单击【确定】按钮，如下图所示。

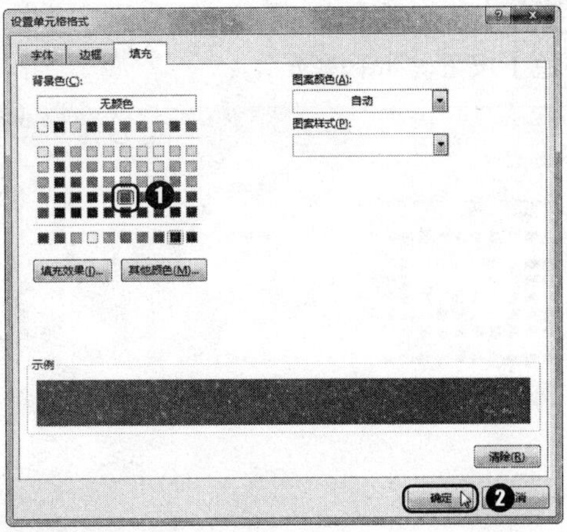

第4步 ❶返回【新建表样式】对话框，在【表元素】列表框中选择【第一行条纹】选项；❷单击【格式】按钮，如下图所示。

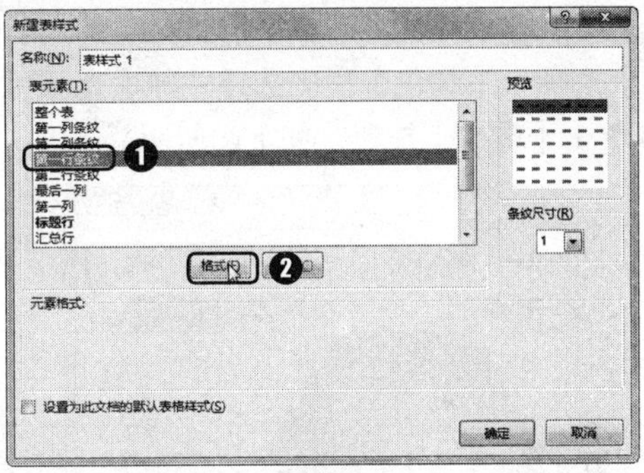

第5步 ❶打开【设置单元格格式】对话框，在【边框】选项卡的【颜色】下拉列表中选择【暗红色】选项；❷在【预置】栏中选择【外边框】选项，如下图所示。

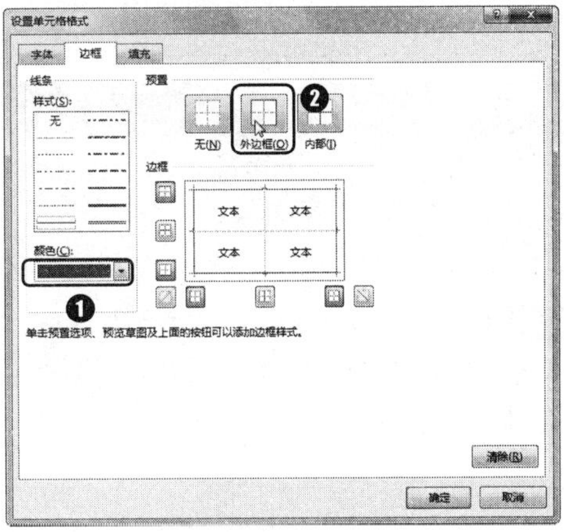

第 6 步 切换到【填充】选项卡，单击【其他颜色】按钮，如下图所示。

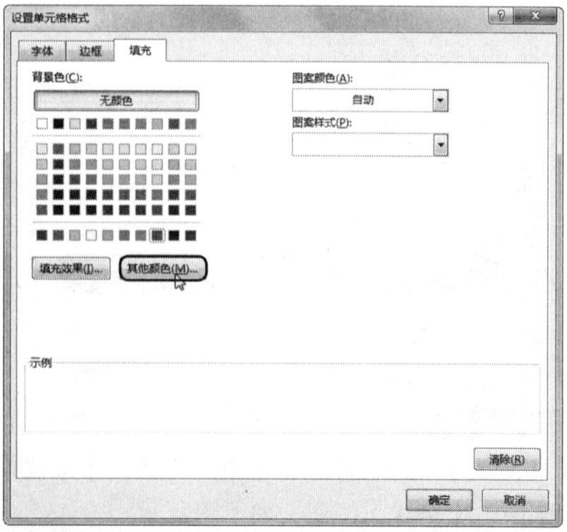

第 7 步 ❶打开【颜色】对话框，在【标准】选项卡【颜色】栏中选择一种填充颜色；❷单击【确定】按钮，如下图所示。

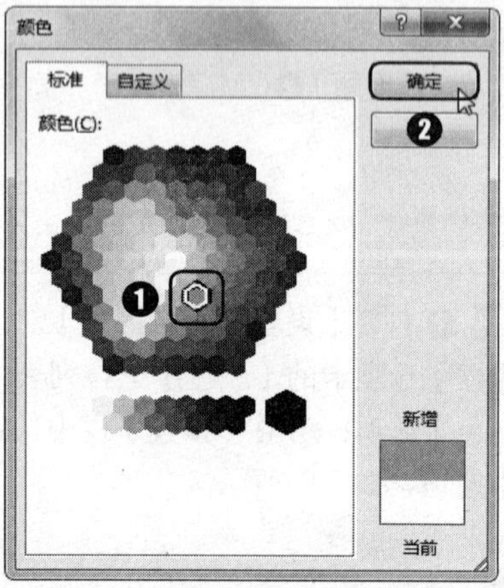

温馨提示

如果在颜色对话框的【标准】选项卡中没有适合的颜色，可以在【自定义】选项卡中选择更丰富的颜色。

第 8 步 返回【设置单元格格式】对话框，即可查看到所选颜色已经显示在【示例】栏中，单击【确定】按钮，如下图所示。

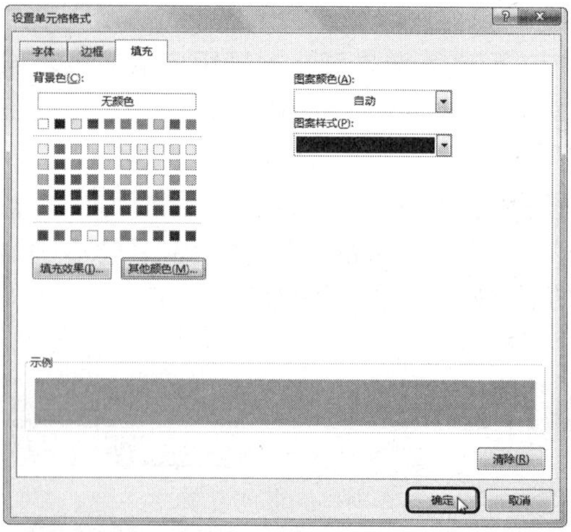

第 9 步 ❶返回【新建表样式】对话框，使用相同的方法设置【第二行条纹】，设置后在【预览】栏中可以查看最终效果；❷完成后单击【确定】按钮，如下图所示。

2. 应用表格样式

新建表样式后，样式会出现在自定义栏，下面为表格应用自定义表格样式。

第 1 步 ❶选择 A2：D8 单元格区域；❷单击【开始】选项卡【样式】组中的【套用表格格式】下拉按钮；❸在弹出的下拉列表中选择【自定义】栏的新建样式，如下图所示。

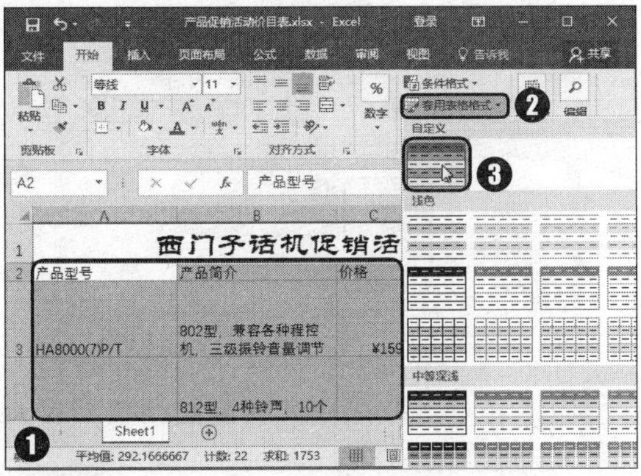

第2步 打开【套用表格式】对话框，直接单击【确定】按钮，如下图所示。

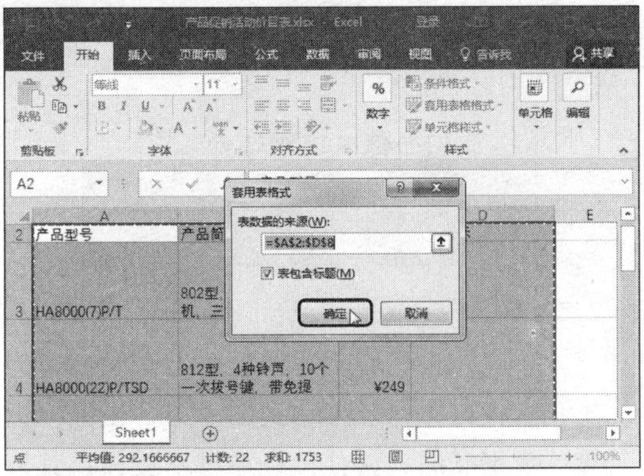

第3步 ❶单击【表格工具/设计】选项卡【工具】栏中的【转换为区域】按钮；❷在弹出的提示对话框中单击【是】按钮，如下图所示。

第4步 保持表格的选中状态，在【开始】选项卡的【字体】组中设置字体为【宋体】，如下图所示。

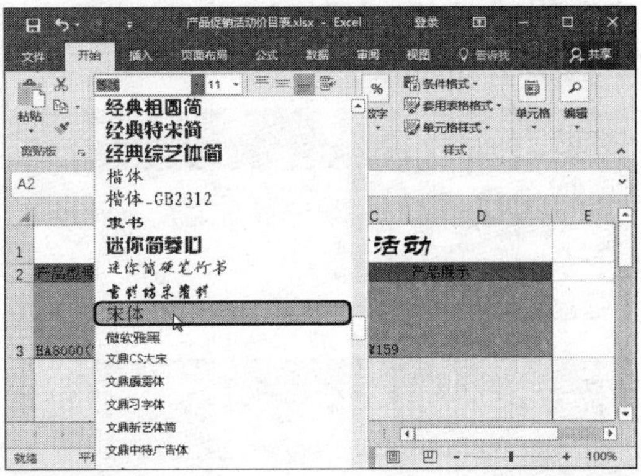

第5步 单击【开始】选项卡【对齐方式】组中的【左对齐】和【垂直居中】按钮，如下图所示。

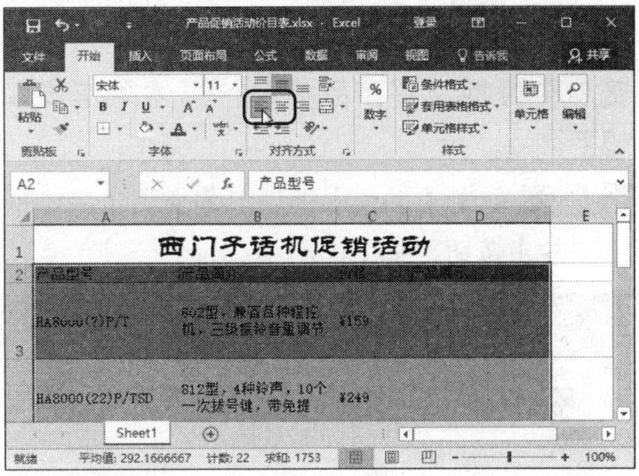

第6步 ❶选择A2：D2单元格区域；❷在【开始】选项卡【字体】组中设置字体格式为【宋体，16号，加粗，白色】；❸在【对齐方式】组中单击【居中】按钮≡，如下图所示。

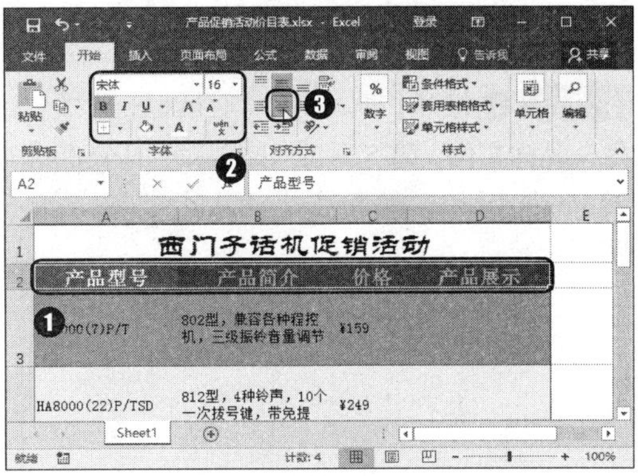

第 7 步 ❶ 选择 A3：A8 单元格区域；❷ 单击【开始】选项卡【字体】组中的【加粗】按钮 B，如下图所示。

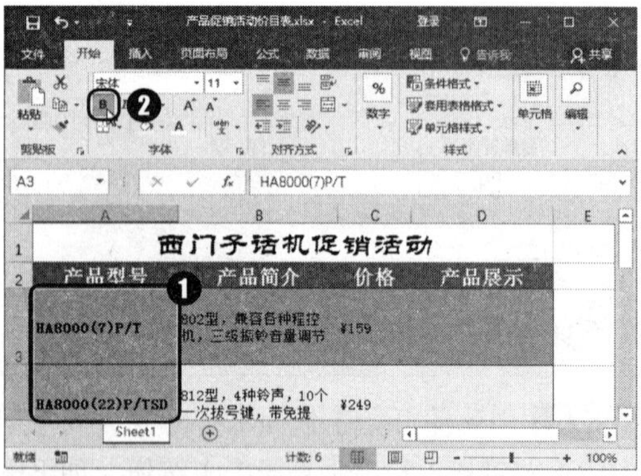

5.2.3 插入产品图片

在价目表中插入产品图片，有利于消费者更好地了解产品信息，具体操作步骤如下。

第 1 步 单击【插入】选项卡【插图】组中的【图片】按钮，如下图所示。

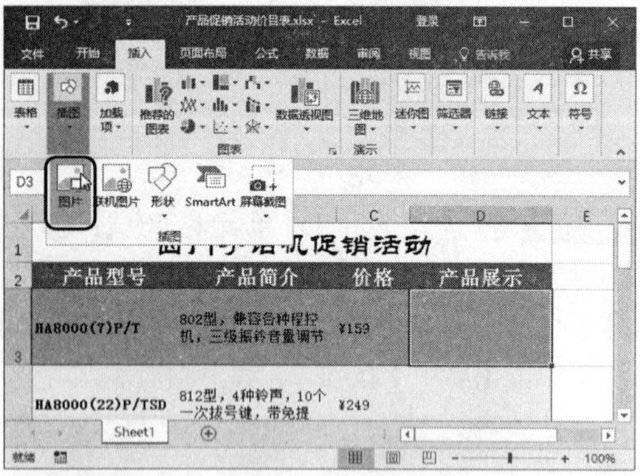

第 2 步 ❶ 打开【插入图片】对话框，选择"光盘\素材文件\第 5 章\产品促销\HA8000(7)PT.png"图片；❷ 单击【插入】按钮，如下图所示。

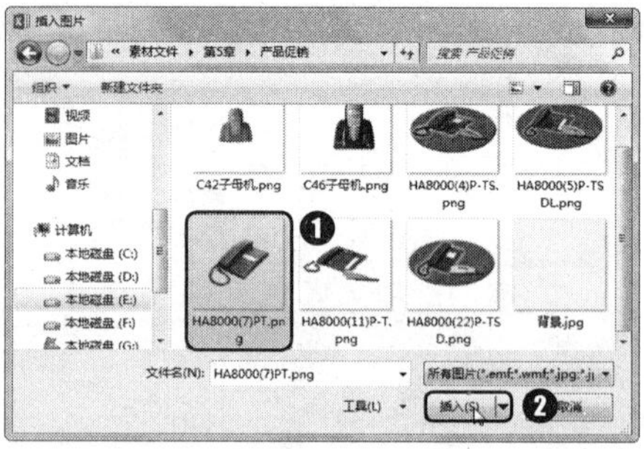

第 3 步 拖动图片周围的控制点调整图片大小，如下图所示。

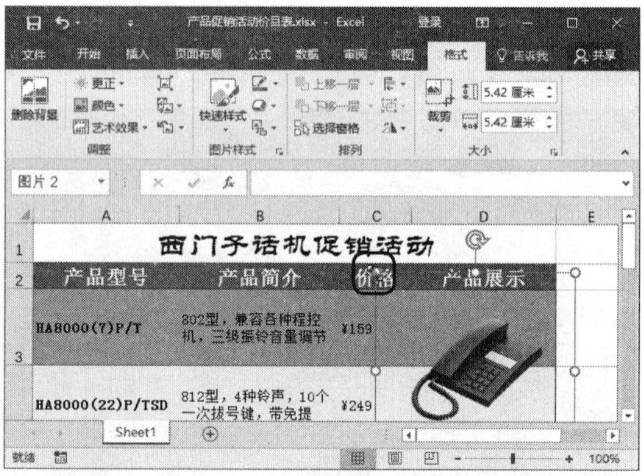

第 4 步 将鼠标指针移动到图片上，当鼠标指针变为 ✥ 形状时，按住鼠标左键不放，将其拖动到 D3 单元格中，如下图所示。

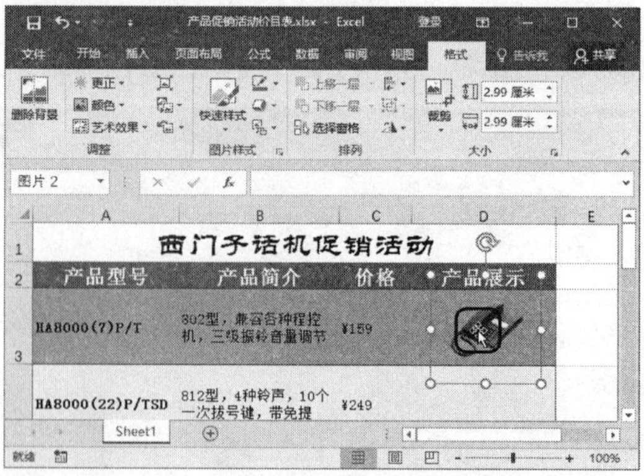

第 5 步 使用相同的方法插入其他图片并调整图片的大小和位置，如下图所示。

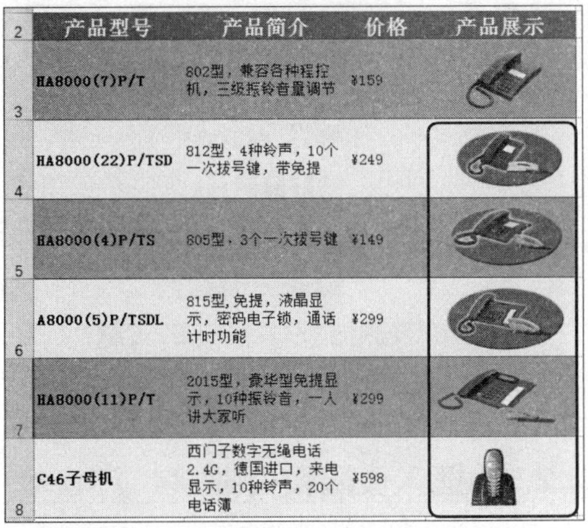

2	产品型号	产品简介	价格	产品展示
3	HA8000(7)P/T	802型，兼容各种程控机，三级振铃音量调节	¥159	
4	HA8000(22)P/TSD	812型，4种铃声，10个一次拔号键，带免提	¥249	
5	HA8000(4)P/TS	805型，3个一次拔号键	¥149	
6	A8000(5)P/TSDL	815型，免提，液晶显示，密码电子锁，通话计时功能	¥299	
7	HA8000(11)P/T	2015型，豪华型免提显示，10种振铃音，一人讲大家听	¥299	
8	C46子母机	西门子数字无绳电话2.4G，德国进口，来电显示，10种铃声，20个电话薄	¥598	

5.2.4 插入并编辑文本框

虽然在单元格中也可以输入文本，但为了更方便地编辑文本，可以使用文本框，具体操作步骤如下。

第 1 步 ❶单击第 2 行的行号选择第 2 行，并右击；❷在弹出的快捷菜单中选择【插入】命令，如下图所示。

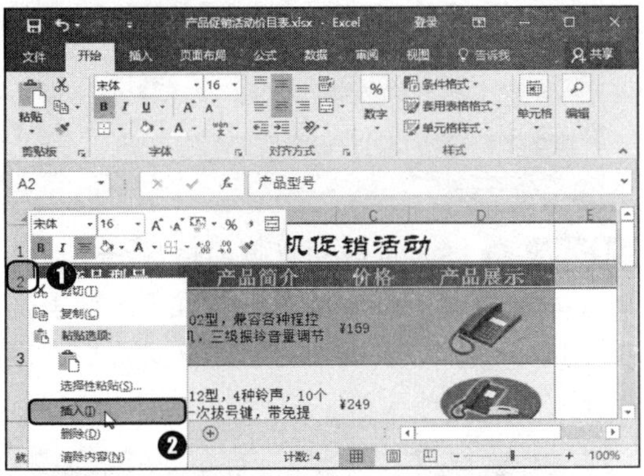

第 2 步 将鼠标指针移动到第 1 行和第 2 行的行号之间，当鼠标指针变为+形状时，按住鼠标左键向下拖动鼠标，调整行高，如下图所示。

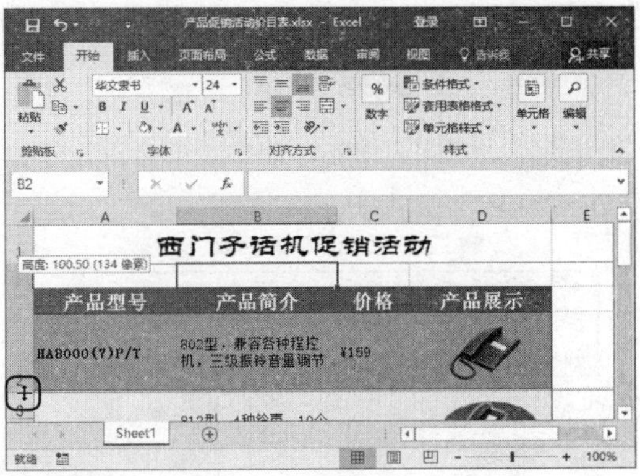

第 3 步 单击【插入】选项卡【文本】组中的【文本框】按钮，如下图所示。

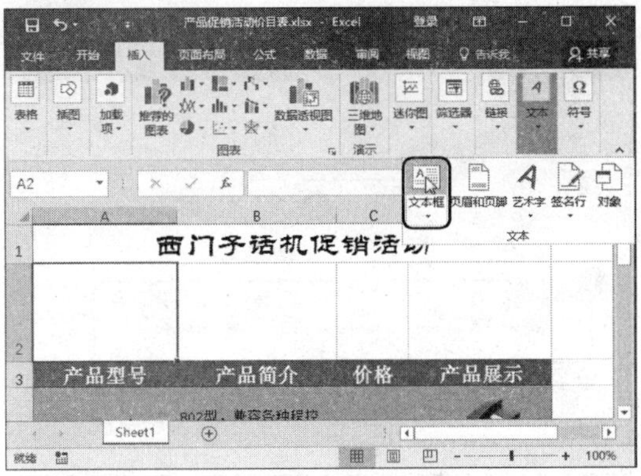

第 4 步 在第 2 行拖动鼠标绘制文本框，如下图所示。

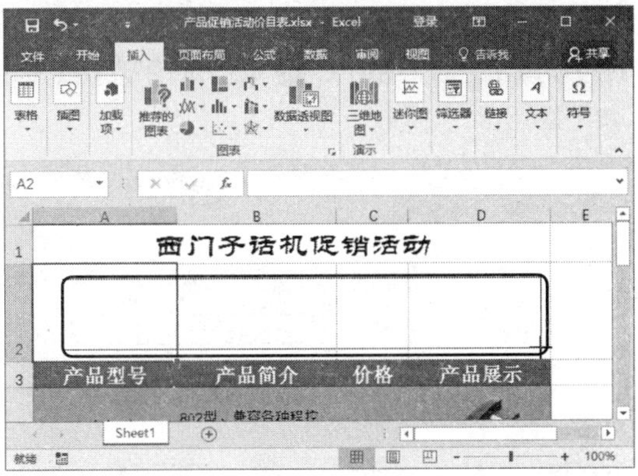

第 5 步 ❶在文本框中输入促销文本；❷在【开始】选项卡的【字体】组中设置字体格式为【华文楷体，12 号】，如下图所示。

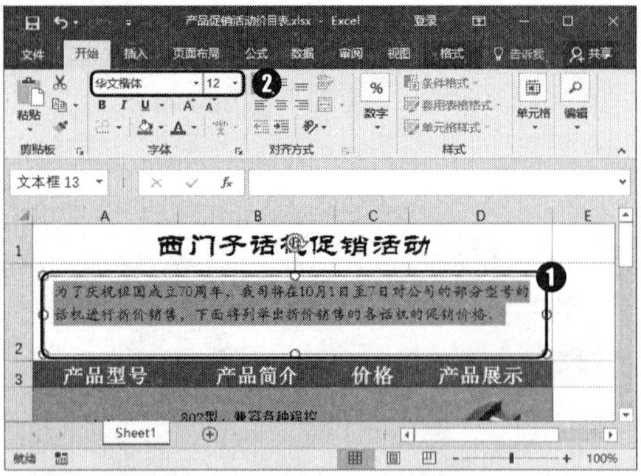

第 6 步 ❶在文本上右击；❷在弹出的快捷菜单中选择【段落】选项，如下图所示。

第 7 步 ❶打开【段落】对话框，在【缩进】栏中设置【特殊格式】为【首行缩进】、【度量值】为【1 厘米】；❷在【间距】栏中设置【行距】为【1.5 倍行距】；❸单击【确定】按钮，如下图所示。

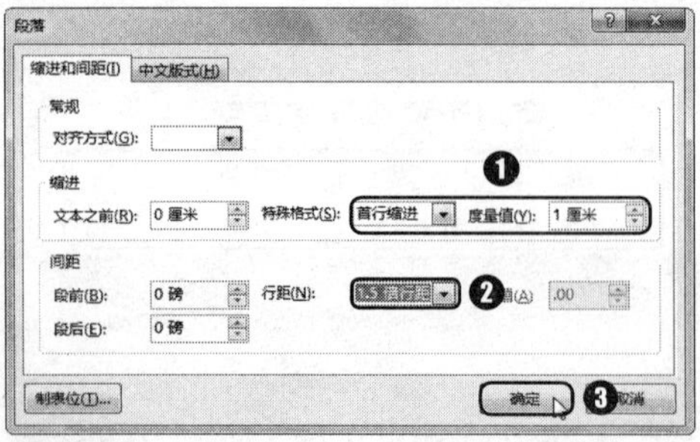

第 8 步 在【绘图工具 / 格式】选项卡的【形状样式】组中，设置文本框的样式为【无填充颜色】和【无轮廓】，如下图所示。

5.2.5 插入页眉和页脚

在工作表的内容制作完成后，可以为工作表添加页眉和页脚，具体操作步骤如下。

第 1 步 单击【插入】选项卡【文本】组中的【页眉和页脚】按钮，如下图所示。

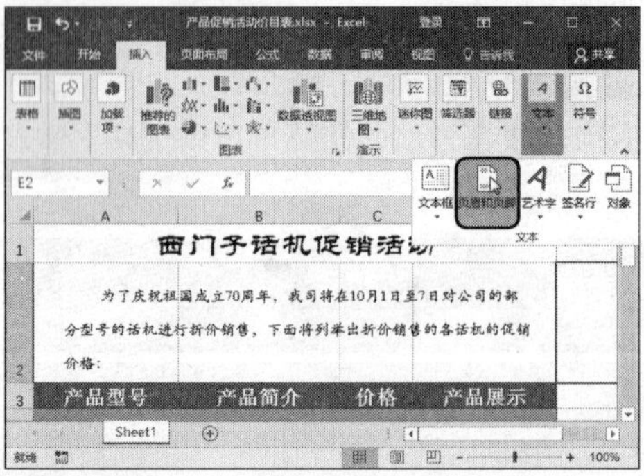

第 2 步 ❶进入页眉和页脚编辑状态，在页眉文本框中输入页眉信息；❷在【开始】选项卡的【字体】组中设置字体格式，如下图所示。

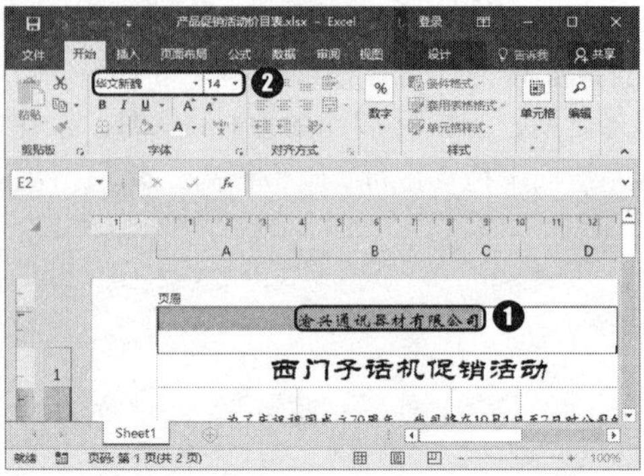

第 3 步 单击【页眉和页脚工具 / 设计】选项卡【导航】组中的【转至页脚】按钮，如下图所示。

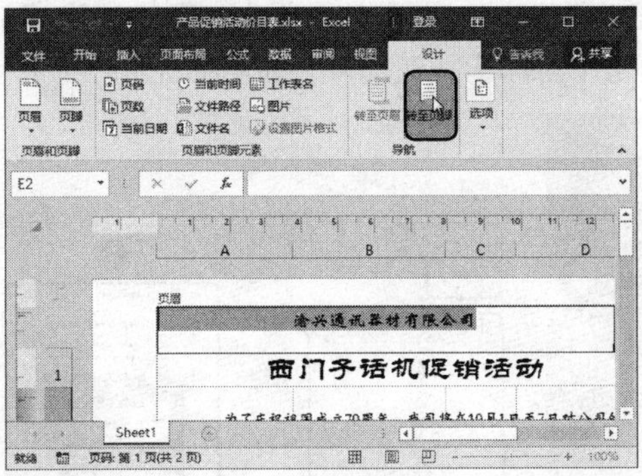

第 4 步 单击【页眉和页脚工具 / 设计】选项卡【页眉和页脚元素】组中的【当前日期】按钮，如下图所示。

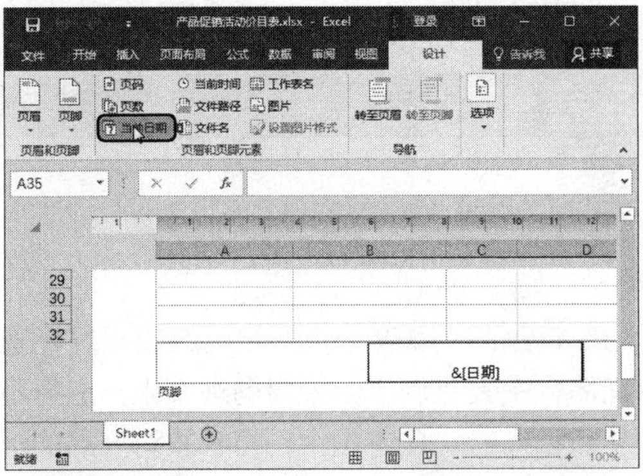

第 5 步 选择任意单元格，页脚处即可显示当前日期，如下图所示。

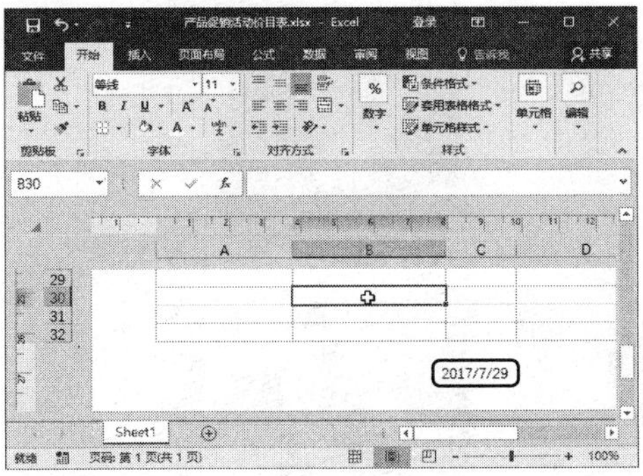

第 6 步 单击【视图】选项卡【工作簿视图】组中的【普通】按钮返回普通视图，如下图所示。

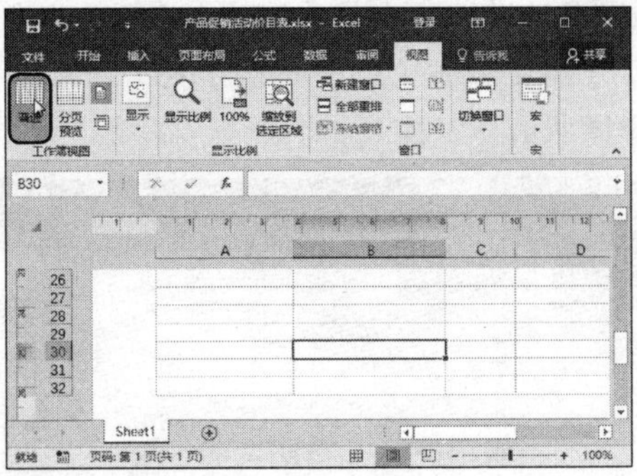

5.2.6 打印工作表

促销活动价目表制作完成后，可以打印出来供他人阅览，具体操作步骤如下。

第 1 步 单击【页面布局】选项卡【页面设置】组中的功能扩展按钮，如下图所示。

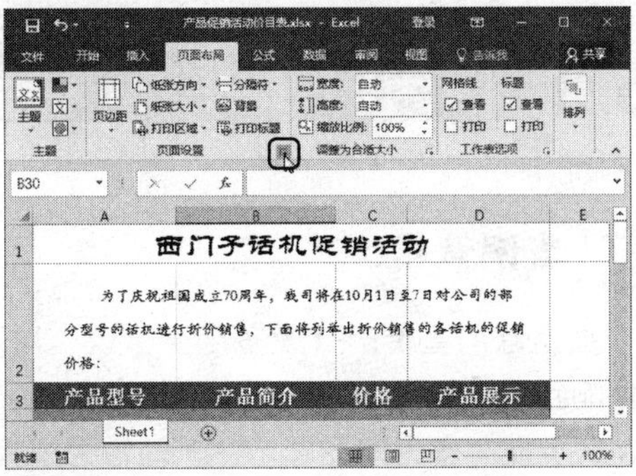

第 2 步 ❶打开【页面设置】对话框，在【页边距】选项卡【居中方式】栏中选中【水平】和【垂直】复选框；❷单击【确定】按钮，如下图所示。

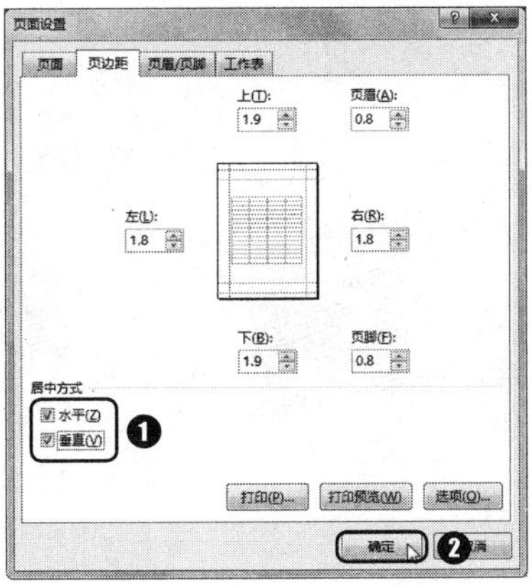

第 3 步 在【页面布局】选项卡【调整为合适大小】组中设置【缩放比例】为【140%】，如下图所示。

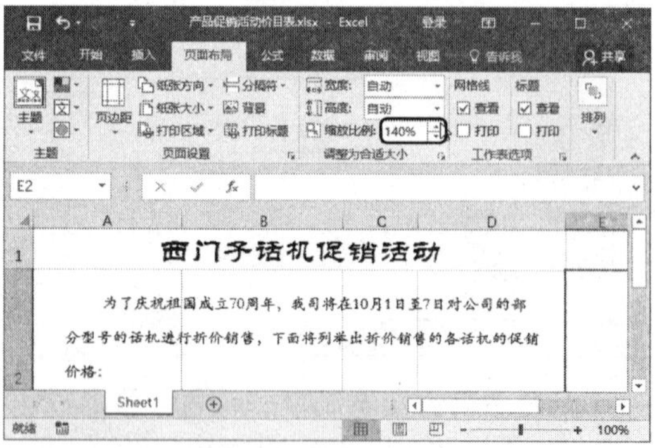

第 4 步 ❶ 选择【文件】选项卡，在打开的文件列表中选择【打印】选项；❷ 在右侧窗格中可以查看预览效果；❸ 在中间窗格中选择打印机，并设置打印参数；❹ 设置完成后单击【打印】按钮即可，如下图所示。

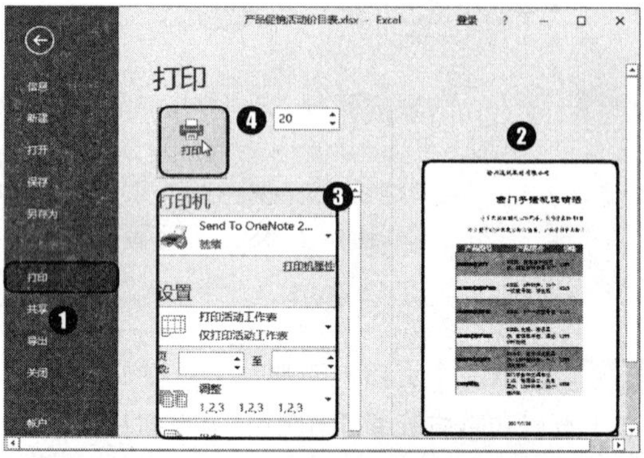

5.3 使用PPT制作“楼盘营销宣传”

案例背景

楼盘营销宣传PPT大多用于会议、展览和大型集体活动时播放，参展宣传的效果好坏直接影响到最终效果。本例制作的楼盘营销宣传演示文稿，主要是用于会展时向观展人员进行宣传，此类推广多为产品展示，一般较为重视产品的特点和优势。在本例中，将着重对产品的形象进行展示，并为演示文稿设置合理的动画。

本例将通过PPT制作楼盘营销宣传PPT，制作完成后的效果如下图所示。实例最终效果见“光盘\结果文件\第5章\楼盘营销宣传.pptx”文件。

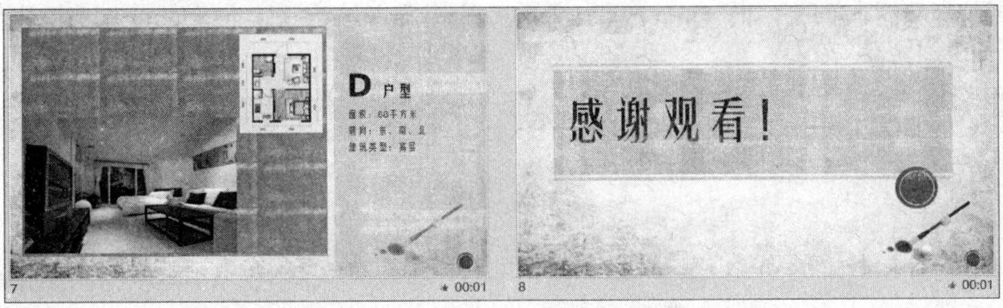

光盘文件	素材文件	光盘\素材文件\第5章\产品宣传\
	结果文件	光盘\结果文件\第5章\楼盘营销宣传.pptx
	教学视频	光盘\视频文件\第5章\5.3使用PPT制作楼盘营销宣传.mp4

5.3.1 设置幻灯片母版样式

在演示文稿中幻灯片的各个页面外观需要保持一致，所以在母版中快速地统一幻灯片版式是非常实用的。下面介绍在演示文稿中使用主题并设置幻灯片母版的具体操作步骤。

第1步 新建一个名为“楼盘营销宣传 .pptx”的演示文稿，单击【设计】选项卡【主题】组中的【其他】按钮，在弹出的下拉列表中选择【木头类型】主题样式，如下图所示。

第2步 单击【视图】选项卡【母版视图】组中的【幻灯片母版】按钮，进入母版视图，如下图所示。

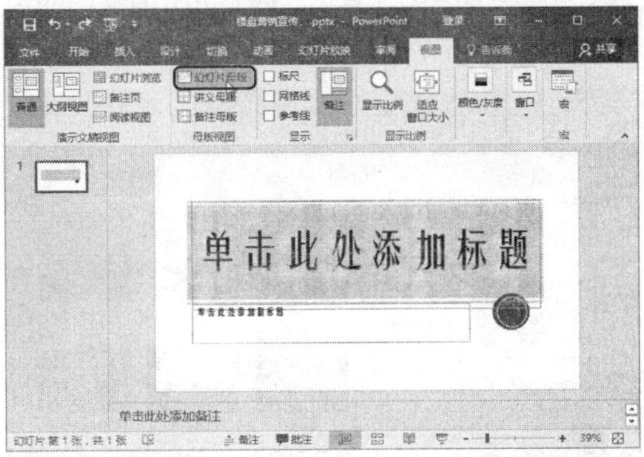

第3步 ❶ 选择第 1 张母版幻灯片；❷ 单击【幻灯片母版】选项卡【背景】组中的【背景样式】下拉按钮；❸ 在弹出的下拉列表中选择【设置背景格式】选项，如下图所示。

第4步 ❶ 打开【设置背景格式】窗格，选中

【图片或纹理填充】单选按钮；❷ 单击【文件】按钮，如下图所示。

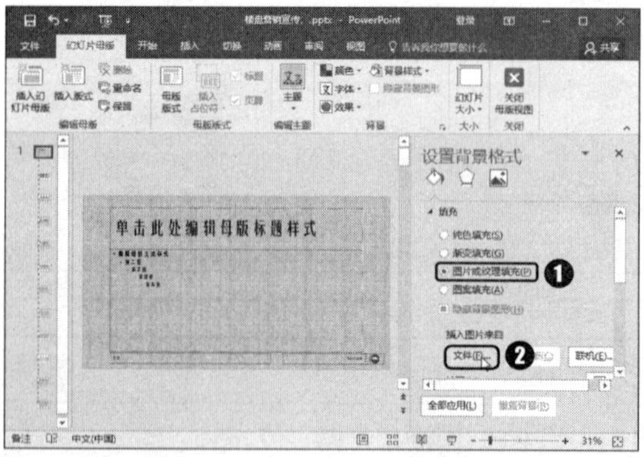

第 5 步 ❶ 打开【插入图片】对话框，选择“光盘\素材文件\第 5 章\产品宣传\背景 .jpg”图片；❷ 单击【插入】按钮，如下图所示。

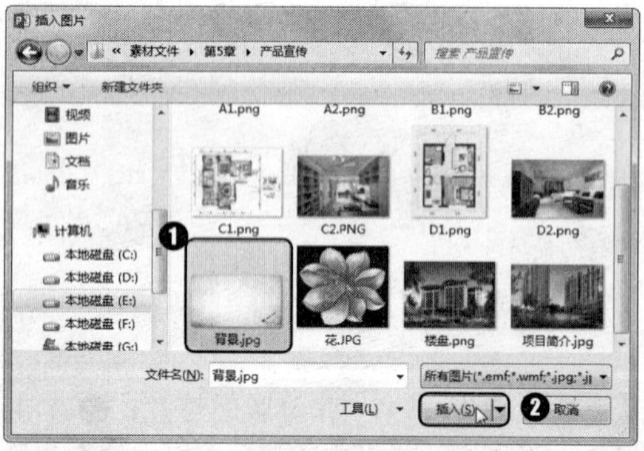

第 6 步 单击【全部应用】按钮，将背景应用于所有幻灯片母版中，如下图所示。

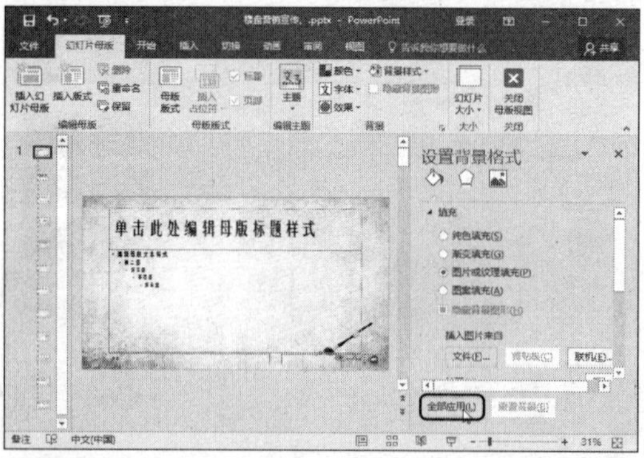

第 7 步 ❶ 选择“内容与标题”版式；❷ 选中内容占位符，按【Delete】键删除占位符，如下图所示。

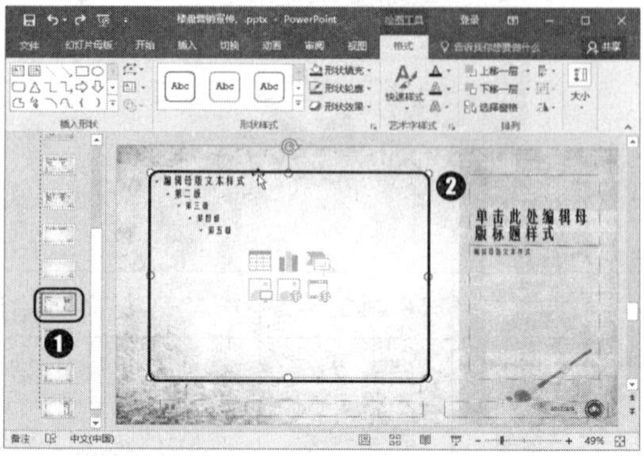

第 8 步 ❶ 使用矩形工具绘制矩形；❷ 单击【绘图工具 / 格式】选项卡【形状样式】组中的【其他】按钮，如下图所示。

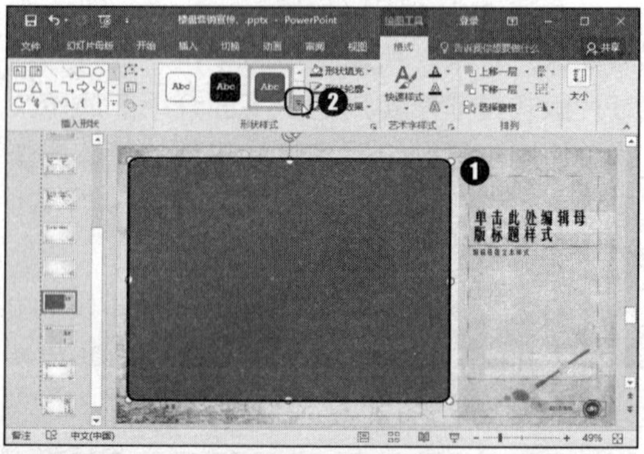

第 9 步 在弹出的下拉列表中选择一种形状样式，如下图所示。

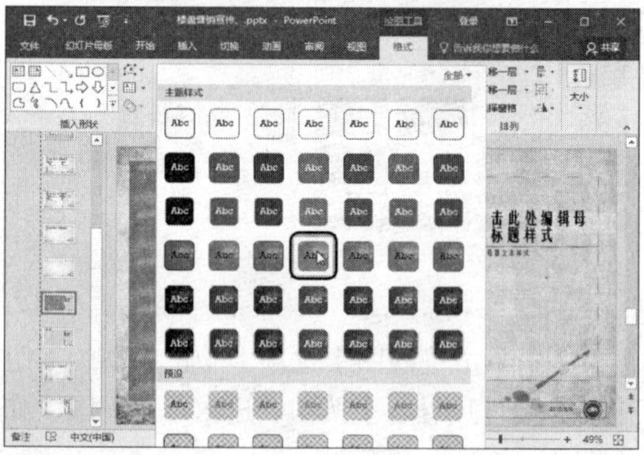

第 10 步 单击【幻灯片母版】选项卡【关闭】

组中的【关闭母版视图】按钮，返回普通视图即可，如下图所示。

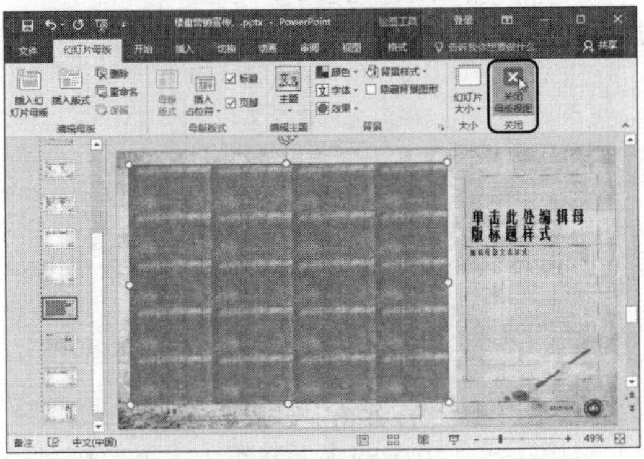

5.3.2 插入图片并设置格式

宣传类别的演示文稿以展示为主，除了文本外，图片是必不可少的，所以在制作演示文稿之前，需要收集与此相关的图片。在插入图片之后，还需要对图片进行相应的设置，具体操作步骤如下。

第 1 步 ❶选择第 1 张幻灯片，分别输入标题和副标题；❷单击【插入】选项卡【图像】组中的【图片】按钮，如下图所示。

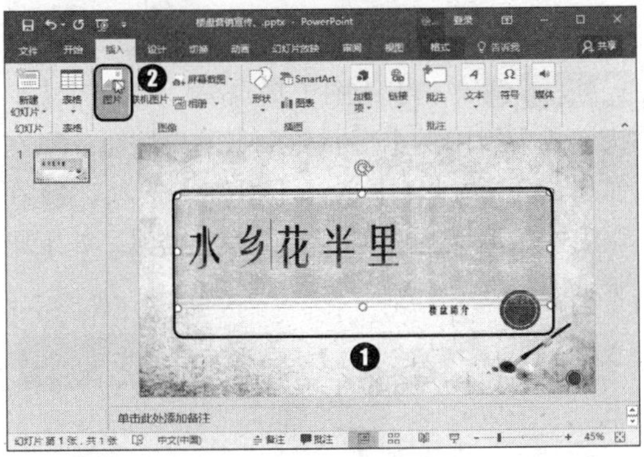

第 2 步 插入“光盘 \ 素材文件 \ 第 5 章 \ 产品宣传 \ 花 .jpg”图片，并将其拖动到合适的位置，如下图所示。

第 3 步 ❶选择第 1 张幻灯片，然后按【Enter】键，默认创建一张“标题和内容”幻灯片，在该幻灯片上右击；❷在弹出的快捷菜单中选择【版式】选项；❸在弹出的级联菜单中选择【竖排标题与文本】选项，如下图所示。

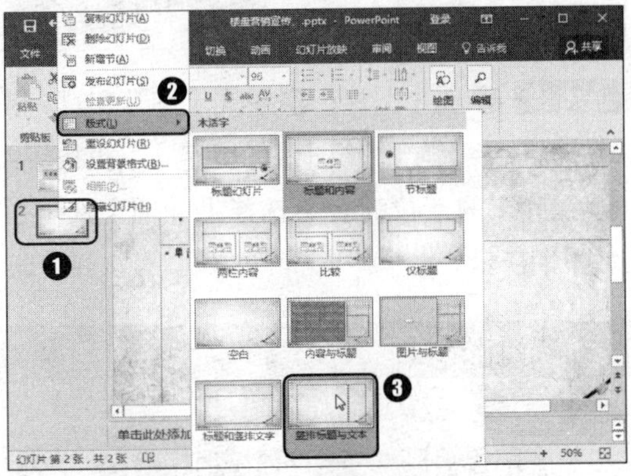

第 4 步 ❶输入标题和正文内容；❷单击【插入】选项卡【图像】组中的【图片】按钮，如下图所示。

第 5 步 ❶插入“光盘 \ 素材文件 \ 第 5 章 \ 产品宣传 \ 楼盘 .png”图片，在图片上右击；❷在弹出的快捷菜单中选择【置于底层】命令；❸在弹出的级联菜单中选择【置于底层】命令，如下图所示。

第 6 步 ❶选中图片；❷单击【图片工具 / 格式】选项卡【调整】组中的【颜色】下拉按钮；❸在弹出的下拉列表中选择【冲蚀】选项，如下图所示。

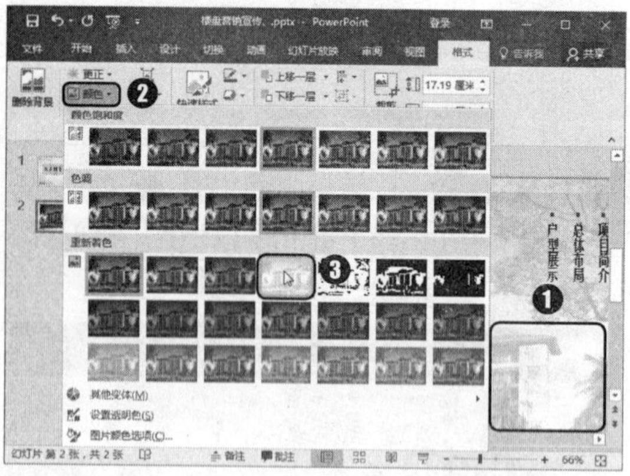

第 7 步 拖动标题文本框四周的控制柄调整文本框的大小，如下图所示。

第 8 步 ❶单击【绘图工具 / 格式】选项卡【形状样式】组中的【形状轮廓】下拉按钮；❷在弹出的下拉列表中选择轮廓颜色，如下图所示。

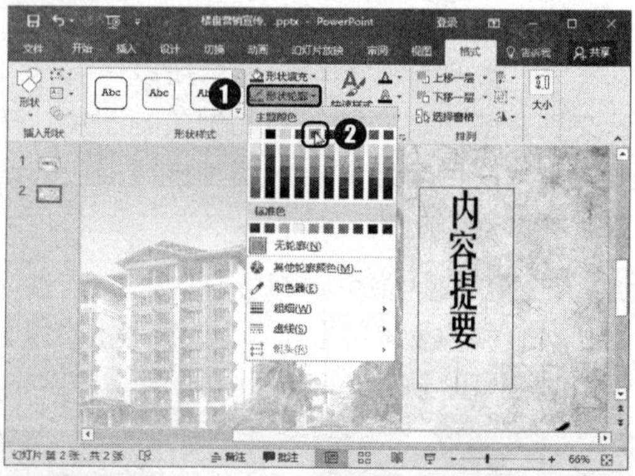

第 9 步 ❶单击【绘图工具 / 格式】选项卡【形状样式】组中的【形状轮廓】下拉按钮；❷在弹出的下拉列表中选择【粗细】选项；❸在弹出的级联菜单中选择【3 磅】选项，如下图所示。

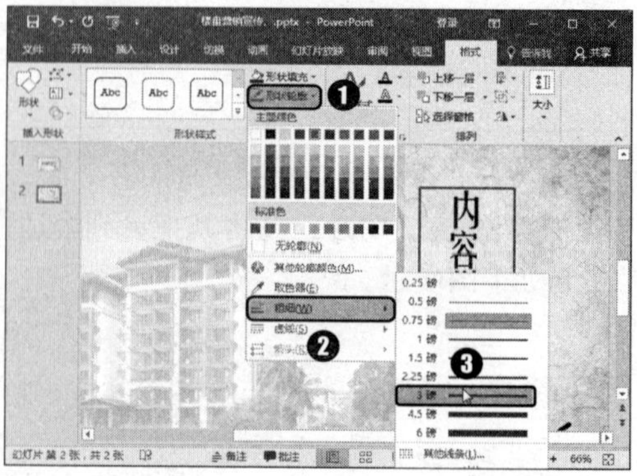

第 10 步 ❶单击【开始】选项卡【幻灯片】组中的【新建幻灯片】下拉按钮；❷在弹出的下拉列表中选择【图片与标题】选项，如下图所示。

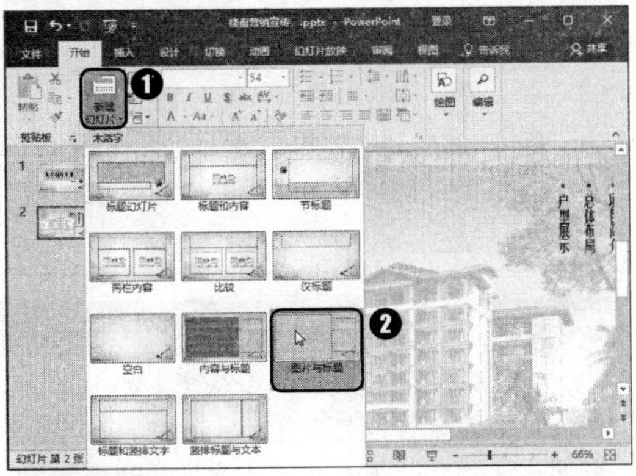

第 11 步 ❶在幻灯片中输入相应的文本标题和内容；❷单击【图片】图标，如下图所示。

第 12 步 ❶插入“光盘\素材文件\第 5 章\产品宣传\项目简介 .jpg”图片，选择图片；❷单击【图片工具 / 格式】选项卡【图片样式】组中的【图片效果】下拉按钮；❸在弹出的下拉列表中选择【柔化边缘】选项；❹在弹出的级联菜单中选择一种柔化样式，如下图所示。

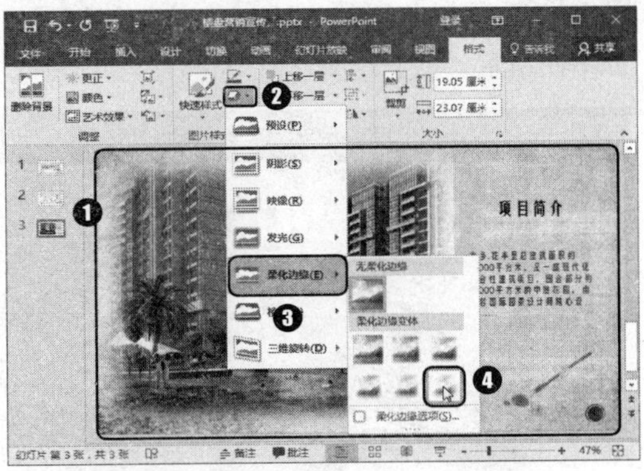

第 13 步 ❶单击【开始】选项卡【幻灯片】组中的【新建幻灯片】下拉按钮；❷在弹出的下拉列表中选择【内容与标题】选项，如下图所示。

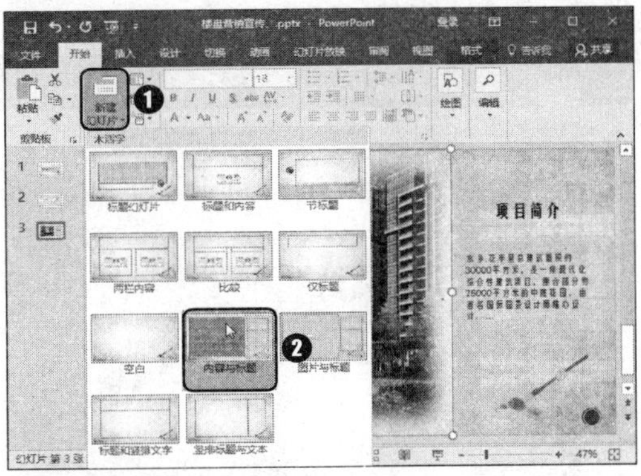

第 14 步 ❶在右侧添加标题和内容文本；❷在左侧分别插入图片“光盘\素材文件\第 5 章\产品宣传\A1.png”“光盘\素材文件\第 5 章\产品宣传\A2.png”，并调整图片的大小和位置，如下图所示。

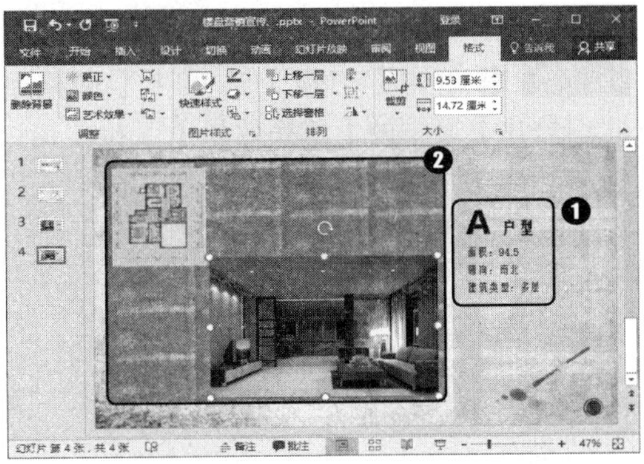

第 15 步 使用相同的方法制作其他幻灯片，如下图所示。

第 16 步 新建一张“标题”幻灯片，删除副标题占位符，然后在标题占位符中输入结束语即可，如下图所示。

5.3.3 设置演示文稿的动画效果

幻灯片的主体制作完成后，为了让幻灯片的播放更能吸引观看者的眼球，可以为其设置切换动画效果，具体操作步骤如下。

第 1 步 ❶单击【切换】选项卡【切换到此幻灯片】组中的【切换效果】下拉按钮；❷在弹出的下拉列表中选择一种切换样式，如下图所示。

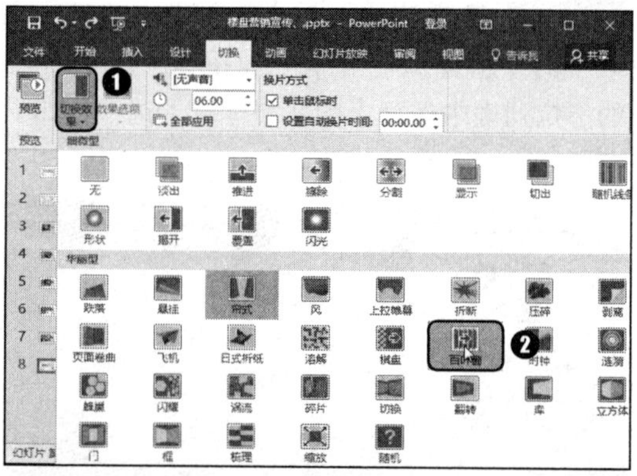

温馨提示

在【切换】选项卡的【换片方式】组中同时选中【单击鼠标时】和【设置自动换片时间】复选框，则表示满足两者中任意一个条件时，都可以切换到下一张幻灯片并进行放映。

第 2 步 ❶单击【切换】选项卡【切换到此幻灯片】组中的【效果选项】下拉按钮；❷在弹出的下拉列表中选择切换效果，如下图所示。

第 3 步 ❶选中【切换】选项卡【计时】组中的【设置自动换片时间】复选框；❷在微调框中设置自动换片的时间；❸单击【全部应用】按钮，如下图所示。

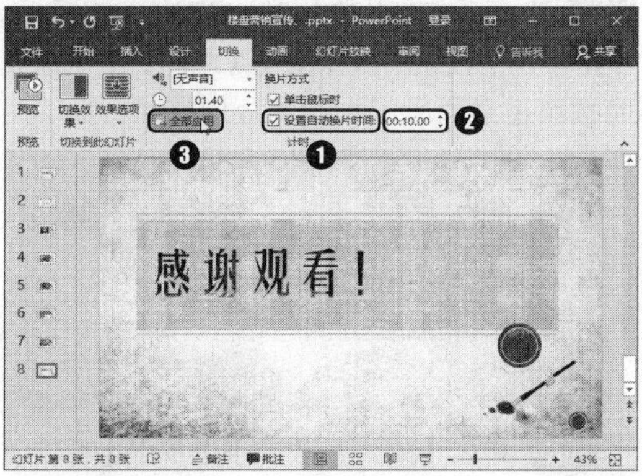

第4步 ❶选择第1张幻灯片；❷单击【切换】选项卡【切换到此幻灯片】组中的【切换效果】下拉按钮；❸在弹出的下拉列表中选择【华丽型】栏中的切换样式，如下图所示。

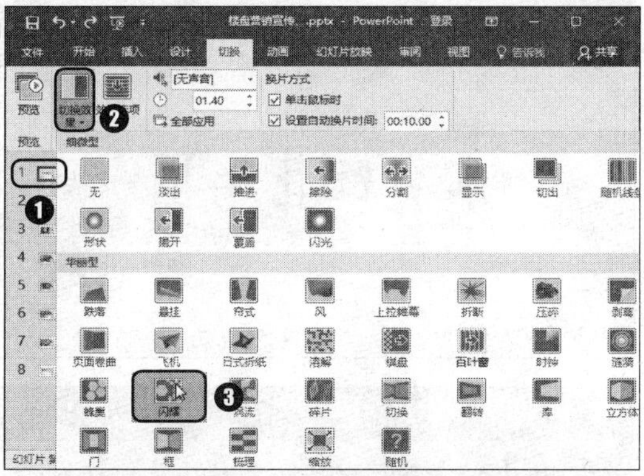

教您一招

为对象添加多个动画效果

在添加动画效果时，为同一对象可以添加多个动画效果，方法是：选中已添加了动画效果的某个对象，在【动画】选项卡的【高级动画】组中单击【添加动画】按钮，在弹出的下拉列表中选择需要添加的第2个动画效果即可。

第5步 ❶选择第2张幻灯片，然后选中目录内容文本框；❷单击【动画】选项卡【动画】组中的【动画样式】下拉按钮；❸在弹出的下拉列表中选择一种【进入】动画样式，如下图所示。

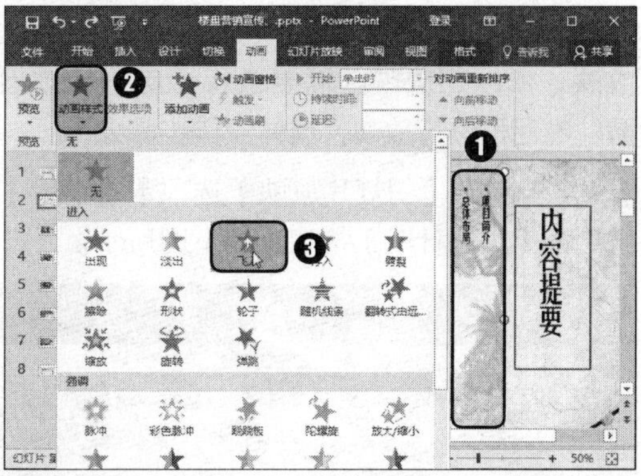

第6步 ❶单击【动画】选项卡【动画】组中的【效果选项】下拉按钮；❷在弹出的下拉列表中选择动画的方向，如下图所示。

第7步 ❶单击【动画】选项卡【高级动画】组中的【添加动画】下拉按钮；❷在弹出的下拉列表中选择一种【退出】动画样式，如下图所示。

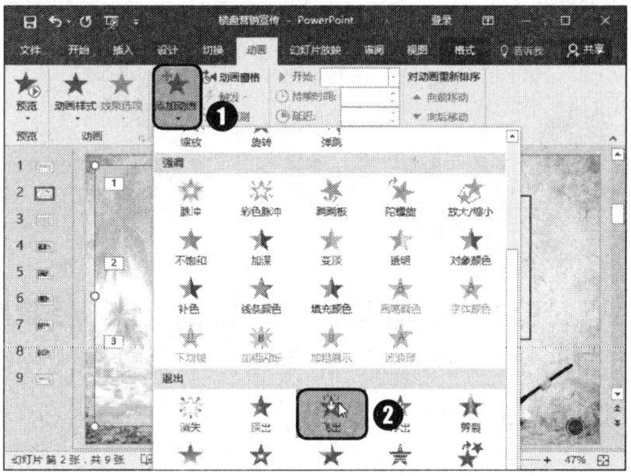

5.3.4 放映演示文稿

因为宣传营销类PPT大多会在展会上放映，所以在放映前需要进行相应的放映设置，然后再进行放映，具体操作步骤如下。

第 1 步 单击【幻灯片放映】选项卡【设置】组中的【排练计时】按钮，如下图所示。

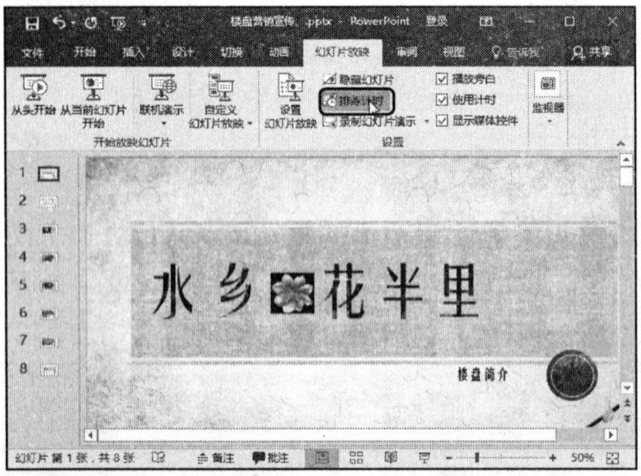

第 2 步 单击该按钮后，将会出现幻灯片放映视图，同时出现【录制】工具栏，当放映时间达到预订时间后，单击【下一项】按钮➔，切换到下一张幻灯片，重复此操作，如下图所示。

第 3 步 到达幻灯片末尾时，出现信息提示框，单击【是】按钮，以保留排练时间，下次播放时按照记录的时间自动播放幻灯片，如下图所示。

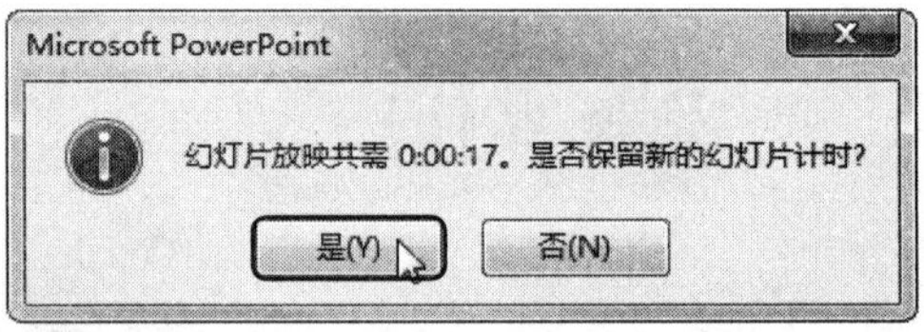

第 4 步 单击【幻灯片放映】选项卡【开始放映幻灯片】组中的【从头开始】按钮，开始放映幻灯片，如下图所示。

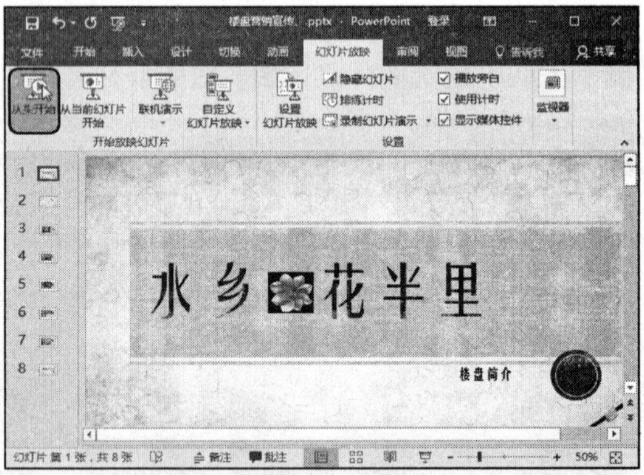

> **温馨提示**
>
> 按【F5】键可以从头开始播放幻灯片；按【Shift+F5】组合键可以从选中的当前幻灯片开始播放幻灯片。

大神支招

通过前面知识的学习，相信读者已经掌握了市场和销售管理工作中制作产品促销与推广管理相关文档的方法。下面结合本章内容，介绍一些工作中的实用经验与技巧，让你可以更轻松地驾驭各种文档。

01　轻松输入超大文字

视频文件：光盘\视频文件\第5章\01.mp4

在Word文档中，可以选择的最大号文字字号为【72】号，可是在工作中经常会遇到使用了【72】号字号仍然觉得字体太小的情况。

例如，在市场和销售管理工作中，经常需要制作一些张贴标语，以提醒相关人士。例如，在一张A4纸张上制作“谢绝推销”特大字标语，此时，如果要在Word文档中设置字体的字号为【150】，具体操作步骤如下。

❶选中需要设置字号的文本；❷单击【开始】选项卡【字体】组中的【字号】文本框，此时文本框处于选中状态，在文本框中输入【150】，按【Enter】键即可，如下图所示。

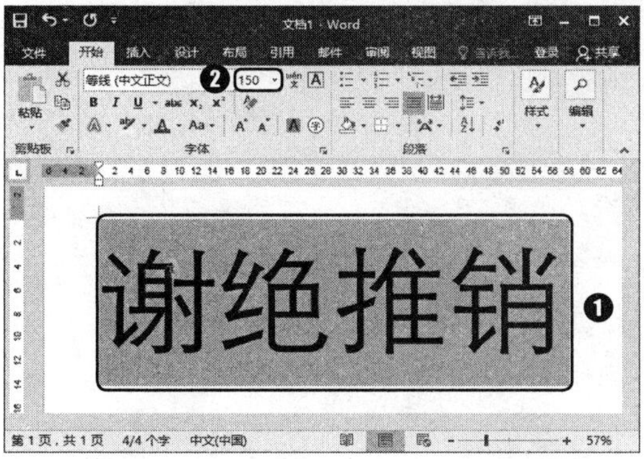

02　利用记忆功能快速输入数据

视频文件：光盘\视频文件\第5章\02.mp4

在单元格中输入数据时，灵活运用Excel的记忆功能，可快速输入与当前列中其他单元格中相同的数据，从而提高输入效率。

例如，在工作中需要重复使用商品名称，就可以利用记忆功能输入数据，具体操作步骤如下。

第1步 打开“光盘\素材文件\第5章\销售清单.xlsx”文件，选中要输入与当前列其他单元格相同数据的单元格，按【Alt+↓】组合键，在弹出的下拉列表中将显示当前列的所有数据，此时可选择需要录入的数据，如下图所示。

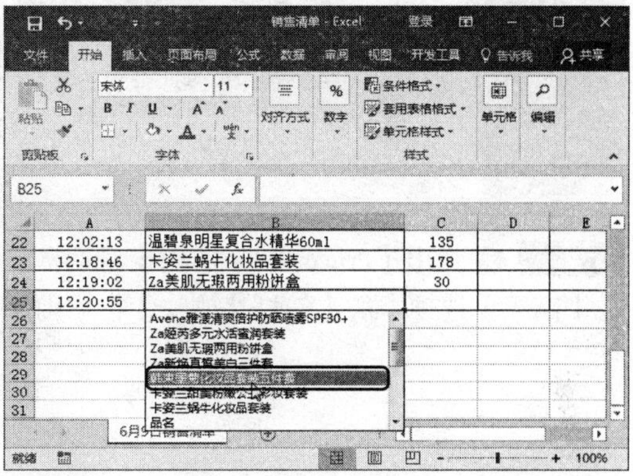

第2步 当前单元格中将自动输入所选数据，效果如下图所示。

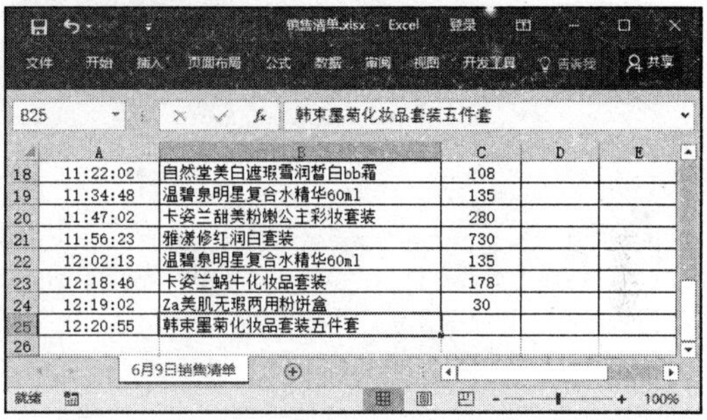

03　取消以黑屏幻灯片结束

视频文件：光盘\视频文件\第5章\03.mp4

在PowerPoint中放映幻灯片时，每次放映结束后，屏幕总显示为黑屏。若此时需继续放映下一组幻灯片，就非常影响观看效果。对于这种情况，可以使用下面的方法进行解决。

第1步 切换到【文件】选项卡，选择【选项】命令，如下图所示。

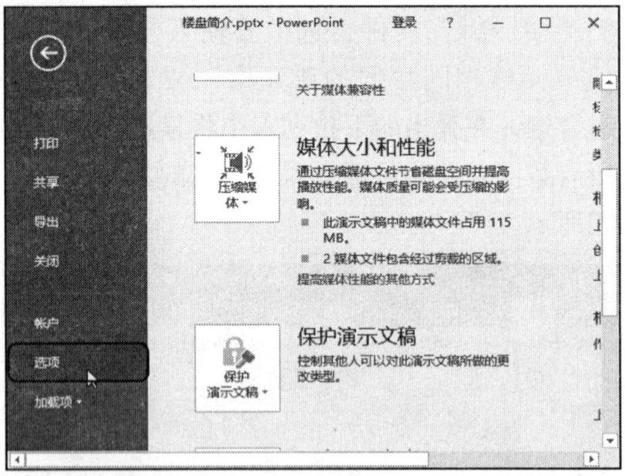

第 2 步 ❶ 弹出【PowerPoint 选项】对话框，在【高级】选项卡的【幻灯片放映】栏中取消选中【以黑幻灯片结束】复选框；❷ 单击【确定】按钮即可，如下图所示。

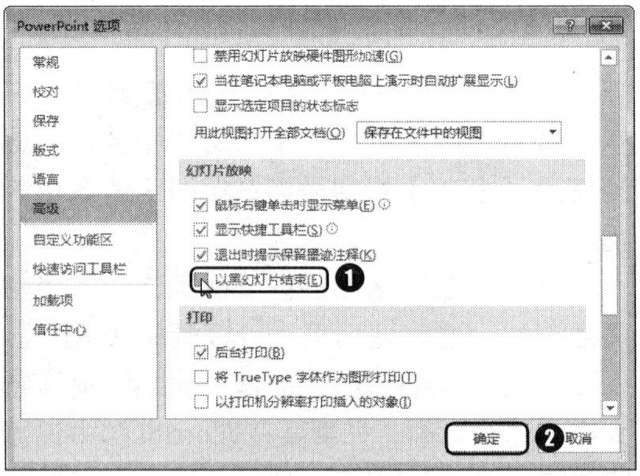

第6章 销售管理

本章导读

在市场和销售管理工作中，需要制作各种与销售数据相关的文档。本章通过制作公司销售管理制度、销售数据分析表、销量预测表和年度销售报告文档，介绍在市场营销和销售管理工作中销售管理相关文档的制作方法。

知识要点

- ❖ 在大纲视图中编辑
- ❖ 使用编号
- ❖ 插入图表
- ❖ 制作动态图表
- ❖ 设计幻灯片母版
- ❖ 绘制形状

6.1 使用Word制作“公司销售管理制度”

案例背景

为提高公司经营运作效率，加强产品市场的开发及维护，销售部往往会制作各种制度，而合理的销售管理制度是规范销售流程、提高销量的不二法门。销售管理制度一般包括岗位职责、销售服务、客户服务等，熟读销售管理制度，可以让销售人员明确自己的责任。

本例将通过Word制作公司销售管理制度，制作完成后的效果如下图所示。实例最终效果见“光盘\结果文件\第6章\公司销售管理制度.docx”文件。

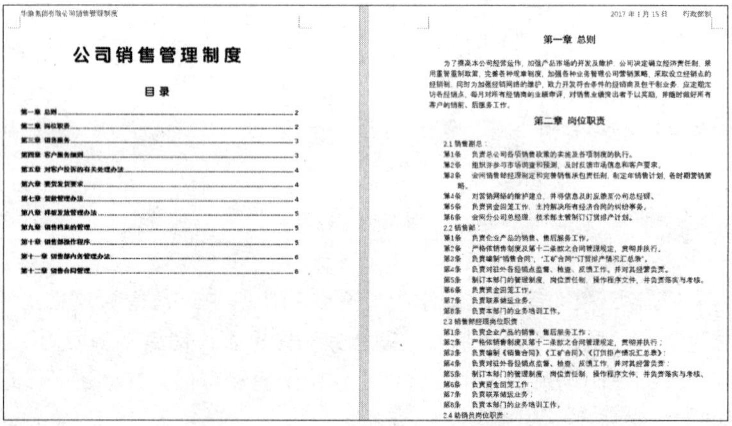

光盘文件	素材文件	光盘\素材文件\第6章\公司销售管理制度.docx
	结果文件	光盘\结果文件\第6章\公司销售管理制度.docx
	教学视频	光盘\视频文件\第6章\6.1使用Word制作公司销售管理制度.mp4

6.1.1 在大纲视图中编辑文档

由于销售管理制度的条款较多，因此，可以在大纲视图模式下检查章程的逻辑性问题。

1. 设置大纲级别

在使用大纲视图之前，首先需要为文档设置大纲级别，具体操作步骤如下。

第 1 步 打开“光盘\素材文件\第 6 章\公司销售管理制度.docx”文件，在【视图】选项卡中选中【显示】组的【导航窗格】复选框，如下图所示。

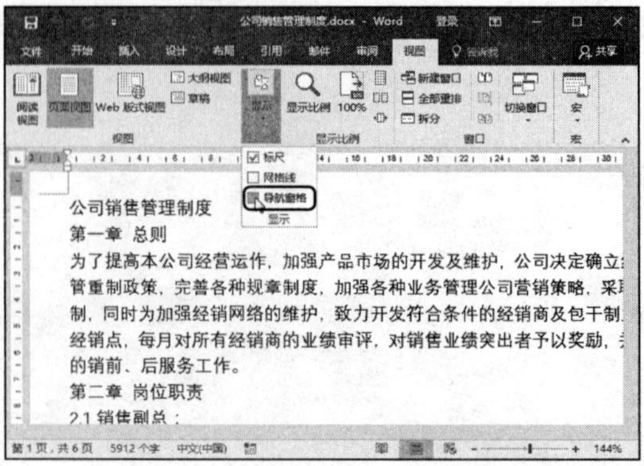

第2步 ❶打开【导航】窗格，选择【结果】选项卡；❷在文本框中输入“第”，然后按【Enter】键；❸选择窗格下方列表框中搜索出的“第一章 总则”文本；❹单击【开始】选项卡【段落】组中的对话框启动器，如下图所示。

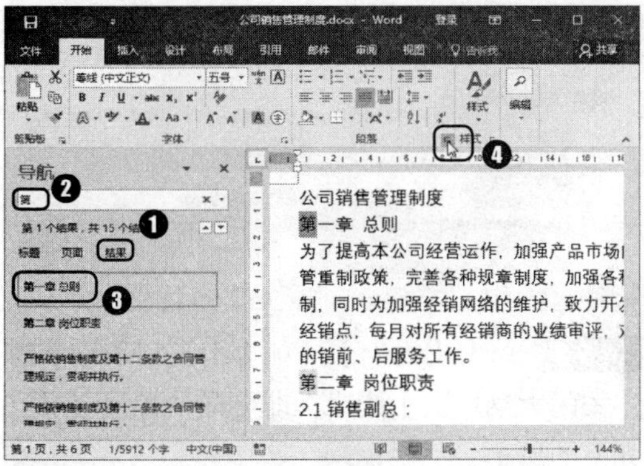

第3步 ❶打开【段落】对话框，在【缩进和间距】选项卡的【常规】栏中设置【大纲级别】为【1级】；❷单击【确定】按钮，如下图所示。

第4步 重新在【导航】窗格的文本框中将光标定位到“第”后面，按【Enter】键，如下图所示。

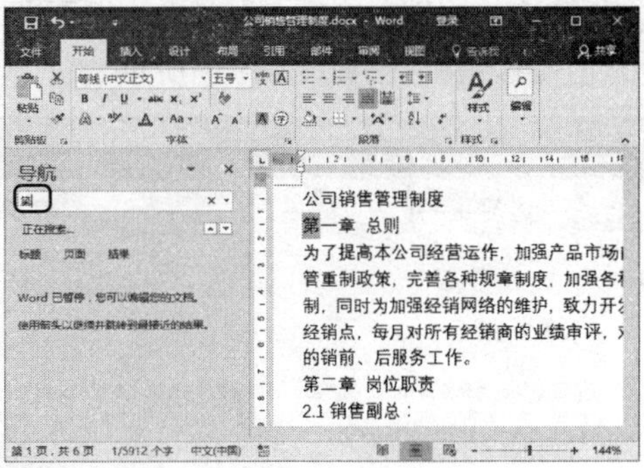

第5步 选择“第二章 岗位职责”文本，使用相同的方法为其设置大纲级别，并使用相同的方法设置所有章节的大纲级别，如下图所示。

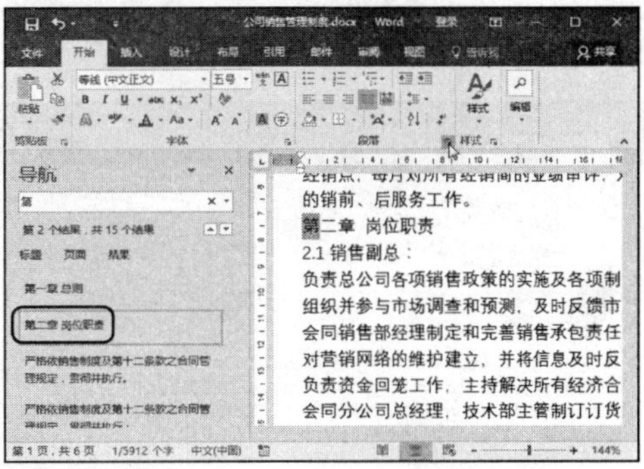

第6步 ❶在【导航】窗格中选择【标题】选项卡；❷此时可以按照各章名来快速定位到相应的位置，如下图所示。

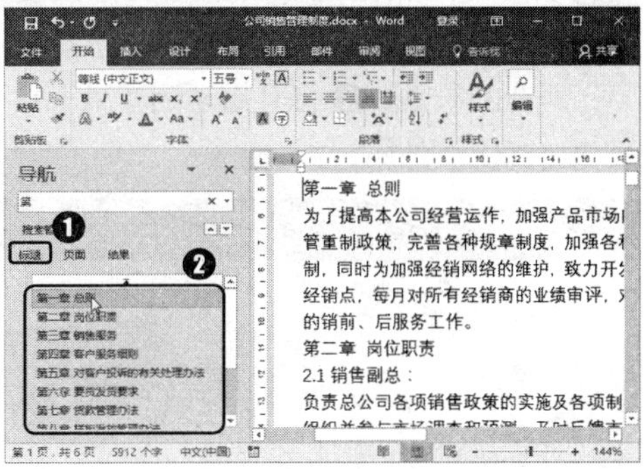

2. 在大纲视图中编辑

在大纲视图中可以清晰地查看文档结构，并调整文档结构，具体操作步骤如下。

第 1 步 在【视图】选项卡中单击【视图】组中的【大纲视图】按钮，如下图所示。

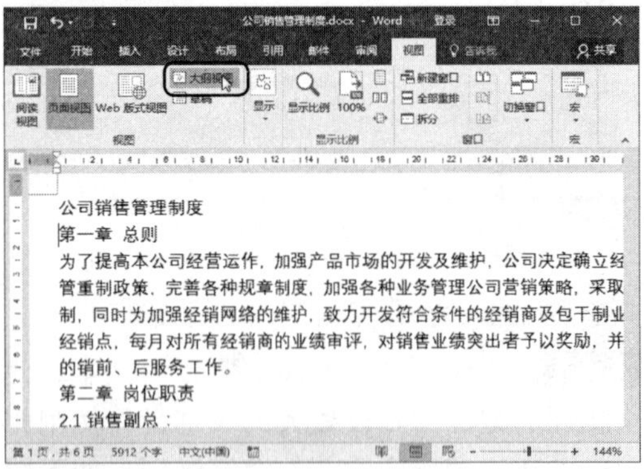

第 2 步 双击第一章左侧的⊕标记，此时该章下的所有制度内容将隐藏起来，仅显示章名，如下图所示。

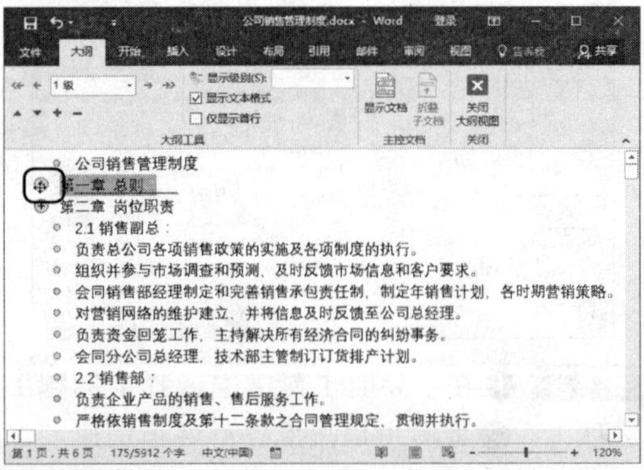

第 3 步 ❶使用相同的方法隐藏其他制度内容，可以发现“第四章”位置有误，选择“第四章”所在的段落；❷将其拖动到“第五章”的左侧，如下图所示。

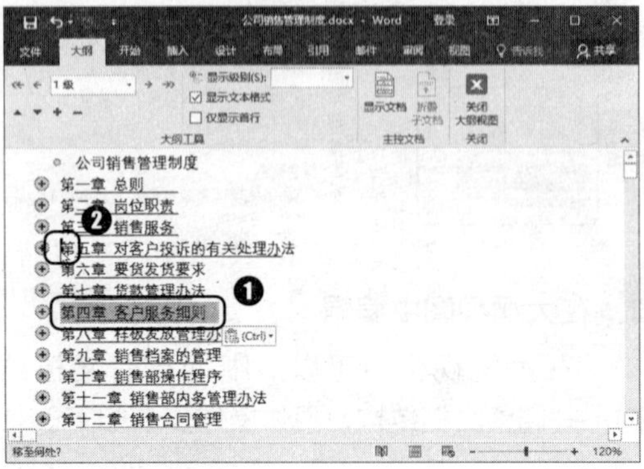

第 4 步 双击“第四章”左侧的⊕标记，即可看到不仅是章名更换了位置，该章下的所有内容也一同调整到相应的位置，如下图所示。

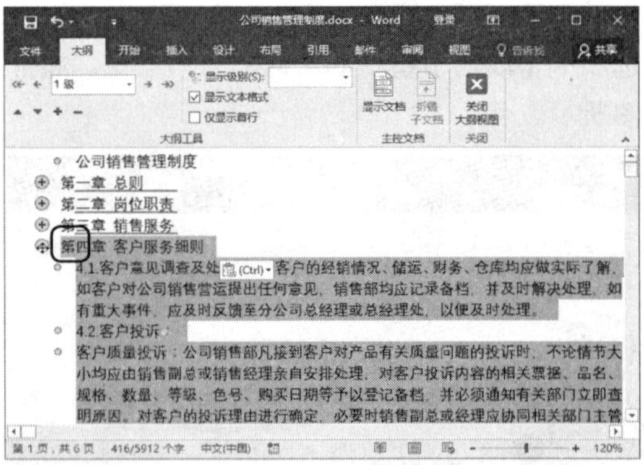

第 5 步 单击【大纲】选项卡【关闭】组中的【关闭大纲视图】按钮，即可退出大纲视图，如下图所示。

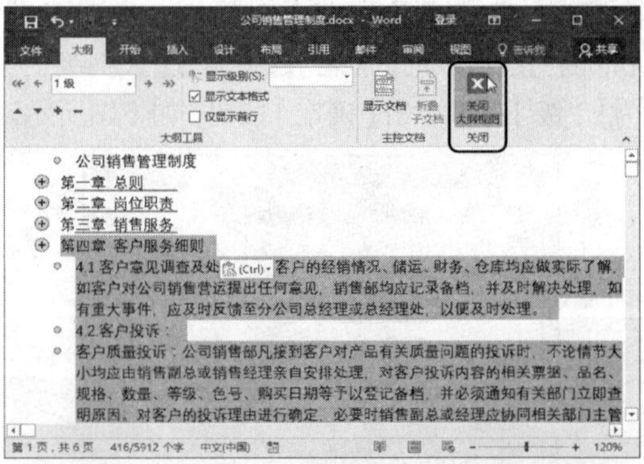

温馨提示

在编制长文档时，由于内容较多，条款量大，可以先在大纲视图下对文档内容进行编辑和设置，不仅可以提高编辑速度，同时还能避免由于信息量大而出现的错误操作。

6.1.2 设置文档格式

在大纲模式下调整了文档结构之后，就可以开始设置文档格式了，具体操作步骤如下。

第 1 步 ❶选择制度的标题；❷在【开始】选项卡的【字体】组中设置字体格式为【方正粗圆简体，一号】；❸单击【字体】组中的对话框启动器，如下图所示。

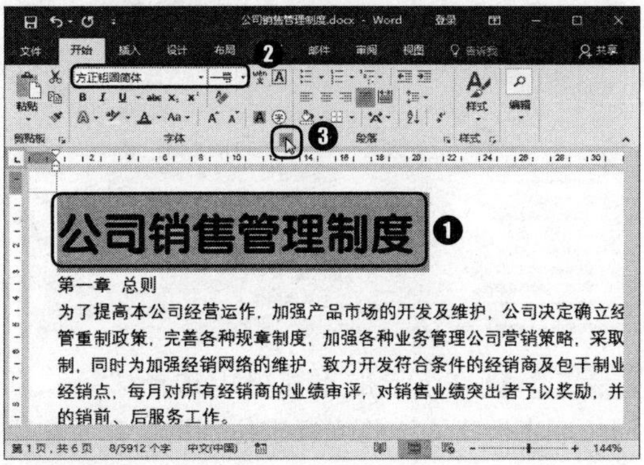

第 2 步 ❶打开【字体】对话框，在【高级】选项卡的【字符间距】栏中设置【间距】为【加宽】，【磅值】为【3 磅】；❷单击【确定】按钮，如下图所示。

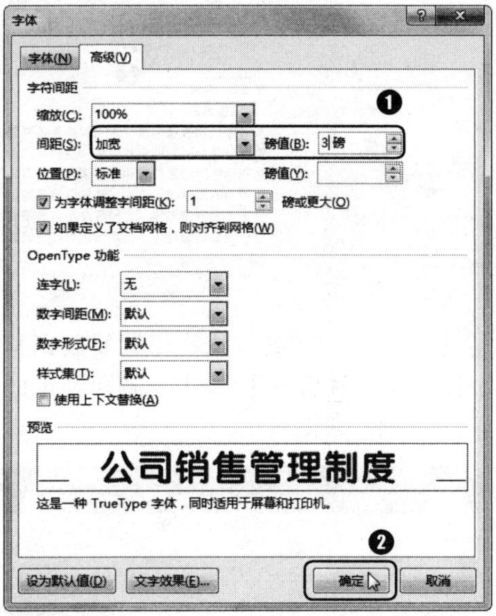

第 3 步 保持文字选中状态，单击【开始】选项卡【段落】组中的对话框启动器，如下图所示。

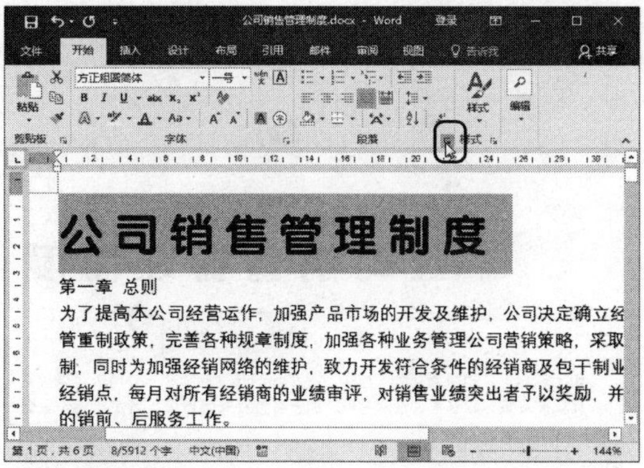

第 4 步 ❶打开【段落】对话框，在【缩进和间距】选项卡的【常规】栏中设置【对齐方式】为【居中】；❷在【间距】栏中设置【段前】为【1 行】，【段后】为【0.5 行】；❸单击【确定】按钮，如下图所示。

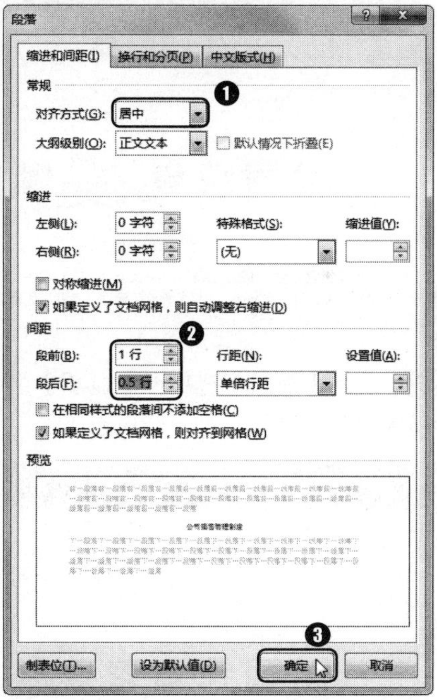

第 5 步 ❶选择“第一章 总则”文本；❷在【开始】选项卡的【字体】组中设置字体格式为【黑体，四号】；❸在【段落】组中单击【居中】按钮，如下图所示。

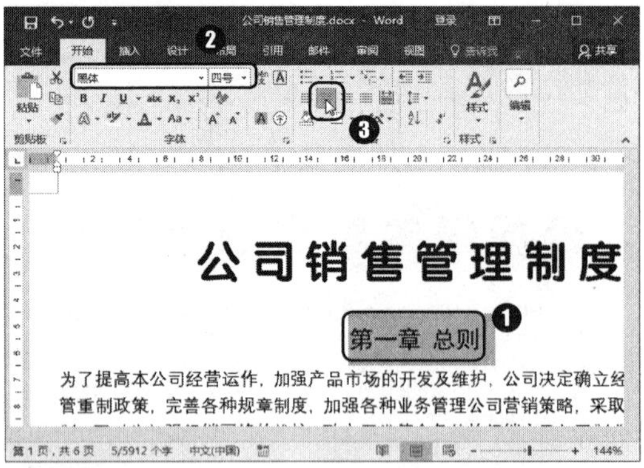

第6步 ❶保持文字的选中状态，单击【开始】选项卡【段落】组中的【行和段落间距】下拉按钮；❷在弹出的下拉列表中选择【增加段落后的空格】选项，如下图所示。

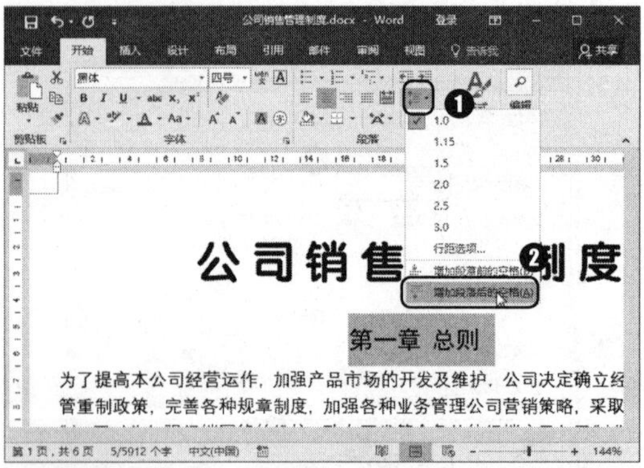

第7步 选中【视图】选项卡【显示】组中的【导航窗格】复选框，如下图所示。

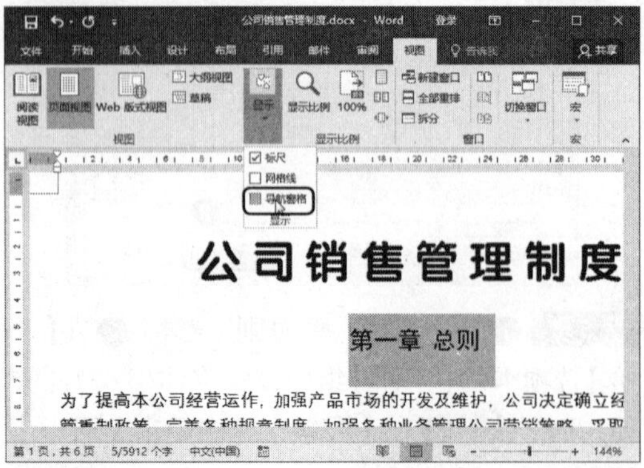

第8步 ❶打开【导航】窗格，在下方的列表中选中“第一章 总则”文本，将光标快速定位到第一章所在段落；❷双击【开始】选项卡【剪贴板】组中的【格式刷】按钮，如下图所示。

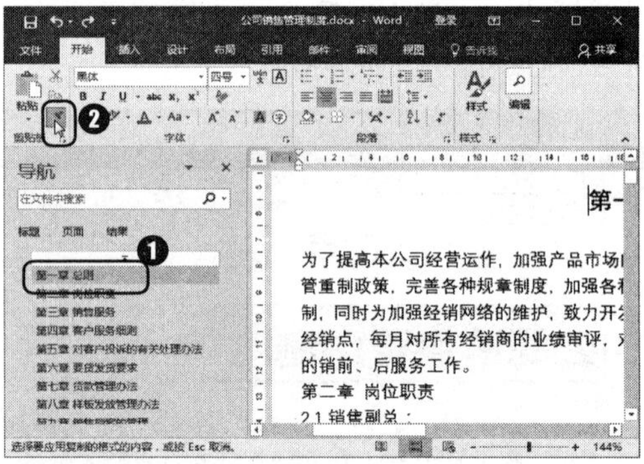

第9步 ❶在【导航】窗格中选择“第二章 岗位职责”文本，将光标定位到第二章所在段落；❷将鼠标指针移动到文档编辑区的第二章名称左侧，当指针变为形状时单击，即可复制格式，如下图所示。

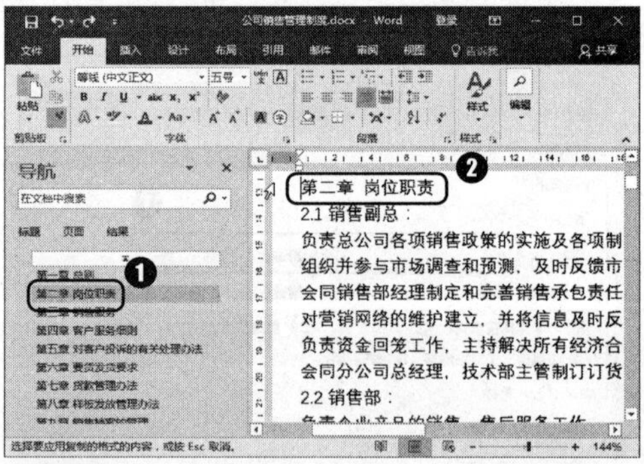

第10步 使用相同的方法将格式复制到其他章节段落中，然后按【Esc】键解除锁定的格式刷，如下图所示。

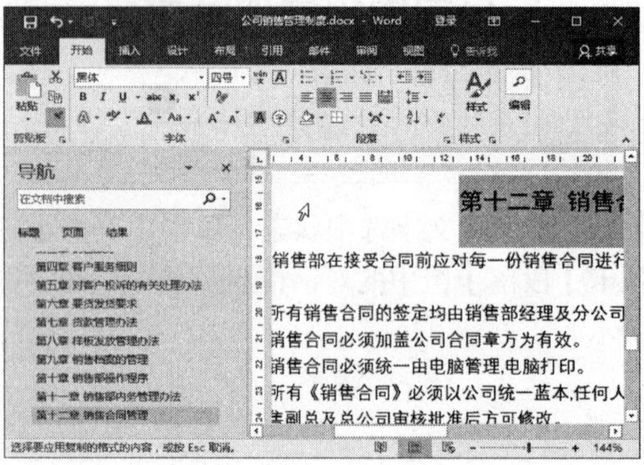

第 11 步 ❶将光标定位到“第一章”下方的正文处；❷拖动标尺上的【首行缩进】滑块到 2 字符，如下图所示。

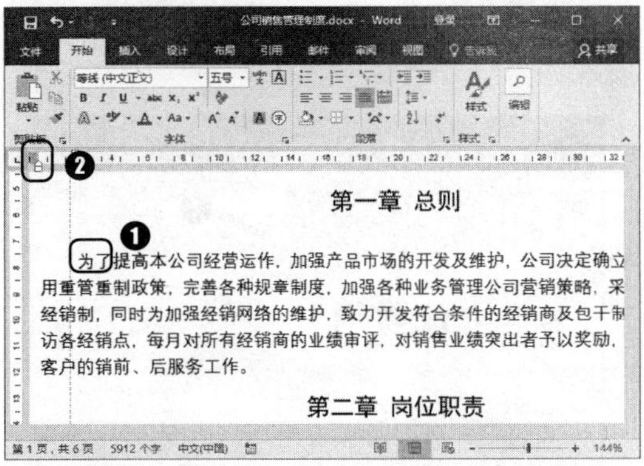

第 12 步 ❶选中第一章的正文文本；❷双击【开始】选项卡【剪贴板】组中的【格式刷】按钮，如下图所示。

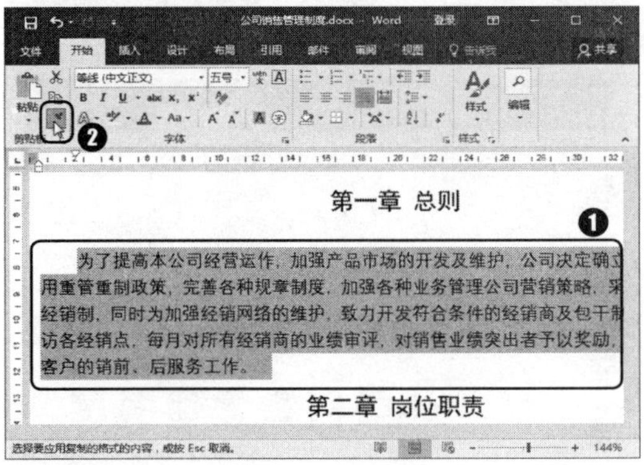

第13步 将文本格式复制到其他正文段落中，然后按【Esc】键解除锁定的格式刷，如下图所示。

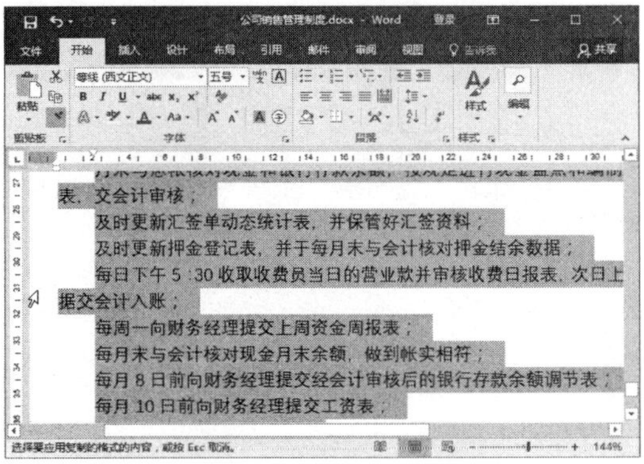

6.1.3 新建和使用编号

当文档中有多个制度条款时，可以使用编号让条款更加清晰，具体操作步骤如下。

第 1 步 ❶选中“2.1”文本下方的制度条款；❷单击【开始】选项卡【段落】组中的【编号】下拉按钮；❸在弹出的下拉列表中选择【定义新编号格式】命令，如下图所示。

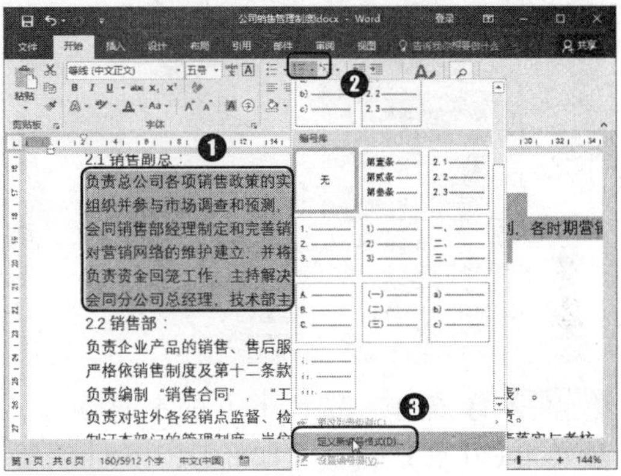

第 2 步 ❶打开【定义新编号格式】对话框，在【编号样式】下拉列表中选择【1,2,3…】选项；❷在【编号格式】文本框的“1”前后添加“第”和“条”，并删除原有的“.”；❸单击【确定】按钮，如下图所示。

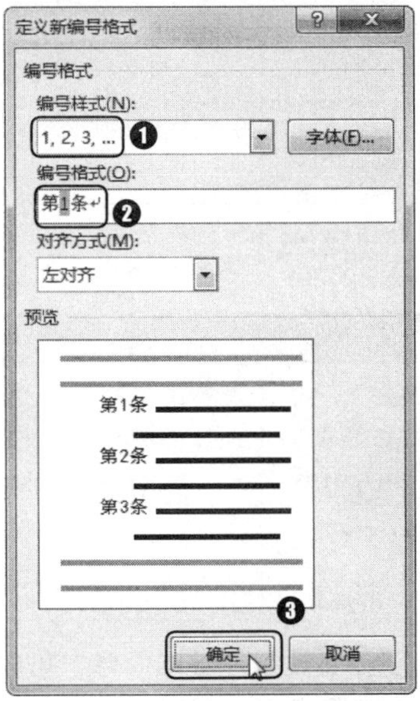

第 3 步 ❶返回文档，会发现文档已经自动应用了其他编号，保持文档选中状态；❷单击【开始】选项卡【段落】组中的【编号】下拉按钮；❸在弹出的下拉列表中可以查看到新建的编号，单击即可应用该编号，如下图所示。

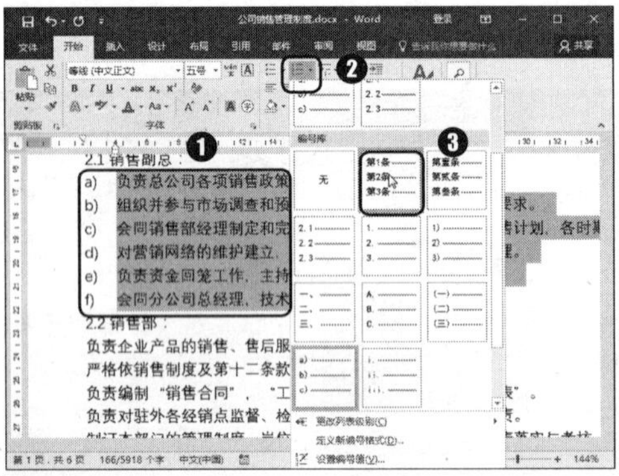

第 4 步 ❶选中“2.2”下方的制度条款；❷单击【开始】选项卡【段落】组中的【编号】按钮，并使用相同的方法为其他条款添加编号，如下图所示。

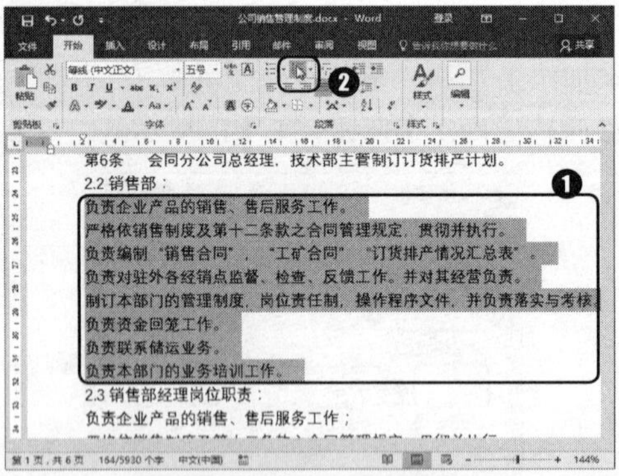

温馨提示

因为上一步应用了新建的编号样式，此处只需要单击编号按钮，即可应用与上一步相同的编号样式。

6.1.4 制作文档的页眉和页脚

为了更多地显示辅助信息，可以分别对制度的奇数页和偶数页进行页眉和页脚的设置，具体操作步骤如下。

第 1 步 ❶单击【插入】选项卡【页眉和页脚】组中的【页眉】按钮；❷在弹出的下拉列表中选择【编辑页眉】选项，如下图所示。

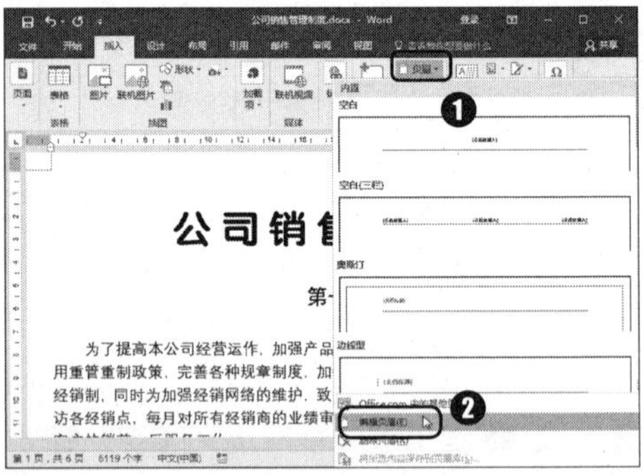

第 2 步 进入页眉页脚编辑模式，选中【页眉和页脚工具/设计】选项卡【选项】组中的【奇偶页不同】复选框，如下图所示。

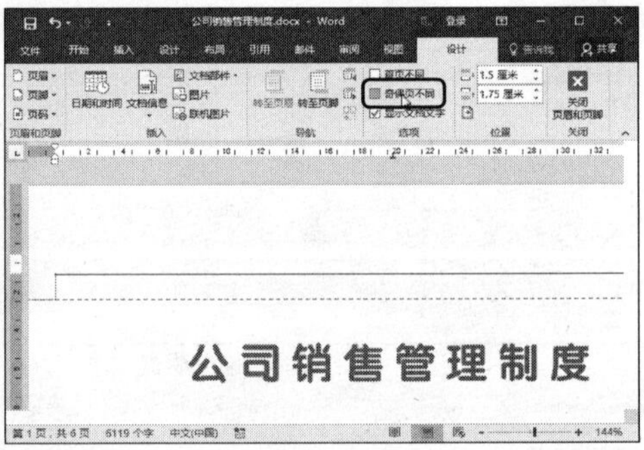

第 3 步 ❶将光标定位到第 1 页的页眉处；❷单击【开始】选项卡【字体】组中的【清除所有格式】按钮，如下图所示。

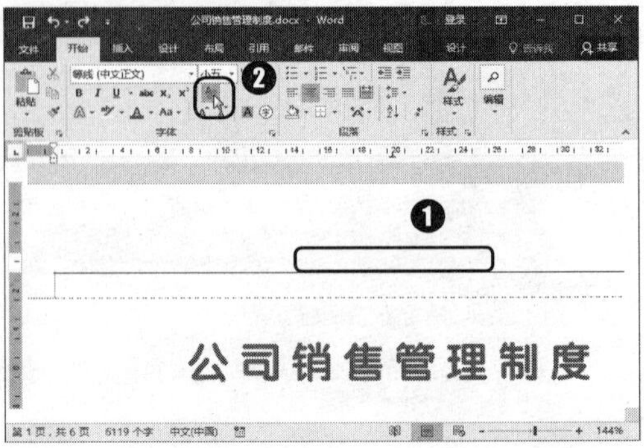

第 4 步 在页眉处直接输入文本内容，如下图所示。

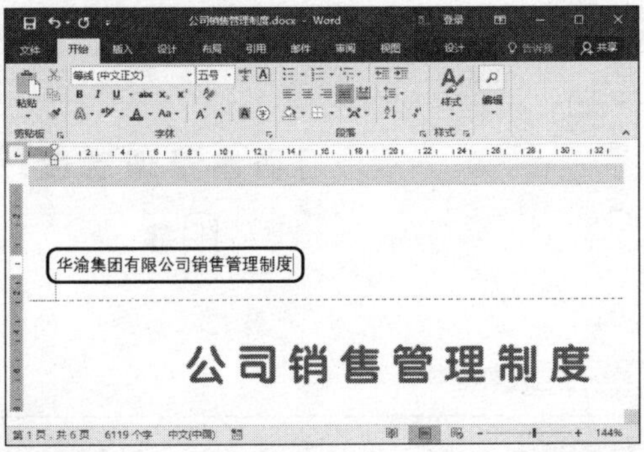

第 5 步 ❶将光标定位到第 2 页的页眉区域，单击【开始】选项卡【字体】组中的【清除所有格式】按钮；❷在光标处输入日期，如下图所示。

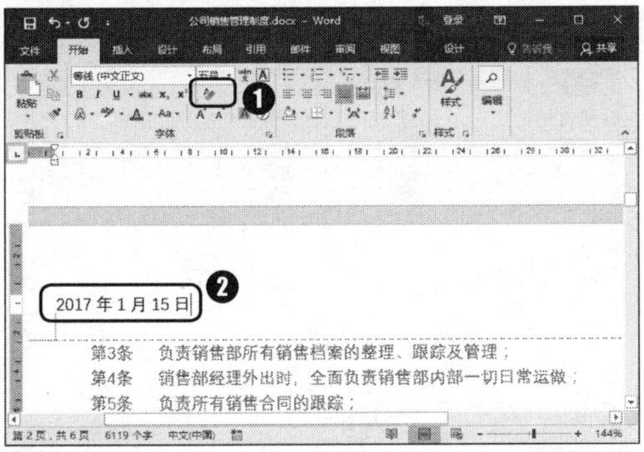

第 6 步 ❶按【Tab】键，然后输入“行政部制”文本；❷单击【开始】选项卡【段落】组中的【右对齐】按钮，如下图所示。

第 7 步 ❶将光标定位到第 1 页的页脚处；❷单击【页眉和页脚工具 / 设计】选项卡【页眉和页脚】组中的【页码】下拉按钮；❸在弹出的下拉列表中选择【页面底端】选项；❹在打开的级联菜单中选择一种页码样式，如选择【堆叠纸张 1】选项，如下图所示。

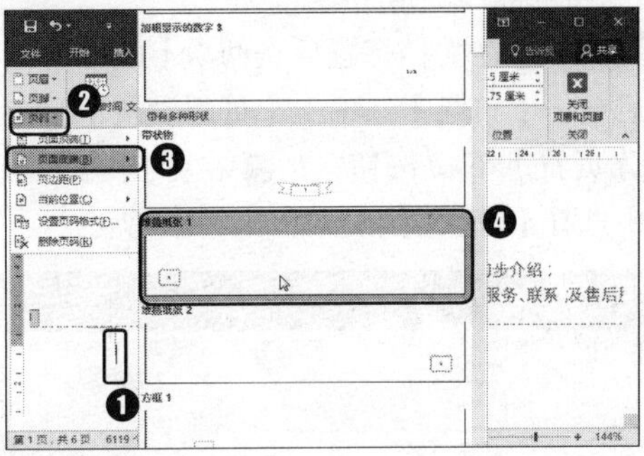

第 8 步 ❶将光标定位到第 2 页的页脚处；❷单击【页眉和页脚工具 / 设计】选项卡【页眉和页脚】组中的【页码】下拉按钮；❸在弹出的下拉列表中选择【页面底端】选项；❹在打开的级联菜单中选择一种页码样式，如选择【堆叠纸张 2】选项，如下图所示。

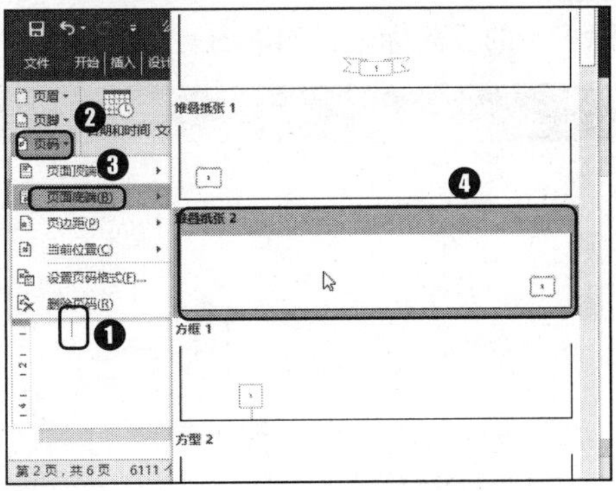

第 9 步 单击【页眉和页脚工具 / 设计】选项卡【关闭】组中的【关闭页眉和页脚】按钮，退出页眉和页脚编辑状态即可，如下图所示。

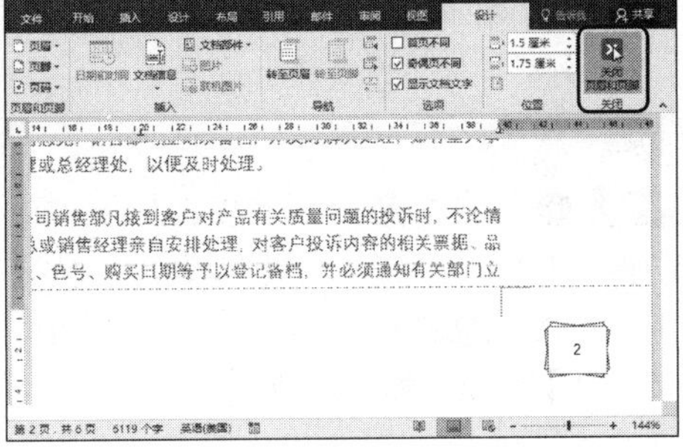

6.1.5 制作文档目录

在文档中插入目录可以方便浏览文档内容，具体操作步骤如下。

第 1 步 ❶在文档标题后按两次【Enter】键，然后单击【布局】选项卡【页面设置】组中的【分页符】下拉按钮；❷在弹出的下拉列表中选择【分页符】选项，如下图所示。

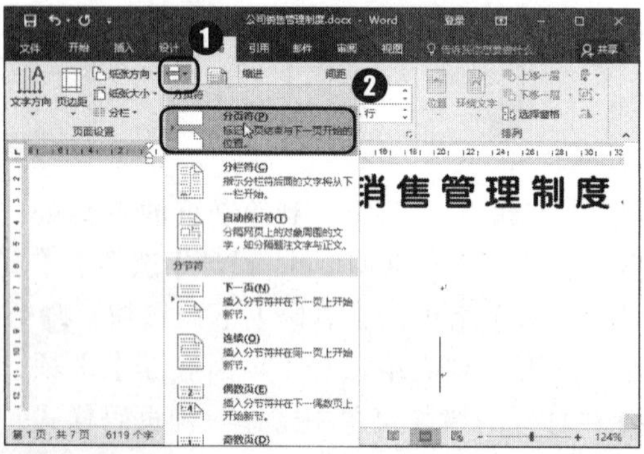

第 2 步 自动切换到第 2 页，按【Delete】键删除多余的段落标记，如下图所示。

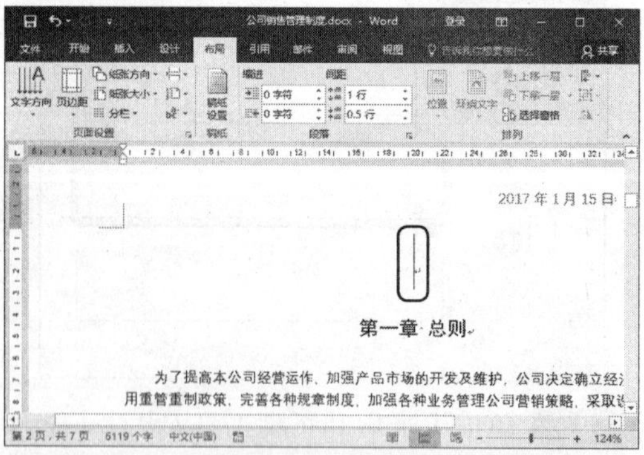

教您一招

快速插入目录

单击【引用】选项卡【目录】组中的【目录】下拉按钮，在弹出的下拉列表中选择一种内容目录样式，即可快速插入目录。

第 3 步 ❶将光标定位到文档标题下方的空行；❷单击【引用】选项卡【目录】组中的【目录】下拉按钮；❸在弹出的下拉列表中选择【自定义目录】选项，如下图所示。

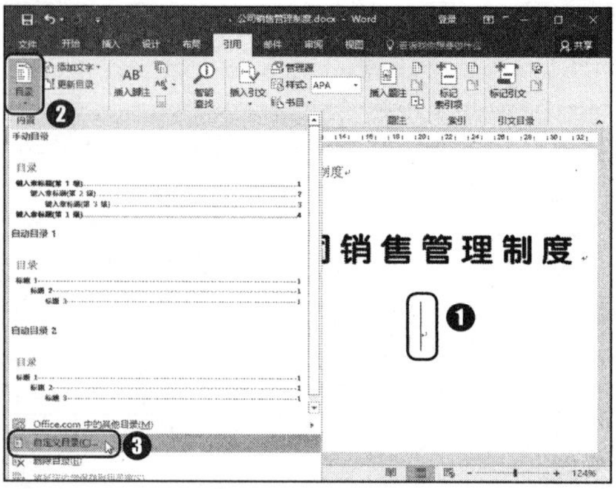

第 4 步 ❶打开【目录】对话框，在【常规】栏中的【格式】下拉列表中选择【正式】选项；❷在【制表符前导符】下拉列表中选择一种前导符样式；❸单击【确定】按钮，如下图所示。

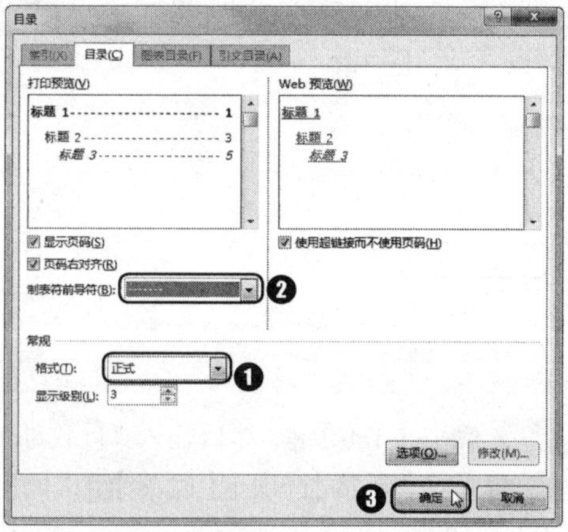

第 5 步 此时，将插入文档中大纲级别为 1 级的章节段落，如下图所示。

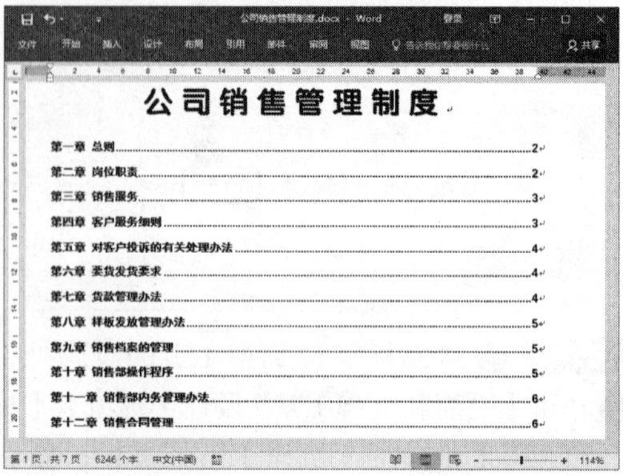

第6步 ❶在标题段落后按【Enter】键，输入“目录”文本；❷在【开始】选项卡【字体】组中设置字号为【三号】，如下图所示。

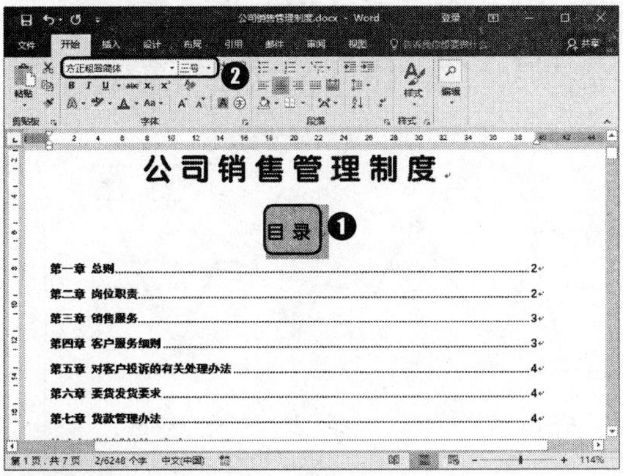

第7步 按住【Ctrl】键的同时单击目录中的某个章节文本，如下图所示。

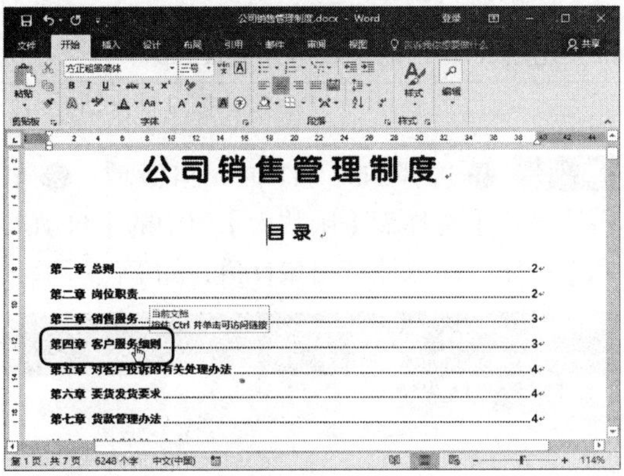

第8步 此时，光标将快速定位到文档中的相应位置，如下图所示。

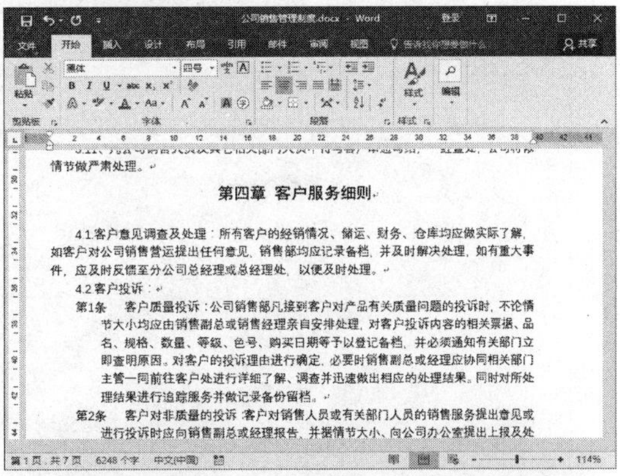

教您一招

更新目录

如果在文档中添加或删除内容后，目录内容或对应的页码就有可能发生改变。此时，可以在目录上右击，在弹出的快捷菜单中选择【更新域】命令，打开【更新目录】对话框，选中【更新整个目录】单选按钮，然后单击【确定】按钮，即可更新目录内容。

6.2 使用Excel制作“销售数据分析表”

案例背景

产品销售数据分析表用来记录和统计公司的产品在某一段时间内的销售情况。它将为销售部门掌握销售形势、处理销售数据提供依据。本例将制作一份销售数据分析表，并运用柱线图和折线图的操作来实现表格的分析。

本例将通过Excel制作销售数据分析表，制作完成后的效果如下图所示。实例最终效果见“光盘\结果文件\第6章\销售数据分析表.xlsx”文件。

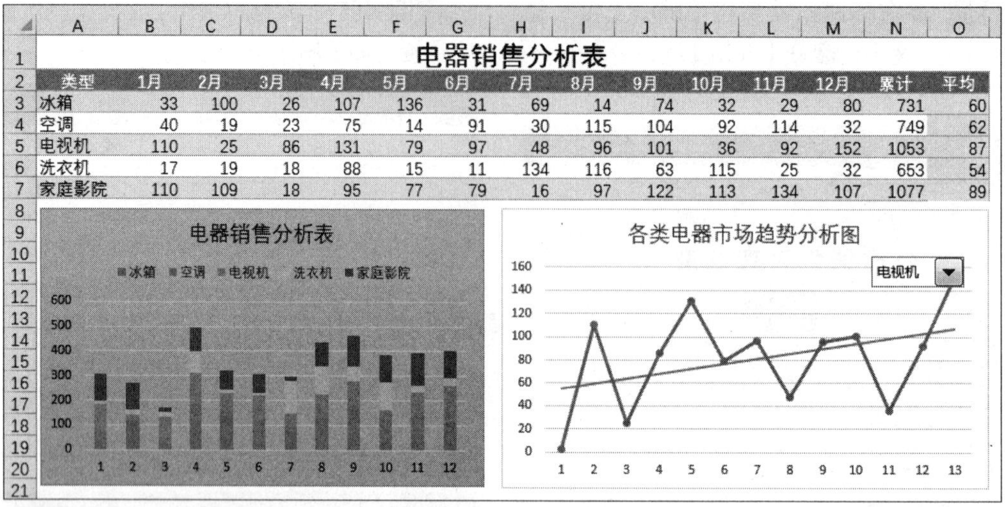

光盘文件	素材文件	无
	结果文件	光盘\结果文件\第6章\销售数据分析表.xlsx
	教学视频	光盘\视频文件\第6章\6.2使用Excel制作销售数据分析表.mp4

6.2.1 制作基本表格

在制作销售数据分析表之前，先制作销量表的基本表格，并利用函数对总销量和平均销量进行计算，具体操作步骤如下。

第 1 步 新建一个名为“电器销售分析表”的Excel 表格，输入表格标题和数据，并设置合适的表格样式，如下图所示。

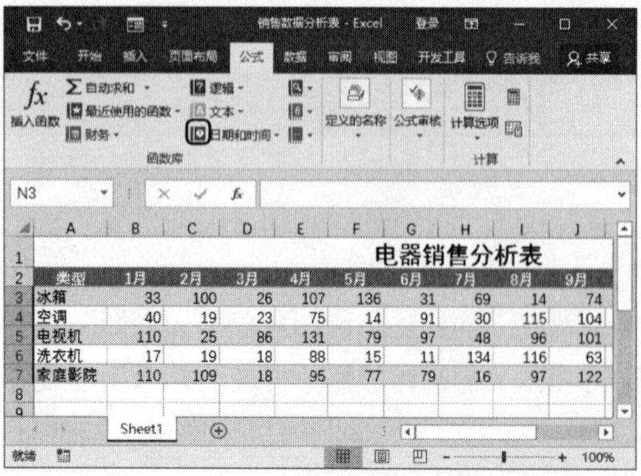

第 2 步 ❶ 选择 N3：N7 单元格区域；❷ 单击【公式】选择卡【函数库】组中的【自动求和】按钮，即可计算出累计值，如下图所示。

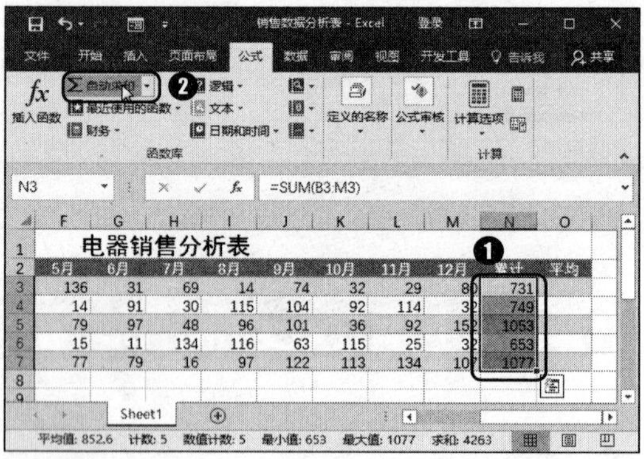

第 3 步 ❶ 选择 O3 单元格，在编辑栏中输入公式“=INT(AVERAGE(B3：M3))”，按【Enter】键计算出冰箱的平均销量；❷ 将公式填充到 O4：O7 单元格区域，计算出其他电器的平均销量，如下图所示。

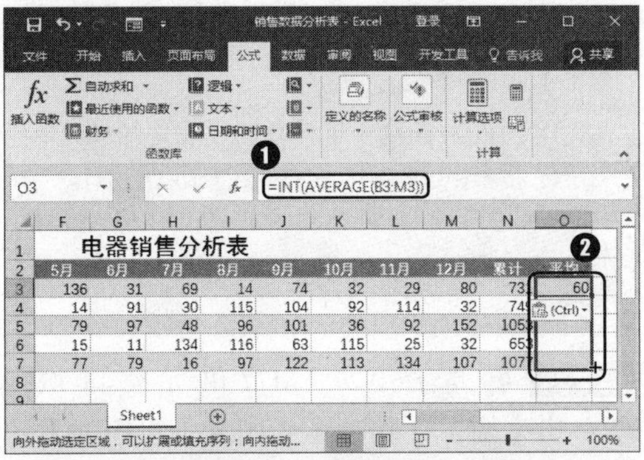

温馨提示

在计算平均销售量时，使用了INT函数嵌套AVERAGE函数。AVERAGE函数用于计算平均值，INT函数用于返回数值的整数。此时公式“=INT(AVERAGE(B3：M3))”的含义是指先对B3：M3单元格区域的数值求平均值，再对计算出的平均值求整。

6.2.2 插入图表

使用图表可以让数据更加直观，下面为销售数据分析工作表制作图表，具体操作步骤如下。

第1步 ❶选择A3：M7单元格区域；❷单击【插入】选项卡【图表】组中的【插入柱形图或条形图】下拉按钮；❸在弹出的下拉列表中选择一种柱形图样式，如下图所示。

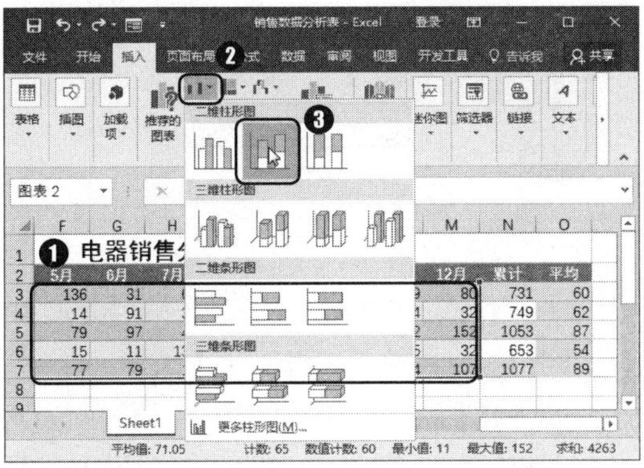

第2步 标题栏默认显示为“图表标题”，将标题更改为“电器销售分析表”，如下图所示。

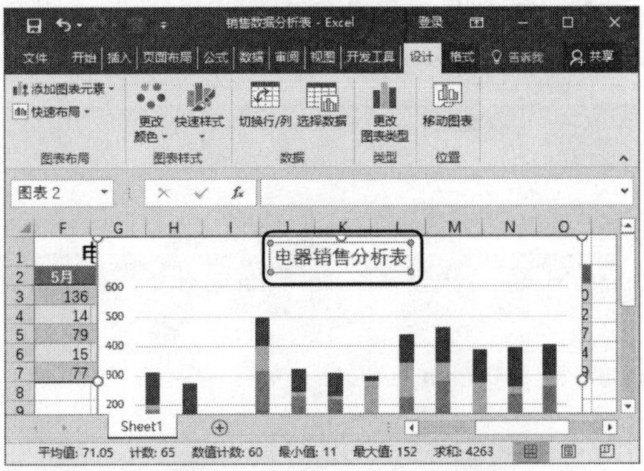

第3步 ❶单击【图表工具/设计】选项卡【图表布局】组中的【添加图表元素】下拉按钮；❷在弹出的下拉列表中选择【图例】选项；❸在弹出的级联菜单中选择【顶部】命令，如下图所示。

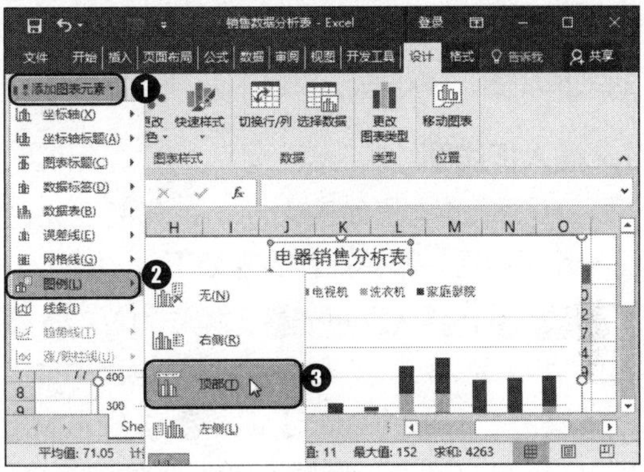

第4步 ❶选中图表；❷在【图表工具/格式】选项卡【形状样式】组中设置一种形状样式，如下图所示。

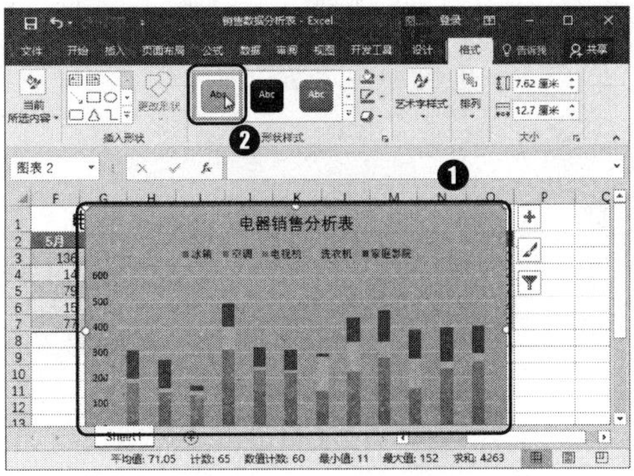

第5步 ❶通过图表四周的控制点调整图表大小；❷将图表移动到工作表数据区域的下方，如下图所示。

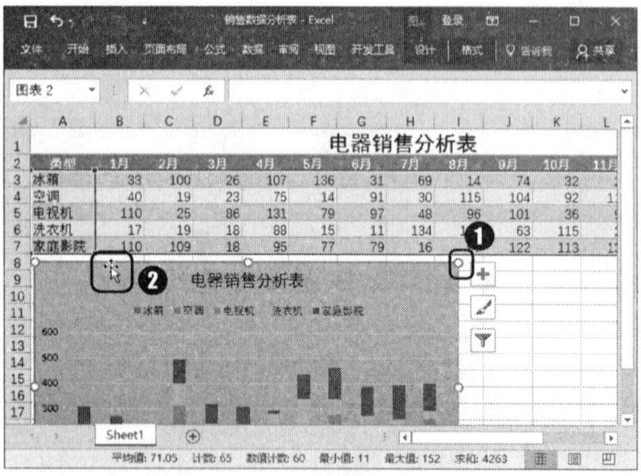

6.2.3 创建动态折线图

折线图可以直观地显示出不同类型的电器在每月的销量走势，本例将利用控件创建动态折线图，操作方法有以下两种。

1. 插入折线图

在创建动态折线图之前，首先需要先创建一个折线图，具体操作步骤如下。

第1步 ❶选择 A27 单元格，输入“1”；❷选择 B27 单元格，输入公式“=INDEX(B3:B7,$A$27)”，按【Enter】键；❸将公式填充到 B27：M27 单元格区域，如下图所示。

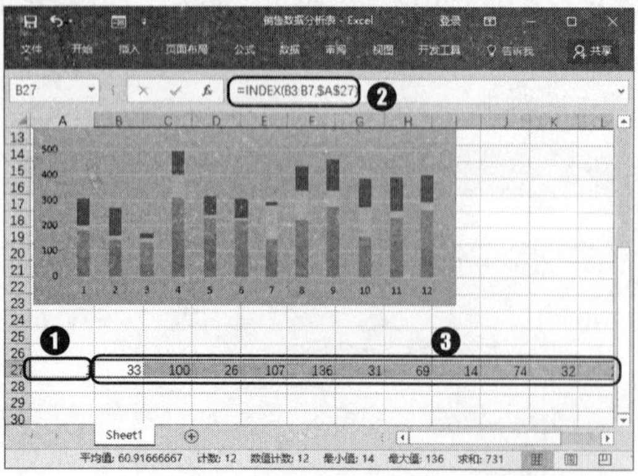

温馨提示

在引用单元格数据时，使用了INDEX函数。INDEX函数用于返回数组中指定的单元格或单元格数组的数值。公式“=INDEX(B3:B7,$A$27)”的含义是指单元格的值随A27单元格中指定的行数来引用B3：B7单元格区域的数据。

第2步 ❶选择 A27：M27 单元格区域；❷单击【插入】选项卡【图表】组中的【插入折线图或面积图】下拉按钮；❸在弹出的下拉列表中选择折线的样式，如下图所示。

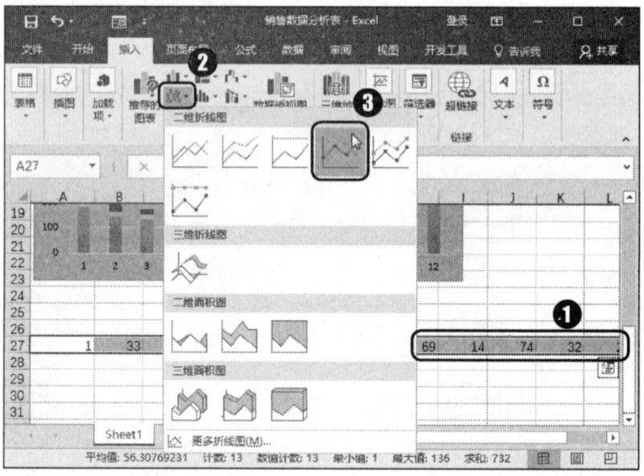

第3步 将标题更改为“各类电器市场趋势分析图”，如下图所示。

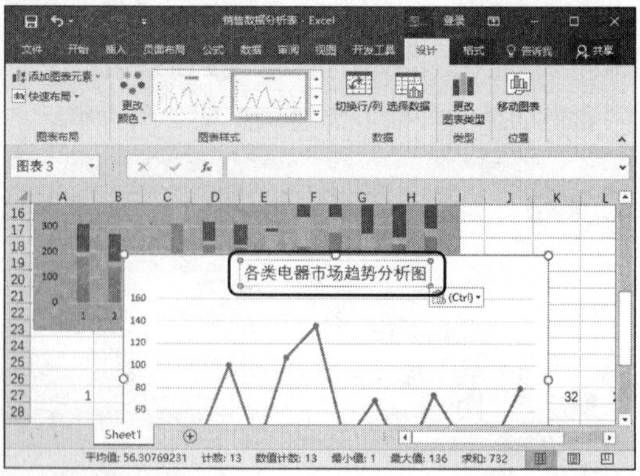

第4步 ❶选择图表；❷单击【图表工具/设计】选项卡【图表布局】组中的【添加图表元素】下拉按钮；❸在弹出的下拉列表中选择【趋势线】选项；❹在弹出的级联菜单中选

择【线性】命令，如下图所示。

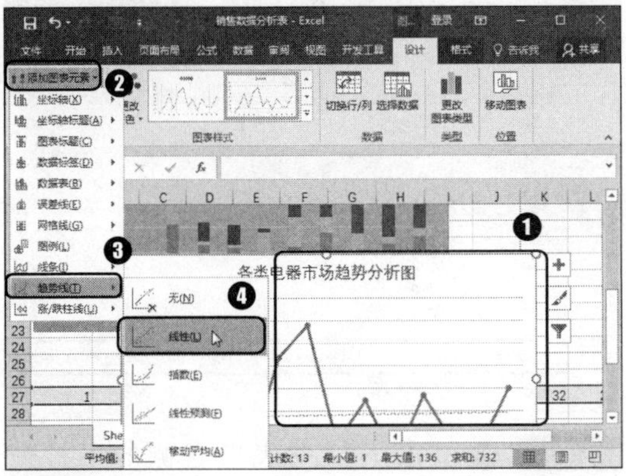

第5步 ❶选择需要添加的趋势线；❷在【图表工具/格式】选项卡【形状样式】组中设置趋势线的样式，如下图所示。

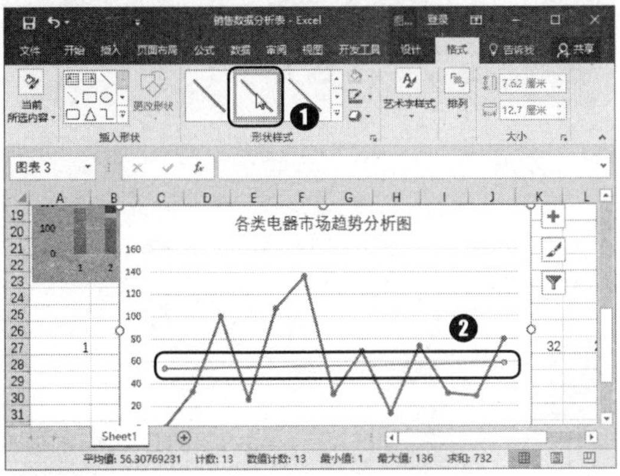

第6步 将折线图移动到柱形图右侧，并通过拖动图表控制点调整折线图大小，使其与柱形图整齐排列，如下图所示。

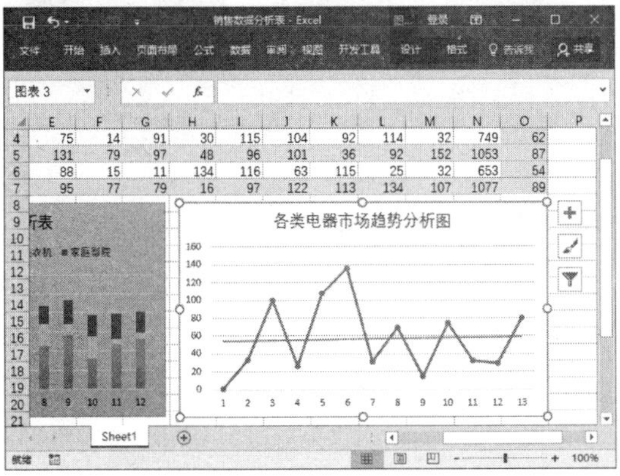

2. 插入组合框

折线图创建完成后，可以通过【开发工具】选项卡中的【组合框】控件创建动态折线图，具体操作步骤如下。

第1步 ❶单击【开发工具】选项卡【控件】组中的【插入】下拉按钮；❷在弹出的下拉列表中单击【表单控件】栏中的【组合框（窗体控件）】按钮▦，如下图所示。

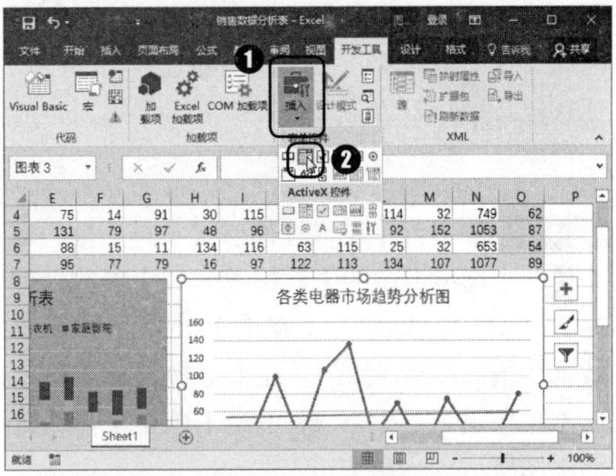

温馨提示

如果窗口中没有显示【开发工具】选项卡，需要先将其显示。显示方法为：打开【Excel选项】对话框，在【自定义功能区】的【主选项卡】列表中选中【开发工具】复选框，然后单击【确定】按钮即可。

第2步 将鼠标指针移到折线图左上角，沿单元格边框拖动鼠标，绘制下拉列表框，如下图所示。

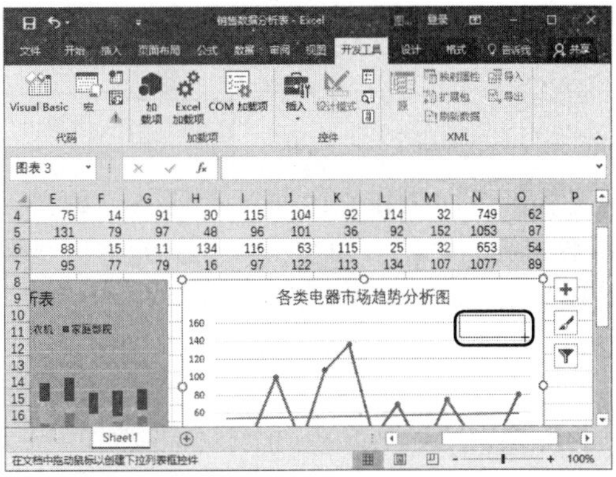

第 3 步 ❶ 在列表框上右击；❷ 在弹出的快捷菜单中选择【设置控件格式】命令，如下图所示。

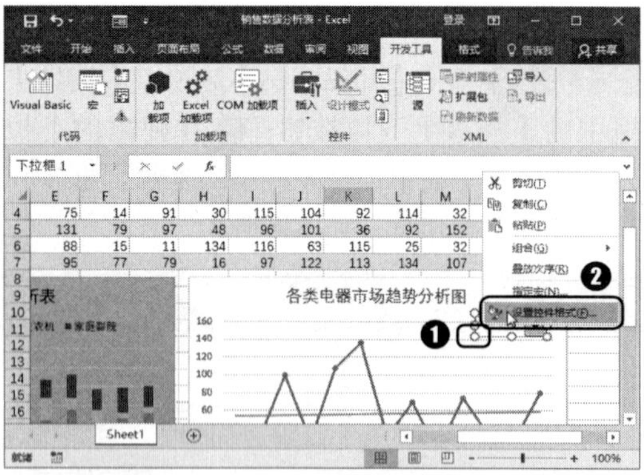

第 4 步 ❶ 打开【设置控件格式】对话框，在【控制】选项卡中的【数据源区域】参数框中输入“\$A\$3：\$A\$7”，在【单元格链接】参数框中输入“\$A\$27”，在【下拉显示项数】文本框中输入“5”；❷ 单击【确定】按钮，如下图所示。

第 5 步 返回工作表，即可看到 A27 的单元格数值变为“0”，B27：M27 单元格区域为乱码显示。将 A27 单元格的“0”修改为“1”，即可使公式和图表正确显示，如下图所示。

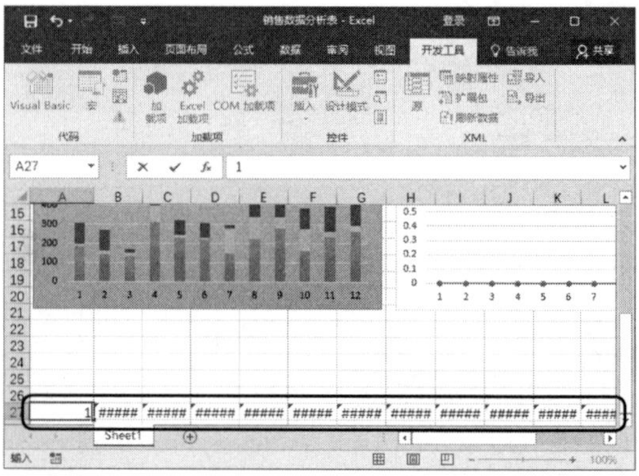

第 6 步 ❶ 单击下拉列表框右侧的下拉按钮▾；❷ 在弹出的下拉列表中选择需要查看的类别，即可查看该类数据的市场趋势，如下图所示。

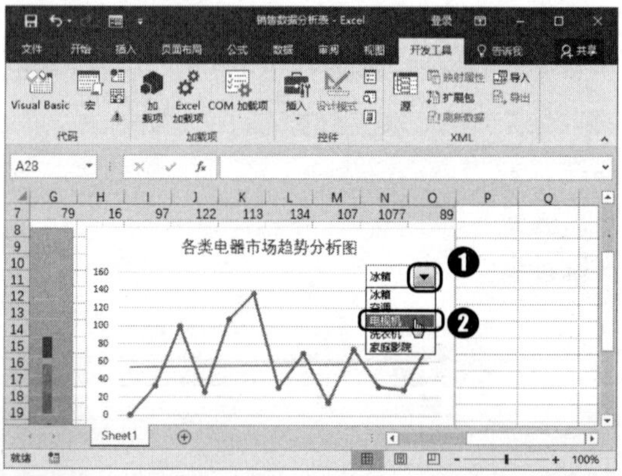

第 7 步 拖动鼠标，将第 27 行的行高设置为 1 像素并隐藏该行，如下图所示。

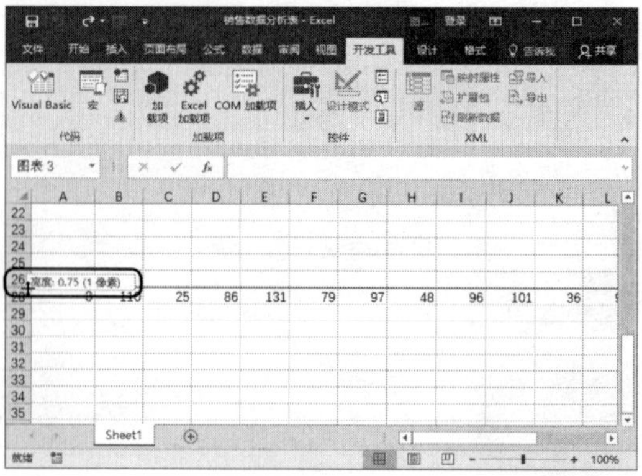

第 8 步 在【视图】选项卡的【显示】组中取消选中【网格线】复选框，如右图所示。

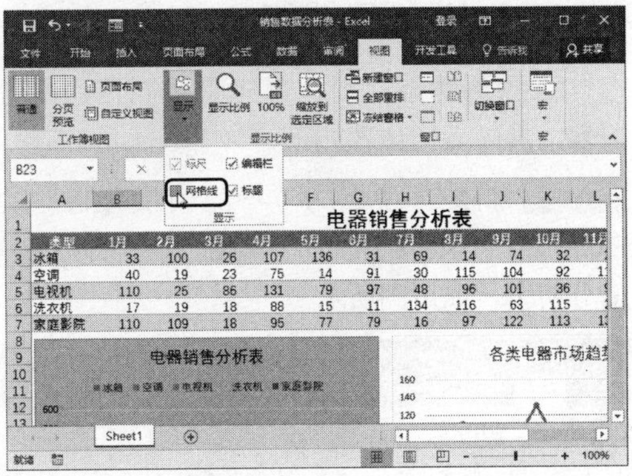

6.3 使用Excel制作“销量预测表”

案例背景

对于任何一个企业或单位，产品的销量都是十分关键的环节。产品销量分析表是对指定时间的销售情况进行统计和分析，并根据销量情况预测产品的销售情况，后期可以使用预测数据为销售方案提供理论依据。

本例将通过Excel制作销量预测表，制作完成后的效果如下图所示。实例最终效果见“光盘\结果文件\第6章\产品销量分析表.xlsx”文件。

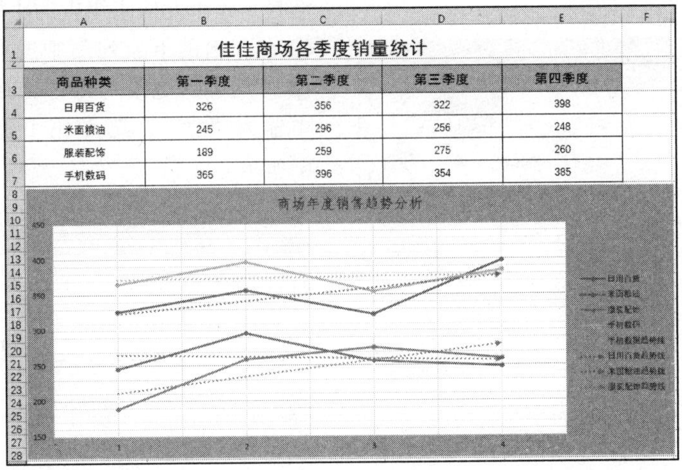

光盘文件	素材文件	无
	结果文件	光盘\结果文件\第6章\产品销量分析表.xlsx
	教学视频	光盘\视频文件\第6章\6.3使用Excel制作销量预测表.mp4

6.3.1 制作销量分析表

在预测销量之前，首先需要制作销量分析表，具体操作步骤如下。

第 1 步 新建一个名为“产品销量分析”的 Excel 表格，将【Sheet1】重命名为【产品销量分析】，如下图所示。

第 2 步 ❶选择第 1 行，单击【开始】选择卡【单元格】组中的【格式】下拉按钮；❷在弹出的下拉列表中选择【行高】命令；❸弹出【行高】对话框，在【行高】文本框中输入“37”；❹单击【确定】按钮，如下图所示。

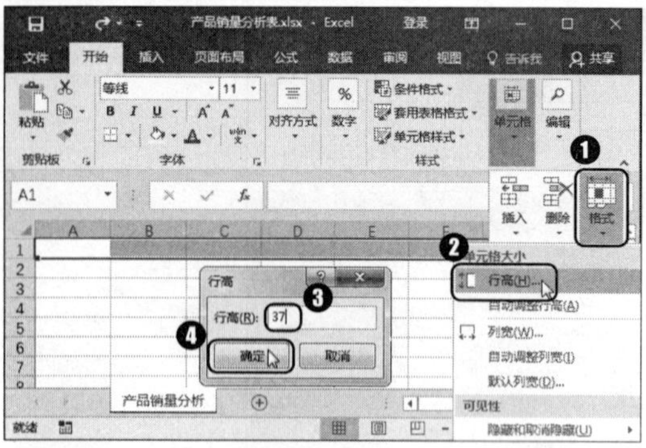

第 3 步 选择第 2 行，设置行高为“8”，如下图所示。

第 4 步 选择第 3 行，设置行高为“30”，如下图所示。

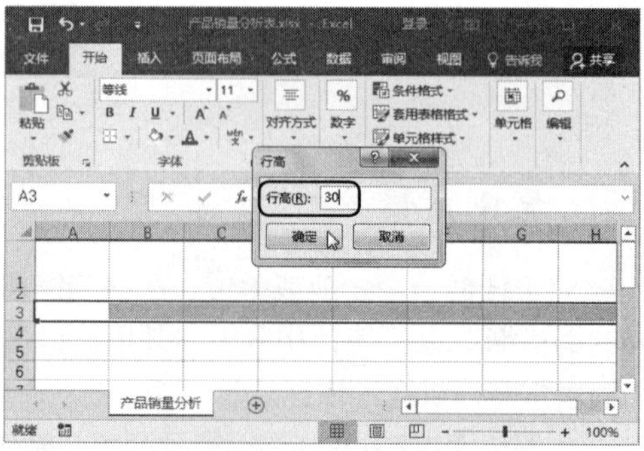

第 5 步 ❶选择第 A~E 列；❷单击【开始】选择卡【单元格】组中的【格式】下拉按钮；❸在弹出的下拉列表中选择【列宽】选项；❹弹出【列宽】对话框，在【列宽】文本框中输入“21”；❺单击【确定】按钮，如下图所示。

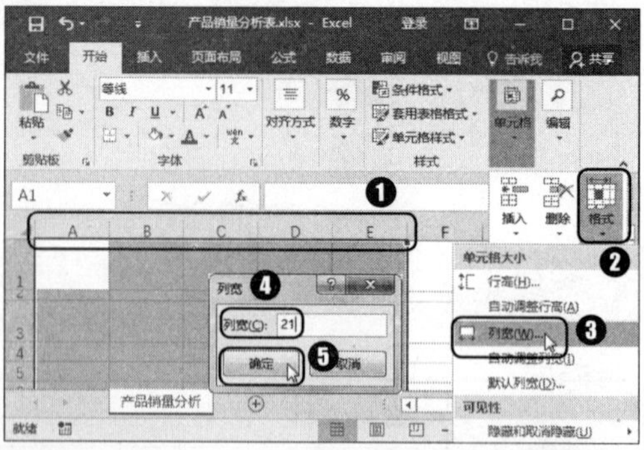

第 6 步 ❶选择 A1：E1 单元格区域；❷单击【开始】选项卡【对齐方式】组中的【合并后居中】按钮，如下图所示。

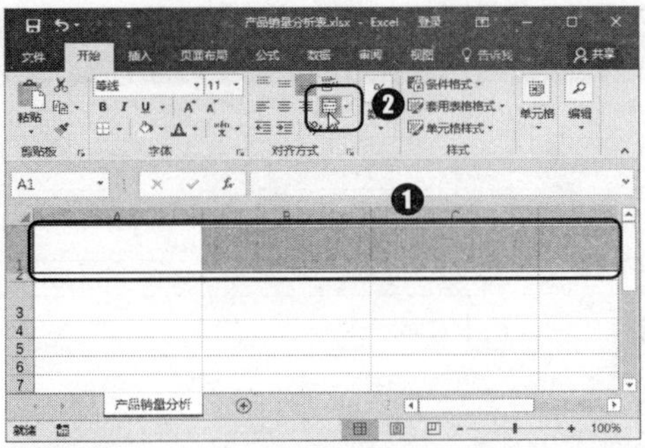

第 7 步 ❶在 A1 单元格输入表格标题；❷在【开始】选项卡【字体】组中设置字体格式，如下图所示。

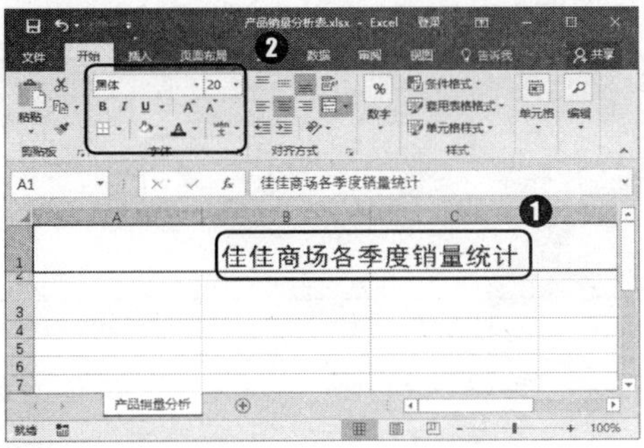

第 8 步 ❶在 A3：E3 单元格区域输入表头文字，选中 A3：E3 单元格区域；❷单击【开始】选择卡【样式】组中的【单元格样式】下拉按钮；❸在弹出的下拉列表中选择一种单元格样式，如下图所示。

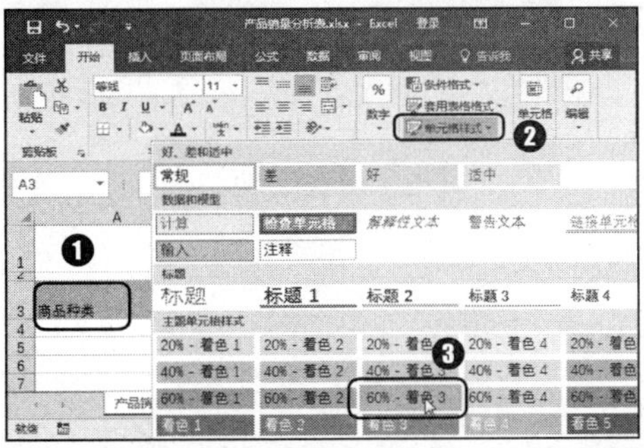

温馨提示

如果有需要，用户也可以在单元格样式下拉列表中选择【新建单元格样式】选项，根据提示新建单元格样式。

第 9 步 保持单元格区域的选中状态，在【开始】选项卡的【字体】组中设置字体格式，如下图所示。

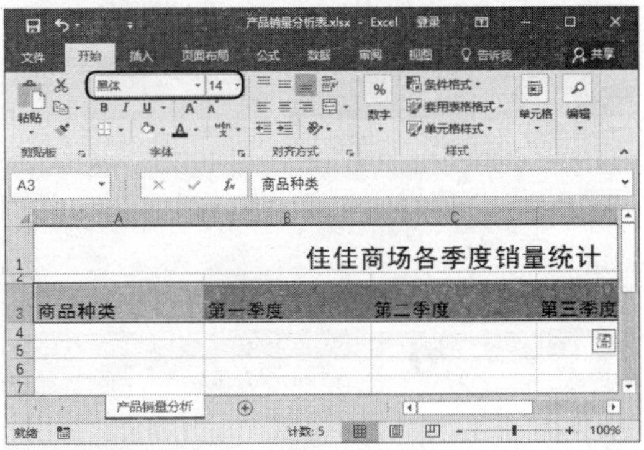

第 10 步 选择 A4：E7 单元格区域，设置行高为“21”，如下图所示。

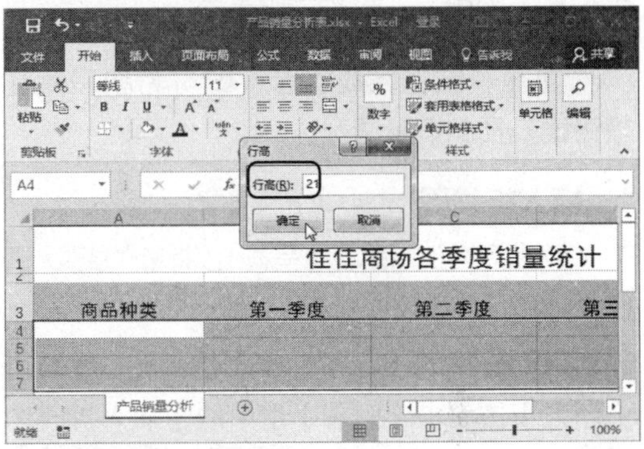

第 11 步 ❶在 A4：E7 单元格区域输入销售数据，然后选中 A3：E7 单元格区域；❷单击【开始】选择卡【对齐方式】组中的【垂直居中】和【居中】按钮，如下图所示。

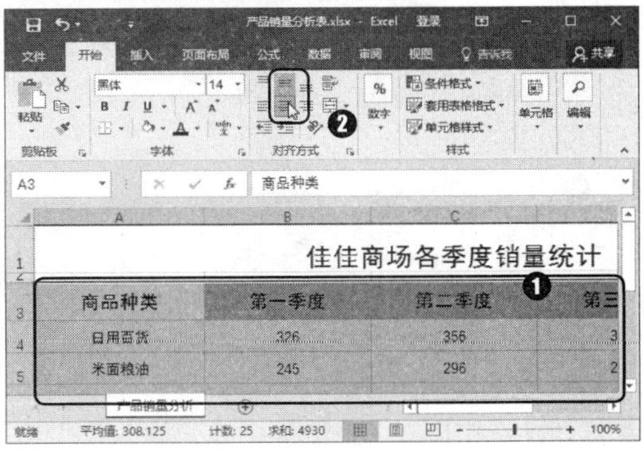

第 12 步 ❶保持 A3：E7 单元格区域的选中状态，单击【开始】选项卡【字体】组中的【边框】下拉按钮；❷在弹出的下拉列表中选择【所有框线】选项，如下图所示。

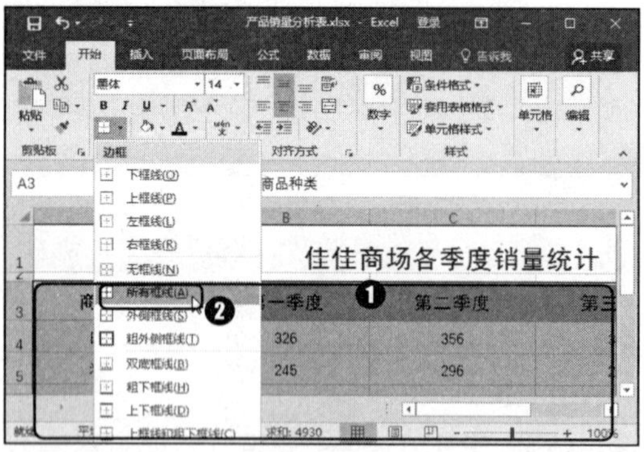

6.3.2 制作销量预测图表

在图表制作完成之后，即可为图表添加趋势线，预测销量情况。

1. 插入折线图

折线图可以很好地呈现出销量的起伏情况，具体操作步骤如下。

第 1 步 ❶选择 A4：E7 单元格区域；❷单击【插入】选项卡【图表】组中的【插入折线图或面积图】下拉按钮；❸在弹出的下拉列表中选择【带数据标记的折线图】选项，如下图所示。

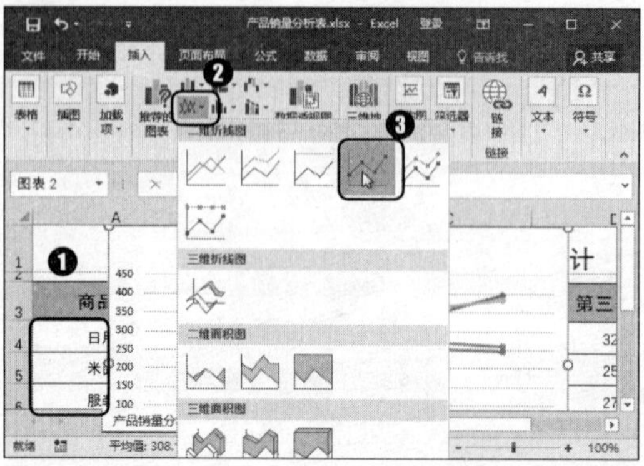

第 2 步 选中图表，当鼠标指针变为形状时，按住鼠标左键不放并拖动鼠标，如下图所示。

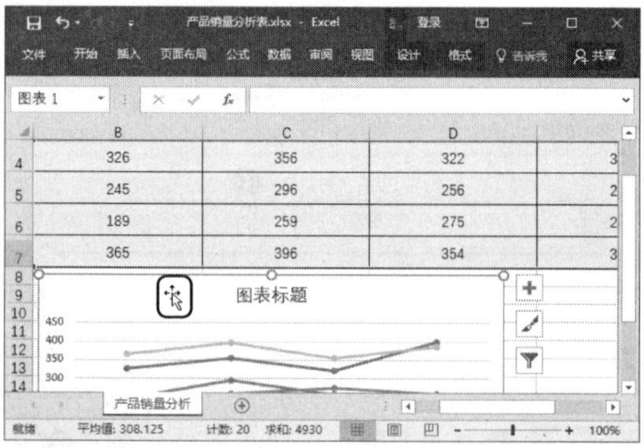

第 3 步 保持图表选中状态，在【图表工具/格式】选项卡的【大小】组中设置图表的大小，如下图所示。

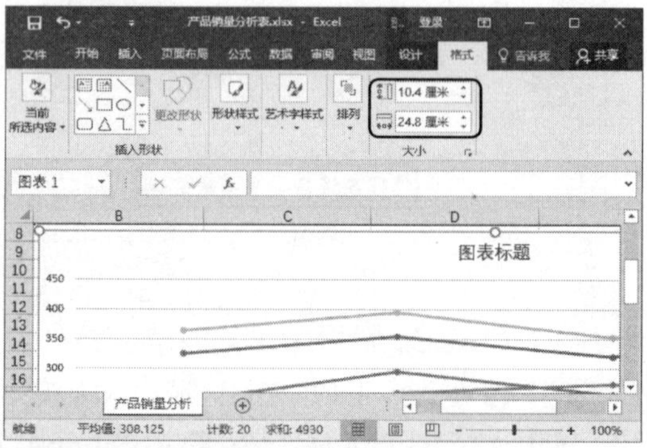

第 4 步 删除"图表标题"文本，将其更改为需要的文本，如下图所示。

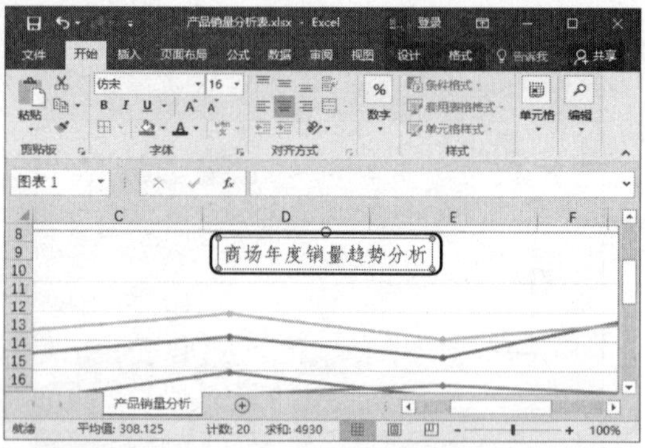

第 5 步 ❶选中绘图区；❷单击【格式】选项卡【形状样式】组中的【形状填充】下拉按钮；❸在弹出的下拉列表中选择一种填充颜色，如下图所示。

第 6 步 ❶选中图表区；❷单击【格式】选项卡【形状样式】组中的【形状填充】下拉按钮；❸在弹出的下拉列表中选择【白色】选项，如下图所示。

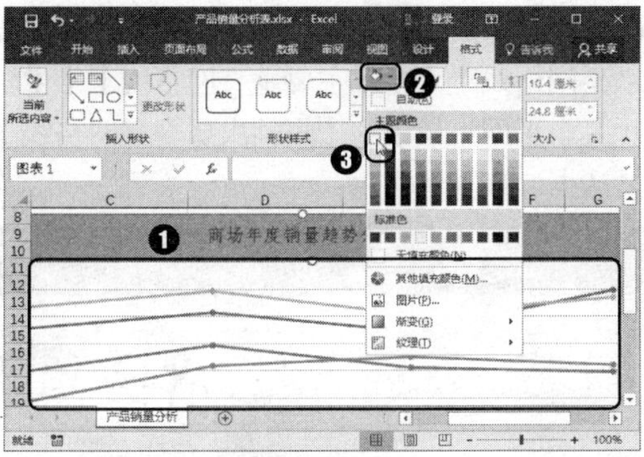

2. 添加预测趋势线

为图表添加预测趋势线的具体操作步骤如下。

第 1 步 ❶选中黄色数据系列并右击；❷在弹出的快捷菜单中选择【添加趋势线】命令，如下图所示。

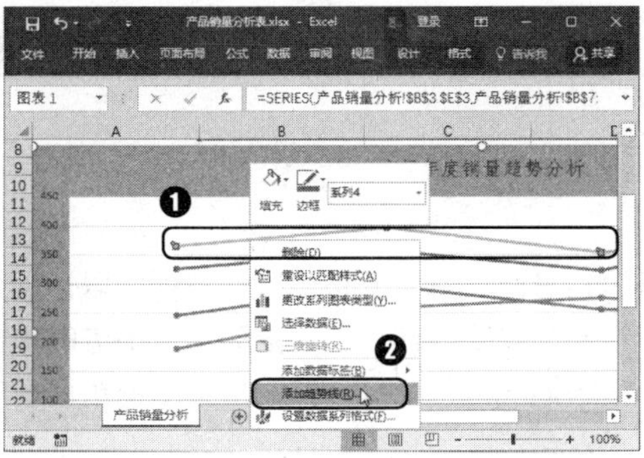

第 2 步 打开【设置趋势线格式】窗格，选中【自定义】单选按钮，在右侧的文本框中输入趋势线名称，为创建的趋势线定义名称，如下图所示。

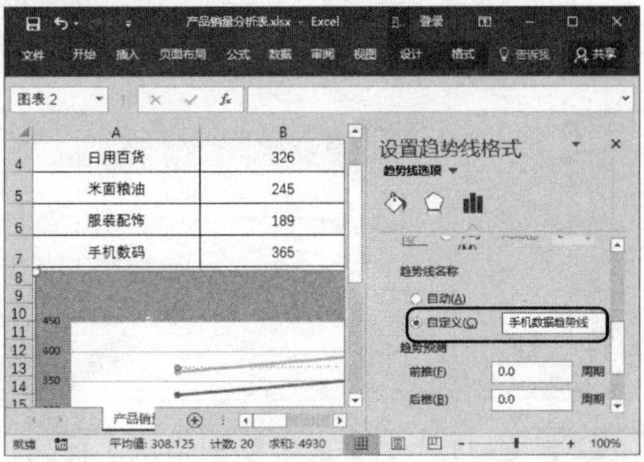

第 3 步 ❶切换到【填充与线条】选项卡，设置【宽度】为【2 磅】；❷在【箭头末端类型】下拉列表中选择一种箭头样式，如下图所示。

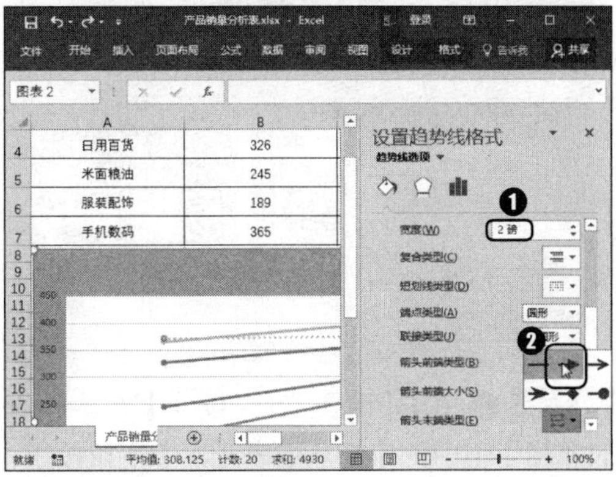

第 4 步 使用相同的方法为其他几组数据创建趋势线，如下图所示。

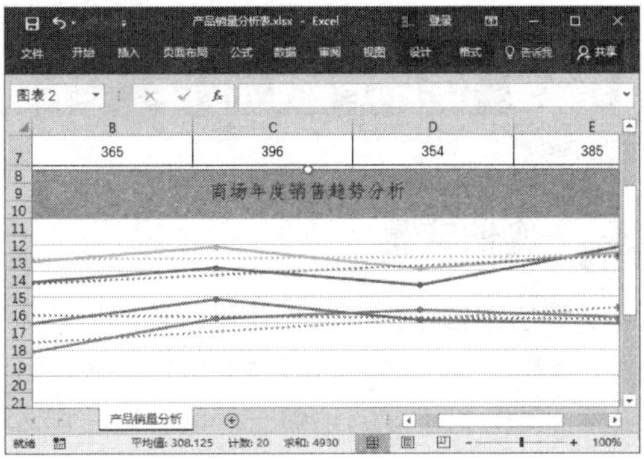

第 5 步 ❶ 在左侧选中纵坐标轴并右击；❷ 在弹出的快捷菜单中选择【设置坐标轴格式】命令，如下图所示。

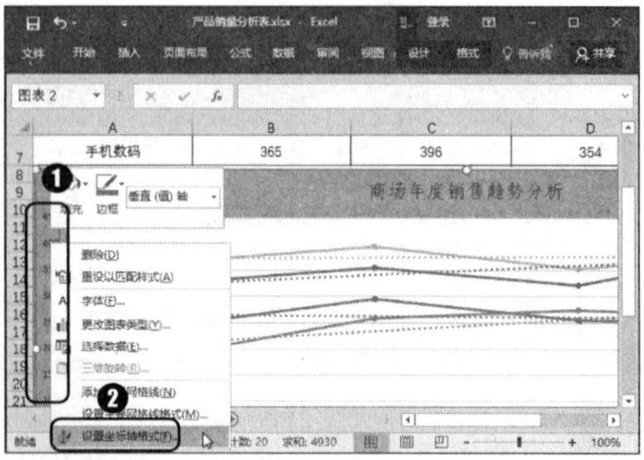

第 6 步 ❶ 打开【设置坐标轴格式】窗格，设置【最小值】为【150】，【最大值】为【450】；❷ 完成后单击【关闭】按钮，如下图所示。

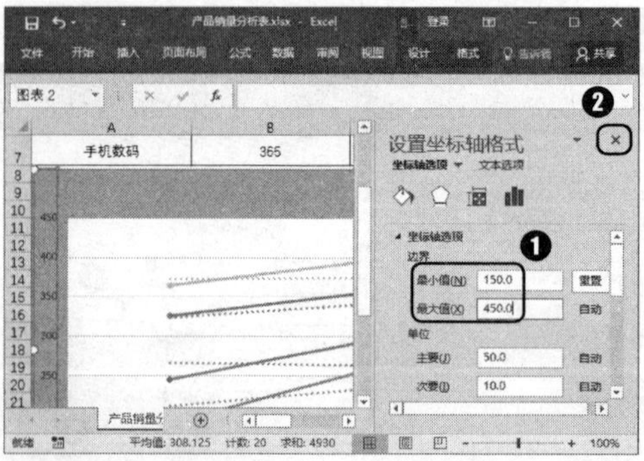

第 7 步 ❶ 单击【图表工具/设计】选项卡【图表布局】组中的【添加图表元素】下拉按钮；❷ 在弹出的下拉列表中选择【图例】选项；❸ 在弹出的级联菜单中选择【右侧】选项，如下图所示。

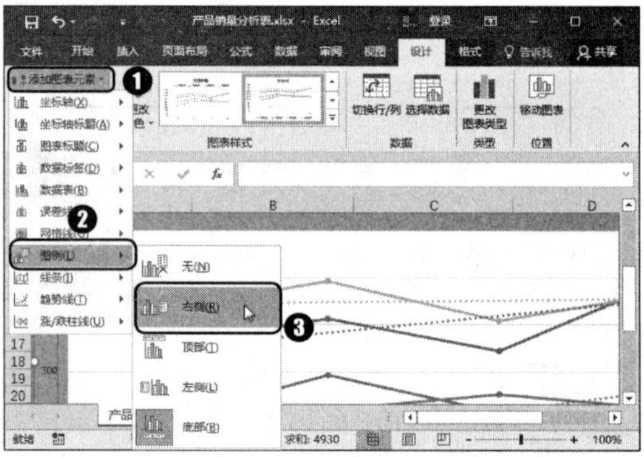

第 8 步 ❶ 单击【图表元素】按钮；❷ 在打开的下拉列表中选中【网络线】复选框；❸ 在弹出的级联菜单中依次选中【主轴主要水平网格线】【主轴主要垂直网格线】【主轴次要水平网格线】和【主轴次要垂直网格线】复选框，如下图所示。

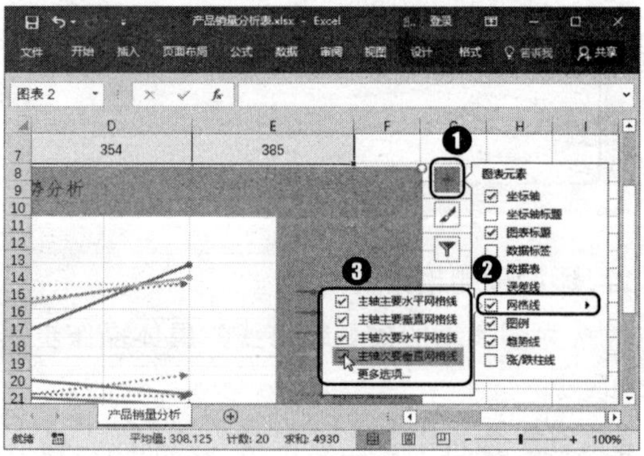

6.4 使用PPT制作“年度销售报告”

案例背景

销售报告用于对公司在某段时间内的销售工作进行总结，从中吸取经验和教训，以指导今后工作和实践活动。年度销售报告在生产活动中有着非常重要的作用，是推动工作前进的重要依据。本例的年度销售报告，用于对公司本年度的销售情况进行总结，并为来年的销售情况制订目标。

本例将通过PPT制作年度销售报告，制作完成后的效果如下图所示。实例最终效果见“光盘\结果文件\第6章\销售报告.pptx”文件。

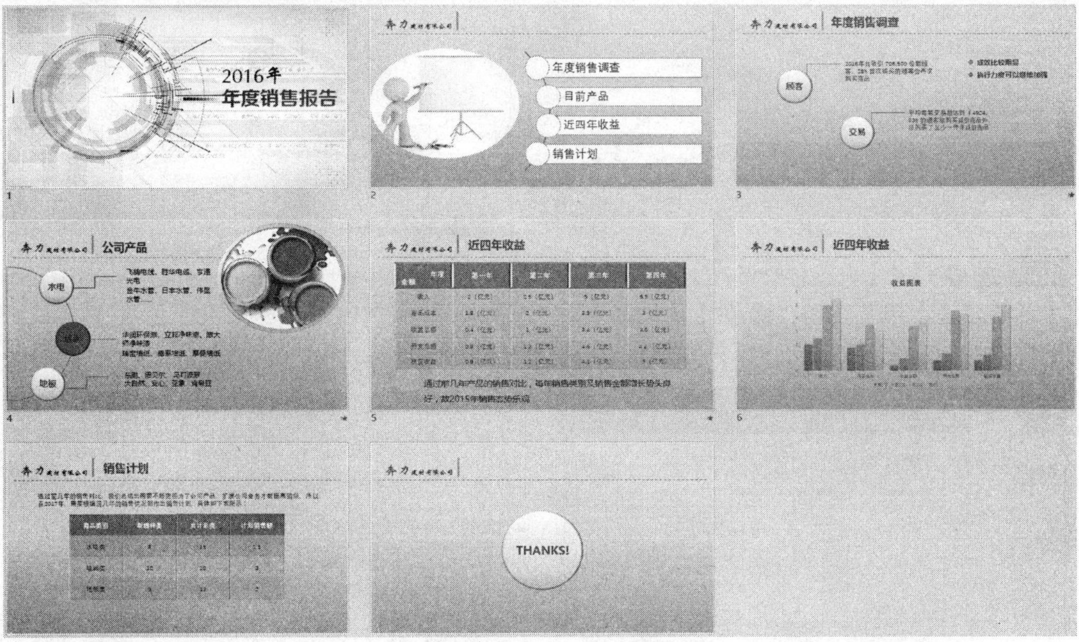

光盘文件	素材文件	光盘\素材文件\第6章\销售报告\
	结果文件	光盘\结果文件\第6章\销售报告.pptx
	教学视频	光盘\视频文件\第6章\6.4使用PPT制作年度销售报告.mp4

6.4.1 在幻灯片母版中设计版式

在制作销售推广类PPT时，统一的背景可以让观看者加深对产品的印象，所以本例将在幻灯片母版中插入合适的背景图片，具体操作步骤如下。

第1步 新建一个演示文稿，单击【视图】选项卡【母版视图】组中的【幻灯片母版】按钮，进入幻灯片母版视图，如下图所示。

第2步 ❶在【空白版式】页面中右击；❷在弹出的快捷菜单中选择【设置背景格式】命令，如下图所示。

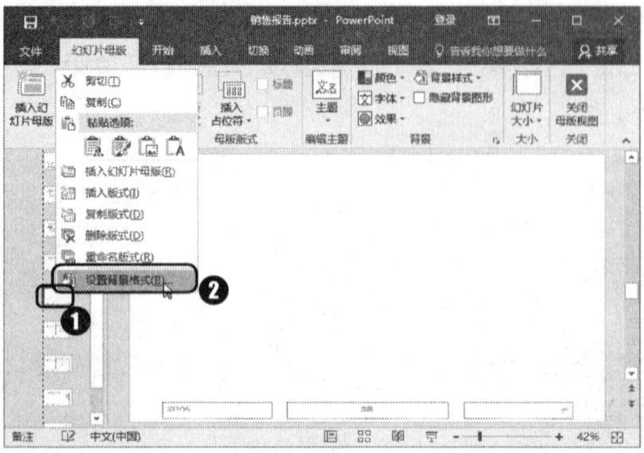

第 3 步 ❶打开【设置背景格式】窗格，选中【渐变填充】单选按钮；❷在【预设渐变】下拉列表中选择渐变颜色，如下图所示。

第 4 步 ❶在【方向】下拉列表中选择渐变方向；❷单击【关闭】按钮×关闭【设置背景格式】窗格，如下图所示。

第 5 步 ❶单击【插入】选项卡【插图】组中的【形状】下拉按钮，❷在弹出的下拉列表中选择【直线】工具╲，如下图所示。

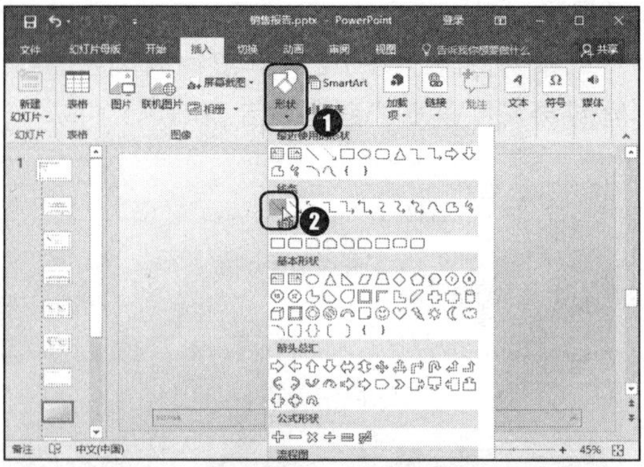

教您一招

母版的修改及应用

在演示文稿中，不同版式的幻灯片可以使用一个不同的幻灯片母版。在母版视图中，对幻灯片母版进行编辑修改时，如果要在应用该母版的幻灯片中添加一些相同的文字内容，应使用文本框或艺术字之类的元素进行添加，在占位符中添加内容不会对幻灯片中的内容产生影响。

第 6 步 ❶在页面上方绘制一条直线；❷在【绘图工具/格式】选项卡中单击【形状轮廓】下拉按钮；❸在弹出的下拉列表中选择【蓝色，个性色 1】选项；❹再次单击【形状轮廓】下拉按钮，在弹出的下拉列表中选择【粗细】选项；❺在弹出的级联菜单中选择【2.25 磅】选项，如下图所示。

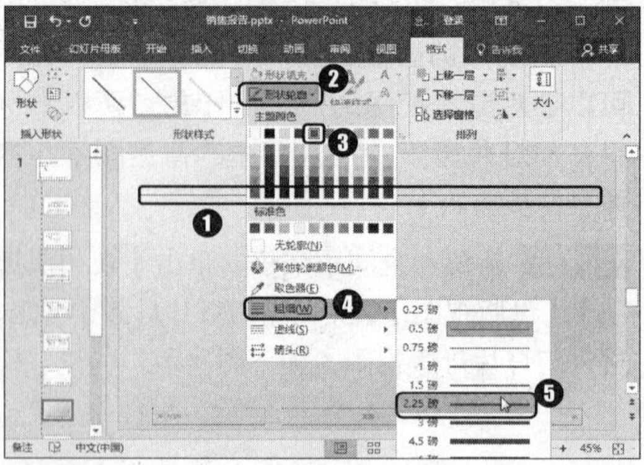

第 7 步 ❶在【绘图工具/格式】选项卡的【形状样式】组中单击【形状轮廓】下拉按钮；

❷在弹出的下拉列表中选择【虚线】选项；❸在弹出的级联菜单中选择虚线的样式，如下图所示。

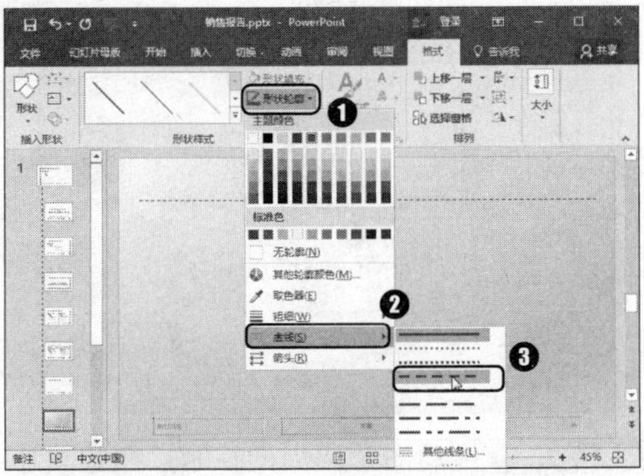

第8步 ❶在虚线上方绘制文本框，输入公司名称；❷在【开始】选项卡的【字体】组中设置字体格式，如下图所示。

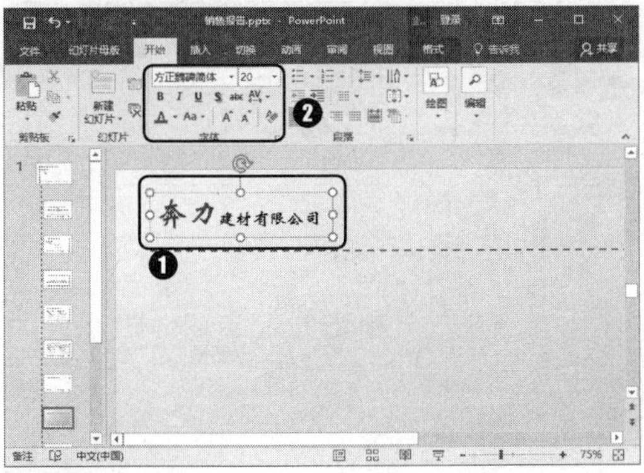

第9步 在公司名称右侧添加一条竖直线，将颜色和线条粗线设置为与虚线相同，如下图所示。

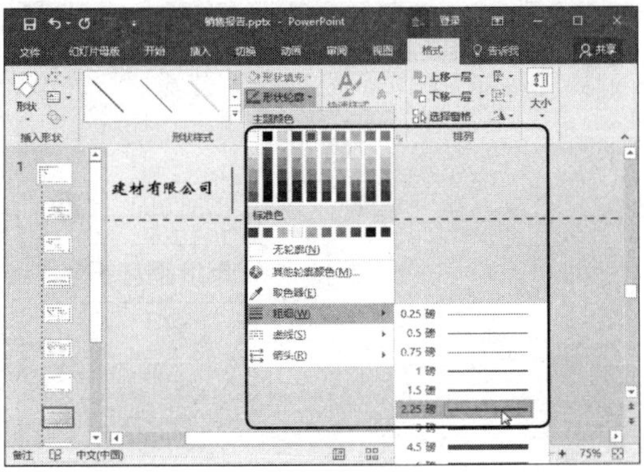

第10步 ❶切换到任意幻灯片，选中【母版标题样式】文本框；❷单击【开始】选项卡【剪贴板】组中的【复制】按钮，如下图所示。

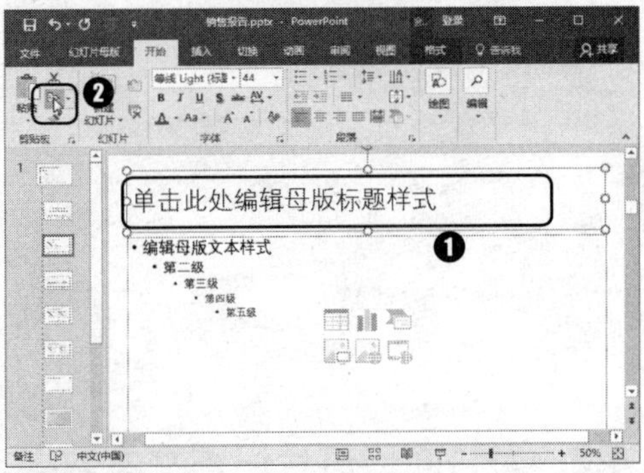

第11步 将复制的文本框粘贴到空白版式中，如下图所示。

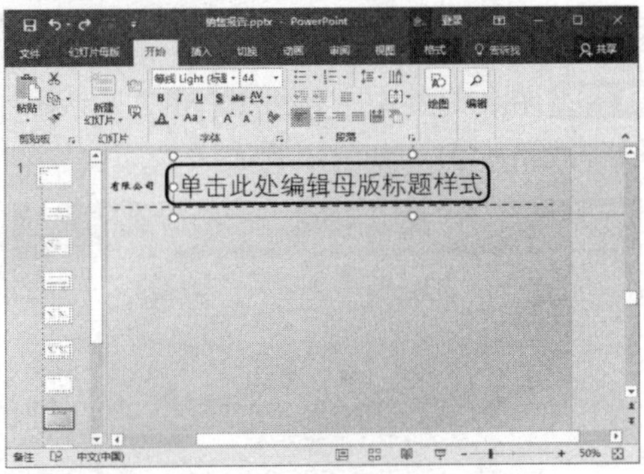

第12步 在【开始】选项卡的【字体】组中设置母版标题格式，完成后即可查看效果，如下图所示。

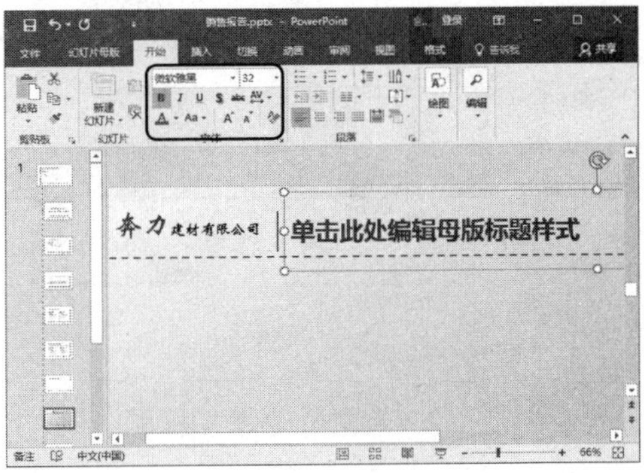

第13步 单击【幻灯片母版】选项卡【关闭】组中的【关闭母版视图】按钮，关闭母版视图，

如下图所示。

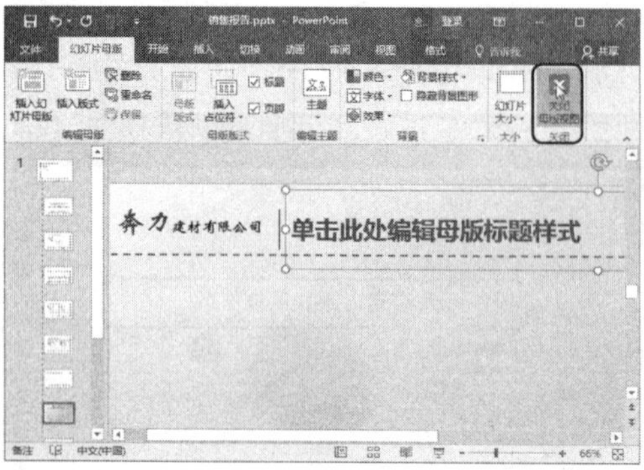

6.4.2 为封面幻灯片设置文本效果

在制作演示文稿的过程中，可以根据演示文稿的整体效果来编辑文字，如设置文字的特殊效果，具体操作步骤如下。

第 1 步 在幻灯片中主界面中右击，默认添加一张标题幻灯片，如下图所示。

第 2 步 单击【插入】选项卡【图像】组中的【图片】按钮，如下图所示。

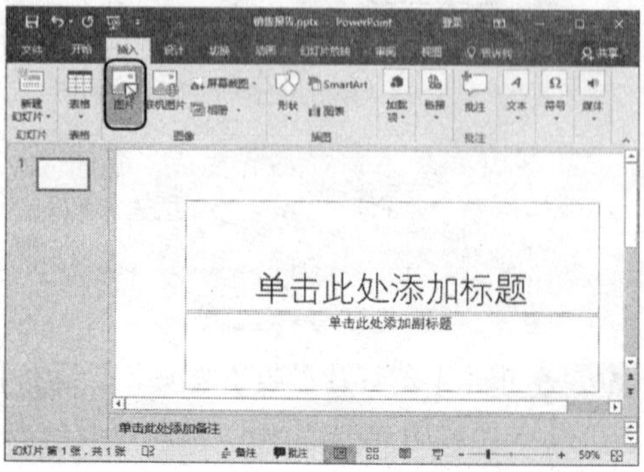

第 3 步 ❶打开【插入图片】对话框，选择“光盘 \ 素材文件 \ 第 6 章 \ 销售报告 \ 封面 .jpg”图片；❷单击【插入】按钮，如下图所示。

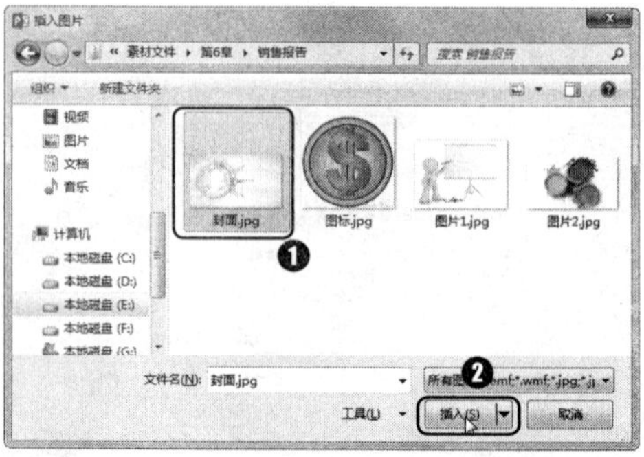

第 4 步 ❶拖动图片四周的控制点调整图片大小；❷两次单击【图片工具 / 格式】选项卡【排列】组中的【下移一层】按钮，将标题占位符显示出来，如下图所示。

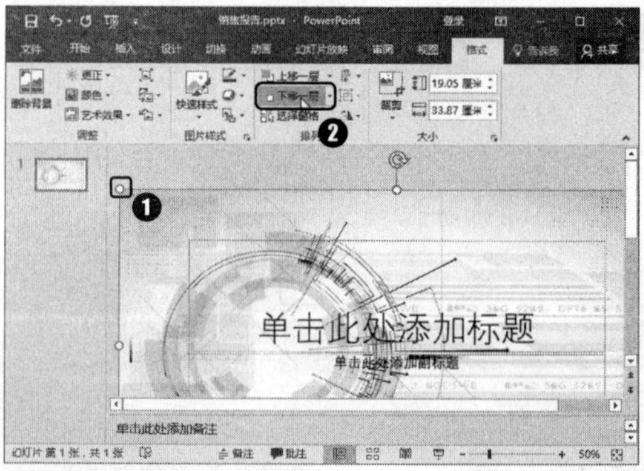

第 5 步 ❶删除副标题占位符，然后在标题占位符中输入文本；❷在【开始】选项卡【字体】组中设置字体格式，如下图所示。

第 6 步 ❶选择“年度销售报告”文本；❷单击【绘图工具 / 格式】选项卡【艺术字样式】组中的【文本效果】下拉按钮；❸在弹出的下拉列表中选择【映像】选项；❹在弹出的级联菜单中选择一种映像变体，如下图所示。

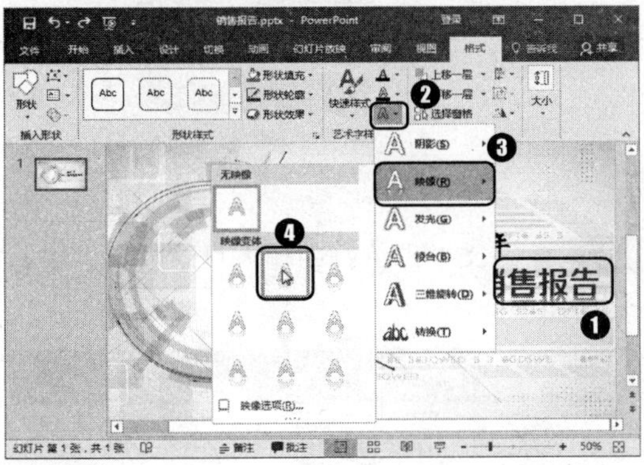

第 7 步 设置完成后即可查看效果，如下图所示。

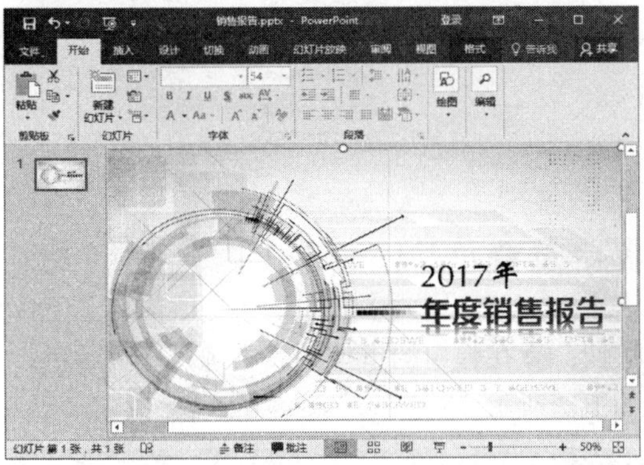

6.4.3 制作幻灯片目录

在制作幻灯片目录时，对于插入的图片可以进行各种裁剪。除了对图片设置自定义裁剪之外，还可以根据需要将图片剪裁为合适的比例及形状等，具体操作步骤如下。

第 1 步 ❶单击【开始】选项卡【幻灯片】组中的【新建幻灯片】下拉按钮；❷在弹出的下拉列表中选择【空白】选项，如下图所示。

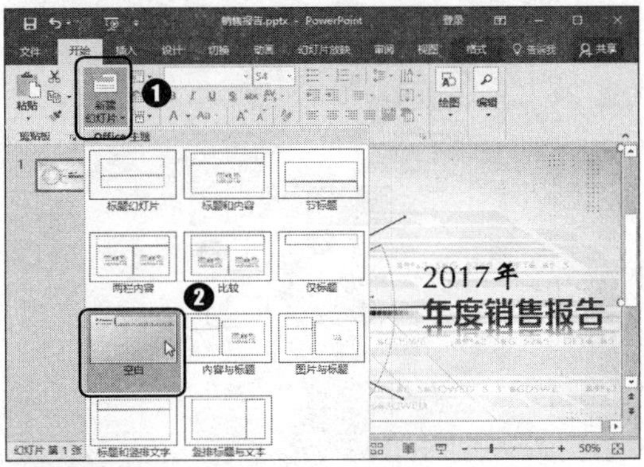

第 2 步 ❶在标题占位符中输入“目录”文本，插入“光盘 \ 素材文件 \ 第 6 章 \ 销售报告 \ 图片 1.jpg”图片，并设置图片的大小和位置，然后单击【图片工具 / 格式】选项卡【大小】组中的【裁剪】下拉按钮；❷在弹出的下拉列表中选择【裁剪为形状】选项；❸在弹出的级联菜单中选择【椭圆】工具○，如下图所示。

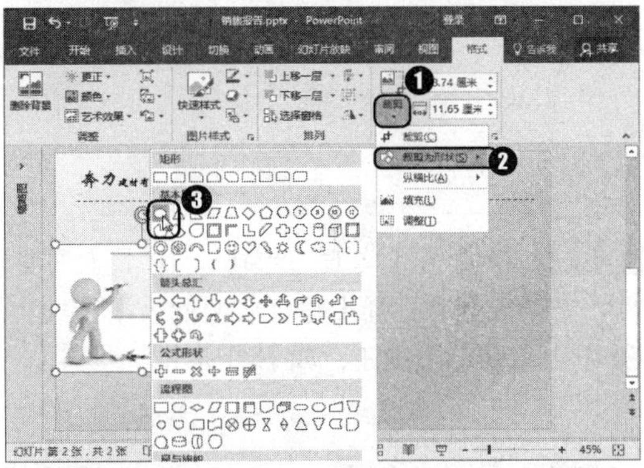

温馨提示

如果要将图片裁剪为正圆形，可以在裁剪下拉列表中选择纵横比为1:1。

第 3 步 ❶单击【图片工具 / 格式】选项卡【图片样式】组中的【图片效果】下拉按钮；❷在弹出的下拉列表中选择【映像】选项；❸在弹出的级联菜单中选择一种映像变体，如下图所示。

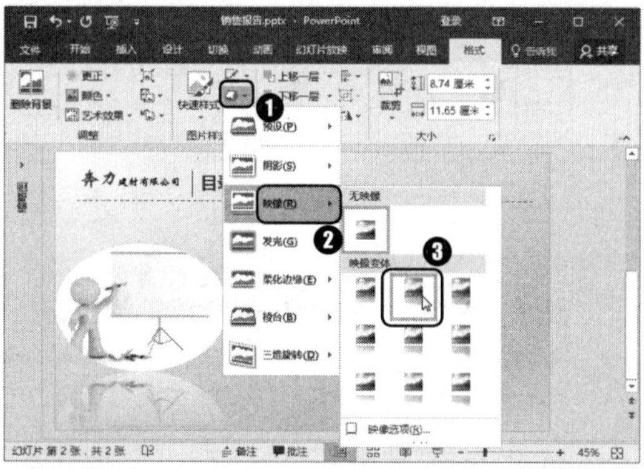

第 4 步 单击【插入】选项卡【插图】组中的【SmartArt】按钮，如下图所示。

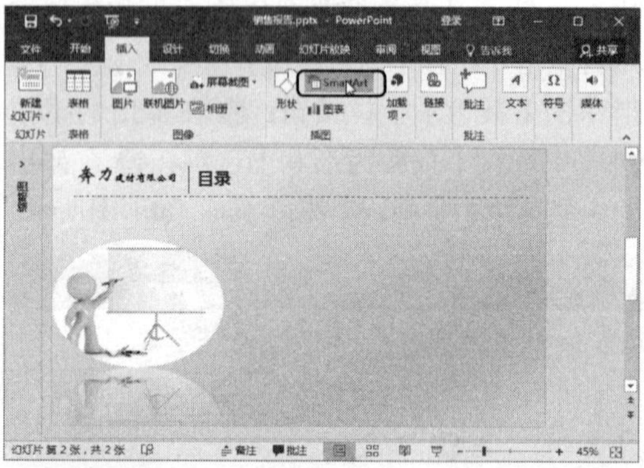

第 5 步 ❶打开【选择 SmartArt 图形】对话框，在列表框中选择【垂直典型列表】选项；❷单击【确定】按钮，如下图所示。

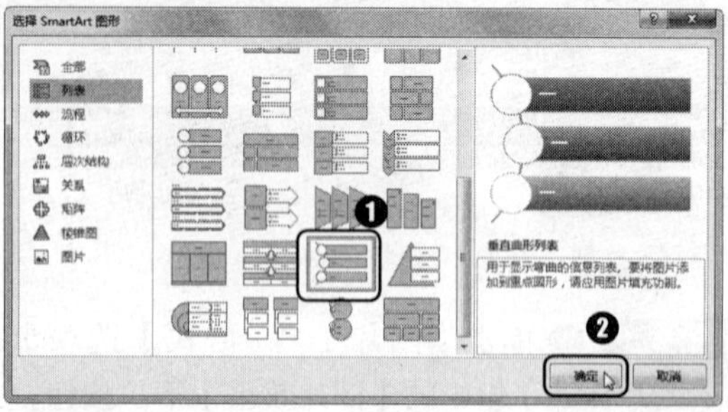

第 6 步 调整 SmartArt 图形的位置和大小，然后单击【SmartArt 工具 / 设计】选项卡【创建图形】组中的【添加形状】按钮，如下图所示。

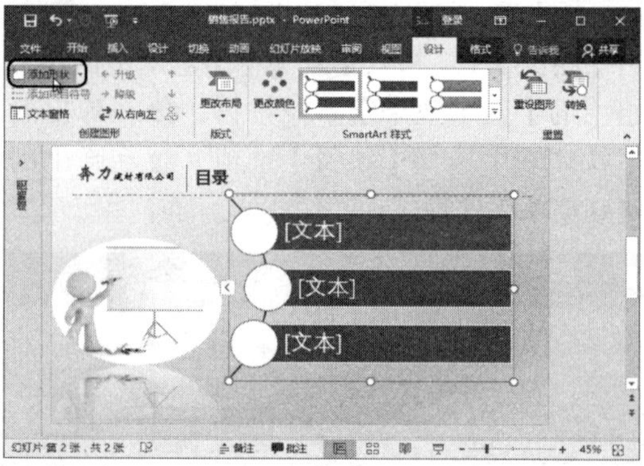

第 7 步 在文本占位符中输入目录内容，如下图所示。

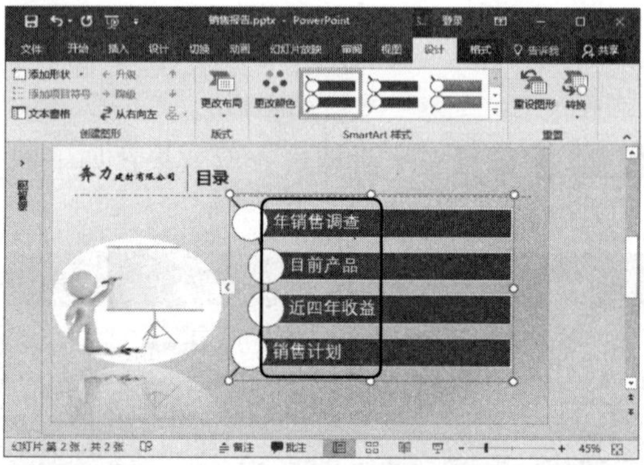

第 8 步 ❶单击【SmartArt 工具 / 设计】选项卡【SmartArt 样式】组中的【更改颜色】下拉按钮；❷在弹出的下拉列表中选择一种颜色，如下图所示。

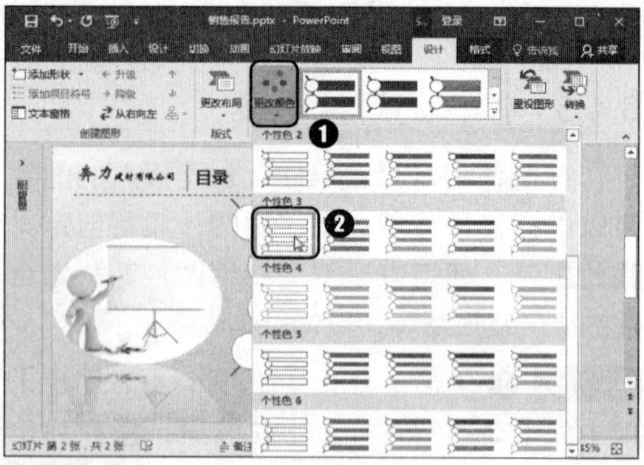

第 9 步 选择完成后，即可查看 SmartArt 图形的效果，如下图所示。

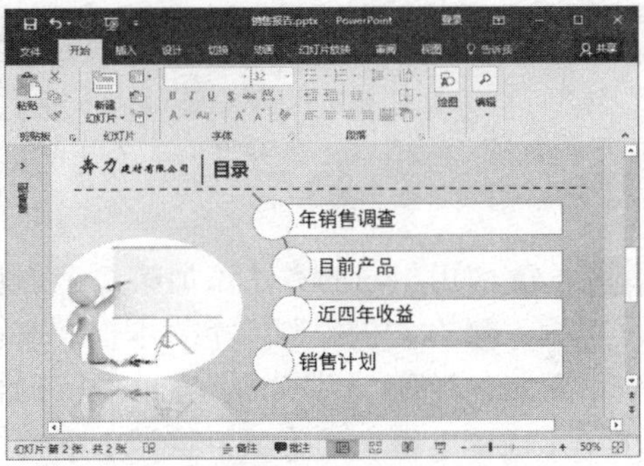

6.4.4 绘制形状制作幻灯片

在幻灯片中绘制形状之后，还可以设置形状效果，具体操作步骤如下。

第1步 ❶在标题占位符中添加标题，然后使用椭圆工具绘制一个圆形；❷单击【绘图工具/格式】选项卡【形状样式】组中的【形状填充】下拉按钮；❸在弹出的下拉列表中选择填充颜色，如下图所示。

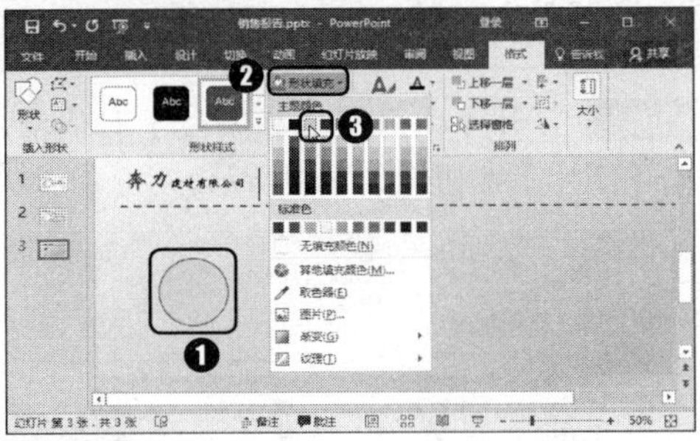

第2步 ❶单击【绘图工具/格式】选项卡【形状样式】组中的【形状轮廓】下拉按钮；❷在弹出的下拉列表中选择【无轮廓】选项，如下图所示。

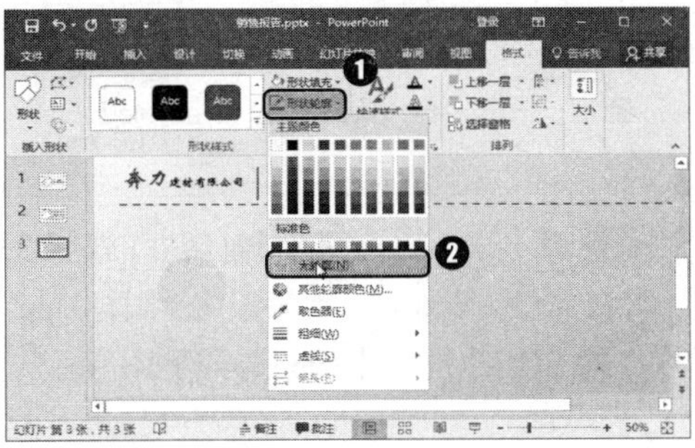

第3步 ❶单击【绘图工具/格式】选项卡【形状样式】组中的【形状效果】下拉按钮；❷在弹出的下拉列表中选择【棱台】选项；❸在弹出的级联菜单中选择一种棱台样式，如下图所示。

第4步 ❶在形状上右击；❷在弹出的快捷菜单中选择【编辑文字】命令，如下图所示。

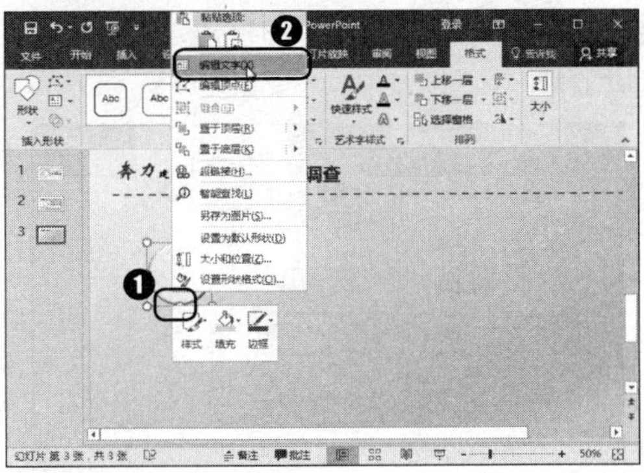

第5步 ❶在形状中输入文本内容；❷在【开始】选项卡【字体】组中设置字体格式，如下图所示。

第 6 步 ❶使用【连接符：肘形】工具绘制一条肘形线条；❷在【绘图工具 / 格式】选项卡的【形状样式】组单击【形状轮廓】下拉按钮；❸在弹出的下拉列表中分别设置颜色和线条粗细，如下图所示。

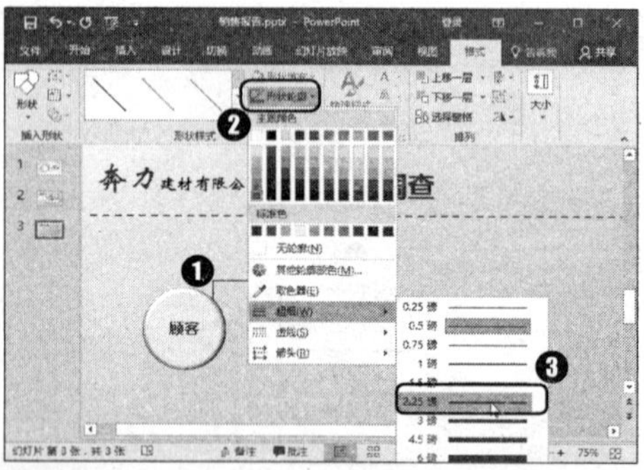

第 7 步 ❶在【绘图工具 / 格式】选项卡【形状样式】组中单击【形状效果】下拉按钮；❷在弹出的下拉列表中选择【阴影】选项；❸在弹出的级联菜单中选择一种阴影样式，如下图所示。

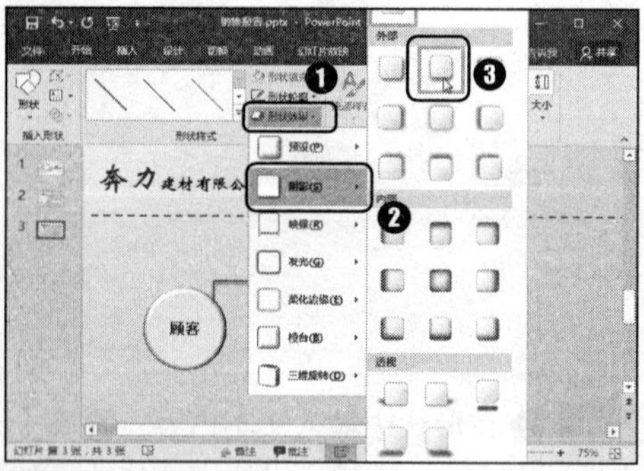

第 8 步 在线条的右侧添加文本框，输入内容文本，如下图所示。

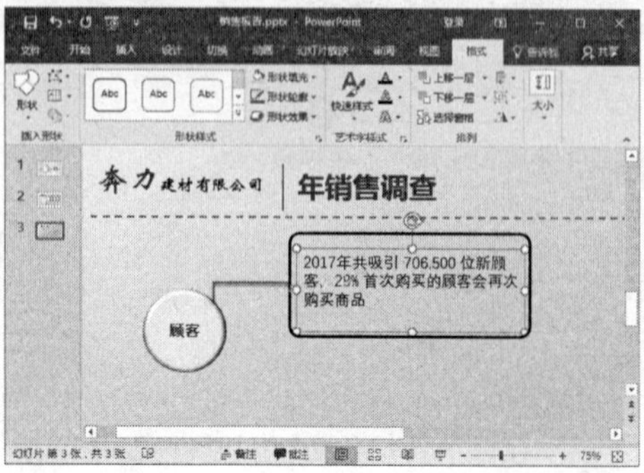

温馨提示

绘制文本框时如果选择【竖排文本框】选项，绘制文本框后，在其中输入文字时，文字将从右往左竖直排列。

第 9 步 ❶使用相同的方法添加第二个形状和文本框；❷在右侧绘制一个文本框，输入调查结果文本，然后选中文本；❸单击【开始】选项卡【段落】组中的【项目符号】下拉按钮 ；❹在弹出的下拉列表中选择【项目符号和编号】选项，如下图所示。

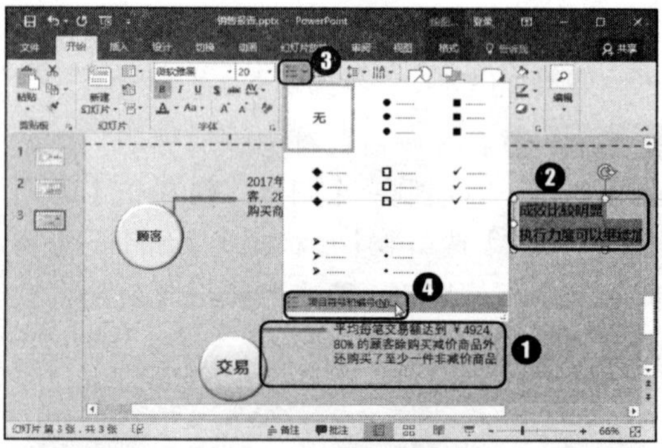

第 10 步 打开【项目符号和编号】对话框，单击【图片】按钮，如下图所示。

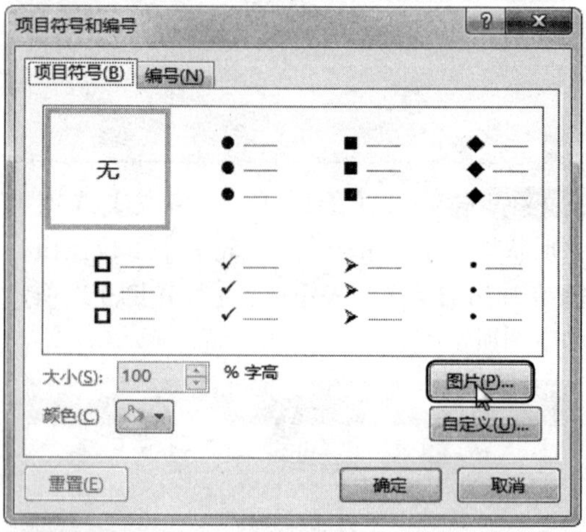

第 11 步 ❶打开【插入图片】对话框，选择“光盘 \ 素材文件 \ 第 6 章 \ 销售报告 \ 图标 .jpg”图片；❷单击【插入】按钮，如下图所示。

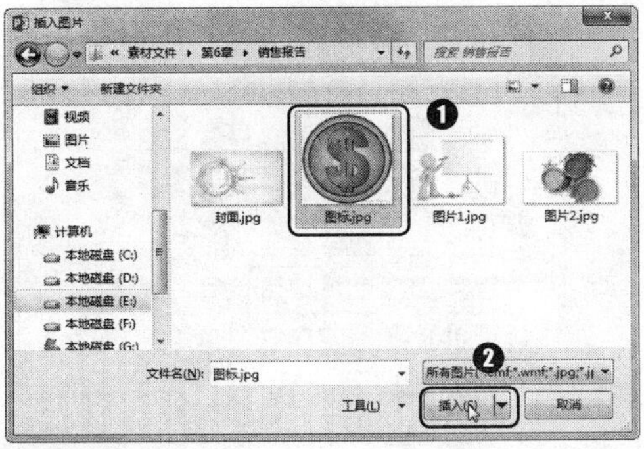

第 12 步 返回幻灯片，即可查看使用图片作为项目符号的效果，如下图所示。

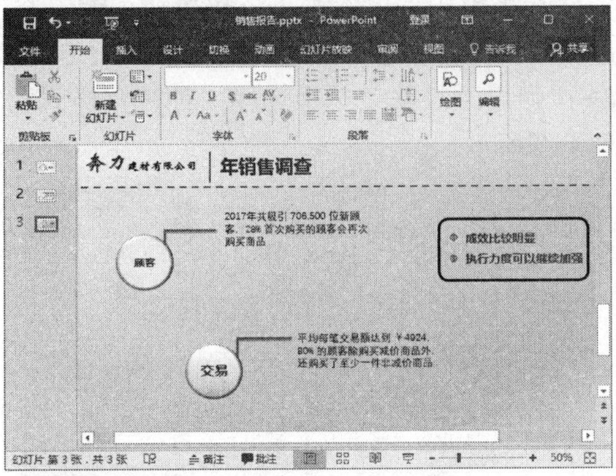

第 13 步 新建一张空白幻灯片，在标题占位符中输入标题，使用【弦形】工具◔绘制一个弦形，并调整弦形的大小和位置，如下图所示。

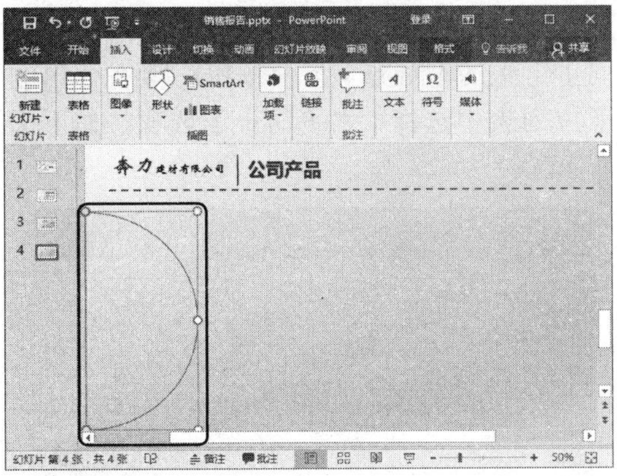

第 14 步 从第 3 张幻灯片复制形状，粘贴到第 4 张幻灯片中，并根据需要更改形状的填充颜色，如下图所示。

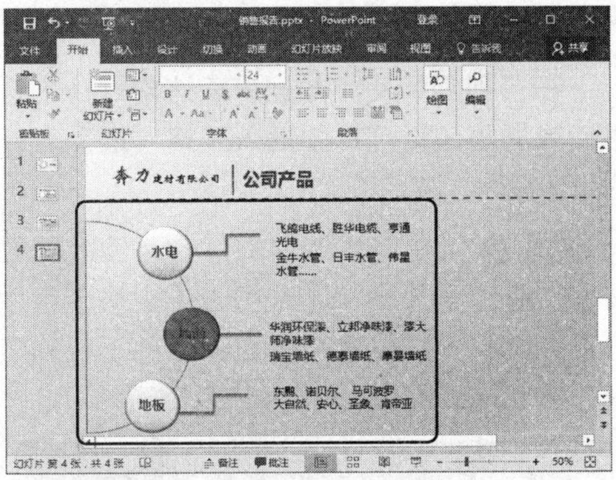

第 15 步 ❶插入“光盘\素材文件\第 6 章\销售报告\图片 2.jpg”图片；❷单击【图片工具 / 格式】选项卡【图片样式】组中的【快速样式】下拉按钮；❸在弹出的下拉列表中选择一种图片样式，如下图所示。

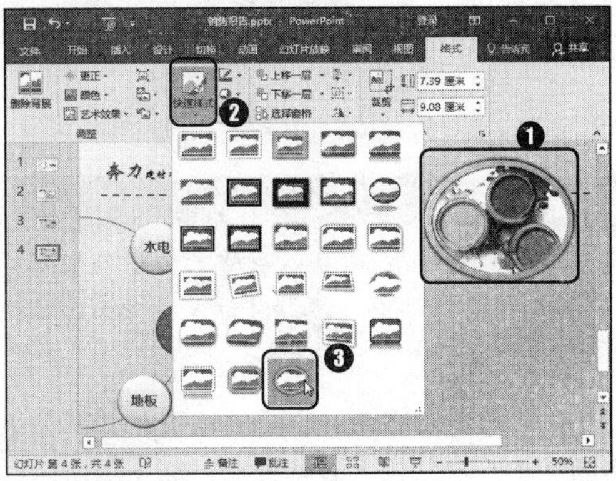

第 16 步 ❶单击【图片工具 / 格式】选项卡【调整】组中的【颜色】下拉按钮；❷在弹出的下拉列表中选择【灰度】选项，如下图所示。

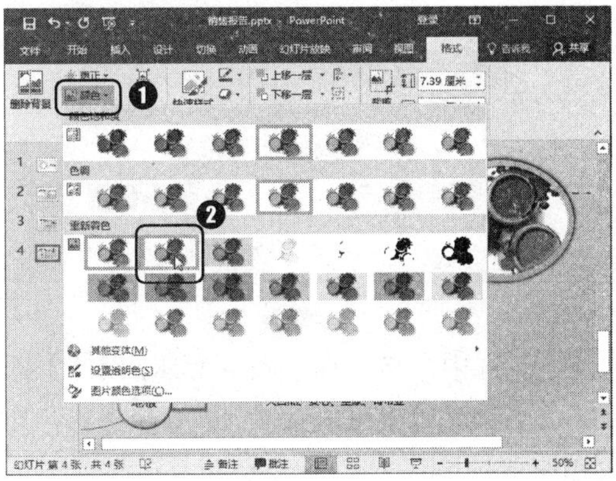

6.4.5 制作收益分析表格

在遇到需要使用数据来表达幻灯片内容时，就需要在幻灯片中插入表格，插入表格的具体操作步骤如下。

第 1 步 ❶新建一张空白幻灯片，输入标题文本；❷单击【插入】选项卡【表格】组中的【表格】下拉按钮；❸在弹出的下拉列表中选择【5×6 的】表格，如下图所示。

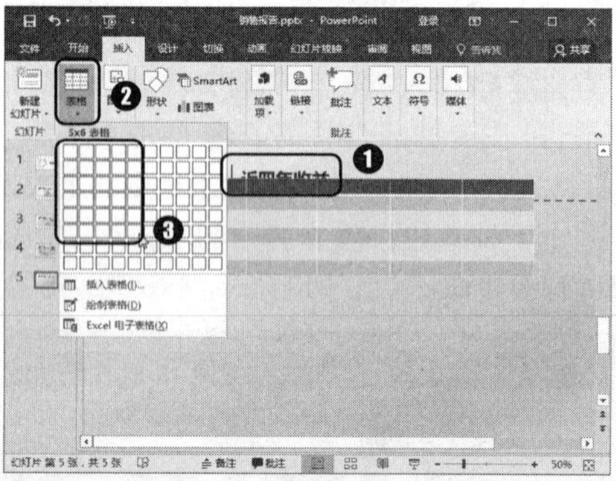

温馨提示

在PowerPoint中插入表格的方法与Word相似，用户可以在【表格】下拉列表中根据情况自行选择。

第 2 步 将表格移动到合适的位置，并调整表格的大小，然后输入表格数据，如下图所示。

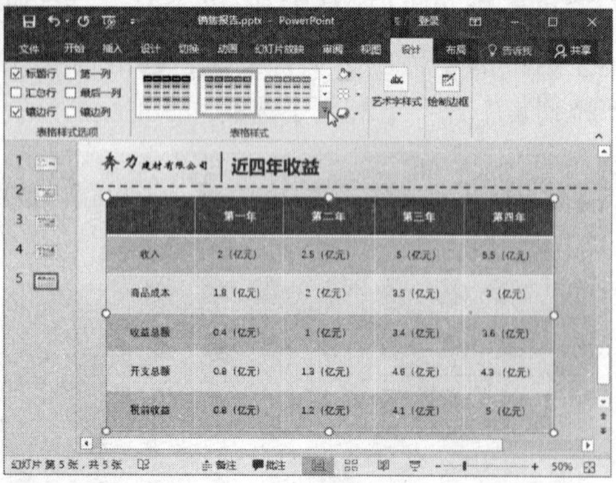

第 3 步 选中表格，在【表格工具/设计】选项卡【表格样式】组中选择一种表格样式，如下图所示。

第 4 步 ❶单击【表格工具/设计】选项卡【表格样式】组中的【效果】下拉按钮；❷在弹出的下拉列表中选择【单元格凹凸效果】选项；❸在弹出的级联菜单中选择一种棱台样式，如下图所示。

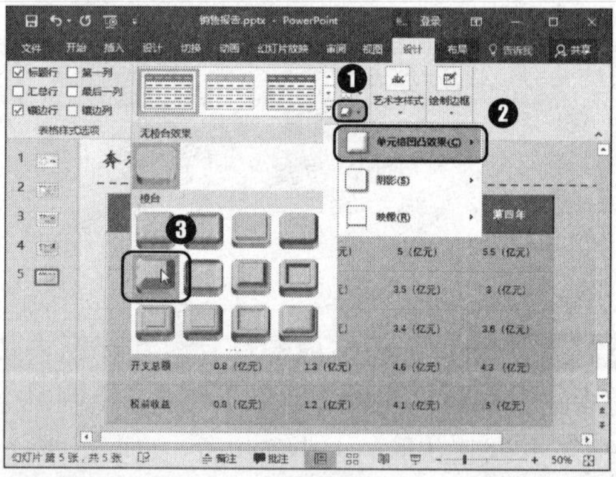

第 5 步 ❶单击【表格工具/布局】选项卡【排列】组中的【对齐】下拉按钮；❷在弹出的下拉列表中选择【水平居中】选项，如下图所示。

第 6 步 在表格下方添加文本框并输入文本，在【开始】选项卡中设置文本格式，如下图所示。

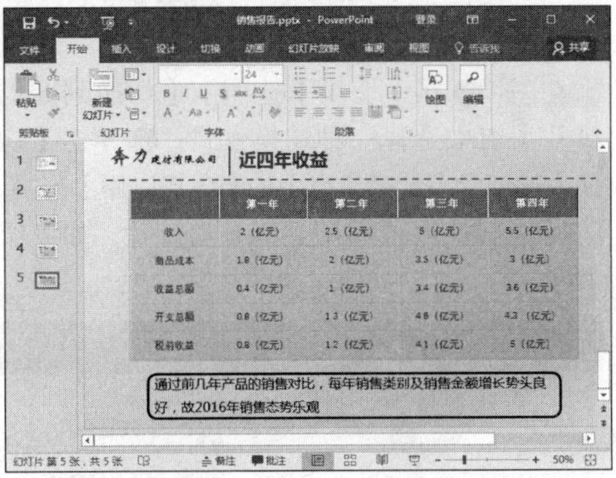

6.4.6 插入图表分析数据

使用图表不仅美观，还能更直观地展示数据，在幻灯片中插入图片的具体操作步骤如下。

第 1 步 ❶新建一张空白幻灯片，输入标题文本；❷单击【插入】选项卡【插图】组中的【图表】按钮，如下图所示。

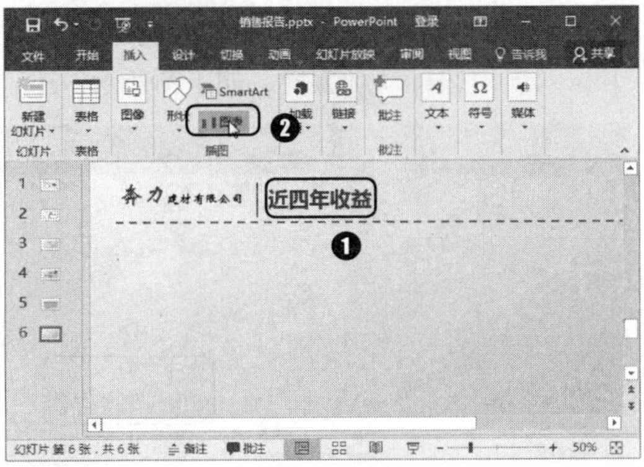

第 2 步 ❶打开【插入图表】对话框，在左侧选择【柱形图】选项；❷在右侧选择【簇状柱形图】选项；❸单击【确定】按钮，如下图所示。

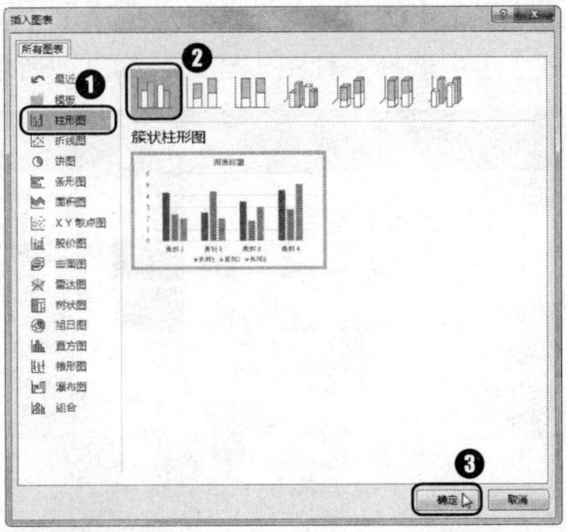

第 3 步 ❶打开 Excel 2016，在工作表中输入需要展示的数据；❷单击【关闭】按钮关闭 Excel 2016，如下图所示。

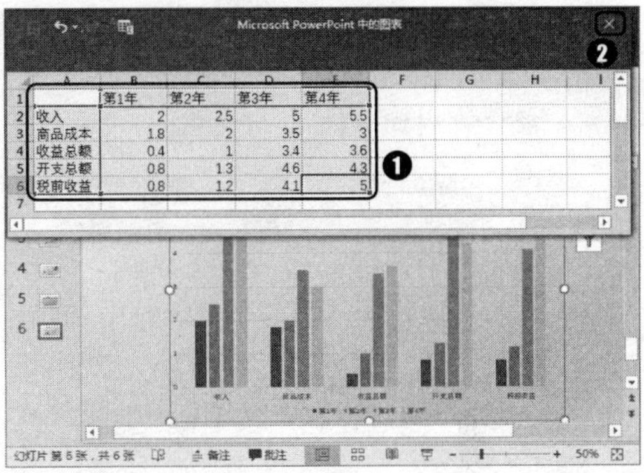

第 4 步 ❶删除图表标题内容，输入需要的标题；❷单击【图表工具 / 设计】选项卡【图表样式】组中的【更改颜色】下拉按钮；❸在弹出的下拉列表中选择一种图表颜色，如下图所示。

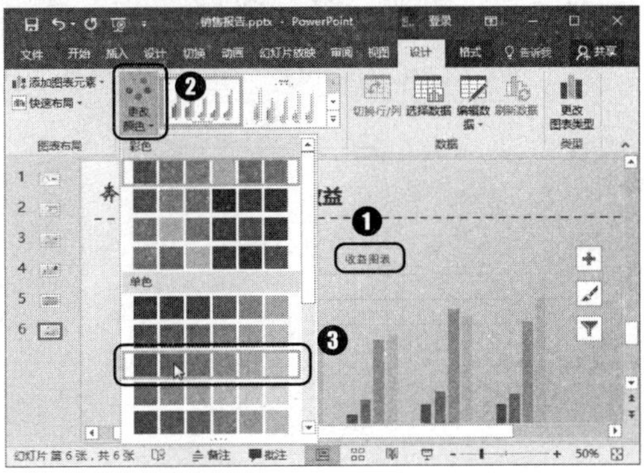

第 5 步 在【图表工具 / 设计】选项卡【图表样式】组中选择一种图表样式，如下图所示。

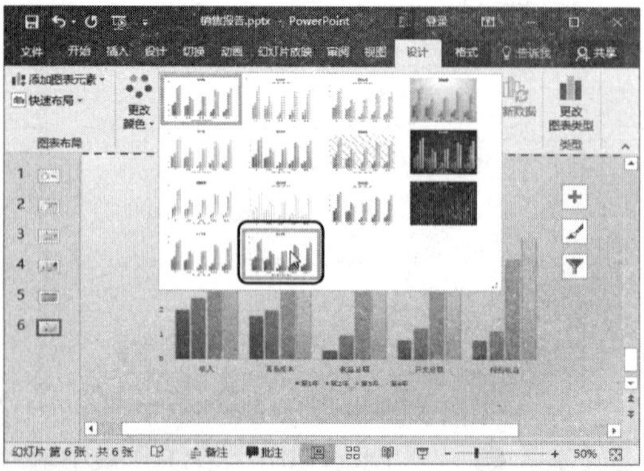

第 6 步 使用前文所述的方法制作第 7 张幻灯片，如下图所示。

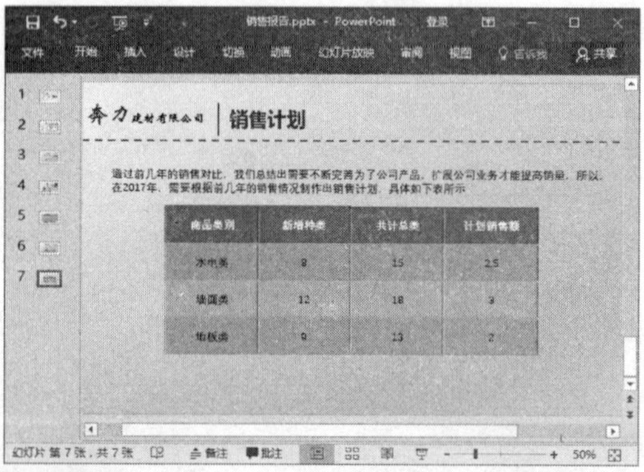

第 7 步 ❶新建一张空白幻灯片，在标题占位符中输入标题；❷将第 3 张幻灯片的圆形复制到结束页，并更改形状的大小和文字，如下图所示。

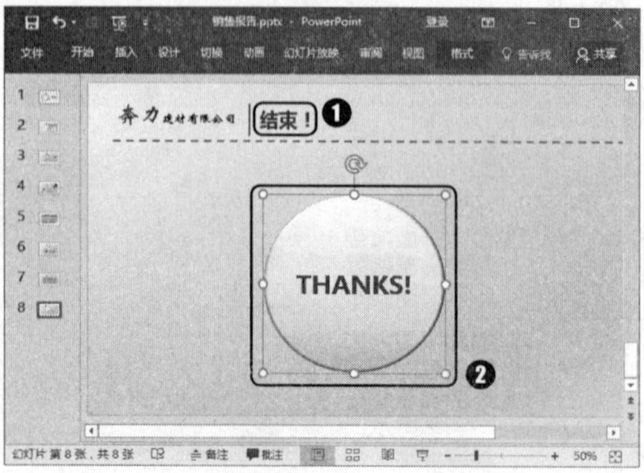

6.4.7 播放幻灯片

在幻灯片制作完成后，需要为幻灯片设置切换效果和动画效果，并播放幻灯片以预览效果，具体操作步骤如下。

第 1 步 ❶在【切换】选项卡【切换到此幻灯片】组中选择一种切换方式；❷单击【切换】选项卡【计时】组中的【全部应用】按钮，将所选切换方式应用到所有幻灯片，如下图所示。

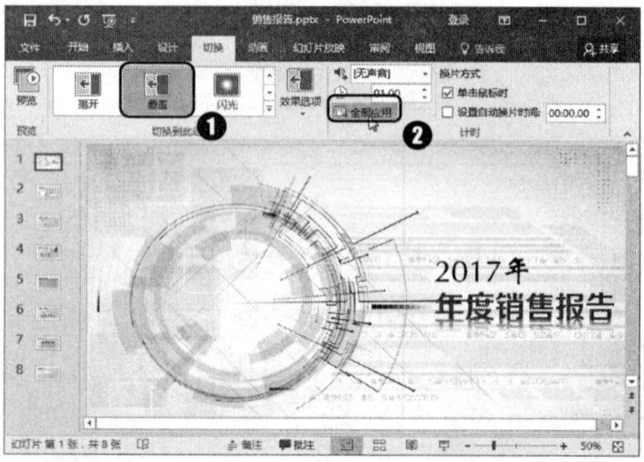

第 2 步 ❶选择第 1 张幻灯片中的文本占位符；❷在【动画】选项卡【动画】组中设置动画样式；❸单击【动画】选项卡【动画】组中的【效果选项】下拉按钮；❹在弹出的下拉列表中选择动画方向，如下图所示。

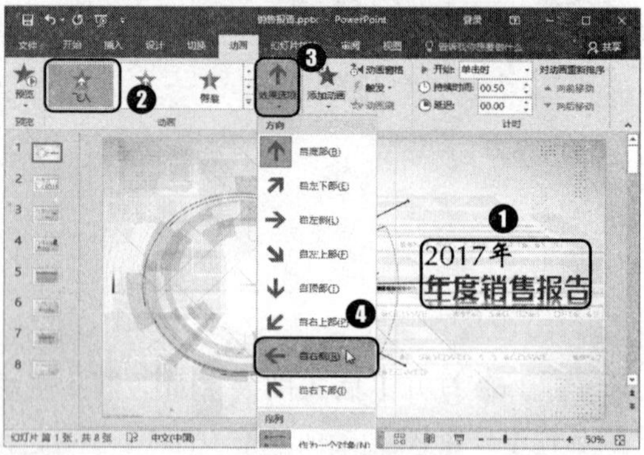

第 3 步 ❶单击【动画】选项卡【动画】组中的【添加动画】下拉按钮；❷在弹出的下拉列表中选择一种动画样式，如下图所示。

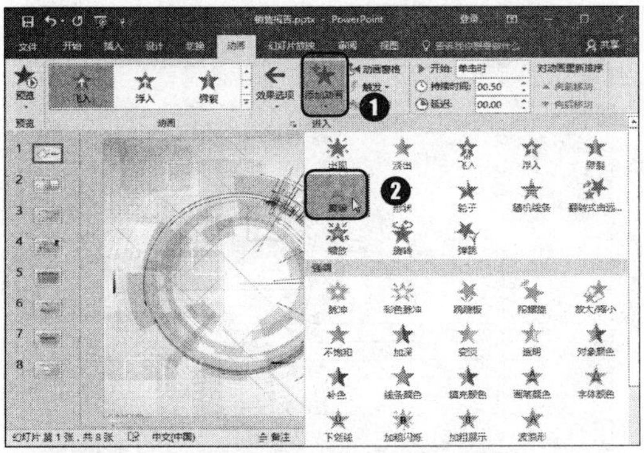

第4步 使用相同的方法分别为其他幻灯片设置动画效果，如下图所示。

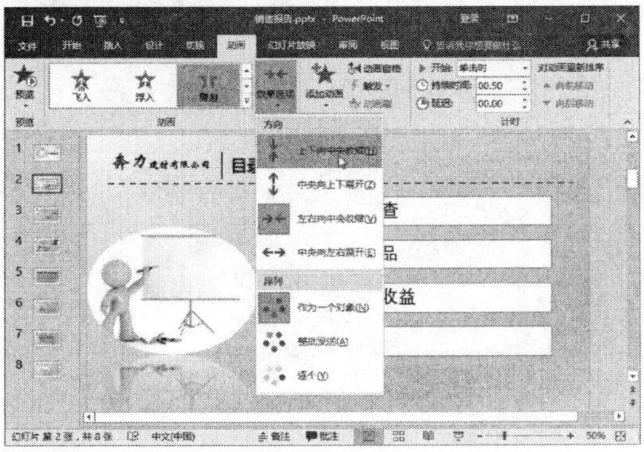

第5步 设置完成后，单击快速访问工具栏中的【从头开始】按钮播放幻灯片，如下图所示。

> **教您一招**
>
> **快速定位幻灯片**
>
> 播放演示文稿时，如果需要快速跳转到某一张幻灯片，可以在放映幻灯片时右击，在弹出的快捷菜单中选择【查看所有幻灯片】命令，此时所有幻灯片将呈缩略图显示，单击对应幻灯片即可进入指定页面。

大神支招

通过前面知识的学习，相信读者已经掌握了市场与销售管理工作中制作销售管理相关文档的操作方法。下面结合本章内容，介绍一些工作中的实用经验与技巧。

01 禁止【Insert】键的改写模式

视频文件：光盘\视频文件\第6章\01.mp4

在文档中输入文字时，经常会发生误操作，按【Insert】键，再输入文字时，光标插入后原有的文字被删除了，新输入了几个字，就删除了几个原有的文字。

通常情况下，输入模式为【插入】，即将光标定位到文档中需要输入文字的位置，即可在该位置输入文字。如果将光标定位在文档中，然后按下【Insert】键，将切换为【改写】模式，在该模式下输入文字时，会将光标插入点后的文字删除，输入几个字就删除几个原有文字。再次按【Insert】键即可切换回【插入】模式。

为了避免误操作按【Insert】键，造成文档损失，可以禁止通过【Insert】键切换到【改写】模式，具体操作步骤如下。

❶打开【Word 选项】对话框，切换到【高级】选项卡；❷在【编辑选项】栏中取消选中【用 Insert 键控制改写模式】复选框；❸单击【确定】按钮，如下图所示。

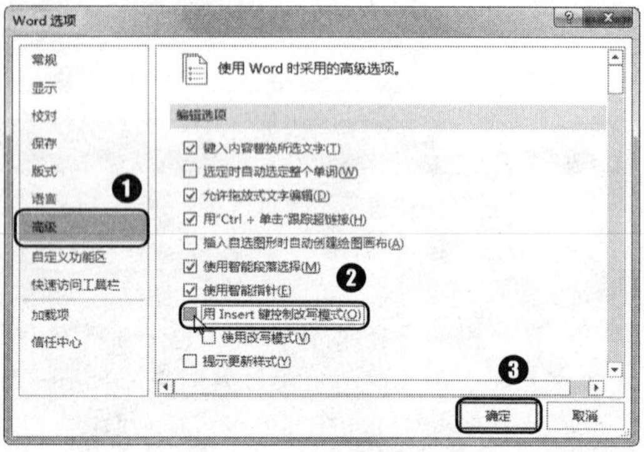

02 将隐藏的数据显示到图表中

视频文件：光盘\视频文件\第6章\02.mp4

在分析销售数据时，经常需要处理很多表格，而某些表格中含有大量公式，在查看和编辑时，如果不小心修改或删除了单元格中的函数，容易造成表格错误，又需要重新编辑。为了避免这种情况发生，可以将包含有公式的单元格突出显示，具体操作步骤如下。

第 1 步 ❶打开"光盘\素材文件\第 6 章\日常费用表.xlsx"文件。打开表格，单击【开始】选项卡【编辑】组中的【查找和选择】按钮；❷在弹出的下拉列表中选择【定位条件】选项，如下图所示。

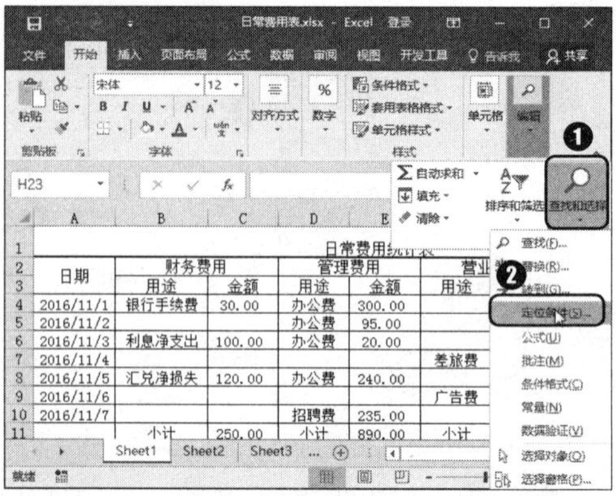

第 2 步 ❶在打开的【定位条件】对话框中选中【公式】单选按钮；❷单击【确定】按钮，如下图所示。

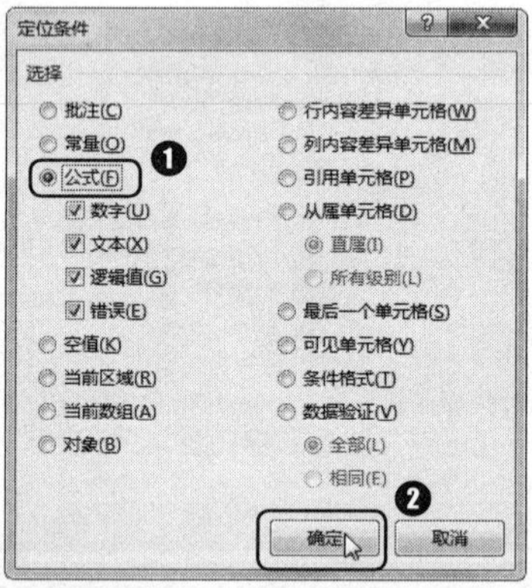

第 3 步 ❶返回工作表包含公式的单元格已经全部被选定，为了突出显示公式可以为公式设置背景颜色，单击【开始】选项卡中的【填充颜色】下拉按钮；❷在弹出的下拉列表中选择需要的颜色即可，如下图所示。

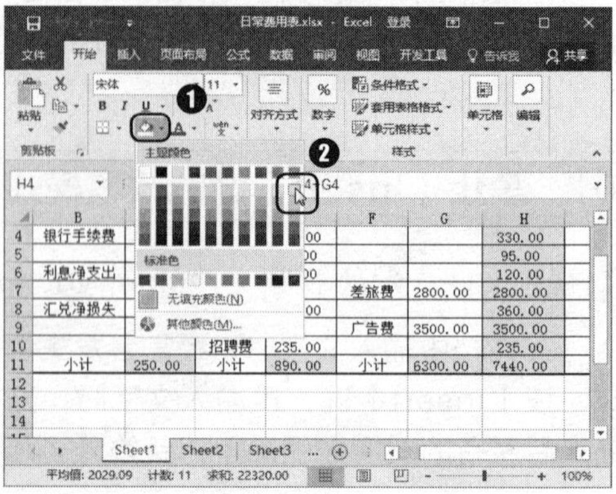

03　批量替换字体

视频文件：光盘\视频文件\第6章\03.mp4

创建多张幻灯片后，在每张幻灯片中都可能有多种不同的字体，使用PowerPoint提供的替换字体功能，可以将幻灯片中不同的字体方便、快速地替换成同一种字体，具体操作步骤如下。

第1步 ❶单击【开始】选项卡【编辑】组中的【替换】下拉按钮；❷在弹出的下拉列表中选择【替换字体】选项；❸在打开的【替换字体】对话框中分别设置【替换】和【替换为】的字体格式；❹单击【替换】按钮，如下图所示。

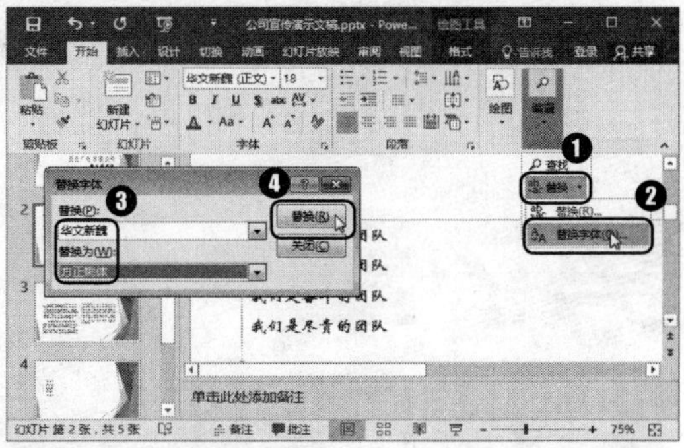

第2步 返回演示文稿，即可看到字体已经被替换，如下图所示。

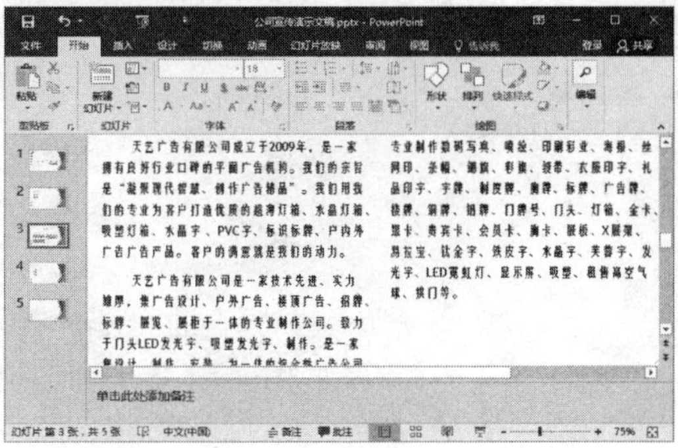

第7章 公司客户管理

本章导读

客户是企业发展不可或缺的元素，是企业的经济命脉，因此，客户的管理尤为重要。本章通过制作客户信息保密条例、客户信息管理系统、客户月拜访计划表和供应商列表等，介绍在市场和销售管理工作中制作公司客户管理相关文档的方法。

知识要点

- ❖ 使用主题
- ❖ 录制宏命令
- ❖ 添加宏命令按钮
- ❖ 冻结窗格
- ❖ 批注的添加与编辑
- ❖ 制定允许用户编辑区域

7.1 使用Word制作“客户信息保密条例”

案例背景

客户的信息是公司最重要的信息，为了防止客户信息泄露而导致客户与公司的损失，需要制定合理的保密条例来保证客户信息的安全。客户信息保密条例应该是公司每一位员工都应该遵守的行为制度，需要制作并打印出来供员工查阅，明确自己的保密义务。

本例将通过Word制作客户信息保密条例，制作完成后的效果如下图所示。实例最终效果见“光盘\结果文件\第7章\客户信息管理制度.docx”文件。

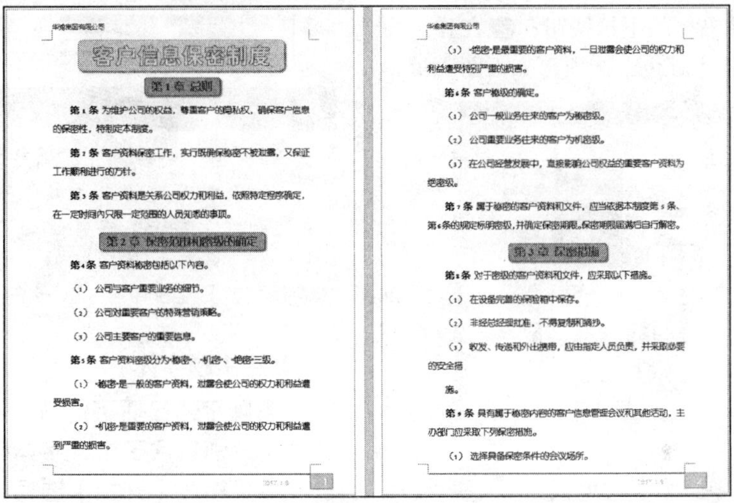

华瑞集团有限公司

客户信息保密制度

第1章 总则

第1条 为维护公司的权益，尊重客户的隐私权，确保客户信息的保密性，特制定本制度。

第2条 客户资料保密工作，实行既确保秘密不被泄露，又保证工作顺利进行的方针。

第3条 客户资料是关系公司权力和利益，依照特定程序确定，在一定时间内只限一定范围的人员知悉的事项。

第2章 保密范围和密级的确定

第4条 客户资料秘密包括以下内容。

（1）公司与客户重要业务的细节。

（2）公司对重要客户的特殊营销策略。

（3）公司主要客户的重要信息。

第5条 客户资料密级分为“秘密”、“机密”、“绝密”三级。

（1）“秘密”是一般的客户资料，泄露会使公司的权力和利益遭受损害。

（2）“机密”是重要的客户资料，泄露会使公司的权力和利益遭到严重的损害。

华瑞集团有限公司

（3）“绝密”是最重要的客户资料，一旦泄露会使公司的权力和利益遭受特别严重的损害。

第6条 客户密级的确定。

（1）公司一般业务往来的客户为秘密级。

（2）公司重要业务往来的客户为机密级。

（3）在公司经营发展中，直接影响公司权益的重要客户资料为绝密级。

第7条 属于秘密的客户资料和文件，应当依据本制度第5条、第6条的规定标明密级，并确定保密期限。保密期限届满后自行解密。

第3章 保密措施

第8条 对于密级的客户资料和文件，应采取以下措施。

（1）在设备完善的保险箱中保存。

（2）非经总经理批准，不得复制和摘抄。

（3）收发、传递和外出携带，应由指定人员负责，并采取必要的安全措

施。

第9条 具有属于秘密内容的客户信息管理会议和其他活动，主办部门应采取下列保密措施。

（1）选择具备保密条件的会议场所。

光盘文件		
	素材文件	光盘\素材文件\第7章\客户信息管理制度.docx
	结果文件	光盘\结果文件\第7章\客户信息管理制度.docx
	教学视频	光盘\视频文件\第7章\7.1使用Word制作客户信息保密条例.mp4

7.1.1 创建新主题

主题是一组格式选项，包括一组主题颜色、一组主题字体和一组主题效果，应用主题之前，可以根据自己的需要创建主题。

1. 新建主题颜色

主题颜色是指单击【开始】选项卡【字体】组中的【字体颜色】下拉按钮 A· 后，弹出的下拉列表中显示的颜色选项，一般默认为Word的默认主题颜色。通过设置，可以将这些预设的选项进行更改，具体操作步骤如下。

第1步 ❶打开“光盘\素材文件\第7章\客户信息管理制度.docx”文件，在【设计】选项卡单击【文档格式】组中的【颜色】下拉按钮；❷在弹出的下拉列表中选择【自定义颜色】选项，如下图所示。

第 2 步 ❶打开【新建主题颜色】对话框，单击【着色 1】右侧的下拉按钮；❷在弹出的下拉列表中选择【红色】选项，如下图所示。

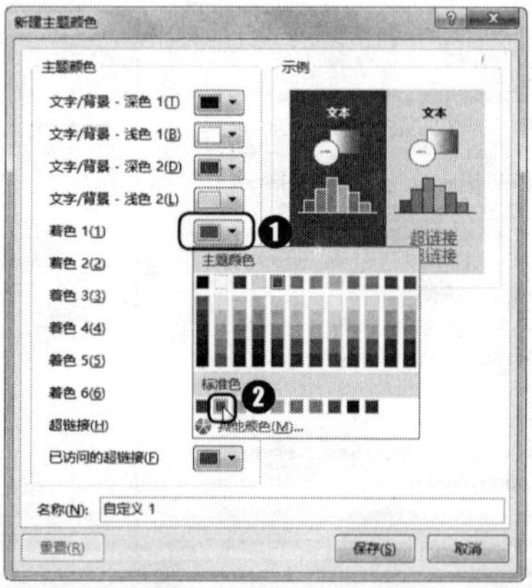

第 3 步 ❶使用相同的方法更改【着色 2】至【着色 6】的颜色为【橙色】【黄色】【绿色】【蓝色】和【浅蓝色】；❷在【名称】文本框中设置新建主题颜色的名称；❸单击【保存】按钮，如下图所示。

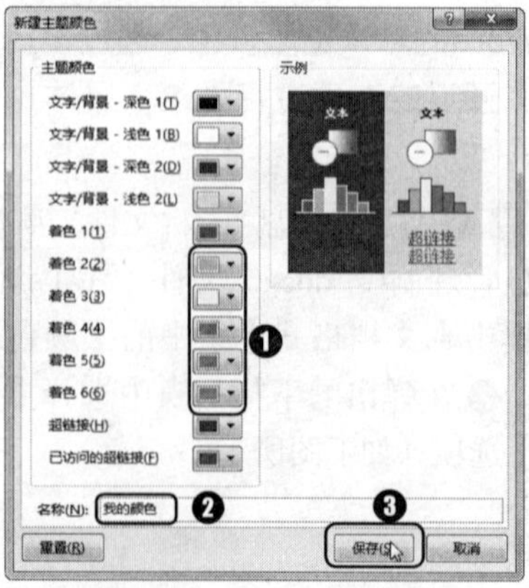

第 4 步 返回文档，再次单击【设计】选项卡【文档格式】组中的【颜色】下拉按钮，即可查看到自定义颜色，如下图所示。

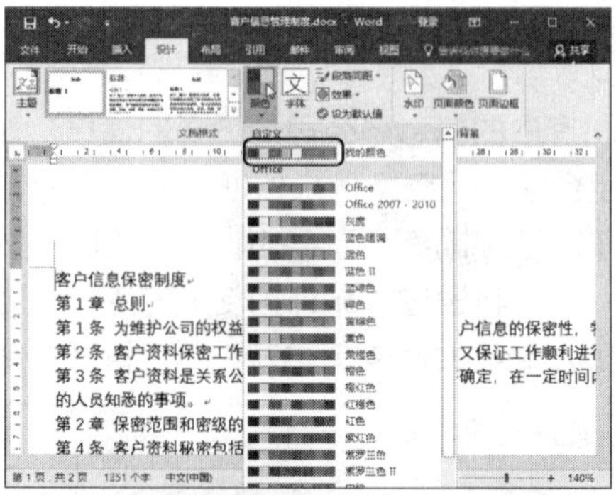

教您一招

删除主题颜色

如果对新建的主题颜色不满意，可以在主题颜色上右击，在弹出的快捷菜单中选择【删除】命令，然后在弹出的提示对话框中单击【是】按钮即可。

2. 新建主题字体

主题字体包括了标题字体和正文字体，其中又分别包含了中文字体和西方字体。主题字体是指在【开始】选项卡【字体】组中的【字体】下拉列表中显示的主题字体选项，通过设置可以更改这些选项，以图片来美化页面效果，具体操作步骤如下。

第 1 步 ❶单击【设计】选项卡【文档格式】组中的【字体】下拉按钮；❷在弹出的下拉列表中选择【自定义字体】选项，如下图所示。

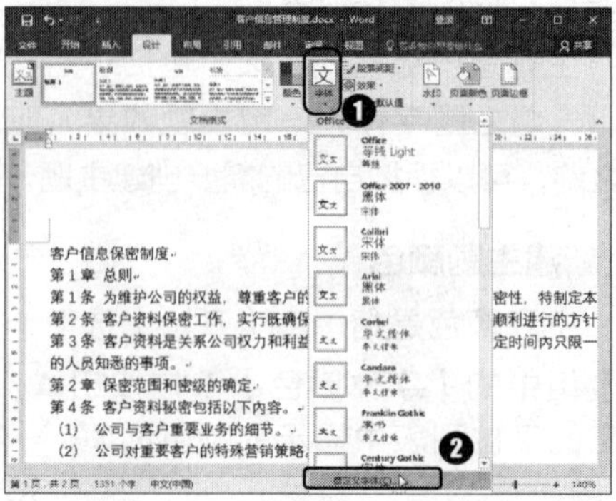

第 2 步 ❶打开【新建主题字体】对话框，在【西文】栏中分别设置【标题字体】和【正文字体】；❷在【中文】栏中分别设置【标题字体】和【正文字体】；❸在【名称】文本框中输入新建主题字体的名称；❹单击【保存】按钮，如下图所示。

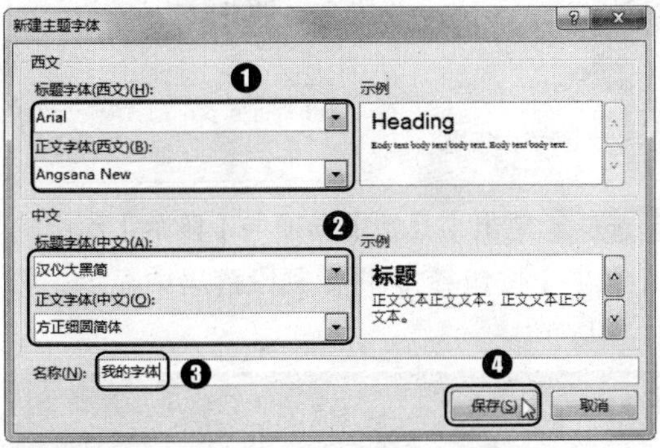

第 3 步 返回文档，再次单击【设计】选项卡【文档格式】组中的【字体】下拉按钮，即可查看到自定义字体，如下图所示。

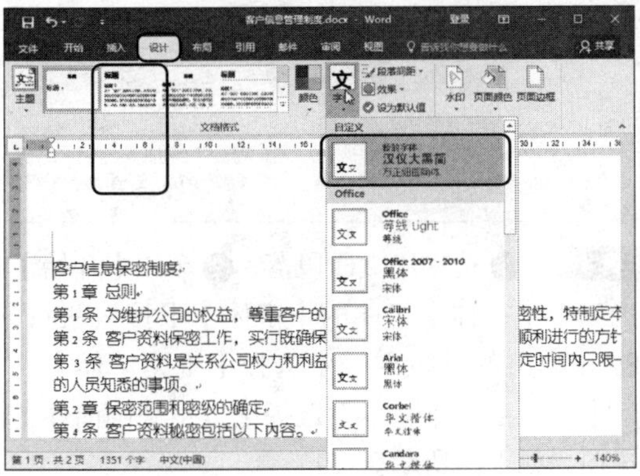

3. 选择主题效果并保存主题

主题效果是指图形对象绘制后默认的填充颜色和轮廓颜色等效果，通过设置可以更改默认的效果，具体操作步骤如下。

第 1 步 ❶单击【设计】选项卡【文档格式】组中的【效果】下拉按钮；❷在弹出的下拉列表中选择一种主题效果，如下图所示。

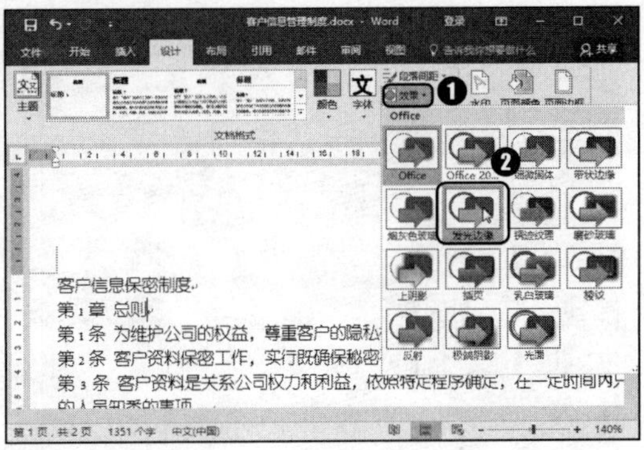

第 2 步 ❶单击【设计】选项卡中的【主题】下拉按钮；❷在弹出的下拉列表中选择【保存当前主题】选项，如下图所示。

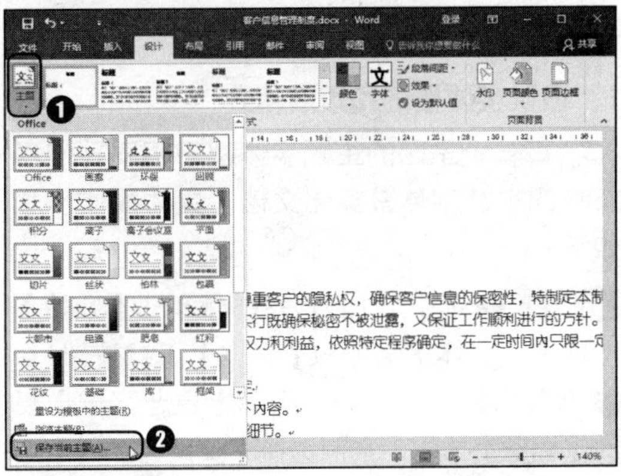

第 3 步 ❶打开【保存当前主题】对话框，在【文件名】文本框中输入主题名称；❷单击【保存】按钮，如下图所示。

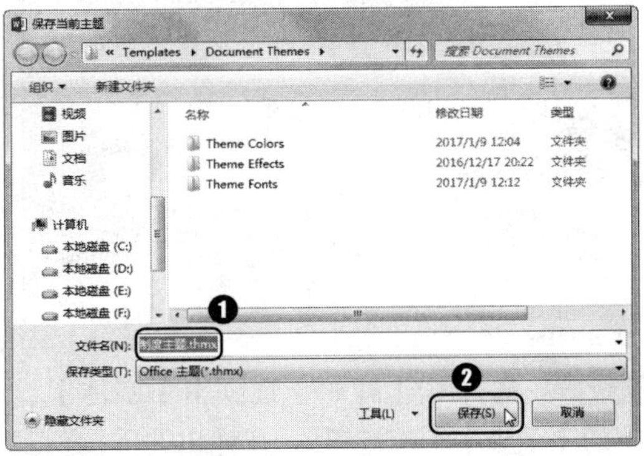

第 4 步 返回文档，单击【设计】选项卡中的【主题】下拉按钮，即可看到创建的主题，如下图所示。

7.1.2 应用主题美化文档

主题创建完成后，就可以使用新建的主题对文档进行美化了。

1. 设置字体格式和段落格式

每一个主题的主题字体都不相同，使用新建的主题字体来美化文档，具体操作步骤如下。

第 1 步 ❶选中第 1 段段落；❷单击【开始】选项卡【字体】组中的【字体】下拉按钮；❸在弹出的下拉列表中选择【主题字体】栏的【标题字体】，本例选择【汉仪大黑简】选项，如下图所示。

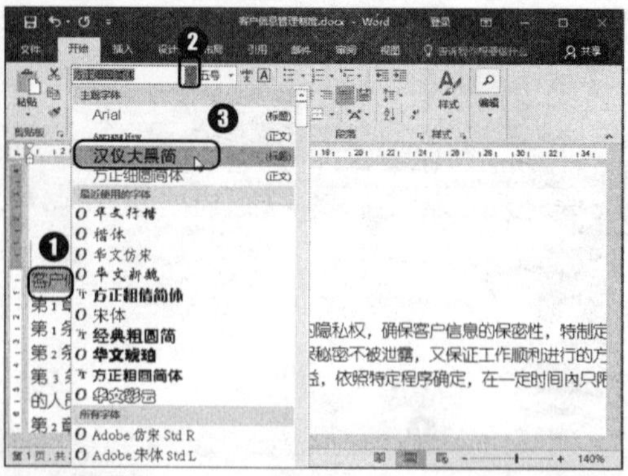

第 2 步 ❶单击【开始】选项卡【字体】组中的【字号】下拉按钮，在弹出的下拉列表中选择【小初】选项；❷单击【文本效果和版式】下拉按钮 A ▾；❸在弹出的下拉列表中选择一种文本样式，如下图所示。

第 3 步 单击【开始】选项卡【段落】组中的【居中】按钮 ≡，将标题段落居中显示，如下图所示。

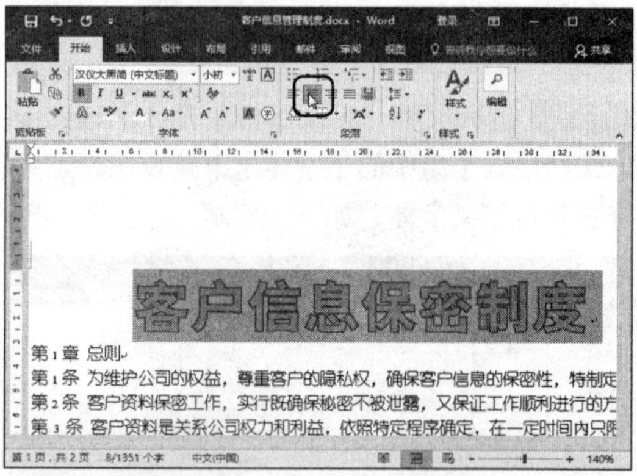

第 4 步 ❶选中第 2 段段落；❷单击【开始】选项卡【字体】组中的【字体】下拉按钮；❸在弹出的下拉列表中选择【主题字体】栏的【正文字体】，本例选择【方正细圆简体】选项，如下图所示。

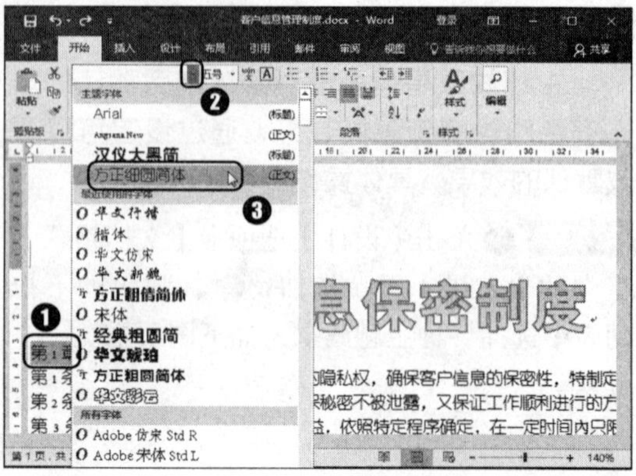

教您一招

字体外观的应用

如果为段落选择主题字体下中文样式的标题字体或正文字体，则段落中无论中文或西文，都将应用所选字体外观。如果选择主题字体下的西文样式的标题字体或正文字体，则段落中的中文文本将应用对应的中文字体外观，西文文本则将应用西文字体外观。

第 5 步 ❶单击【开始】选项卡【字体】组中的【字体颜色】下拉按钮；❷在弹出的下拉列表中选择一种主题颜色；❸单击【开始】选项卡【段落】组中的对话框启动器，如下图所示。

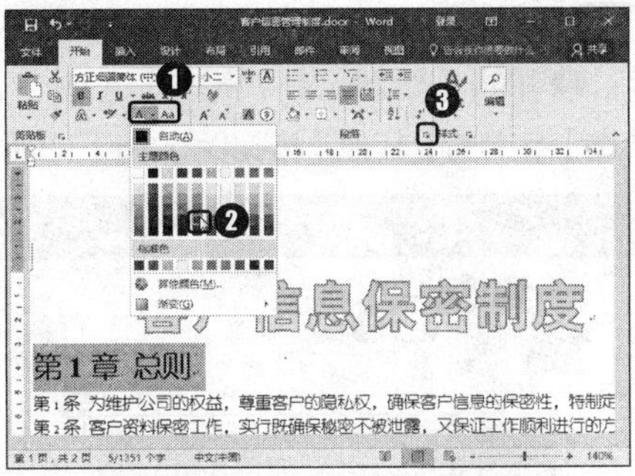

第 6 步 ❶打开【段落】对话框，在【缩进和间距】选项卡的【常规】栏中设置【对齐方式】为【居中】；❷在【间距】栏中设置【段前】为【0.8 行】，设置【段后】为【0.2 行】；❸单击【确定】按钮，如下图所示。

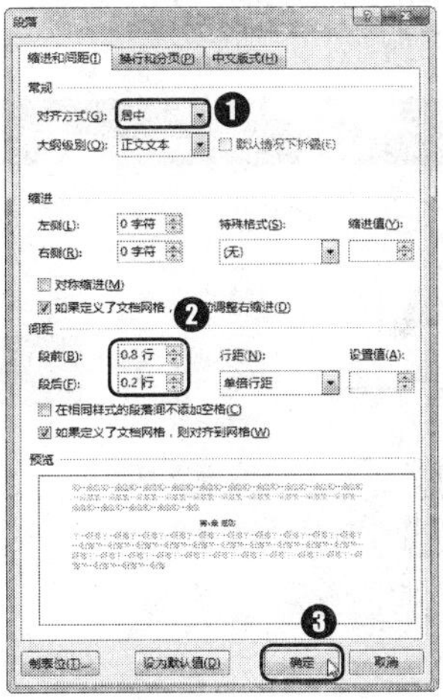

第 7 步 双击【开始】选项卡【剪贴板】组中的【格式刷】按钮，锁定格式刷，如下图所示。

第 8 步 将该段落的格式复制到其他章名段落，然后按【Esc】键解除格式刷锁定，如下图所示。

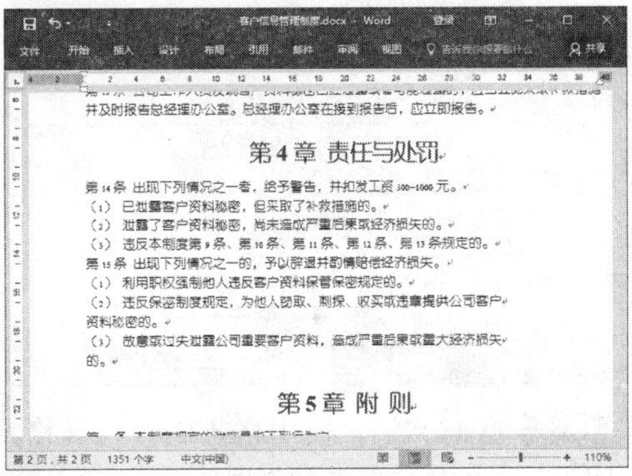

第 9 步 ❶选中第 1 章下方的正文段落；❷单击【开始】选项卡【字体】组中的【字体颜色】下拉按钮；❸在弹出的下拉列表中选择一种主题颜色，如下图所示。

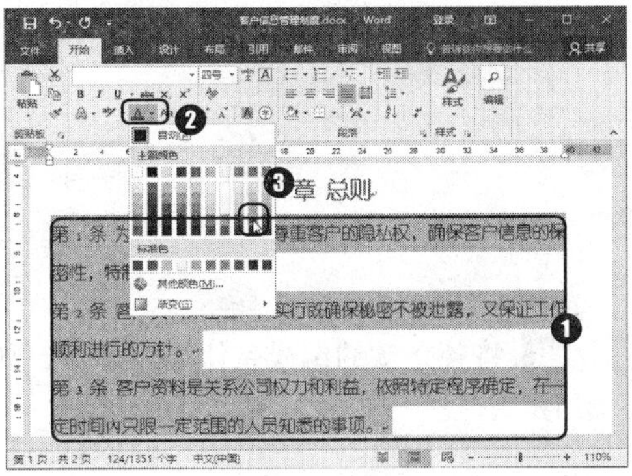

第 10 步 ❶打开【段落】对话框，在【缩进和间距】选项卡的【缩进】组中设置【特殊格式】为【首行缩进】，【缩进值】为【2 字符】，❷在【间距】组中设置段前和段后为【0.5 行】；❸单击【确定】按钮，如下图所示。

第 11 步 返回文档，使用格式刷将段落格式应用于其他条款段落，如下图所示。

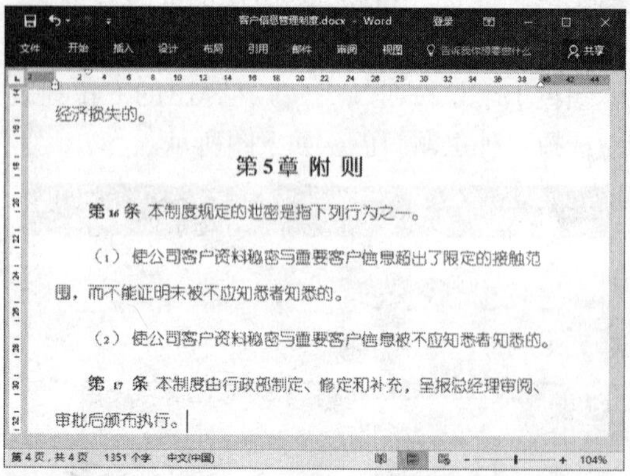

第 12 步 将各条款的编号字体加粗即可，如下图所示。

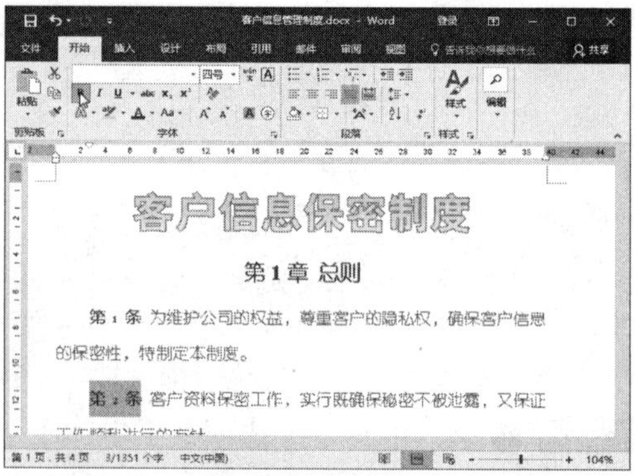

2. 绘制形状美化标题

绘制形状，并将形状置于文字的下方，可以美化标题，具体操作步骤如下。

第 1 步 ❶在第 1 页的文档中绘制一个圆角矩形；❷单击【绘图工具 / 格式】选项卡【形状样式】组中的【其他】按钮，如下图所示。

第 2 步 在弹出的下拉列表中选择一种形状样式，如下图所示。

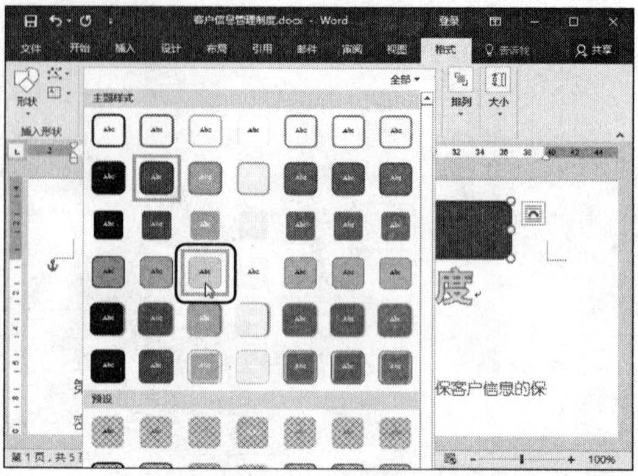

第3步 ❶单击【绘图工具/格式】选项卡【排列】组中的【环绕文字】下拉按钮；❷在弹出的下拉列表中选择【衬于文字下方】选项，如下图所示。

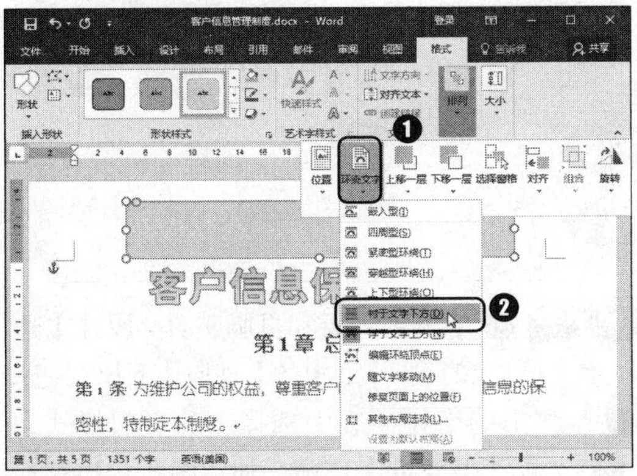

第4步 将形状拖动到标题文本下方，并适当调整其位置和大小，如下图所示。

温馨提示

除了可以使用快速样式美化形状外，用户也可通过【绘图工具/格式】选项卡【形状样式】组中的【形状填充】、【形状轮廓】、【形状效果】菜单自定义形状样式。

第5步 ❶选中形状，单击【绘图工具/格式】选项卡【形状样式】组中的【形状效果】下拉按钮；❷在弹出的下拉列表中选择【阴影】选项；❸在弹出的级联菜单中选择一种阴影样式，如下图所示。

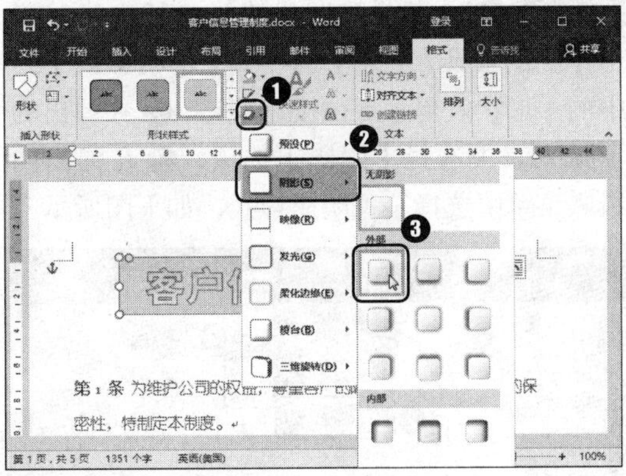

第6步 ❶再次绘制一个圆角矩形；❷在【绘图工具/格式】选项卡中的【样式】下拉列表中选择一种形状样式，如下图所示。

第7步 ❶选中形状，右击形状右侧的【布局选项】浮动工具按钮；❷在弹出的快捷菜单中选择【衬于文字下方】按钮，如下图所示。

第8步 ❶适当调整形状的位置和大小，单击【绘图工具/格式】选项卡【形状样式】组中的【形状效果】下拉按钮；❷在弹出的下拉列表中选择【阴影】选项；❸在弹出的级联菜单中选择一种阴影样式，如下图所示。

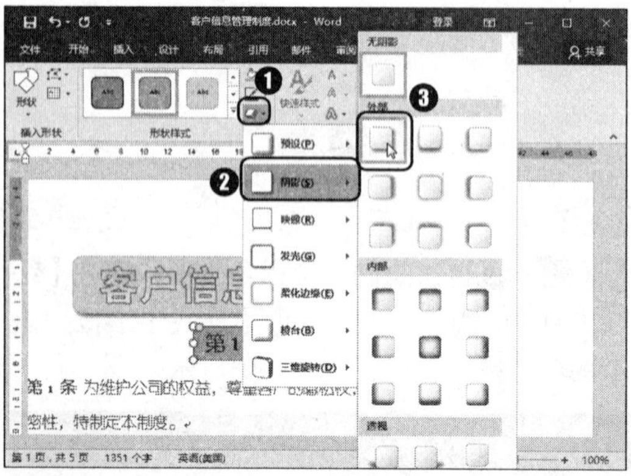

第9步 将形状复制到其他章节段落处，并适当调整其位置和大小即可，如下图所示。

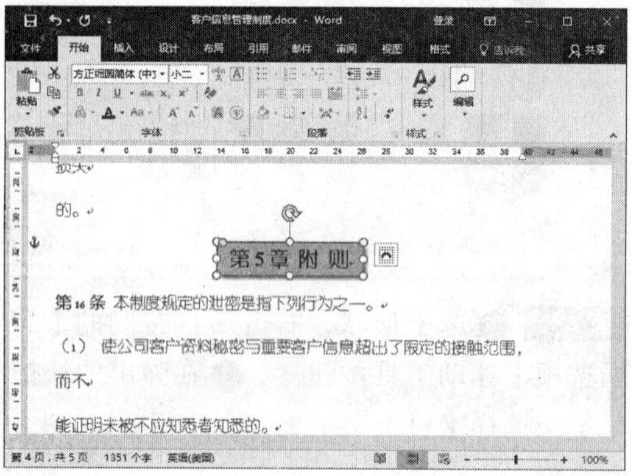

7.1.3 插入并编辑页眉、页脚

文档编辑完成后，可以在文档的顶部和底部插入页眉和页脚。

1. 插入并编辑页眉

插入页眉后，可以对页眉进行相应的编辑，具体操作步骤如下。

第1步 ❶双击文档顶部的空白处，进入页眉和页脚编辑状态；❷单击【开始】选项卡【字体】组中的【清除所有格式】按钮，去除页眉横线，如下图所示。

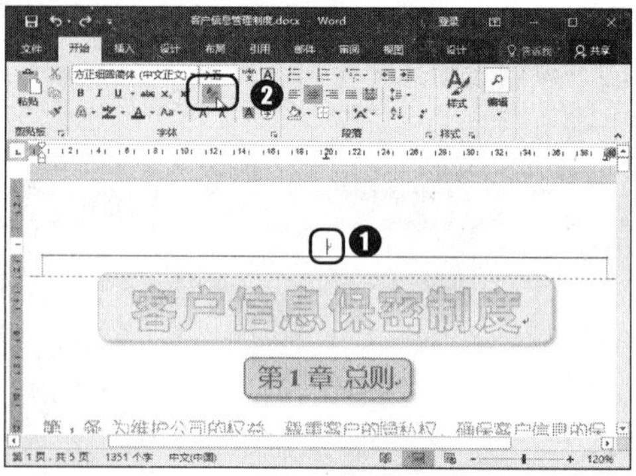

第2步 ❶单击【页眉和页脚工具/设计】选项卡【页眉和页脚】组中的【页眉】下拉按钮；❷在弹出的下拉列表中选择一种页眉样式，本例选择【奥斯汀】选项，如下图所示。

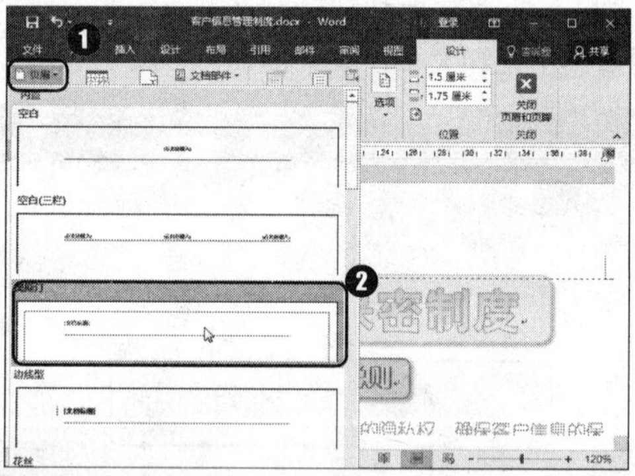

第3步 ❶将页眉文字更改为公司名称；❷选中公司名称，在【开始】选项卡的【字体】组中设置字号为【五号】，如下图所示。

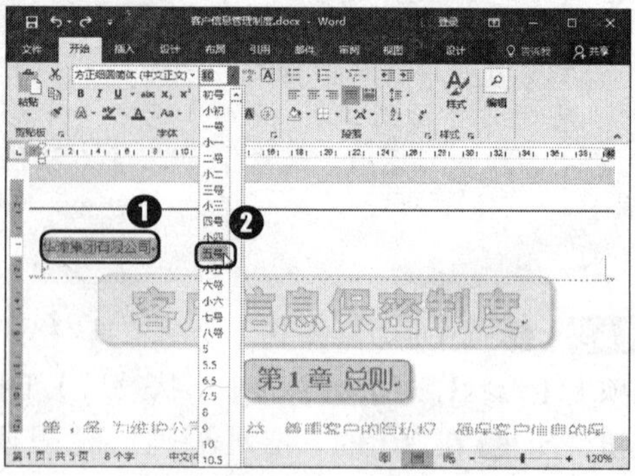

2. 插入并编辑页脚

在页脚中一般可以插入文档的制作日期、

页码等信息，插入页脚的具体操作步骤如下。

第1步 ❶单击【插入】选项卡【页眉和页脚】组中的【页脚】下拉按钮；❷在弹出的下拉列表中选择一种页脚样式，本例选择【母版型（水平）】选项，如下图所示。

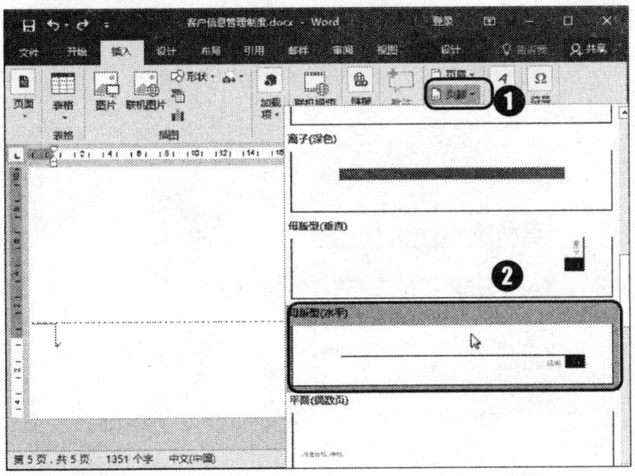

第2步 在页脚处将选择日期设置为【今日】，如下图所示。

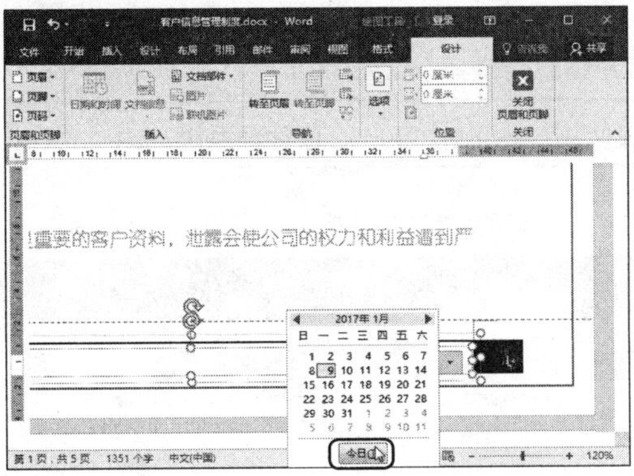

第3步 ❶选中日期和页码文本；❷在【开始】选项卡【字体】组中设置字体为标题样式，本例设置为【Arial】，如下图所示。

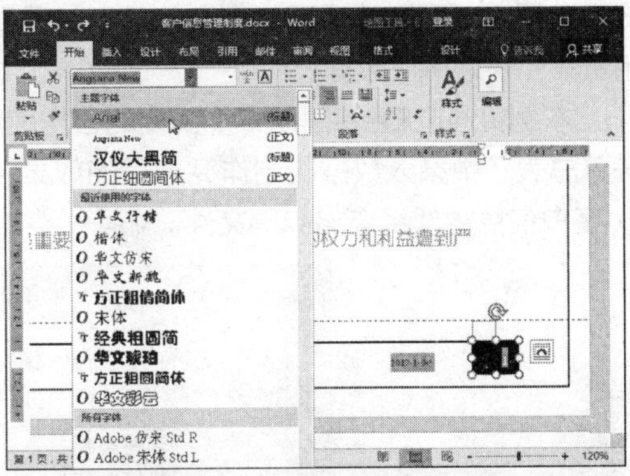

> **温馨提示**
>
> 在页眉页脚编辑状态下，单击【页眉和页脚工具/设计】选项卡【导航】组中的【转至页眉】或【转至页脚】按钮，可以快速定位到页眉和页脚的编辑区。

第4步 ❶选择页码处的形状；❷在【绘图工具/格式】选项卡的【形状样式】组中选择一种形状样式即可，如下图所示。

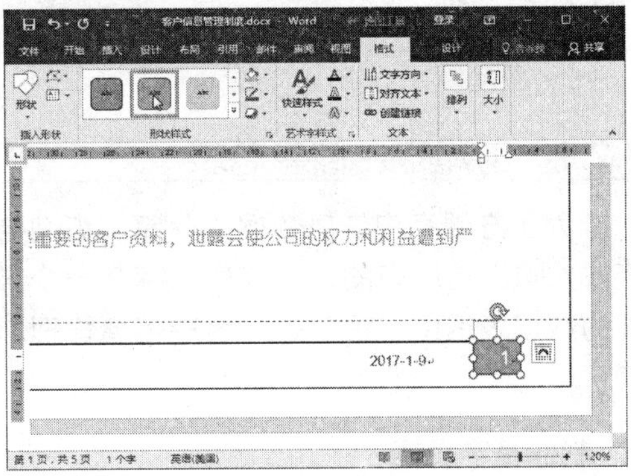

7.2 使用Excel制作“客户信息管理系统”

案例背景

企业客户信息的管理尤为重要，在对客户信息进行管理时，通过需要对信息进行录入、查询和编辑修改等。当客户信息表中的数据填写完整后，为了快速将这些数据自动录入到客户信息总表中，可以利用宏命令对表格数据的完整性进行检测，并通过录制宏功能将信息自动录入总表数据中。而在填写新的客户信息时，需要将客户信息表中现有的数据清空，同样也可以使用宏命令快速清空数据。

本例将通过Excel制作一个简易的客户信息管理系统，通过单独的“客户信息表”向“客户信息总表”中录入数据，制作完成后的效果如下图所示。实例最终效果见“光盘\结果文件\第7章\客户信息管理系统.xlsx”文件。

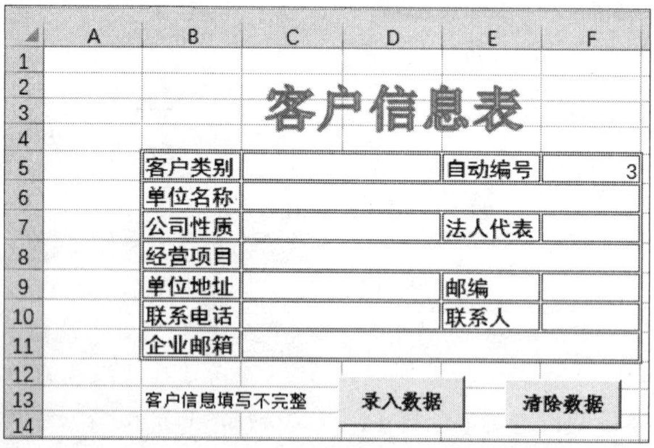

光盘文件		
	素材文件	无
	结果文件	光盘\结果文件\第7章\客户信息管理系统.xlsx
	教学视频	光盘\视频文件\第7章\7.2使用Excel制作客户信息管理系统.mp4

7.2.1 创建客户信息总表

为了方便客户信息数据的存储、查询与修改，可以将所有的客户信息保存在一个常规的数据表格中，也就是“客户信息管理总表”。

1. 制作基本表格

制作基本表格需要列举出各条客户信息所需要的字段，具体操作步骤如下。

第1步 ❶新建一个名为“客户管理系统”的工作簿，在工作表中列举出各条客户信息所需要的字段；❷修改工作表的名称为“客户信息管理总表”，如下图所示。

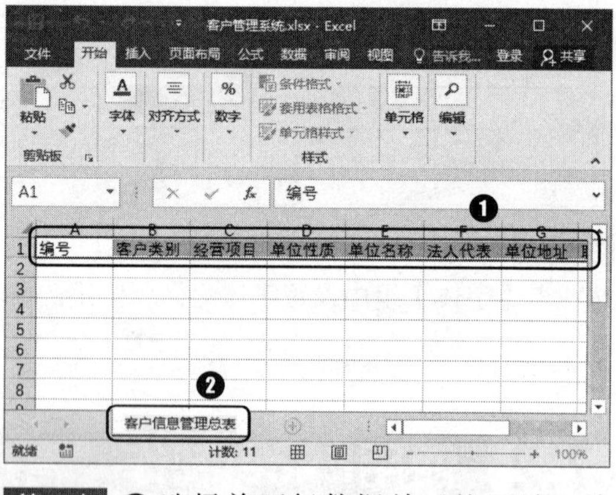

第2步 ❶选择前两行数据单元格区域，单击【开始】选项卡【样式】组中的【套用表格格式】下拉按钮；❷在弹出的下拉列表中选择一种表格样式，如下图所示。

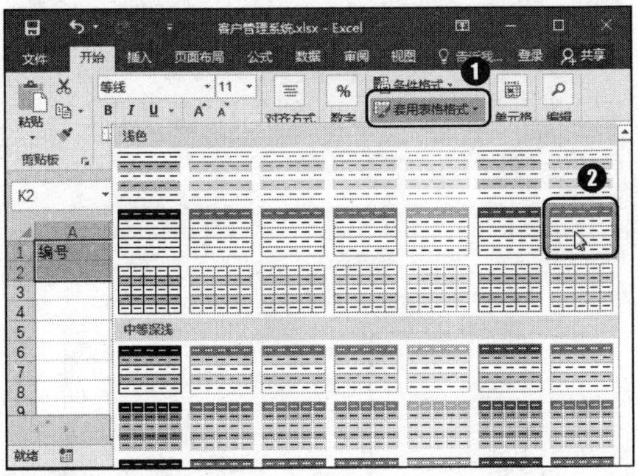

第 3 步 ❶在打开的【套用表格式】对话框中选中【表包含标题】复选框；❷单击【确定】按钮，如下图所示。

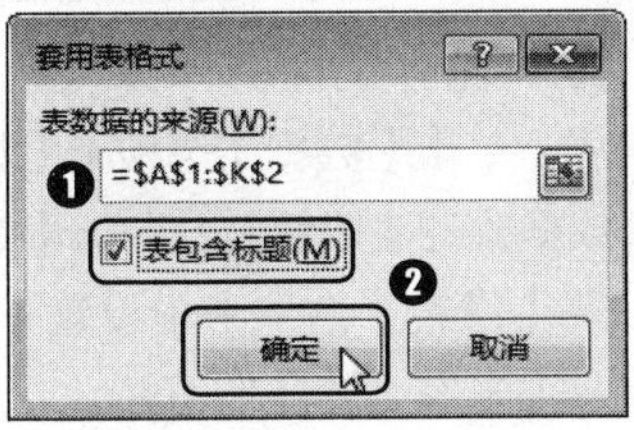

2. 编辑总表名称

将单元格区域套用上表格格式后，单元格区域将自动转换为表格元素，且以“表1”为表格名称，为方便后期应用公式对表格数据进行操作，可将表格名称修改为“总表”，具体操作步骤如下。

第 1 步 单击【公式】选项卡【定义的名称】组中的【名称管理器】按钮，如下图所示。

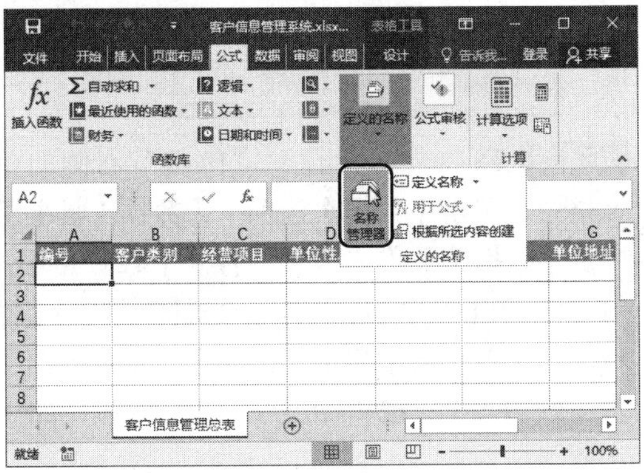

第 2 步 打开【名称管理器】对话框，单击【编辑】按钮，如下图所示。

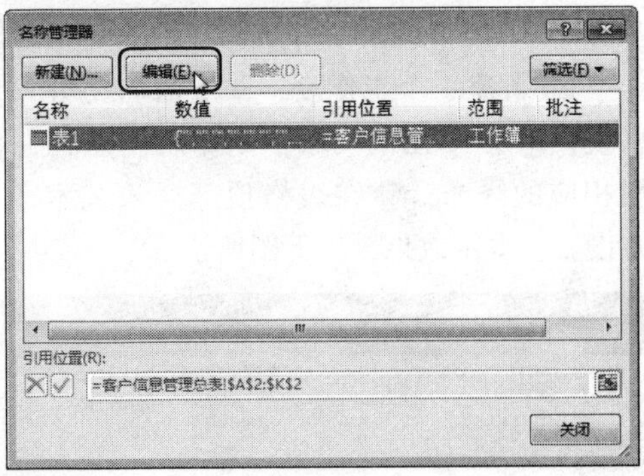

第 3 步 ❶打开【编辑名称】对话框，在【名称】文本框中输入“总表”；❷单击【确定】按钮，如下图所示。

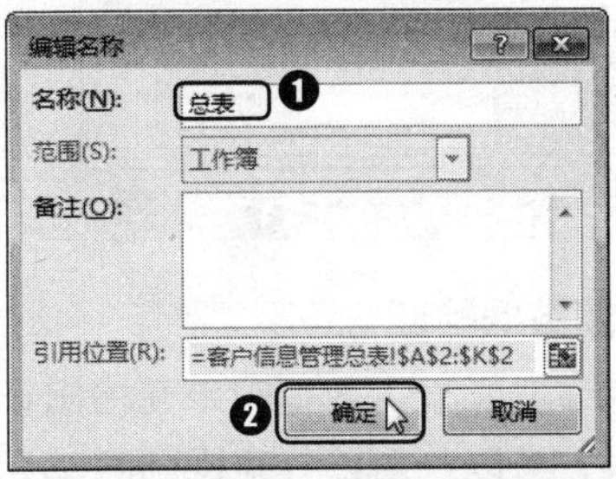

教您一招

名称管理器的作用

在Excel中，名称管理器可以为指定的单元格或单元格区域自定义名称，定义名称后，在公式、函数或某些命令中，需要对这些单元格或单元格区域进行引用时，直接使用设定的名称即可。

7.2.2 制作“客户信息表”

为了使客户信息录入的过程更加方便，数据显示更加清晰，且防止在大量数据的表格中直接录入数据时导致不必要的一些错误，可以单独创建一个“客户信息表”，用于录入数据。

1. 制作基本表格并美化表格

首先要制作客户信息表的基本表格，并进行相应的美化设置，具体操作步骤如下。

❶ 新建一个工作表，并重命名为客户信息表；❷ 在单元格区域中制作表格结构并添加相应的修饰；❸ 在表格顶部插入艺术字，并设置艺术字效果，如下图所示。

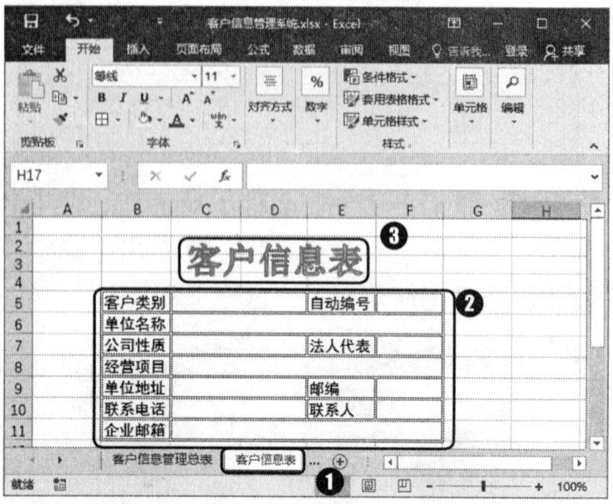

2. 设置数据验证

为了防止录入数据时单元格出现不必要的错误，可以针对部分有规则的单元格设置数据验证，具体操作步骤如下。

第 1 步 ❶ 将光标定位到“客户类别”右侧的单元格中（具体单元格以个人情况为准，本例为 C5）；❷ 单击【数据】选项卡【数据工具】组中的【数据验证】按钮，如下图所示。

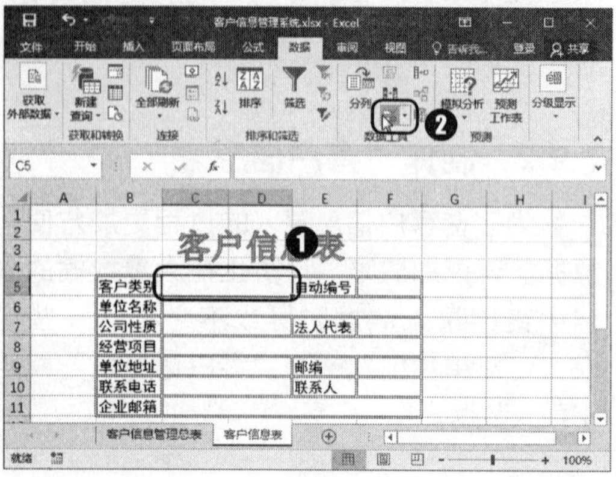

第 2 步 ❶ 打开【数据验证】对话框，在【设置】选项卡中设置【允许】为【序列】，【来源】为【普通客户 ,VIP 客户】；❷ 单击【确定】按钮，如下图所示。

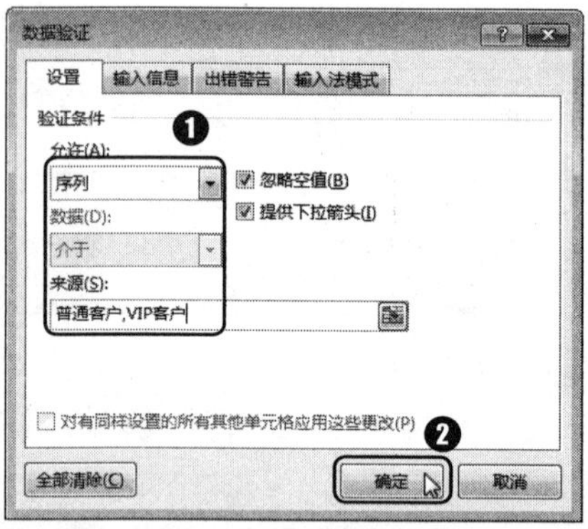

第 3 步 ❶ 将光标定位到“公司性质”右侧的单元格中，单击【数据】选项卡【数据工具】组中的【数据验证】按钮，打开【数据验证】对话框，在【设置】选项卡中设置【允许】为【序列】，【来源】为【国有企业 , 三资企业 , 集体企业 , 私营企业】；❷ 单击【确定】按钮，如下图所示。

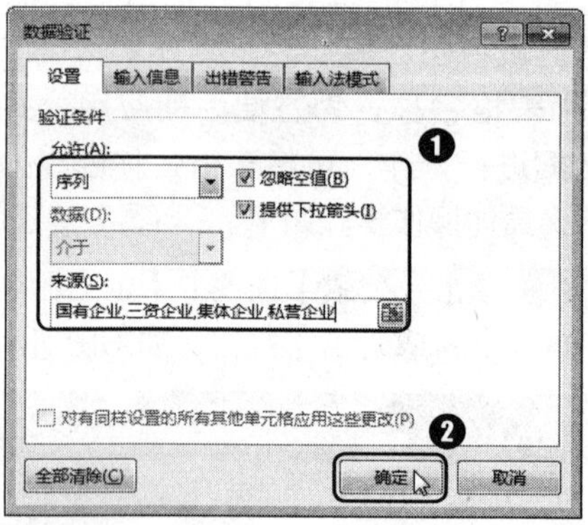

第 4 步 ❶ 将光标定位到“邮编”右侧的单元格中，单击【数据】选项卡【数据工具】组中的【数据验证】按钮，打开【数据验证】对话框，在【设置】选项卡中设置【允许】为【整数】、【最小值】为【100000】、【最大值】为【999999】；❷ 单击【确定】按钮，如下图所示。

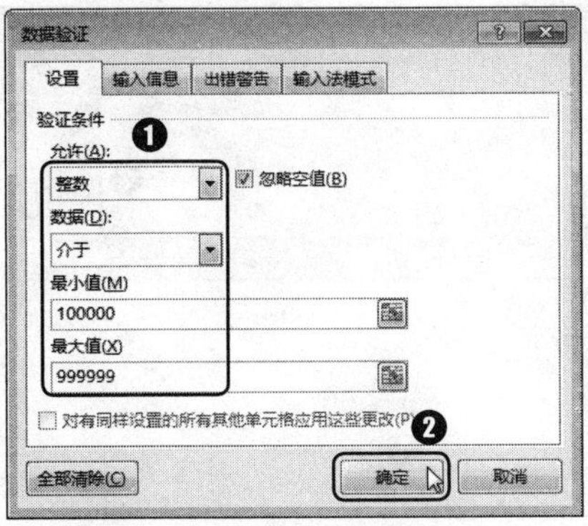

3. 添加自动编号公式

在“客户信息表”中填写的客户信息，其编号应根据“客户信息总表”中的数据量进行编号，从而使新添加的编号与“客户信息总表”中的编号能连续。如果“客户信息总表”中已经有3条数据，那么新数据的自动编号数应为4。此时，可以使用自动编号由客户信息记录总数加1后得到，具体操作步骤如下。

将光标定位到“自动编号”右侧的单元格中，在编辑栏输入公式“=COUNT(总表[编号])+1”，如下图所示。

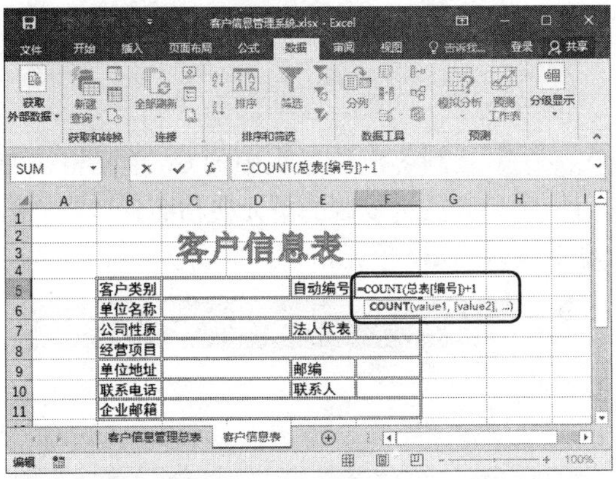

温馨提示

公式的意思为统计表格“总表”中“编号”列中的数据个数并加1。

4. 添加公式检测表格的完整性

为了保证客户信息录入的完整性，可以添加公式对数据的完整性进行检测，具体操作步骤如下。

第1步 在表格下方的单元格中输入公式“=IF(AND(C5<>"",C6<>"",C7<>"",F7<>"",C8<>"",C9<>"",F9<>"",C10<>"",F10<>"",C11<>""),"客户信息填写完整","客户信息填写不完整")”，如下图所示。

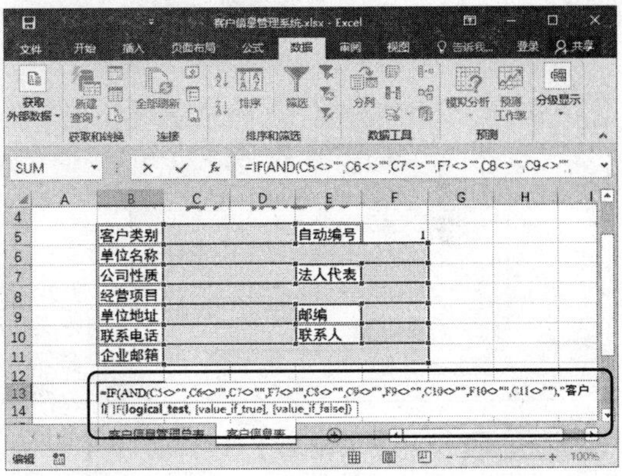

第2步 该公式可以对表格中需要输入数据的单元格是否为空进行判断，并显示相应的结果，如下图所示。

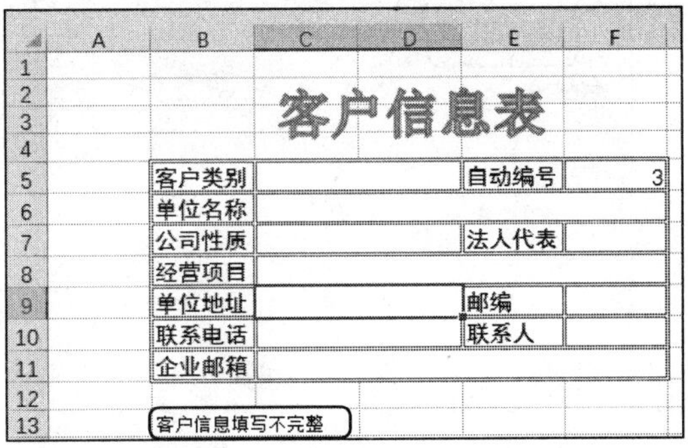

7.2.3 录制宏命令

在客户信息表中录制宏命令可以快速录入和清除数据。

1. 录制自动录入数据的宏

为了实现自动将“客户信息表”中的数据录入到“客户信息总表”中，可以先将录入数据的过程录制为宏命令，具体操作步骤如下。

第 1 步 ❶ 为了录制宏命令，可以先在“客户信息表”中录入一些示例数据；❷ 单击【状态栏】中的【录制宏】按钮，如下图所示。

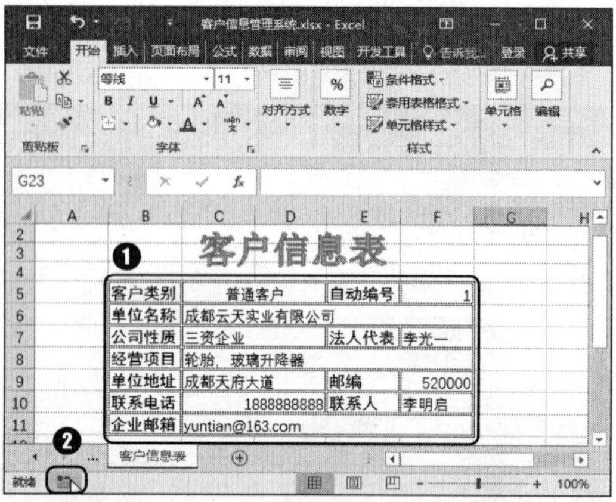

第 2 步 ❶ 打开【录制宏】对话框，在【宏名】文本框中输入“把数据录入表格”；❷ 单击【确定】按钮开始录制宏，如下图所示。

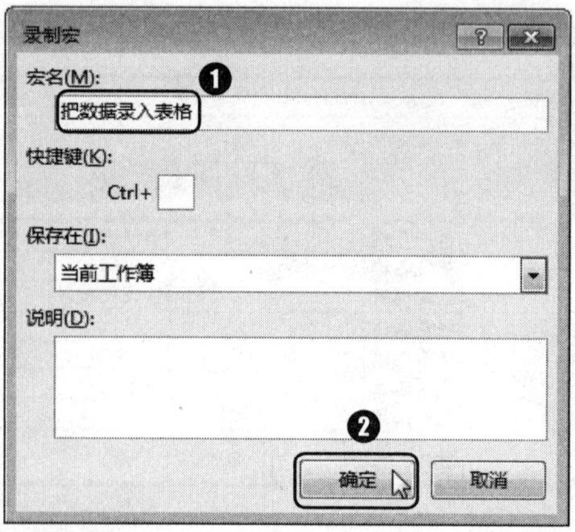

第 3 步 ❶ 选择“客户信息管理总表”工作表标签；❷ 单击【开始】选项卡【单元格】组中的【插入】按钮，如下图所示。

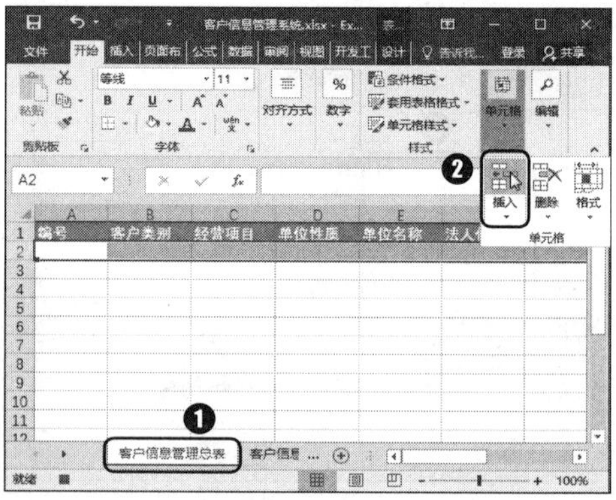

第 4 步 ❶ 复制“客户信息表”中的 F5 单元格，在“客户信息管理总表”工作表中单击【开始】选项卡【剪贴板】组中的【粘贴】下拉按钮；❷ 在弹出的下拉列表中选择【值】命令，如下图所示。

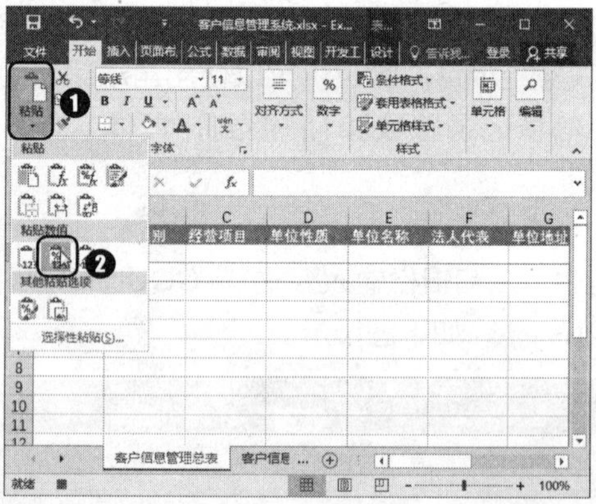

第 5 步 复制客户信息表中的 C6 单元格，使用相同的方法将复制的单元格粘贴到“客户信息总表”的 B2 单元格，如下图所示。

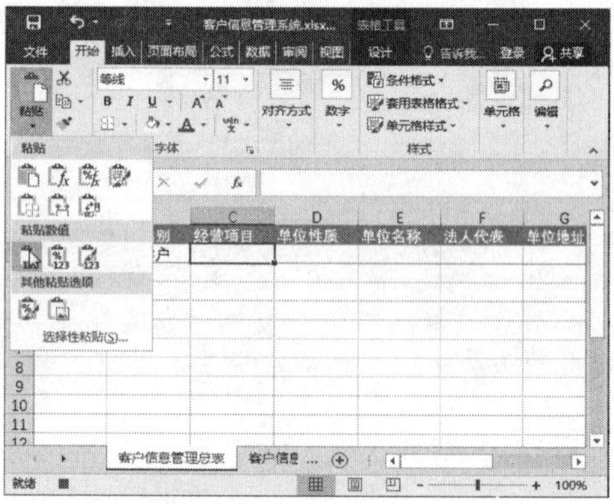

第6步 ❶使用相同的方法复制“客户信息表”中需要录入“客户信息管理总表”中的数据，并粘贴到“客户信息管理总表”中第2行的相应列中；❷所有数据复制完成后单击【状态栏】中的【停止录制】按钮 ■，完成当前宏的录制，如下图所示。

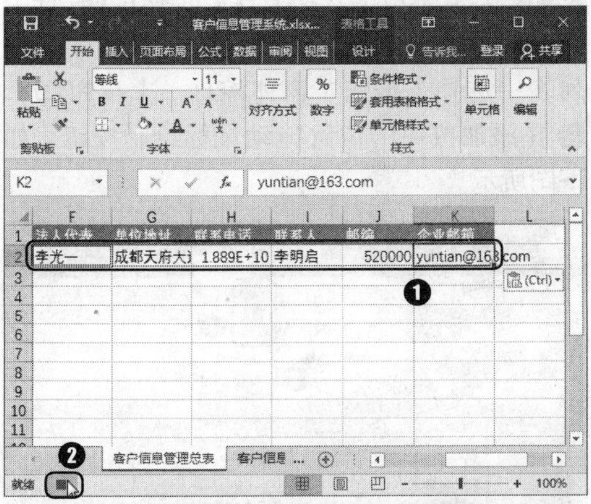

教您一招

处理执行宏命令时的错误

在录制宏命令的过程中，对工作表进行的操作都会被记录下来，如果在录制过程中出现错误操作或不合理的操作，都可能导致录制的宏在执行时出现错误。如果在录制过程中出现错误，可以在【宏】对话框中单击【删除】按钮，将该条宏命令删除，再重新录制。

2. 测试宏

当宏录制完成后，需要测试录制的宏的可执行性，具体操作步骤如下。

第1步 ❶更改“客户信息表”中的信息；❷单击【开发工具】选项卡【代码】组中的【宏】按钮，如下图所示。

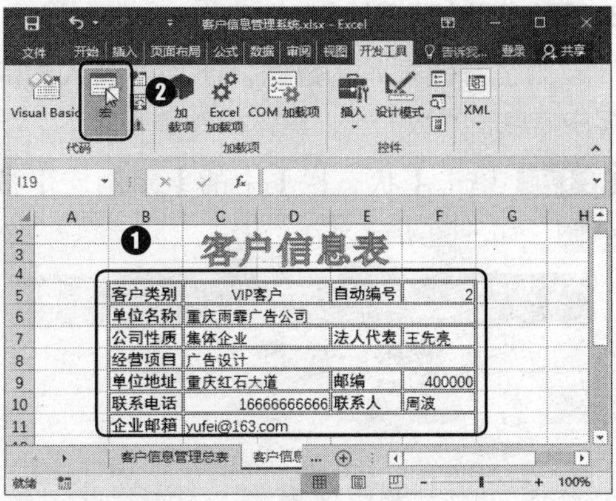

第2步 ❶打开【宏】对话框，选择录制的宏；❷单击【执行】按钮，如下图所示。

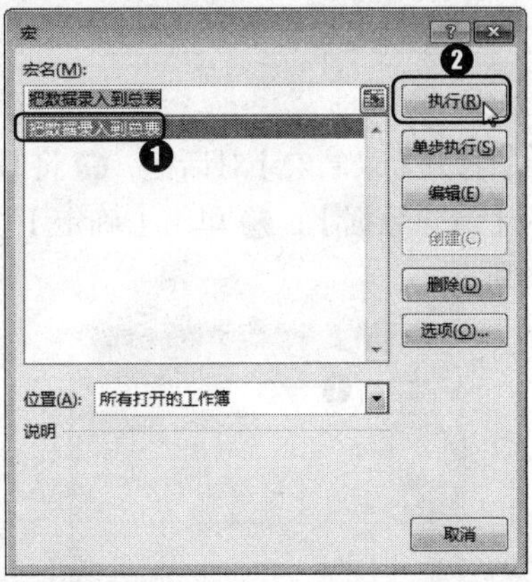

第3步 当宏命令执行完成后，在“客户信息总表”中将自动添加一条数据，该条数据即为更改后的“客户信息表”中的数据，如下图所示。

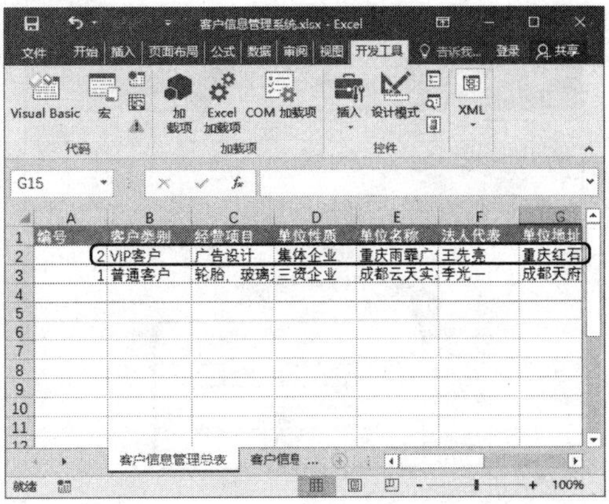

3. 录制清除数据的宏

为了方便录入新数据，还需要录入清除客户信息表的数据宏，具体操作步骤如下。

第 1 步 单击【状态栏】中的【录制宏】按钮，如下图所示。

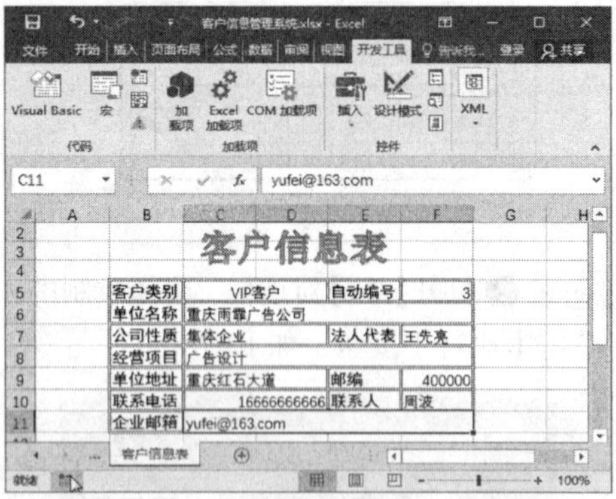

第 2 步 打开【录制宏】对话框，❶将【宏名】更改为【清除数据】；❷单击【确定】按钮，如下图所示。

第 3 步 ❶删除客户信息表中需要手动填写的数据；❷单击【状态栏】中的【停止录制】按钮，完成宏命令的录制，如下图所示。

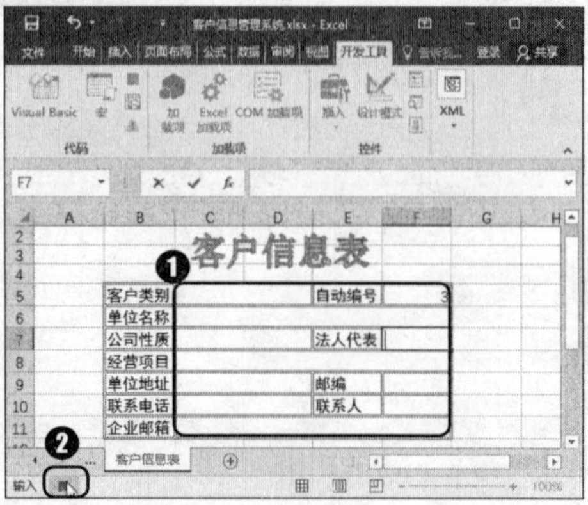

7.2.4 添加宏命令执行按钮

应用表单控件中的按钮控件，可以快速添加按钮，并为其设置功能。添加【录入数据】和【清除数据】按钮的具体操作步骤如下。

第 1 步 ❶单击【开发工具】选项卡【控件】组中的【插入】下拉按钮；❷在弹出的下拉列表中选择【按钮（窗体控件）】按钮；❸在添加按钮的位置拖动鼠标绘制按钮，如下图所示。

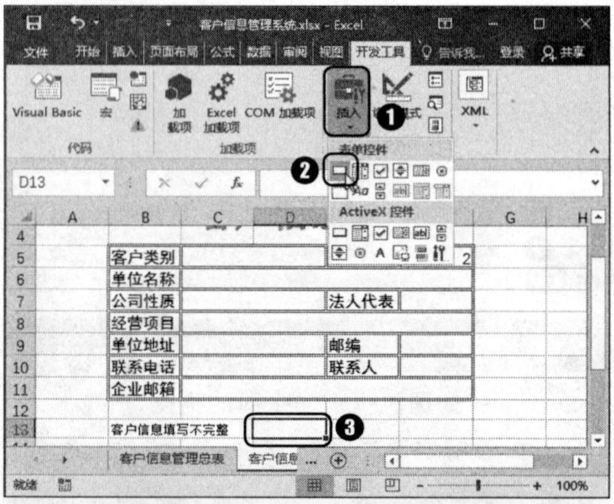

教您一招

显示【开发工具】选项卡

在Excel中显示【开发工具】选项卡与Word的操作基本相同，切换到【文件】选项卡后，选择【选项】命令，在打开的【Excel选项】对话框中选择【自定义功能区】选项，在【主选项卡】列表框中选中【开发工具】复选框，然后单击【确定】按钮，即可显示【开发工具】选项卡。

第 2 步 ❶打开【指定宏】对话框，在【宏名】列表框中选择【把数据录入到总表】选项；❷单击【确定】按钮，如下图所示。

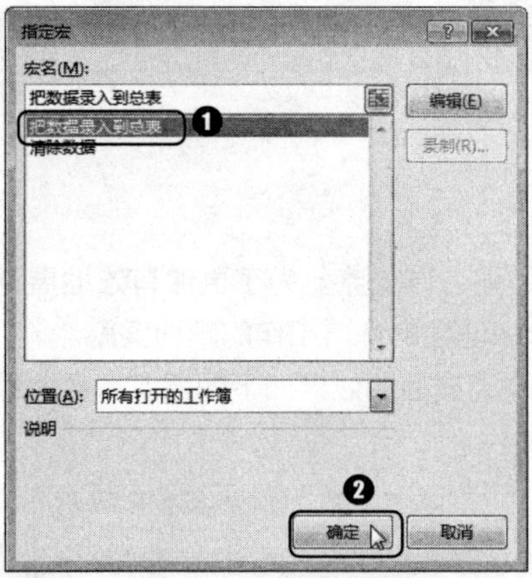

第 3 步 ❶ 在按钮上右击；❷ 在弹出的快捷菜单中选择【编辑文字】命令，如下图所示。

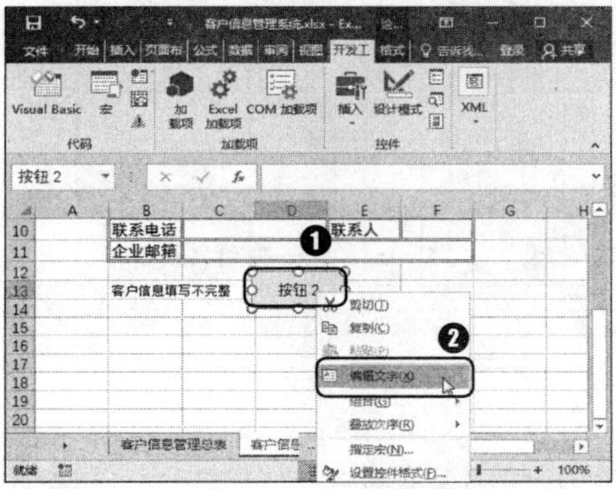

第 4 步 此时，按钮呈可编辑状态，将按钮名称更改为“录入数据”，如下图所示。

第 5 步 ❶ 使用相同的方法打开【指定宏】对话框，选择【清除数据】宏命令；❷ 单击【确定】按钮，如下图所示。

第 6 步 将【清除数据】宏命令按钮文字修改为“清除数据”，完成后效果如下图所示。

第 7 步 ❶ 单击【快速访问工具栏】中的【保存】按钮，打开【另存为】对话框，设置保存类型为【Excel 启用宏的工作簿】；❷ 单击【保存】按钮即可，如下图所示。

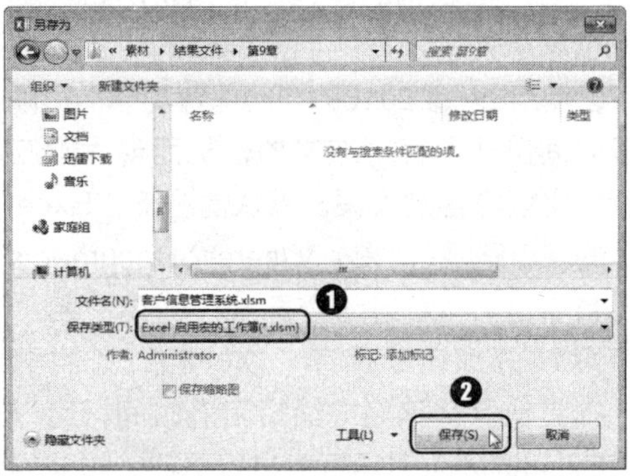

7.3 使用Excel制作“客户月拜访计划表”

案例背景

通过拜访客户可建立起与客户沟通的便捷渠道，增强合作交流。为了更加有效地展开客户拜访工作，营销部门需提前做好客户月拜访计划表，以保证客户拜访工作的顺利实施。

本例将通过Excel制作“客户月拜访计划表”，制作完成后的效果如下图所示。实例最终效果见“光盘\结果文件\第7章\客户月拜访计划表.xlsx”文件。

客户月拜访计划表

日期：2015/6/30

客户名称	周拜访频率	1	2	3	4	5	6	7	8	9	10	11	12	13	14	15	16	17	18	19	20	21	22	23	24	25	26	27	28	29	30	31	合计
A	1.11	★							★								★						★								★		5
B	1.33					★		★						★		★											★				★		6
C	1.11		★				★										★							★				★					5
D	0.89							★		★											★									★			4
E	0.89								★					★										★								★	4
F	0.89									★							★					★							★				4
G	0.67	★																			★											★	3
H	0.67						★								★														★				3
I	0.22																							★									1
G	0.67	★						★									★																3
K	0.89								★		★										★							★					4
L	0.67		★													★					★												3
M	0.67						★								★															★			3
N	0.89	★								★													★								★		4
O	0.89							★								★						★						★					4
P	0.44		★							★																							2
Q	0.67				★												★									★							3
合计		4	3	0	1	1	3	4	3	4	1	0	0	2	2	3	5	0	0	0	4	2	2	3	0	1	1	3	2	2	3	2	

光盘文件	素材文件	无
	结果文件	光盘\结果文件\第7章\客户月拜访计划表.xlsx
	教学视频	光盘\视频文件\第7章\7.3使用Excel制作客户月拜访计划表.mp4

7.3.1 文档的默认保存设置

在编辑表格的过程中，为了防止停电、死机等意外情况导致当前编辑的内容丢失，可以使用Excel 2016的自动保存功能，每隔一段时间自动保存一次文档，从而最大限度地避免文档内容的丢失。默认情况下，Excel文档的保存路径是“C：\Users\?\Documents”（其中“?”为当前登录系统的用户名），每隔10分钟自动保存一次文档，如果需要选择其他保存路径或缩短间隔时间，可以在【Excel选项】对话框中进行更改，具体操作步骤如下。

第1步 新建一个名为“客户月拜访计划表”的工作簿，在【文件】选项卡中选择【选项】命令，如下图所示。

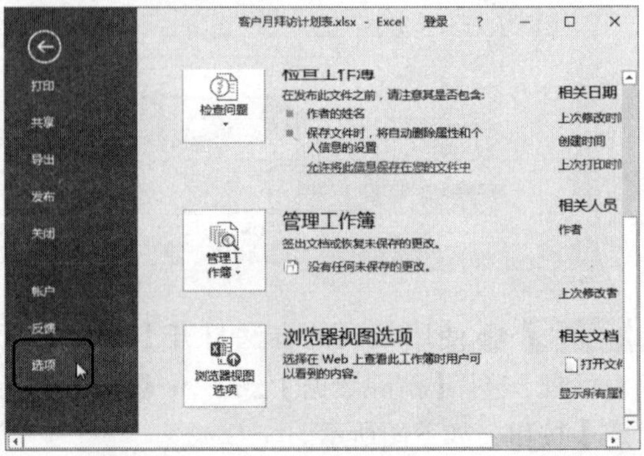

第2步 ❶弹出【Excel选项】对话框，切换到【保存】选项卡；❷在【保存工作簿】栏中【保存自动恢复信息时间间隔】复选框默认为选中状态，此时只需在右侧的微调框中设置自动保存的时间间隔即可；❸在【默认本地文件位置】文本框中输入常用存储路径（如输入“D：/工作”）；❹单击【确定】按钮，如下图所示。

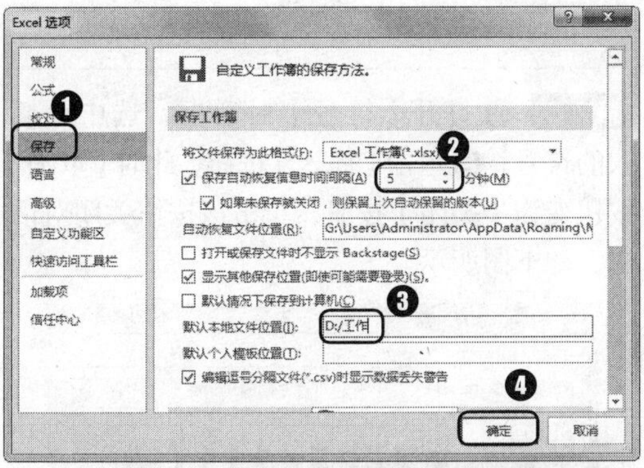

> **温馨提示**
>
> 文档非正常关闭后再次启动Excel程序时，Excel窗口左侧将显示最近一次保存的文档，单击某个文档，会打开自动保存过的内容，此时可对其进行保存操作。

7.3.2 创建基本框架

制作客户月拜访计划表的第一步是输入基本信息，并适当设置表格格式，创建出基本框架。

1. 设置表格格式

月拜访计划表需要包含拜访人、日期和拜访频率，内容输入后，还需要设置相应的格式，以美化表格，具体操作步骤如下。

第1步 在工作表中输入基本数据内容，包含表格标题、客户名称、日期、合计等信息，如下图所示。

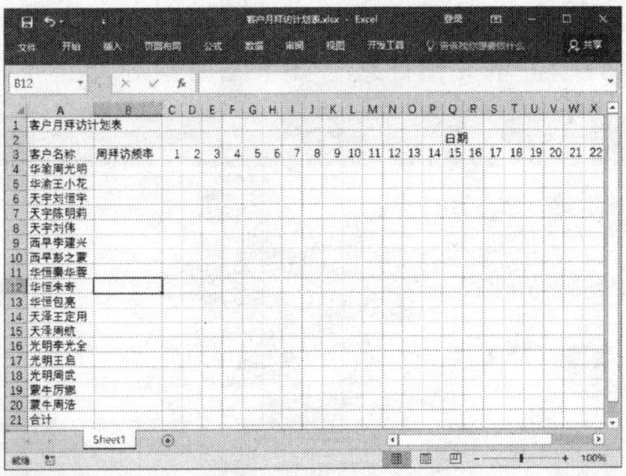

第2步 ❶选择A1：AH1单元格区域，❷在【开始】选项卡的【对齐方式】组中单击【合并后居中】按钮；❸在【开始】选项卡的【字体】组中设置字体格式，如下图所示。

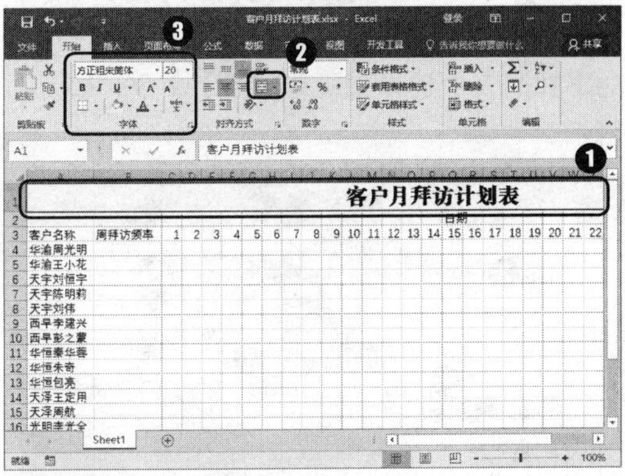

第3步 ❶按住【Ctrl】键的同时选择A3：AH3、A4：A21、B21：AH21单元格区域；❷单击【开始】选项卡【样式】组中的【单元格样式】下拉按钮；❸在弹出的下拉列表中选择一种主题单元格样式，如下图所示。

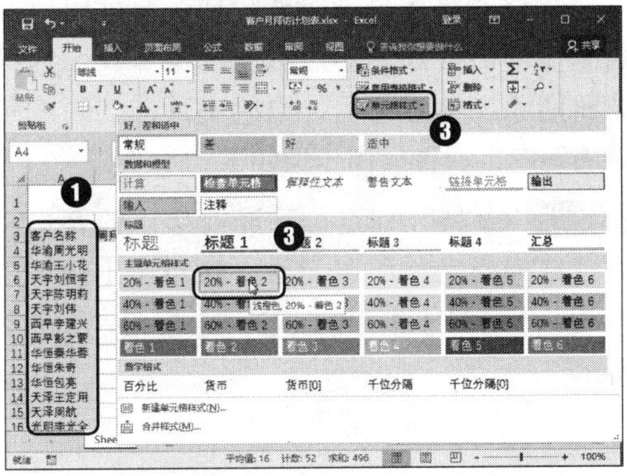

第 4 步 根据实际情况为日期的周六和周日设置另一种单元格样式，如下图所示。

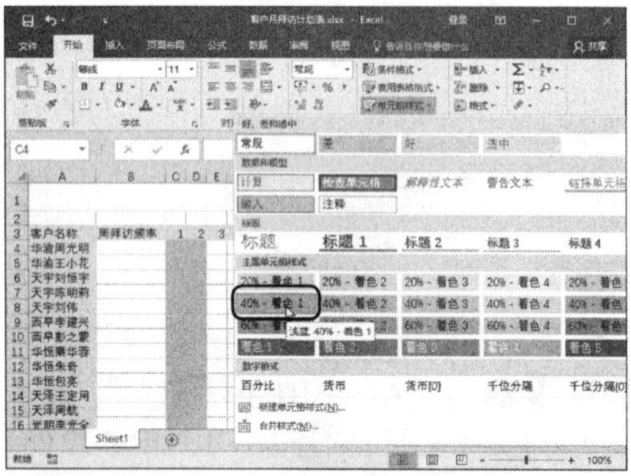

第 5 步 ❶ 输入制表日期；❷ 选择 A3:AH21 单元格区域；❸ 单击【开始】选项卡【字体】组中的【边框】下拉按钮 ；❹ 在弹出的下拉列表中选择【所有框线】命令，如下图所示。

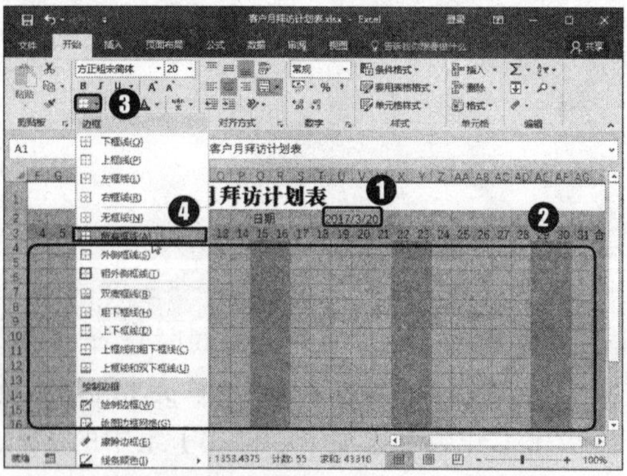

2. 插入特殊符号

表格的基本框架制作完成后，就可以开始制作拜访计划。用户可以根据需要，为拜访日期添加特殊符号，以明确拜访的时间和拜访客户，具体操作步骤如下。

第 1 步 ❶ 将光标定位到需要拜访的客户行和日期列交叉处的单元格；❷ 单击【插入】选项卡【符号】组中的【符号】按钮，如下图所示。

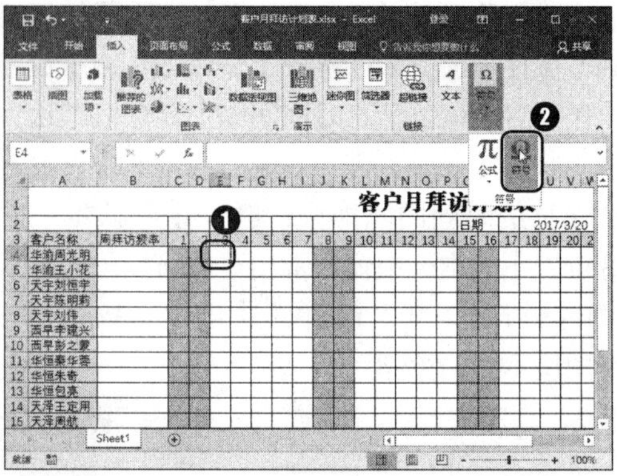

第 2 步 ❶ 打开【符号】对话框，选中要插入的符号；❷ 单击【插入】按钮，此时【取消】按钮变为【关闭】按钮，单击该按钮关闭对话框，如下图所示。

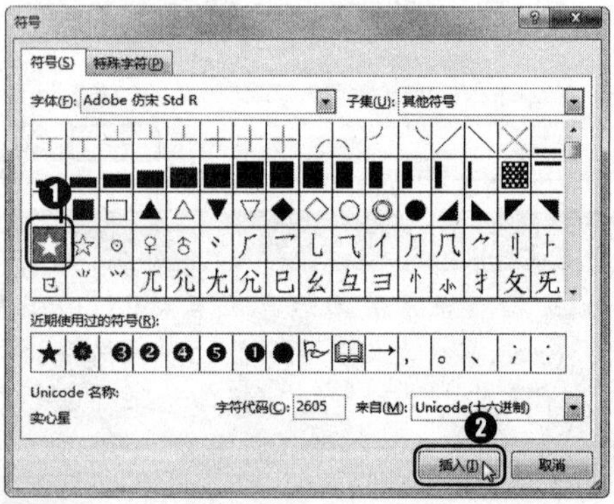

第 3 步 ❶ 返回工作表，可看到插入的符号，选中符号所在的单元格；❷ 在【开始】选项卡的【字体】组中单击【文字颜色】下拉按钮 ；❸ 在弹出的下拉列表中选择一种符号颜色，如下图所示。

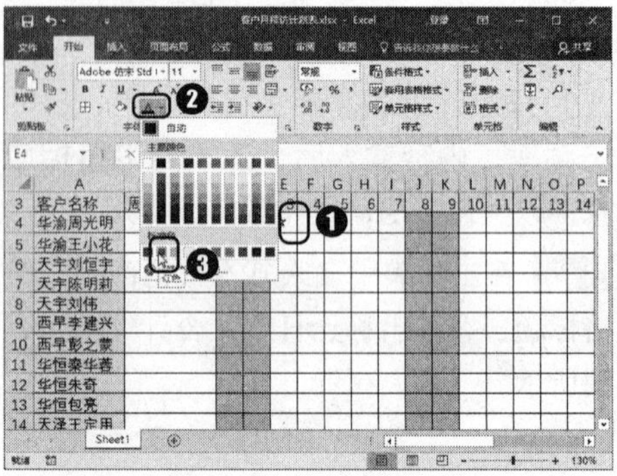

第 4 步 选中符号所在单元格，按【Ctrl+C】组合键，复制符号，然后选中目标单元格，按【Ctrl+V】组合键，粘贴符号到目标单元格。通过复制粘贴，将设置好格式的符号复制到工作表中其他需要的单元格中，如下图所示。

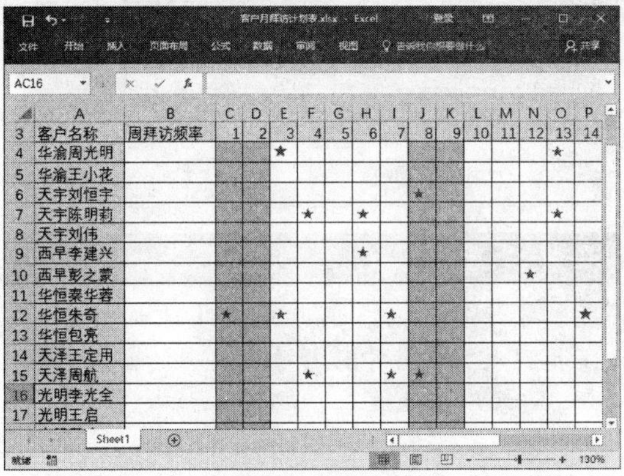

3. 使用公式计算拜访信息

符号插入完成后，可以通过公式计算出客户的拜访合计和拜访频率，计算完成后，可以根据计算的结果合理调整拜访计划，具体操作步骤如下。

第 1 步 ❶ 在 AH4 单元格中输入公式"=COUNTIF(C4：AG4,"★")"，按【Enter】键确认；❷ 选中 AH4 单元格，将鼠标指针指向单元格右下角，当鼠标指针呈十字形状时，按住鼠标左键拖动，拖动到适当位置释放鼠标，使用填充柄功能复制公式，如下图所示。

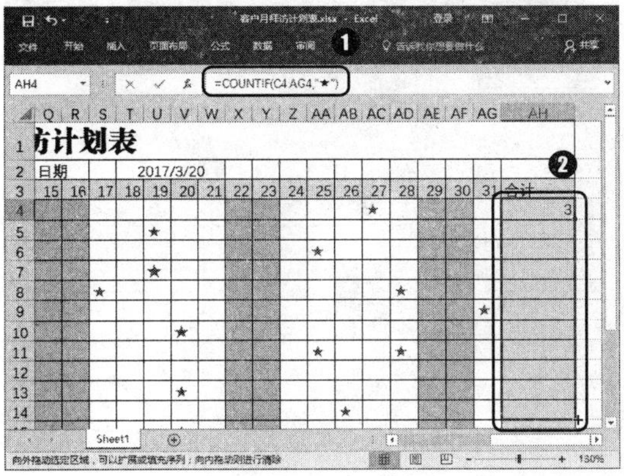

第 2 步 ❶ 在 C21 单元格中输入公式"=COUNTIF(C4：C20,"★")"，按【Enter】键确认；❷ 选中 C21 单元格，将鼠标指针指向单元格右下角，当鼠标指针呈十字形状时，按住鼠标左键拖动，拖动到适当位置释放鼠标，使用填充柄功能复制公式，如下图所示。

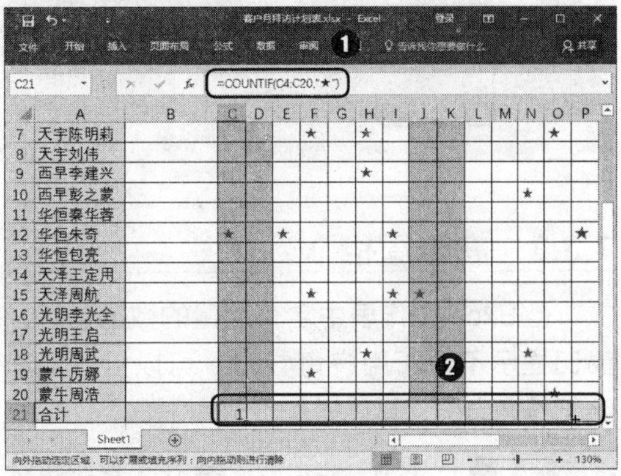

第 3 步 ❶ 在 B4 单元格中输入公式"=AH4/4.5"，按【Enter】键确认；❷ 选中 B4 单元格，将鼠标指针指向单元格右下角，当鼠标指针呈"十"字形状时，按住鼠标左键拖动，拖动到适当位置释放鼠标，使用填充柄功能复制公式，如下图所示。

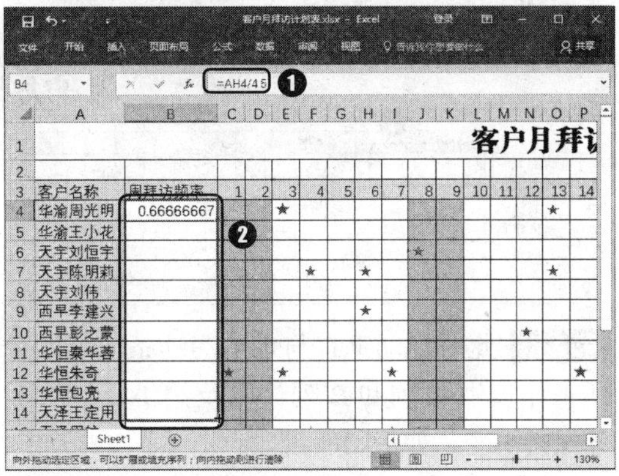

第 4 步 ❶ 选中 B4：B20 单元格区域；❷ 在【开始】选项卡的【数字】组中多次单击【减小小数位数】按钮，设置将小数位数保留 2 位即可，如下图所示。

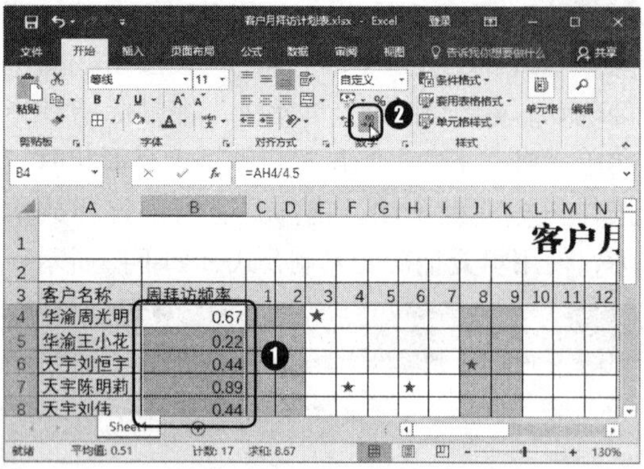

7.3.3 冻结窗格

当Excel工作表中含有大量的数据信息，窗口显示不便于用户查看时，可以拆分或冻结工作表窗格，具体操作步骤如下。

第 1 步 ❶选中 B4 单元格；❷在【视图】选项卡的【窗口】组中单击【冻结窗格】下拉按钮；❸在弹出的下拉列表中选择【冻结拆分窗格】命令，如下图所示。

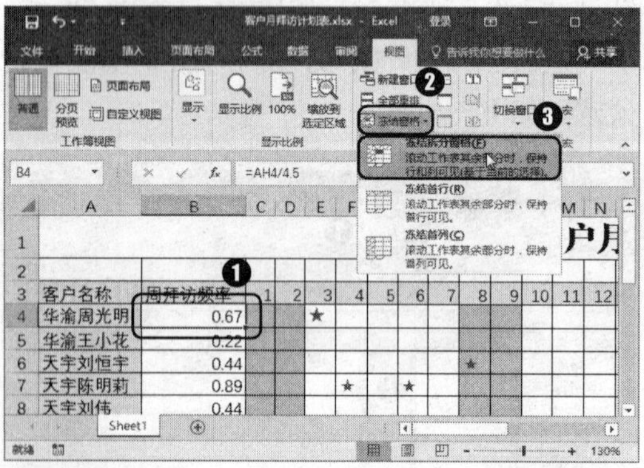

第 2 步 此时拖动垂直与水平滚动条，可以看到工作表中 A 列和 B 列，以及第 1~3 行的部分保持不变，如下图所示。

温馨提示

冻结窗格后，再次打开【冻结窗格】下拉列表，在其中选择【取消冻结窗格】命令，即可取消冻结。

7.3.4 添加与编辑批注

批注是附加在单元格中的，它是对单元格内容的注释。使用批注可以使工作表的内容更加清晰明了。

1. 添加批注

批注可以补充单元格的内容，添加批注的具体操作步骤如下。

第 1 步 ❶在工作表中，右击要添加批注的单元格；❷在弹出的快捷菜单中选择【插入批注】命令，如下图所示。

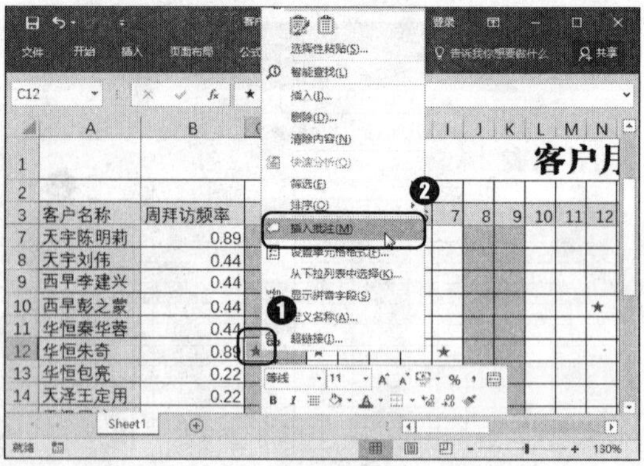

第2步 此时单元格中的批注框将显示出来，并处于可编辑状态，可根据需要输入批注内容进行编辑，如下图所示。

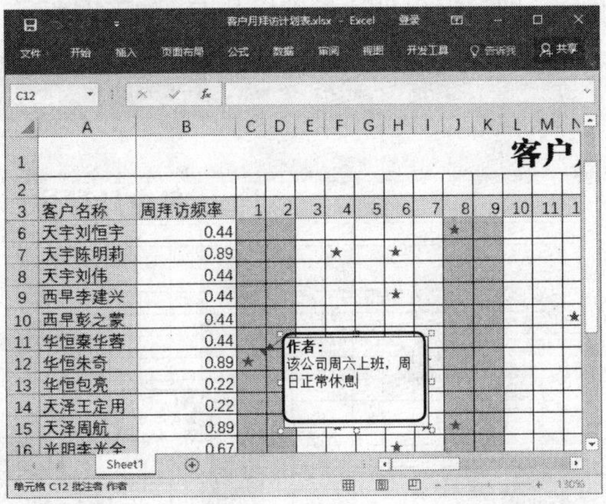

第3步 输入完毕后，单击工作表中的其他位置，即可退出批注的编辑状态。由于默认情况下批注为隐藏状态，在添加了批注的单元格的右上角会出现一个红色的小三角，将鼠标指针指向单元格右上角的红色小三角，可以查看被隐藏的批注，如下图所示。

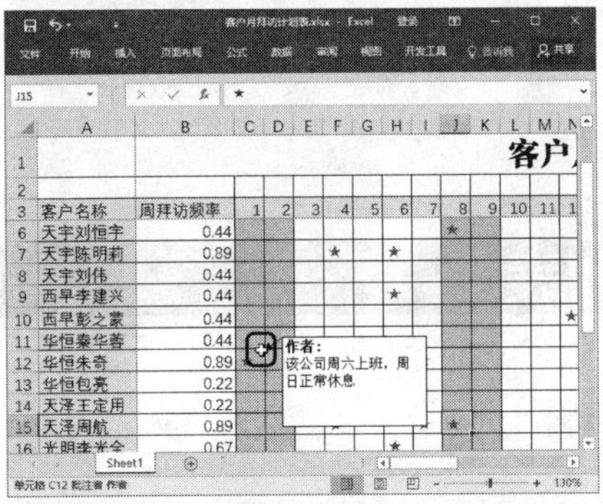

教您一招

显示批注

选中批注所在单元格并右击，在弹出的快捷菜单中选择【显示/隐藏批注】命令，即可设置始终显示被隐藏的批注。

2. 复制批注

如果其他单元格也需要相同的批注，可以使用复制的方法复制批注，具体操作步骤如下。

第1步 ❶选中要复制的批注所在的单元格，如C12单元格，按【Ctrl+C】组合键复制批注；❷选中目标单元格，然后按【Ctrl+Alt+V】组合键，如下图所示。

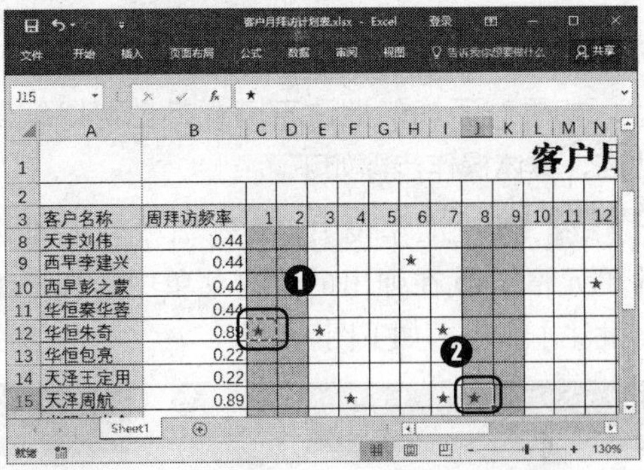

第2步 ❶弹出【选择性粘贴】对话框，在【粘贴】栏中选中【批注】单选按钮；❷单击【确定】按钮，如下图所示。

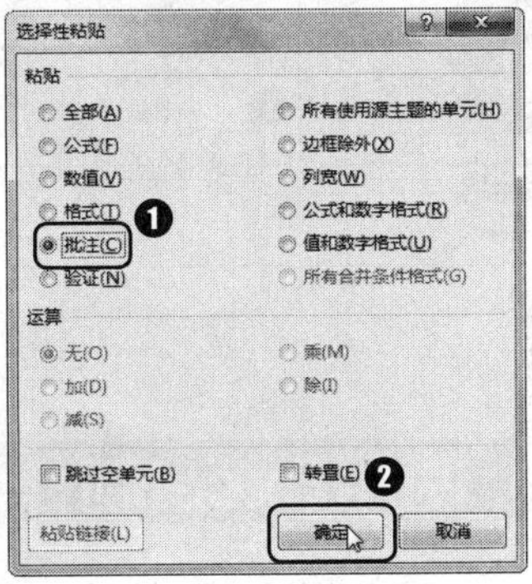

第3步 返回工作表，可以看到C12单元格中的批注被复制到了J15单元格中，如下图所示。

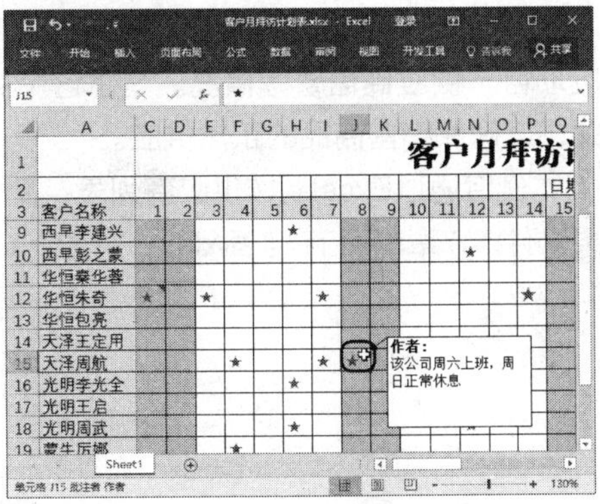

教您一招

隐藏批注

设置显示批注后，选中批注所在单元格并右击，在弹出的快捷菜单中选择【隐藏批注】命令，即可重新隐藏始终显示的批注。

3. 编辑批注

如果对添加的批注不满意，也可以编辑批注，具体操作步骤如下。

第 1 步 ❶ 在工作表中，右击需要修改批注的单元格；❷ 在弹出的快捷菜单中选择【编辑批注】命令，如下图所示。

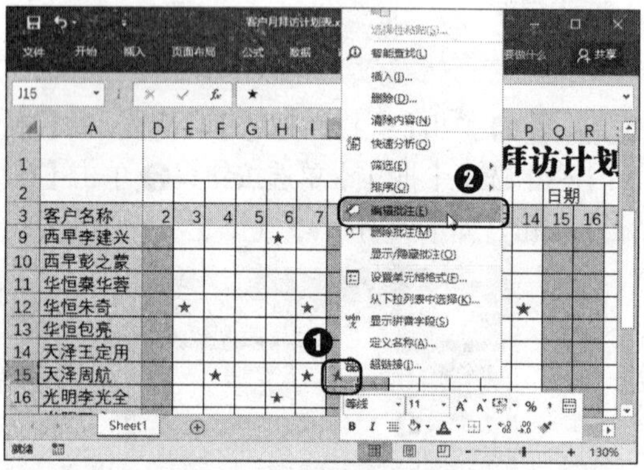

第 2 步 此时单元格中的批注显示出来，并处于可编辑状态，可根据实际情况输入批注内容进行编辑。输入完毕后，单击工作表中的其他位置，即可退出批注的编辑状态，如下图所示。

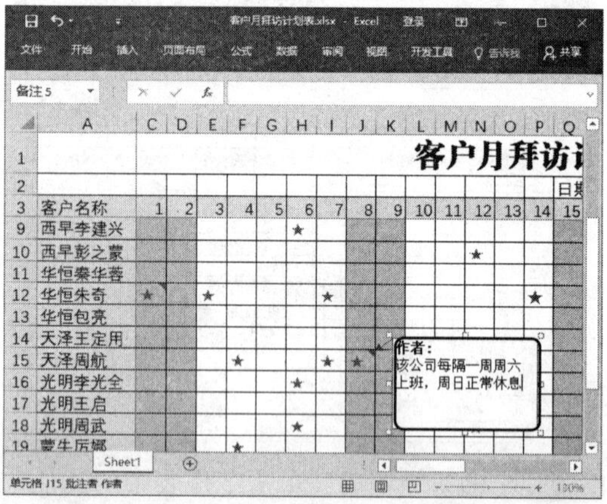

教您一招

删除批注

如果需要删除批注，右击需要删除批注的单元格，在弹出的快捷菜单中选择【删除批注】命令，即可删除单元格中的批注。

7.4 使用Excel制作“供应商列表”

案例背景

在供应商列表中，不仅可以查看供应商的名称、公司成立的时间和联系电话等，还记录了供应项目、供应商信誉等情况。有了这个列表，销售人员就可以很容易查找不同供应商的联系方式，以确保销售商品的正常供应。

本例将通过Excel制作供应商列表，制作完成后的效果如下图所示。实例最终效果见“光盘\结果文件\第7章\供应商列表.xlsx”文件。

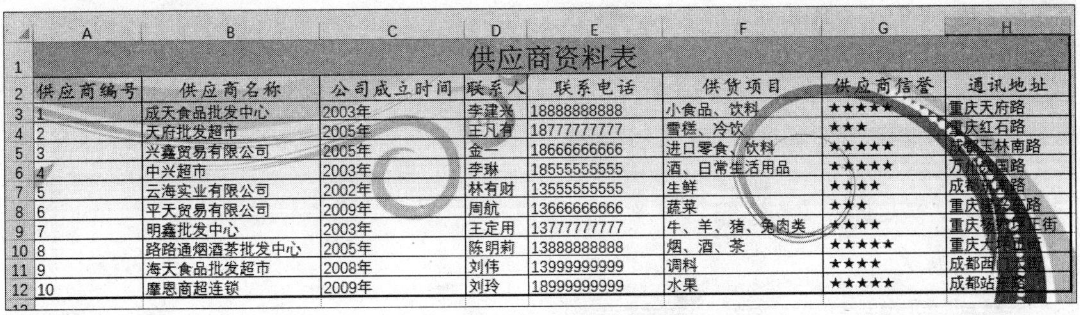

供应商编号	供应商名称	公司成立时间	联系人	联系电话	供货项目	供应商信誉	通讯地址
1	成天食品批发中心	2003年	李建兴	18888888888	小食品、饮料	★★★★★	重庆天府路
2	天府批发超市	2005年	王凡有	18777777777	雪糕、冷饮	★★★	重庆红石路
3	兴鑫贸易有限公司	2005年	金一	18666666666	进口零食、饮料	★★★★★	成都玉林南路
4	中兴超市	2003年	李琳	18555555555	酒、日常生活用品	★★★★★	万[illegible]国路
5	云海实业有限公司	2002年	林有财	13555555555	生鲜	★★★★	成都[illegible]路
6	平天贸易有限公司	2009年	周航	13666666666	蔬菜	★★★	重庆[illegible]路
7	明鑫批发中心	2003年	王定用	13777777777	牛、羊、猪、兔肉类	★★★★	重庆[illegible]王街
8	路路通烟酒茶批发中心	2005年	陈明莉	13888888888	烟、酒、茶	★★★★★	重庆大[illegible]
9	海天食品批发超市	2008年	刘伟	13999999999	调料	★★★★	成都西[illegible]
10	摩恩商超连锁	2009年	刘玲	18999999999	水果	★★★★★	成都站[illegible]

光盘文件		
	素材文件	无
	结果文件	光盘\结果文件\第7章\供应商列表.xlsx
	教学视频	光盘\视频文件\第7章\7.4使用Excel制作供应商列表.mp4

7.4.1 创建供应商列表

下面将在新建的工作簿中创建供应商列表的基本框架，并通过输入数据和插入符号填充表格数据，以及对表格的格式进行相应的设置。

1. 制作基本表格

制作基本表格需要录入供应商的数据信息，具体操作步骤如下。

第1步 ❶新建一个名为“供应商列表”的Excel文档，在工作表中输入需要的文本，选择A1：H1单元格区域；❷单击【开始】选项卡【对齐方式】组中的【合并后居中】按钮，如下图所示。

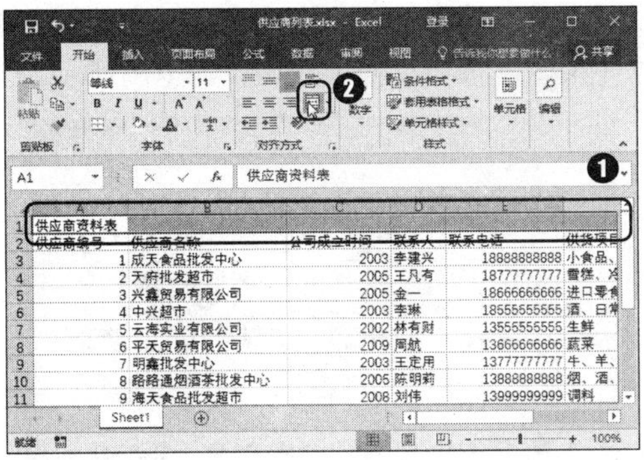

第2步 ❶选择A1单元格，在【开始】选项卡的【字体】组中设置字体格式；❷单击【填充颜色】下拉按钮；❸在弹出的下拉列表中选择一种填充颜色，如下图所示。

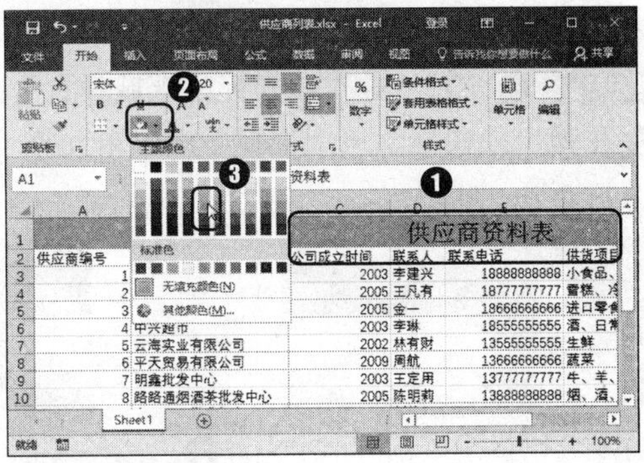

第3步 ❶选择A2：H2单元格区域；❷在【开始】选项卡【字体】组中设置字体格式；❸单击【对齐方式】组中的【居中】按钮，如下图所示。

第 4 步 ❶选择 A3：H12 单元格区域；❷单击【开始】选项卡【对齐方式】组中的【左对齐】按钮，如下图所示。

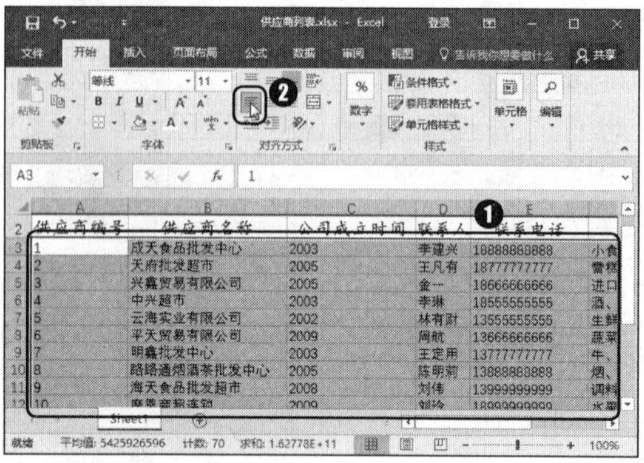

2. 快速添加文本内容

在单元格中输入数据后，如果想要给多个单元格添加相同的文本，可以使用以下的操作步骤快速添加。

第 1 步 ❶选择 C3：C12 单元格区域并右击；❷在弹出的快捷菜单中选择【设置单元格格式】命令，如下图所示。

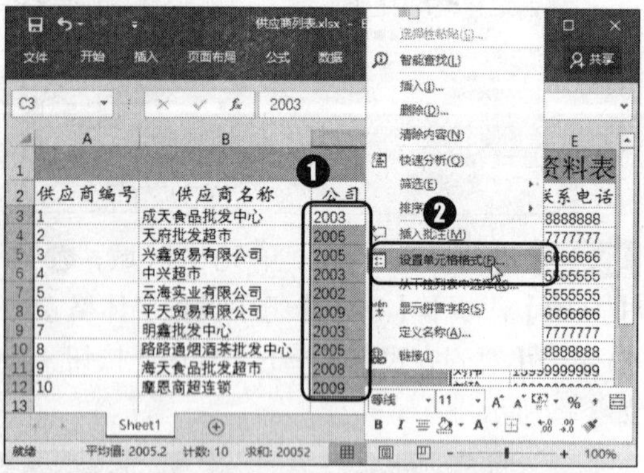

第 2 步 ❶打开【设置单元格格式】对话框，在【分类】列表框中选择【自定义】选项；❷在【类型】文本框下方的列表框中选择【G/通用格式】选项，然后在文本框中输入“年”；❸单击【确定】按钮，如下图所示。

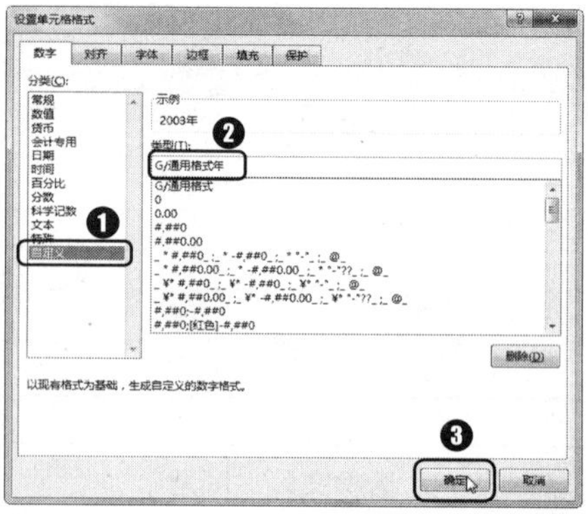

3. 插入特殊符号

在制作表格时，有时需要插入特殊符号，具体操作步骤如下。

第 1 步 ❶选择 G3 单元格；❷单击【插入】选项卡【符号】组中的【符号】按钮，如下图所示。

第 2 步 ❶弹出【符号】对话框，选择适合的符号；❷单击 5 次【插入】按钮，插入符号后，【取消】按钮将变为【关闭】按钮，单击【关闭】按钮返回工作表，如下图所示。

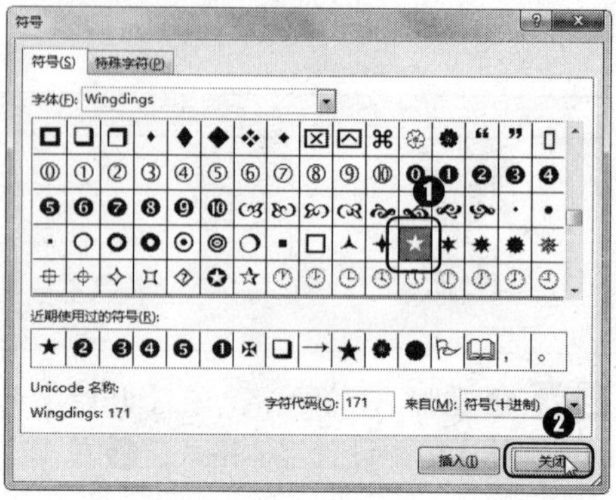

第 3 步 填充该单元格的内容到 G4：G12 单元格区域，如下图所示。

第 4 步 根据实际情况将 G3：G12 单元格中的多余符号删除，如下图所示。

4. 添加边框

为表格添加边框可以更清楚地查看表格中的数据，具体操作步骤如下。

第 1 步 ❶选择 A1：H12 单元格区域；❷单击【开始】选项卡【字体】组中的【边框】下拉按钮 ；❸在弹出的下拉列表中选择【所有框线】选项，如下图所示。

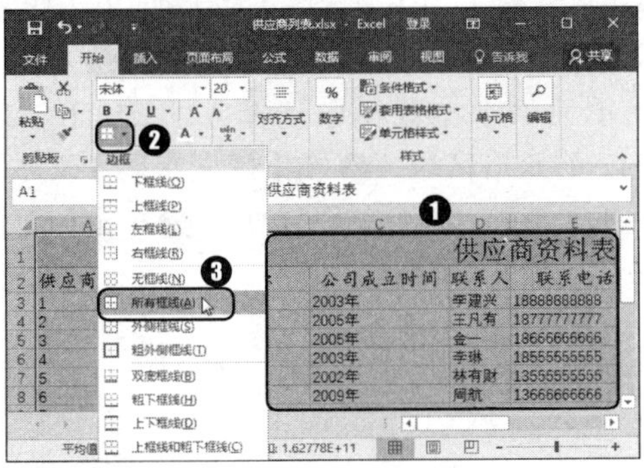

第 2 步 ❶选择 A2：H12 单元格区域；❷单击【开始】选项卡【字体】组中的【边框】下拉按钮 ；❸在弹出的下拉列表中选择【粗外侧框线】选项，如下图所示。

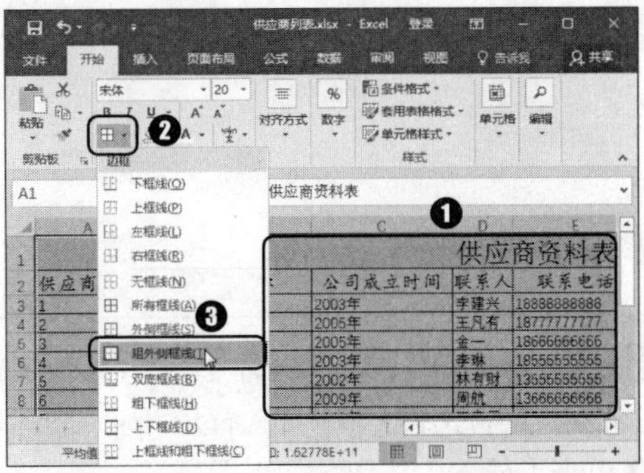

7.4.2 使用图片美化工作表

供应商列表制作完成后，可以为工作表添加图片背景，以美化工作表。图片可以使用本地图片，也可以从图片库中搜索下载图片。

第 1 步 ❶切换到【页面布局】选项卡；❷单击【页面设置】组中的【背景】按钮，如下图所示。

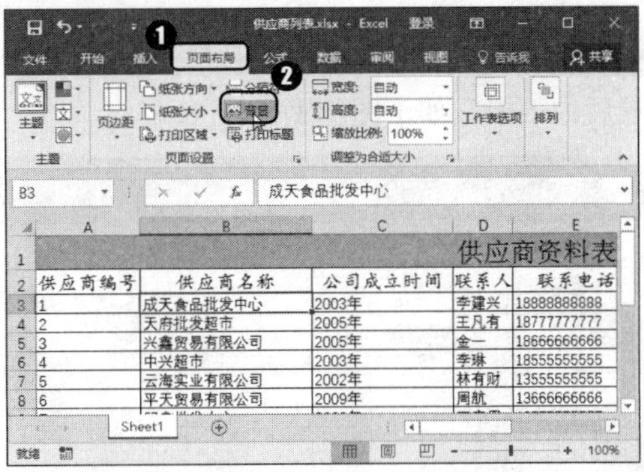

教您一招

删除工作表背景

如果要删除设置的工作表背景，则单击【页面布局】选项卡【页面设置】组中的【删除背景】按钮，即可删除工作表的图片背景效果。

第 2 步 打开【插入图片】页面，单击【来自文件】右侧的【浏览】链接，如下图所示。

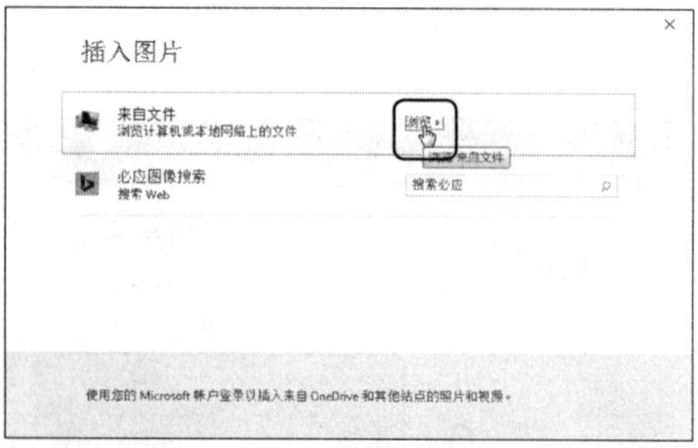

第 3 步 ❶打开【插入图片】对话框，选择“光盘 \ 素材文件 \ 第 7 章 \ 背景 .jpg”图片；❷单击【插入】按钮，如下图所示。

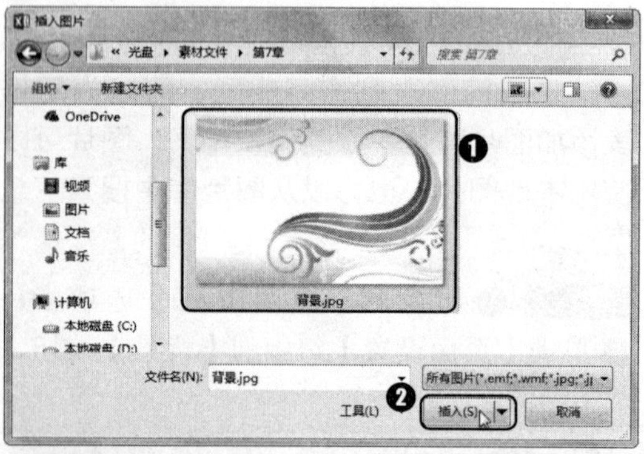

第 4 步 返回工作表，即可看到使用了图片背景后的效果，如下图所示。

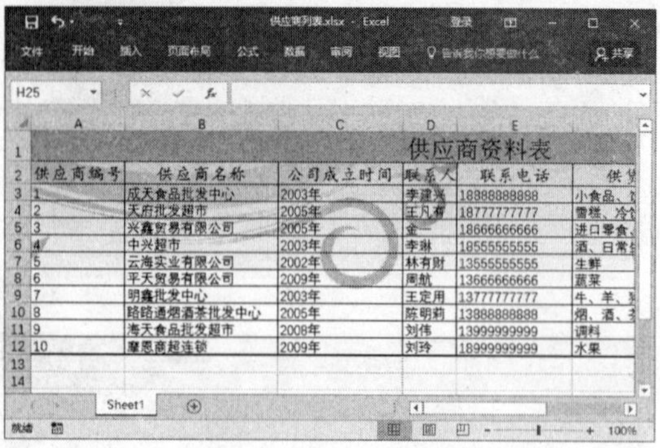

7.4.3 制定允许用户编辑区域

工作表制作完成后，为了避免他人误操作修改工作表中的数据，可以为工作表设置可编辑区域，设置完成后，可编辑区域之外的单元格均不可随意修改，具体操作步骤如下。

第 1 步 单击【审阅】选项卡【更改】组的【允许用户编辑区域】按钮，如下图所示。

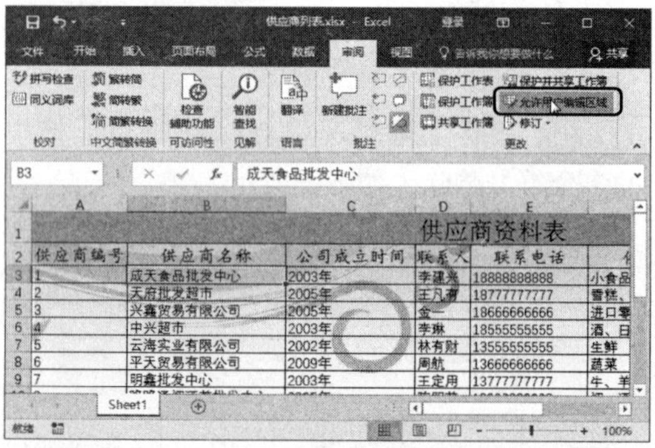

第 2 步 打开【允许用户编辑区域】对话框，单击【新建】按钮，如下图所示。

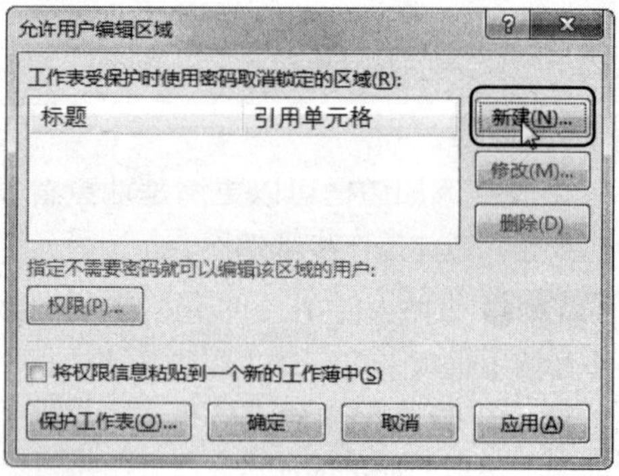

第 3 步 ❶打开【新区域】对话框，在【标题】文本框中输入“固定信息”文本；❷在【引用单元格】参数框中选择 A2：C12 和 F2：G12 单元格区域；❸在【区域密码】文本框中输入密码，本例输入“123”；❹单击【确定】按钮，如下图所示。

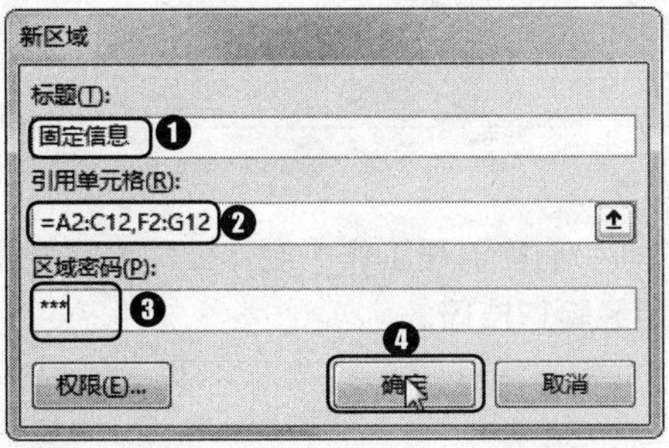

第 4 步 ❶打开【确认密码】对话框，在文本框中再次输入密码；❷单击【确定】按钮，如下图所示。

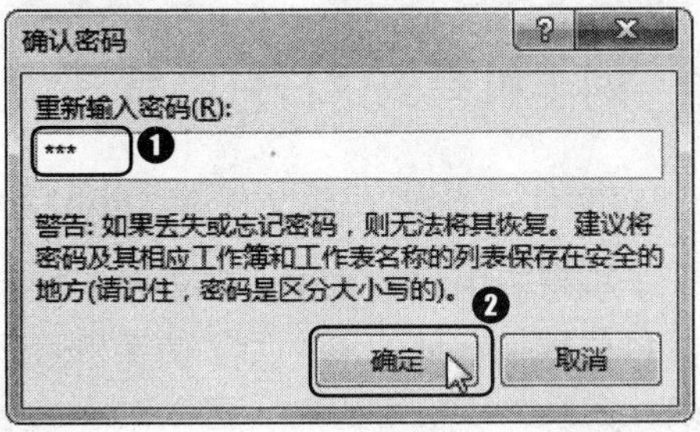

第 5 步 返回【允许用户编辑区域】对话框，单击【保护工作表】按钮，如下图所示。

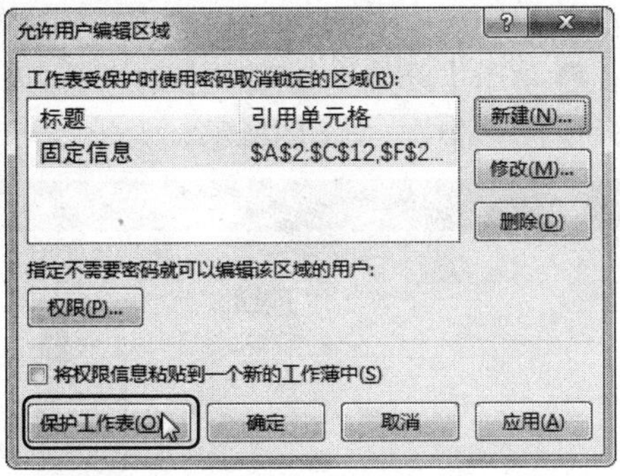

第 6 步 ❶打开【保护工作表】对话框，在【取消工作表保护时使用的密码】文本框中输入密码；❷在下方的【允许此工作表所有用户进行】列表框中选中【选定锁定单元格】和【选定未锁定的单元格】复选框；❸单击【确定】按钮，如下图所示。

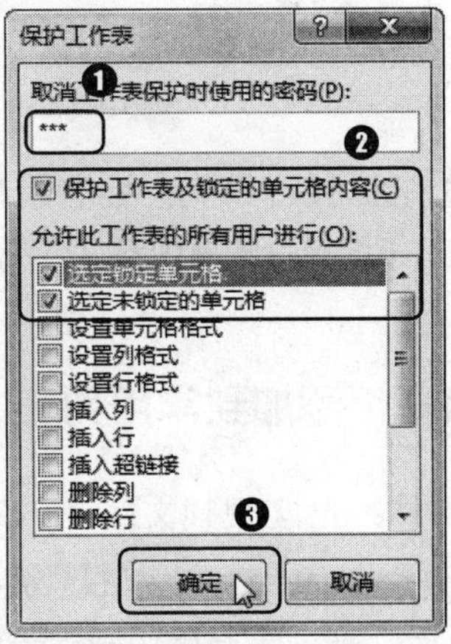

第 7 步 ❶在弹出的【确认密码】对话框中，再次输入密码；❷单击【确定】按钮，如下图所示。

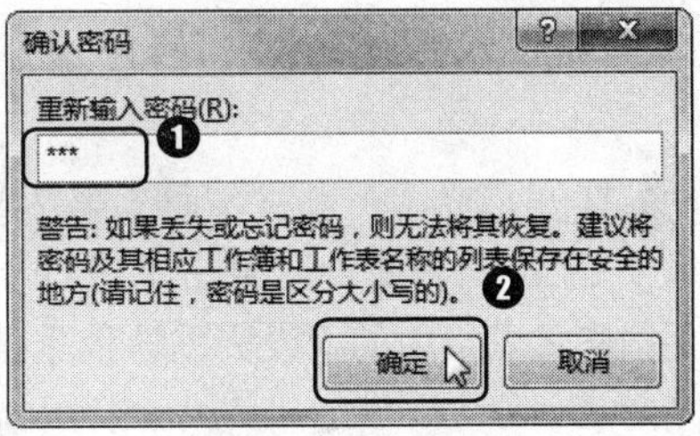

第 8 步 返回工作表，双击保护区域任意单元格，会弹出【取消锁定区域】对话框，在【请输入密码以更改此单元格】文本框中输入密码，即可更改该区域的数据，如下图所示。

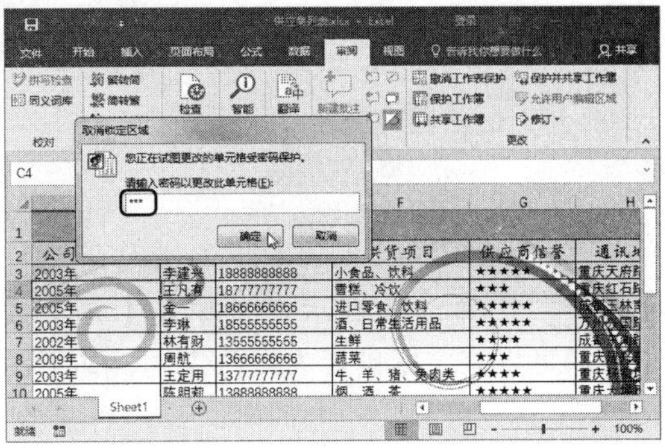

大神支招

通过前面知识的学习，相信读者已经掌握了在市场和销售管理工作中制作公司客户管理文档的方法。下面结合本章内容，介绍一些工作中的实用经验与技巧。

01 将模板添加到常用列表

视频文件：光盘\视频文件\第7章\01.mp4

在市场与销售管理工作中，为了保证公司文档的统一性，需要使用同一主题。为公司文档新建了主题之后，可以将该主题设置为默认主题，以后在创建文档时，就会默认使用公司新建的主题，既统一又方便。

如果要更改默认主题，具体操作步骤如下。

第 1 步 打开“光盘\素材文件\第 7 章\默认主题文档.docx”文件，单击【设计】选项卡【文档格式】组中的【设为默认值】按钮，如下图所示。

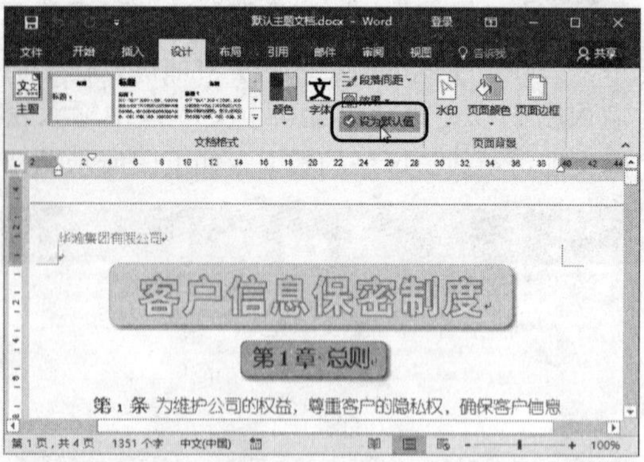

第 2 步 在弹出的提示框中单击【是】按钮，即可将该主题设置为默认主题，如下图所示。

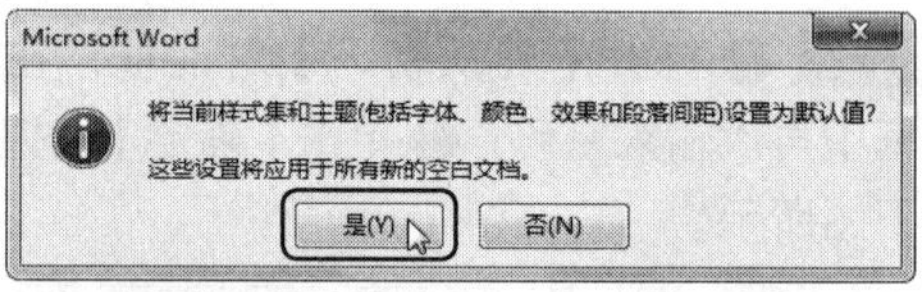

02 对手机号码进行分段显示

视频文件：光盘\视频文件\第7章\02.mp4

手机号码由11位构成，在查看手机号码时，11位数字容易混淆，为了使手机号码更易读，在录入手机号码时，可以对手机号码进行分段显示，具体操作步骤如下。

第 1 步 ❶打开“光盘\素材文件\第 7 章\员工信息表.xlsx”文件。选中 I3：I20 单元格区域；❷单击【开始】选项卡【数字】组中的对话框启动器，如下图所示。

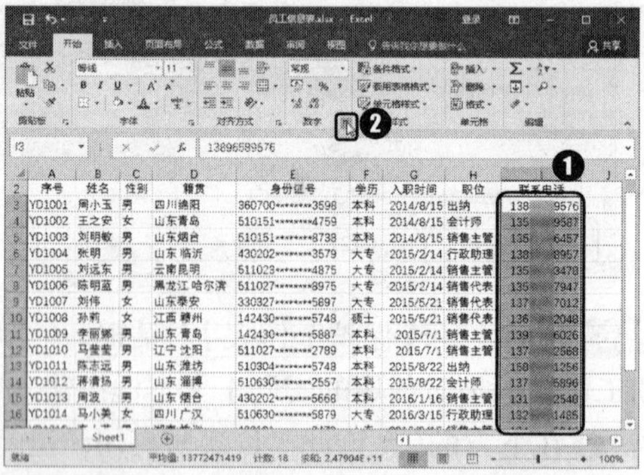

第 2 步 ❶打开【设置单元格格式】对话框，在【数字】选项卡的【分类】列表中选择【自定义】选项；❷在【类型】文本框中输入“000-0000-0000”；❸单击【确定】按钮，如下图所示。

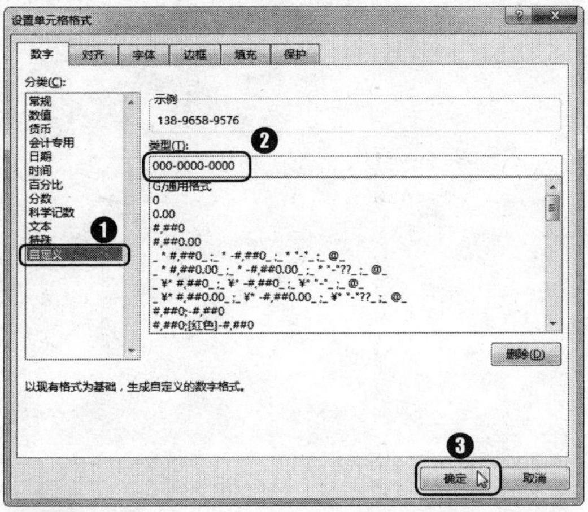

第 3 步 返回工作表，即可看到所选数据已经分段显示，如下图所示。

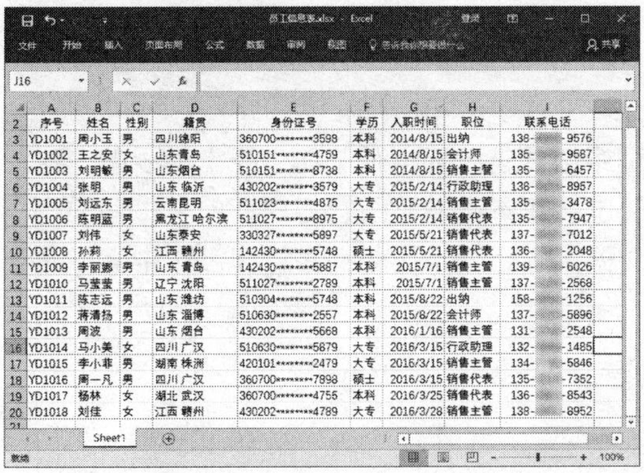

03 复制单元格格式

视频文件：光盘\视频文件\第7章\03.mp4

在编辑工作表数据时，不仅可以复制单元格内容，还可以复制单元格格式，如文字的字体格式、单元格的边框与底纹等，从而避免重新设置格式的操作，大大提高工作效率。

例如，在“员工基本信息.xlsx”工作表中复制单元格格式，具体操作步骤如下。

第 1 步 打开“光盘\素材文件\第 7 章\员工基本信息 .xlsx”文件，选择设置了格式的单元格，如选择 A2 单元格，按【Ctrl+C】组合键进行复制，如下图所示。

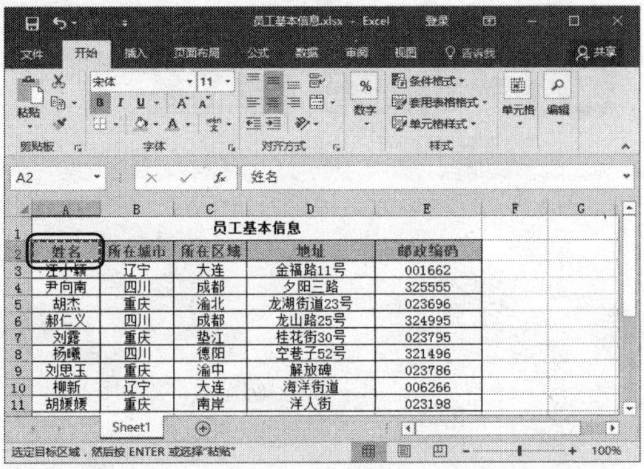

第 2 步 选择目标单元格或单元格区域，如选择 A3：A11 单元格区域，❶ 在“剪贴板”组中单击【粘贴】下拉按钮 ；❷ 在弹出的下拉列表中选择【格式】选项，即可完成格式的复制操作，效果如下图所示。

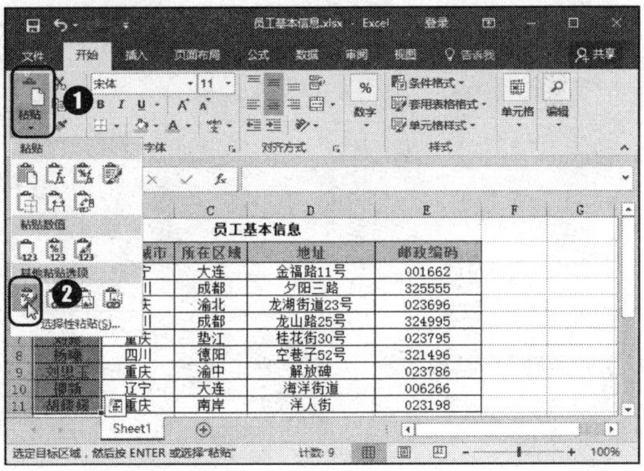

第8章 客户服务管理

本章导读

客户服务是市场和销售管理中重要的一环，在工作中经常需要制作客户服务管理的相关文档。本章通过制作参会邀请函、客户订单表、客户预约记录表和销售沟通技巧演示文稿，介绍在市场和销售管理工作中客户服务常见文档的制作方法。

知识要点

- ❖ 使用邮件合并功能
- ❖ 使用艺术字
- ❖ 汇总数据
- ❖ 导入文本文件
- ❖ 嵌入与编辑Office组件
- ❖ 创建链接

8.1 使用Word制作“参会邀请函”

案例背景

商务活动邀请函是活动主办方为了郑重邀请其合作伙伴参加其举办的商务活动而专门制作的一种书面函件，体现了主办方的盛情。

本例将通过Word制作参会邀请函，并批量制作公函信封，制作完成后的效果如下图所示。实例最终效果见“光盘\结果文件\第8章\参会邀请函.docx”文件。

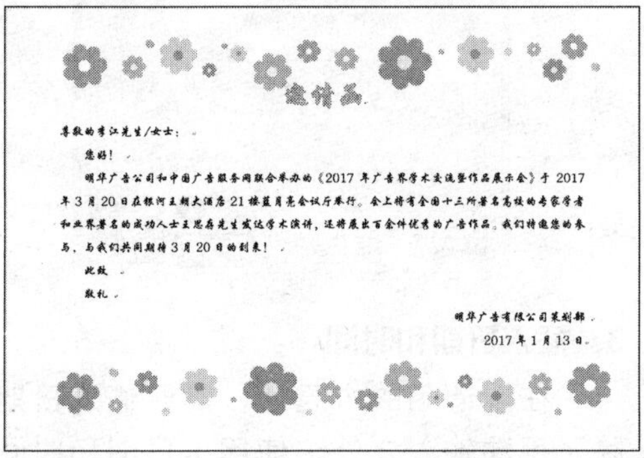

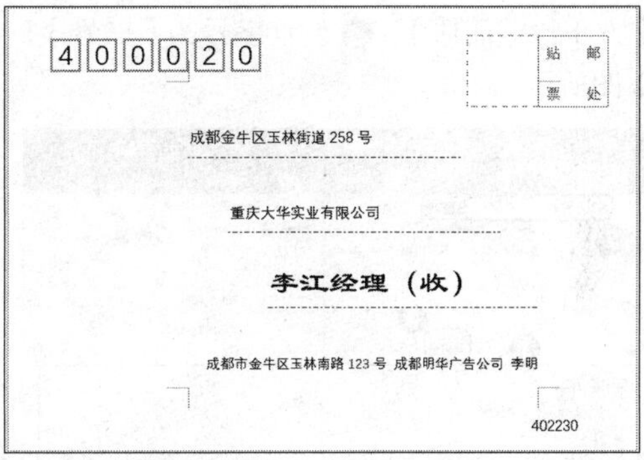

光盘文件	素材文件	光盘\素材文件\第8章\参会邀请函.docx
	结果文件	光盘\结果文件\第8章\参会邀请函.docx
	教学视频	光盘\视频文件\第8章\8.1使用Word制作参会邀请函.mp4

8.1.1 设置基本格式

很多邀请函都是以横向的页面格式制作的，所以本例的邀请函中包括设置纸张方向、设置文本格式和设置段落格式几个方面。

1. 设置纸张方向

因为Word文档的默认纸张方向为纵向，如果需要制作横向的文档，可以通过设置纸张方向来完成，具体操作步骤如下。

❶ 打开“光盘\素材文件\第8章\参会邀请函.docx”文件，切换到【布局】选项卡；❷ 单击【页面设置】组中的【纸张方向】下拉按钮；❸ 在弹出的下拉列表中选择【横向】命令，如下图所示。

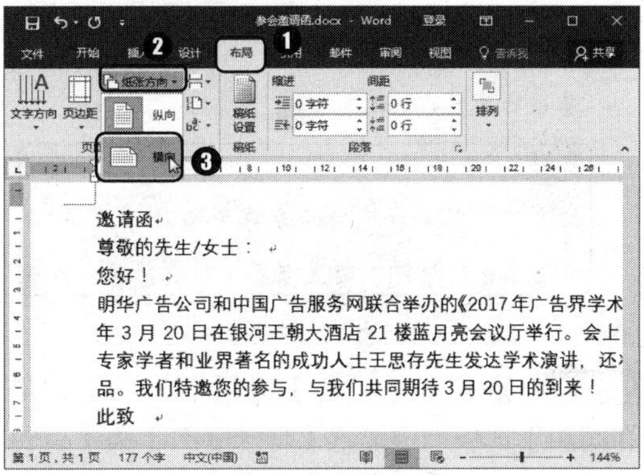

2. 设置字体格式和段落格式

邀请函有着与其他信函不同的格式，所以需要进行相应的段落设置。因为邀请函大多需要发送给多人，所以在输入邀请函内容时，先不输入被邀请者的姓名，而使用后文中邮件合并的方法批量导入姓名。设置字体格式和段落格式的操作步骤如下。

第1步 ❶按【Crtl+A】组合键选择所有文本；❷在【开始】选项卡的【字体】组中设置字体为【方正行楷简体】；❸设置字号为【三号】，如下图所示。

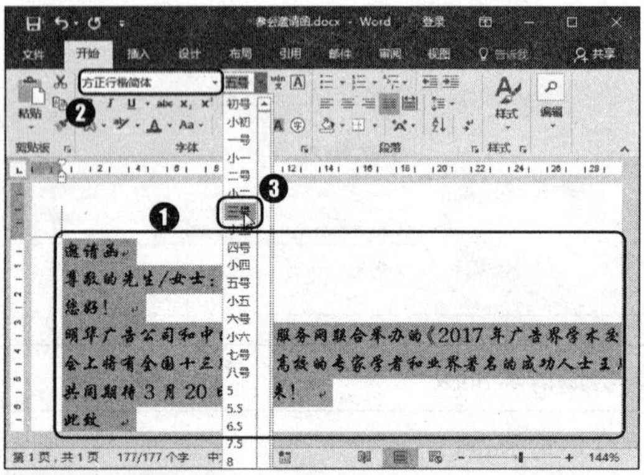

第2步 ❶选择"您好"之后，"此致"之前的文本；❷单击【开始】选项卡【段落】组中的对话框启动器，如下图所示。

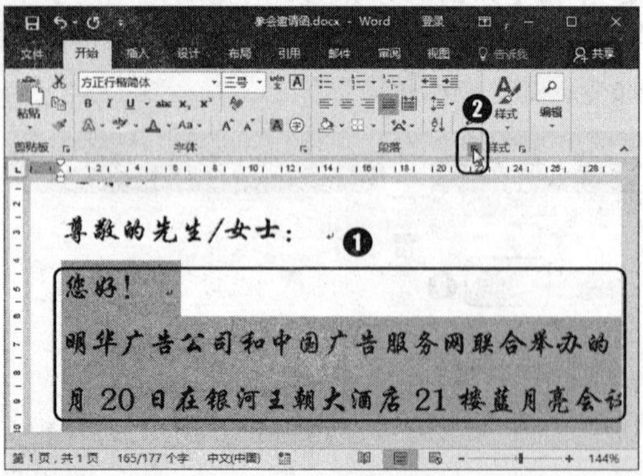

第3步 ❶打开【段落】对话框，在【缩进和间距】选项卡中设置【特殊字符】为【首行缩进】，设置【缩进值】为【2 字符】；❷单击【确定】按钮，如下图所示。

3. 插入日期和时间

在邀请函的末尾处，需要输入日期，除了手动输入之外，使用【日期和时间】功能可以快速插入当前日期，具体操作步骤如下。

第1步 ❶将光标定位到文档的末尾处；❷单击【插入】选项卡【文本】组中的【日期和时间】按钮，如下图所示。

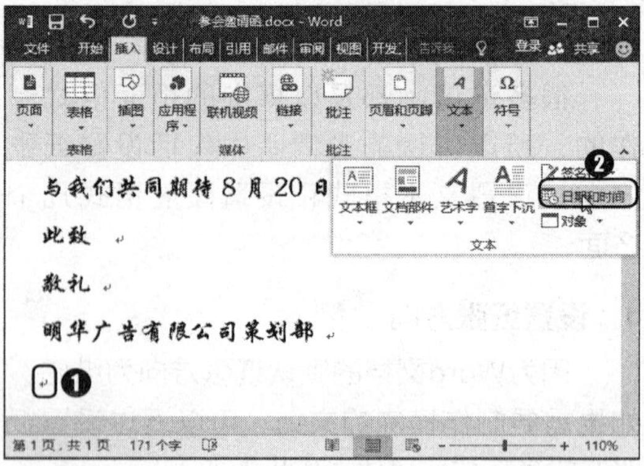

第2步 ❶打开【日期和时间】对话框，在【可用格式】列表框中选择一种日期格式；❷单击【确定】按钮即可插入当前日期，如下图所示。

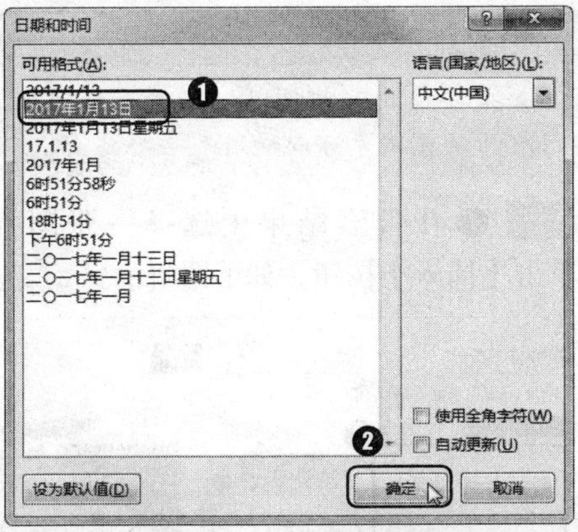

温馨提示

如果选中【日期和时间】对话框中的【自动更新】复选框，插入的日期会在打开文档时自动更新。

4. 设置对齐方式

信函的对齐方式与普通文本有所不同，在完成了邀请函的其他设置后，还需要设置文档的对齐方式，具体操作步骤如下。

❶选择公司落款名称和日期文本；❷单击【开始】选项卡【段落】组中的【右对齐】按钮，如下图所示。

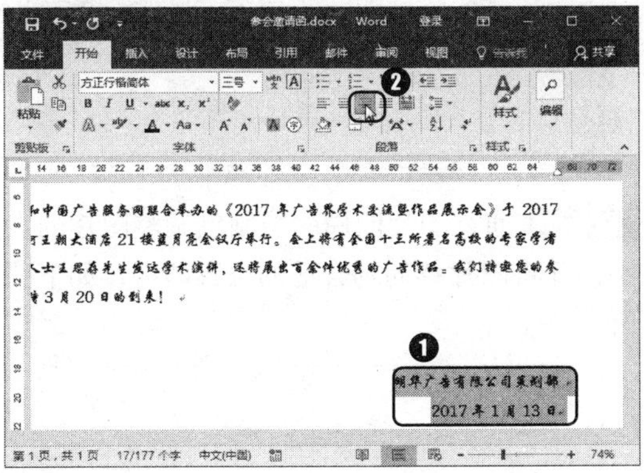

8.1.2 美化“参会邀请函”

输入了参会邀请内容之后，还可以对邀请函的文字进行美化，并插入图片，从而使邀请函更加美观。

1. 美化标题样式

艺术字的样式美观大方，直接使用【文本效果和版式】功能可以轻松将普通文字转换为艺术字，具体操作步骤如下。

第1步 ❶选择“邀请函”文本；❷单击【开始】选项卡【段落】组中的【居中】按钮，如下图所示。

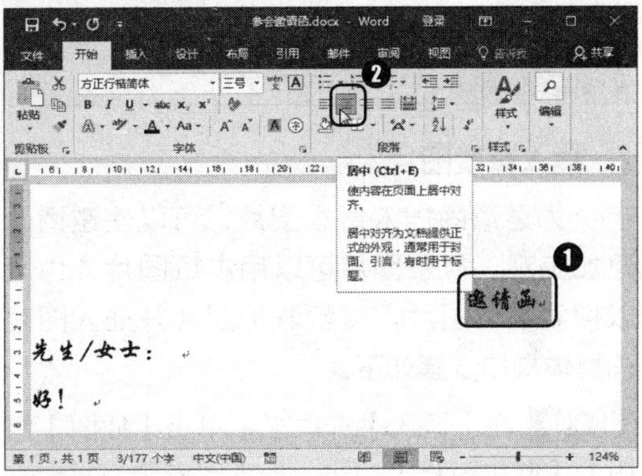

第2步 ❶保持“邀请函”文本的选中状态，单击【开始】选项卡【字体】组中的【文本效果和版式】下拉按钮；❷在弹出的下拉列表中选择一种艺术字样式，如下图所示。

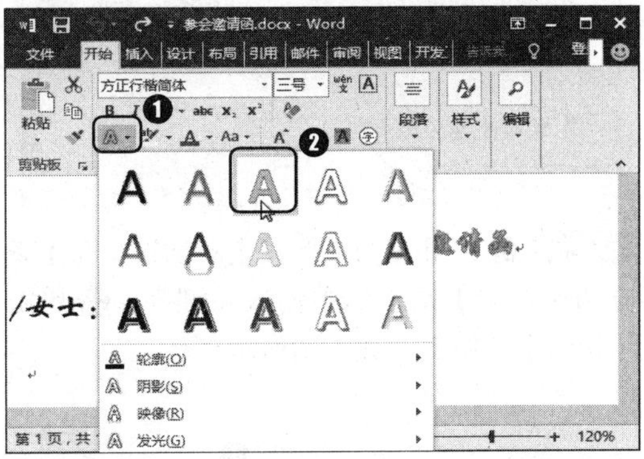

第3步 ❶保持“邀请函”文本的选中状态，单击【开始】选项卡【字体】组中的【字号】下拉按钮，❷在弹出的下拉列表中选择【小初】选项，如下图所示。

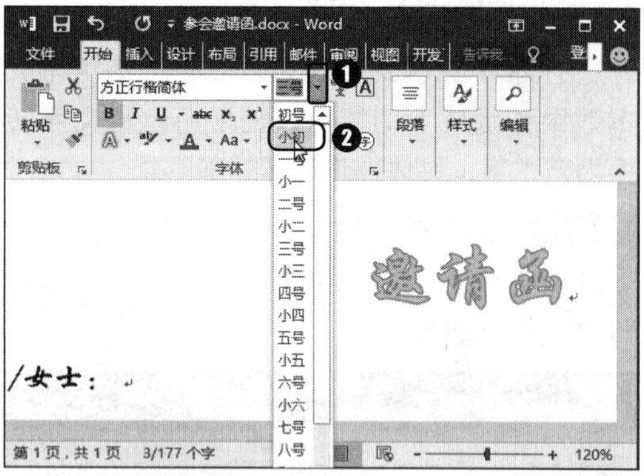

2. 插入背景图片

为邀请函插入背景图片，可以使邀请函更加美观。背景图片可以用本机图片，也可以搜索联机图片。搜索联机图片并插入图片的具体操作步骤如下。

第 1 步 在【插入】选项卡中单击【插图】组中的【联机图片】按钮，如下图所示。

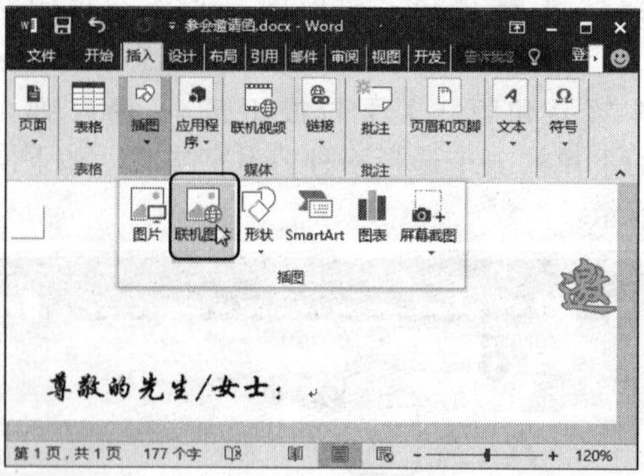

第 2 步 ❶打开【插入图片】对话框，在【必应图像搜索】文本框中输入关键字；❷单击【搜索】按钮，如下图所示。

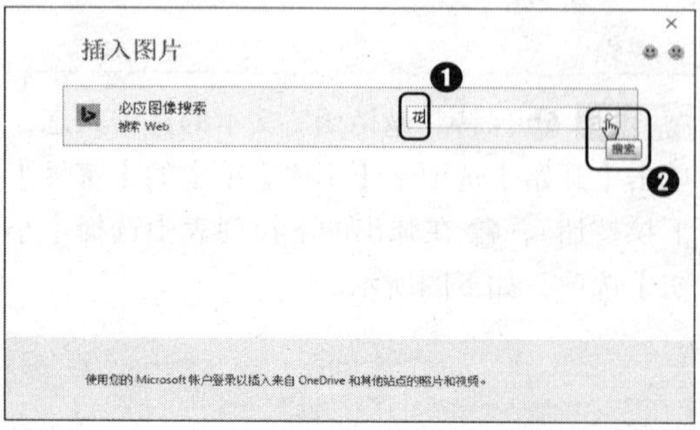

> **温馨提示**
>
> 如果要使用联机图片，必须在计算机连接网络的情况下才可以使用。

第 3 步 ❶在搜索结果中选择一张图片；❷单击【插入】按钮，如下图所示。

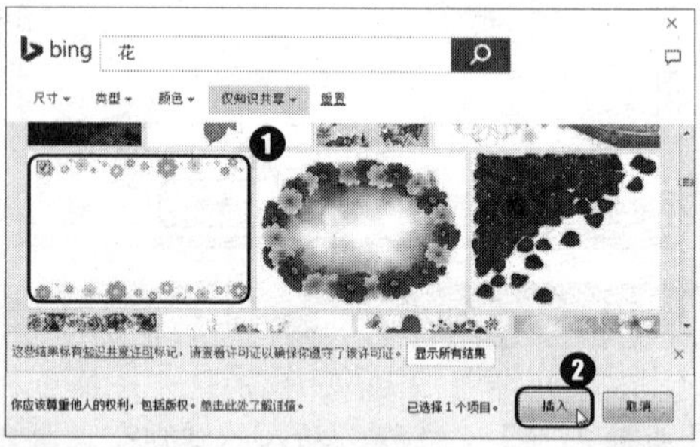

第 4 步 ❶单击【图片工具 / 格式】选项卡【排列】组中的【环绕文字】下拉按钮；❷在弹出的下拉列表中选择【衬于文字下方】选项，如下图所示。

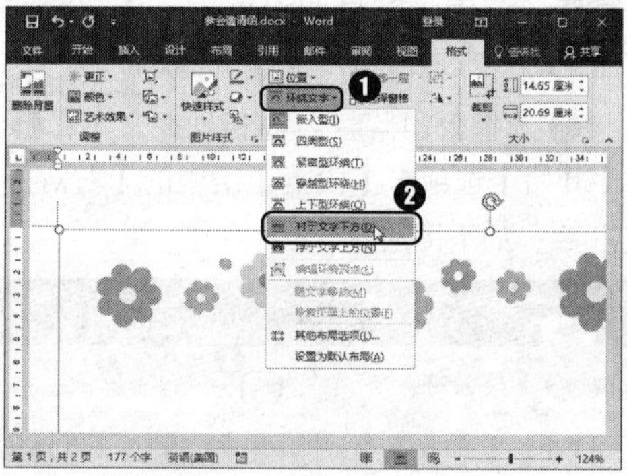

第 5 步 通过图片四周的控制点调整图片的大小，并将图片移动到合适的位置即可，如下图所示。

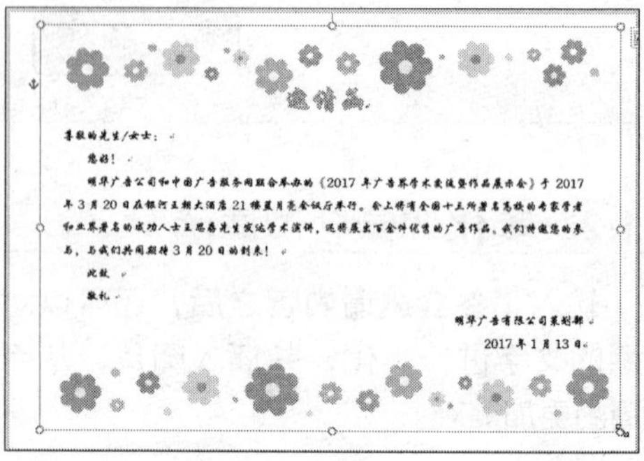

8.1.3 使用邮件合并

邀请函一般是分发给多个不同参会人员的，所以需要制作出多张内容相同，但接收人不同的邀请函。使用Word 2016 的合并功能可以快速制作出多张邀请函。

1. 新建联系人列表

在使用邮件合并时，可以使用以前已经创建好的联系人列表，也可以新建联系人列表。新建联系人列表的具体操作步骤如下。

第 1 步 ❶单击【邮件】选项卡【开始邮件合并】组中的【选择收件人】下拉按钮；❷在弹出的下拉列表中选择【键入新列表】选项，如下图所示。

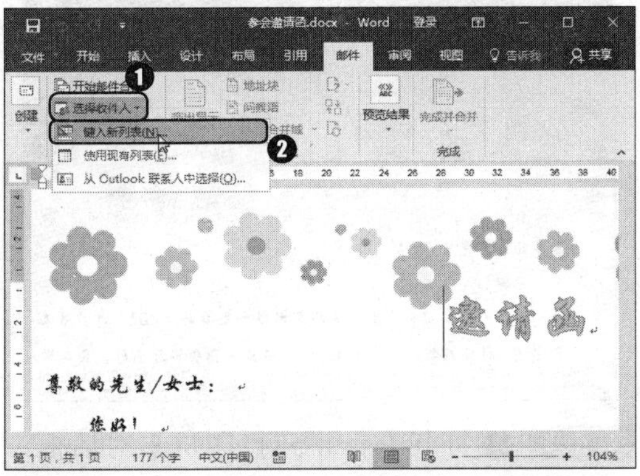

第 2 步 ❶打开【新建地址列表】对话框，在列表框中输入第一个收件人的相关信息；❷单击【新建条目】按钮，如下图所示。

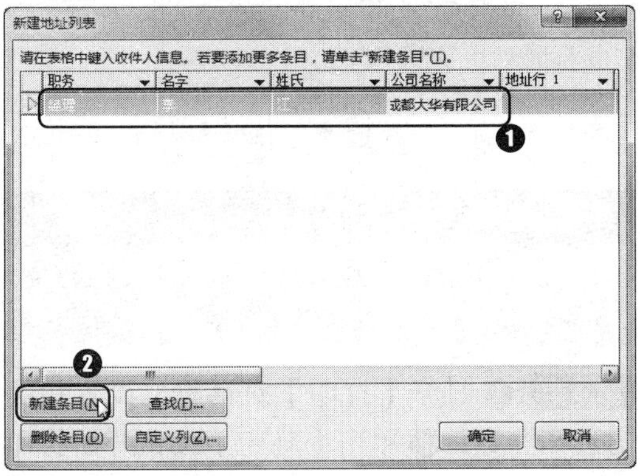

第 3 步 ❶按照同样的方法创建其他收件人的相关信息；❷单击【确定】按钮，如下图所示。

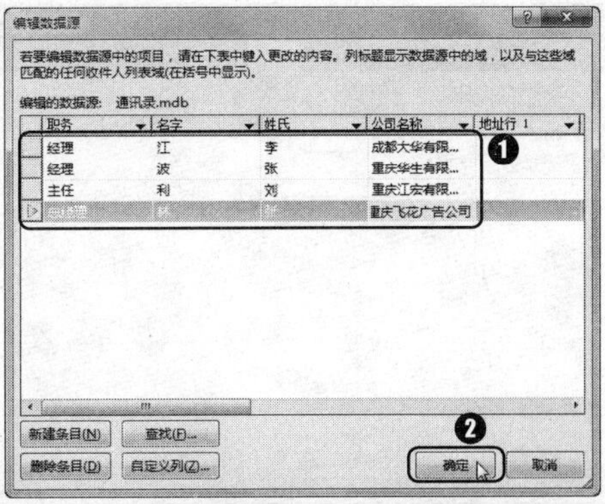

> **温馨提示**
>
> 在输入字段信息时，如果字段过长，将在对话框中显示不完整。此时，可以拖动下面的滚动条查看未显示部分，并输入相应的信息即可。

第 4 步 ❶弹出【保存通讯录】对话框，设置好文件名和保存位置；❷单击【保存】按钮，如下图所示。

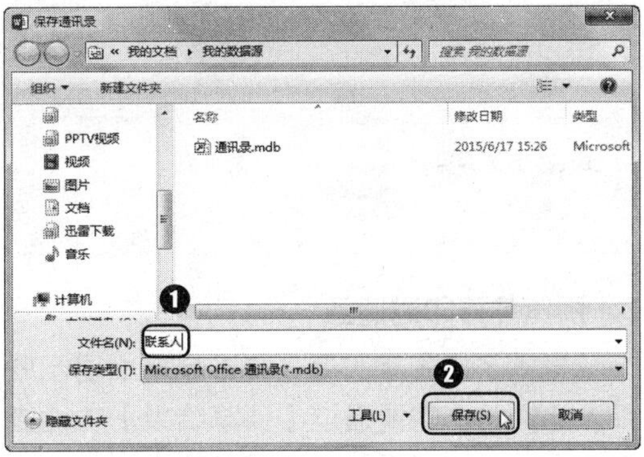

2. 插入姓名字段

新建了联系人列表后，就可以插入姓名字段，创建完整的邀请函了，具体操作步骤如下。

第 1 步 ❶将鼠标指针定位在要使用邮件合并功能的位置，单击【邮件】选项卡【编写和插入域】组中的【插入合并域】下拉按钮；❷在弹出的下拉列表中选择【姓氏】选项，如下图所示。

第2步 ❶将鼠标指针定位在插入的“姓氏”域后面，再次单击【插入合并域】下拉按钮；❷在弹出的下拉列表中选择【名字】选项，如下图所示。

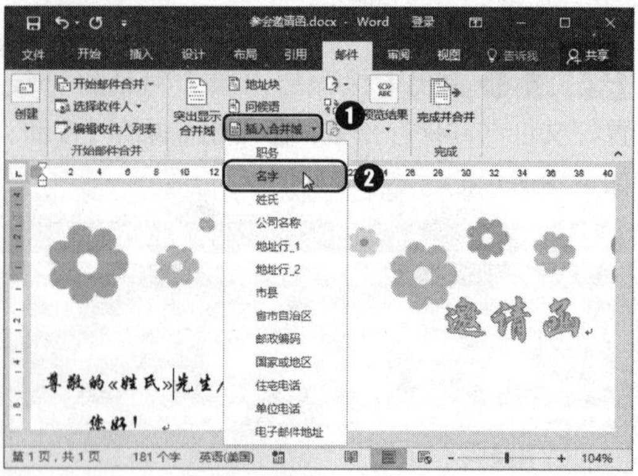

3. 预览并打印邀请函

插入了姓名字段后，并不会马上显示联系人的姓名，需要通过【预览结果】功能查看邀请函，如果确认邀请函没有错误，就可以打印出邀请函进行下一步的发放工作了，具体操作步骤如下。

第1步 ❶单击【邮件】选项卡【预览结果】组中的【预览结果】按钮；❷单击【预览结果】组中的【上一条】◀或【下一条】▶按钮查看其他邀请函，如下图所示。

第2步 ❶确定邀请函无误后，单击【邮件】选项卡【完成】组中的【完成并合并】下拉按钮；❷在弹出的下拉列表中选择【打印文档】命令，如下图所示。

第3步 ❶打开【合并到打印机】对话框，选中【全部】单选按钮；❷单击【确定】按钮，如下图所示。

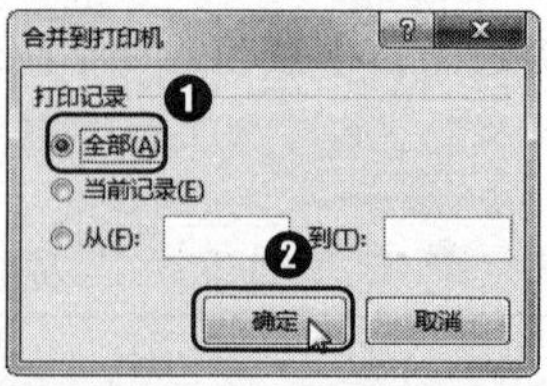

温馨提示

合并到打印机后，用户可以一次性打印多条记录，从而提高工作效率。

第4步 ❶打开【打印】对话框，设置相关的打印参数；❷单击【确定】按钮开始打印邀请函，如下图所示。

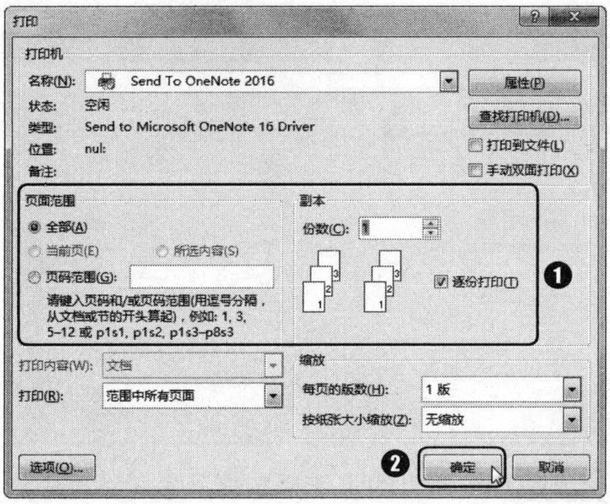

8.1.4 制作信封

邀请函制作完成后需要分别送到收件人的手中，虽然现在发送信件的方法很多，已经不局限于邮寄，但正式的邀请函还是需要通过邮寄的方式送出。当收件人较多时，手动填写信封不仅工作量大，还容易发生错漏。此时可以通过邮件功能创建中文信封。

1. 创建中文信封

创建中文信封的具体操作步骤如下。

第 1 步 单击【邮件】选项卡【创建】组中的【中文信封】按钮，如下图所示。

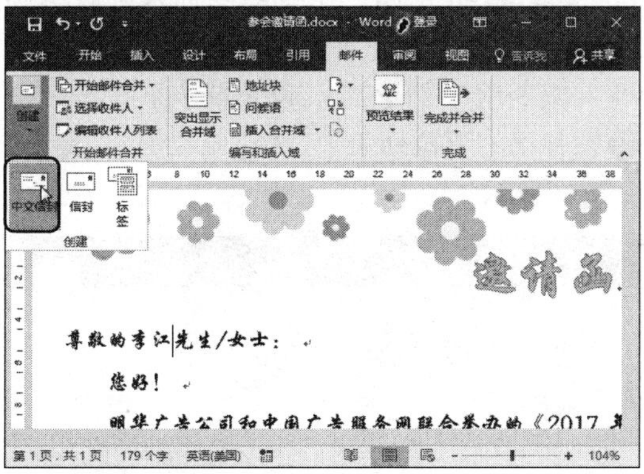

第 2 步 弹出【信封制作向导】对话框，单击【下一步】按钮，如下图所示。

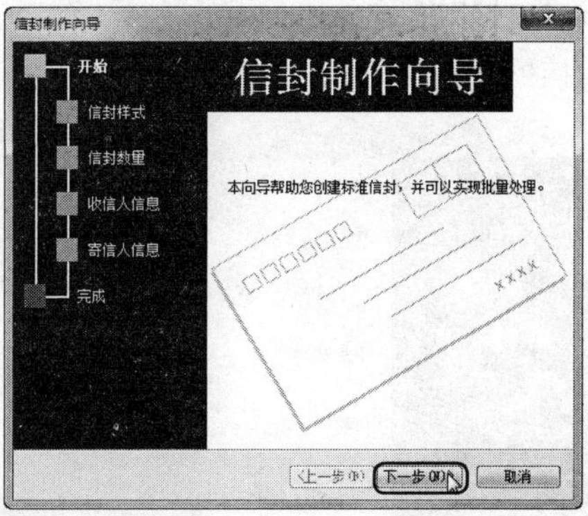

第 3 步 ❶在【选择信封样式】界面中选择信封样式为【国内信封 -B6（176×125）】；❷单击【下一步】按钮，如下图所示。

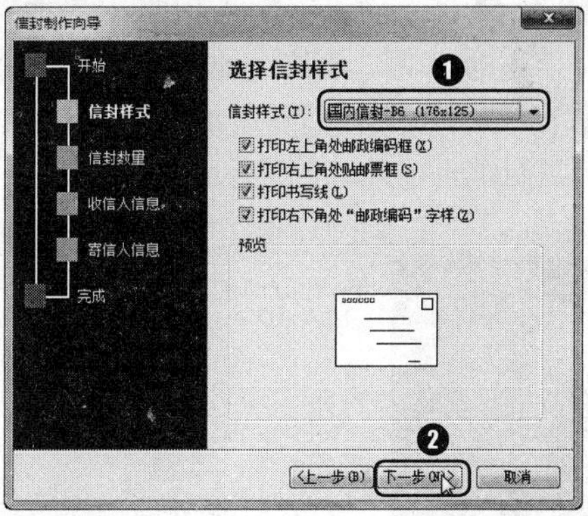

第 4 步 ❶在【选择生成信封的方式和数量】界面中选中【键入收信人信息，生成单个信封】单选按钮；❷单击【下一步】按钮，如下图所示。

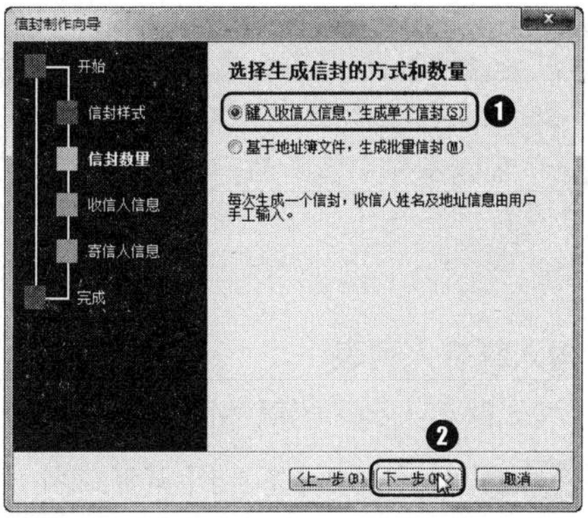

第 5 步 打开【输入收信人信息】界面，因为

本例需要引用联系人列表中的收件人信息，所以直接单击【下一步】按钮，如下图所示。

第 6 步 ❶在【输入寄信人信息】界面中输入寄信人的姓名、单位、地址和邮编；❷单击【下一步】按钮，然后单击【完成】按钮退出信封制作向导，如下图所示。

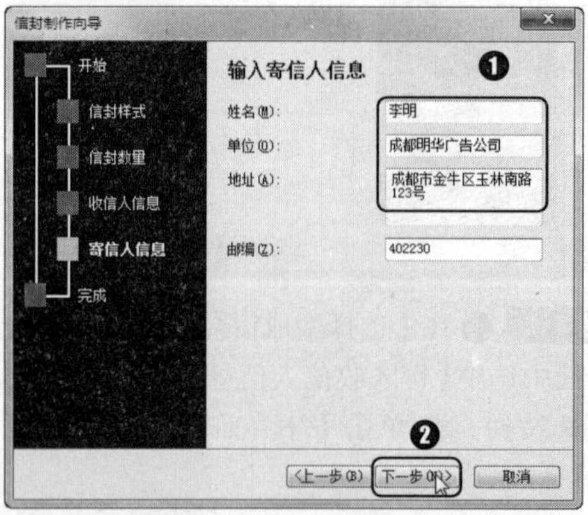

> **温馨提示**
>
> 本例制作的信封是寄给不同客户的，每个信封的名称等信息都不一样。因此，此处并不需要输入收件人信息，以便在后面插入域。

2. 导入联系人列表

导入联系人列表的具体操作步骤如下。

第 1 步 ❶单击【邮件】选项卡【开始邮件合并】组中的【选择收件人】按钮；❷在弹出的下拉列表中选择【使用现有列表】命令，如下图所示。

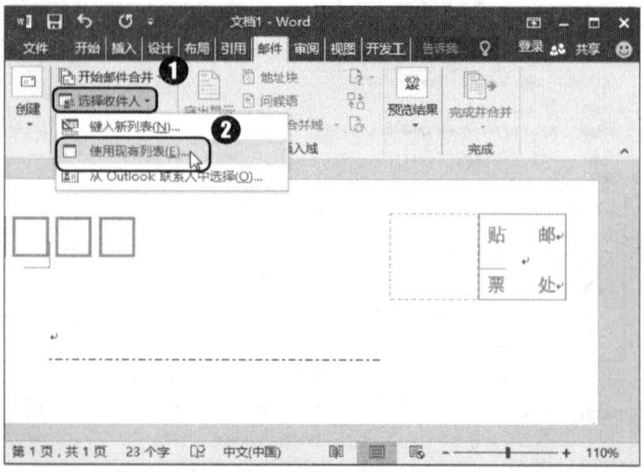

第 2 步 在弹出的【选择数据源】对话框中选择数据源的位置（前文中设置的保存位置），❶选择要使用的通讯录名称；❷单击【打开】按钮，如下图所示。

第 3 步 ❶将光标定位到需要插入邮政编码的位置；❷单击【邮件】选项卡【编写和插入域】组中的【插入合并域】下拉按钮；❸在弹出的下拉列表中选择【邮政编码】命令，如下图所示。

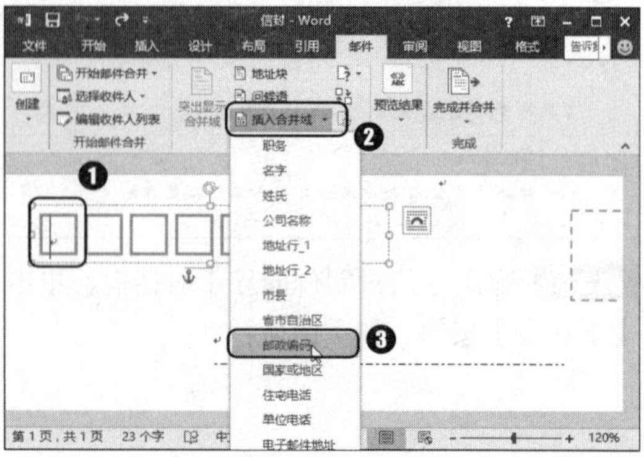

第4步 ❶用同样的方法依次插入地址、公司名称、职位与姓名；❷插入完成后单击【邮件】选项卡【预览结果】组中的【预览结果】按钮，如下图所示。

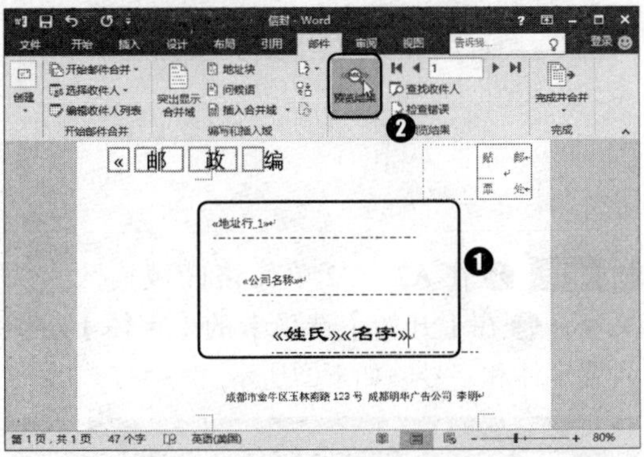

第5步 ❶在姓名后输入“（收）”；❷选中收件人栏中的文本，将字体设置为【小一】。完成后保存该文档，并使用前文所学的方法打印信封即可，如下图所示。

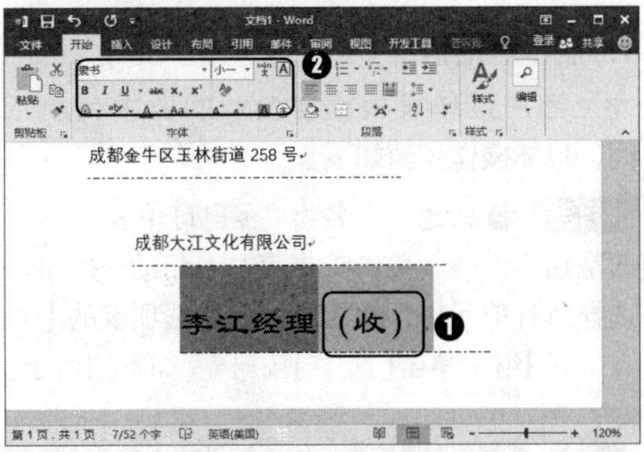

8.2 使用Excel制作“客户订单表”

案例背景

订单是企业销售的主要载体，是客户服务的对象，对订单的管理也是客户管理与服务的组成部分。订单的格式比较随意，不同的公司、不同的产品类别都将导致订单的内容和格式有所不同。

本例将使用Excel制作一份客户订单表，其中涉及数据的输入、边框与底纹的添加、数据排序与分类汇总、创建并设置条形图等知识，制作完成后的效果如下图所示。实例最终效果见“光盘\结果文件\第8章\客户订单表.xlsx”文件。

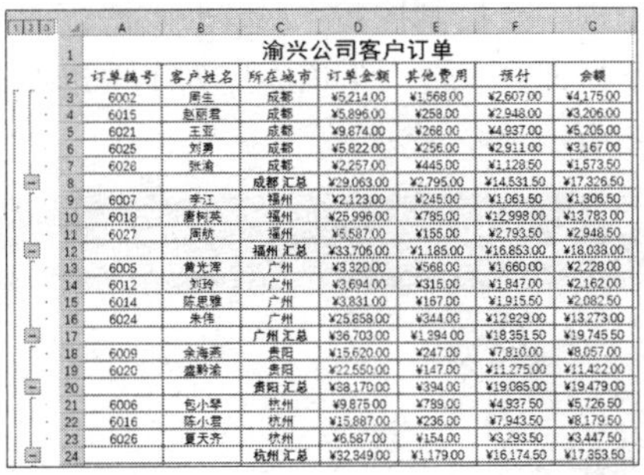

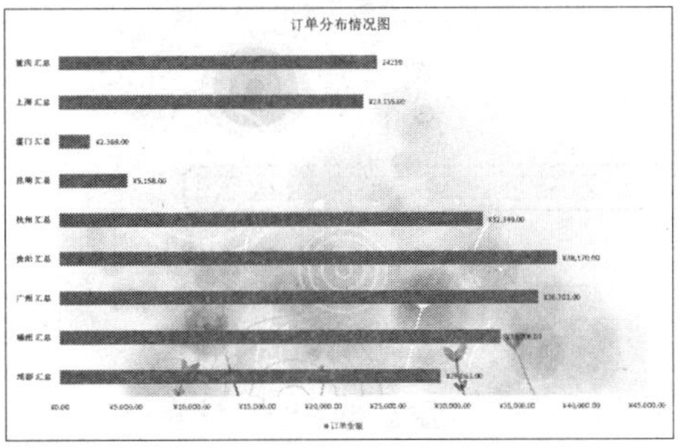

光盘文件		
光盘文件	素材文件	光盘\素材文件\第8章\背景.jpg
	结果文件	光盘\结果文件\第8章\客户订单表.xlsx
	教学视频	光盘\视频文件\第8章\8.2使用Excel制作客户订单表.mp4

8.2.1 制作基本表格

客户订单表的制作包括数据的输入、数字格式的设置及公式的使用与填充等知识。

1. 制作表格框架

客户订单表根据各企业的要求有所不同，具体操作步骤如下。

第1步 ❶新建一个名为“客户订单表.xlsx”的空白工作簿，单击工作表左上角的按钮，选择所有单元格；❷在【开始】选项卡的【对齐方式】组中单击【居中】按钮，如下图所示。

第2步 ❶选择A1：G1单元格区域；❷单击【开始】选项卡【对齐方式】组中的【合并后居中】按钮，如下图所示。

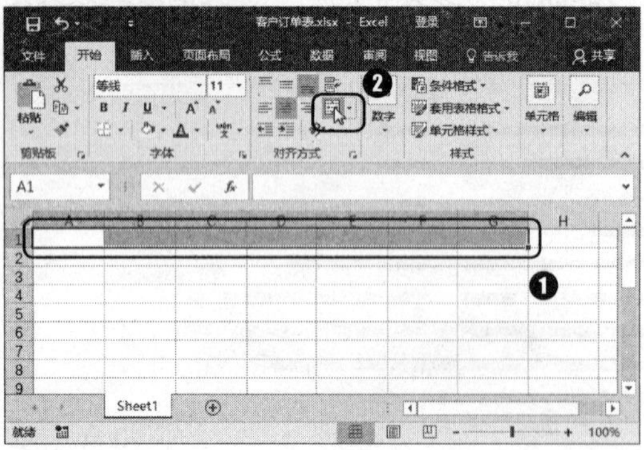

第3步 ❶在A1单元格中输入标题文本；❷在【开始】选项卡的【字体】组中设置字体格式，如下图所示。

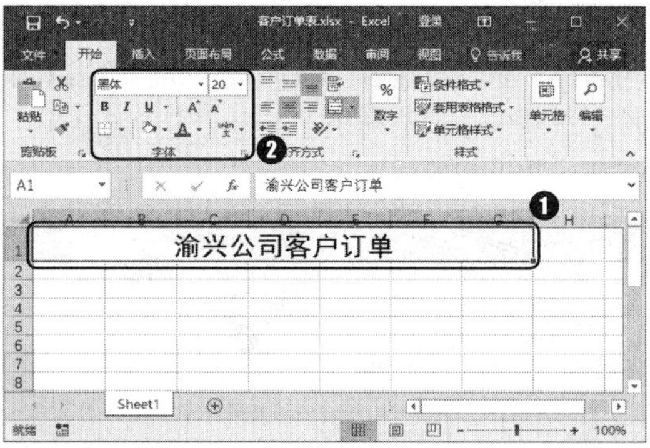

第4步 ❶在A2：G2单元格区域输入表头文字；❷在【开始】选项卡的【字体】组中设置字体和字号，如下图所示。

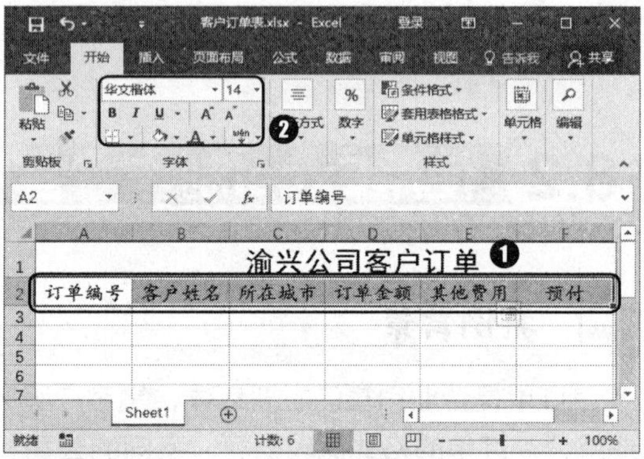

第5步 ❶在A3单元格中输入订单编号，然后将鼠标指针移动到该单元格的右下角，当鼠标指针变为形状+时按下鼠标左键不放，向下拖动鼠标至A30单元格；❷释放鼠标后，将出现一个控制按钮，单击该按钮，在弹出的下拉列表中选中【填充序列】单选按钮，如下图所示。

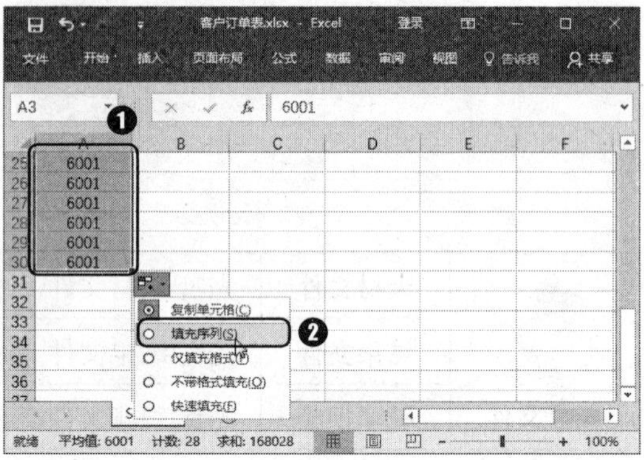

第 6 步 ❶选择【订单金额】【其他费用】【预付】【余额】列的单元格区域并右击；❷在弹出的快捷菜单中选择【设置单元格格式】命令，如下图所示。

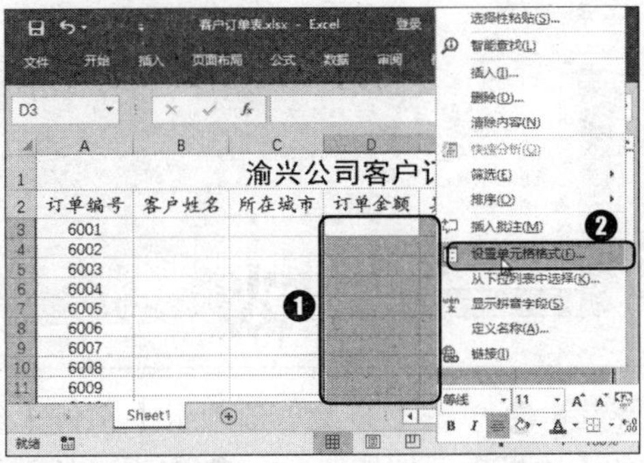

第 7 步 ❶打开【设置单元格格式】对话框，在【分类】列表框中选择【货币】选项；❷设置【小数位数】为【2】；❸单击【确定】按钮，如下图所示。

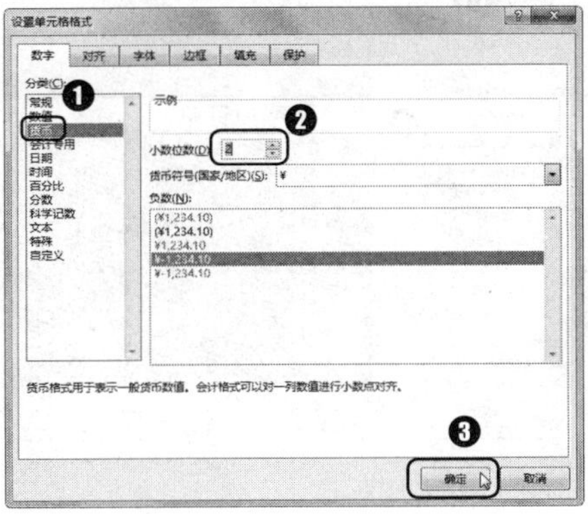

第 8 步 输入订单数据，在输入金额数据时将自动转换为货币格式，如下图所示。

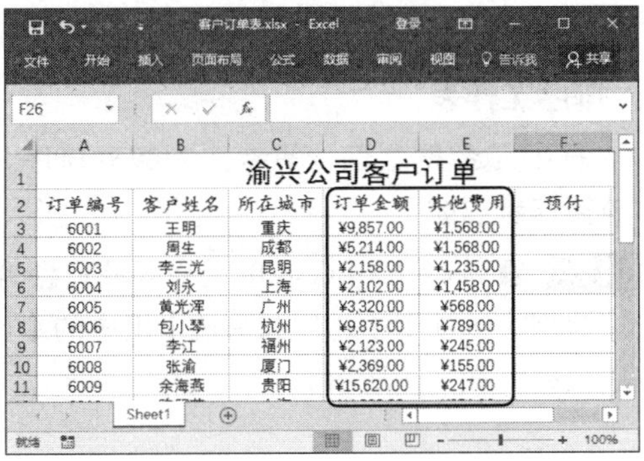

2. 计算预付金额和余额

使用公式可以快速计算出预付金额和余额，具体操作步骤如下。

第 1 步 ❶选择 F3 单元格；❷在编辑栏中输入公式“=D3*50%”，按【Enter】键计算出第一个客户的预付款，如下图所示。

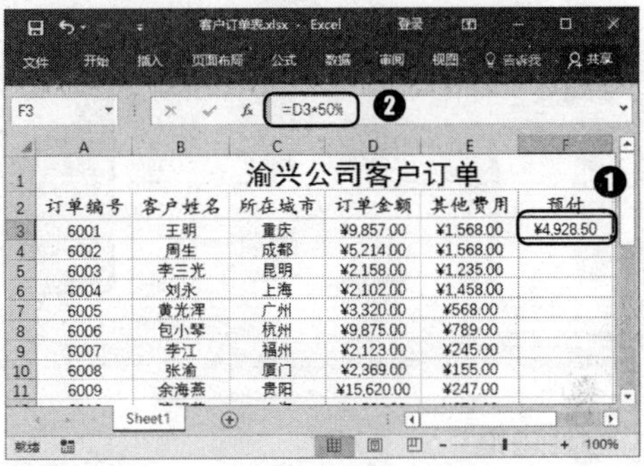

第 2 步 将鼠标指针移动到 F3 单元格的右下角，当鼠标指针变为形状+时按下鼠标左键不放，向下拖动鼠标填充公式，计算出其他客户的预付款，如下图所示。

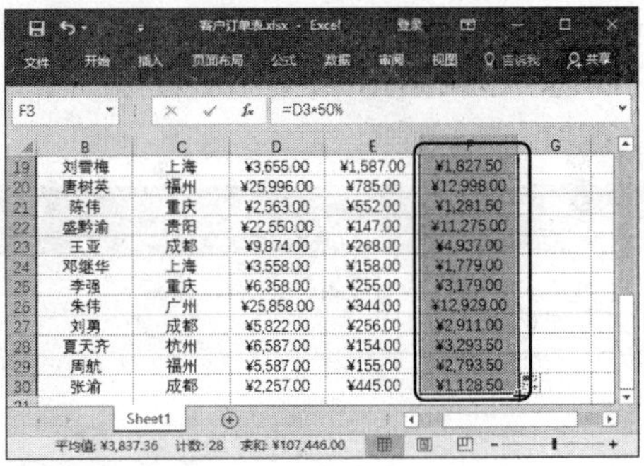

第 3 步 ❶选择 G3 单元格；❷在编辑栏中输入公式“=(D3+E3)-F3”，按【Enter】键计算出第一个客户的应付余额，如下图所示。

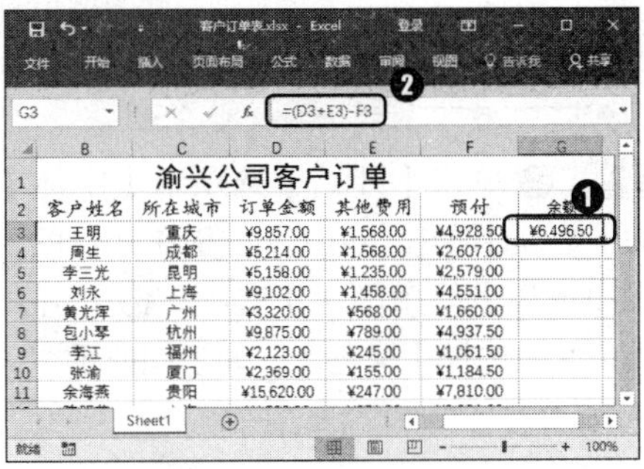

第 4 步 将鼠标指针移动到 G3 单元格的右下角，当鼠标指针变为形状+时按下鼠标左键不放，向下拖动鼠标填充公式，计算出其他客户的应付余额，如下图所示。

3. 绘制边框

数据输入完成后，可以为表格设置边框，具体操作步骤如下。

第 1 步 ❶选择 A2：G30 单元格区域；❷单击【开始】选项卡【字体】组中的【边框】下拉按钮⊞ ▾；❸在弹出的下拉列表中选择【线型】选项；❹在弹出的扩展菜单中选择一种线条样式，如下图所示。

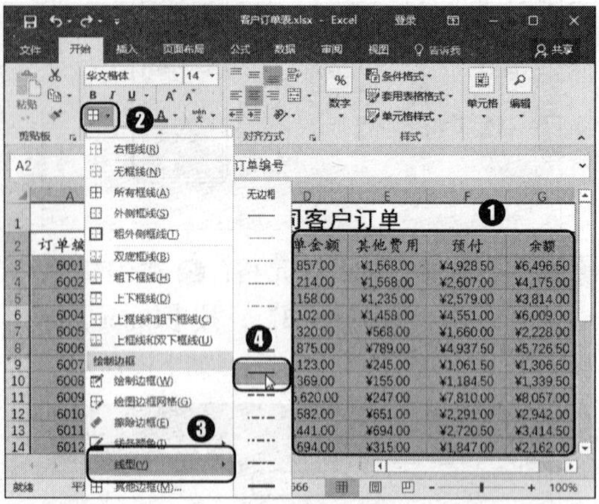

第 2 步 ❶单击【开始】选项卡【字体】组中的【边框】下拉按钮⊞ ▾；❷在弹出的下拉列表中选择【线条颜色】选项；❸在弹出的扩展菜单中选择【绿色】，如下图所示。

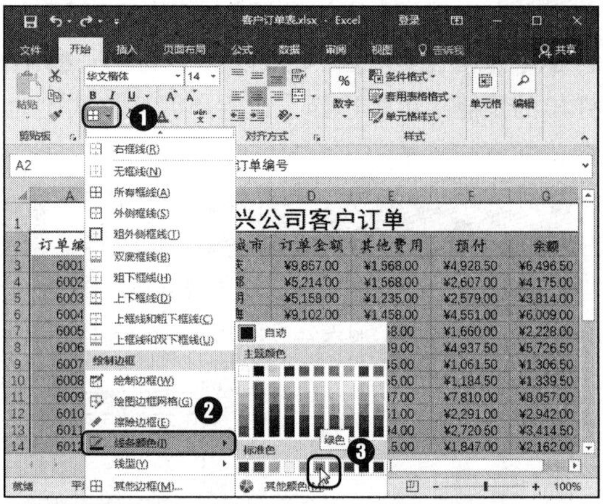

第 3 步 ❶单击【开始】选项卡【字体】组中的【边框】下拉按钮⊞ ▾；❷在弹出的下拉列表中选择【所有框线】选项，如下图所示。

8.2.2 按地区对数据进行汇总

客户订单表制作完成后，为了更方便地查看数据，可以对表格进行汇总。

1. 排序工作表

在汇总数据之前，需要先为数据排序，具体操作步骤如下。

第 1 步 ❶选择 A2：G30 单元格区域；❷单击【数据】选项卡【排序和筛选】组中的【排序】按钮，如下图所示。

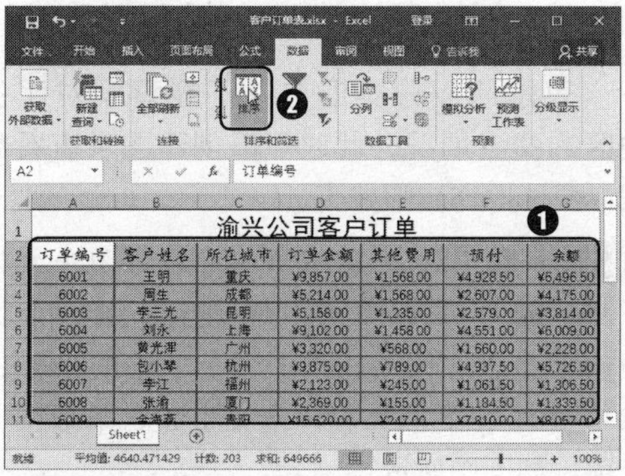

第 2 步 ❶打开【排序】对话框，设置【主要关键字】为【所在城市】，【排序依据】为【数值】，【次序】为【升序】；❷单击【确定】按钮，如下图所示。

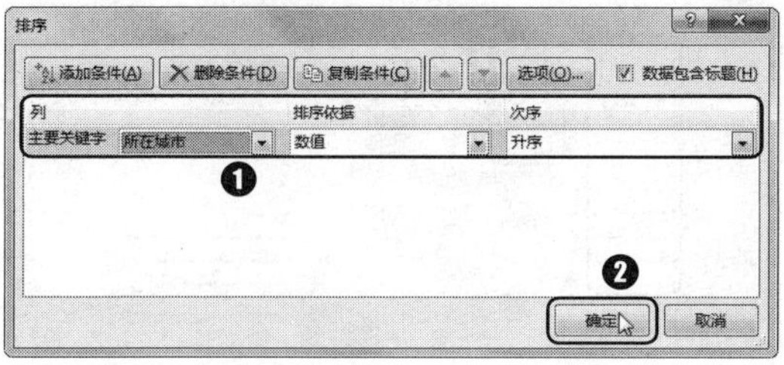

2. 分类汇总数据

分类汇总数据可以方便查看所在城市的汇总数据，具体操作步骤如下。

第 1 步 ❶选择 A2：G30 单元格区域；❷单击【数据】选项卡【分级显示】组中的【分类汇总】按钮，如下图所示。

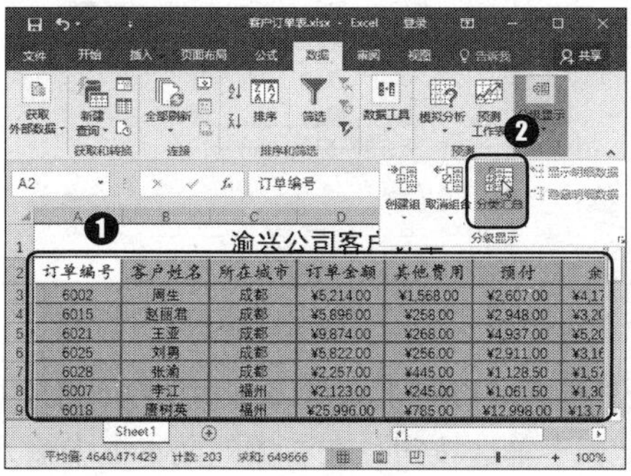

第 2 步 ❶打开【分类汇总】对话框，设置【分类字段】为【所在城市】，【汇总方式】为【求和】；❷在【选定汇总项】列表框中选中【订单金额】【其他费用】【预付】和【余额】复选框；❸单击【确定】按钮，如下图所示。

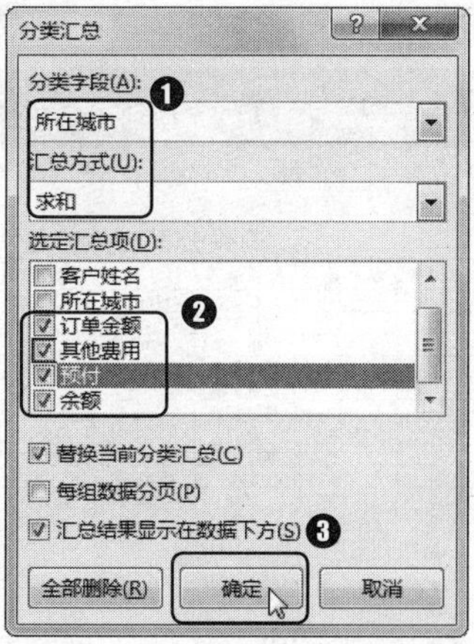

第 3 步 ❶选择任意应用了边框样式的单元格；❷单击【开始】选项卡【剪贴板】组中的【格式刷】按钮，如下图所示。

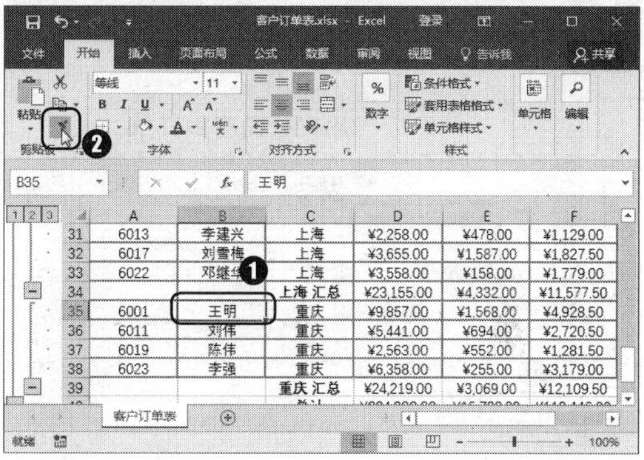

第 4 步 鼠标指针将变为形状，拖动鼠标选择最后两行为其应用边框样式，如下图所示。

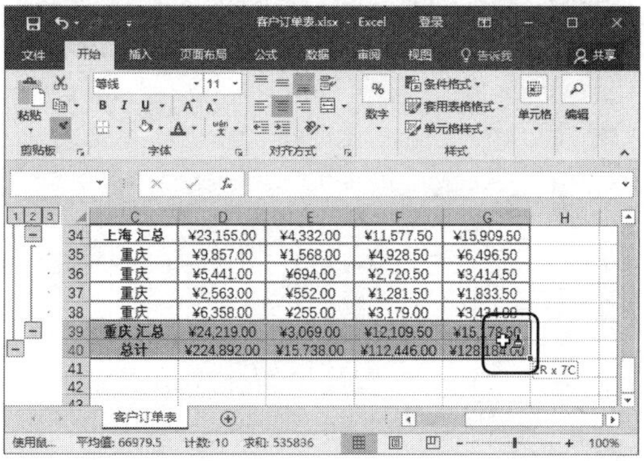

第 5 步 在行标左侧依次单击第 2 列中的⊟按钮，按钮变为⊞状态，并将明细数据进行隐藏，如下图所示。

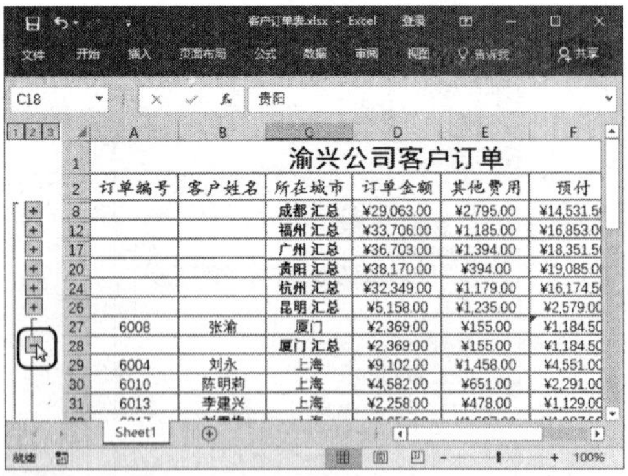

第 6 步 ❶右击“Sheet1”工作表标签；❷在弹出的快捷菜单中选择【重命名】命令，如下图所示。

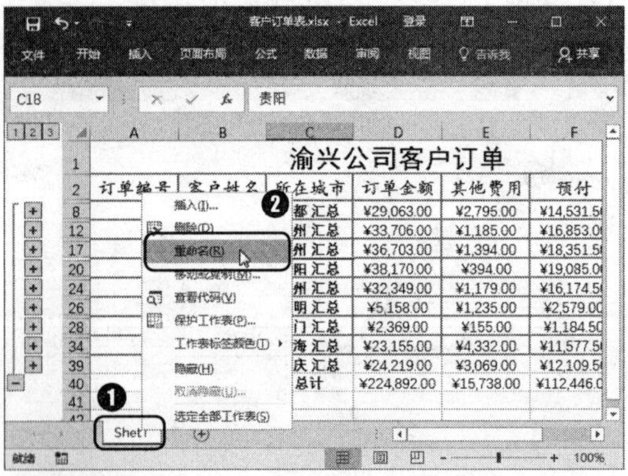

第 7 步 工作表名称将呈选中状态，输入新工作表名称，然后按【Enter】键或单击工作表任意位置即可，如下图所示。

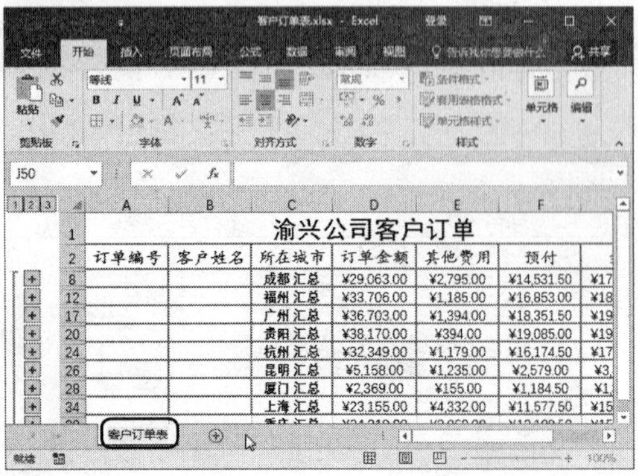

8.2.3 创建图表对比各地区的数据

只是依靠分类汇总并不能直观对比各地区的资金情况，此时可以创建图表查看数据，具体操作步骤如下。

第 1 步 ❶选择汇总城市与汇总订单单元格区域；❷单击【插入】选项卡【图表】组中的【插入柱形图或条形图】下拉按钮；❸在弹出的下拉列表中选择【簇状条形图】选项，如下图所示。

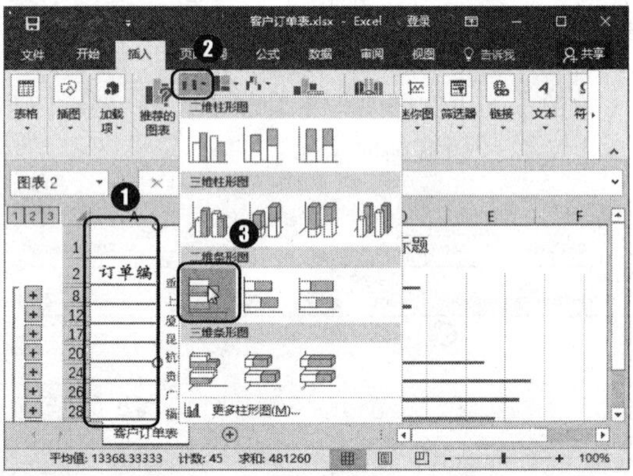

第 2 步 ❶选择插入的图表；❷单击【图表工具 / 设计】选项卡【位置】组中的【移动图表】按钮，如下图所示。

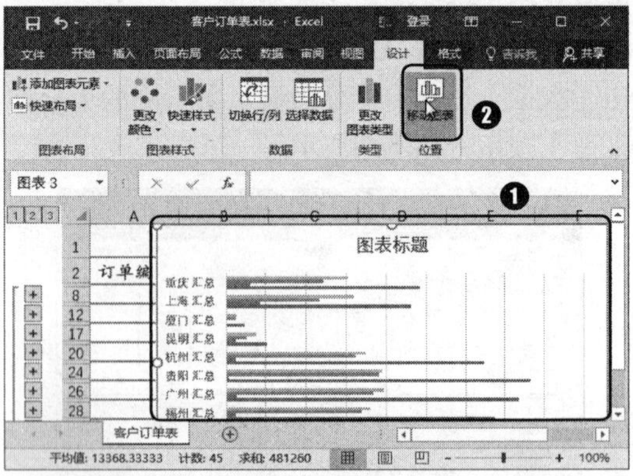

第 3 步 ❶打开【移动图表】对话框，选中【新工作表】单选按钮，在右侧的文本框中输入新工作表的名称；❷单击【确定】按钮，如下图所示。

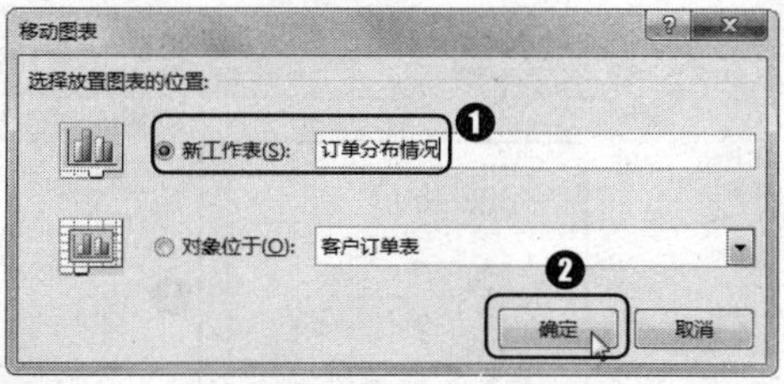

第 4 步 ❶Excel 将新建一个工作表，并将图表移动到该工作表中，选择图表；❷单击【图表工具 / 设计】选项卡【数据】组中的【选择数据】按钮，如下图所示。

第 5 步 ❶打开【选择数据源】对话框，在【图例项（系列）】列表框中取消选中除【系列 1】之外的其他复选框，然后选中【系列 1】复选框；❷单击【编辑】按钮，如下图所示。

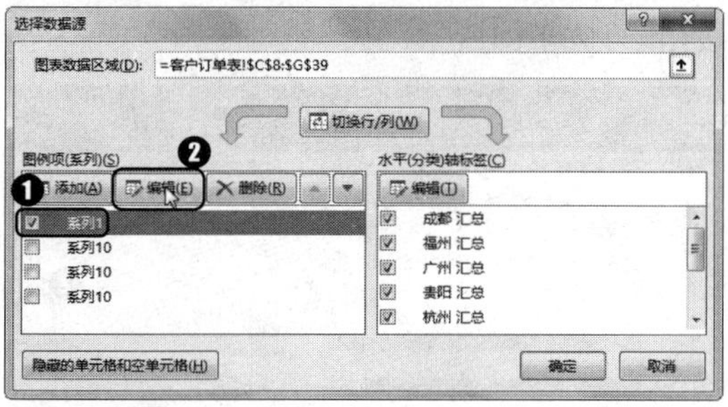

第 6 步 ❶打开【编辑数据系列】对话框，将【系列名称】更改为“= 客户订单表 !$D$2”；❷依次单击【确定】按钮返回工作表，如下图所示。

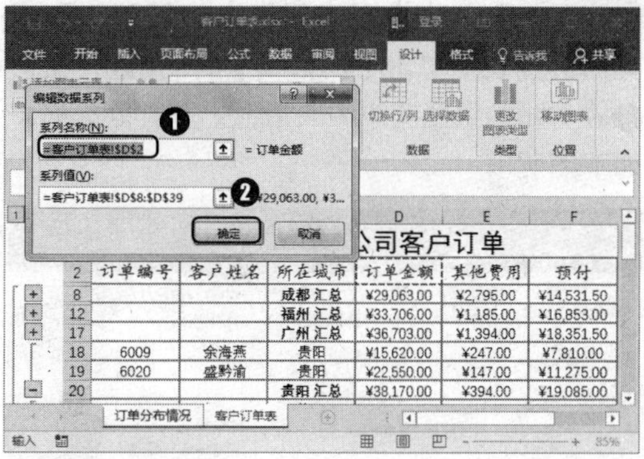

第 7 步 ❶在图表上方选择图表标题文本框，在其中输入图表名称；❷在【开始】选项卡的【字体】组中设置字体格式，如下图所示。

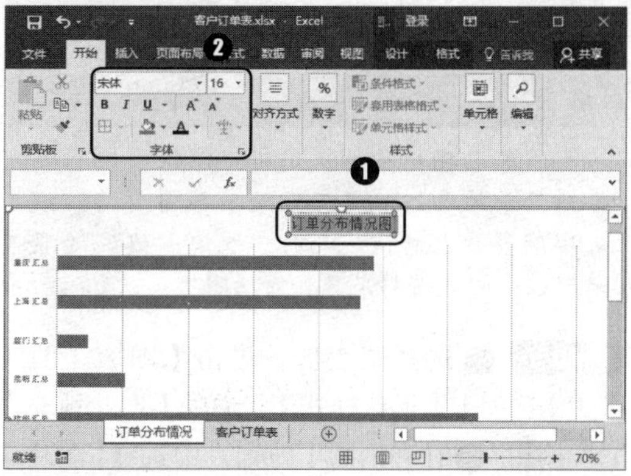

第 8 步 ❶单击【图表工具 / 设计】选项卡【图表布局】组中的【添加图表元素】下拉按钮；❷在弹出的下拉列表中选择【数据标签】选项；❸在弹出的级联菜单中选择【数据标签外】选项，如下图所示。

第 9 步 ❶单击【图表元素】按钮+；❷在弹出的列表中单击【网格线】右侧的▸按钮；❸在弹出的级联菜单中取消选中所有复选框，如下图所示。

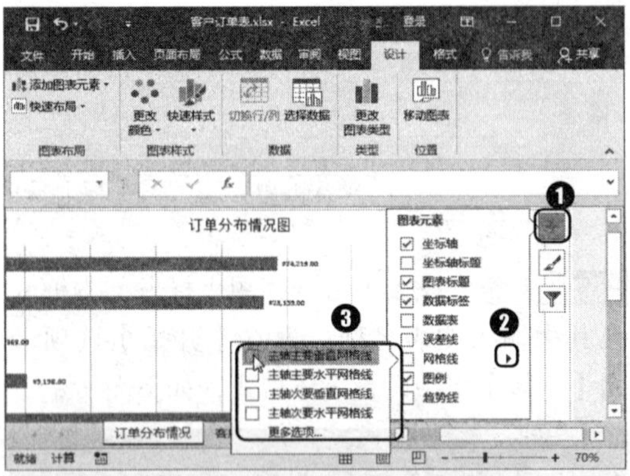

温馨提示

添加数据标签后，用户可以清楚地看到各地汇总的具体数据，因此不再需要网格线来辅助查看汇总值。此时，取消网络线的显示可以让图表看起来更加简洁明了。

第 10 步 ❶选择图表区，单击【图表工具 / 格式】选项卡【形状样式】组中的【形状填充】下拉按钮；❷在弹出的下拉列表中选择【图片】选项，如下图所示。

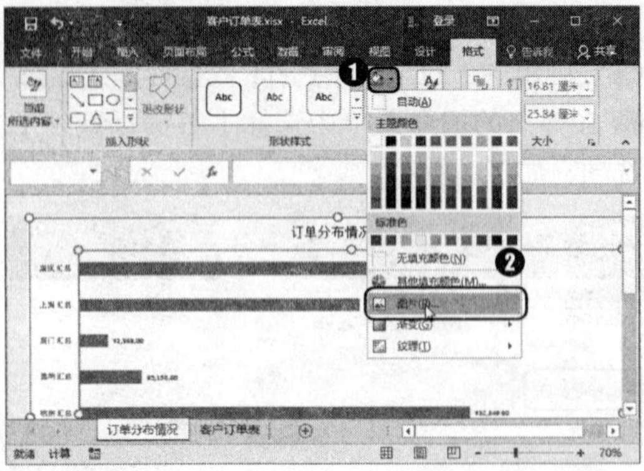

第 11 步 ❶打开【插入图片】对话框，选择“光盘\素材文件\第 8 章\背景.jpg”素材图片；❷单击【插入】按钮，如下图所示。

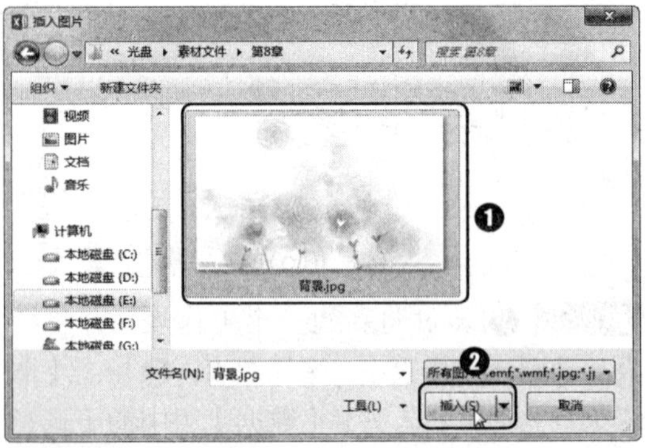

第 12 步 ❶在图表区右击；❷在弹出的快捷菜单中选择【设置绘图区格式】命令，如下图所示。

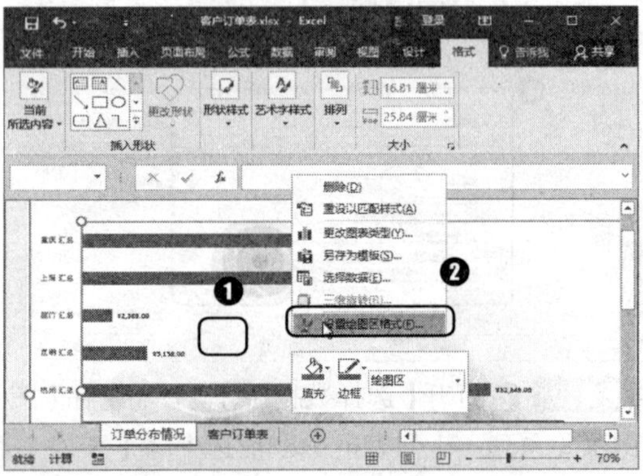

第 13 步 ❶打开【设置绘图区格式】窗格，设置【透明度】为【30%】；❷单击【关闭】按钮×，如下图所示。

第 14 步 ❶选择垂直（类别）轴；❷在【开始】选项卡的【字体】组中单击【加粗】按

钮B，如下图所示。

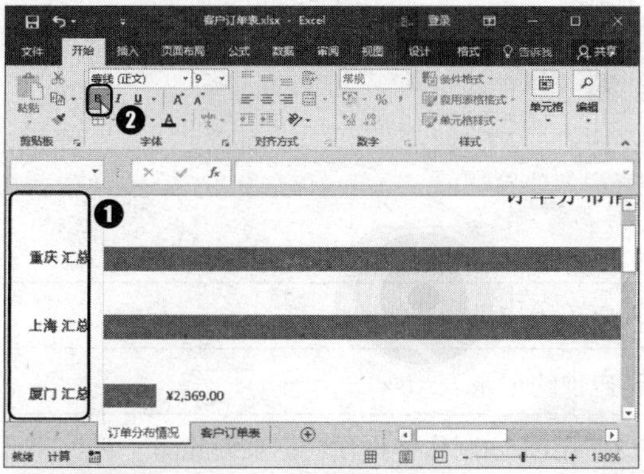

第 15 步 ❶单击【开始】选项卡【字体】组中的【字体颜色】下拉按钮A·；❷在弹出的下拉列表中选择【其他颜色】选项，如下图所示。

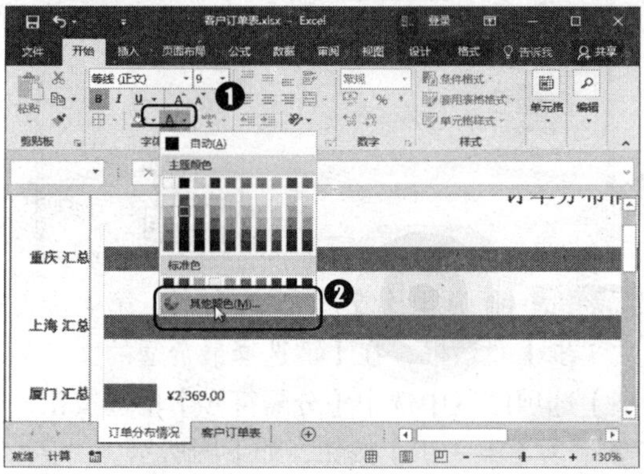

第 16 步 ❶打开【颜色】对话框，切换到【自定义】选项卡；❷设置【红色】为【0】，【绿色】为【102】，【蓝色】为【0】；❸单击【确定】按钮，如下图所示。

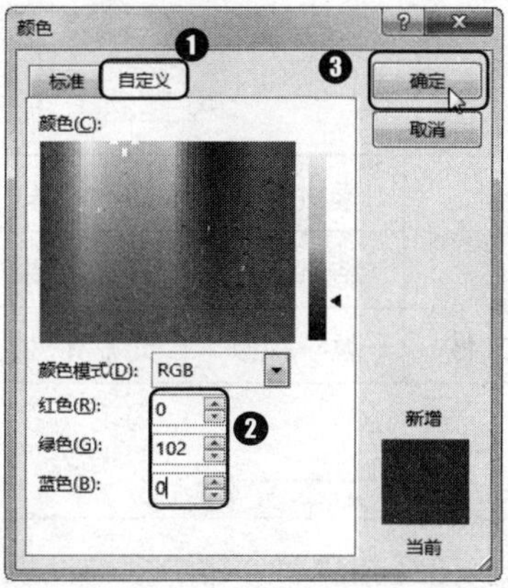

第 17 步 返回工作表，即可看到图表的最终效果，如下图所示。

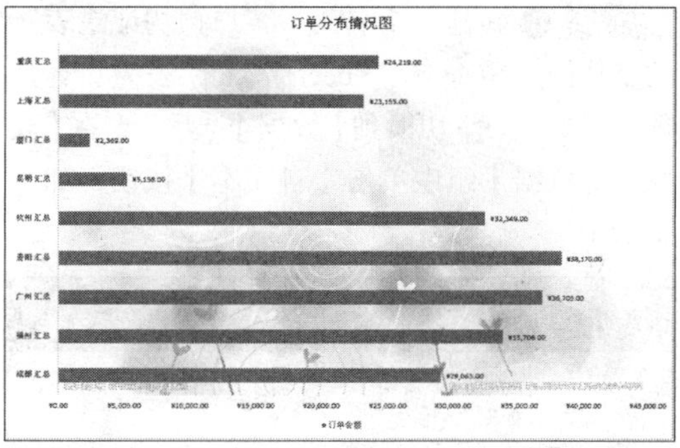

8.3 使用Excel制作“客户预约记录表”

案例背景

在销售工作中，与客户的往来工作比较多，为了避免工作安排冲突、拜访对象不在等情况发生，可以制作客户预约记录表作为安排工作日程的参考。

本例将制作客户预约记录表，制作完成后的效果如下图所示。实例最终效果见“光盘\结果文件\第8章\客户预约记录表.xlsx”文件。

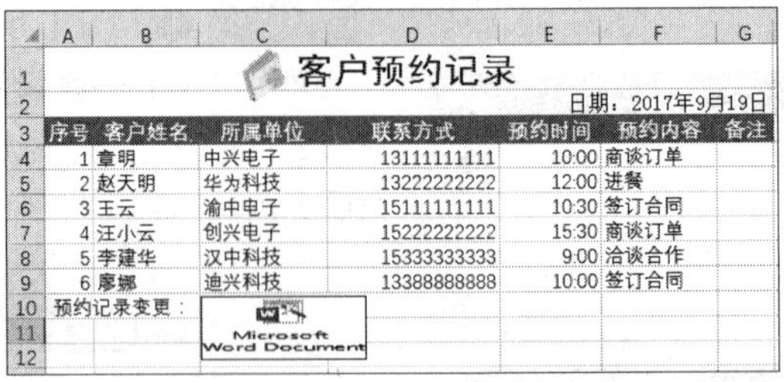

序号	客户姓名	所属单位	联系方式	预约时间	预约内容	备注
1	章明	中兴电子	13111111111	10:00	商谈订单	
2	赵天明	华为科技	13222222222	12:00	进餐	
3	王云	渝中电子	15111111111	10:30	签订合同	
4	汪小云	创兴电子	15222222222	15:30	商谈订单	
5	李建华	汉中科技	15333333333	9:00	洽谈合作	
6	廖娜	迪兴科技	13388888888	10:00	签订合同	

光盘文件		
	素材文件	光盘\素材文件\第8章\客户预约记录\
	结果文件	光盘\结果文件\第8章\客户预约记录表.xlsx
	教学视频	光盘\视频文件\第8章\8.3使用Excel制作客户预约记录表.mp4

8.3.1 导入文本文件

本例已经创建了“客户预约记录”文本文件，现在需要从文本文件中将数据内容导入Excel工作表，具体操作步骤如下。

第1步 ❶新建一个名为“客户预约记录表”的工作簿，重命名“Sheet1”工作表为“客户预约记录”；❷切换到【数据】选项卡，在【获取外部数据】组中单击【自文本】按钮，如下图所示。

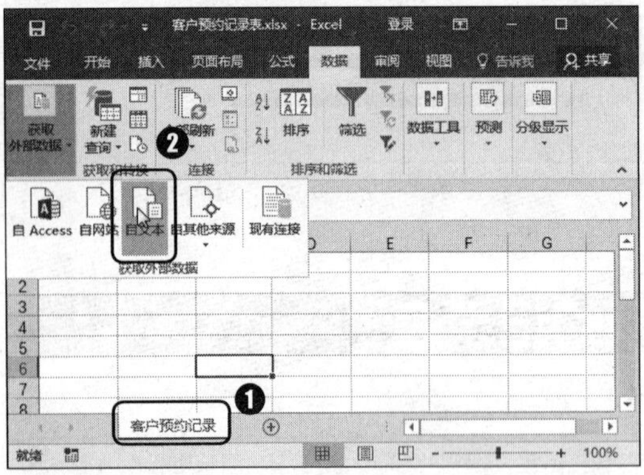

第2步 ❶弹出【导入文本文件】对话框，选择“光盘\素材文件\第8章\客户预约记录表\客户预约记录.txt”文本文件；❷单击【导入】按钮，如下图所示。

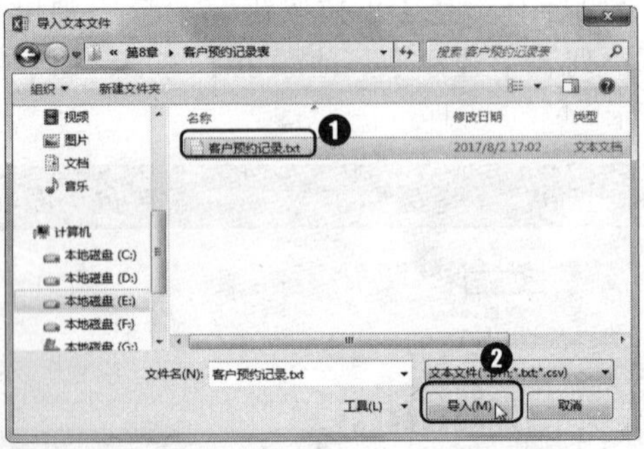

第3步 ❶弹出【文本导入向导-第1步，共3步】对话框，在【请选择最合适的文件类型】选项区域中选中【分隔符号】单选按钮；❷单击【下一步】按钮，如下图所示。

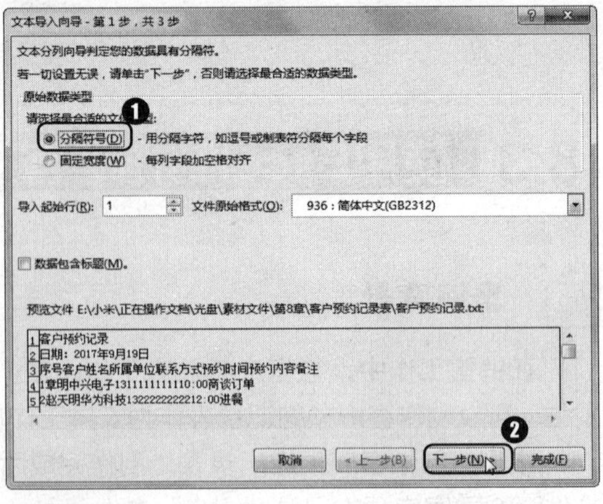

第4步 ❶在弹出的【文本导入向导-第2步，共3步】对话框中，选中【分隔符号】选项区

域中的【Tab 键】复选框；❷单击【下一步】按钮，如下图所示。

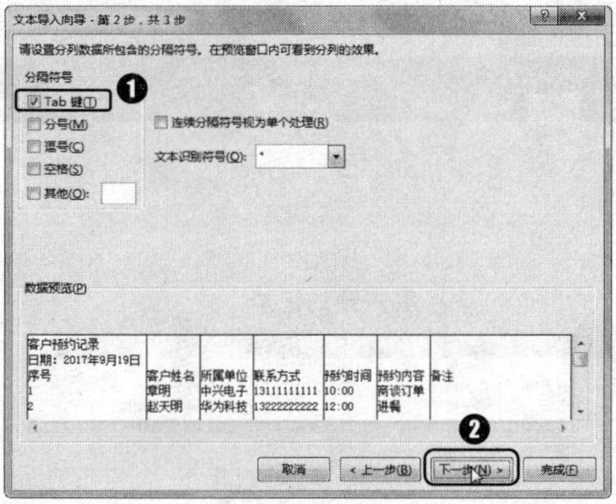

第 5 步 ❶弹出【文本导入向导 - 第 3 步，共 3 步】对话框，在【列数据格式】选项区域中选中【常规】单选按钮；❷单击【完成】按钮，如下图所示。

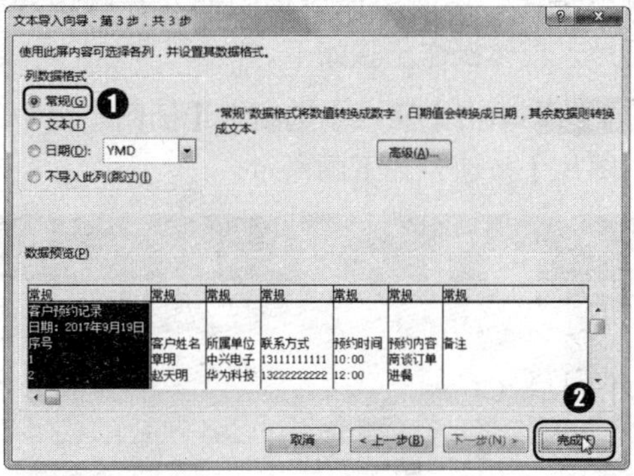

第 6 步 ❶弹出【导入数据】对话框，本例选中【现有工作表】单选按钮，在下方的文本框中设置导入数据的放置位置；❷单击【确定】按钮，如下图所示。

第 7 步 返回工作表，可以看到系统将文本文件中的数据以空格分隔导入了工作表中，如下图所示。

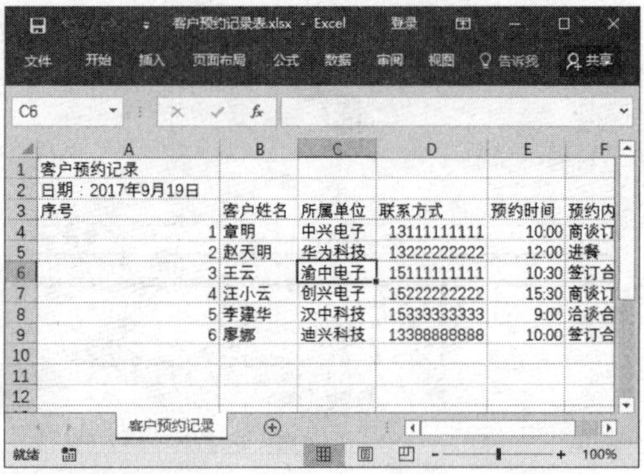

第 8 步 ❶选择 A1：G1 单元格区域；❷在【开始】选项卡的【字体】组中设置字体格式；❸在【对齐方式】组中单击【合并后居中】按钮，如下图所示。

第 9 步 ❶选择 A2：G2 单元格区域；❷单击【开始】选项卡【对齐方式】组中的【合并后居中】下拉按钮；❸在弹出的下拉列表中选择【合并单元格】命令，如下图所示。

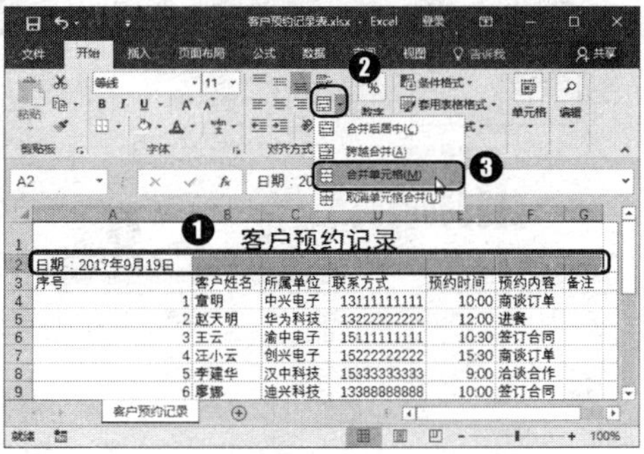

第 10 步 ❶选中合并后的 A2 单元格；❷单击【开始】选项卡【对齐方式】组中的【右对齐】按钮，如下图所示。

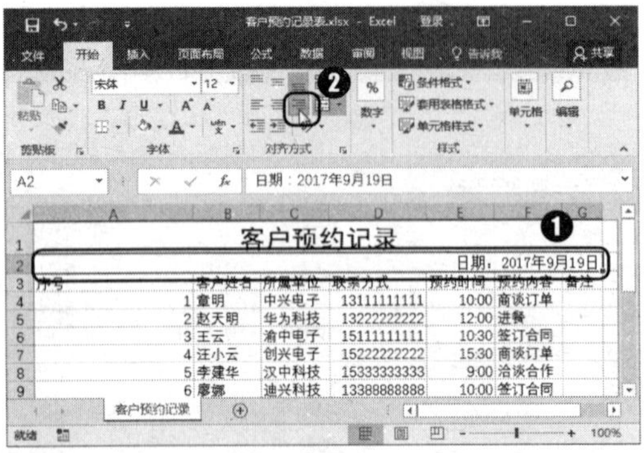

第 11 步 将鼠标指针移动到 A 列和 B 列的分隔线上，当鼠标指针变为+形状时，按下鼠标左键不放拖动调整列宽，并使用相同的方法调整其他列的列宽，如下图所示。

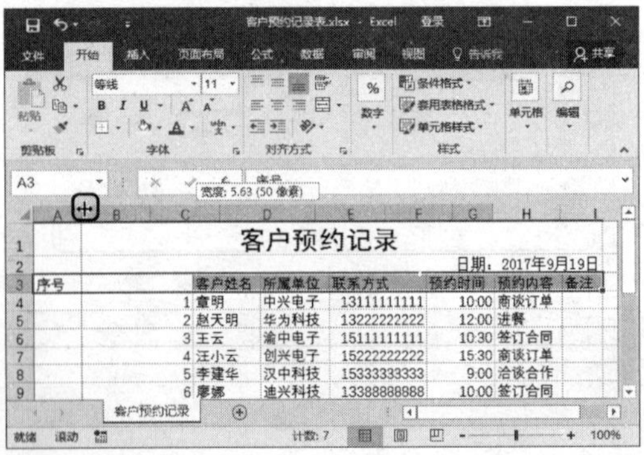

第 12 步 ❶选择 A3：G3 单元格区域；❷在【开始】选项卡的【字体】组中设置字体格式，如下图所示。

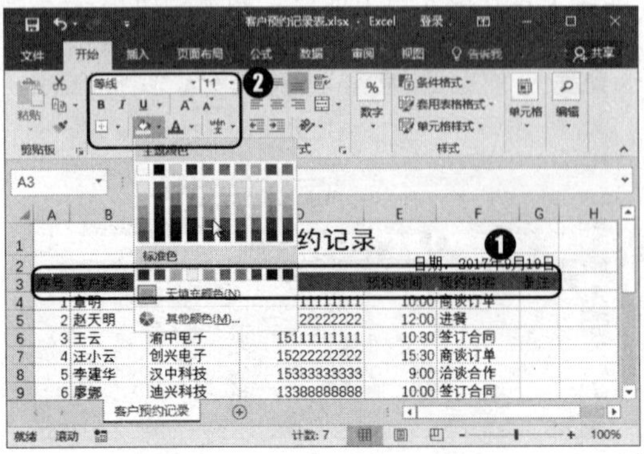

第 13 步 保持单元格区域的选中状态，单击【开始】选项卡【对齐方式】组中的【居中】按钮，如下图所示。

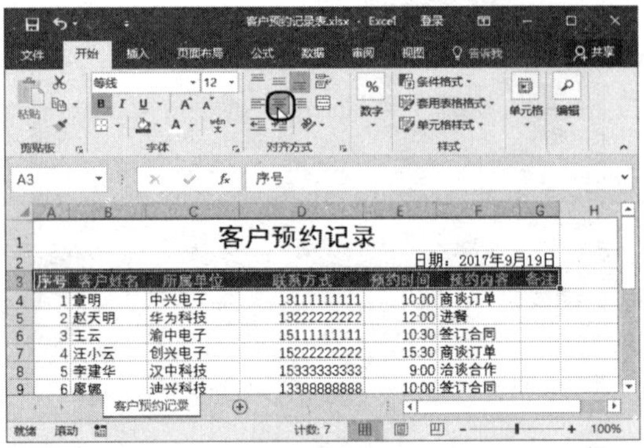

8.3.2 插入与编辑图片

在Excel中可以使用对象来对表格和图表进行美化。本例将在表格中插入并编辑外部图片，具体操作步骤如下。

第 1 步 单击【插入】选项卡【插图】组中的【图片】按钮，如下图所示。

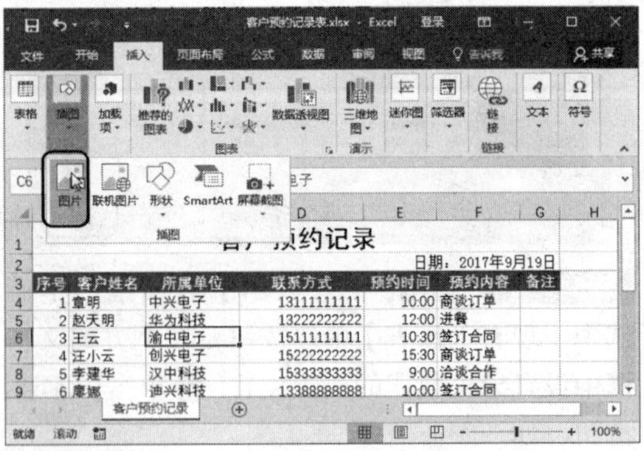

第 2 步 ❶弹出【插入图片】对话框，选择“光盘\素材文件\第 8 章\客户预约记录表\笔记本 .jpg”素材图片；❷单击【插入】按钮，如下图所示。

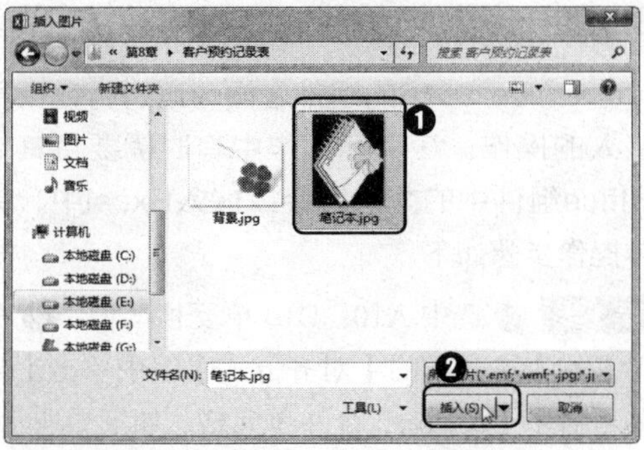

第 3 步 ❶ 返回工作表，可以看到其中插入了所选图片，选中插入的图片；❷ 切换到【图片工具 / 格式】选项卡，在【调整】组中单击【删除背景】按钮，如下图所示。

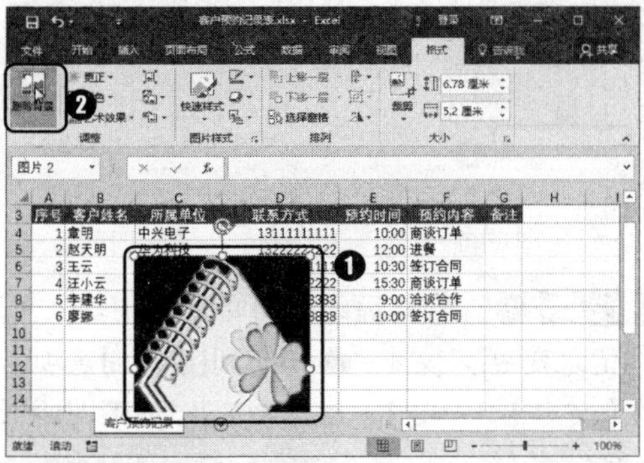

第 4 步 此时将自动切换到【背景消除】选项卡，进入图片背景删除状态，要被删除的区域在图片中呈亮紫色显示。将鼠标指针指向删除范围调整框，当鼠标指针呈双向箭头⇔形状时，按住鼠标左键拖动，到适当位置释放鼠标左键，可以调整删除范围，如下图所示。

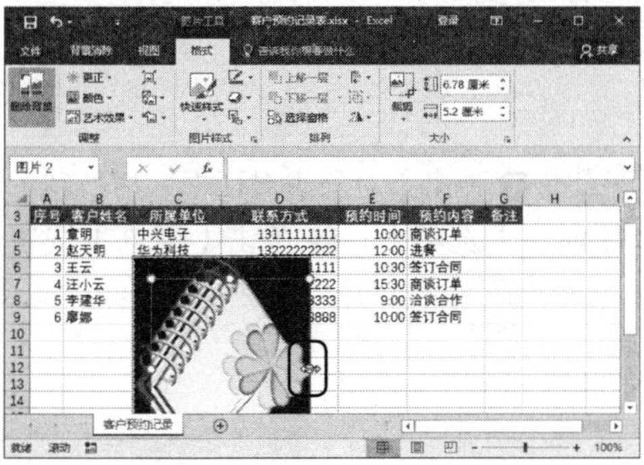

第 5 步 ❶ 在【背景消除】选项卡的【优化】组中单击【标记要保留的区域】按钮；❷ 当鼠标指针呈✎形状时，可以在图片区域中单击，标记要保留的区域；❸ 设置完成后，在【关闭】组中单击【保留更改】按钮即可退出图片背景删除状态，如下图所示。

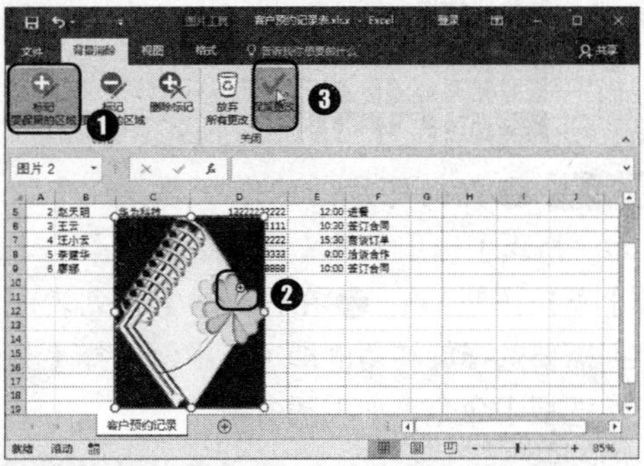

第 6 步 返回工作表，可以看到删除图片背景后的效果。选中插入的图片，将鼠标指针指向控制框上的 8 个白色控制点，当鼠标指针呈双向箭头形状⇔时，按住鼠标左键拖动，到适当位置释放鼠标左键，可以调整图片大小。将鼠标指针指向图片，当鼠标指针呈✥形状时，按住鼠标左键拖动，到适当位置释放鼠标，可以移动图片位置，如下图所示。

第 7 步 ❶ 选中插入的图片，在【图片工具 / 格式】选项卡的【调整】组中单击【更正】下拉按钮；❷ 在打开的下拉列表的【亮度 / 对比度】选项区域中根据需要进行选择，使图片色彩更清晰，如下图所示。

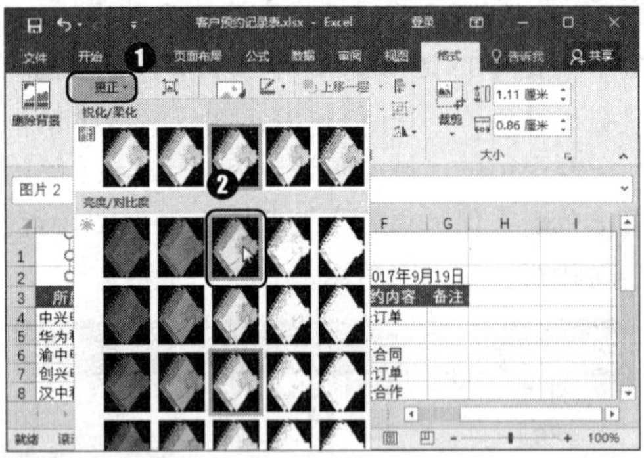

第 8 步 ❶保持图片的选中状态，在【图片工具 / 格式】选项卡的【排列】组中单击【旋转】下拉按钮 ；❷在打开的下拉列表中，根据需要选择旋转角度即可，本例选择【其他旋转选项】命令，如下图所示。

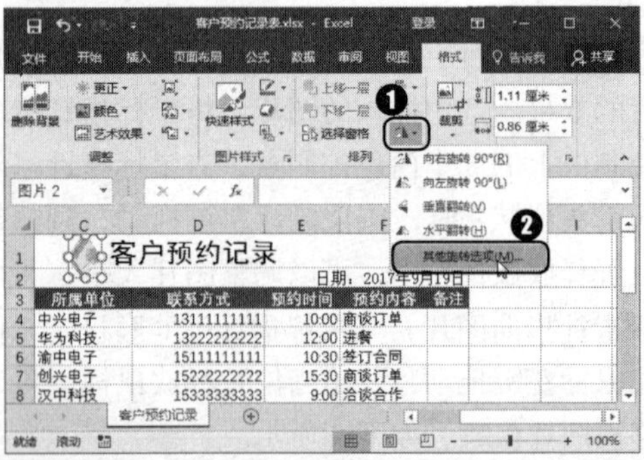

第 9 步 ❶打开【设置图片格式】窗格，在【大小属性】选项卡【大小】栏的【旋转】微调框中自定义旋转角度；❷设置完成后，单击【关闭】按钮 ✕ 关闭窗格，如下图所示。

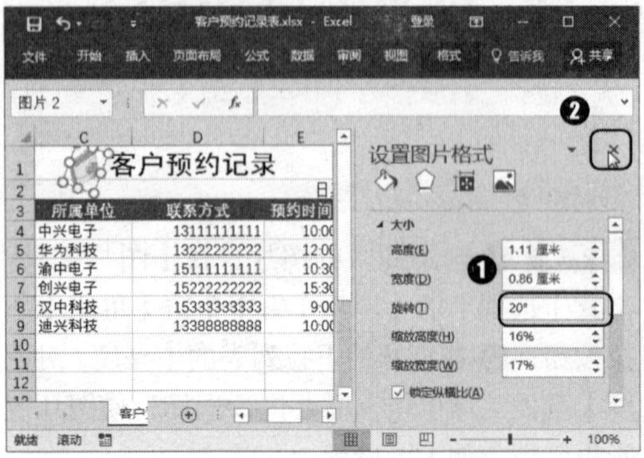

8.3.3 嵌入与编辑Office组件对象

Office 2016的组件之间可以进行链接和嵌入的操作。在实际工作中有时需要将其他Office组件中的文件链接或嵌入Excel中，具体操作步骤如下。

第 1 步 ❶选中 A10：B10 单元格区域；❷在【开始】选项卡的【对齐方式】组中单击【合并后居中】按钮，合并单元格，如下图所示。

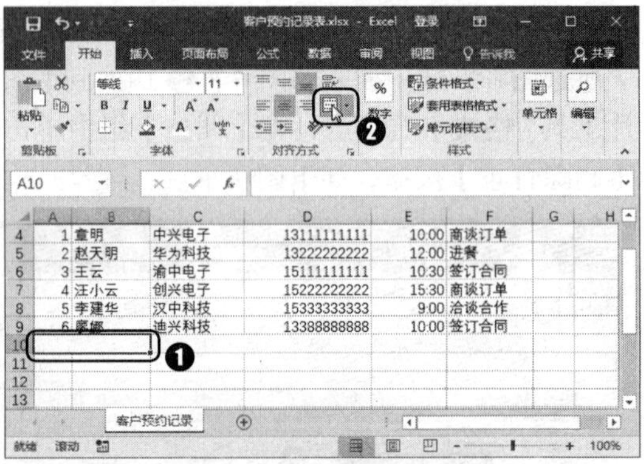

第 2 步 ❶在合并后的 A10 单元格中输入“预约记录变更：”文本；❷切换到【插入】选项卡，在【文本】组中单击【对象】按钮，如下图所示。

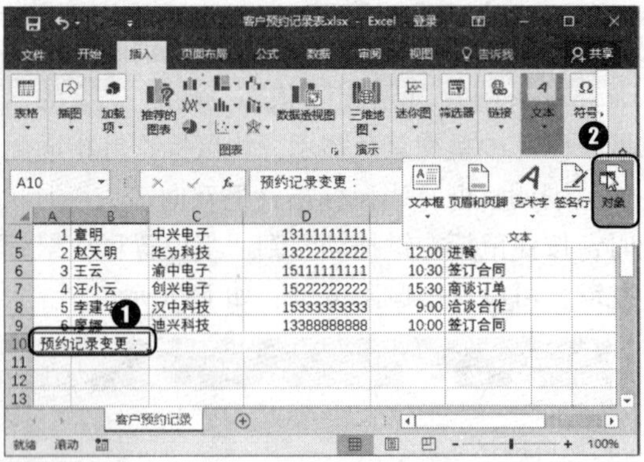

第 3 步 ❶弹出【对象】对话框，切换到【由文件创建】选项卡；❷单击【浏览】按钮，如下图所示。

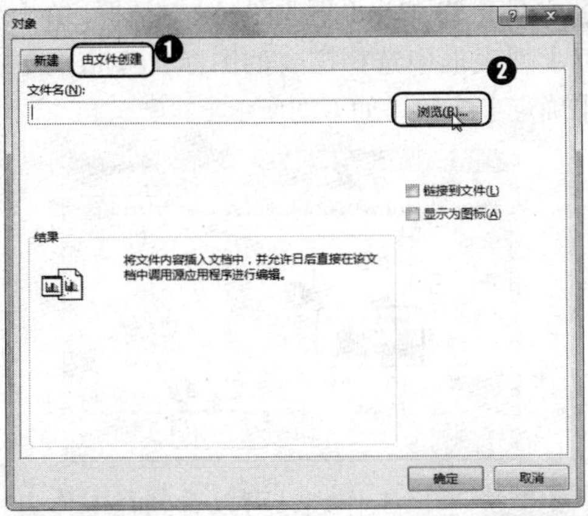

第4步 ❶弹出【浏览】对话框，选择“光盘\素材文件\第8章\客户预约记录表\客户预约记录变更.docx”文件；❷单击【插入】按钮，如下图所示。

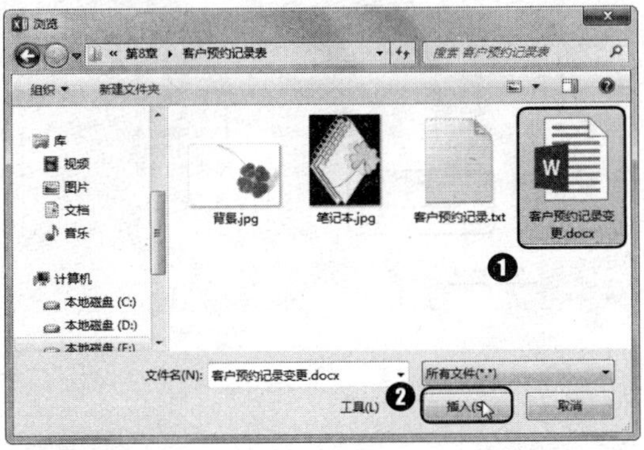

第5步 ❶返回【对象】对话框，选中【链接到文件】复选框；❷单击【确定】按钮，如下图所示。

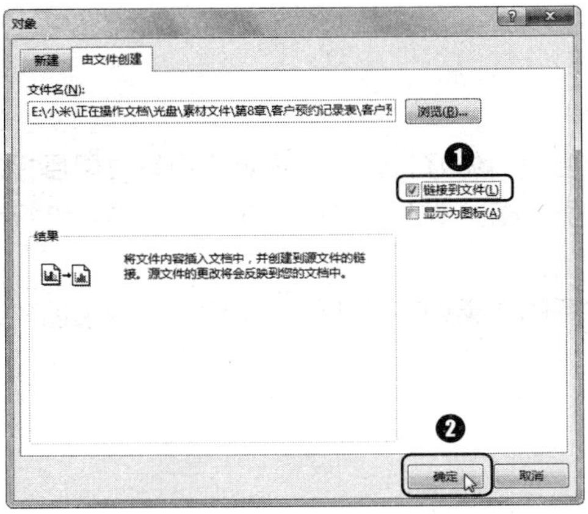

第6步 ❶返回工作表，可以看到系统在当前工作表中插入了所选 Word 文件对象，并且显示其中内容。右击工作表中的 Word 文件对象；❷在弹出的快捷菜单中选择【文档对象】命令；❸在弹出的级联菜单中选择【编辑】命令，如下图所示。

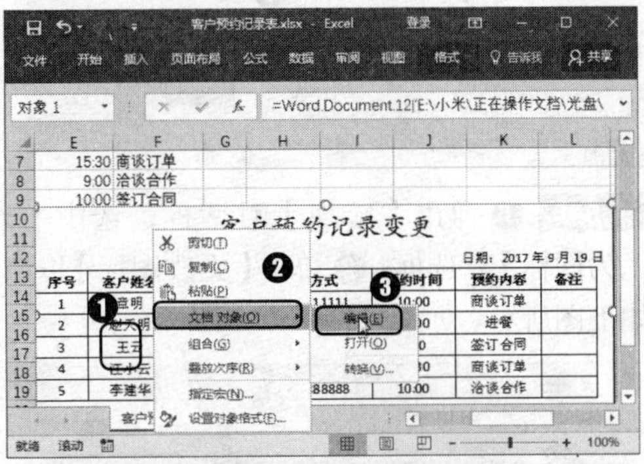

温馨提示

通过鼠标拖动，可以调整图标的大小和位置；双击该图标，即可启动Word 2016打开该文档。

第7步 此时将启动 Word 2016，并打开该文档，在其中可以对文档进行编辑操作，编辑完成后保存并关闭 Word 文件，工作表中将同步更新，如下图所示。

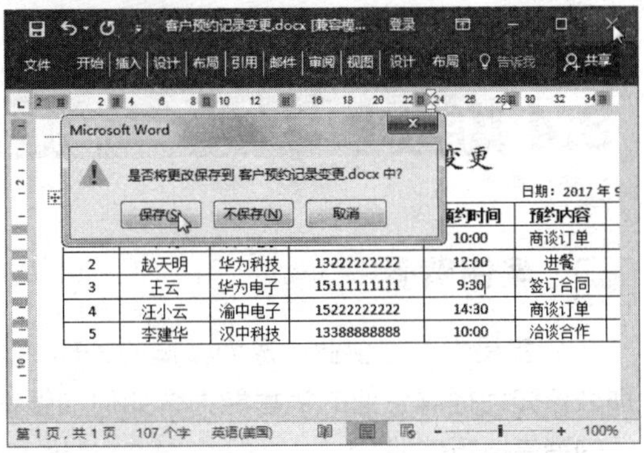

第8步 ❶右击工作表中的 Word 文件对象，在弹出的快捷菜单中选择【文档对象】命令；❷在弹出的级联菜单中选择【转换】命令，如下图所示。

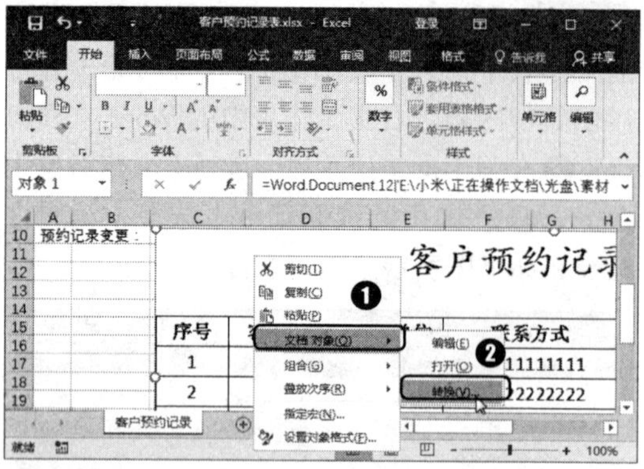

第 9 步 ❶弹出【转换】对话框，选中【显示为图标】复选框；❷单击【更改图标】按钮，如下图所示。

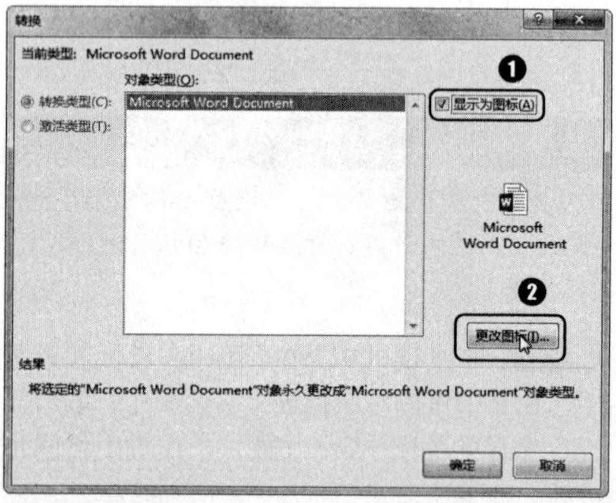

第 10 步 ❶弹出【更改图标】对话框，在【图标】列表框中选择需要的图标；❷依次单击【确定】按钮，如下图所示。

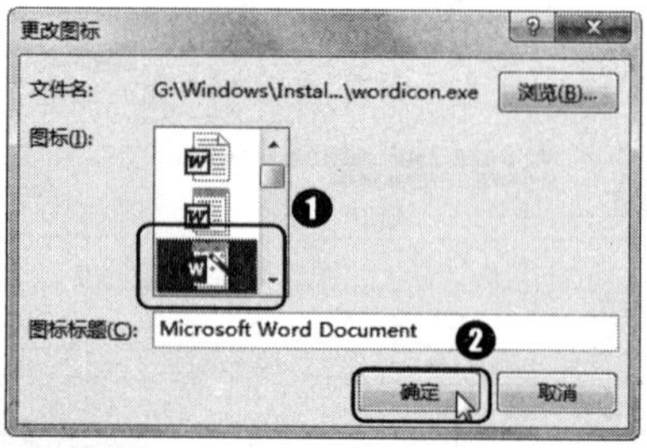

第 11 步 返回工作表，可以看到在工作表中插入的 Word 对象显示为了图标，如下图所示。

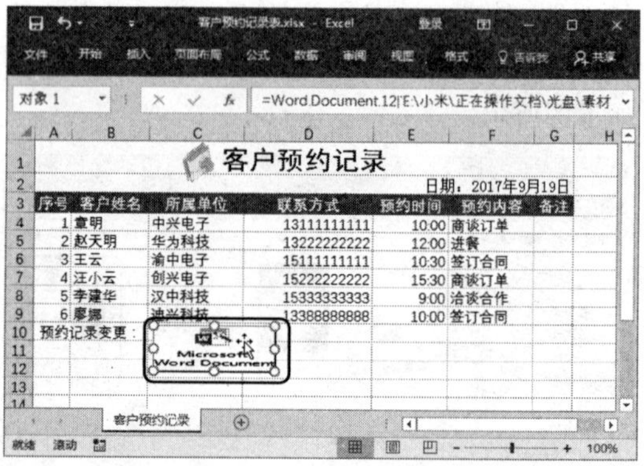

8.4 使用PPT制作“销售沟通技巧”演示文稿

案例背景

销售是生产型企业中最为关键的一环，如果销售没有做好，企业将很难实现其发展目标。那么该如何提高企业的销售能力、如何加强销售人员的相关专业技能呢？此时，就需要进行专门的销售技巧培训。

本例将制作销售沟通技巧演示文稿，制作完成后的效果如下图所示。实例最终效果见“光盘\结果文件\第8章\销售沟通技巧.pptx”文件。

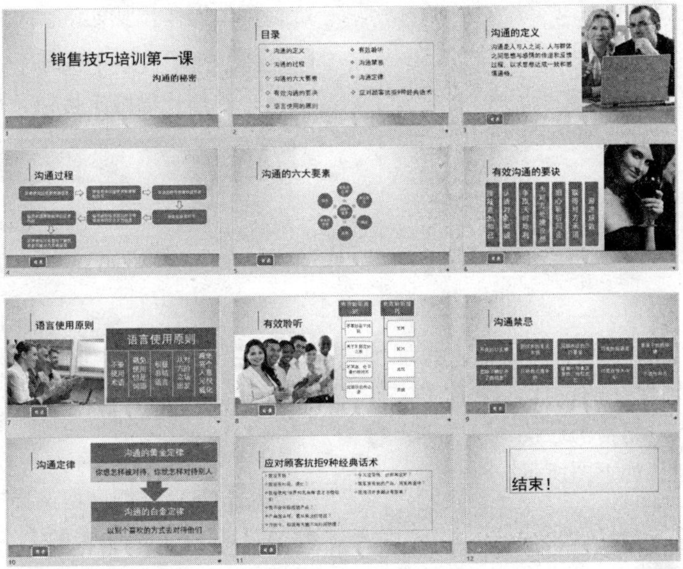

 光盘文件	素材文件	光盘\素材文件\第8章\产品销售技巧\
	结果文件	光盘\结果文件\第8章\销售沟通技巧.pptx
	教学视频	光盘\视频文件\第8章\8.4使用PPT制作销售沟通技巧.mp4

8.4.1 根据模板新建演示文稿

在制作本案例时，需要先基于模板新建一个演示文稿，若在模板样式中找不到合适的内置模板，还可以通过搜索操作，下载新的模板，具体操作步骤如下。

第 1 步 启动 PowerPoint 2016，在打开的界面右侧选择需要的模板，如选择【库】选项，如下图所示。

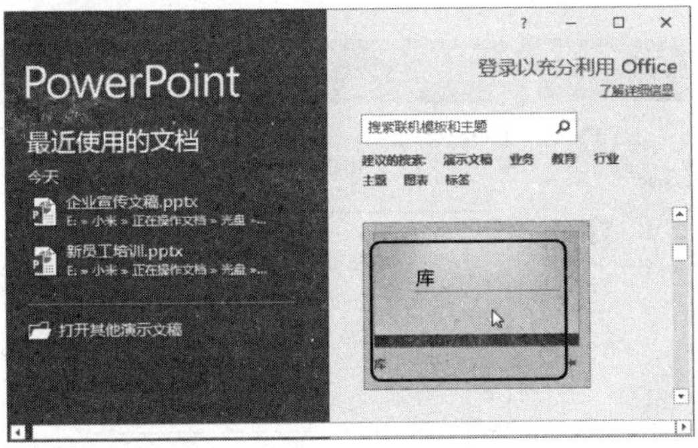

第 2 步 在打开的对话框中会显示该模板的预览图，如果确认使用该模板，可单击【创建】按钮，如下图所示。

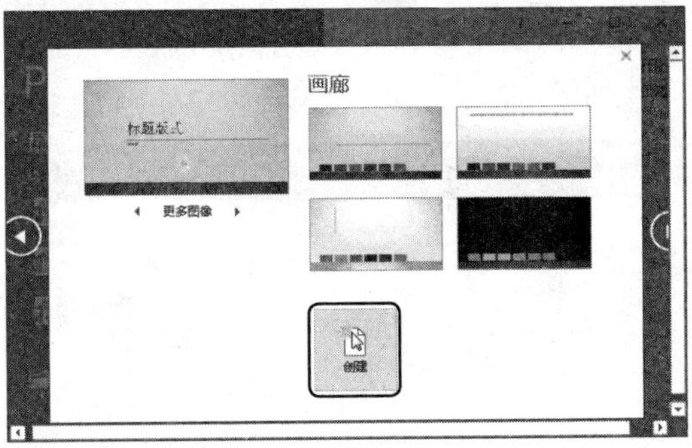

第 3 步 ❶ 此时 PowerPoint 窗格中将创建一个基于【库】模板的演示文稿，单击【保存】按钮，在打开的界面左侧选择【另存为】选项；❷ 在中间窗格选择【浏览】选项，如下图所示。

第 4 步 ❶打开【另存为】对话框，在地址栏中设置演示文稿保存的位置；❷在【文件名】文本框中输入“销售沟通技巧”文本；❸单击【保存】按钮，如下图所示。

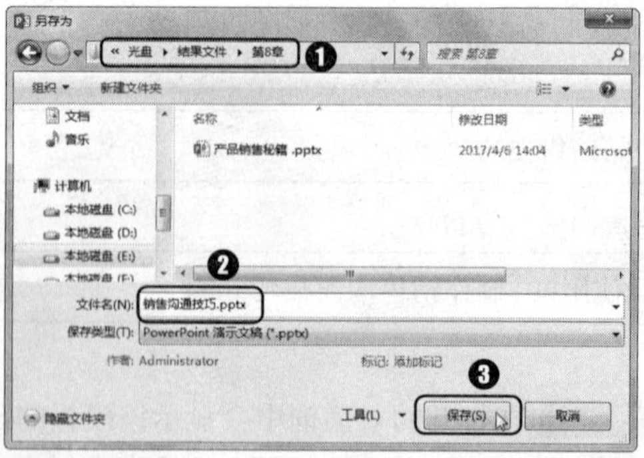

第 5 步 ❶返回幻灯片编辑区，单击【设计】选项卡【变体】组中的【变体】下拉按钮；❷在弹出的下拉列表中选择第 3 种选项，如下图所示。

8.4.2 设置幻灯片母版

在制作幻灯片时，一般需要统一标题样式、背景样式等，此时可以设置幻灯片母版，具体操作步骤如下。

第 1 步 在【视图】选项卡【母版视图】组中单击【幻灯片母版】按钮，如下图所示。

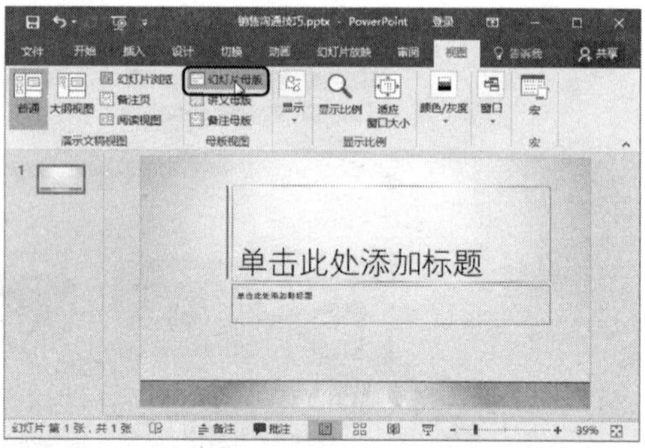

第 2 步 ❶在左侧窗格选择标题幻灯片版式；❷在【开始】选项卡的【字体】组中分别设置标题幻灯片版式中的标题和副标题的字体格式，如下图所示。

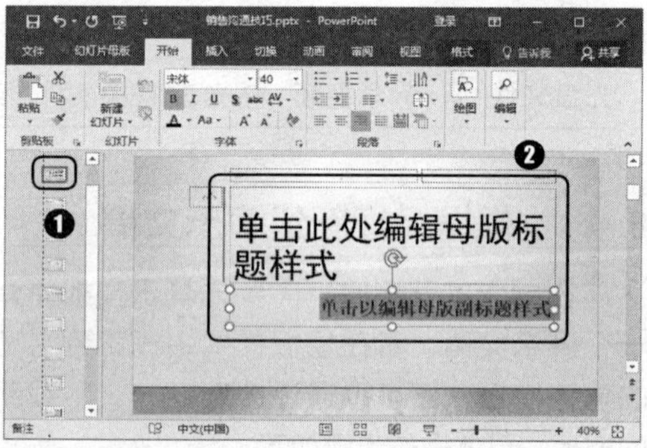

第 3 步 ❶选择标题和内容版式；❷在【开始】选项卡的【字体】组中设置字体格式；❸单击【剪贴板】组中的【格式刷】按钮，如下图所示。

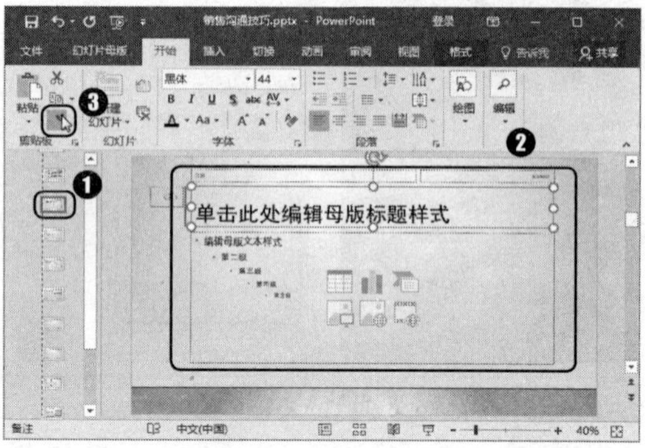

第 4 步 ❶选择仅标题版式；❷使用格式刷将格式应用于标题文本，如下图所示。

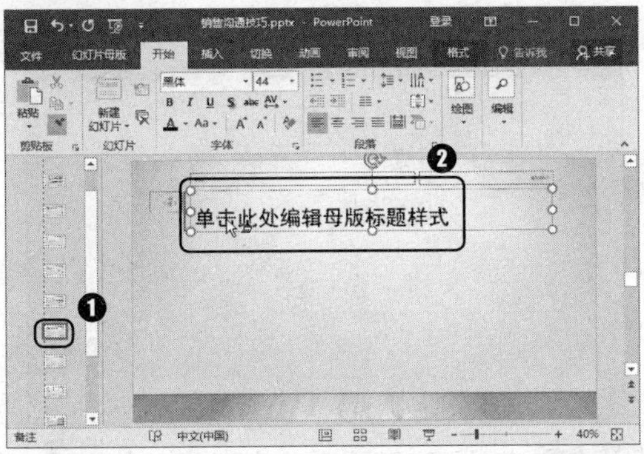

第 5 步 单击【幻灯片母版】选项卡【关闭】组中的【关闭母版视图】按钮，退出母版视图即可，如下图所示。

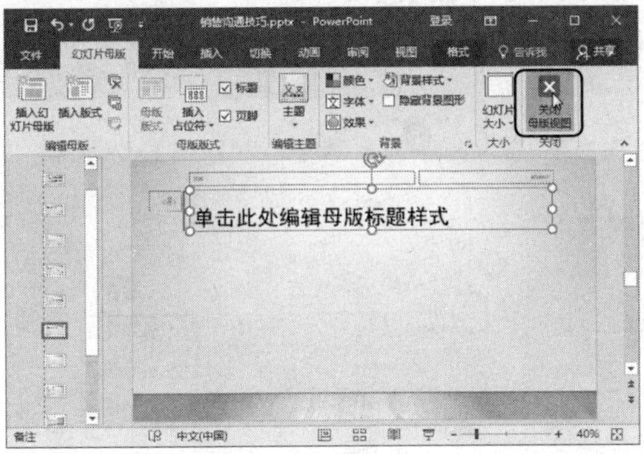

8.4.3 制作幻灯片正文

幻灯片的正文内容由多种元素构成，力求美观、简洁。

1. 插入符号和项目符号

使用符号和项目符号可以让条目更加清晰，具体操作步骤如下。

第 1 步 第一张幻灯片默认为标题幻灯片，直接输入标题和副标题，如下图所示。

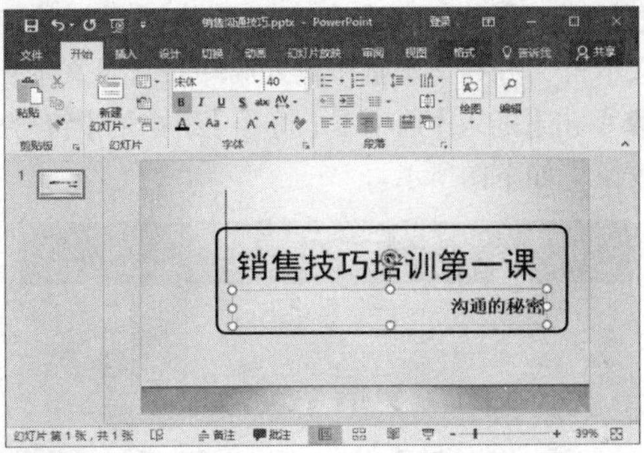

第 2 步 ❶单击【开始】选项卡【幻灯片】组中的【新建幻灯片】下拉按钮；❷在弹出的下拉列表中选择【仅标题】选项，如下图所示。

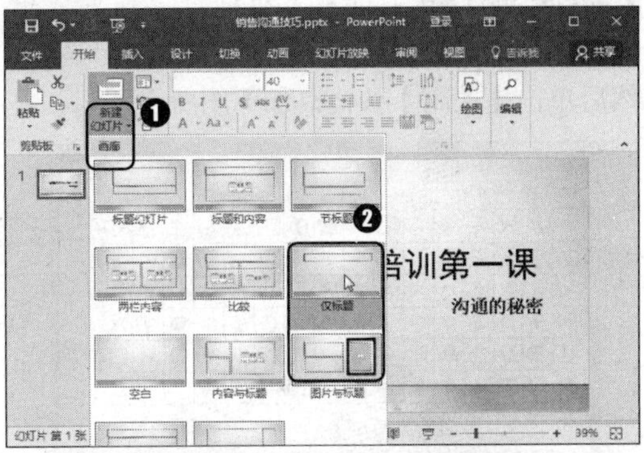

温馨提示

选择第一张幻灯片，然后按【Enter】键，会默认创建一张标题和内容幻灯片。

第 3 步 ❶输入"目录"文本；❷选择【开始】选项卡【绘图】组中的【文本框】工具，如下图所示。

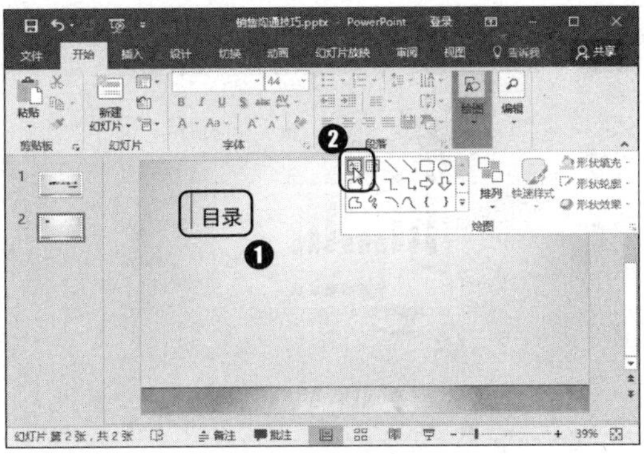

第 4 步 ❶在“目录”文本下拖动鼠标绘制文本框，并在文本框中输入第一条目录文本；❷单击【插入】选项卡【符号】组中的【符号】按钮，如下图所示。

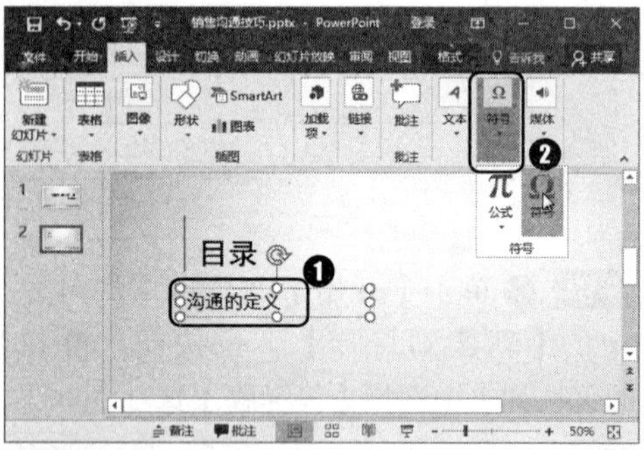

第 5 步 ❶打开【符号】对话框，在列表框中选择合适的符号样式；❷单击【插入】按钮，然后单击【关闭】按钮，如下图所示。

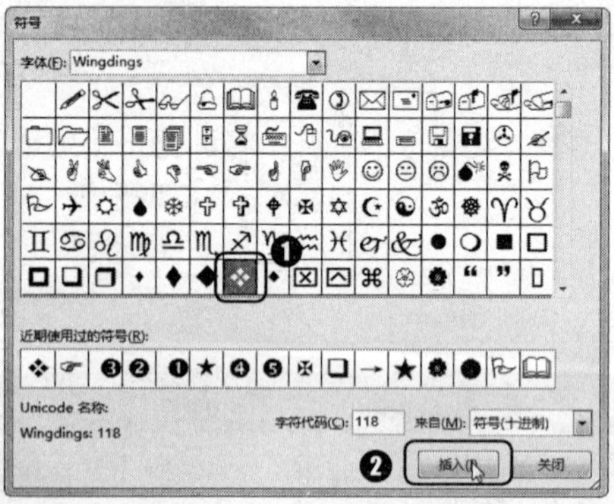

第 6 步 ❶选择插入的符号，单击【开始】选项卡【字体】组中的【字体颜色】下拉按钮A·；❷在弹出的下拉列表中选择【绿色，个性色 1】选项，如下图所示。

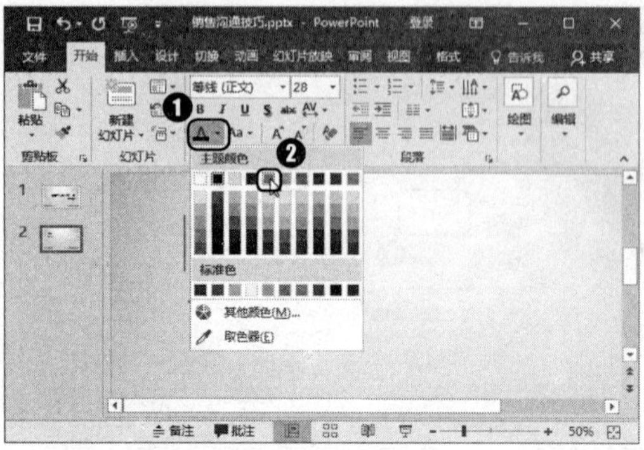

第 7 步 将光标定位到符号的右侧，输入两个空格，如下图所示。

第 8 步 ❶使用相同的方法创建其他目录；❷单击【插入】选项卡【插图】组中的【形状】下拉按钮；❸在弹出的下拉列表中选择【矩形】工具□，如下图所示。

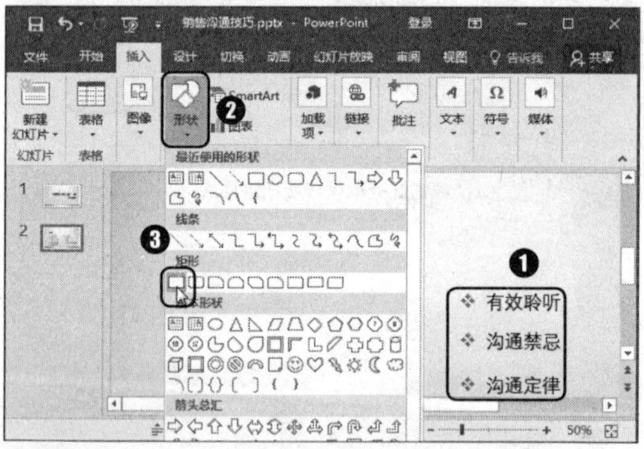

第 9 步 ❶绘制一个矩形将目录文本包围；❷单击【形状工具 / 格式】选项卡【形状样式】组中的【形状填充】下拉按钮；❸在弹出的下拉列表中选择【无填充颜色】选项，如下图所示。

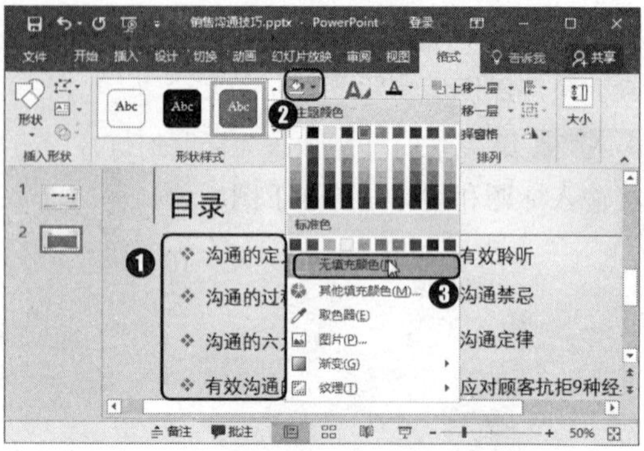

温馨提示

因为选择模板，绘制的矩形默认为【绿色，个性色1】，所以此处不用再次设置边框颜色。

第 10 步 ❶单击【开始】选项卡【幻灯片】组中的【新建幻灯片】下拉按钮；❷在弹出的下拉列表中选择【标题和内容】选项，如下图所示。

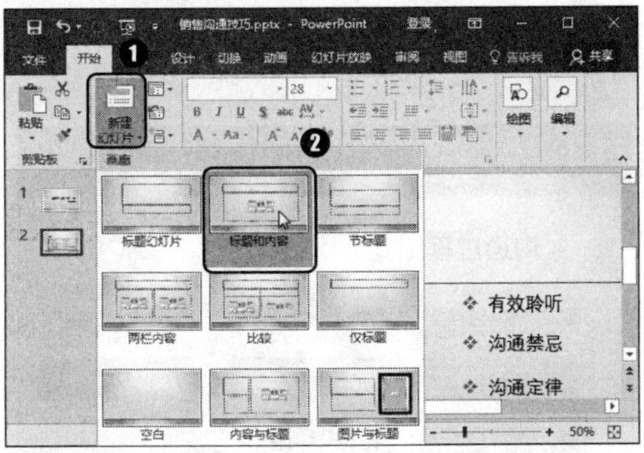

第 11 步 ❶输入标题文本，在内容占位符中输入正文文本，然后拖动占位符调整其大小；❷正文默认添加了项目符号，单击【开始】选项卡【段落】组中的【项目符号】按钮☷·，取消项目符号，如下图所示。

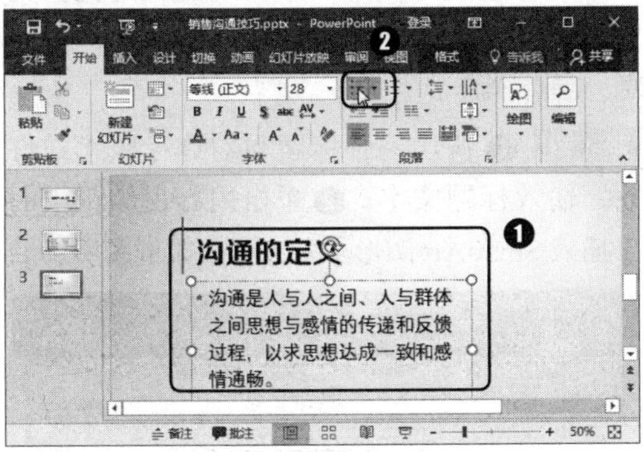

2. 插入形状

使用形状可以制作条理清晰的流程，具体操作步骤如下。

第 1 步 ❶新建一张仅标题幻灯片，并输入标题文本，然后单击【插入】选项卡【插图】组中的【形状】下拉按钮；❷在弹出的下拉列表中选择【圆角矩形】工具▢，如下图所示。

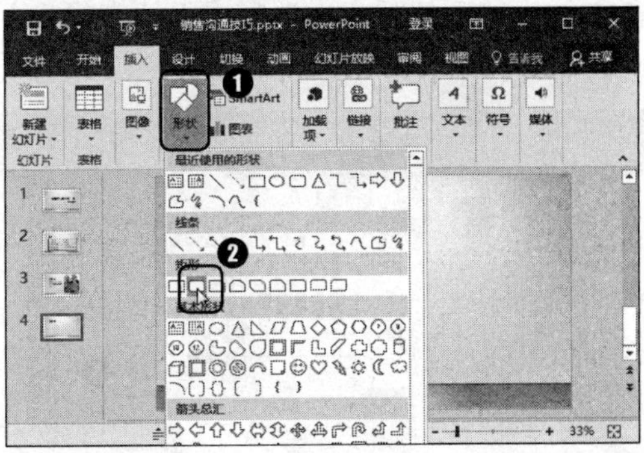

第 2 步 ❶在标题下方绘制一个圆角矩形；❷单击【绘图工具/格式】选项卡【插入形状】组中的【文本框】按钮▤，如下图所示。

第 3 步 ❶在圆角矩形中绘制文本框，然后在文本框中输入文本；❷选择【开始】选项卡【绘图】组中的【右箭头】工具⇨，如下图所示。

第 4 步 ❶ 在圆角矩形的右侧绘制一个箭头形状；❷ 单击【绘图工具 / 格式】选项卡【形状样式】组中的【形状填充】下拉按钮；❸ 在弹出的下拉列表中选择【无填充颜色】选项，如下图所示。

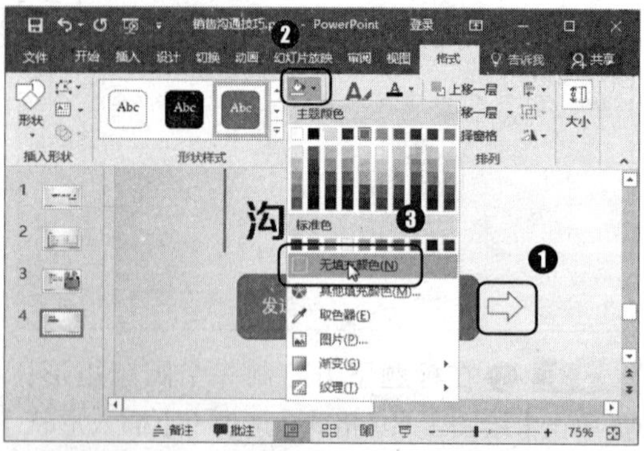

第 5 步 ❶ 复制三个圆角矩形和两个右箭头，并按下图所示排列，选择连接第一排和第二排的箭头形状；❷ 单击【绘图工具 / 格式】选项卡【排列】组中的【旋转】下拉按钮；❸ 在弹出的下拉列表中选择【向右旋转 90°】命令，如下图所示。

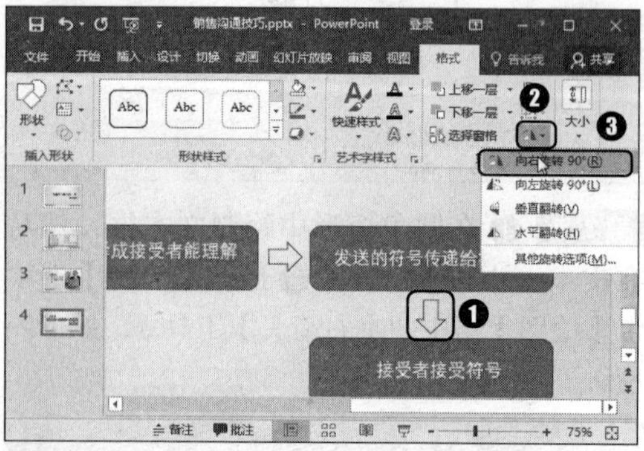

第 6 步 ❶ 在左侧复制一个圆角矩形和箭头，并更改文本框中的文本；❷ 选择箭头形状，单击并拖动旋转按钮，将其拖动至箭头向左，如下图所示。

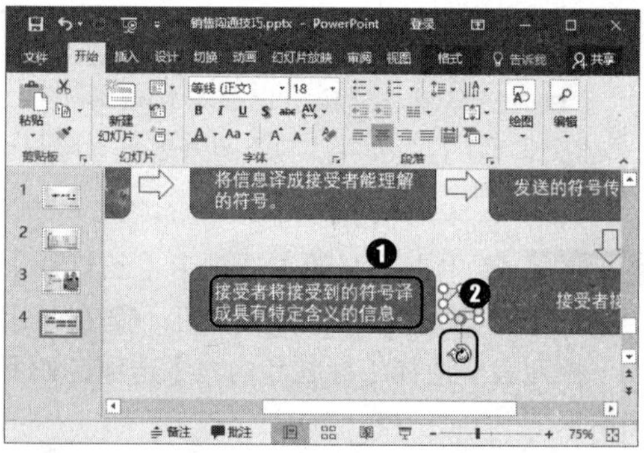

第 7 步 使用相同的方法制作其他形状，如下图所示。

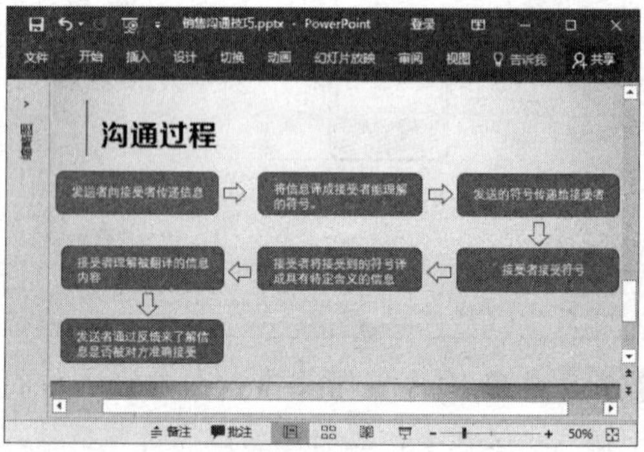

3. 插入SmartArt图形

SmartArt图形是信息和观点的视觉表示形式，通过不同形式和布局的图形代替枯燥的文字，从而快速、轻松、有效地传达信息，具体操作步骤如下。

第 1 步 ❶ 新建一张标题和幻灯片版式幻灯片，输入标题文本；❷ 单击内容占位符中的【插入 SmartArt 图形】按钮，如下图所示。

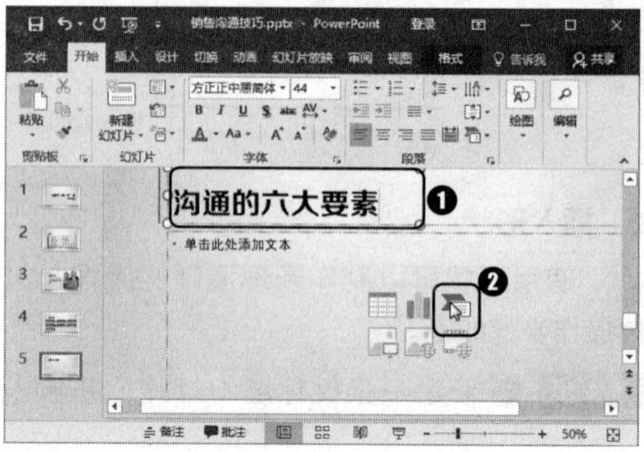

第 2 步 ❶打开【选择 SmartArt 图形】对话框，在列表框中选择图形样式；❷单击【确定】按钮，如下图所示。

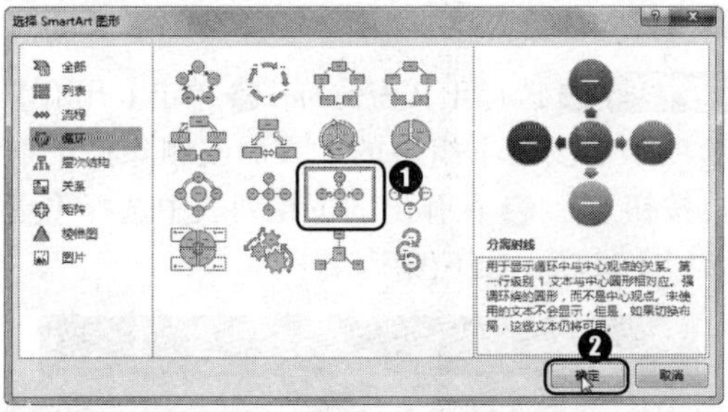

第 3 步 ❶在 SmartArt 图形的文本占位符中输入文本；❷单击【SmartArt 工具 / 设计】选项卡【创建图形】组中的【添加形状】下拉按钮；❸在弹出的下拉列表中选择【在后面添加形状】选项，如下图所示。

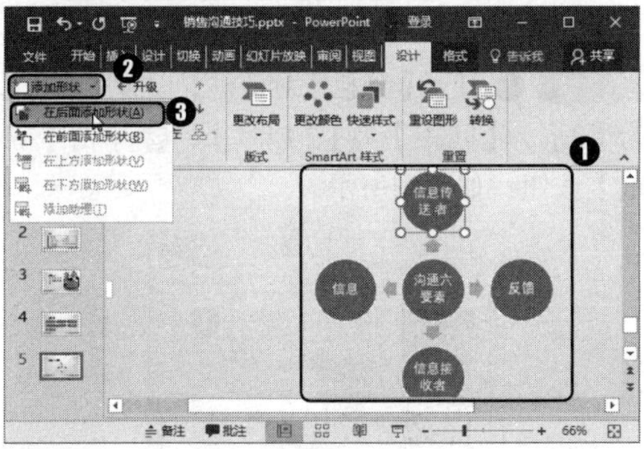

第 4 步 在所选形状的后方插入一个形状，直接输入文本即可，如下图所示。

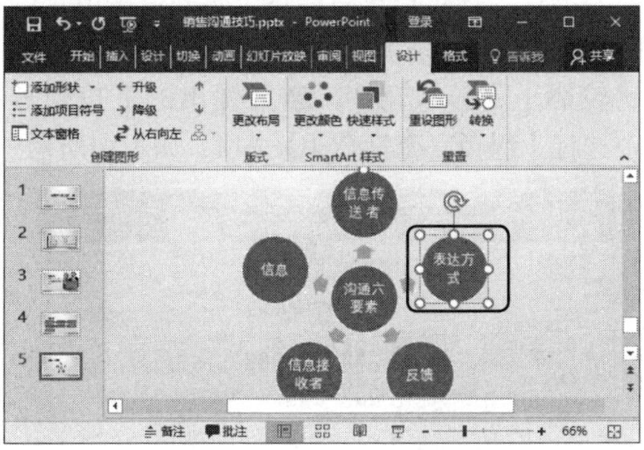

第 5 步 使用相同的方法再次添加一个形状，并输入文本，然后使用相同的方法制作 6~10 张的幻灯片，如下图所示。

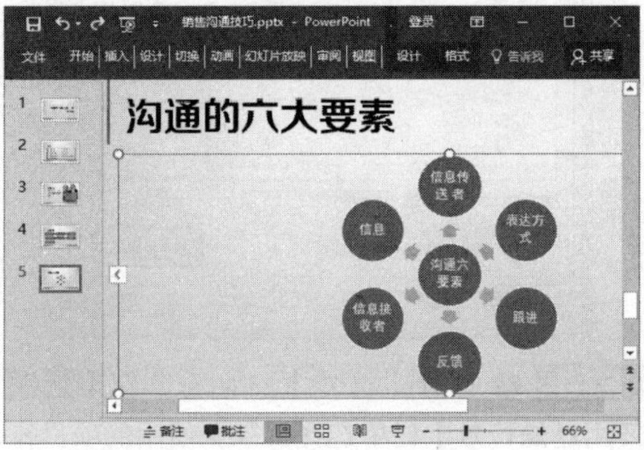

4. 自定义符号

在PowerPoint的【项目符号】下拉列表中显示了多种项目符号样式，如果对默认项目符号不满意，也可以自定义项目符号，具体操作步骤如下。

第 1 步 ❶新建第 11 张标题和内容幻灯片，输入标题和文本内容；❷选中内容文本框，单击【开始】选项卡【段落】组中的【项目符号】下拉按钮☰ ·；❸在弹出的下拉列表中选择【项目符号和编号】选项，如下图所示。

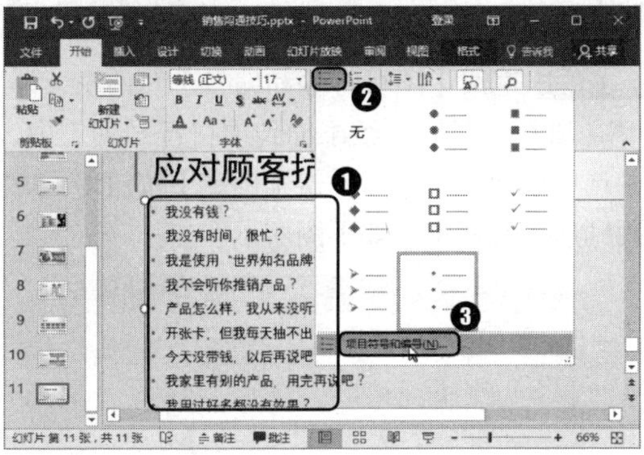

第 2 步 打开【项目符号和编号】对话框，单击【自定义】按钮，如下图所示。

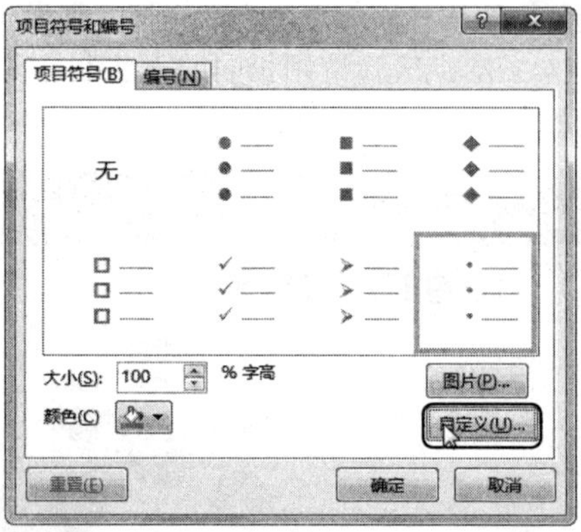

第 3 步 ❶打开【符号】对话框，在【近期使用过的符号】栏中选择目录页使用的项目符号；❷单击【确定】按钮，如下图所示。

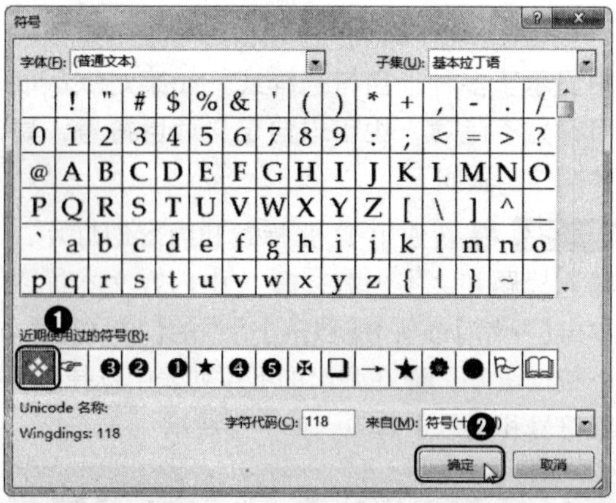

第 4 步 返回【项目符号和编号】对话框，即可看到所选符号已经添加到项目符号列表中，并选中该项目符号，单击【确定】按钮即可应用到所选文档中，如下图所示。

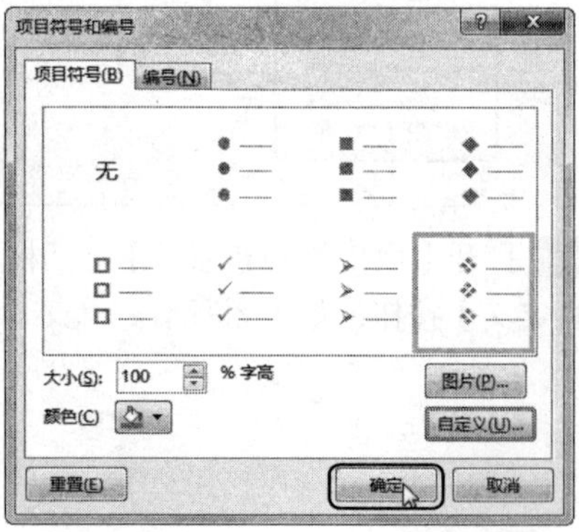

5. 设置分栏效果

如果正文的文字较多，且每一个段落较短时，使用分栏可以得到更好的显示效果，具体操作步骤如下。

第 1 步 ❶选择正文占位符；❷单击【开始】选项卡【段落】组中的【添加或删除栏】下拉按钮；❸在弹出的下拉列表中选择【更多栏】选项，如下图所示。

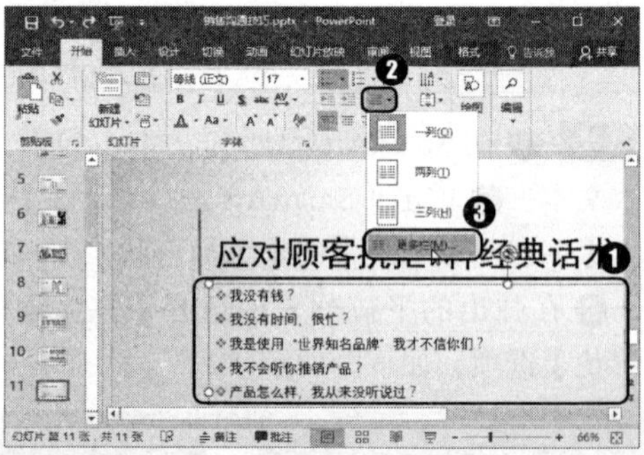

第 2 步 ❶打开【分栏】对话框，设置【数量】为【2】，【间距】为【2 厘米】；❷单击【确定】按钮，如下图所示。

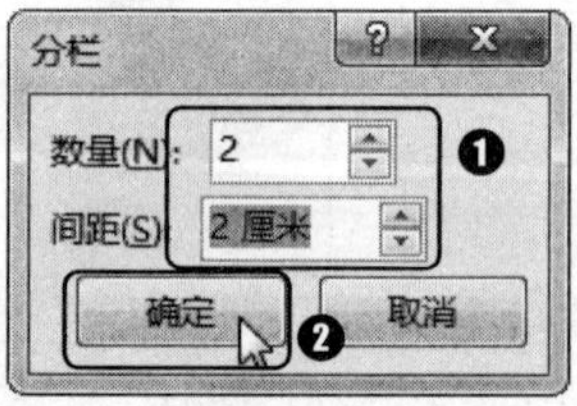

第 3 步 ❶返回幻灯片，即可看到正文已经分为两栏，保持占位符的选中状态，单击【绘图工具 / 格式】选项卡【形状样式】组中的【形状轮廓】下拉按钮；❷在弹出的下拉列表中选择【绿色，个性色 1】选项，如下图所示。

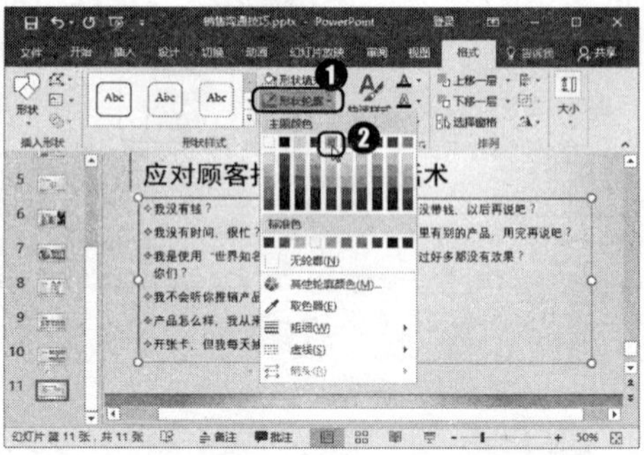

第 4 步 ❶添加一张标题幻灯片；❷在标题占位符中输入“结束！”文本，删除副标题占位符，然后将占位符边框设置为【绿色，个性色 1】，如下图所示。

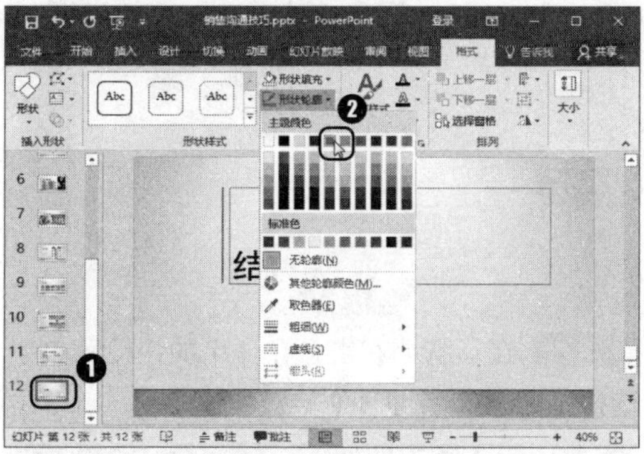

8.4.4 插入并编辑图片

在幻灯片中插入图片不仅可以补充文字内容的未尽之处，还能美化幻灯片，具体操作步骤如下。

第 1 步 ❶选择第 3 张幻灯片；❷单击【插入】选项卡【图像】组中的【图片】按钮，如下图所示。

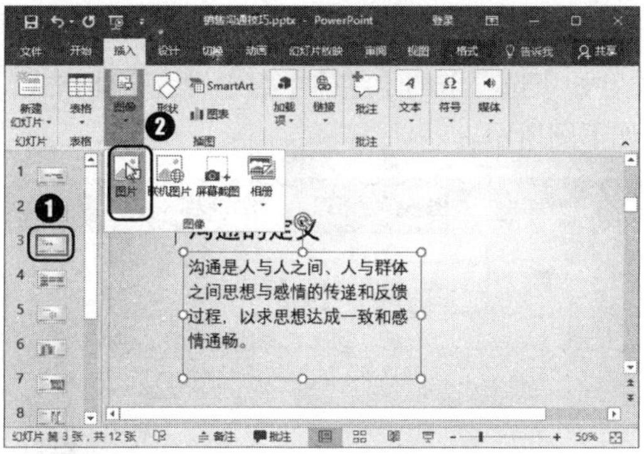

第 2 步 ❶打开【插入图片】对话框，插入“光盘\素材文件\第 8 章\产品销售技巧\图片 1.jpg”图片；❷单击【插入】按钮，如下图所示。

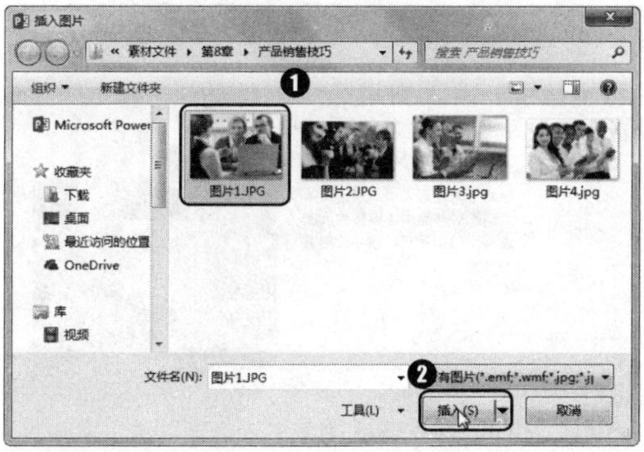

第 3 步 拖动图片四周的控制点，调整图片的大小，如下图所示。

第 4 步 ❶选择图片，单击【图片工具/格式】选项卡【大小】组中的【裁剪】按钮；❷拖动图片四周的裁剪点裁剪图片，如下图所示。

第 5 步 裁剪完成后按【Enter】键完成裁剪，效果如下图所示。

第 6 步 使用相同的方法为其他幻灯片添加图片，如下图所示。

8.4.5 通过动作按钮创建链接

在制作幻灯片时，通常需要在内容与内容之间添加过渡页，以此来引导观众的思路。但是有时过渡页也会出现重复的情况，此时则不需要重复制作过渡页，直接利用动作按钮返回之前标题索引所在幻灯片即可。

1. 将幻灯片链接到目录

将正文幻灯片链接到目录，在放映过程中，可以随时回到目录幻灯片，具体操作步骤如下。

第 1 步 ❶选择第 3 张幻灯片，使用【圆角矩形】工具▢绘制一个圆角矩形；❷单击【绘图工具 / 格式】选项卡【形状样式】组中的【形状效果】下拉按钮；❸在弹出的下拉列表中选择【预设】选项；❹在弹出的级联菜单中选择一种【预设】样式，如下图所示。

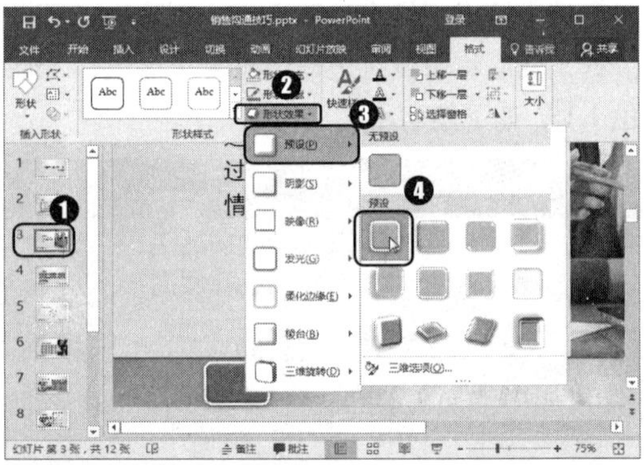

第 2 步 在形状上右击，在弹出的快捷菜单中选择【编辑文字】命令，如下图所示。

第 3 步 ❶在形状中输入“目录”文本；❷在【开始】选项卡的【字体】组中设置字体格式，如下图所示。

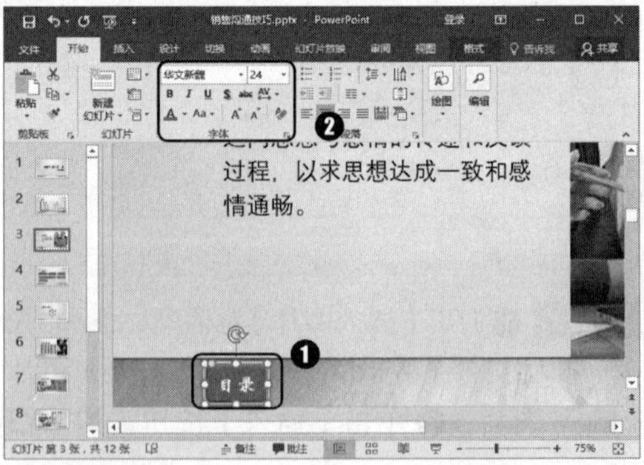

第 4 步 ❶选择形状；❷单击【插入】选项卡【链接】组中的【动作】按钮，如下图所示。

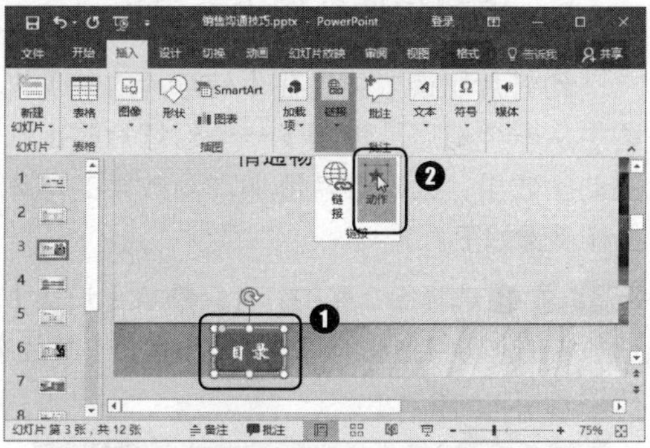

第 5 步 ❶弹出【操作设置】对话框，在【单击鼠标时的动作】选项区域中选中【超链接到】单选按钮；❷在下拉列表框中选择【幻灯片】选项，如下图所示。

第 6 步 ❶打开【超链接到幻灯片】对话框，在【幻灯片标题】列表框中选择【2. 目录】幻灯片；❷单击【确定】按钮，如下图所示。

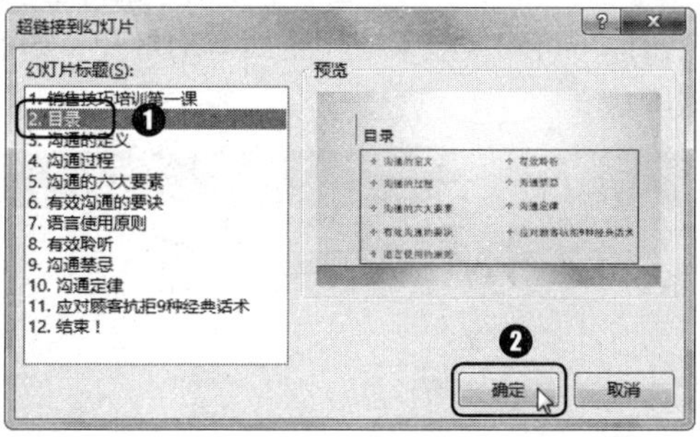

第 7 步 复制【目录】按钮，将其粘贴到4~11 张幻灯片的左下角，效果如下图所示。

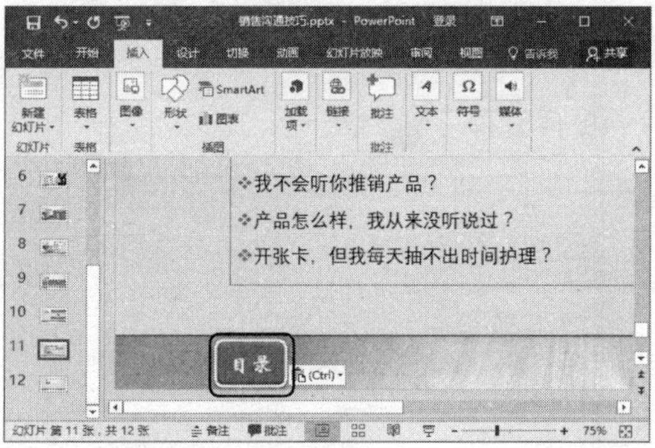

2. 将目录链接到幻灯片

为目录幻灯片创建链接，可以让放映在目录中快速跳转至任意幻灯片，具体操作步骤如下。

第 1 步 ❶选择第一条目录的文本框；❷单击【插入】选项卡【链接】组中的【动作】按钮，如下图所示。

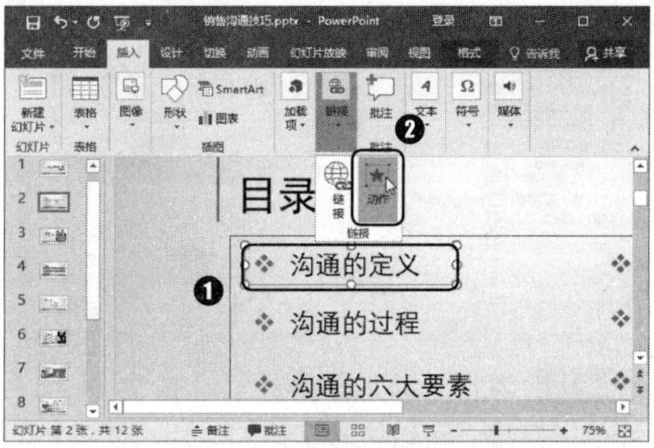

温馨提示

如果目录没有添加文本框，可以选中文本后，再执行添加链接的操作。为文本添加链接后，文本下方将添加一条下画线，并自动更改字体颜色。

第 2 步 ❶弹出【操作设置】对话框，在【单击鼠标时的动作】选项区域中选中【超链接到】单选按钮；❷在下拉列表框中选择【幻灯片】选项，如下图所示。

第 3 步 ❶打开【超链接到幻灯片】对话框，在【幻灯片标题】列表框中选择【3. 沟通的定义】幻灯片；❷单击【确定】按钮，如下图所示。

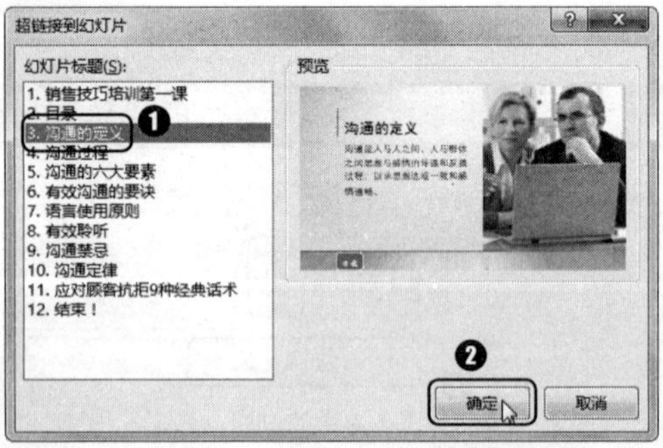

第 4 步 为目录添加了链接后，按住【Ctrl】键单击目录，可以跳转至该幻灯片。使用相同的方法为其他幻灯片添加链接即可，如下图所示。

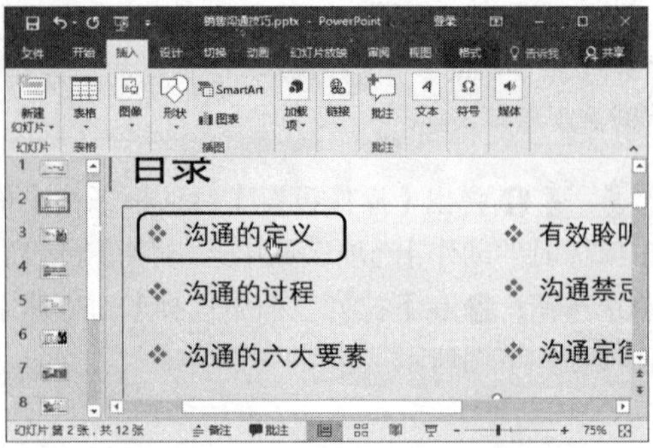

8.4.6 设置幻灯片切换效果

幻灯片切换效果是在【幻灯片放映】视图中从一个幻灯片移到下一个幻灯片时出现的动画效果，为幻灯片添加动画效果的具体操作步骤如下。

第 1 步 ❶选择第 2 张幻灯片；❷在【切换】选项卡的【切换到此幻灯片】组中单击【其他】按钮 ⁼，如下图所示。

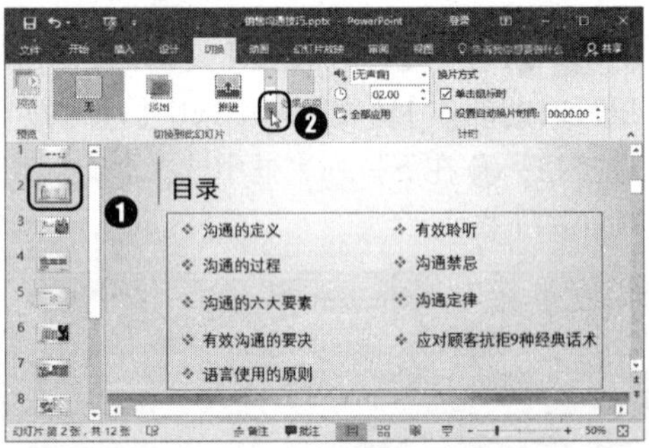

第 2 步 在弹出的下拉列表中选择一种切换样式，如选择【揭开】选项，如下图所示。

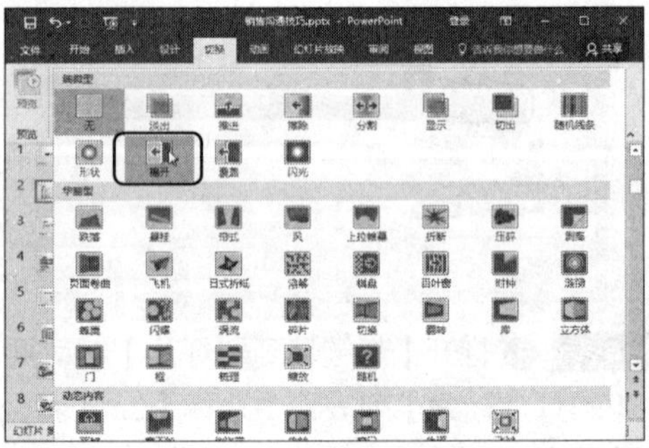

第 3 步 单击【切换】选项卡中的【全部应用】按钮即可将切换效果应用至所有幻灯片，如下图所示。

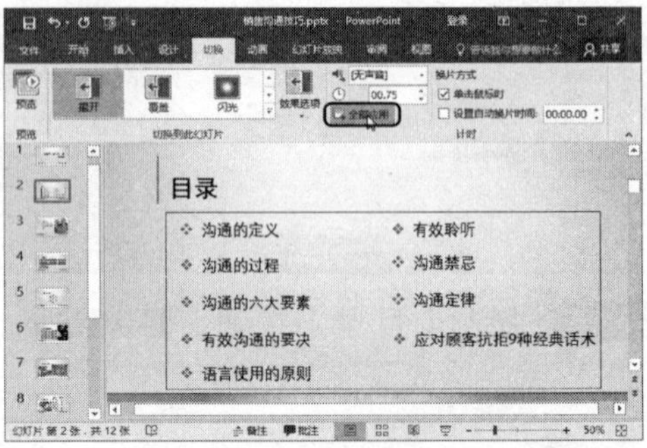

第 4 步 ❶选择第 5 张幻灯片中的 SmartArt 图形，单击【动画】选项卡【动画】组中的【动画样式】下拉按钮；❷在弹出的下拉列表中选择一种动画样式，如选择【旋转】选项，如下图所示。

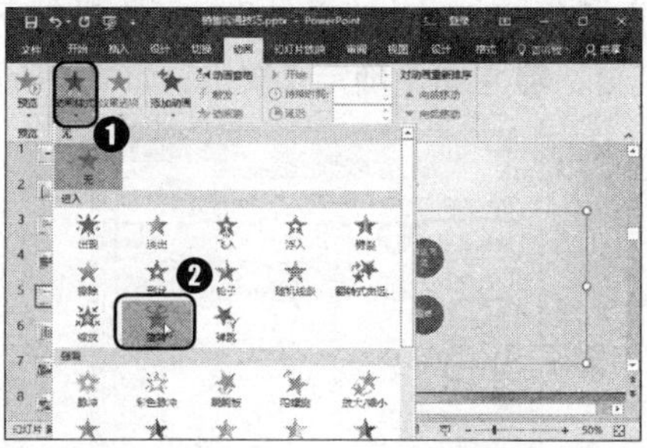

第 5 步 ❶单击【动画】选项卡【动画】组中的【效果选项】下拉按钮；❷在弹出的下拉列表中选择【逐个】选项，如下图所示。

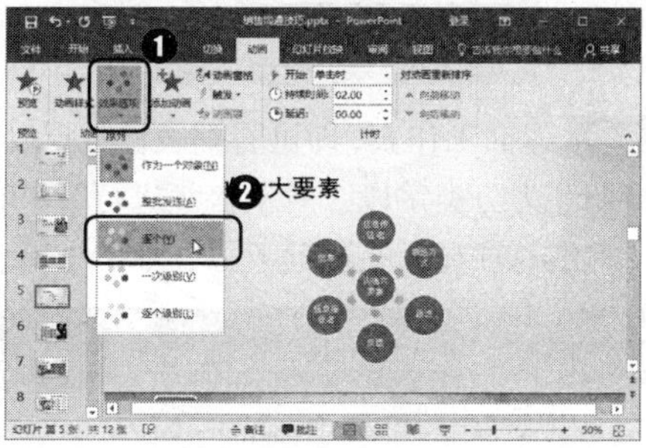

> **教您一招**
>
> **为一个对象添加多个动画**
>
> 如果有需要，用户可以为一个对象添加多个动画效果，方法为：在【动画】选项卡的【高级动画】组中单击【添加动画】下拉按钮，在弹出的下拉列表中选择需要添加的动画效果即可。

第 6 步 使用相同的方法为其他幻灯片设置动画样式，单击【快速访问工具栏】中的【从头开始】按钮，预览幻灯片效果，如下图所示。

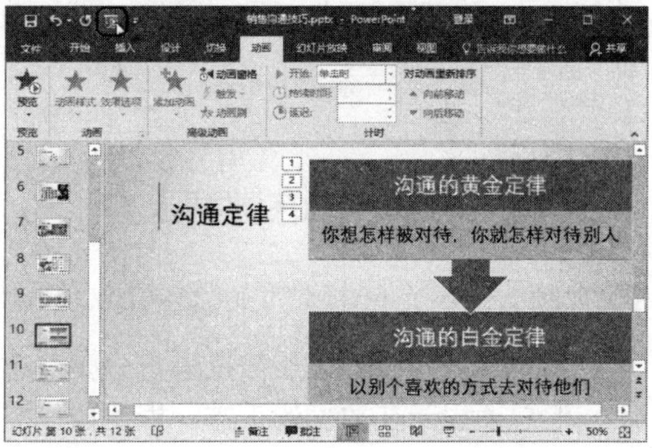

大神支招

通过前面知识的学习，相信读者已经掌握了在市场和销售管理中制作客户服务管理相关文档的方法。下面结合本章内容，介绍一些工作中的实用经验与技巧。

01 将字体嵌入文件

视频文件：光盘\视频文件\第8章\01.mp4

在制作了文档之后，经常需要把文档发送给领导或其他同事查看。如果他人的计算机中并没有安装该文档中使用的字体，就会发生字体不正常、版式混乱的情况。为了避免这种情况发生，可以将字体嵌入文件。

把字体嵌入文件的具体操作步骤如下。

❶打开【Word 选项】对话框，切换到【保存】选项卡；❷选中【将字体嵌入文件】复选框；❸单击【确定】按钮即可，如下图所示。

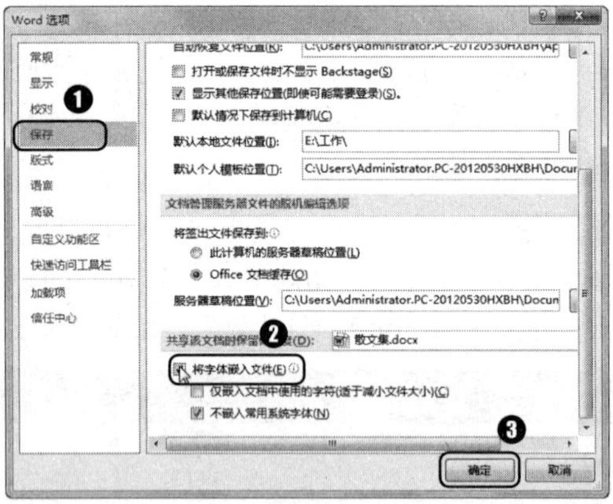

02　将汇总项显示在数据上方

视频文件：光盘\视频文件\第8章\02.mp4

默认情况下，对表格数据进行分类汇总后，汇总项显示在数据的下方。根据操作需要，可以将汇总项显示在数据的上方。

例如，在“家电销售情况.xlsx”中，以“销售日期”为分类字段，对销售额进行求和汇总，并将汇总项显示在数据上方，具体操作步骤如下。

第 1 步 打开“光盘\素材文件\第 8 章\家电销售情况.xlsx”文件，以“销售日期”为关键字，对表格数据进行升序排列，排序后的效果如下图所示。

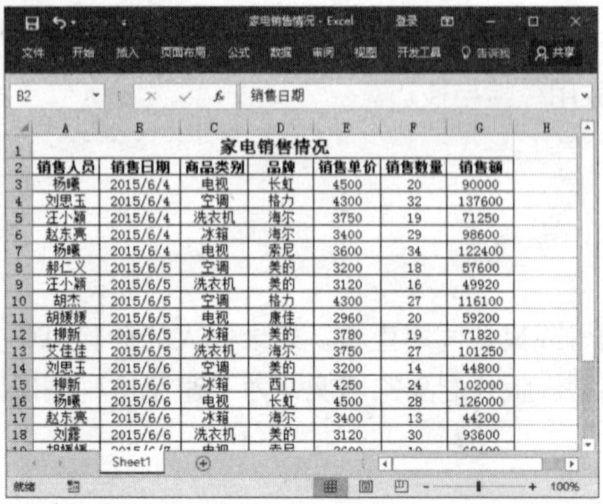

第 2 步 ❶选择数据区域中的任意单元格，打开【分类汇总】对话框，在【分类字段】下拉列表中选择【销售日期】选项；❷在【汇总方式】下拉列表中选择【求和】选项；❸在【选定汇总项】列表框中选中【销售额】复选框；❹取消选中【汇总结果显示在数据下方】复选框；❺单击【确定】按钮，如下图所示。

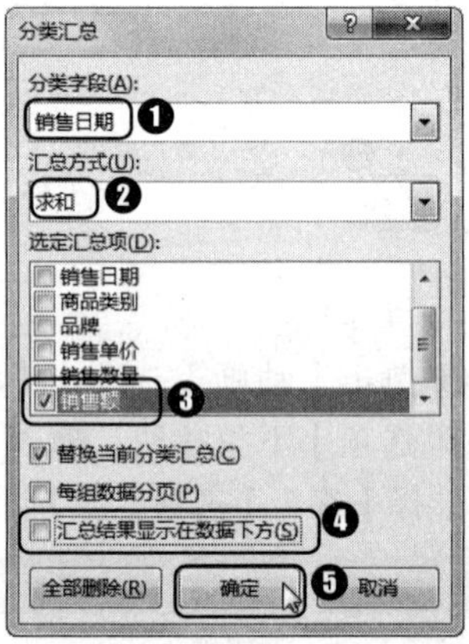

第 3 步 返回工作表，即可看到表格数据以“销售日期”为分类字段，对销售额进行了求和汇总，且汇总项显示在数据上方，如下图所示。

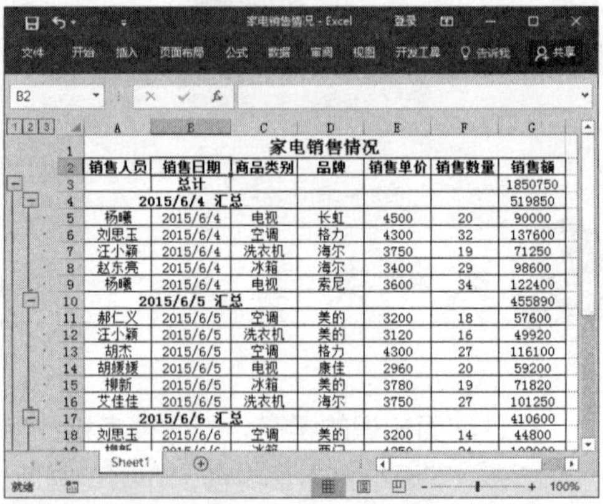

03　使用图片作为项目符号

视频文件：光盘\视频文件\第8章\03.mp4

在制作PPT文档时，经常需要插入项目符号，为了使文档内容更加美观，可以使用图片作为项目符号，具体操作步骤如下。

第1步 打开“光盘\素材文件\第8章\产品销售秘籍.pptx”文件，❶选择第2张幻灯片中的内容文本框；❷单击【开始】选项卡【段落】组中的【项目符号】下拉按钮；❸在弹出的下拉列表中选择【项目符号和编号】选项，如下图所示。

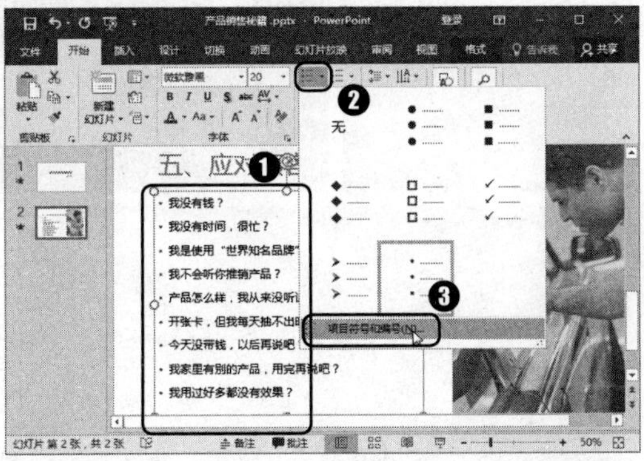

第2步 打开【项目符号和编号】对话框，单击【图片】按钮，如下图所示。

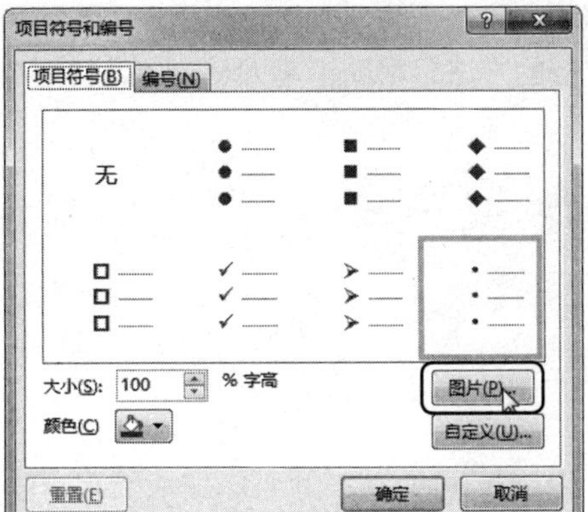

第3步 在打开的对话框中单击【来自文件】右侧的【浏览】按钮，如下图所示。

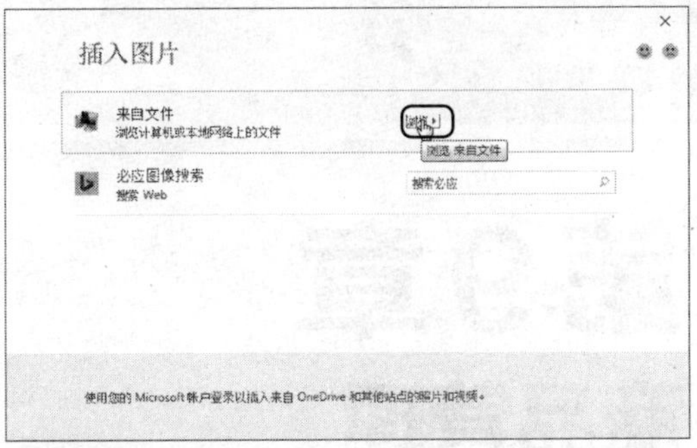

第4步 ❶打开【插入图片】对话框，选择“光盘\素材文件\第8章\图标.jpg”文件；❷单击【插入】按钮，如下图所示。

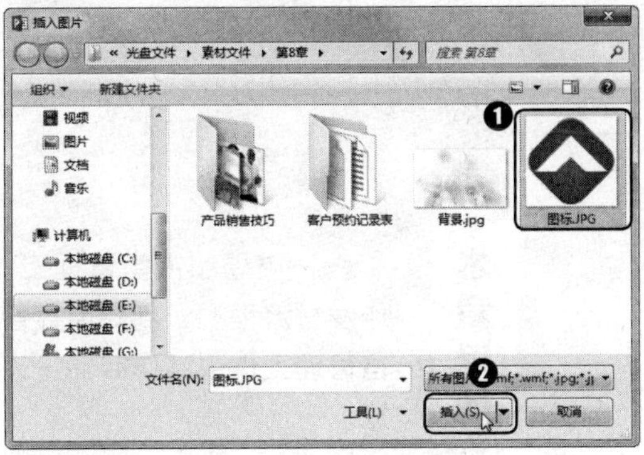

第5步 返回幻灯片，即可看到项目符号已经更改为所选图片，如下图所示。

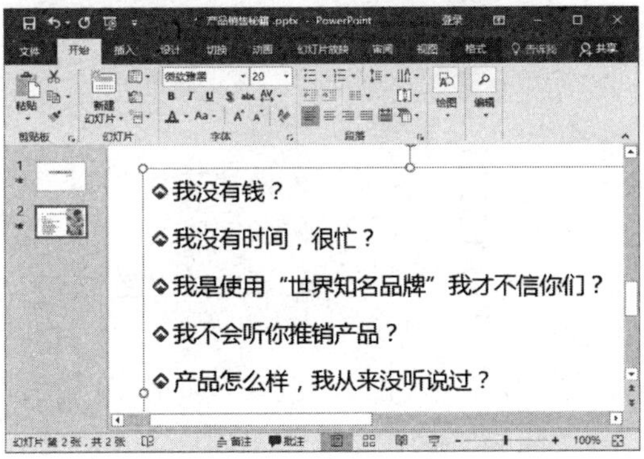

第9章 商品管理

本章导读

在市场和销售管理工作中，商品的管理工作尤为重要。本章通过制作发货流程图、商品库存管理文档和商品展示演示文稿，介绍在市场和销售管理工作中制作商品管理相关文档的方法，帮助销售人员有序地管理数据。

知识要点

- ❖ 添加艺术字
- ❖ 绘制形状
- ❖ 添加按钮控件
- ❖ 输入代码
- ❖ 设置排练计时
- ❖ 将幻灯片另存为视频

9.1 使用Word制作“发货流程图”

案例背景

在商品销售之后，紧接着的工作是发货。看似简单的发货工作，如果没有清晰的操作流程来支持，可能会导致商品错误、地址错误等，不仅影响商品销售，还会影响企业声誉，所以，需要制作合理的发货流程。

本例将通过Word制作发货流程图，制作完成后的效果如下图所示。实例最终效果见“光盘\结果文件\第9章\发货流程图.docx”文件。

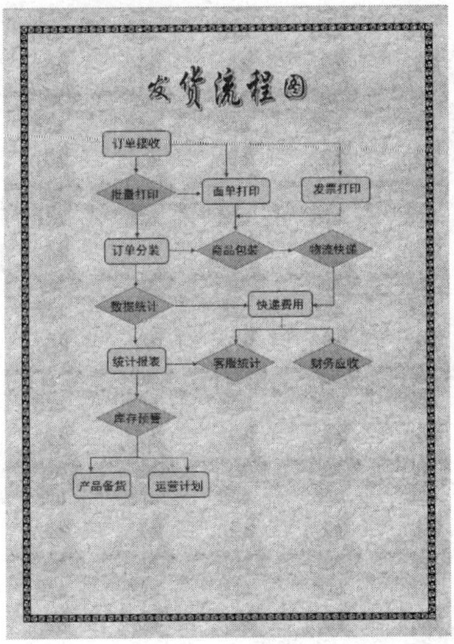

光盘文件	素材文件	无
	结果文件	光盘\结果文件\第9章\发货流程图.docx
	教学视频	光盘\视频文件\第9章\9.1使用Word制作发货流程图.mp4

9.1.1 制作“发货流程图”标题

发货流程图的标题是文档中起引导作用的重要元素，通常标题应具有醒目、突出主题的特点，同时可以为其加上一些特殊的修饰效果。本例将使用艺术字为文档制作标题。

1. 插入艺术字

使用艺术字可以快速地美化文字，具体操作步骤如下。

第1步 ❶新建一个名为“发货流程图 .docx”的文档，单击【插入】选项卡【文本】组中的【艺术字】下拉按钮；❷在弹出的下拉列表中选择一种艺术字样式，如下图所示。

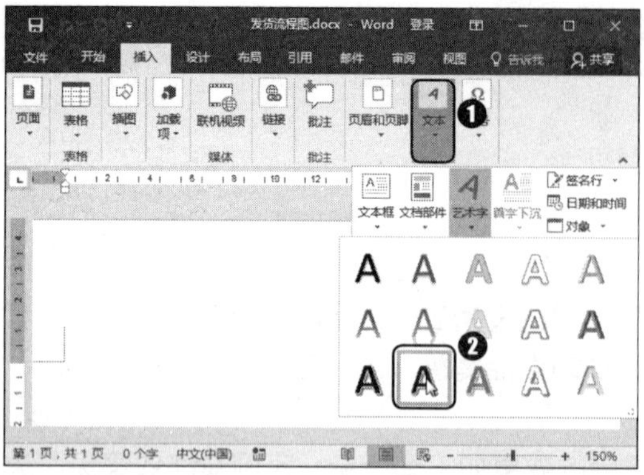

第 2 步 文档编辑区将插入一个艺术字文本框，如下图所示。

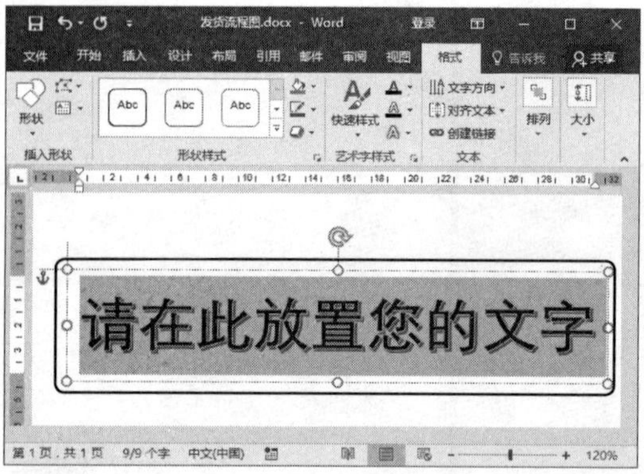

第 3 步 在艺术字文本框中直接输入“发货流程图”文本，如下图所示。

2. 美化艺术字

为了使艺术字的效果更加独特，可以设置艺术字的字体，以及在艺术字上添加各种修饰效果，具体操作步骤如下。

第 1 步 ❶ 选择艺术字；❷ 在【开始】选项卡的【字体】组中设置字体格式为【华文行楷，初号】，如下图所示。

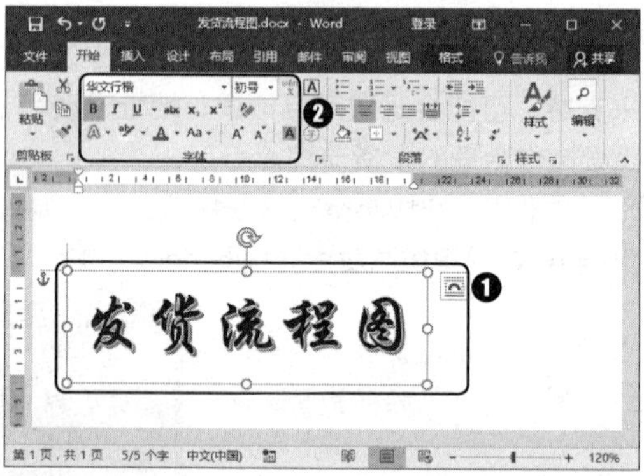

第 2 步 ❶ 保持艺术字的选中状态，单击【绘图工具 / 格式】选项卡【艺术字样式】组中的【文本效果】下拉按钮；❷ 在弹出的下拉列表中选择【转换】选项；❸ 在弹出的级联菜单中选择一种转换样式，如下图所示。

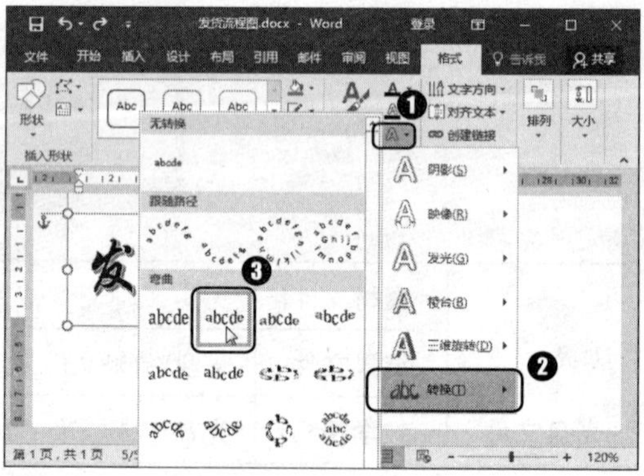

第 3 步 ❶ 保持艺术字的选中状态，单击【绘图工具 / 格式】选项卡【艺术字样式】组中的【文本填充】下拉按钮；❷ 在弹出的下拉列表中选择一种填充颜色，如下图所示。

第 4 步 ❶保持艺术字的选中状态，单击【绘图工具 / 格式】选项卡【排列】组中的【对齐】下拉按钮；❷在弹出的下拉列表中选择【水平居中】选项，如下图所示。

9.1.2 使用形状绘制流程图

在商品管理中，为了使员工更清晰地查看和理解工作过程，可以通过流程图的方法来表现工作过程。

1. 绘制形状

在制作流程图时，需要使用大量的图形来表现过程，绘制图形的具体操作步骤如下。

第 1 步 ❶单击【插入】选项卡【插图】组中的【形状】下拉按钮；❷在弹出的下拉列表中选择【圆角矩形】工具▢，如下图所示。

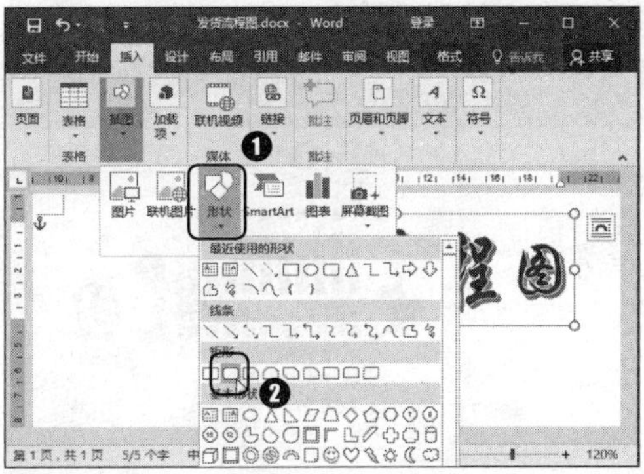

第 2 步 在页面中如下图所示的位置拖动鼠标绘制出圆角矩形，如下图所示。

第 3 步 ❶单击【绘图工具 / 格式】选项卡【形状样式】组中的【形状填充】下拉按钮；❷在弹出的下拉列表中选择一种填充颜色，如下图所示。

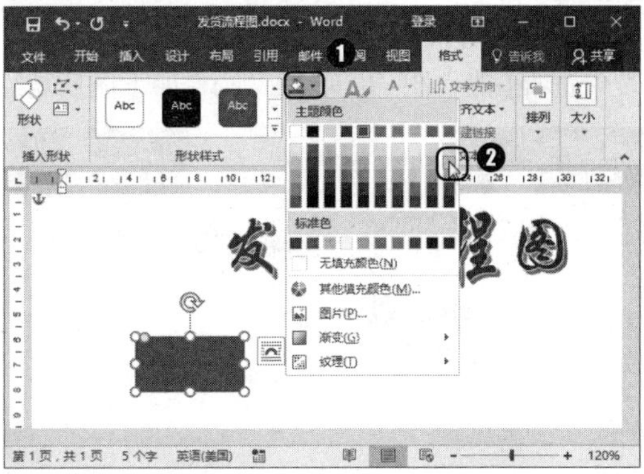

第 4 步 ❶单击【形状样式】组中的【形状轮廓】下拉按钮；❷在弹出的下拉列表中选择一种

轮廓颜色，如下图所示。

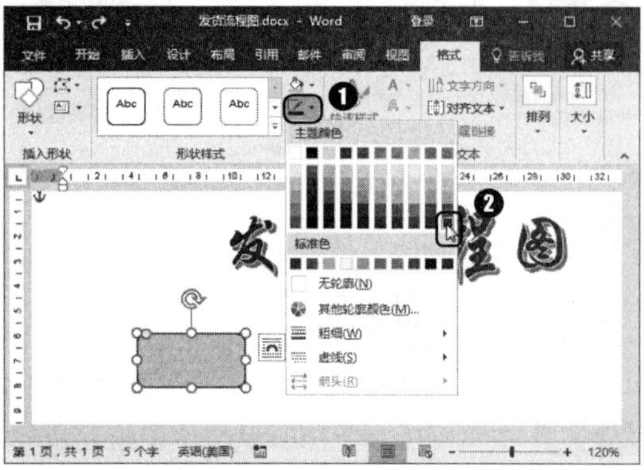

第 5 步 ❶单击【形状样式】组中的【形状轮廓】下拉按钮；❷在弹出的下拉列表中选择【粗细】选项；❸在弹出的级联菜单中选择【1.5 磅】选项，如下图所示。

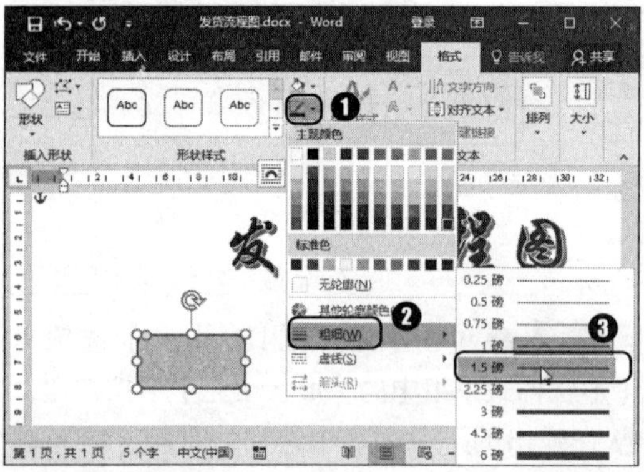

第 6 步 ❶单击【插入】选项卡【插图】组中的【形状】下拉按钮；❷在弹出的下拉列表中选择【流程图 - 决策】工具，如下图所示。

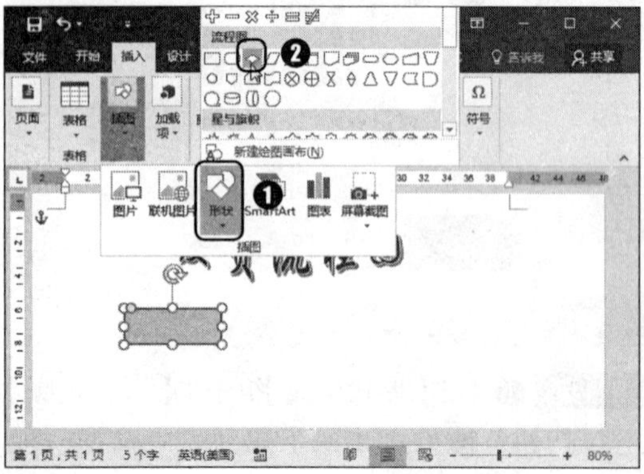

教您一招

绘制特殊形状

在Word中绘制形状时，按住【Ctrl】键拖动鼠标绘制，可以绘制以鼠标指针为中心点的形状。按住【Shift】键拖动鼠标绘制，可以绘制出固定长宽比例的形状。例如：按住【Shift】键拖动鼠标绘制矩形，可以绘制出正方形；按住【Shift】键拖动鼠标绘制圆形，可以绘制出正圆形。

第 7 步 ❶在页面中绘制出如图所示的形状；❷单击【绘图工具 / 格式】选项卡【形状样式】组中的【其他】下拉按钮，如下图所示。

第 8 步 在弹出的下拉列表中选择一种快速形状样式，如下图所示。

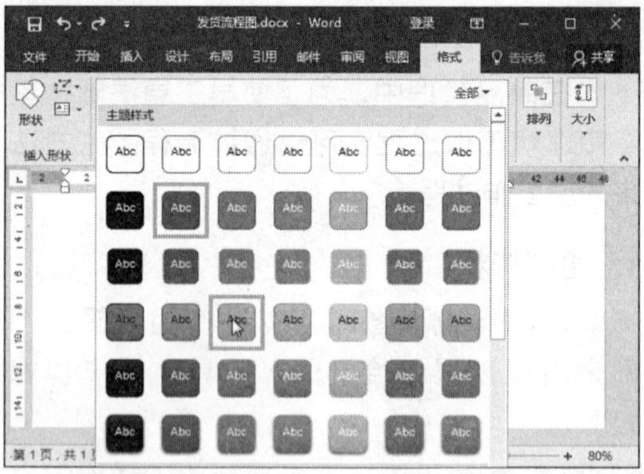

第 9 步 使用相同的方法，绘制出整个流程图中的步骤形状，如下图所示。

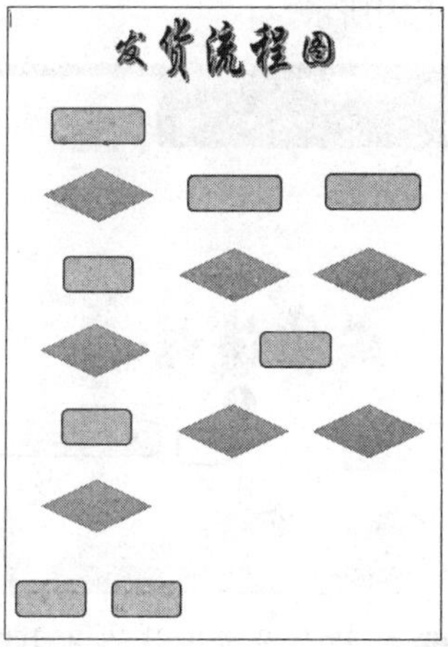

2. 绘制箭头

绘制好流程图后，可以使用线条工具绘制出流程图中的箭头线条，具体操作步骤如下。

第 1 步 ❶单击【插入】选项卡【插图】组中的【形状】下拉按钮；❷在弹出的下拉列表中选择【线箭头】工具↘，如下图所示。

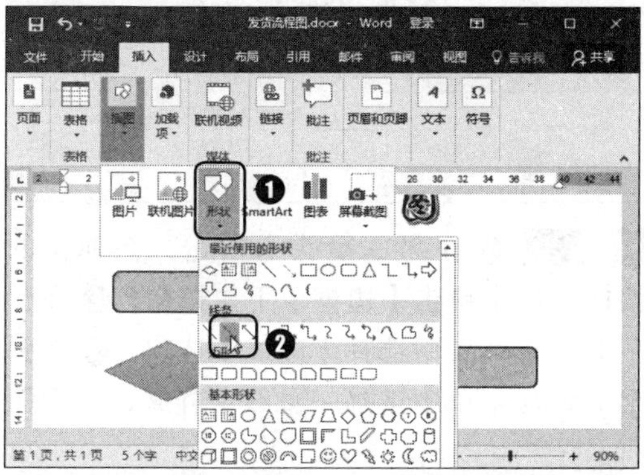

教您一招

绘制线条的技巧

在Word中绘制线条时，按住【Shift】键拖动鼠标绘制，可以绘制出水平、垂直或呈45°及45°倍数角的线条。在绘制具有多个转折点的线条时，可以使用任意多边形形状，绘制完成后按【Esc】键退出线条绘制即可。

第 2 步 在各形状中间绘制直线箭头形状，如下图所示。

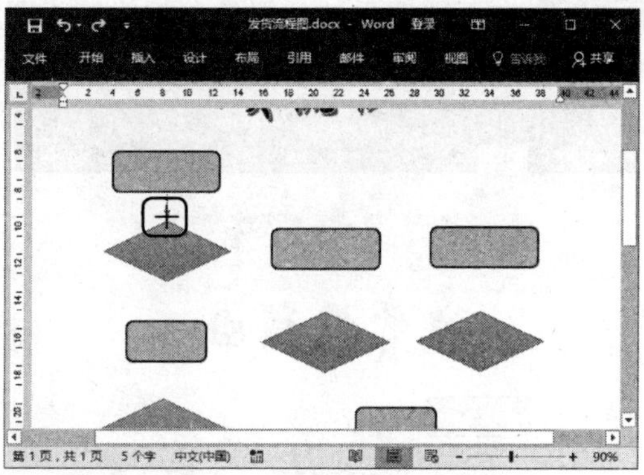

第 3 步 使用相同的方法绘制其他直线箭头，如下图所示。

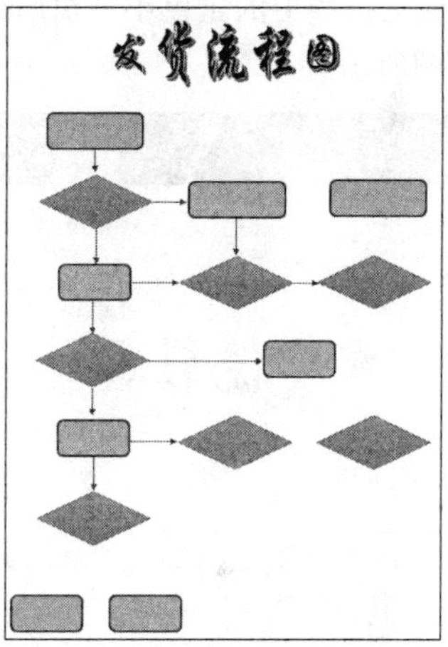

第 4 步 ❶单击【插入】选项卡【插图】组中的【形状】下拉按钮；❷在弹出的下拉列表中选择【肘形箭头连接符】工具⤷，如下图所示。

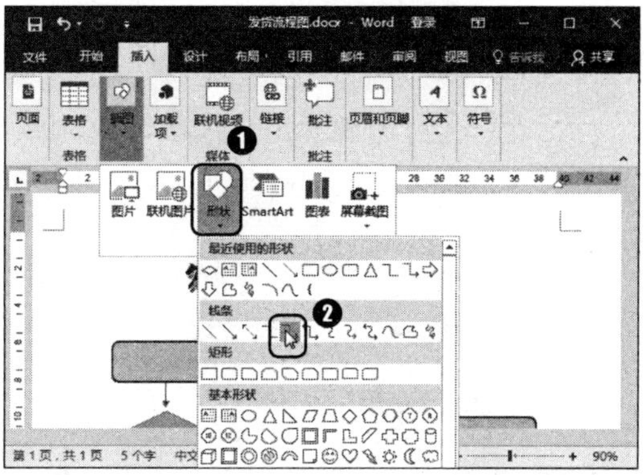

第 5 步 在下图所示的位置绘制折线箭头图形，如下图所示。

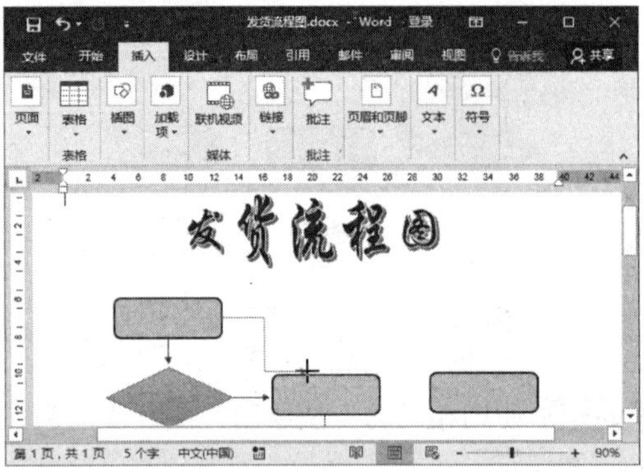

第 6 步 拖动折线上的黄色小方块调整折线线条，如下图所示。

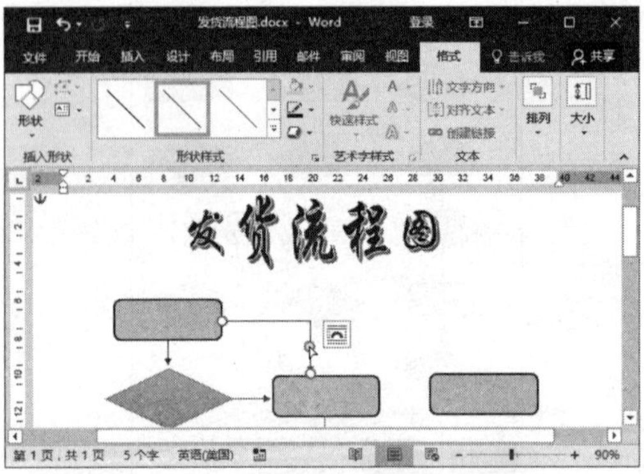

第 7 步 使用相同的方法绘制出流程图中的所有箭头线条，如下图所示。

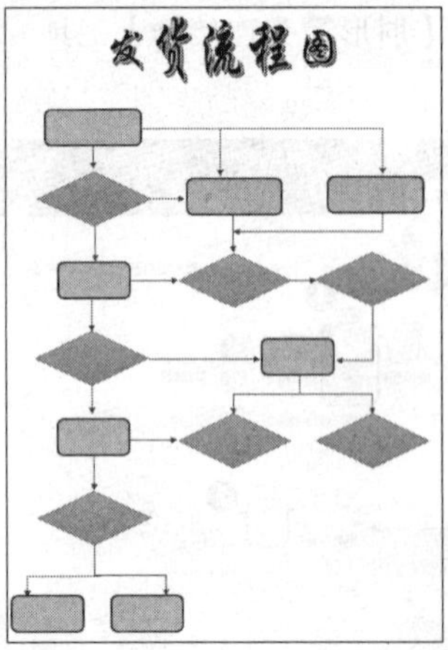

第 8 步 ❶在如图所示的箭头上右击；❷在弹出的快捷菜单中选择【设置形状格式】命令，如下图所示。

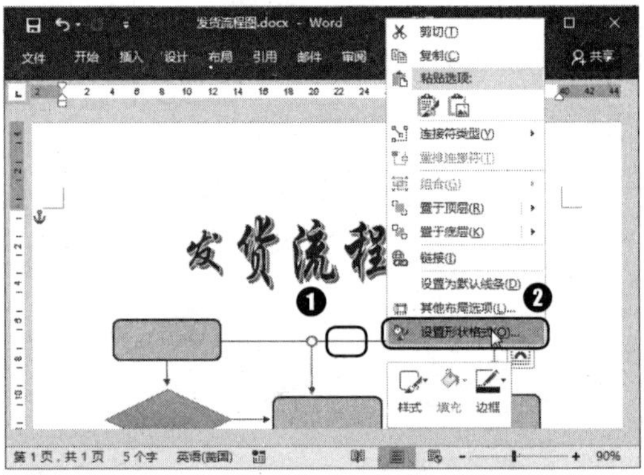

第 9 步 ❶打开【设置形状格式】窗格，在【短划线类型】列表中选择一种线条样式；❷单击【关闭】按钮×关闭窗格，如下图所示。

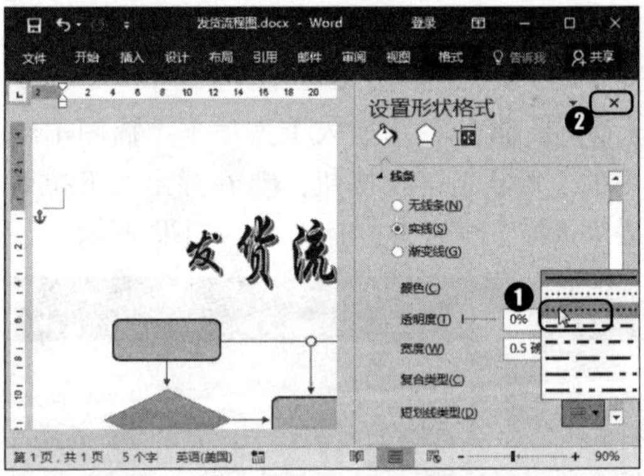

第 10 步 ❶在另一箭头上右击，在弹出的快捷菜单中单击【边框】下拉按钮；❷在弹出的下拉列表中选择【虚线】选项；❸在弹出的级联菜单中选择一种线条样式，如下图所示。

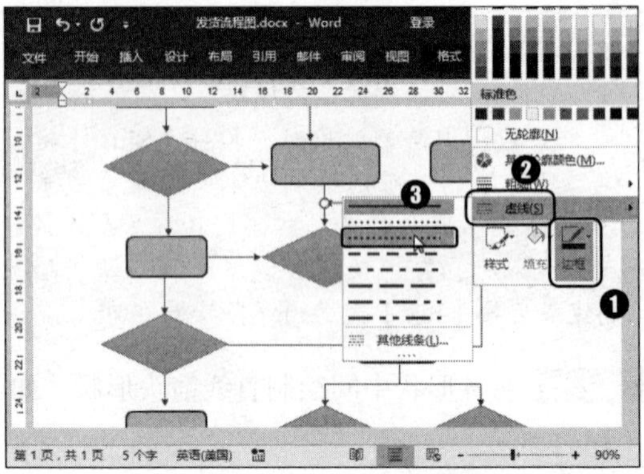

3. 利用文本框添加文字

绘制好流程图后，在流程图的形状中需要添加相应文字进行说明，具体操作步骤如下。

教您一招

同时选中多个文本框

如果要同时选中多个文本框，可以先选择一个文本框，然后按住【Shift】键选择其他要选择的文本框即可。

第1步 ❶单击【插入】选项卡【文本】组中的【文本框】下拉按钮；❷在弹出的下拉列表中选择【绘制文本框】命令，如下图所示。

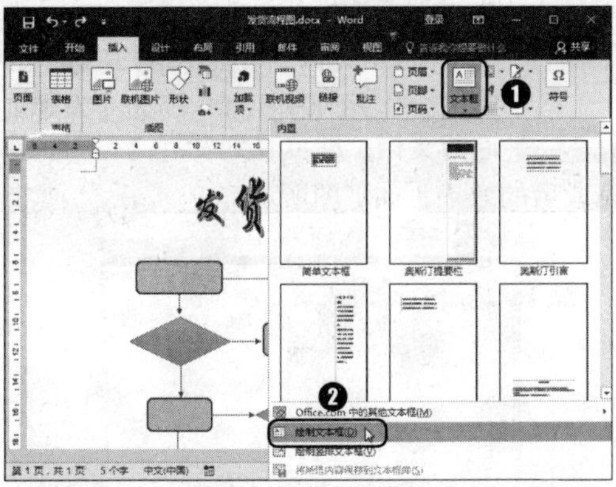

第2步 在【绘图工具/格式】选项卡的【形状样式】组中设置文本框的样式为【无填充颜色，无轮廓】，如下图所示。

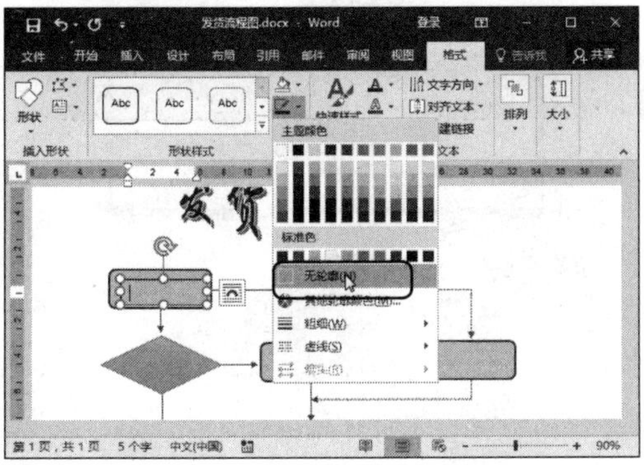

第3步 ❶在文本框中输入要添加的文字内容；❷在【开始】选项卡的【字体】组中设置字体格式，如下图所示。

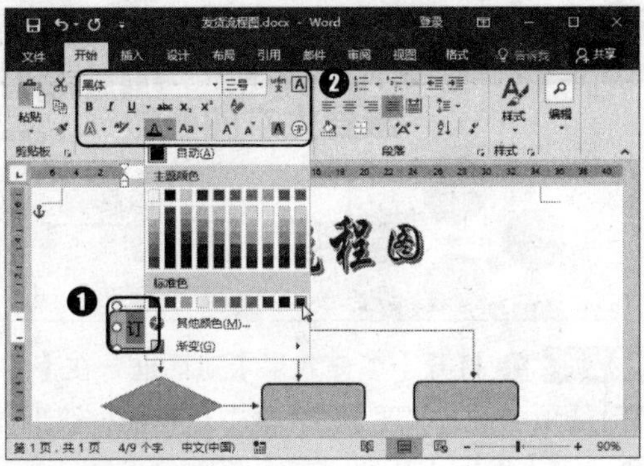

第4步 使用相同的方法为其他形状添加文字，如下图所示。

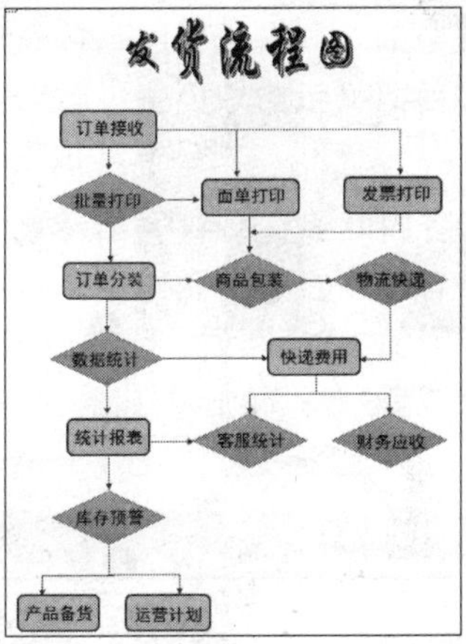

9.1.3 为文档添加底纹和边框

流程图制作完成后，为了美化流程图，可以为文档添加底纹和边框，具体操作步骤如下。

第1步 ❶单击【设计】选项卡【页面背景】组中的【页面颜色】下拉按钮；❷在弹出的下拉列表中选择【填充效果】选项，如下图所示。

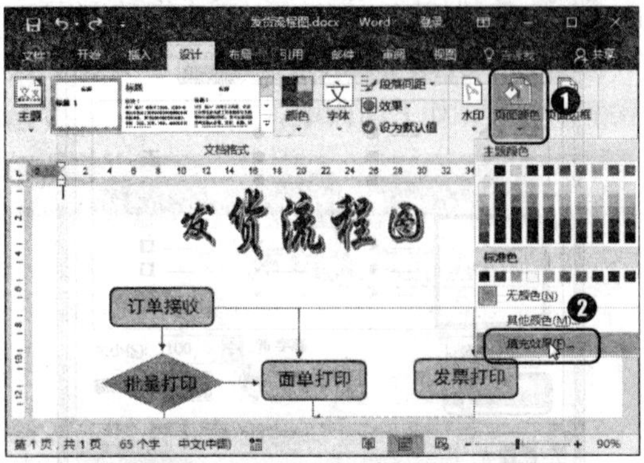

第 2 步 ❶ 打开【填充效果】对话框，在【纹理】选项卡的【纹理】列表框中选择一种纹理；❷ 单击【确定】按钮，如下图所示。

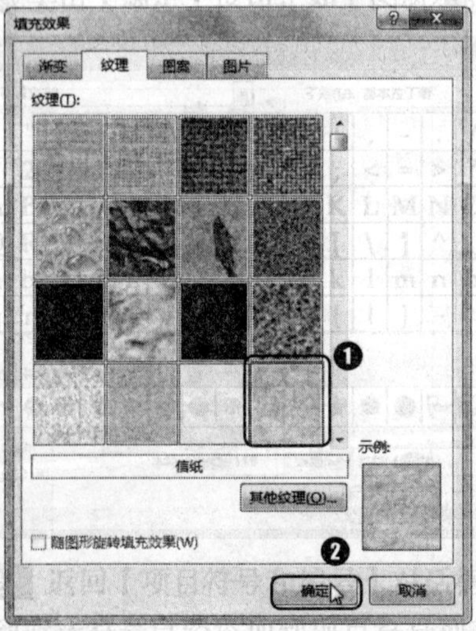

第 3 步 返回文档，即可看到添加了背景的效果，单击【设计】选项卡【页面背景】组中的【页面边框】按钮，如下图所示。

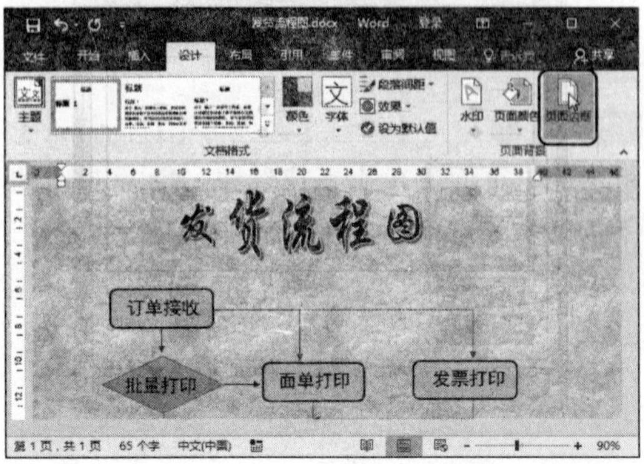

第 4 步 ❶ 打开【边框和底纹】对话框，在【艺术型】下拉列表框中选择一种边框样式；❷ 在【宽度】数值框中设置宽度为【20 磅】；❸ 单击【确定】按钮，如下图所示。

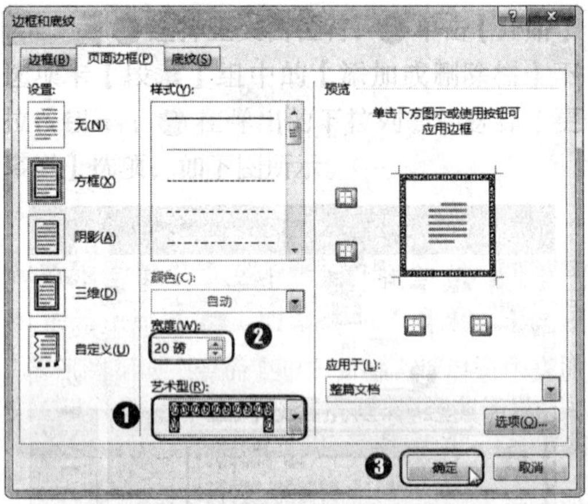

第 5 步 返回文档，即可看到发货流程图制作完成后的效果，如下图所示。

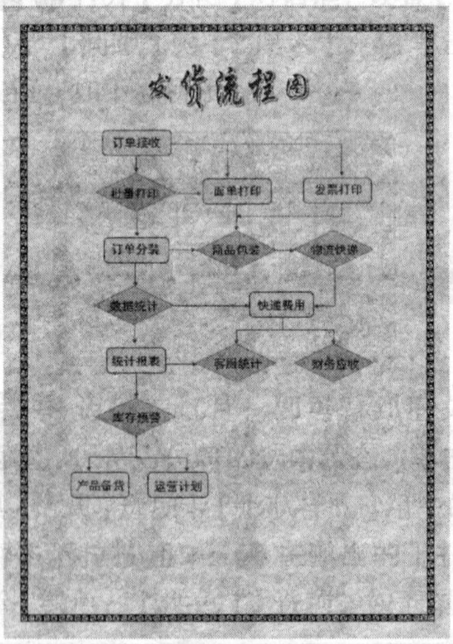

9.2 使用Excel制作“商品库存管理”表

案例背景

为了方便对商品入库的相关信息进行管理，通常都需要创建一张表格来保存商品的入库信息。掌握入库信息可以在保证企业生产、经营需求的前提下，使库存量保持在合理的水平上，避免囤积或缺货的情况发生。

本例将制作商品库存管理表，制作完成后的效果如下图所示。实例最终效果见“光盘\结果文件\第9章\商品库存管理.xlsm”文件。

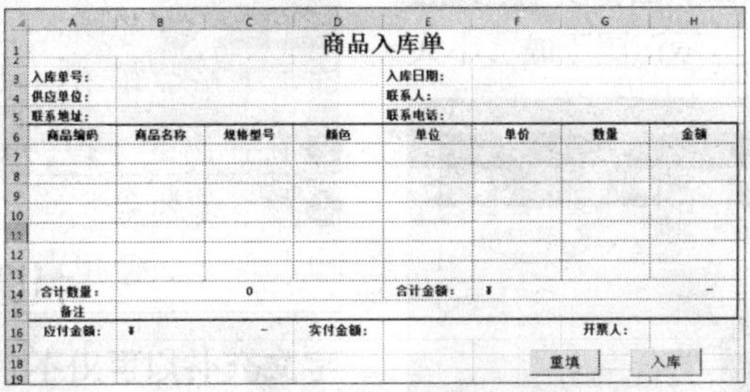

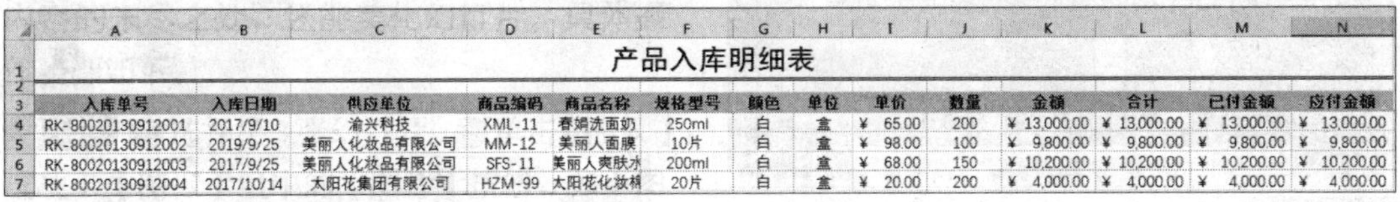

产品入库明细表

入库单号	入库日期	供应单位	商品编码	商品名称	规格型号	颜色	单位	单价	数量	金额	合计	已付金额	应付金额
RK-80020130912001	2017/9/10	渝兴科技	XML-11	春娟洗面奶	250ml	白	盒	¥ 65.00	200	¥ 13,000.00	¥ 13,000.00	¥ 13,000.00	¥ 13,000.00
RK-80020130912002	2019/9/25	美丽人化妆品有限公司	MM-12	美丽人面膜	10片	白	盒	¥ 98.00	100	¥ 9,800.00	¥ 9,800.00	¥ 9,800.00	¥ 9,800.00
RK-80020130912003	2017/9/25	美丽人化妆品有限公司	SFS-11	美丽人爽肤水	200ml	白	盒	¥ 68.00	150	¥ 10,200.00	¥ 10,200.00	¥ 10,200.00	¥ 10,200.00
RK-80020130912004	2017/10/14	太阳花集团有限公司	HZM-99	太阳花化妆棉	20片	白	盒	¥ 20.00	200	¥ 4,000.00	¥ 4,000.00	¥ 4,000.00	¥ 4,000.00

光盘文件		
	素材文件	无
	结果文件	光盘\结果文件\第9章\商品库存管理.xlsm
	教学视频	光盘\视频文件\第9章\9.2使用Excel制作商品库存管理表.mp4

9.2.1 制作产品入库单

为了方便工作人员将入库的相关数据记录下来，需要制作产品入库单。入库单包括入库单号、入库日期、供应单位、联系人、联系电话、联系地址等。

1. 制作入库单框架

本例首先需要制作一个入库单，并输入公式计算金额，具体操作步骤如下。

第1步 ❶打开Excel工作簿，在【文件】选项卡中选择【另存为】选项；❷在中间窗格选择【浏览】选项，如下图所示。

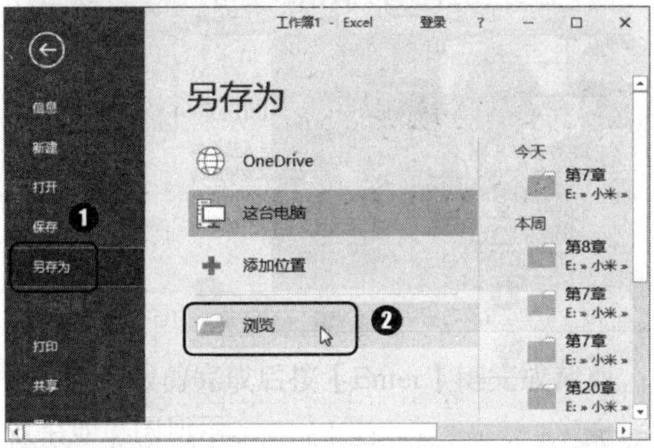

第2步 ❶打开【另存为】对话框，设置保存路径和文件名，在【保存类型】下拉列表中选择【Excel启用宏的工作簿（*.xlsm）】选项；

❷单击【保存】按钮，如下图所示。

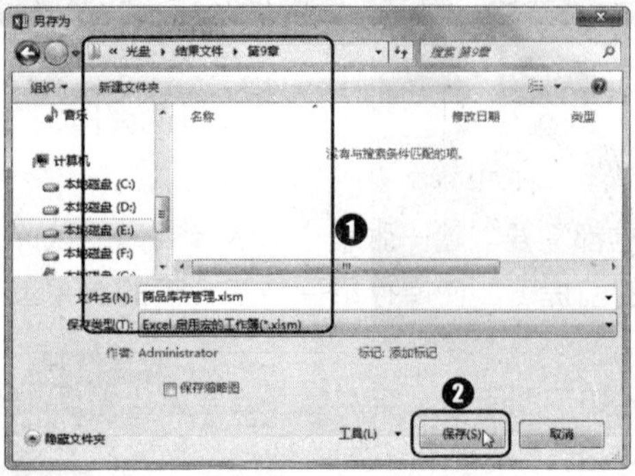

第 3 步 双击“Sheet1”工作表标签，将工作表重命名为“入库单”，如下图所示。

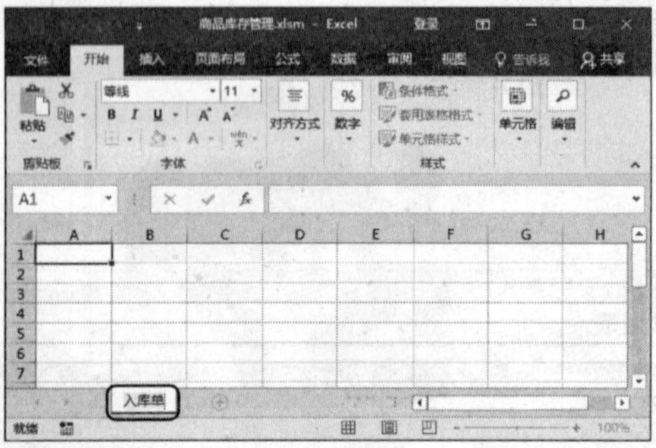

第 4 步 ❶单击第 1 行的行号选中第 1 行，然后在第 1 行上右击；❷在弹出的快捷菜单中选择【行高】命令；❸打开【行高】对话框，在【行高】文本框中输入“26”；❹单击【确定】按钮，如下图所示。

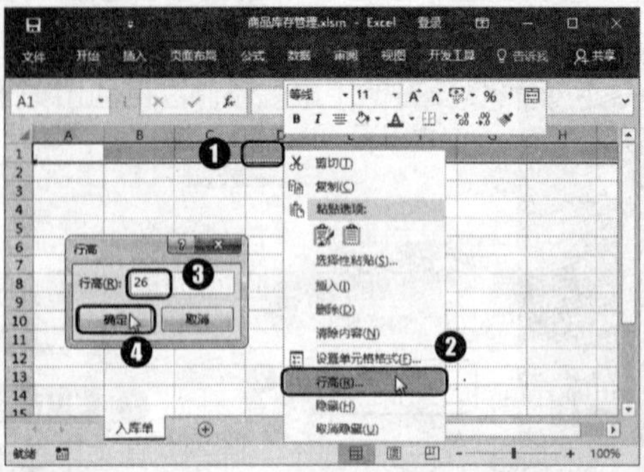

第 5 步 将鼠标指针移动到第 2 行和第 3 行的行号分隔线上，当鼠标指针变为+形状时按住鼠标左键不放，向上拖动鼠标，调整行高为【8.25】，如下图所示。

第 6 步 ❶选择 A~H 列；❷单击【开始】选项卡【单元格】组中的【格式】下拉按钮；❸在弹出的下拉列表中选择【列宽】选项；❹打开【列宽】对话框，在【列宽】文本框中输入“13”；❺单击【确定】按钮，如下图所示。

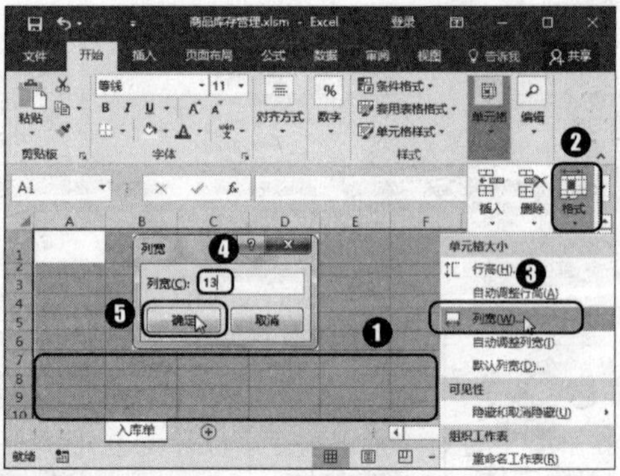

第 7 步 ❶选择 A1：H1 单元格区域；❷单击【开始】选项卡【对齐方式】组中的【合并后居中】按钮，如下图所示。

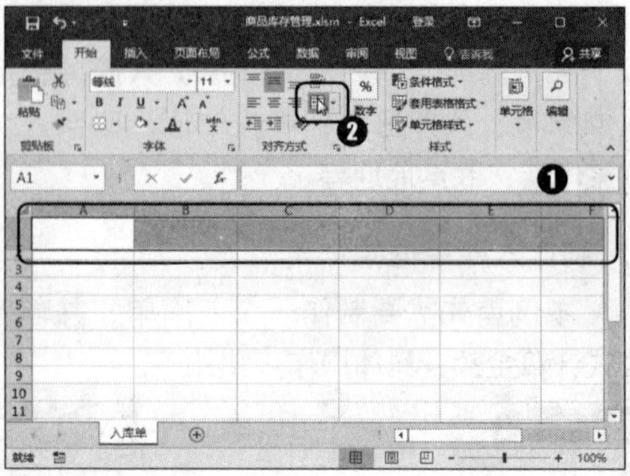

第 8 步 ❶按住【Ctrl】键选择 B3：D5 和

F3：H5 单元格区域；❷ 单击【开始】选项卡【对齐方式】组中的【合并后居中】下拉按钮 ；❸ 在弹出的下拉列表中选择【跨越合并】选项，如下图所示。

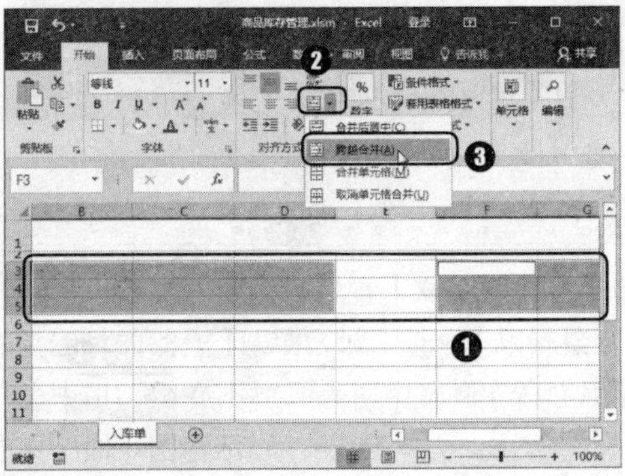

第 9 步 ❶ 在 A3：A5 和 E3：E5 单元格区域输入相应的文本；❷ 在【开始】选项卡的【字体】组中设置字体格式，如下图所示。

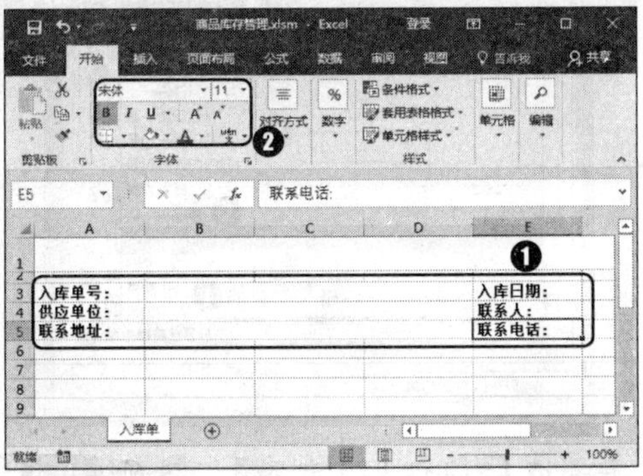

第 10 步 在 A6：H16 单元格区域输入相应的文本，并设置字体格式，如下图所示。

第 11 步 ❶ 分别选择 B14：D14、F14：H14、B15：H15、B16：C16、E16：F16 单元格区域；❷ 单击【开始】选项卡【对齐方式】组中的【合并后居中】按钮 ，如下图所示。

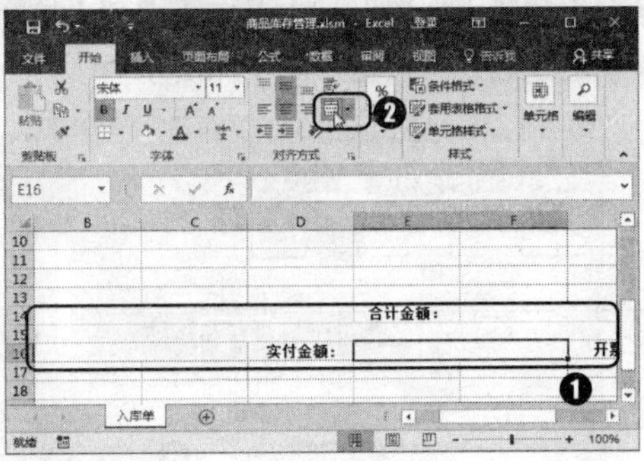

第 12 步 ❶ 选择第 3~16 行；❷ 单击【开始】选项卡【单元格】组中的【格式】下拉按钮；❸ 在弹出的下拉列表中选择【行高】选项；❹ 弹出【行高】对话框，在【行高】文本框中输入 “18”；❺ 单击【确定】按钮，如下图所示。

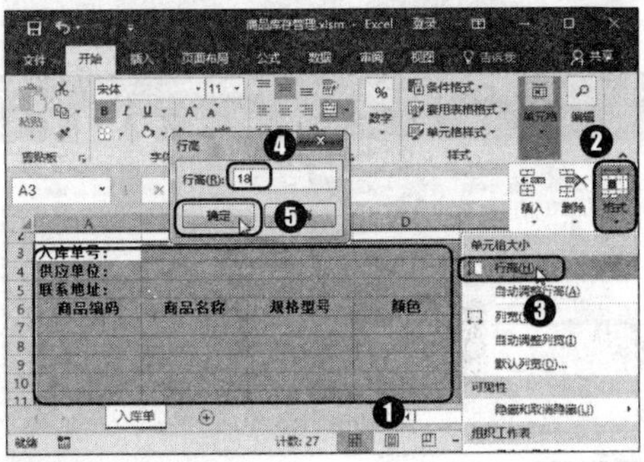

第 13 步 ❶ 选择 A6：H16 单元格区域；❷ 单击【开始】选项卡【字体】组中的【边框】下拉按钮 ；❸ 在弹出的下拉列表中选择【其他边框】选项，如下图所示。

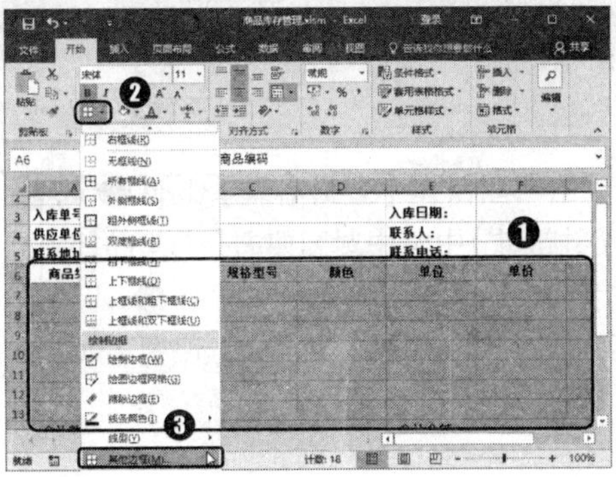

第 14 步 ❶打开【设置单元格格式】对话框，在【样式】列表框中选择一种虚线样式；❷在【预置】选项区域中单击【内部】按钮；❸单击【确定】按钮，如下图所示。

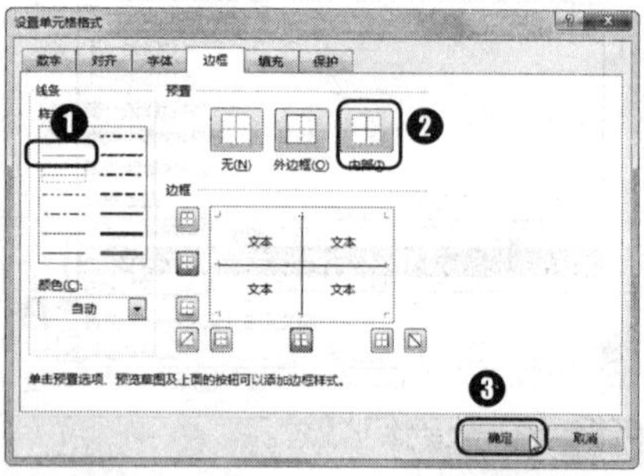

第 15 步 ❶保持单元格区域的选中状态，单击【字体】组中的【边框】下拉按钮⊞·；❷在弹出的下拉列表中选择【粗外侧框线】选项，如下图所示。

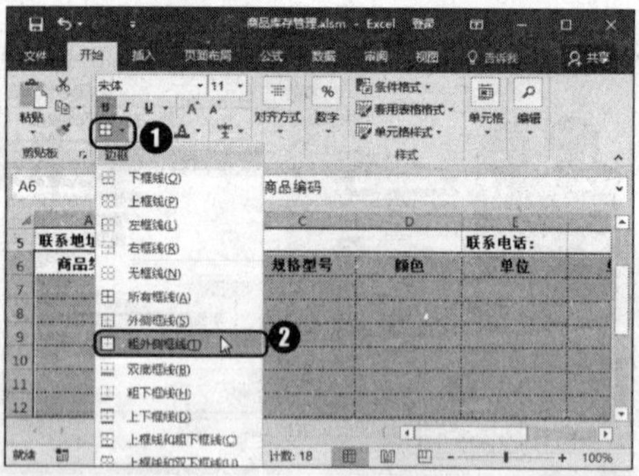

第 16 步 ❶选择 H7：H13 单元格区域；❷在编辑栏中输入公式“=IF(AND(F7="",G7=""),"",F7*G7)”，按【Ctrl+Enter】组合键确认输入，如下图所示。

第 17 步 ❶保持 H7：H13 单元格区域的选中状态；❷单击【开始】选项卡【数字】组中的【会计数字格式】下拉按钮；❸在弹出的下拉列表中选择【¥ 中文（中国）】选项，如下图所示。

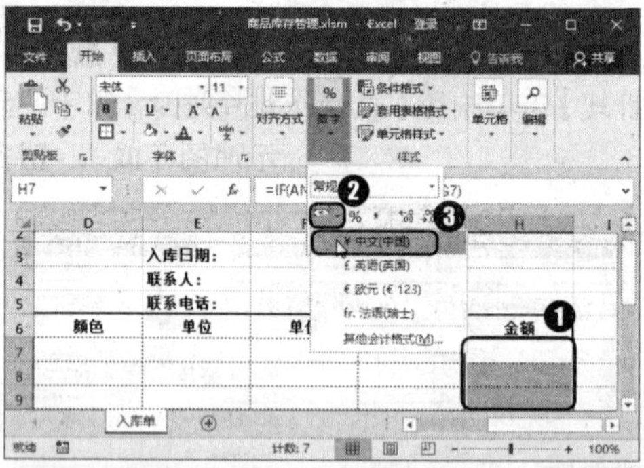

第 18 步 ❶选择 B14 单元格；❷在编辑栏中输入公式“=SUM(G7：G13)”，如下图所示。

第 19 步 ❶选择 F14 单元格；❷在编辑栏中输入公式“=SUM(H7：H13)”，如下图所示。

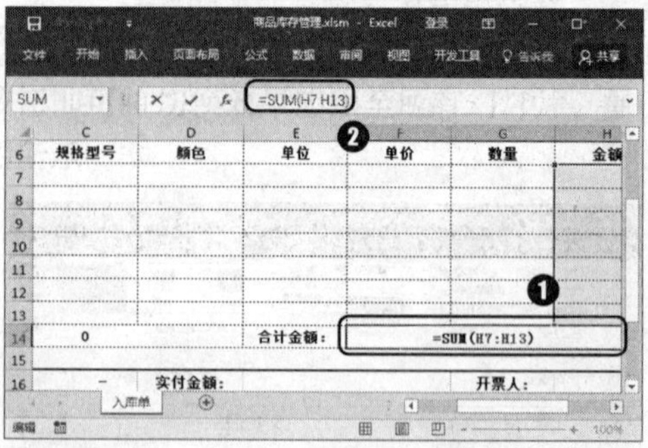

第 20 步 ❶选择 B16 单元格；❷在编辑栏中输入公式“=F14”，如下图所示。

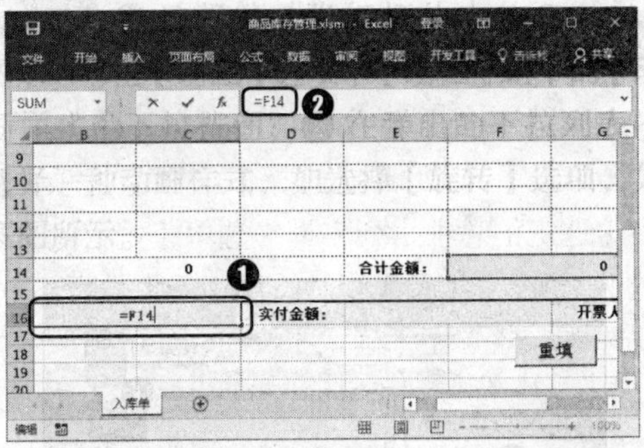

第 21 步 ❶按住【Ctrl】键依次选择 B14、F14、B16、E16 单元格；❷单击【开始】选项卡【数字】组中的【会计数字格式】按钮，如下图所示。

2. 制作重填和入库按钮

为工作表制作重填和入库按钮，并为其添加宏，可以加快数据的录入，具体操作步骤如下。

第 1 步 切换到【文件】选项卡，选择【选项】命令，如下图所示。

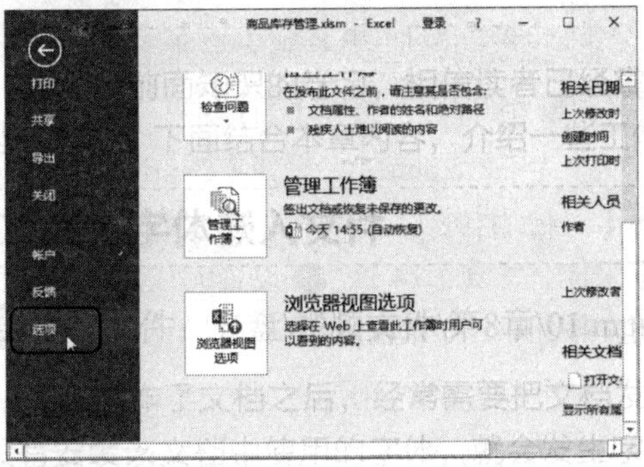

第 2 步 ❶打开【Excel 选项】对话框，选择【自定义功能区】选项卡；❷选中【自定义功能区】列表框中的【开发工具】复选框；❸单击【确定】按钮，如下图所示。

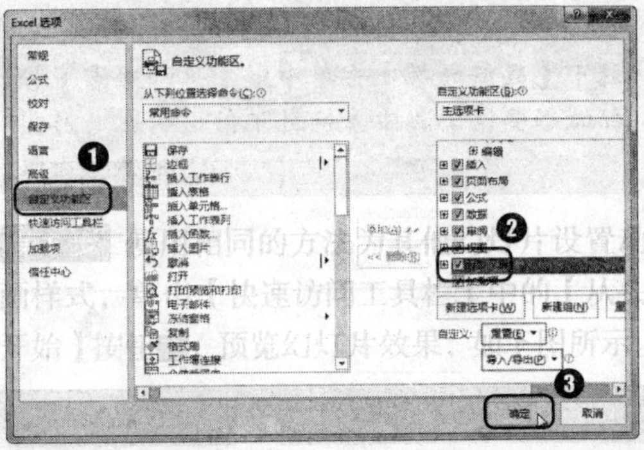

第 3 步 ❶返回工作簿，即可看到【开发工具】选项卡已经显示在功能区，单击【开发工具】选项卡【控件】组中的【插入】下拉按钮；❷在弹出的下拉列表中选择【命令按钮】▭选项，如下图所示。

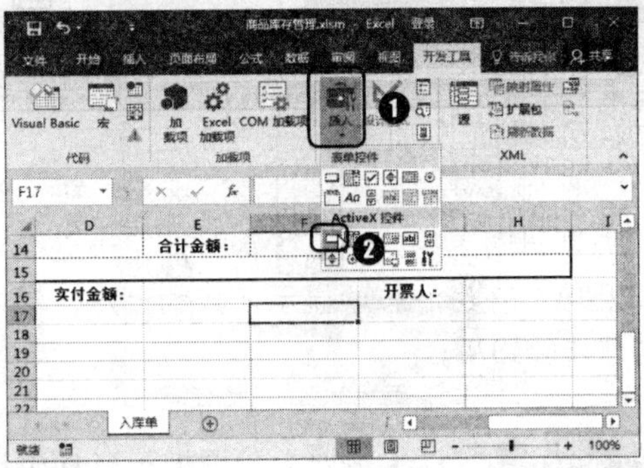

第 4 步 拖动鼠标在“入库单”的右下角绘制一个按钮，如下图所示。

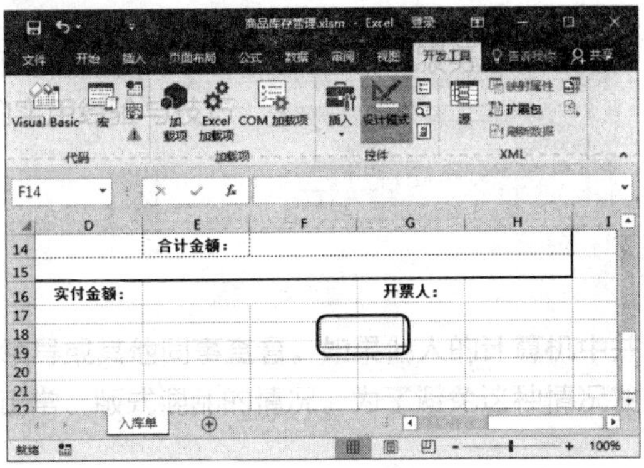

第 5 步 ❶选择绘制的按钮；❷单击【开发工具】选项卡【控件】组中的【控件属性】按钮，如下图所示。

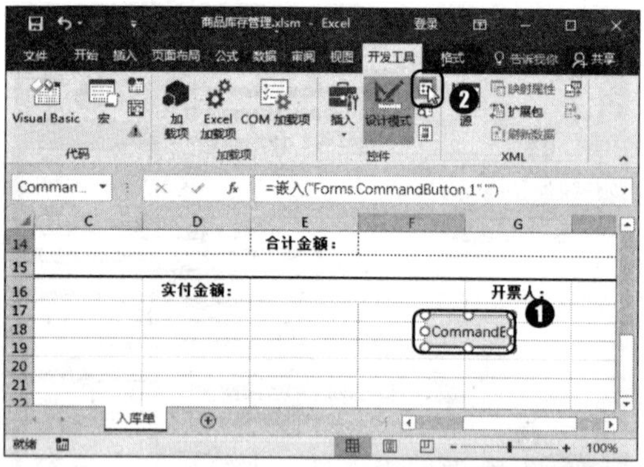

第 6 步 ❶打开【属性】对话框，设置【（名称）】为【Clrbtn】，设置【Caption】为【重填】；❷单击【Font】右侧的按钮，如下图所示。

第 7 步 ❶打开【字体】对话框，设置字体为【宋体】，字形为【常规】，字号为【14】；❷单击【确定】按钮，如下图所示。

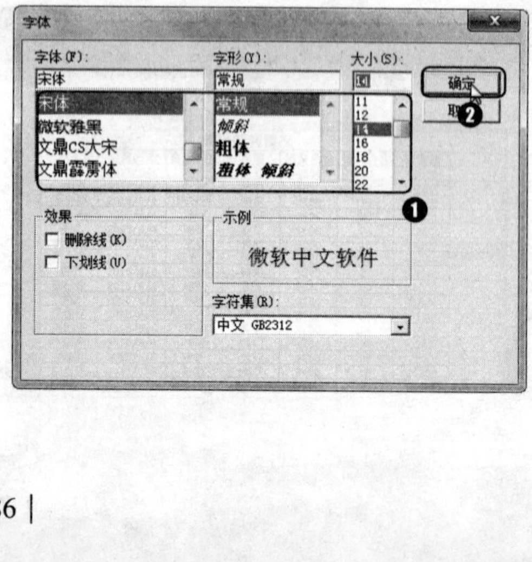

温馨提示

在命令按钮控件中，使用该控件的【（名称）】属性主要是对命令按钮控件进行命名，它与【Caption】属性的不同之处在于，利用该属性命名后相当于该命令按钮控件引用的一个别称，它主要是方便在VBA整个程序中对该命令按钮控件进行引用。

第 8 步 ❶使用相同的方法再次绘制一个按钮，在按钮上右击；❷在弹出的快捷菜单中选择【属性】命令，如下图所示。

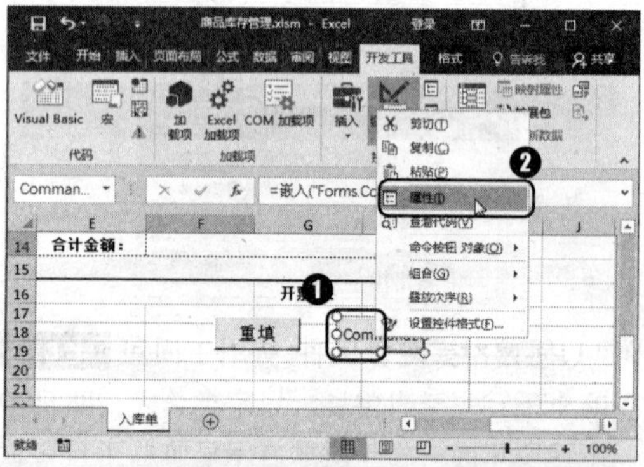

温馨提示

在命令按钮控件中，使用【Caption】属性主要是对该命令按钮控件上所显示的文本进行设置，除此之外，在使用VBA编程语言控制程序的时候，还可以使用该属性获取指定命令按钮控件上显示的文本，其语法格式为【按钮名. Caption=字符串】，或者【字符变量=按钮名. Caption】。

第 9 步 ❶打开【属性】对话框，设置【（名称）】为【Rukubtn】，设置【Caption】为【入库】，使用与前文相同的方法设置【Font】为【宋体，常规，14】；❷设置完成后单击【关闭】按钮，如下图所示。

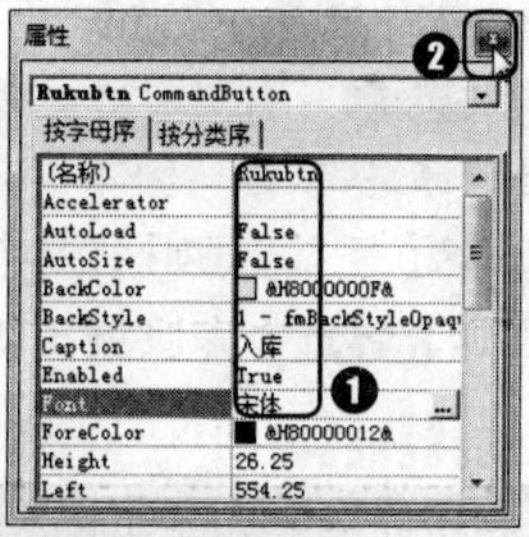

9.2.2 制作“入库明细表”

在“入库明细表”中记录了入库单的部分数据，可以帮助管理商品库存，制作“入库明细表”的具体操作步骤如下。

第 1 步 在工作簿中单击【新建工作表】按钮⊕，如下图所示。

第 2 步 ❶将新工作表命名为“入库明细表”；❷选择 A1：N1 单元格区域；❸单击【开始】选项卡【对齐方式】组中的【合并后居中】按钮▤，如下图所示。

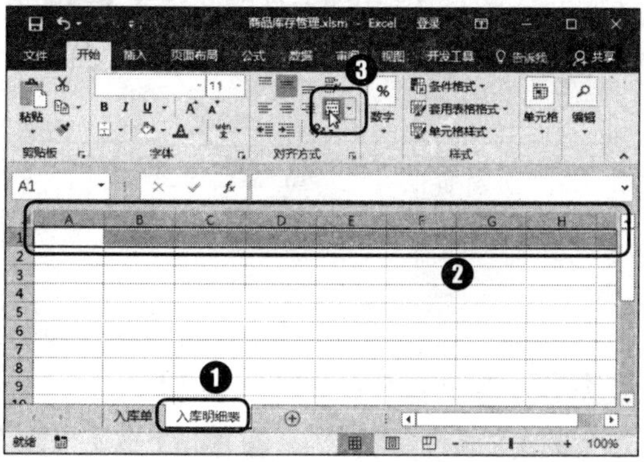

第 3 步 ❶选择第 1 行；❷单击【开始】选项卡【单元格】组中的【格式】下拉按钮；❸在弹出的下拉列表中选择【行高】选项；❹弹出【行高】对话框，在【行高】文本框中输入“30”；❺单击【确定】按钮，如下图所示。

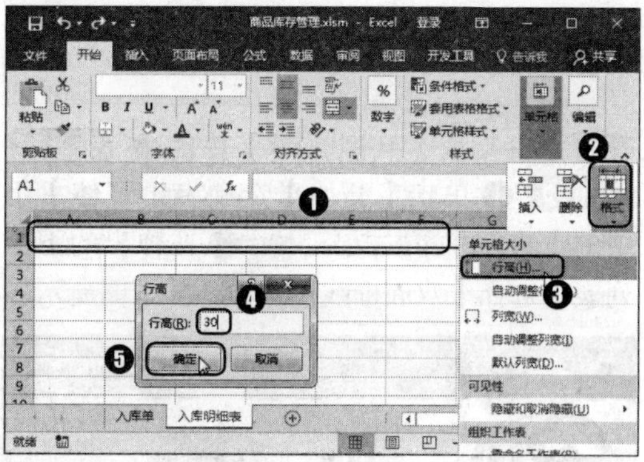

第 4 步 ❶选择第 2 行；❷单击【开始】选项卡【单元格】组中的【格式】下拉按钮；❸在弹出的下拉列表中选择【行高】选项；❹弹出【行高】对话框，在【行高】文本框中输入“10”；❺单击【确定】按钮，如下图所示。

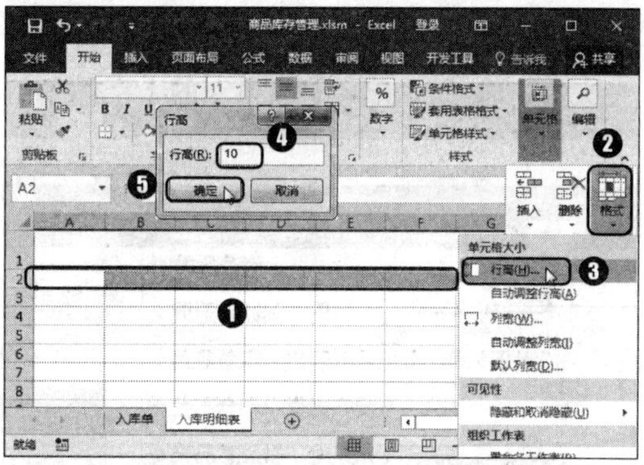

第 5 步 ❶在 A1 单元格中输入标题；❷在【开始】选项卡的【字体】组中设置字体格式，如下图所示。

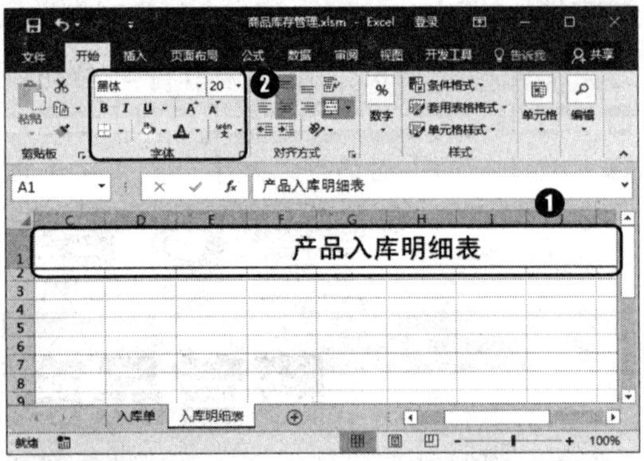

第 6 步 ❶单击【开始】选项卡【字体】组中的【边框】下拉按钮 ；❷在弹出的下拉列表中选择【双底框线】选项，如下图所示。

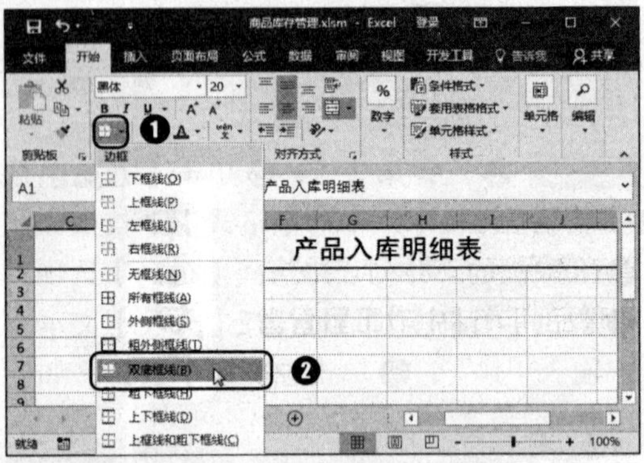

第 7 步 ❶在 A3：N3 单元格区域中输入表头文本；❷在【开始】选项卡的【字体】组中设置字体格式，如下图所示。

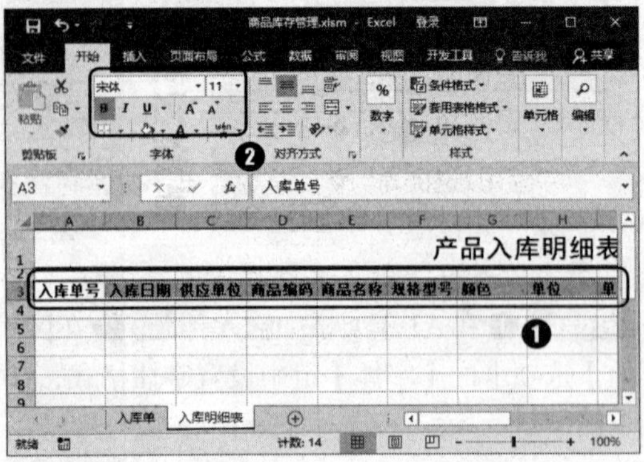

第 8 步 ❶选择 A3：N3 单元格区域；❷单击【开始】选项卡【字体】组中的【填充颜色】下拉按钮 ；❸在弹出的下拉列表中选择一种填充颜色，如下图所示。

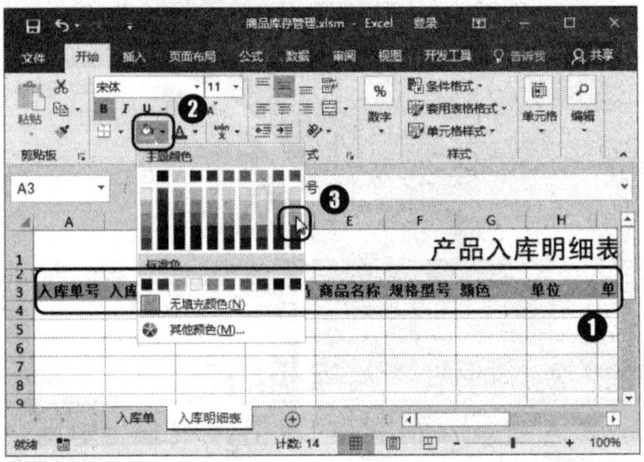

第 9 步 ❶选择 A~N 列单元格区域；❷单击【开始】选项卡【对齐方式】组中的【居中】按钮 ，如下图所示。

第 10 步 ❶选择 B 列；❷单击【数字格式】下拉按钮 ；❸在弹出的下拉列表中选择【短日期】选项，如下图所示。

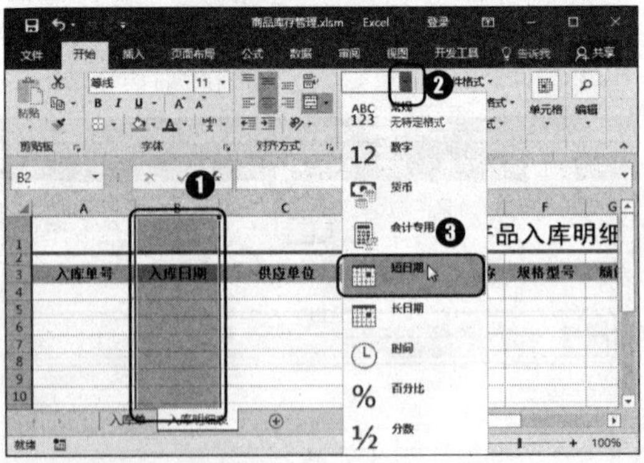

第 11 步 ❶选择【单价】【金额】【合计】【已付金额】【应付金额】列；❷单击【数字格式】

下拉按钮 ；❸ 在弹出的下拉列表中选择【会计专用】选项，如下图所示。

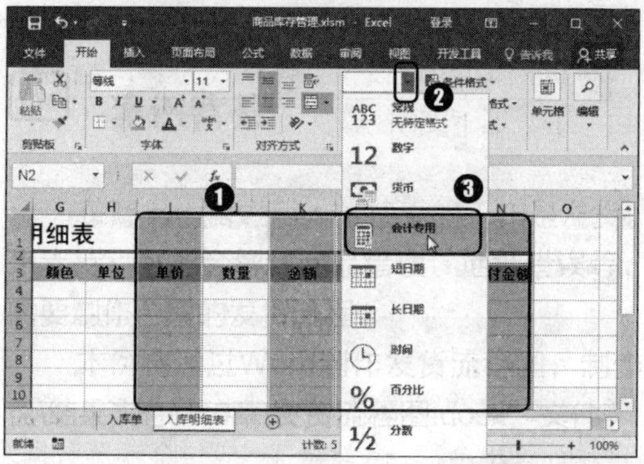

9.2.3 完成重填和入库功能

前文制作的重填和入库按钮，可以通过编写程序，实现在“入库单”工作表中填写数据，然后单击表格中的【入库】按钮，即可将相应的数据录入“入库明细表”中。如果输入了错误数据，在未入库之前，单击【重填】按钮可将“入库单”工作表中输入的数据清除，具体操作步骤如下。

第1步 ❶ 单击【开发工具】选项卡【控件】组中的【设计模式】按钮，进入设计模式；❷ 双击【重填】按钮，如下图所示。

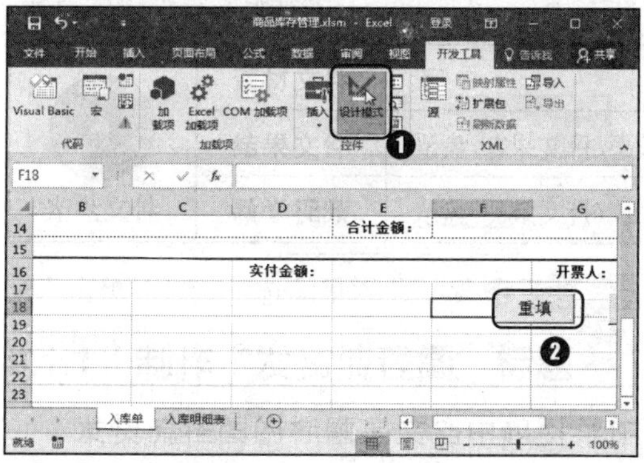

第2步 打开 VBE 窗口，此时系统自动为【重填】按钮创建一个【Clrbtn_Click】事件过程，如下图所示。

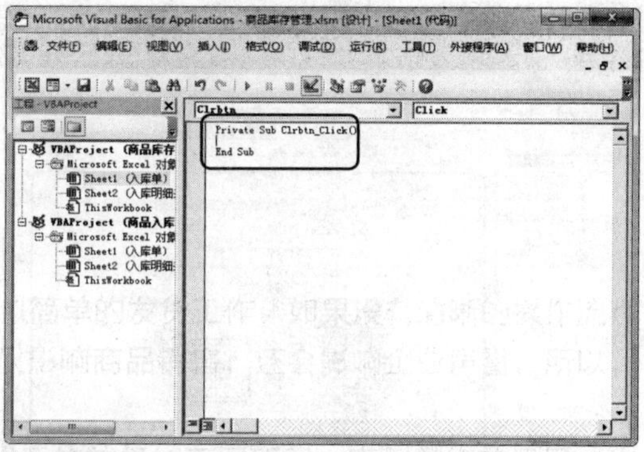

第3步 ❶ 在【Clrbtn_Click】事件过程中输入相应的 VBA 代码，完成重填功能；❷ 单击工具栏中的【保存】按钮，如下图所示。

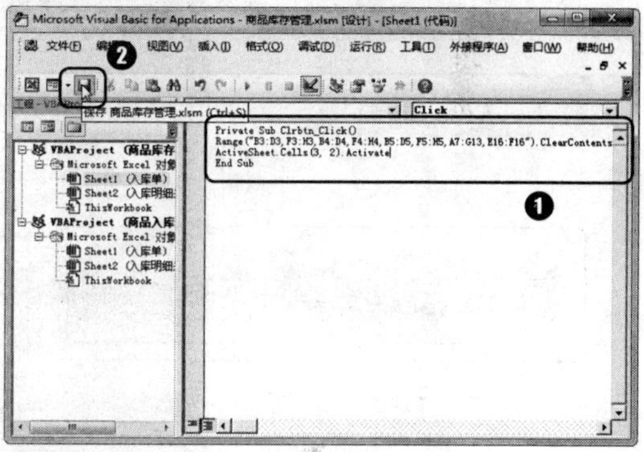

第4步 返回“入库单”工作表，双击【入库】按钮，系统自动切换到 VBE 窗口，并在该窗口的代码区域中为该按钮创建一个【Clrbtn_Click】事件过程，如下图所示。

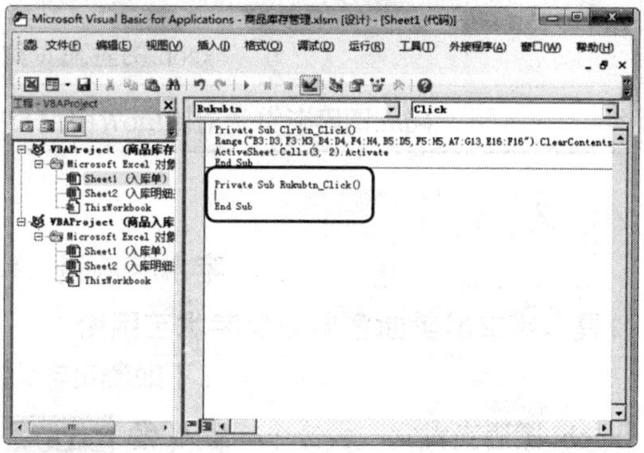

第5步 ❶ 在【Clrbtn_Click】事件过程中输入相应的 VBA 代码，完成入库功能；❷ 单击

工具栏中的【保存】按钮，如下图所示。

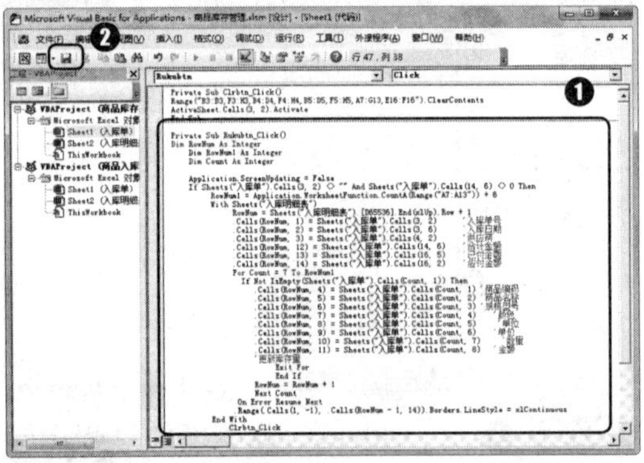

第 6 步 返回工作表中，单击【开发工具】选项卡【控件】组中的【设计模式】按钮，退出设计模式，如下图所示。

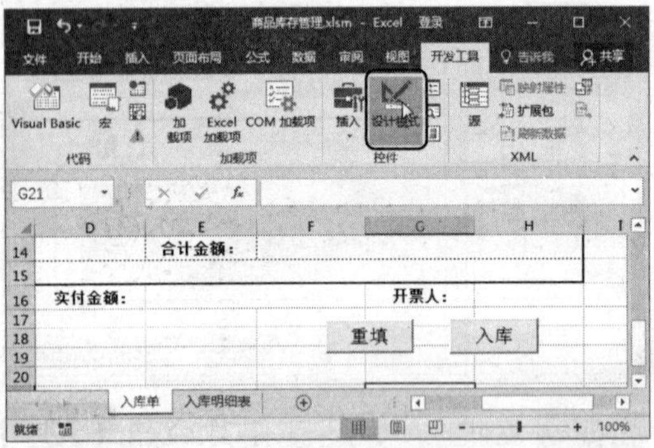

第 7 步 ❶在 B3：B5 和 F3：F5 单元格区域中输入数据；❷单击【重填】按钮，如下图所示。

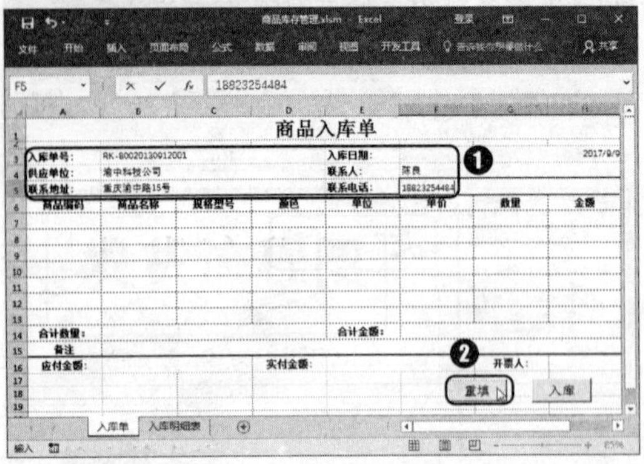

第 8 步 系统将自动将 B3：B5 和 F3：F5 单元格区域中的数据清除，并选择 B3 单元格，如下图所示。

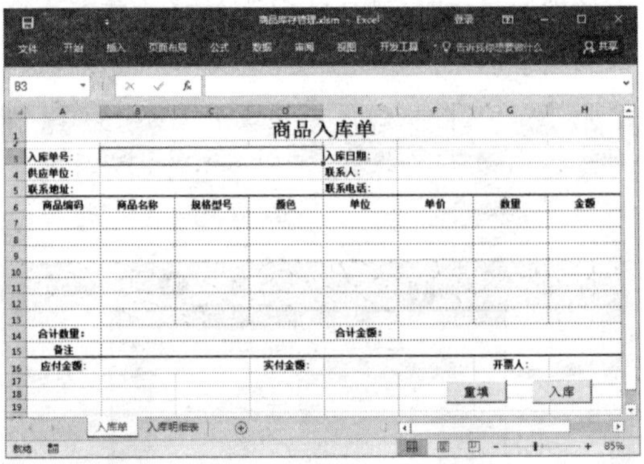

第 9 步 ❶重新输入商品入库数据，系统将自动计算出金额、合计金额、应付金额等数据；❷单击【入库】按钮，如下图所示。

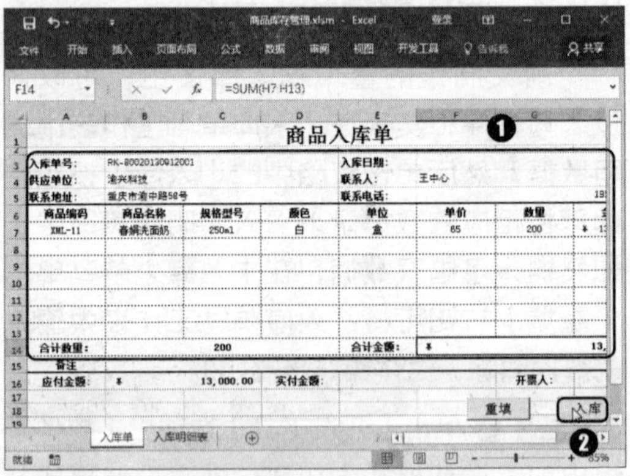

第 10 步 数据将自动录入“入库明细表”工作表中，“入库单”工作表中的数据将被清除，并自动选择 B3 单元格，如下图所示。

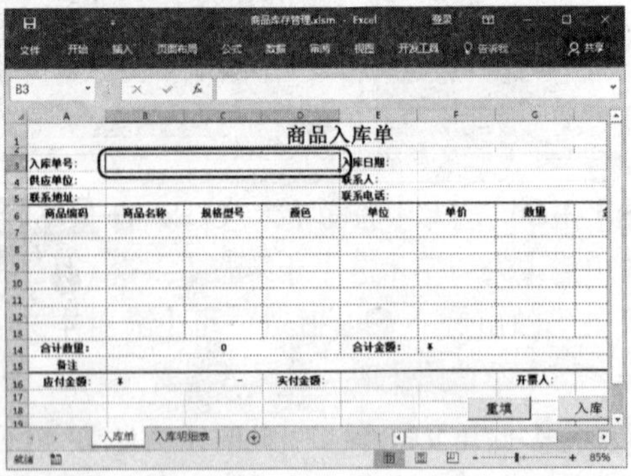

第 11 步 再次输入商品入库数据，单击【入库】按钮，如下图所示。

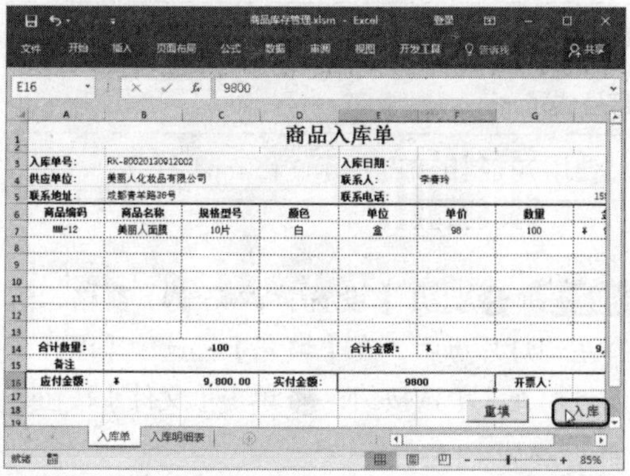

第12步 数据将被保存在“入库明细表”工作表末尾记录的下一行，如下图所示。

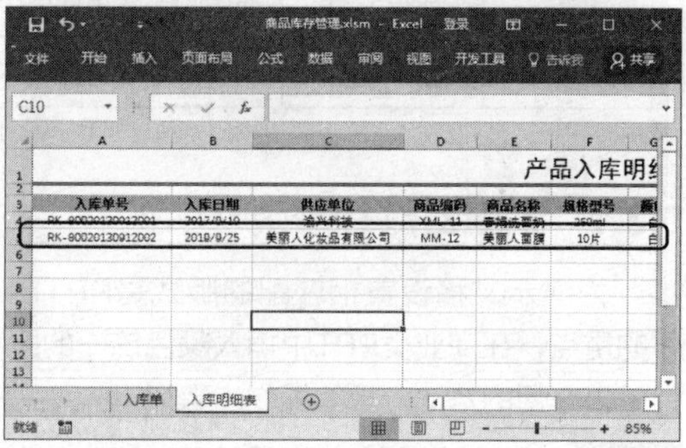

9.3 使用PPT制作“商品展示”演示文稿

案例背景

商品介绍与展示是市场营销和销售管理中的一项重要宣传手段，也是PowerPoint的重要应用之一。借助演示文稿，公司可以将商品的相关信息、参数及图片资料等方便地展示给客户或员工，以达到介绍和宣传产品的目的。

本例将制作“商品展示”演示文稿，制作完成后的效果如下图所示。实例最终效果见“光盘\结果文件\第9章\商品展示.pptx”文件。

光盘文件		
	素材文件	光盘\素材文件\第9章\商品展示\
	结果文件	光盘\结果文件\第9章\商品展示.pptx
	教学视频	光盘\视频文件\第9章\9.3使用PPT制作商品展示文稿.mp4

9.3.1 编辑幻灯片母版

为演示文稿设置相匹配的版式是PPT制作的重点，在商业类PPT中插入颜色统一的图片是最方便的方法，具体操作步骤如下。

第 1 步 新建一个名为“商品展示”的演示文稿，单击【视图】选项卡【母版视图】组中的【幻灯片母版】按钮，进入幻灯片母版视图，如下图所示。

第 2 步 ❶单击【幻灯片母版】视图【背景】组中的【背景样式】下拉按钮；❷在弹出的下拉列表中选择【设置背景格式】命令，如下图所示。

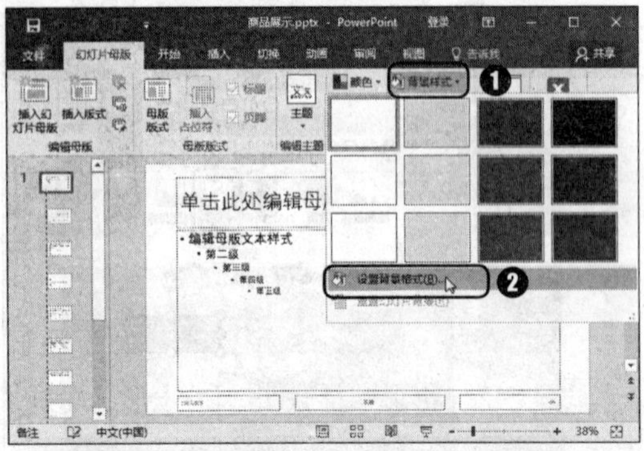

第 3 步 ❶打开【设置背景格式】窗格，选择主幻灯片母版，在【填充】栏选中【图片或纹理填充】单选按钮；❷单击【文件】按钮，如下图所示。

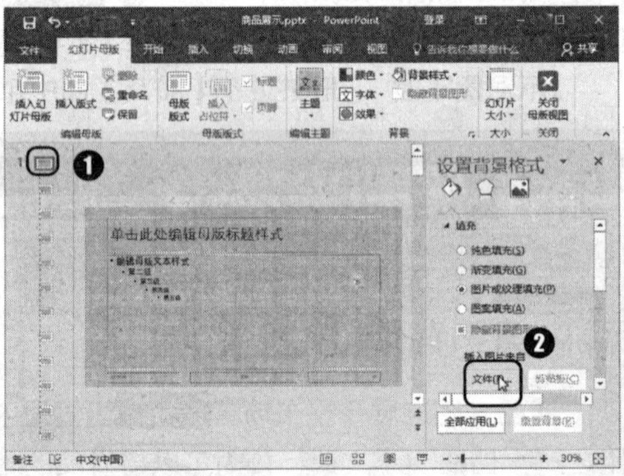

第 4 步 ❶打开【插入图片】对话框，选择“光盘\素材文件\第 9 章\商品展示\背景 1.jpg”图片；❷单击【插入】按钮，如下图所示。

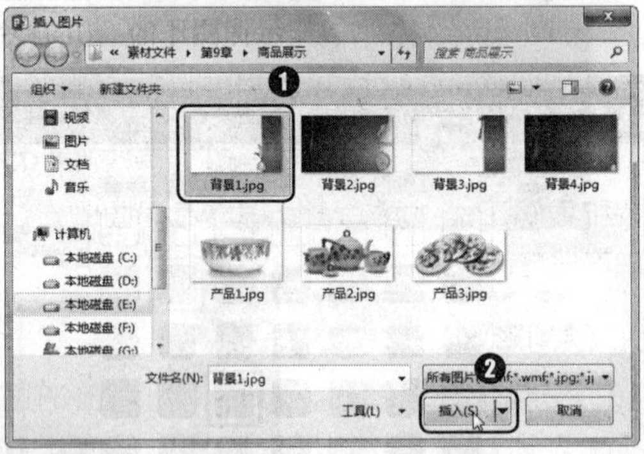

第 5 步 ❶选中标题占位符文本框；❷在【开始】选项卡的【字体】组中设置字体格式，如下图所示。

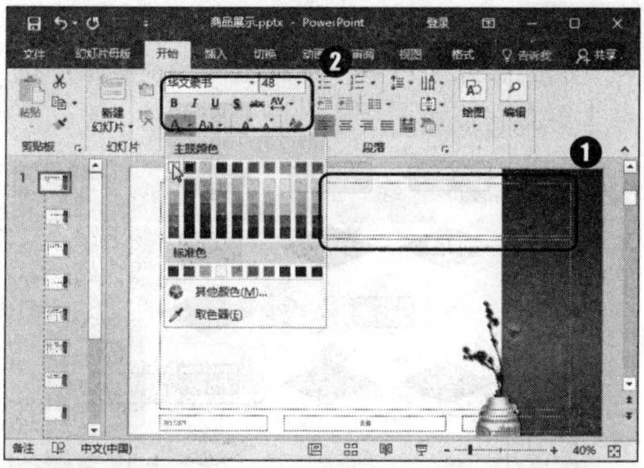

第 6 步 ❶保持标题占位符文本框的选中状态，单击【开始】选项卡【段落】组中的【文字方向】下拉按钮；❷在弹出的下拉列表中选择【竖排】选项，如下图所示。

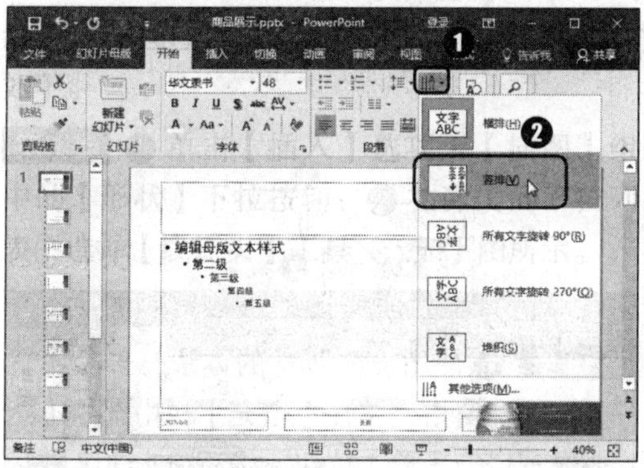

第 7 步 拖动占位符文本框四周的控制点，将占位符文本框设置为竖排，并将其移动到幻灯片母版的右侧，如下图所示。

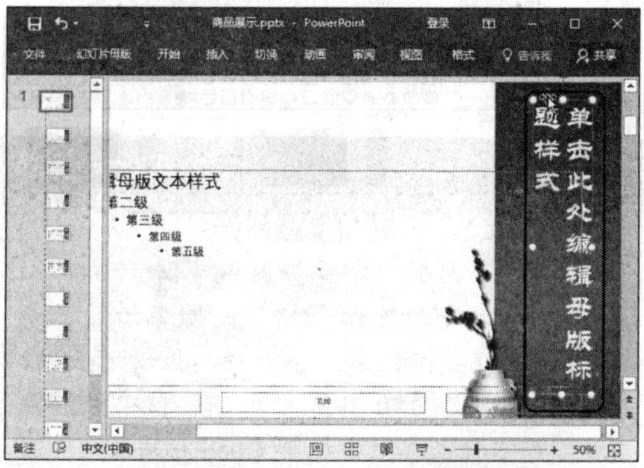

第 8 步 ❶将光标定位到标题占位符中；❷单击【开始】选项卡【段落】组中的【居中】按钮≡，如下图所示。

第 9 步 ❶选中正文占位符文本框；❷在【开始】选项卡的【字体】组中设置字体格式，如下图所示。

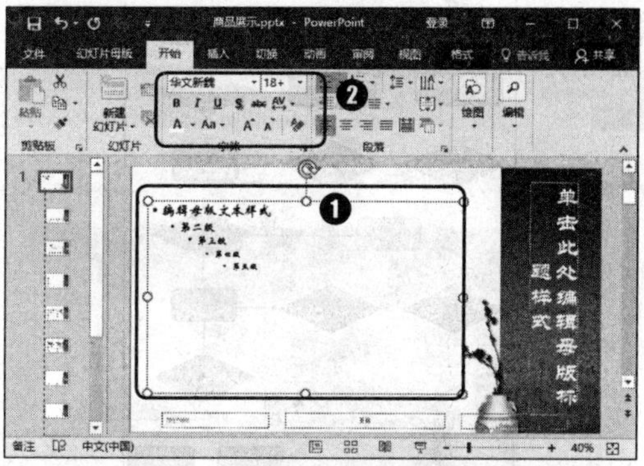

第 10 步 ❶选择标题幻灯片版式；❷将“光盘\素材文件\第 9 章\商品展示\背景 2.jpg”图片设置为背景，选择标题占位符；❸单击【开始】选项卡【段落】组中的【文字方向】下拉按钮⫼；❹在弹出的下拉列表中选择【横排】选项，如下图所示。

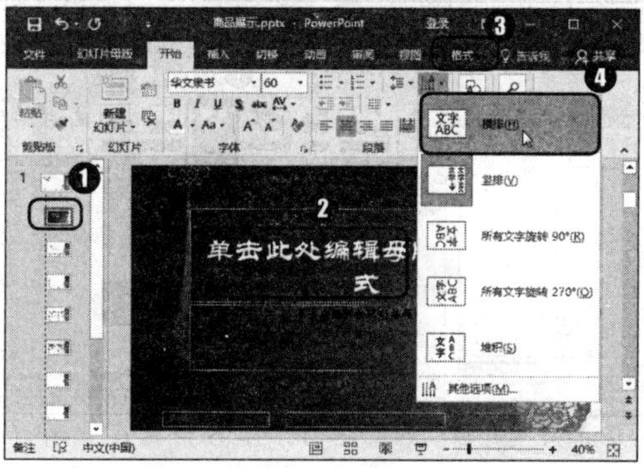

第 11 步 ❶选择副标题占位符；❷在【开始】选项卡的【字体】组中设置字体格式，如下图所示。

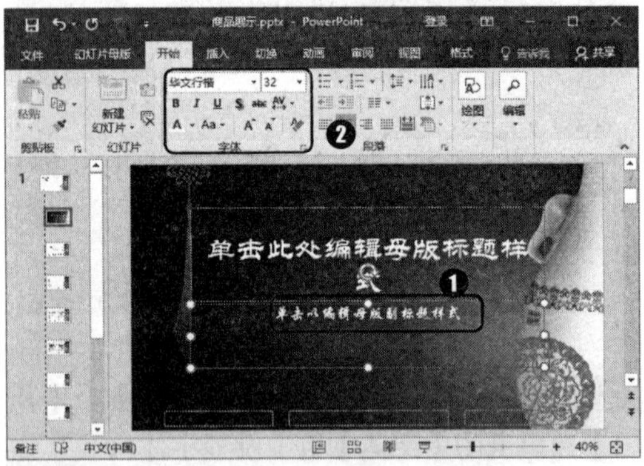

第 12 步 选中【幻灯片母版】选项卡【背景】组中的【隐藏背景图形】复选框，如下图所示。

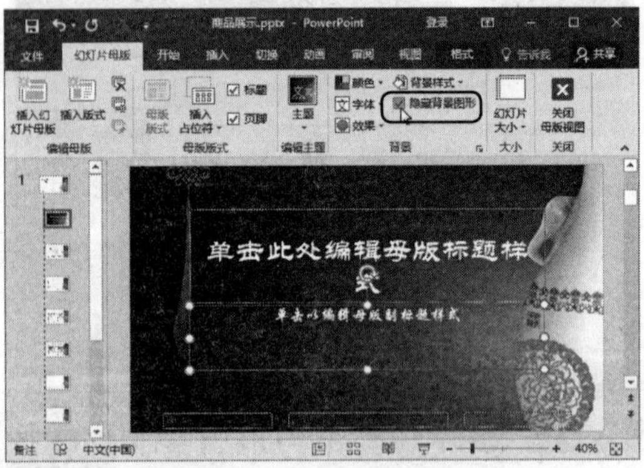

第 13 步 在【标题和内容】版式上右击，在弹出的快捷菜单中选择【复制版式】命令，如下图所示。

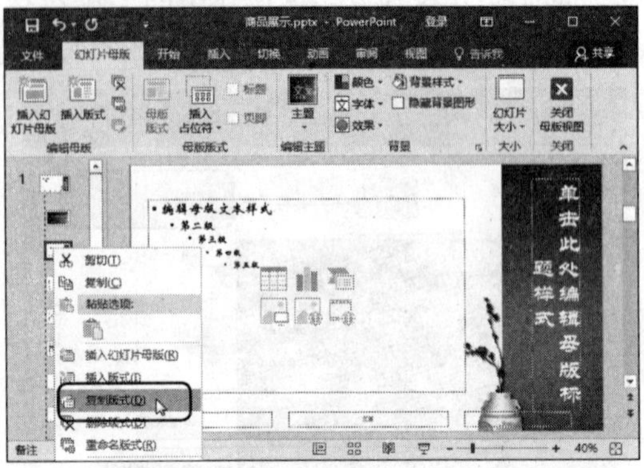

第 14 步 将复制一个【标题和内容】版式，在复制的版式上右击，在弹出的快捷菜单中选择【重命名版式】命令，如下图所示。

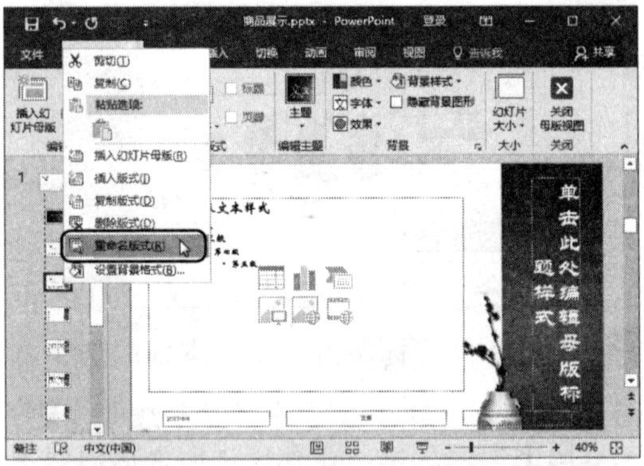

第 15 步 ❶打开【重命名版式】对话框，在【版式名称】文本框中输入“标题和内容版式 2”文本；❷单击【重命名】按钮，如下图所示。

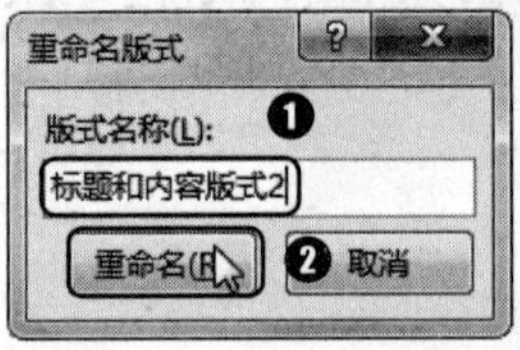

第 16 步 ❶使用前文所学的方法打开【设置背景格式】窗格，并在【填充】栏中选中【图片或纹理填充】单选按钮，然后单击【文件】按钮，打开【插入图片】对话框，选择“光盘\素材文件\第 9 章\商品展示\背景 3.jpg”图片；❷单击【插入】按钮，如下图所示。

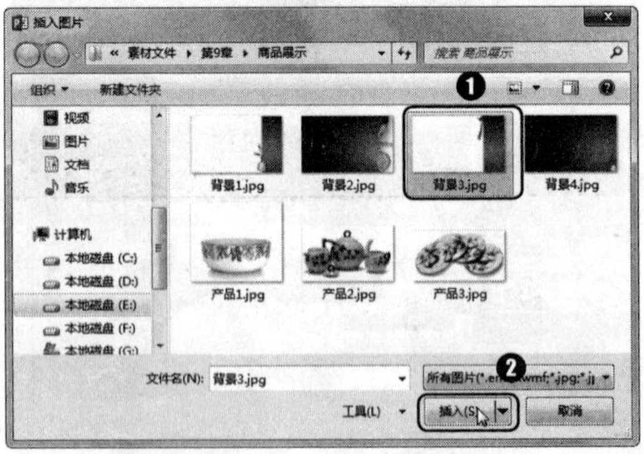

第 17 步 使用相同的方法复制标题幻灯片版式，并为其重命名为【标题幻灯片 2】，更改

背景图片为“光盘\素材文件\第 9 章\商品展示\背景 4.jpg”图片文件，如下图所示。

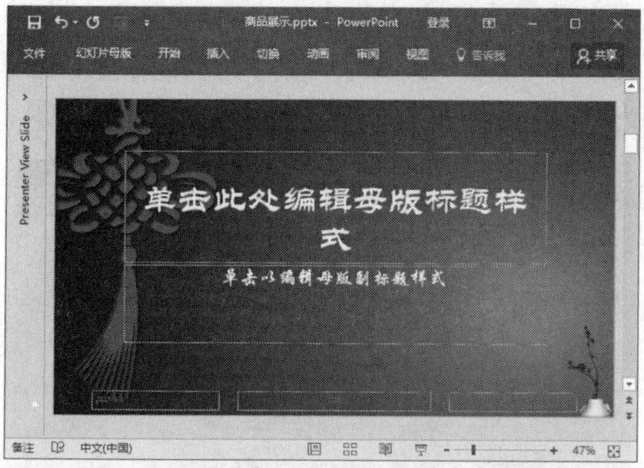

温馨提示

当需要制作两张差异不大的幻灯片母版时，可以先制作一张，然后通过复制幻灯片母版的方法，修改部分内容，可以提高工作效率。

第 18 步 单击【幻灯片母版】选项卡【关闭】组中的【关闭母版视图】按钮，退出幻灯片母版即可完成幻灯片母版的编辑，如下图所示。

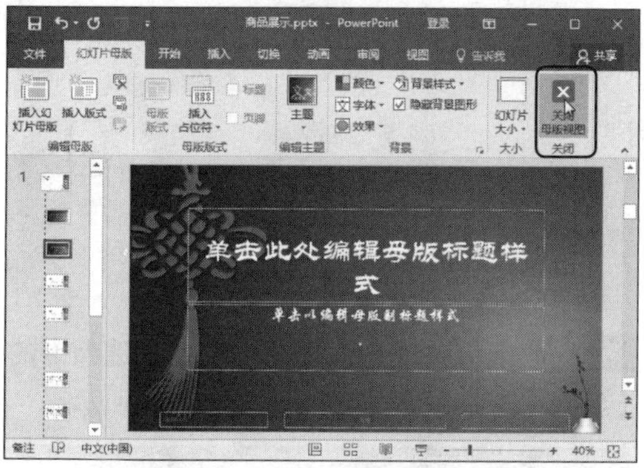

9.3.2 制作商品展示幻灯片

在本例中，制作商品展示幻灯片需要添加表格制作目录和商品介绍，再插入图片介绍商品型号样式。

1. 制作目录幻灯片

本例需要先绘制一个表格输入目录文本，再取消表格的填充，然后绘制直线分隔目录，具体操作步骤如下。

第 1 步 在第一张幻灯片的标题占位符和副标题占位符中输入标题和副标题，如下图所示。

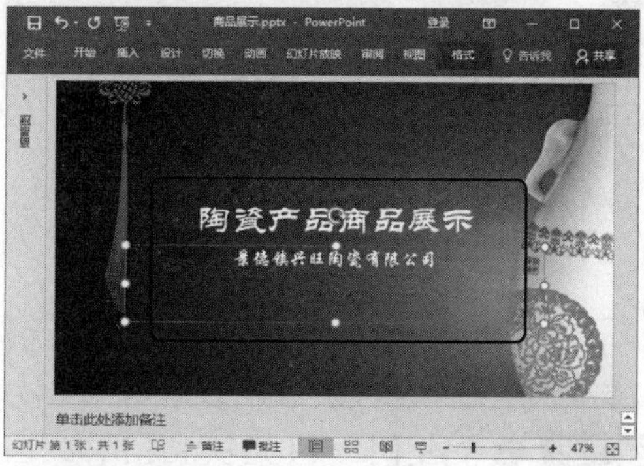

第 2 步 ❶ 单击【开始】选项卡【幻灯片】组中的【新建幻灯片】下拉按钮；❷ 在弹出的下拉列表中选择【标题和内容】选项，如下图所示。

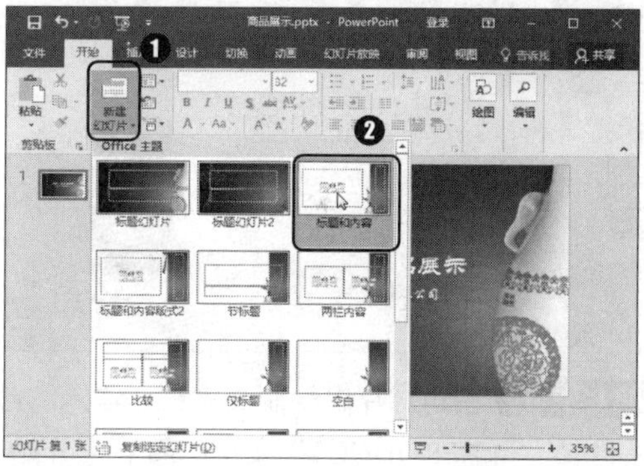

第 3 步 在标题占位符中输入幻灯片标题，在正文占位符中输入正文内容，如下图所示。

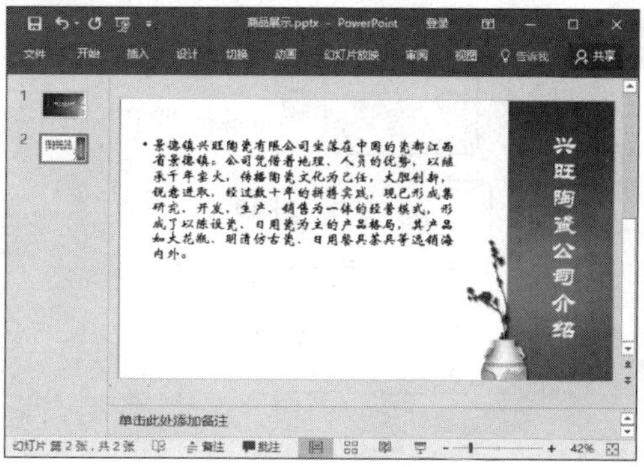

第 4 步 ❶再次添加一张【标题和内容】幻灯片，输入标题文本；❷选择正文占位符，按【Delete】键删除占位符，如下图所示。

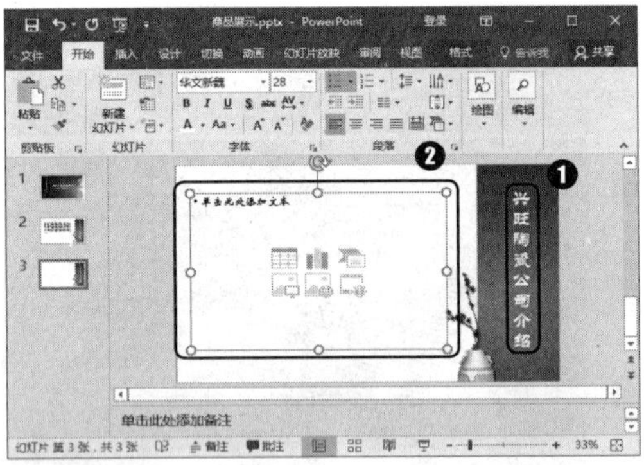

第 5 步 ❶单击【插入】选项卡【图像】组中的【形状】下拉按钮；❷在弹出的下拉列表中选择【文本框】工具，如下图所示。

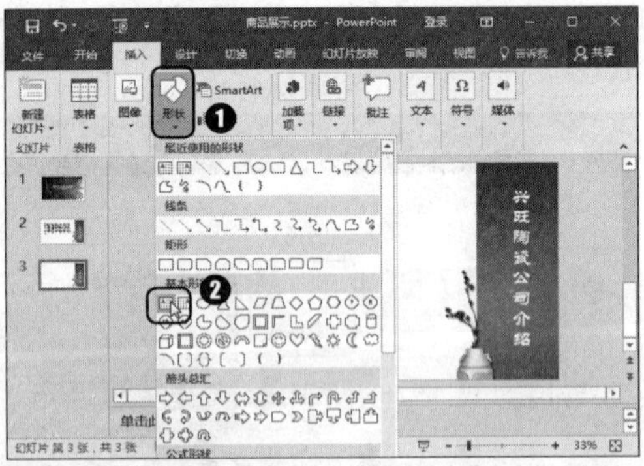

第 6 步 ❶在幻灯片中绘制文本框，输入“产品目录”和“PRODUCT”文本；❷在【开始】选项卡的【字体】组中分别设置中文字体和英文字体格式，如下图所示。

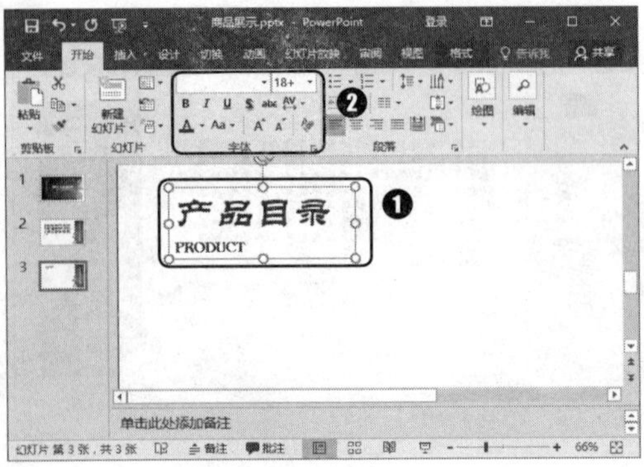

第 7 步 ❶单击【插入】选项卡【表格】组中的【表格】下拉按钮；❷在弹出的下拉列表中选择【插入表格】命令；❸打开【插入表格】对话框，设置【列数】为【2】，【行数】为【13】；❹单击【确定】按钮，如下图所示。

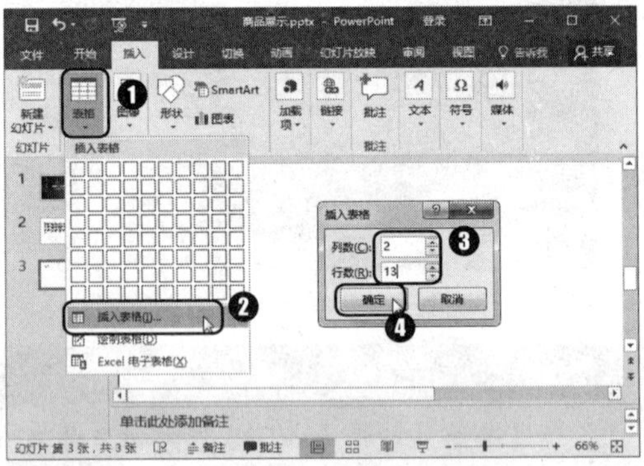

第 8 步 拖动表格四周的控制点调整表格的大小，然后将表格移动到合适的位置，如下图所示。

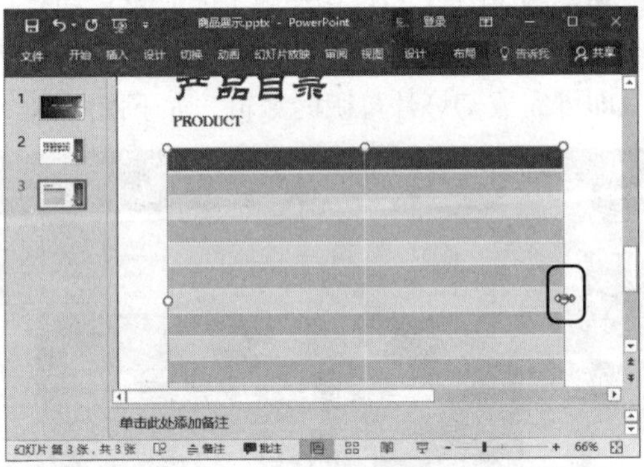

第 9 步 选中整个表格，在【开始】选项卡的【字体】组中设置字体格式，如下图所示。

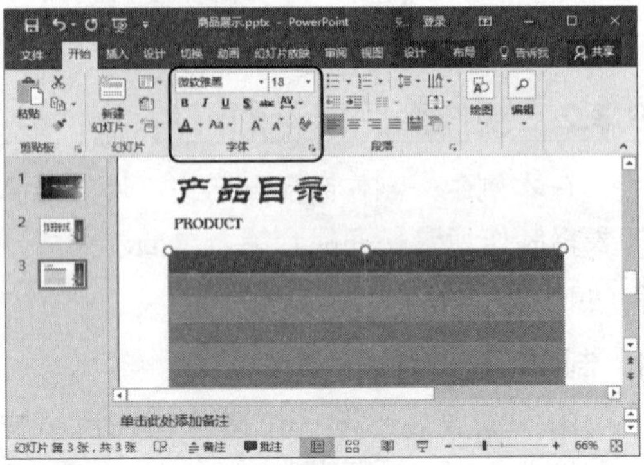

第10步 ❶选择第1行；❷单击【表格工具/布局】选项卡【合并】组中的【合并单元格】按钮，如下图所示。

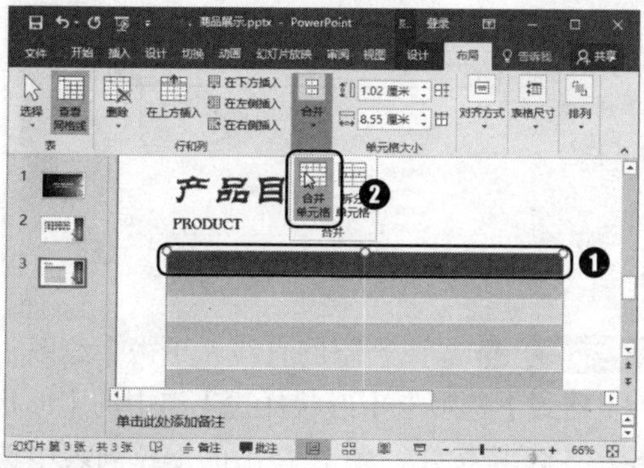

第11步 ❶将光标定位到第一行；❷单击【插入】选项卡【符号】组中的【符号】按钮，如下图所示。

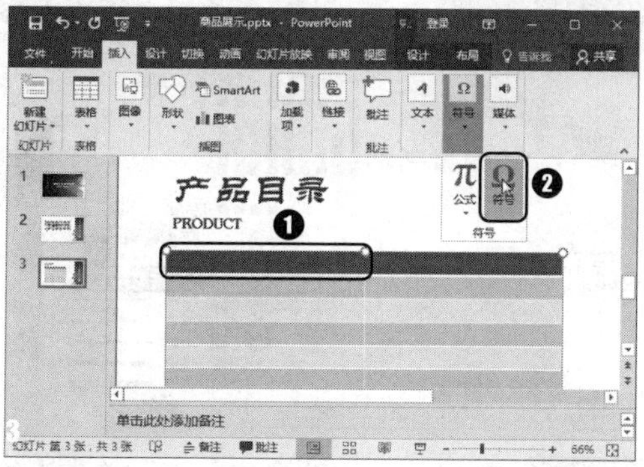

第12步 ❶打开【符号】对话框，在列表框中选择需要的符号；❷单击【插入】按钮；❸单击【关闭】按钮关闭【符号】对话框，如下图所示。

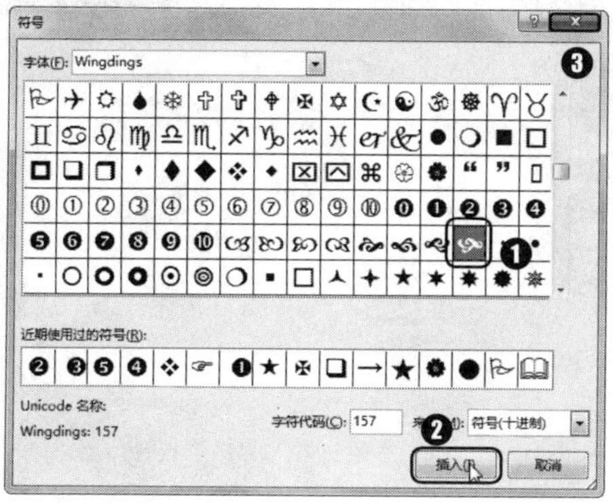

第13步 在表格中输入目录文本，如下图所示。

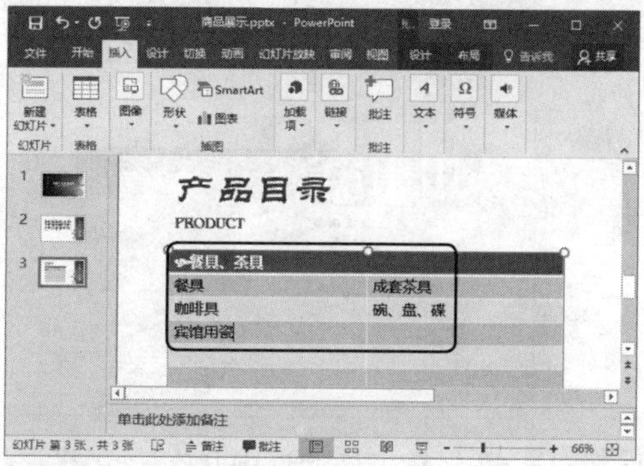

第14步 使用相同的方法，合并下方的其他单元格，并输入目录文本，如下图所示。

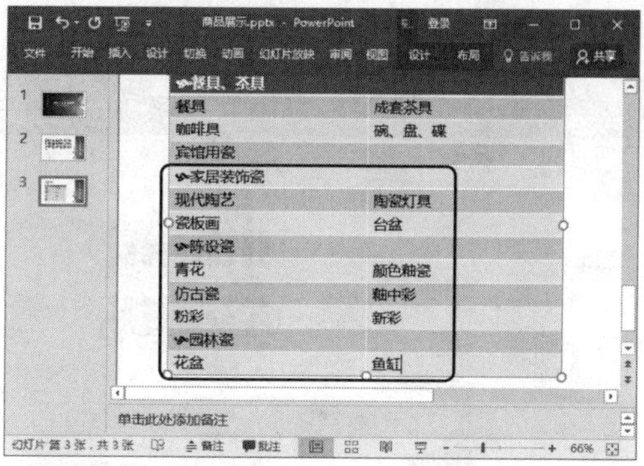

第15步 ❶选择添加了符号的目录标题文本；❷在【开始】选项卡的【字体】组中设置字体格式，如下图所示。

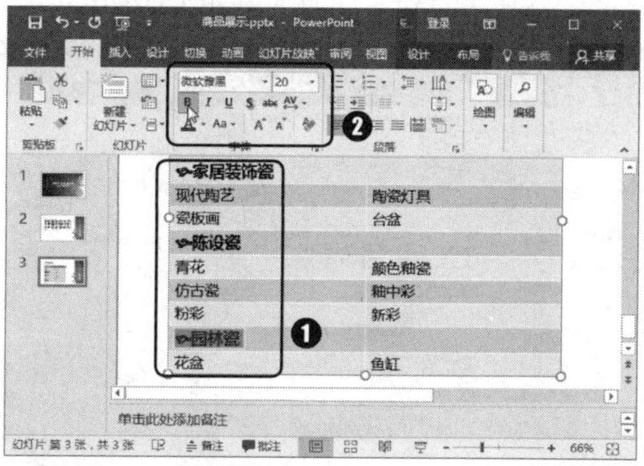

第16步 ❶选择整个表格，在【开始】选项卡的【字体】组中单击【字体颜色】下拉按钮A·；❷在弹出的下拉列表中选择一种字体

颜色，如下图所示。

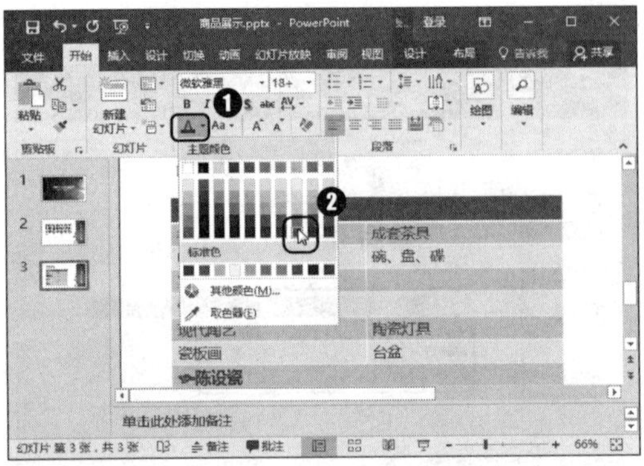

第 17 步 ❶ 保持表格的选中状态，单击【表格工具 / 设计】选项卡【表格样式】组中的【底纹】下拉按钮；❷ 在弹出的下拉列表中选择【无填充颜色】选项，如下图所示。

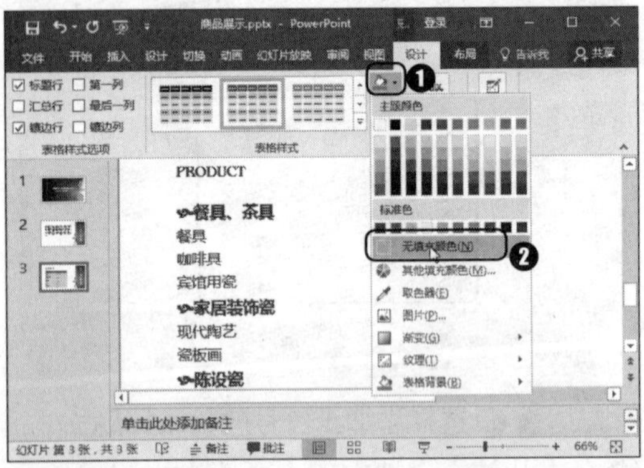

第 18 步 在【开始】选项卡【绘图】组的列表框中选择【直线】工具＼，如下图所示。

第 19 步 按住【Shift】键，在产品目录文本框下方绘制一条直线，如下图所示。

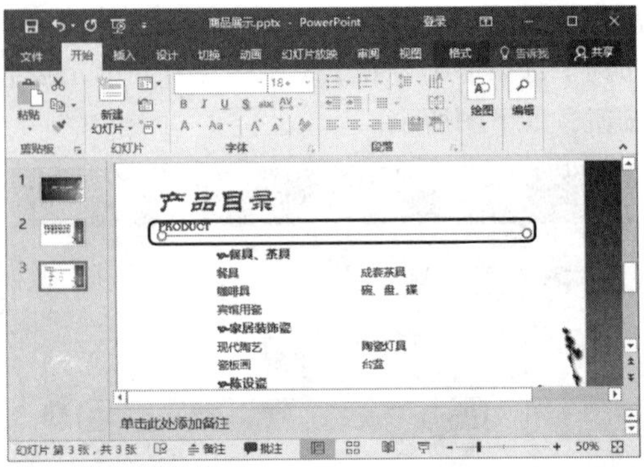

第 20 步 ❶ 选择绘制的直线，单击【绘图工具 / 格式】选项卡【形状样式】组中的【形状轮廓】下拉按钮；❷ 在弹出的下拉列表中选择【粗细】选项；❸ 在弹出的级联菜单中选择【1 磅】选项，如下图所示。

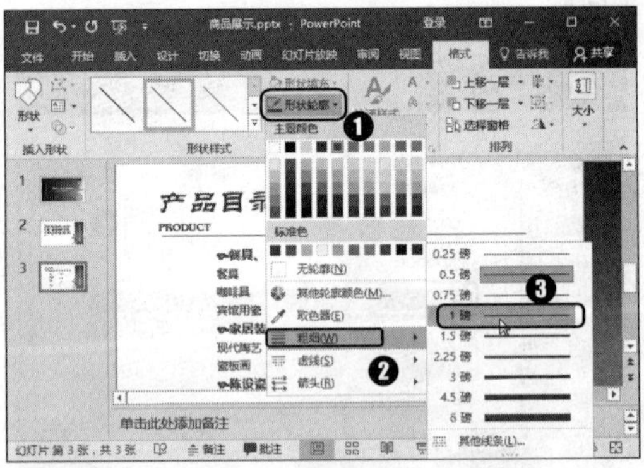

第 21 步 ❶ 保持直线的选中状态，单击【绘图工具 / 格式】选项卡【形状样式】组中的【形状轮廓】下拉按钮；❷ 在弹出的下拉列表中选择一种线条颜色，如下图所示。

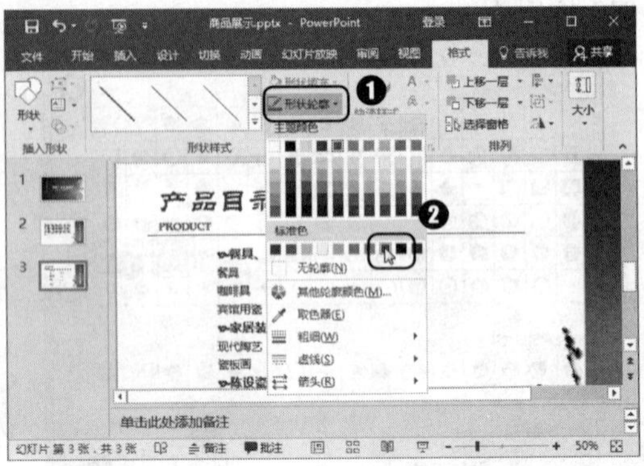

第22步 复制直线到其他位置，如下图所示。

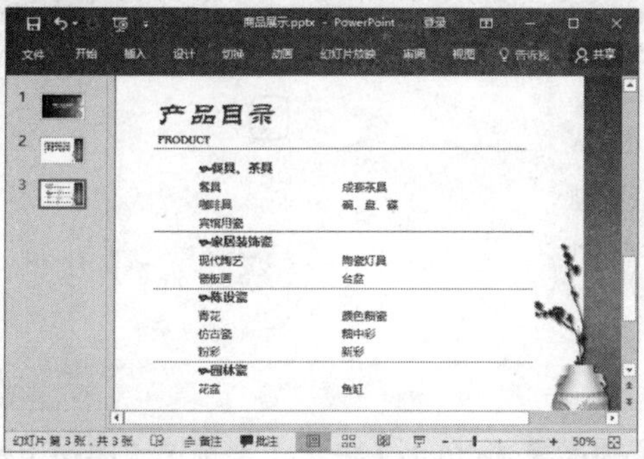

2. 制作商品展示幻灯片

制作商品展示幻灯片不仅要输入商品的参数，还要展示商品的图片，具体操作步骤如下。

第1步 ❶单击【开始】选项卡【幻灯片】组中的【新建幻灯片】下拉按钮；❷在弹出的下拉列表中选择【标题和内容版式2】选项，如下图所示。

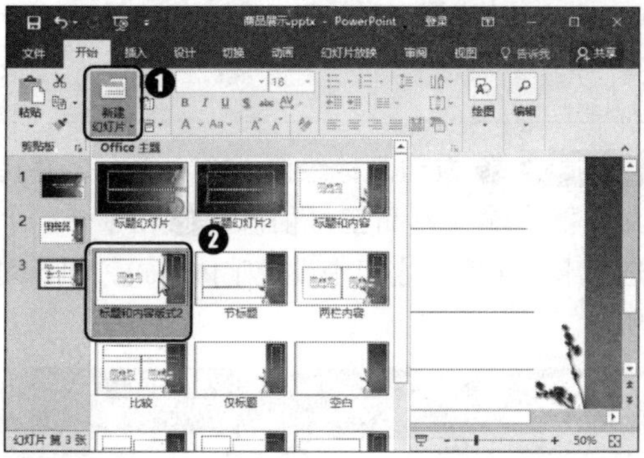

第2步 在标题占位符中输入标题文本，然后删除正文占位符，如下图所示。

第3步 ❶单击【插入】选项卡【表格】组中的【表格】下拉按钮；❷在弹出的下拉列表中拖动鼠标选择6列4行的表格，如下图所示。

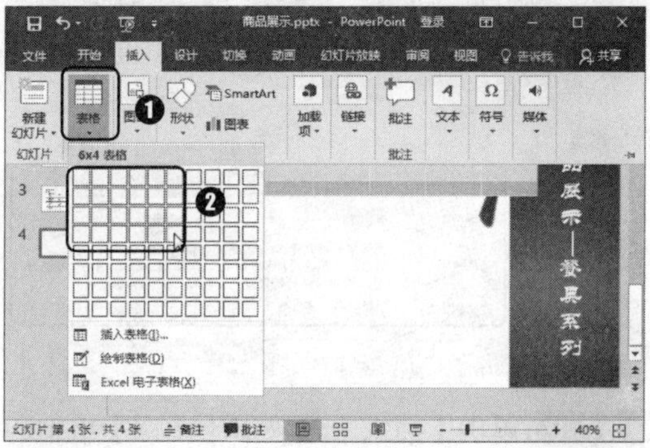

第4步 将插入的表格移动到合适的位置，并调整表格大小，如下图所示。

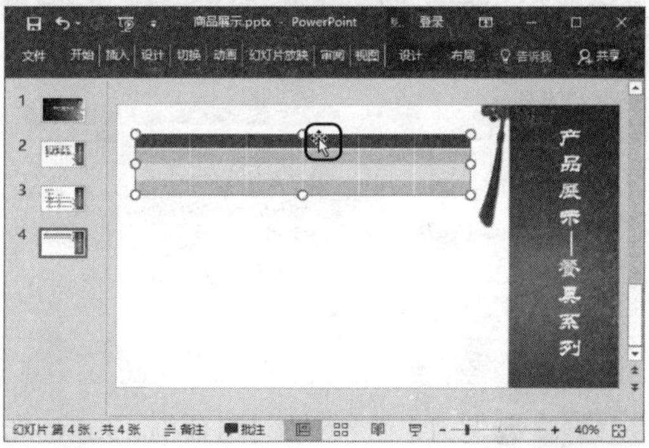

第5步 ❶在表格中输入产品简介文本；❷在【开始】选项卡的【字体】组中设置字体格式，如下图所示。

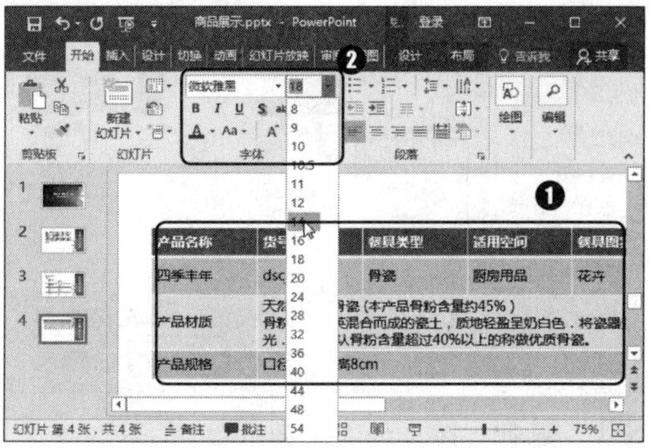

第 6 步 ❶选中整个表格；❷在【表格工具 / 设计】选项卡的【表格样式】组中选择一种表格样式，如下图所示。

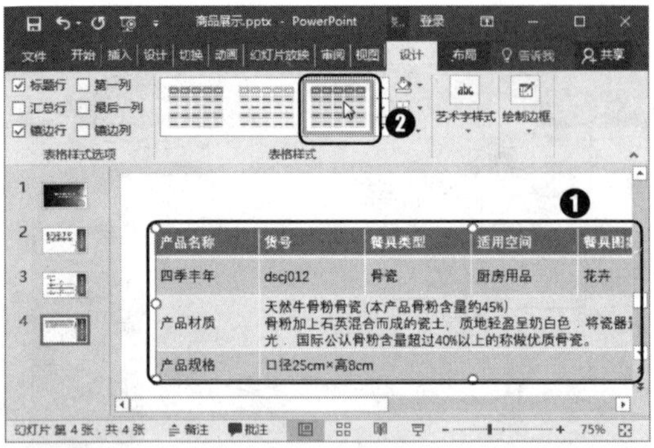

第 7 步 单击【插入】选项卡【图像】组中的【图片】按钮，如下图所示。

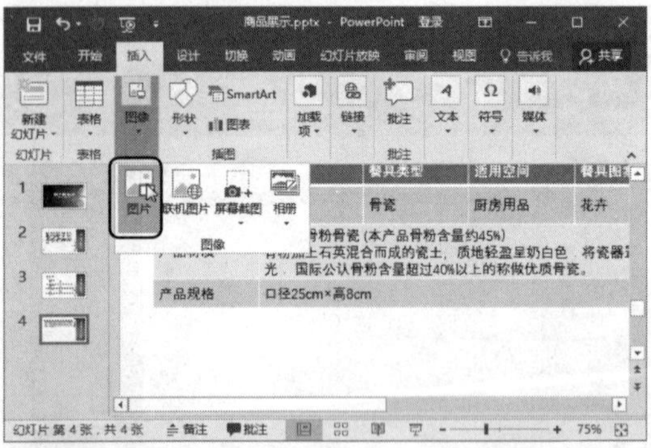

第 8 步 ❶打开【插入图片】对话框，选择“光盘 \ 素材文件 \ 第 9 章 \ 商品展示 \ 产品 1.jpg”图片；❷单击【插入】按钮，如下图所示。

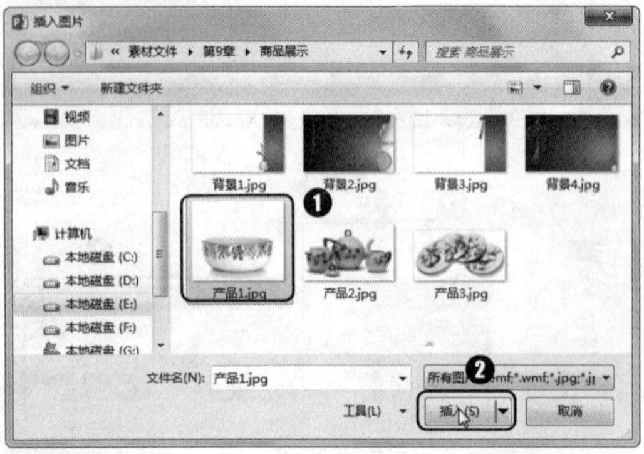

第 9 步 调整图片的大小和位置，如下图所示。

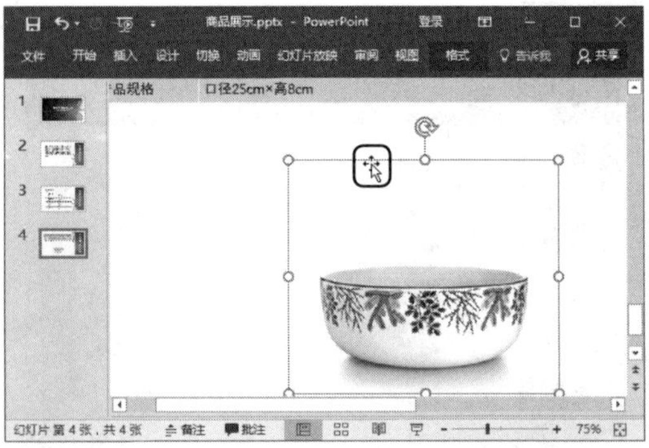

第 10 步 ❶单击【插入】选项卡【图像】组中的【形状】下拉按钮；❷在弹出的下拉列表中选择【文本框】工具，如下图所示。

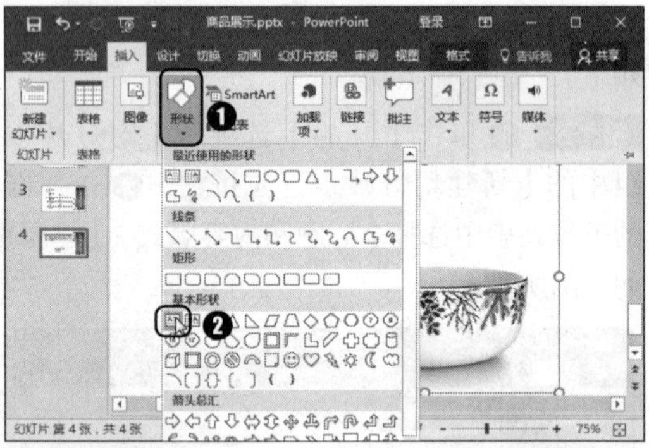

第 11 步 ❶拖动鼠标绘制一个文本框，并在文本框中输入产品型号信息；❷在【开始】选项卡的【字体】组中设置字体格式，如下图所示。

第 12 步 使用【直线】工具在文本框下方绘制一条直线，并设置直线的样式，如下图所示。

第 13 步 使用相同的方法添加其他文本和直线，如下图所示。

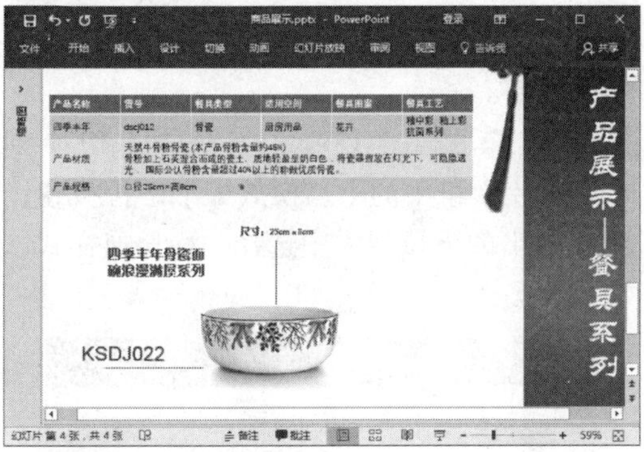

第 14 步 在第 4 张幻灯片上右击，在弹出的快捷菜单中选择【复制幻灯片】命令，如下图所示。

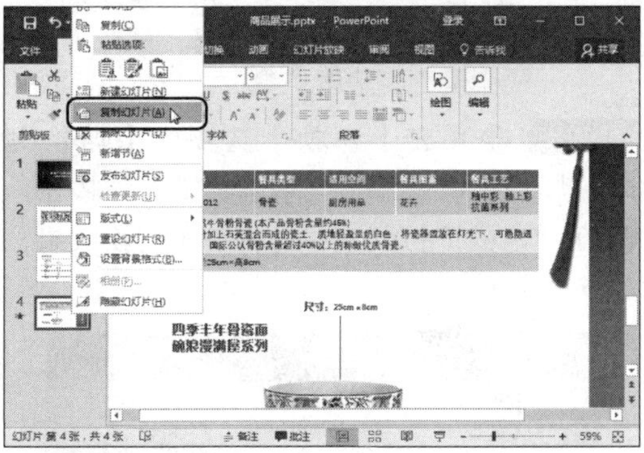

第 15 步 将表格中的文本替换为其他商品的参数，并更换表格样式，然后更换图片和商品介绍文本，如下图所示。

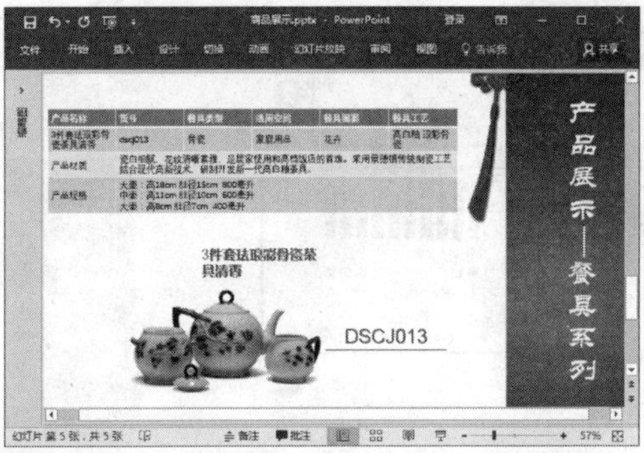

第 16 步 使用相同的方法制作其他商品展示幻灯片，如下图所示。

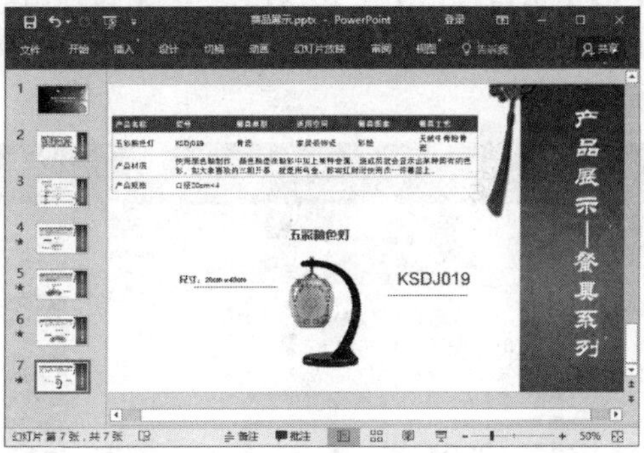

3. 制作联系方式和结束页

在幻灯片中添加联系方式可以让客户更快地联系到厂家，具体操作步骤如下。

第 1 步 添加一张【标题和内容】幻灯片，如下图所示。

第 2 步 ❶ 在占位符中输入联系方式；❷ 在【开始】选项卡的【字体】组中设置字体格式，如下图所示。

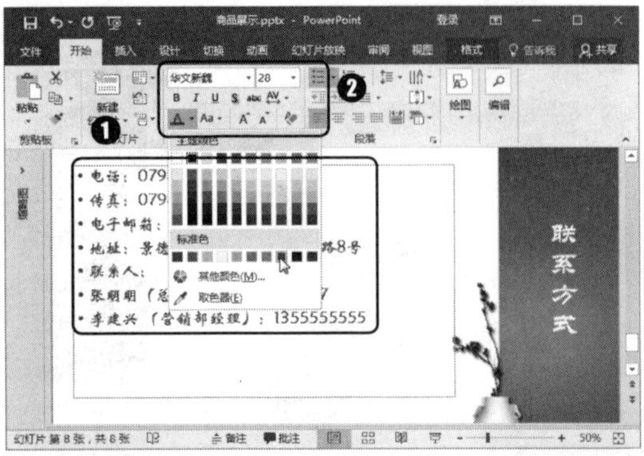

第 3 步 ❶ 单击【开始】选项卡【段落】组中的【项目符号】下拉按钮；❷ 在弹出的下拉列表中选择一种项目符号样式，如下图所示。

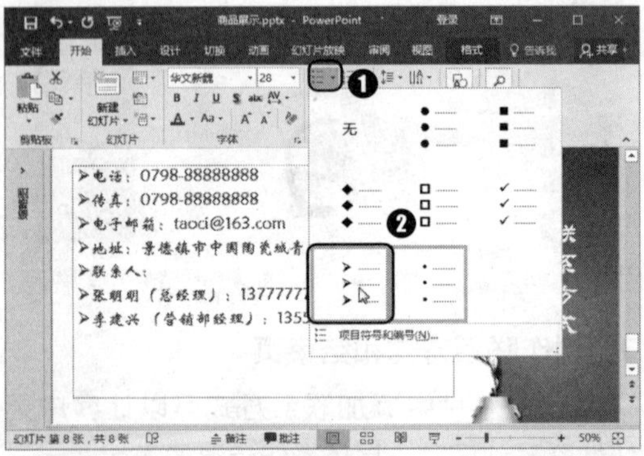

第 4 步 添加一张【标题幻灯片 2】幻灯片，如下图所示。

第 5 步 在标题文本框和副标题文本框中输入文本即可，如下图所示。

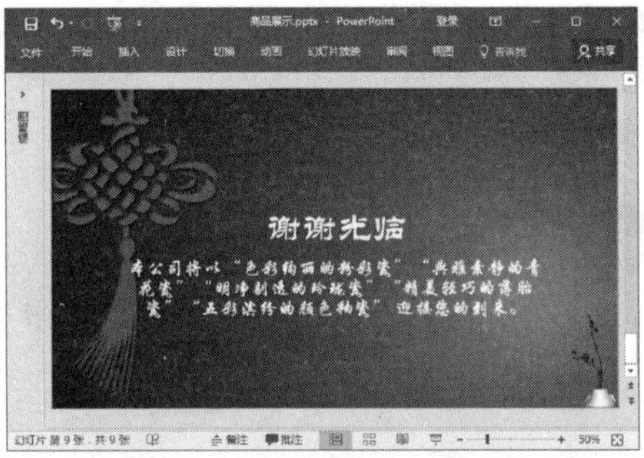

9.3.3 为幻灯片添加动画

幻灯片制作完成后，需要为幻灯片添加动画，以增加幻灯片的展现力，具体操作步骤如下。

第 1 步 ❶ 单击【切换】选项卡【切换到此幻灯片】组中的【切换效果】下拉按钮；❷ 在弹出的下拉列表中选择一种切换样式，如下图所示。

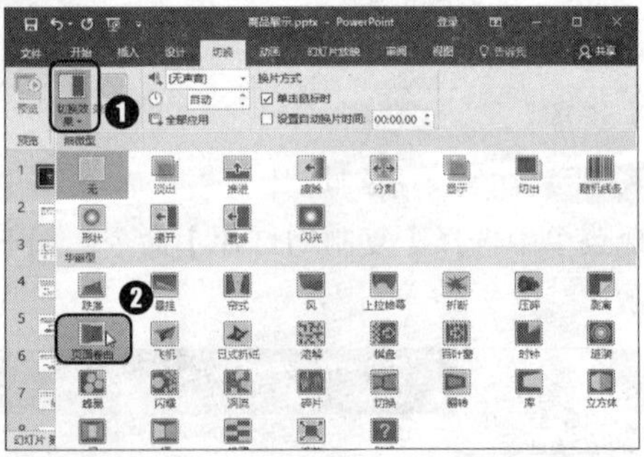

第 2 步 ❶ 单击【切换】选项卡【切换到此幻灯片】组中的【效果选项】下拉按钮；❷ 在弹出的下拉列表中选择一种切换效果，如下图所示。

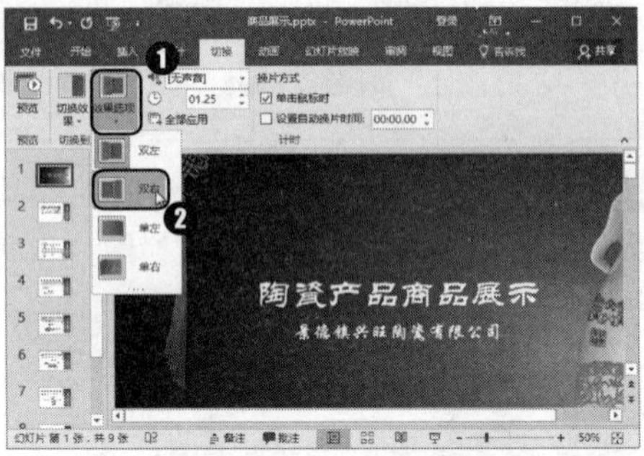

第3步 ❶单击【切换】选项卡【计时】组中的【声音】下拉按钮; ❷在弹出的下拉列表中选择一种声音，如下图所示。

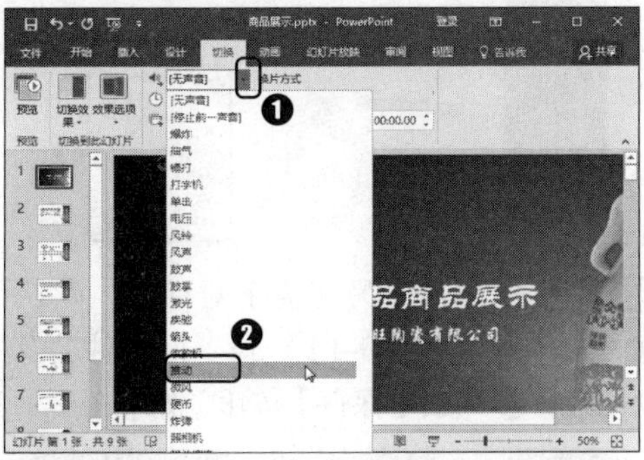

第4步 单击【切换】选项卡【计时】组中的【全部应用】按钮，将切换效果应用于所有幻灯片，如下图所示。

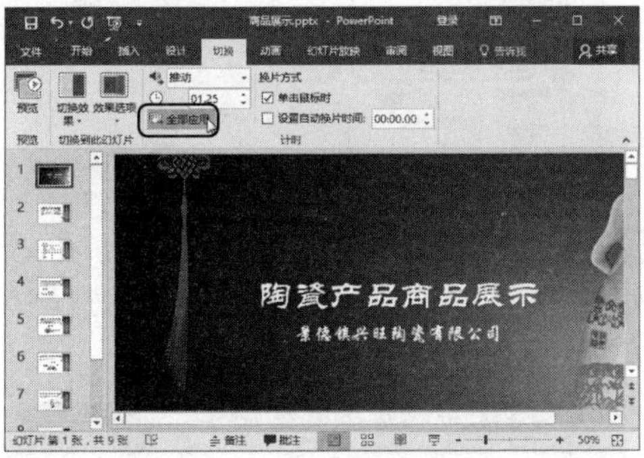

第5步 ❶选择第4张幻灯片中的商品图片; ❷单击【动画】选项卡【动画】组中的【动画样式】下拉按钮; ❸在弹出的下拉列表中选择一种动画样式，如下图所示。

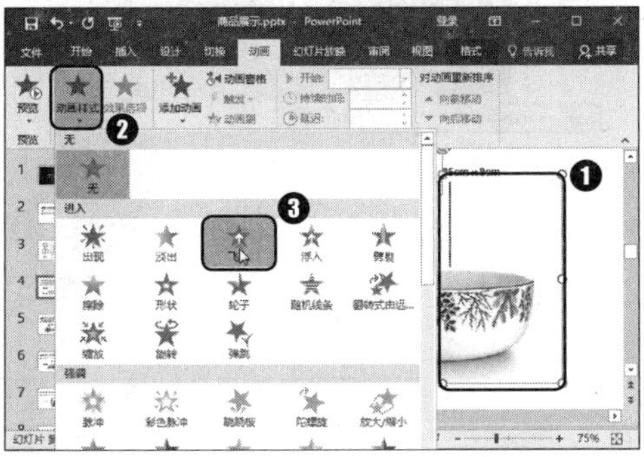

第6步 ❶在【动画】选项卡的【高级动画】组中单击【添加动画】下拉按钮; ❷在弹出的下拉列表中选择一种动画样式，如下图所示。

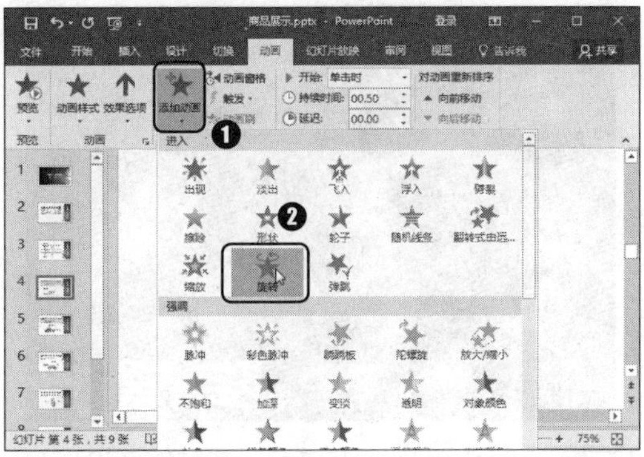

9.3.4 设置排练计时

排练计时就是在正式放映前用手动的方式进行换片，PowerPoint能够自动把手动换片的时间记录下来，如果应用这个时间，那么以后便可以按照这个时间自动进行放映观看，无须人为控制，具体操作步骤如下。

温馨提示

在排练计时的过程中，【预演】工具条中的【重复】按钮右侧会记录并显示当前演示文稿放映的总时间，但这个总时间不一定是各张幻灯片放映时间的总和，有时可能会有一些时间误差。

第1步 切换到【幻灯片放映】选项卡，在【设置】组中单击【排练计时】按钮，如下图所示。

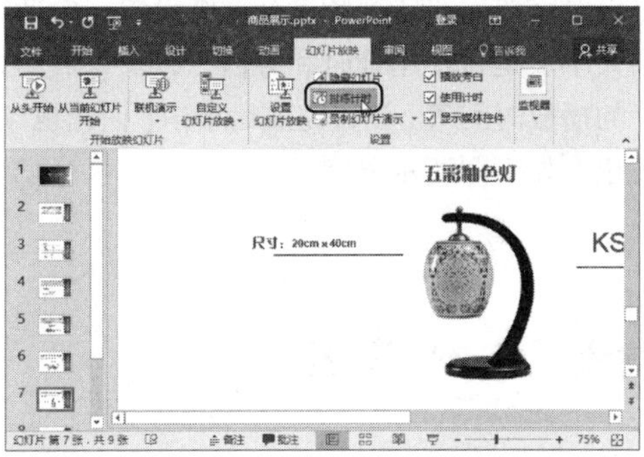

第2步 出现幻灯片放映视图，同时出现【录制】工具栏，当放映时间达到需要的时间后，

单击【下一项】按钮→，切换到下一张幻灯片，重复此操作，如下图所示。

第3步 到达幻灯片末尾时，出现信息提示框，单击【是】按钮，以保留排练时间，下次播放时将按照记录的时间自动播放幻灯片，如下图所示。

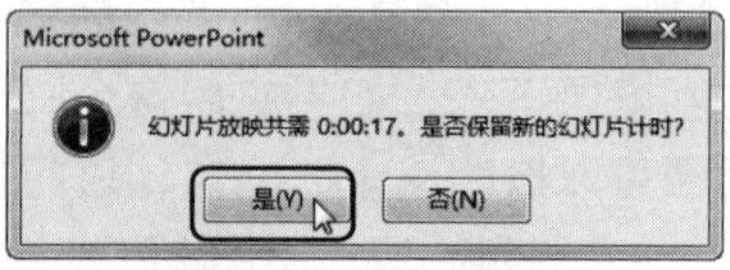

9.3.5 将幻灯片另存为视频

将演示文稿制作成视频文件后，可以使用常用的播放软件进行播放，并能保留演示文稿中的动画、切换效果和多媒体等信息，具体操作步骤如下。

第1步 ❶在【文件】选项卡中依次选择【导出】→【创建视频】选项；❷在右边页面中，可以对将要发布的视频进行详细设置，包括视频大小、是否使用计时和旁白，以及每页幻灯片的播放时间等，设置完成后单击【创建视频】按钮，如下图所示。

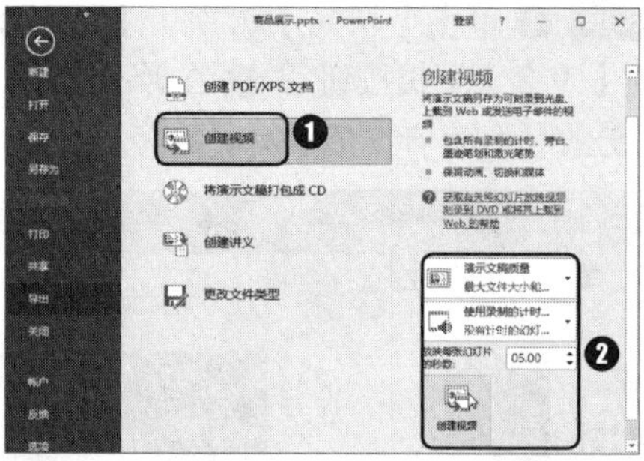

第2步 ❶弹出【另存为】对话框，默认的文件类型为【MPEG-4】，设置好文件名及保存路径；❷单击【保存】按钮，如下图所示。

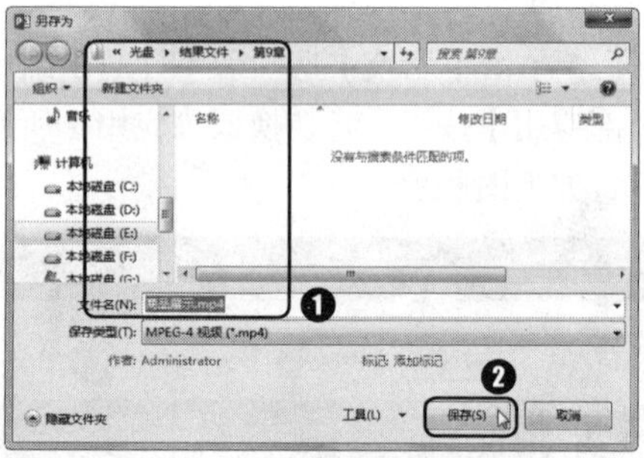

第3步 此时程序开始制作视频文件，在文档状态栏中可以看到制作进度，在制作过程中不要关闭演示文稿，如下图所示。

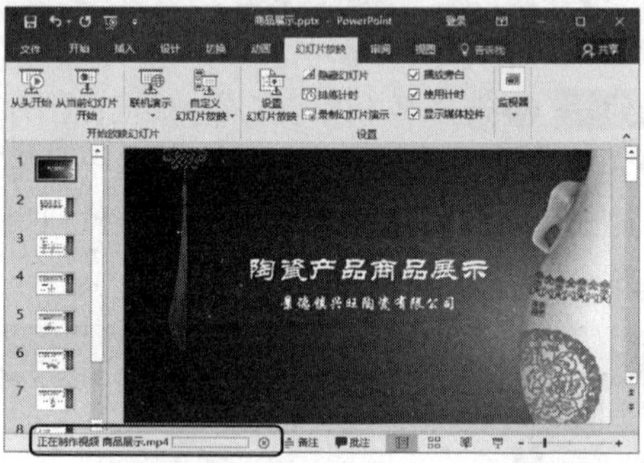

大神支招

通过前面知识的学习，相信读者已经掌握了在市场营销和销售管理工作中制作相关文档的操作方法。下面结合本章内容，介绍一些工作中的实用经验与技巧。

01 快速将文字转换为图片

视频文件：光盘\视频文件\第9章\01.mp4

在制作Word文档的过程中，经常会遇到需要将文字水平或垂直翻转的操作，此时，可以先将文字变为图片，再进行操作，具体操作步骤如下。

第1步 ❶打开“光盘\素材文件\第9章\公司组织结构图.docx”文件，选中标题文本；❷在【开始】选项卡的【剪贴板】组中单击【复制】按钮，如下图所示。

第2步 ❶将光标定位到需要粘贴的位置，单击【开始】选项卡【剪贴板】组中的【粘贴】下拉按钮；❷在弹出的下拉列表中选择【粘贴选项】选项区域中的【图片】选项，如下图所示。

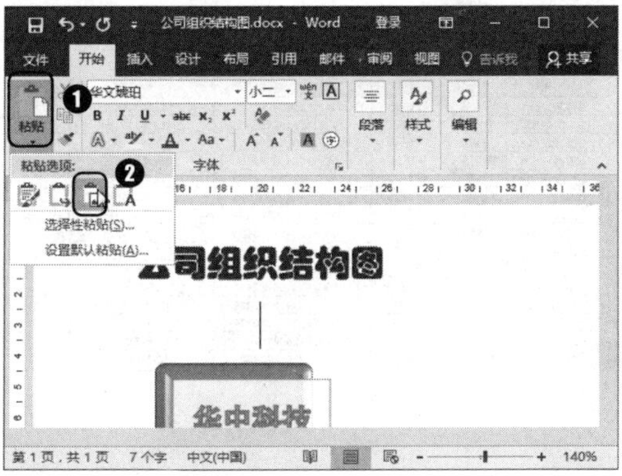

第3步 返回文档，即可发现文字已经转换为图片，选中图片，即可执行相关操作，如下图所示。

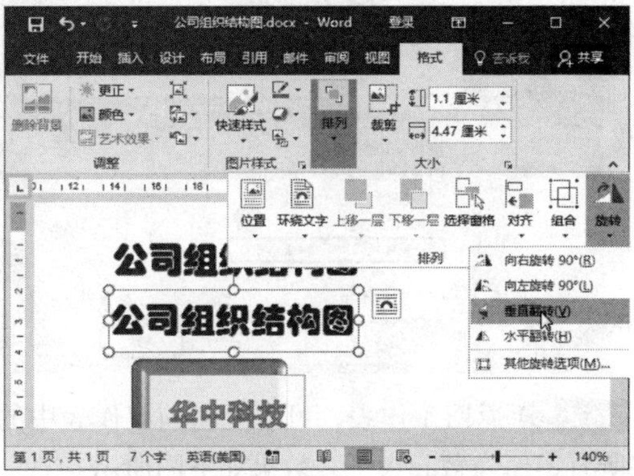

02 隐藏单元格零值数据

视频文件：光盘\视频文件\第9章\02.mp4

默认情况下，在工作表中输入“0”，或公式的计算结果为“0”时，单元格中都会显示零值，效果如下图所示。

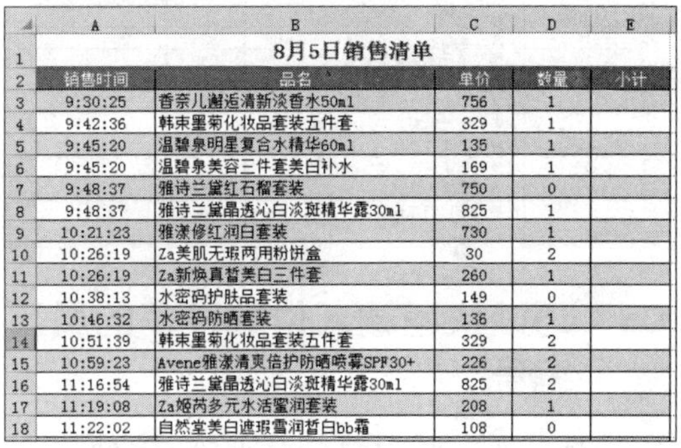

	A	B	C	D	E
1	8月5日销售清单				
2	销售时间	品名	单价	数量	小计
3	9:30:25	香奈儿邂逅清新淡香水50ml	756	1	
4	9:42:36	韩束墨菊化妆品套装五件套	329	1	
5	9:45:20	温碧泉明星复合水精华60ml	135	1	
6	9:45:20	温碧泉美容三件套美白补水	169	1	
7	9:48:37	雅诗兰黛红石榴套装	750	0	
8	9:48:37	雅诗兰黛晶透沁白淡斑精华露30ml	825	1	
9	10:21:23	雅漾修红润白套装	730	1	
10	10:26:19	Za美肌无瑕两用粉饼盒	30	2	
11	10:26:19	Za新焕真皙美白三件套	260	1	
12	10:38:13	水密码护肤品套装	149	0	
13	10:46:32	水密码防晒套装	136	1	
14	10:51:39	韩束墨菊化妆品套装五件套	329	2	
15	10:59:23	Avene雅漾清爽倍护防晒喷雾SPF30+	226	2	
16	11:16:54	雅诗兰黛晶透沁白淡斑精华露30ml	825	2	
17	11:19:08	Za姬芮多元水活蜜润套装	208	1	
18	11:22:02	自然堂美白遮瑕雪润皙白bb霜	108	0	

有时为了醒目和美观，需要将零值隐藏起来。例如，在“销售清单.xlsx”的工作表中需要将零值数据隐藏起来，具体操作步骤如下。

第1步 打开“光盘\素材文件\第9章\销售清单.xlsx”文件，打开【Excel选项】对话框。❶切换到【高级】选项卡；❷在【此工作表的显示选项】选项区域中取消选中【在具有零值的单元格中显示零】复选框；❸单击【确定】按钮，如下图所示。

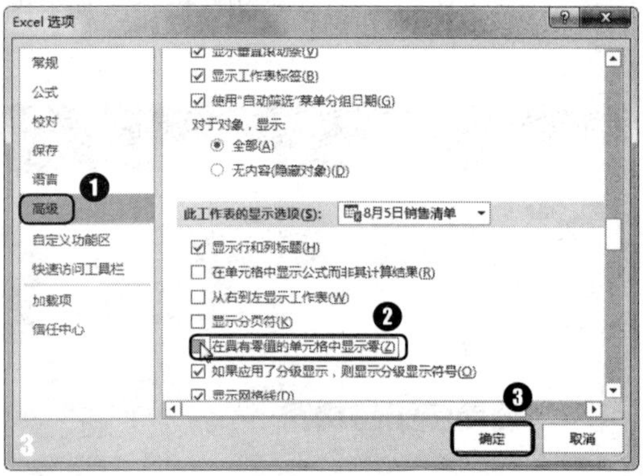

第 2 步 返回工作表，可看见当前工作表中的所有零值隐藏起来了，效果如下图所示。

	A	B	C	D	E
1	8月5日销售清单				
2	销售时间	品名	单价	数量	小计
3	9:30:25	香奈儿邂逅清新淡香水50ml	756	1	
4	9:42:36	韩束墨菊化妆品套装五件套	329	1	
5	9:45:20	温碧泉明星复合水精华60ml	135	1	
6	9:45:20	温碧泉美容三件套美白补水	169	1	
7	9:48:37	雅诗兰黛红石榴套装	750		
8	9:48:37	雅诗兰黛晶透沁白淡斑精华露30ml	825	1	
9	10:21:23	雅漾修红润白套装	730	1	
10	10:26:19	Za美肌无瑕两用粉饼盒	30	2	
11	10:26:19	Za新焕真皙美白三件套	260	1	
12	10:38:13	水密码护肤品套装	149		
13	10:46:32	水密码防晒套装	136	1	
14	10:51:39	韩束墨菊化妆品套装五件套	329	2	
15	10:59:23	Avene雅漾清爽倍护防晒喷雾SPF30+	226	2	
16	11:16:54	雅诗兰黛晶透沁白淡斑精华露30ml	825	2	
17	11:19:08	Za姬芮多元水活蜜润套装	208	1	
18	11:22:02	自然堂美白遮瑕雪润皙白bb霜	108		
19	11:34:48	温碧泉明星复合水精华60ml	135	2	
20	11:47:02	卡姿兰甜美粉嫩公主彩妆套装	280	1	
21	11:56:23	雅漾修红润白套装	730	2	
22	12:02:13	温碧泉明星复合水精华60ml	135		
23	12:18:46	卡姿兰蜗牛化妆品套装	178	2	
24	12:19:02	Za美肌无瑕两用粉饼盒	30	2	
25	12:20:55			2	

03 巧妙快速输入位数较多的员工编号

视频文件：光盘\视频文件\第9章\03.mp4

用户在编辑工作表的时候，经常会输入位数较多的员工编号、学号、证书编号，如"LYG2014001、LYG2014002……"，此时用户会发现编号的部分字符是相同的，若重复录入会非常烦琐，且易出错。此时，可以通过自定义数据格式快速输入。

例如，要在"员工信息登记表.xlsx"的工作表中输入员工编号"LYG2014001"，具体操作步骤如下。

第 1 步 打开"光盘\素材文件\第 9 章\员工信息登记表.xlsx"文件，选中要输入员工编号的单元格区域 A3：A17，打开【设置单元格格式】对话框，❶在【数字】选项卡的【分类】列表框中选择【自定义】选项；❷在右侧【类型】文本框中输入""LYG2014"000"（""LYG2014""是重复固定不变的内容）；❸单击【确定】按钮，如下图所示。

第 2 步 返回工作表，在单元格区域中输入编号后的序号，如"1，2，…"，然后按【Enter】键确认，即可显示完整的编号。效果如下图所示。

	A	B	C	D	E	F
1	员工信息登记表					
2	员工编号	姓名	所属部门	身份证号码	入职时间	基本工资
3	LYG2014001	汪小颖	行政部	500231123456789123	2014年3月8日	2800
4	LYG2014002	尹向南	人力资源	500231123456782356	2013年4月9日	2200
5	LYG2014003	胡杰	人力资源	500231123456784562	2010年12月8日	2500
6	LYG2014004	郝仁义	营销部	500231123456784266	2014年6月7日	2600
7	LYG2014005	刘露	销售部	500231123456784563	2014年8月9日	2800
8	LYG2014006	杨曦	项目组	500231123456787596	2012年7月5日	2500
9	LYG2014007	刘思玉	财务部	500231123456783579	2013年5月9日	2600
10	LYG2014008	柳新	财务部	500231123456783466	2014年7月6日	2200
11	LYG2014009	陈俊	项目组	500231123456787103	2011年6月9日	2400
12	LYG2014010	胡媛媛	行政部	500231123456781395	2010年5月27日	2500
13	LYG2014011	赵东亮	人力资源	500231123456782468	2012年9月26日	2800
14	LYG2014012	艾佳佳	项目组	500231123456781279	2014年3月6日	2200
15	LYG2014013	王其	行政部	500231123456780376	2011年11月3日	2400
16	LYG2014014	朱小西	财务部	500231123456781018	2012年7月9日	2800
17	LYG2014015	曹美云	营销部	500231123456787305	2012年6月17日	2600

第 10 章

销售报告与工作总结

本章导读

在市场和销售管理工作中，制作工作总结和销售报告是最常见的工作内容。本章通过制作“产品销量分析报表”“产品销售管理系统”和“年度工作总结报告”，介绍在市场和销售管理中制作销售报告和工作总结等相关文档的方法。

知识要点

- ❖ 在Word中插入Excel表格
- ❖ 在Word中插入图表
- ❖ 在Excel中插入数据透视表
- ❖ 插入切片器
- ❖ 在PPT中插入表格
- ❖ 在PPT中插入图表

10.1 使用Word制作“产品销量分析报表”

案例背景

“产品销量分析报表”主要是用表格来记录和统计公司的产品在某一时间段内的销售情况，并对其进行分析，从而为销售部门掌握销售形势、处理销售数据、分析销售前景和产品的市场定位提供重要的数据依据。

本例将通过Word制作“产品销量分析报表”，制作完成后的效果如下图所示。实例最终效果见“光盘\结果文件\第10章\产品销量分析报表.docx”文件。

产品销量分析报表

自美丽佳人系列化妆品上市以来，一直深受消费者喜爱。在销售部各位员工的努力下，每年的销售额呈直线上升，下面将分析一下近几年本公司的各产品的销量情况：

2014年~2017年年度产品销量统计表

编号	产品名称	单位	2014	2015	2016	2017	总销量	平均销量
1001	HY0104	百万	20	25	28	21	94	37.6
1002	HY0105	百万	30	35	32	28	125	50
1003	HY0106	百万	42	40	43	36	161	64.4
1004	HY0107	百万	44	45	44	48	181	72.4
1005	HY0108	百万	36	38	35	34	143	57.2

2014年~2017年年度产品销量分析图表

光盘文件		
	素材文件	无
	结果文件	光盘\结果文件\第10章\产品销量分析报表.docx
	教学视频	光盘\视频文件\第10章\10.1使用Word制作产品销量分析报表.mp4

10.1.1 设置报表页面

本例首先要为报表设置页面填充颜色，并设置文本的段落格式。

1. 设置填充颜色

在制作文档之前，可以根据需要为报表设置填充颜色，具体操作步骤如下。

❶在【设计】选项卡中单击【页面背景】组中的【页面颜色】下拉按钮；❷在弹出的下拉列表中选择一种填充颜色，如下图所示。

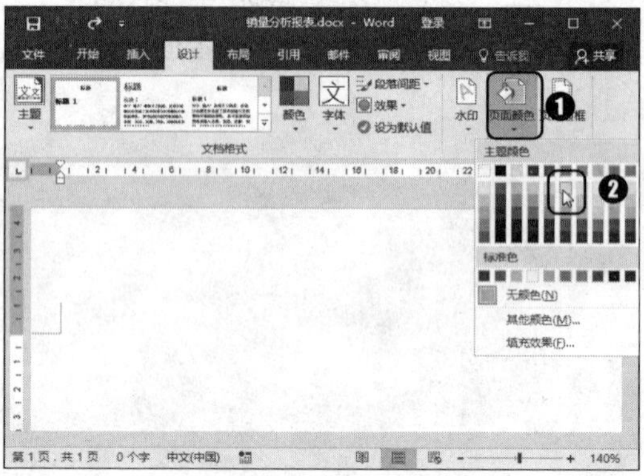

2. 设置段落格式

在为报表输入了文字内容之后，需要为其设置段落格式，具体操作步骤如下。

第 1 步 在文档编辑区输入报表内容，如下图所示。

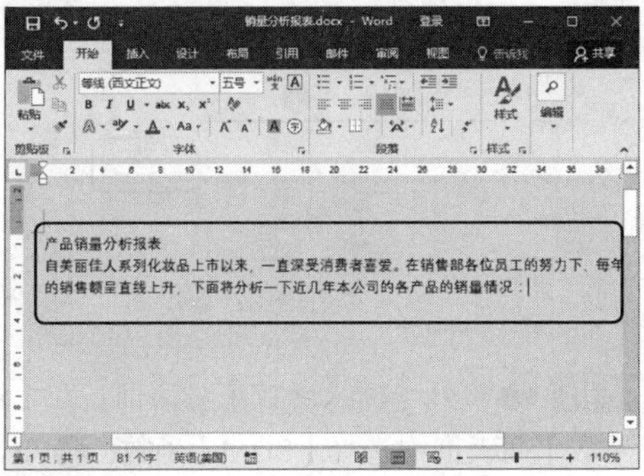

第 2 步 ❶选择标题文本；❷在【开始】选项卡的【字体】组中设置字体格式，如下图所示。

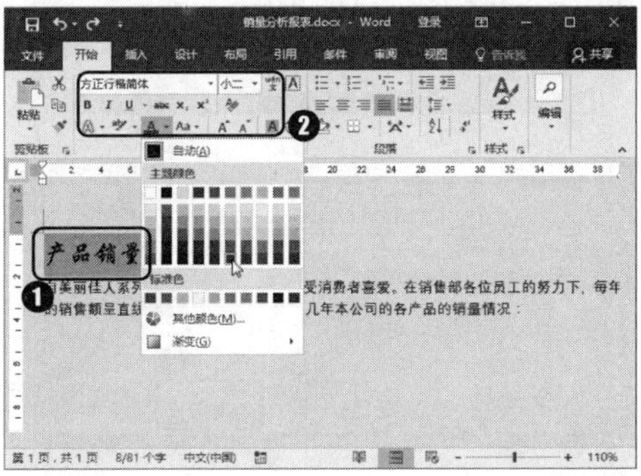

第 3 步 保持标题文本的选中状态，单击【开始】选项卡【段落】组中的【居中】按钮≡，如下图所示。

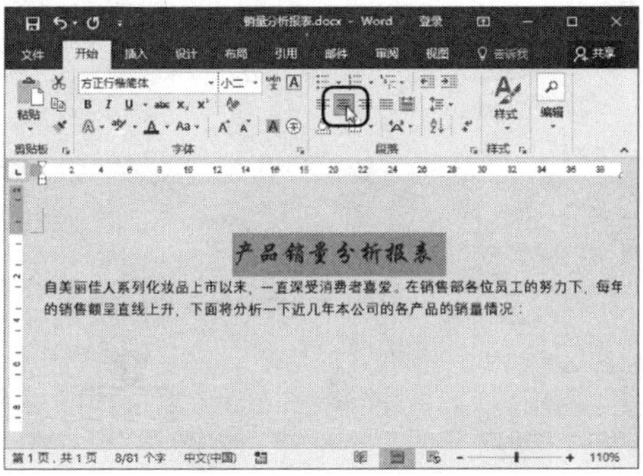

第 4 步 ❶选择正文文本；❷单击【开始】选项卡【段落】组中的功能扩展按钮◲，如下图所示。

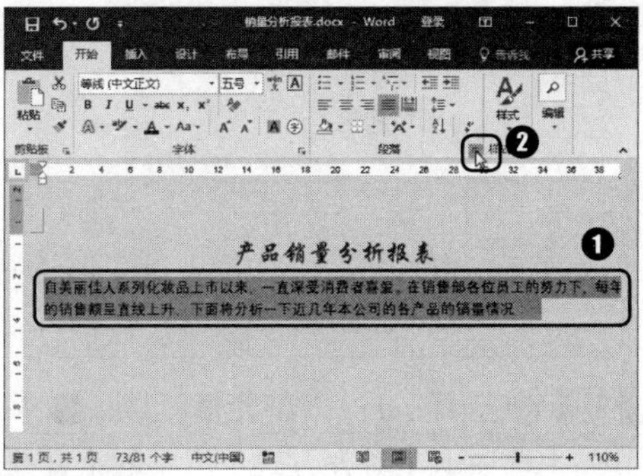

第 5 步 ❶打开【段落】对话框，在【缩进和间距】选项卡中设置【特殊格式】为【首行缩进，2 字符】；❷设置【行距】为【1.5 倍行距】；❸单击【确定】按钮，如下图所示。

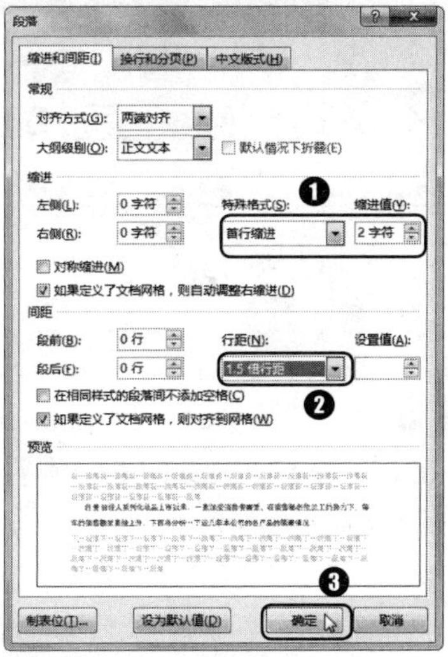

10.1.2 插入Excel表格

在Word中插入Excel表格可以执行更多的功能，具体操作步骤如下。

第 1 步 ❶将光标定位到文本的下一段落，单击【插入】选项卡【表格】组中的【表格】下拉按钮；❷在弹出的下拉列表中选择【Excel 电子表格】选项，如下图所示。

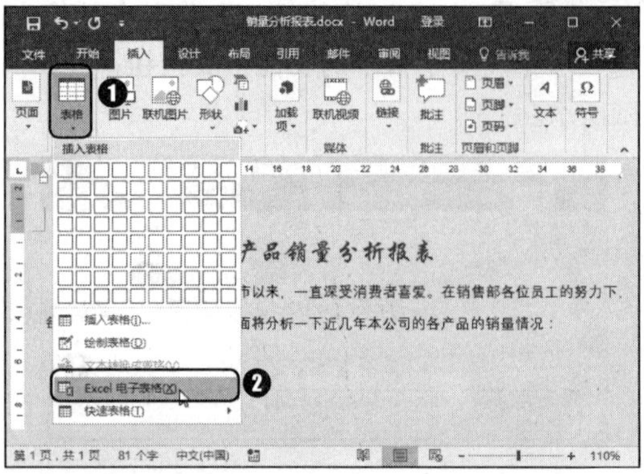

第 2 步 ❶选择 A1：I1 单元格区域；❷单击【开始】选项卡【对齐方式】组中的【合并后居中】下拉按钮 ；❸在弹出的下拉列表中选择【合并单元格】选项，如下图所示。

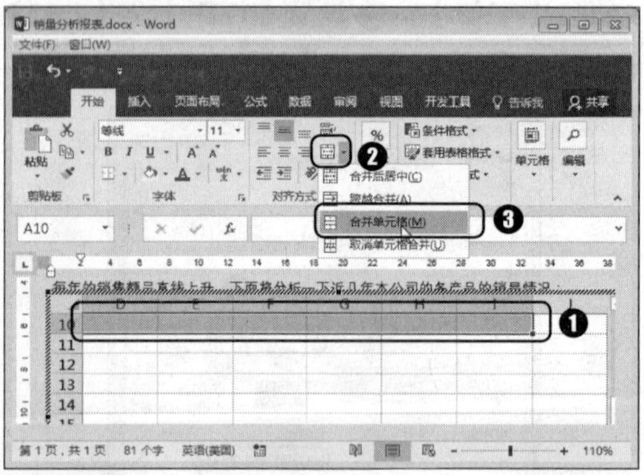

第 3 步 ❶在合并后的单元格中输入表格标题；❷在【开始】选项卡的【字体】组中设置字体格式，如下图所示。

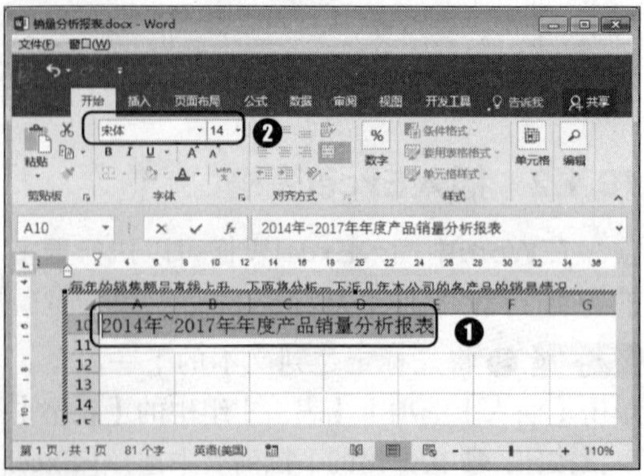

第 4 步 ❶在表格中输入表头和相应的数据；❷选择 H4 单元格；❸单击【公式】选项卡【函数库】组中的【插入函数】按钮，如下图所示。

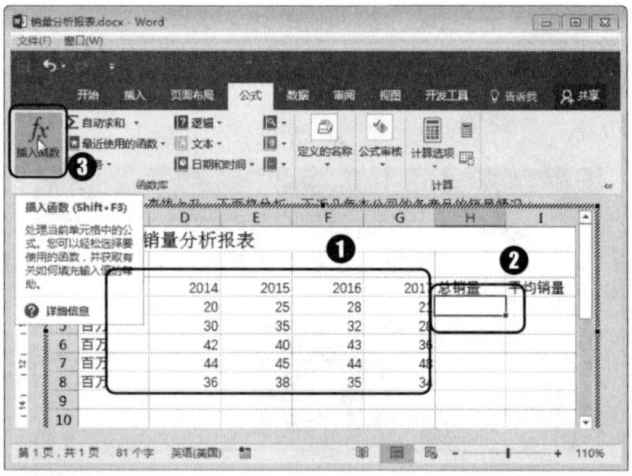

第 5 步 ❶打开【插入函数】对话框，在【选择函数】列表框中选择【SUM】函数；❷单击【确定】按钮，如下图所示。

第 6 步 ❶打开【函数参数】对话框，在【Number1】文本框中自动选择【D4：G4】；❷单击【确定】按钮，如下图所示。

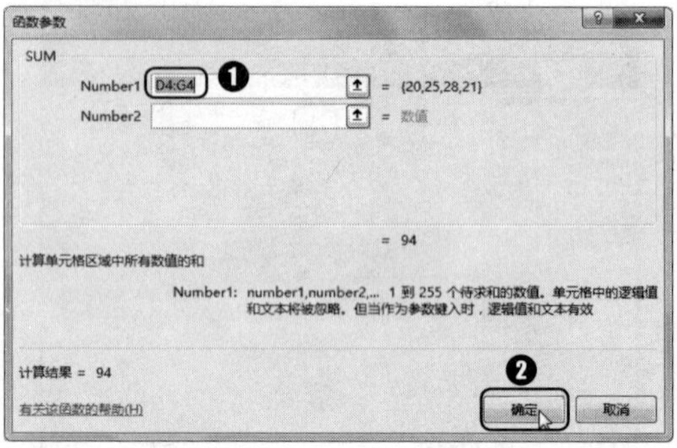

第 7 步 拖动 H4 单元格的填充柄，复制公式，计算出其他产品的总销量，如下图所示。

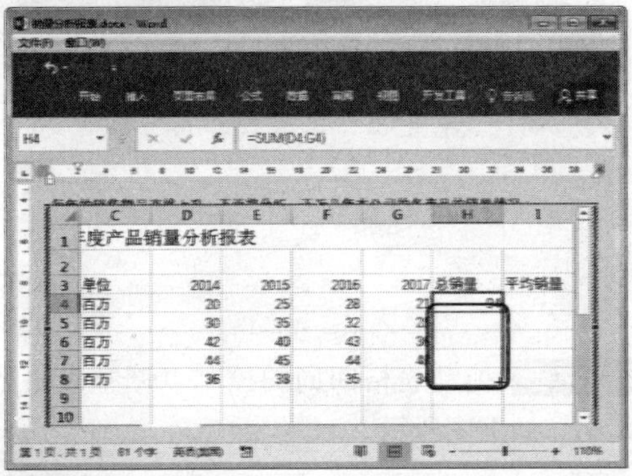

第 8 步 ❶ 选择 I4 单元格；❷ 单击【公式】选项卡【函数库】组中的【插入函数】按钮，如下图所示。

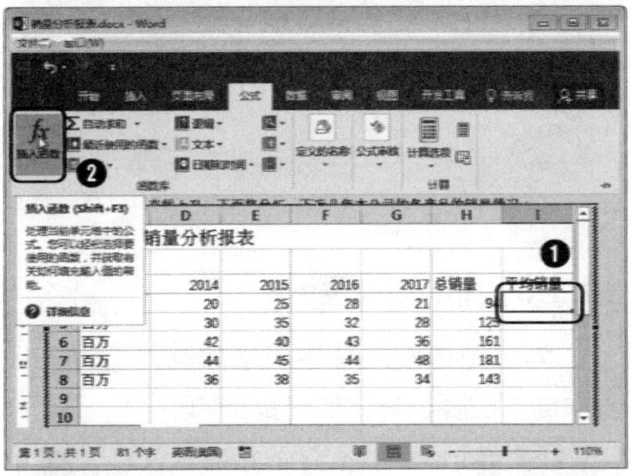

第 9 步 ❶ 打开【插入函数】对话框，在【选择函数】列表框中选择【AVERAGE】函数；❷ 单击【确定】按钮，如下图所示。

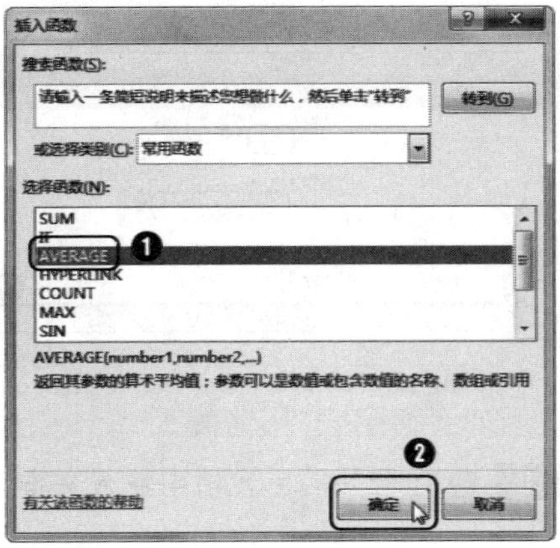

第 10 步 ❶ 打开【函数参数】对话框，在【Number1】文本框中自动选择【D4：H4】；❷ 单击【确定】按钮，如下图所示。

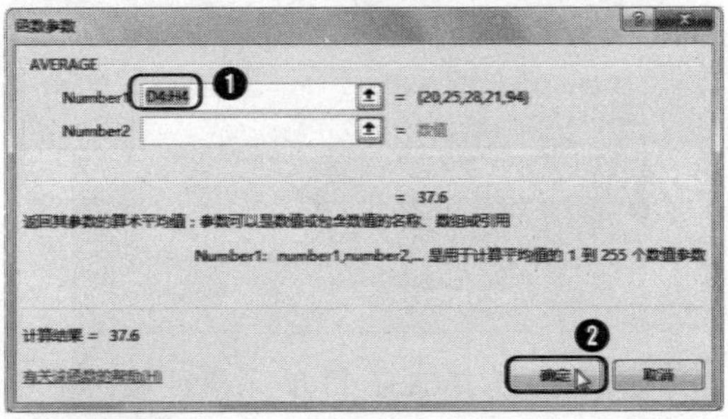

第 11 步 拖动 I4 单元格的填充柄，复制公式，计算出其他产品的平均销量，如下图所示。

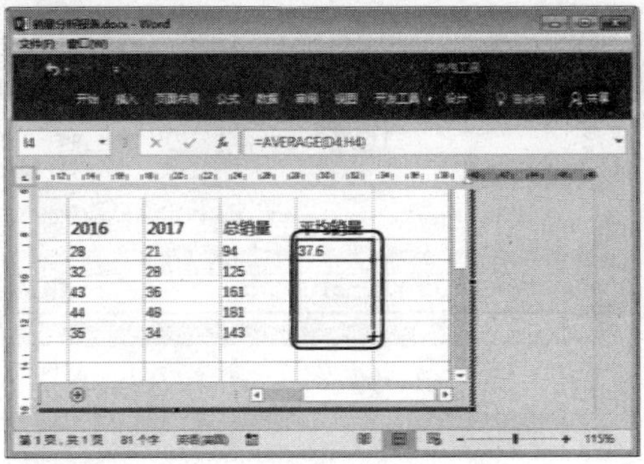

第 12 步 ❶ 选择 A3：I8 单元格区域；❷ 单击【表格工具 / 设计】选项卡【样式】组中的【套用表格格式】下拉按钮；❸ 在弹出的下拉列表中选择一种表格样式，如下图所示。

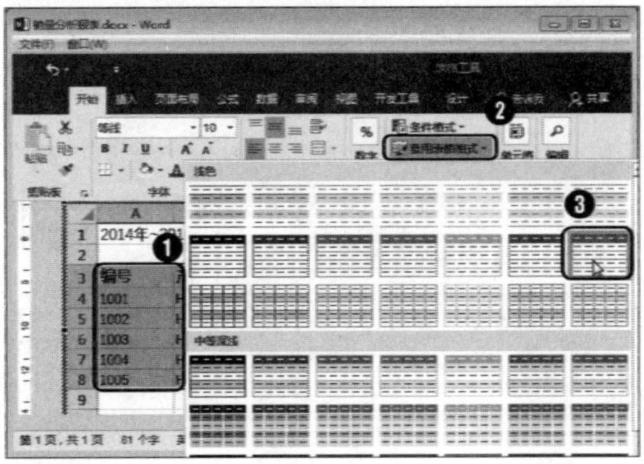

第 13 步 单击【数据】选项卡【排序和筛选】组中的【筛选】按钮，取消选中【筛选】按钮，如下图所示。

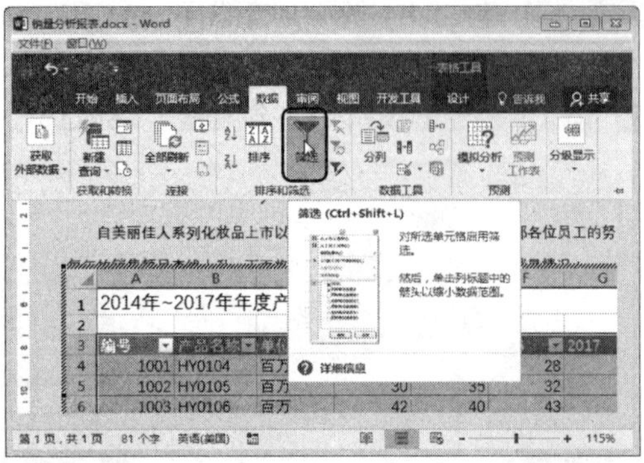

第 14 步 ❶ 选择 A3：I3 单元格区域；❷ 单击【开始】选项卡【对齐方式】组中的【居中】按钮，如下图所示。

第 15 步 ❶ 选择 A3：I8 单元格区域；❷ 单击【开始】选项卡【单元格】组中的【格式】下拉按钮；❸ 在弹出的下拉列表中选择【自动调整列宽】选项，如下图所示。

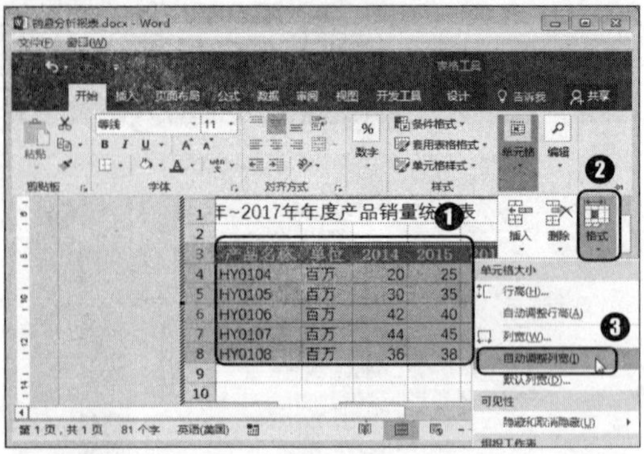

第 16 步 取消选中【视图】选项卡【显示】组中的【网格线】复选框，取消网格线，如下图所示。

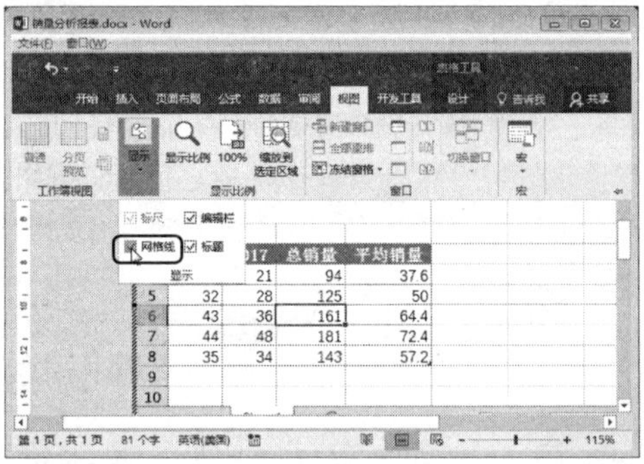

第 17 步 拖动表格四周的控制点调整表格的大小，如下图所示。

10.1.3 插入图表

为了更直观地查看表格数据，可以在报表中插入图表，具体操作步骤如下。

第 1 步 ❶ 选择 A10：I10 单元格区域；❷ 单击【开始】选项卡【对齐方式】组中的【合并后居中】下拉按钮；❸ 在弹出的下拉列表中选择【合并单元格】选项，如下图所示。

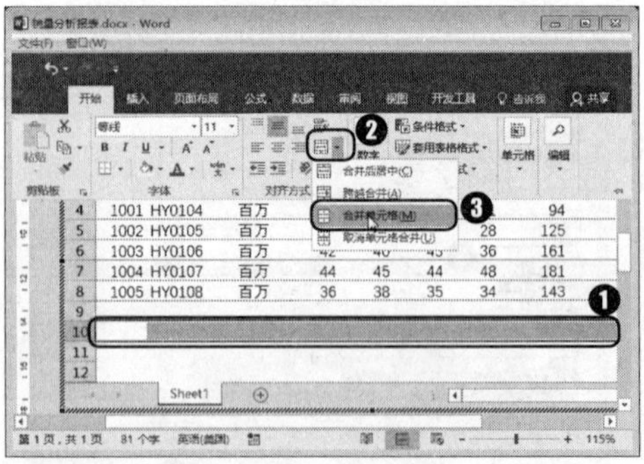

第 2 步 ❶ 在合并的单元格中输入文本，选

择 B3：B8 和 D3：G8 单元格区域；❷单击【插入】选项卡【图表】组中的【插入折线图或面积图】下拉按钮；❸在弹出的下拉列表中选择【带数据标记的折线图】选项，如下图所示。

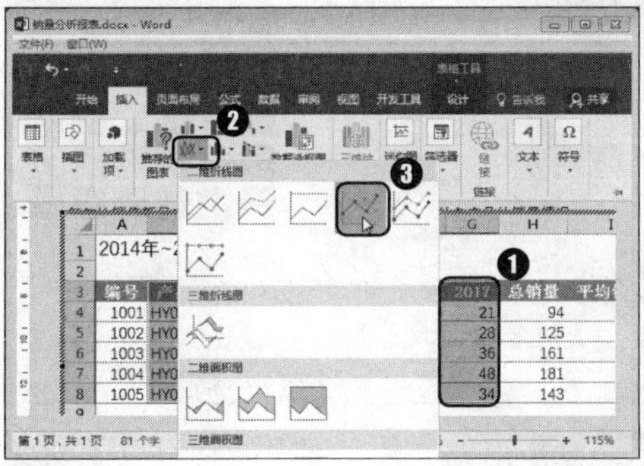

第 3 步 返回文档，即可看到插入的图表，选择图表标题，然后按【Delete】键删除图表标题，如下图所示。

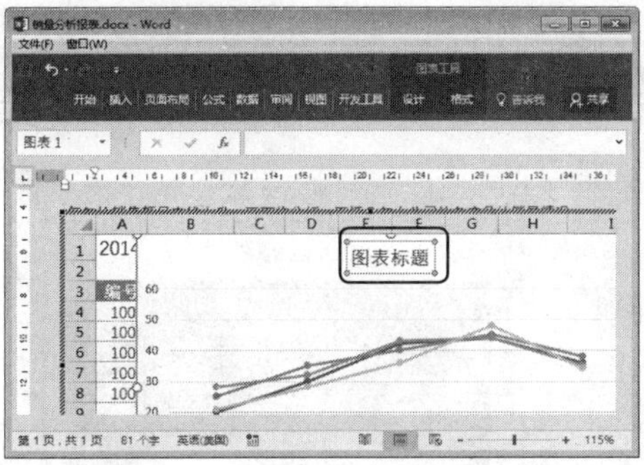

第 4 步 ❶选择图表；❷在【图表工具 / 格式】选项卡的【大小】组中，设置【图表】的高度为【9.18 厘米】，【宽度】为【14 厘米】，如下图所示。

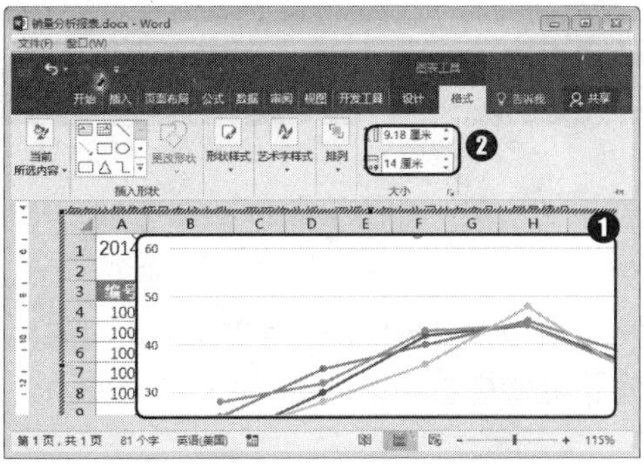

第 5 步 单击【图表工具 / 设计】选项卡【数据】组中的【切换行 / 列】按钮，如下图所示。

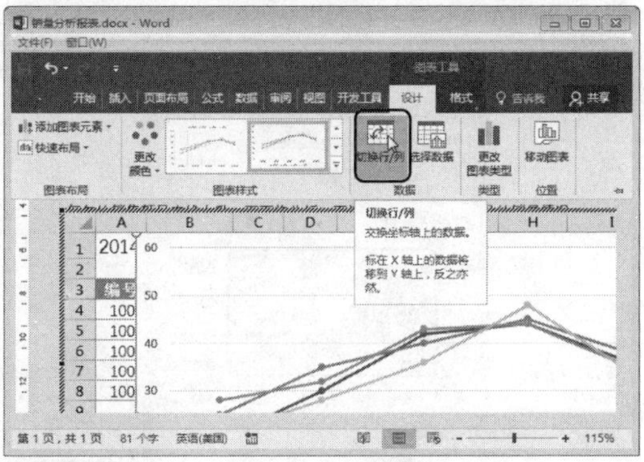

第 6 步 使用鼠标将图表拖动到合适的位置，如下图所示。

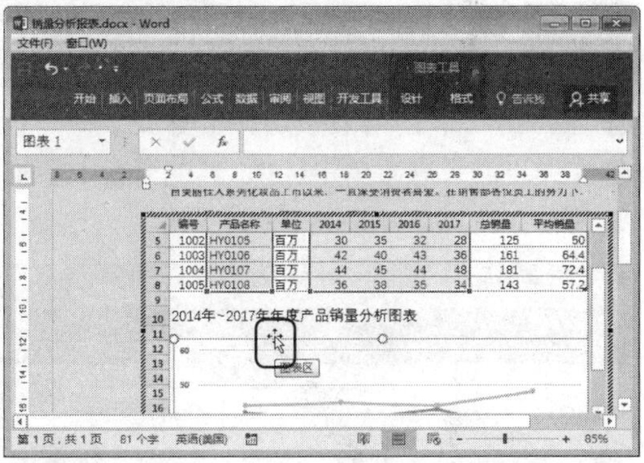

第 7 步 ❶在纵坐标轴上右击；❷在弹出的快捷菜单中选择【设置坐标轴格式】命令，如下图所示。

第 8 步 ❶打开【设置坐标轴格式】对话框，在【坐标轴选项】栏设置【边界】的【最小值】

为【20.0】，【最大值】为【50.0】，【单位】的【主要】为【2.0】；❷单击【确定】按钮，如下图所示。

第 9 步 ❶选择图表区，单击【图表工具/格式】选项卡中的【形状填充】下拉按钮；❷在弹出的下拉列表中选择【渐变】命令；❸在弹出的级联菜单中选择【其他渐变】选项，如下图所示。

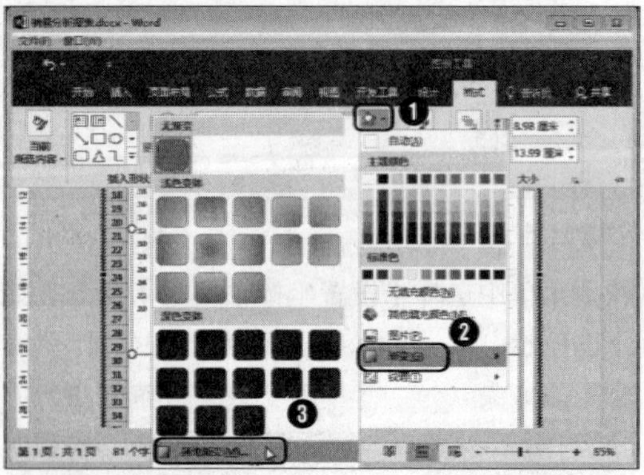

第 10 步 打开【设置图表区格式】对话框，在【预设渐变】列表中选择一种渐变样式，如下图所示。

第 11 步 返回文档，即可看到设置了渐变样式的图表，单击 Excel 电子表格中的其他位置，退出 Excel 表格编辑状态即可完成本例的操作，如下图所示。

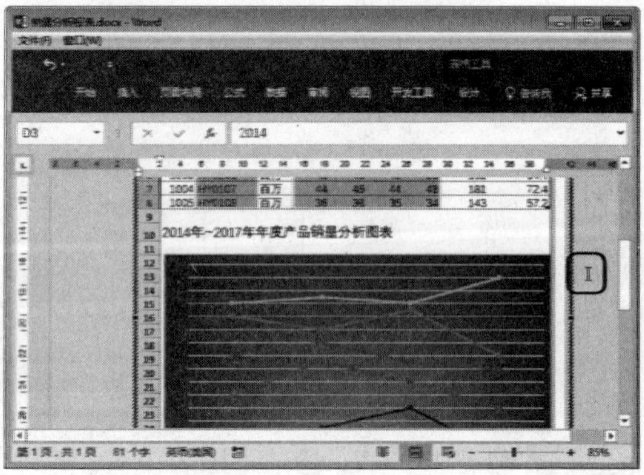

10.2 使用Excel制作“产品销售管理系统”

案例背景

产品销量管理汇总是一个简单汇总系统，用来对销售情况进行统计，并了解一段时间内各员工的总销售额和排名情况。产品销量管理汇总，可以让管理者快速了解过去一段时间内公司的销售状况，是季度、年终的总结数据汇总，管理者可以凭借这些数据掌握公司的销售业务、管理水平、销售人力成本等情况。

本例将制作产品销售管理系统，制作完成后的效果如下图所示。实例最终效果见“光盘\结果文件\第10章\产品销售管理系统.xlsx”文件。

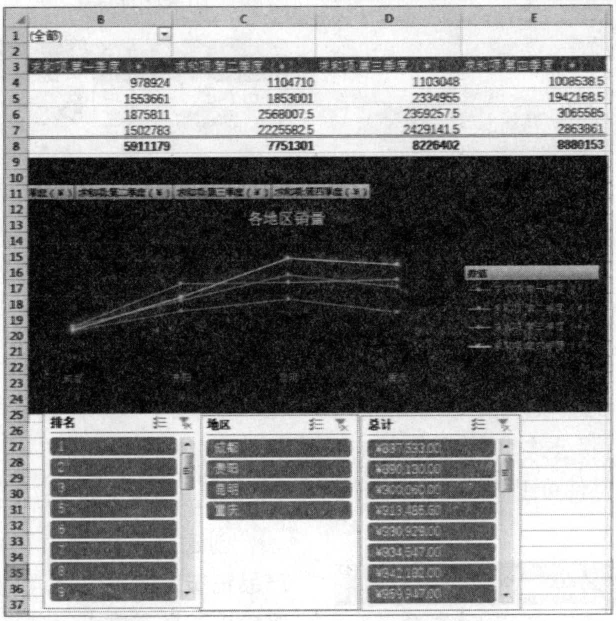

光盘文件	素材文件	无
	结果文件	光盘\结果文件\第10章\产品销售管理系统.xlsx
	教学视频	光盘\视频文件\第10章\10.2使用Excel制作产品销售管理系统.mp4

10.2.1 制作“产品销售统计表”

本例首先制作产品销售统计表，在输入数据后对数据进行求和与排序的操作，具体操作步骤如下。

第1步 ❶新建一个名为“产品销售管理系统”的工作簿，将“Sheet1”工作表命名为“产品销售统计表”；❷在工作表中输入数据，并对输入的数据设置单元格格式、字体、字号、行高、列宽、单元格样式等，如下图所示。

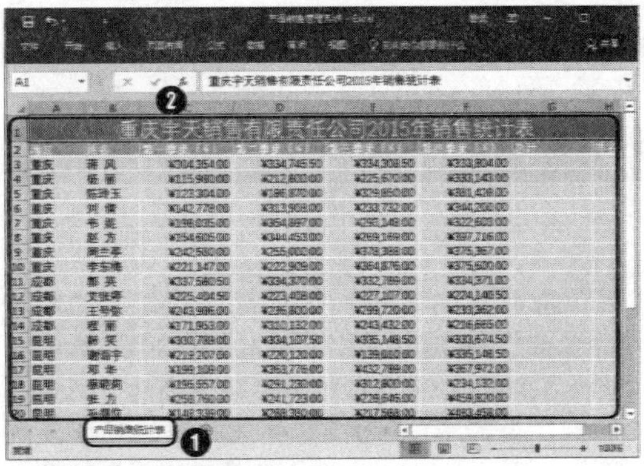

第2步 选择C3: F3单元格区域，单击【开始】选项卡【编辑】组中的【自动求和】按钮Σ

计算出第一位员工一年的总销售额，然后选择G3 单元格，向下填充公式计算出其他员工的总销售额，如下图所示。

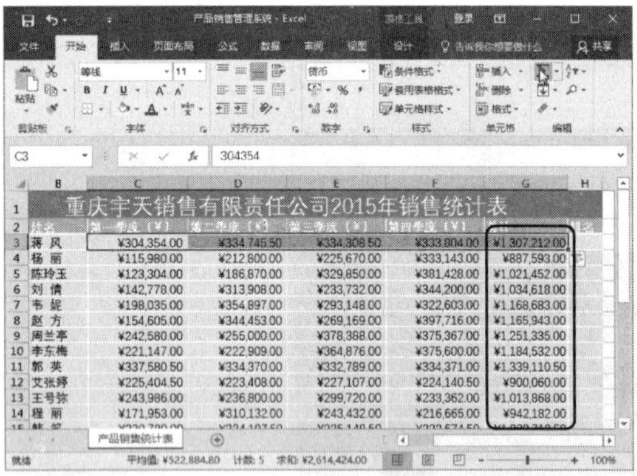

第 3 步 选择 H3 单元格，在编辑栏中输入公式“=RANK.EQ(G3,$G$3: $G$30)”，按【Enter】键计算出结果，然后将公式填充到 H4：H30 单元格区域，计算出其他员工的排名，如下图所示。

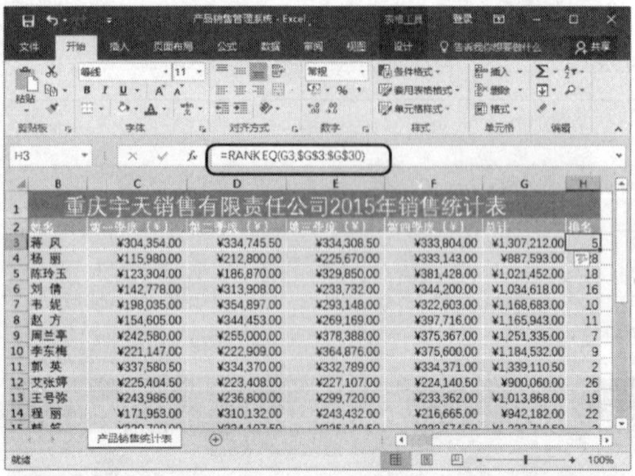

温馨提示

在按销售额排名的过程中，用到了RANK.EQ函数，这个函数用于返回某个数值在数字列表中的排位情况。因此，公式“=RANK.EQ(G3,$G$3：$G$30)”表示的含义是：对G3：G30单元格区域的数据进行排序。其中G3是指需要进行排序的单元格，$G$3：$G$30是指绝对引用G3：G30单元格区域的数值列表。

第 4 步 ❶选择 H3：H30 单元格区域，在【数据】选项卡【排序和筛选】组中单击【排序】按钮；❷在打开的【排序】对话框中设置【主要关键字】为【排名】，【排序依据】为【数值】，【次序】为【升序】；❸单击【确定】按钮，如下图所示。

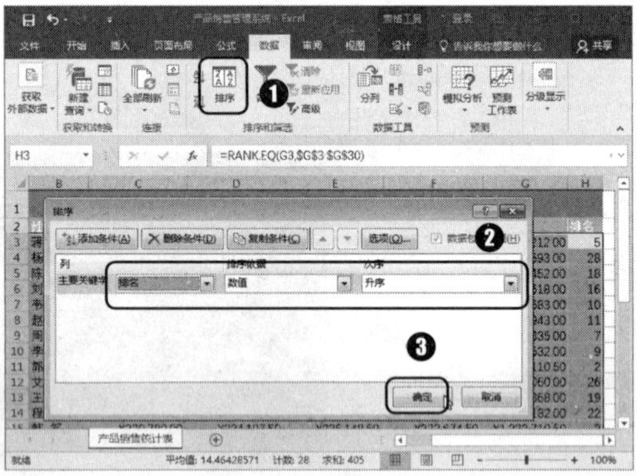

10.2.2　插入数据透视表汇总数据

创建数据透视表和数据透视图可以对产品销量统计表进行详细的分析，包括按地区分析和按季度进行分析，具体操作步骤如下。

第 1 步 ❶选择 A3：G30 单元格区域；❷单击【插入】选项卡【图表】组中的【数据透视图】按钮，如下图所示。

第 2 步 打开【创建数据透视图】对话框，保持默认设置不变，单击【确定】按钮，如下图所示。

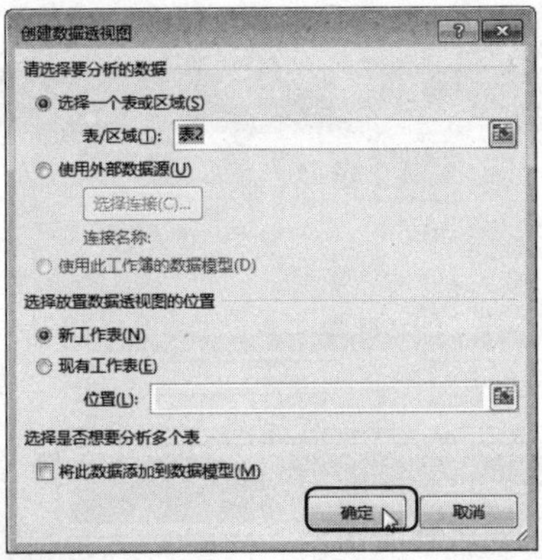

第 3 步 ❶将新建工作表命名为“产品销量数据透视图”；❷将【选择要添加到报表的字段】选项区域中的【姓名】复选框拖动到【在以下区域间拖动字段】选项区域中的【筛选】列表框中，如下图所示。

第 4 步 在【数据透视表字段】窗格中选中【选择要添加到报表的字段】选项区域中的季度相关复选框，数据将添加到【值】列表框中，如下图所示。

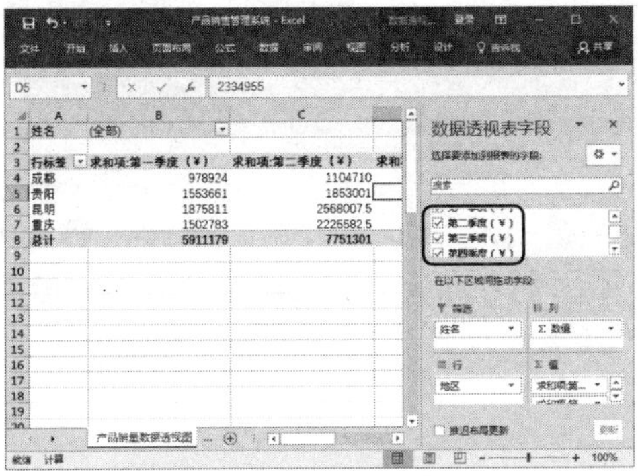

温馨提示

在数据透视表的【地区】行右击，在弹出的快捷菜单中选择【显示详细信息】命令，可以在新建的工作表中显示该地区的详细销售数据。

第 5 步 ❶选择数据透视图；❷单击【数据透视图工具 / 设计】选项卡【类型】组中的【更改图表类型】按钮，如下图所示。

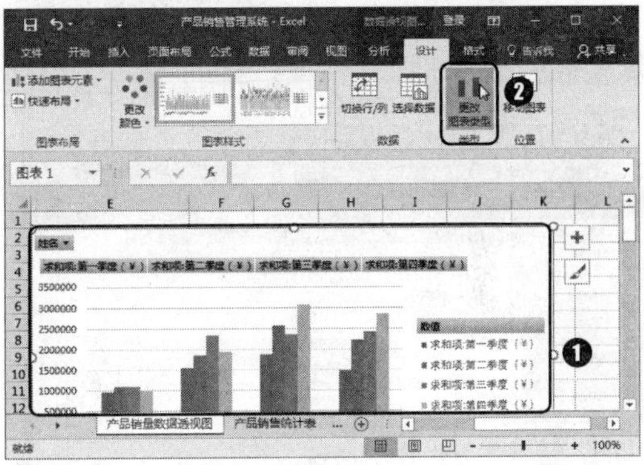

第 6 步 ❶打开【更改图表类型】对话框，在【折线图】选项卡中选择一种折线图样式；❷单击【确定】按钮，如下图所示。

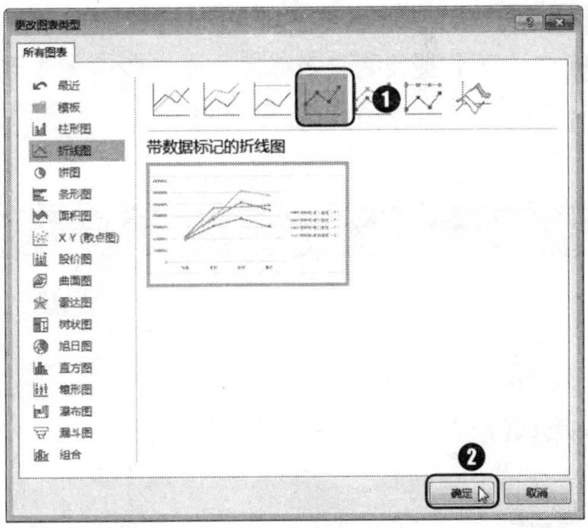

第 7 步 ❶选中图表；❷单击【数据透视图工具 / 设计】选项卡【图表布局】组中的【添加图表元素】下拉按钮；❸在弹出的下拉列表中选择【图表标题】选项；❹在弹出的级联菜单中选择【图表上方】命令，如下图所示。

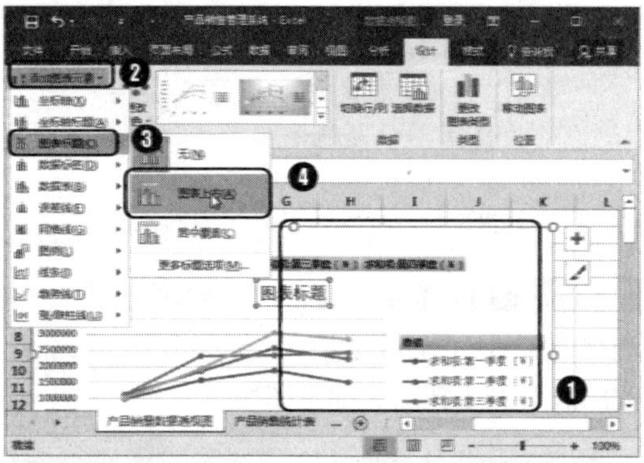

第 8 步 输入标题文本“各地区销量”，如下图所示。

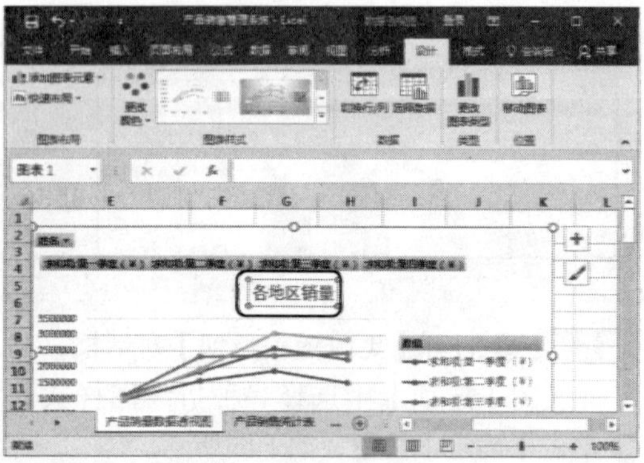

第 9 步 ❶选中数据透视表任意单元格；❷在【数据透视表工具 / 设计】选项卡的【数据透视表样式】组中选择一种样式，如下图所示。

第 10 步 ❶选中图表；❷在【数据透视图工具 / 设计】选项卡的【图表样式】组中选择一种图表样式，如下图所示。

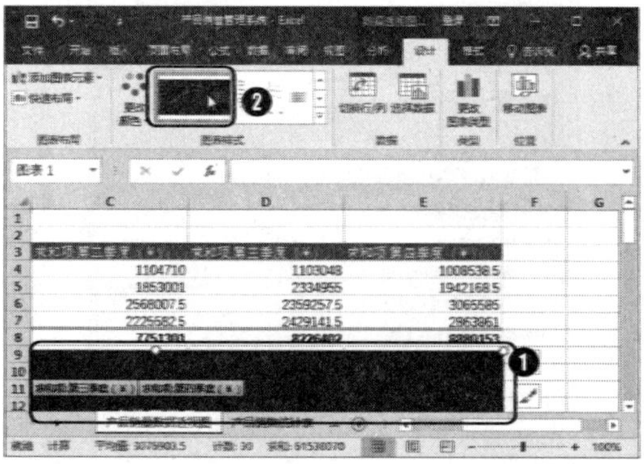

10.2.3　插入切片器

在数据透视表中使用切片器可以快速筛选数据，而且，切片器还会清晰地标记已应用的筛选器，提供详细的信息指示当前的筛选状态，从而便于其他用户能够轻松、准确了解已筛选的数据透视表中所显示的内容，具体操作步骤如下。

第 1 步 ❶将光标定位到数据透视表的任意单元格中；❷单击【数据透视表 / 分析】选项卡【筛选】组中的【插入切片器】按钮，如下图所示。

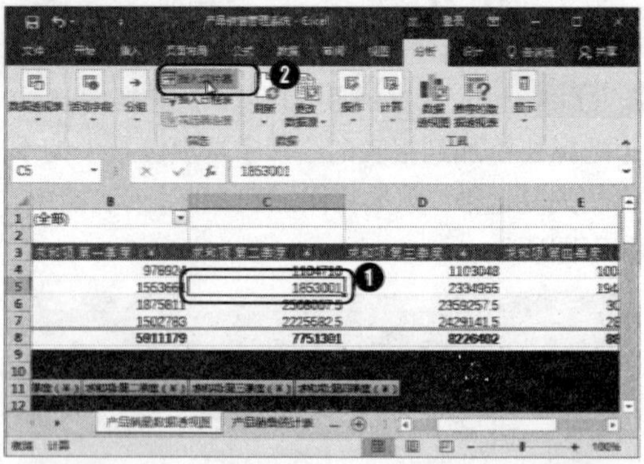

第 2 步 打开【插入切片器】对话框，❶选中【地区】【总计】【排名】复选框；❷单击【确定】按钮，如下图所示。

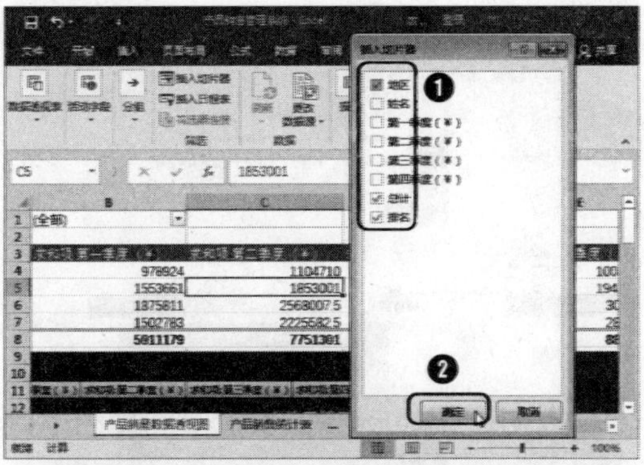

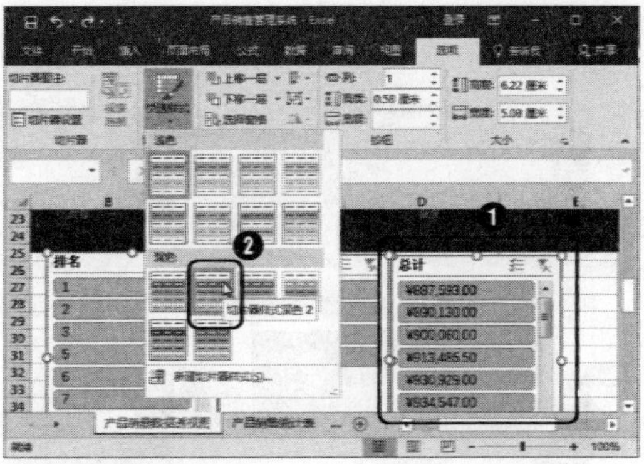

教您一招

快速插入切片器

选中数据透视表中的任意单元格后，单击【插入】选项卡【筛选器】组中的【切片器】按钮，也可插入切片器。

第 3 步 ❶按住【Ctrl】键，选择所有创建的切片器；❷在【切片器工具/选项】选项卡的【切片器样式】组中设置切片器样式，如下图所示。

第 4 步 在地区切片器中选择相关选项，在数据透视图和数据透视表中显示相关的数据，如下图所示。

10.3 使用PPT制作“年度工作总结”

案例背景

工作总结与计划是商务行政活动中使用范围很广的一种公文，机关、团体、企事业单位的各级机构，对一定时期的工作预告做出安排和打算时，都要制订工作计划。对于规模较大的企业来说，人员多、部门多，所存在的问题也多，常常出现沟通不及时的情况，此时，计划的重要性就体现出来了。本节将制作年度工作总结，主要用于对公司一整年的工作情况进行总结。

本例将制作年度工作总结，制作完成后的效果如下图所示。实例最终效果见“光盘\结果文件\第10章\年度工作总结.pptx”文件。

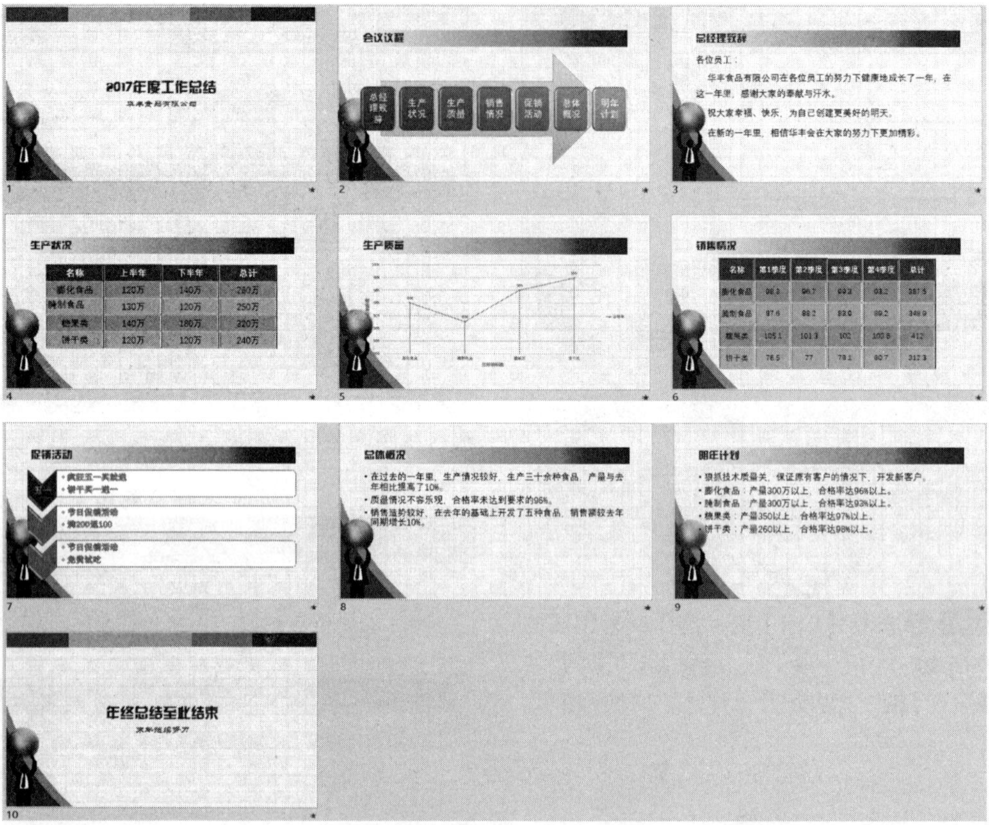

光盘文件		
	素材文件	光盘\素材文件\第10章\背景.jpg
	结果文件	光盘\结果文件\第10章\年度工作总结.pptx
	教学视频	光盘\视频文件\第10章\10.3使用PPT制作年度工作总结.mp4

10.3.1 编辑幻灯片母版

为了统一格式，本例首先要设置幻灯片母版的背景图片，然后再统一标题文本的样式，具体操作步骤如下。

第 1 步 ❶新建一个名为“年度工作总结”的演示文稿，切换到【幻灯片母版】视图，在【幻灯片母版】选项卡中单击【背景】组中的【背景样式】下拉按钮；❷在弹出的下拉列表中选择【设置背景格式】选项，如下图所示。

第 2 步 打开【设置背景格式】窗格，❶选中

【填充】栏中的【图片或纹理填充】单选按钮；❷单击【文件】按钮，如下图所示。

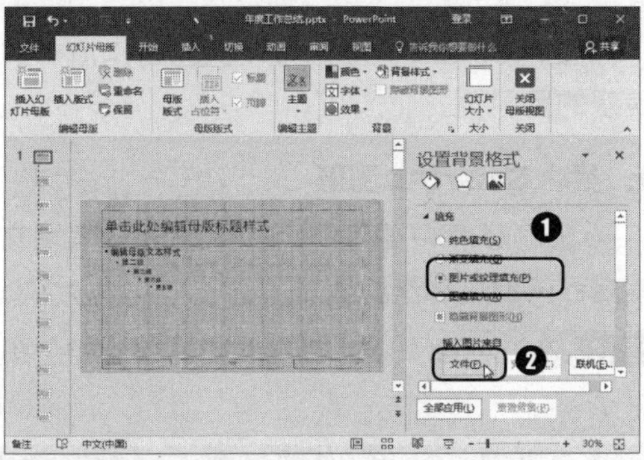

第 3 步 ❶打开【插入图片】对话框，选择“光盘文件\素材文件\第 10 章\背景.jpg”图片；❷单击【插入】按钮，如下图所示。

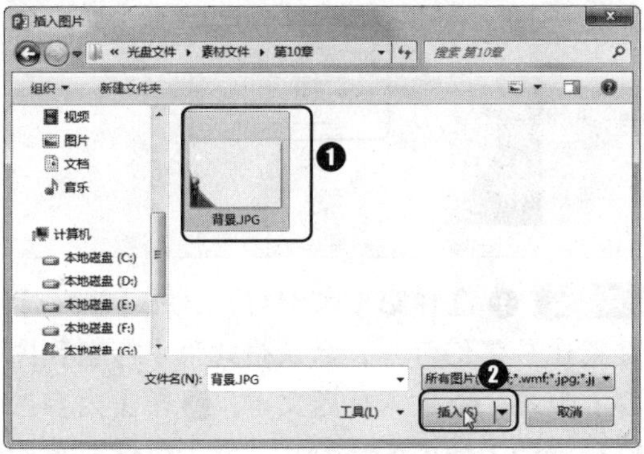

第 4 步 ❶返回【设置背景格式】窗格，单击【全部应用】按钮将背景应用到所有幻灯片母版中；❷单击【关闭】按钮 ×，关闭【设置背景格式】窗格，如下图所示。

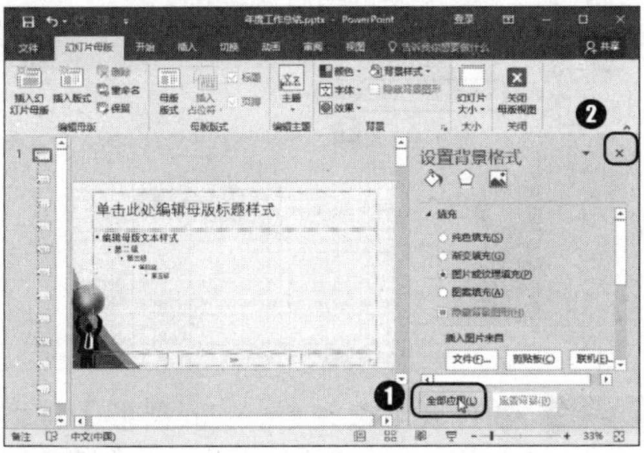

第 5 步 ❶选择第 2 张幻灯片母版；❷选择标题和副标题文本框，在【开始】选项卡的【字体】组中设置字体格式；❸使用【矩形】工具□在页面上方绘制如图所示的矩形，并设置形状样式，如下图所示。

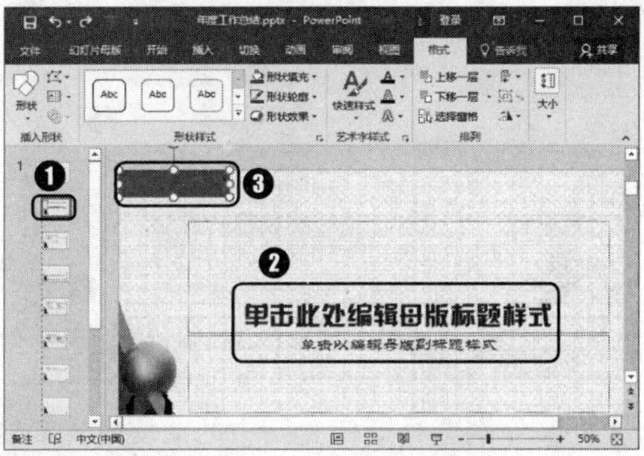

第 6 步 使用相同的方法绘制其他矩形，并分别设置矩形的形状样式，如下图所示。

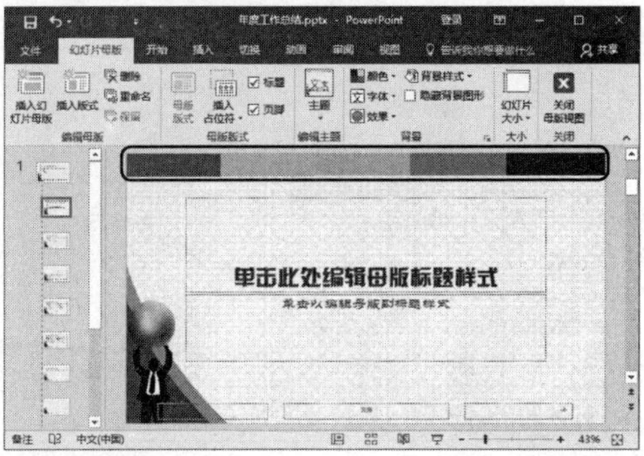

第 7 步 ❶选择第 3 张幻灯片母版；❷在标题文本框上右击；❸在弹出的快捷菜单中选择【设置形状格式】命令，如下图所示。

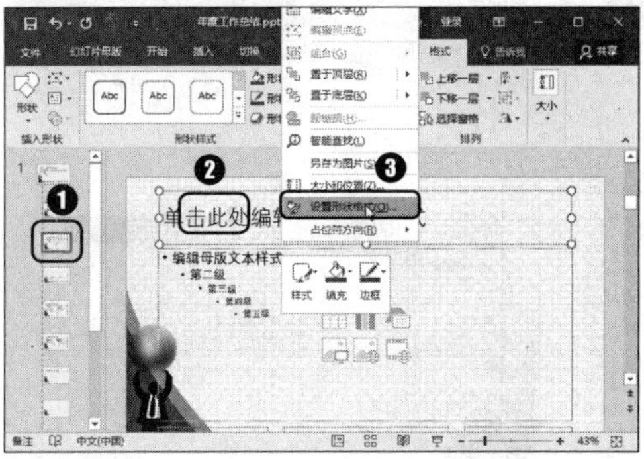

第 8 步 ❶打开【设置形状格式】窗格，在【填充】选项卡中选中【渐变填充】单选按钮；

❷在【方向】下拉列表中选择渐变方向，如下图所示。

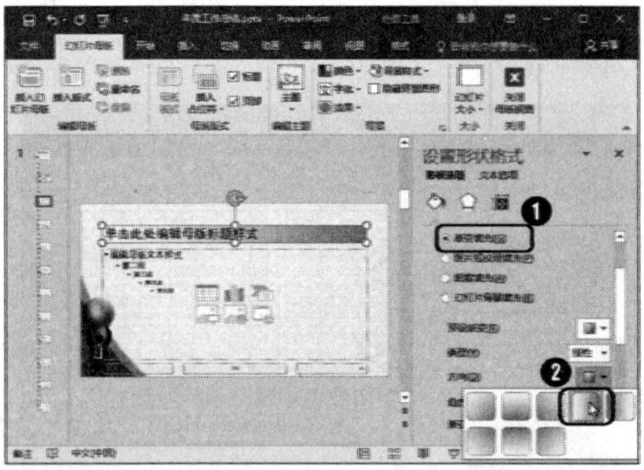

第 9 步 分别选择渐变光圈中的滑块设置渐变填充的颜色，如下图所示。

第 10 步 在【开始】选项卡的【字体】组中设置标题的字体格式，完成后关闭幻灯片母版视图即可，如下图所示。

10.3.2 插入SmartArt图形制作目录页

使用SmartArt图形可以快速制作出样式美观的目录页。

1. 插入SmartArt图形

在幻灯片中插入SmartArt图形并编辑文本内容的具体操作步骤如下。

第 1 步 在封面页输入标题和副标题，如下图所示。

第 2 步 ❶选择第 1 张幻灯片，按【Enter】键新建一张幻灯片，默认格式为【标题和内容】版式；❷输入标题文本；❸单击内容占位符中的【插入 SmartArt 图形】按钮，如下图所示。

第 3 步 ❶打开【选择 SmartArt 图形】对话框，选择【流程】→【连续块状流程】图形；❷单击【确定】按钮，如下图所示。

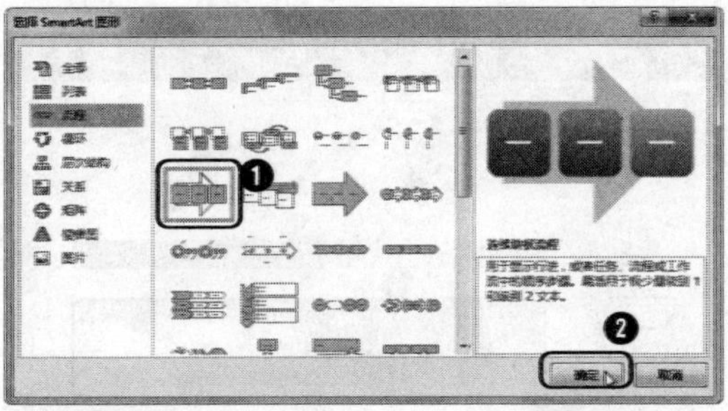

第 4 步 ❶选择其中的一个形状；❷连续单击【SmartArt 工具 / 设计】选项卡【创建图形】组中的【添加形状】按钮 4 次，添加 4 个形状，如下图所示。

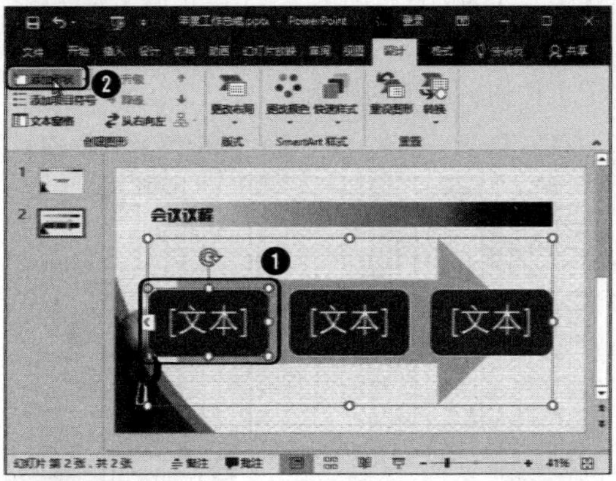

第 5 步 在 SmartArt 图形中添加文本内容，如下图所示。

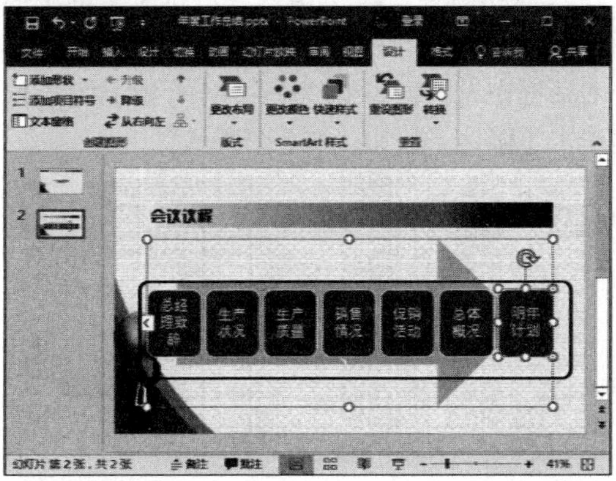

2. 美化SmartArt图形

SmartArt的文本内容编辑完成后，可以使用快速样式美化图形，具体操作步骤如下。

第 1 步 ❶单击【SmartArt 工具 / 设计】选项卡【SmartArt 样式】组中的【更改颜色】下拉按钮；❷在弹出的下拉列表中选择合适的颜色，如下图所示。

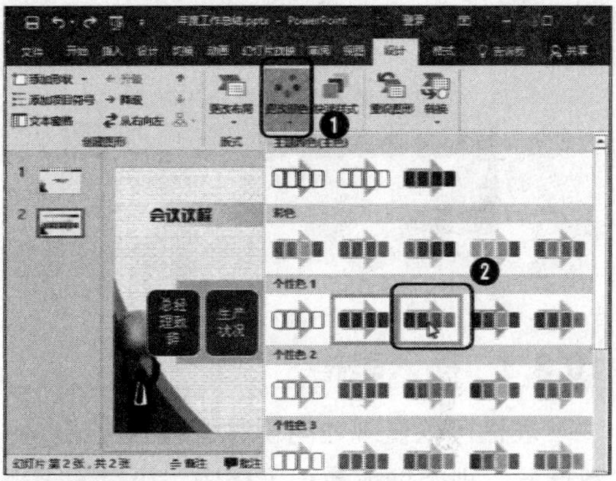

第 2 步 ❶单击【SmartArt 工具 / 设计】选项卡【SmartArt 样式】组中的【快速样式】下拉按钮；❷在弹出的下拉列表中选择合适的形状样式，如下图所示。

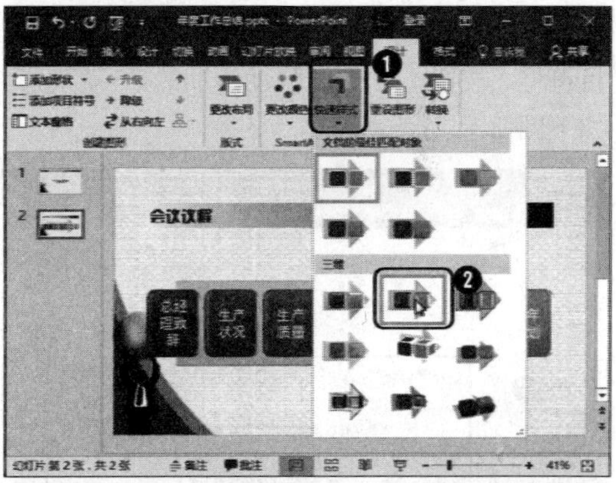

温馨提示

利用“SmartArt图形”可以很快地制作这种树型结构，若格式设置得当，能够做出非常专业的效果。但是利用“SmartArt图形”制作树型结构图时也有其局限性，那就是不能制作结构太复杂的图形，若层次结构过于复杂，建议使用“Microsoft Visio”软件进行绘制。

第 3 步 设置完成后的效果如下图所示。

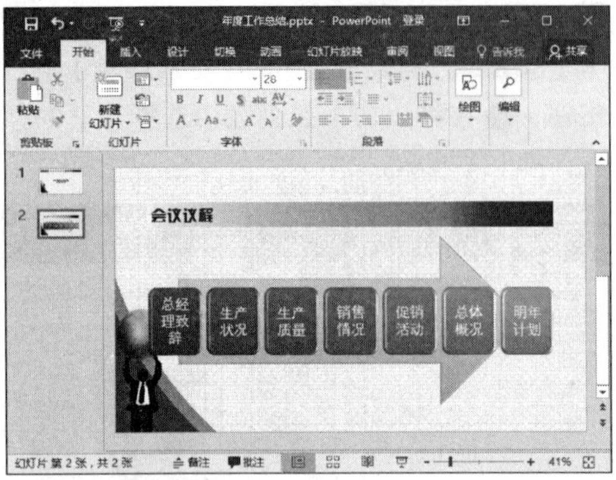

10.3.3 插入表格

表格可以直观地向观看者展示数据，将数据分门别类地放置在表格中，可以使表格数据一目了然，在工作总结中插入表格的具体操作步骤如下。

第 1 步 ❶新建一张【标题和内容】版式的幻灯片；❷在占位符中输入标题和内容；❸单击【开始】选项卡【段落】组中的【项目符号】按钮，取消自动添加的项目符号，如下图所示。

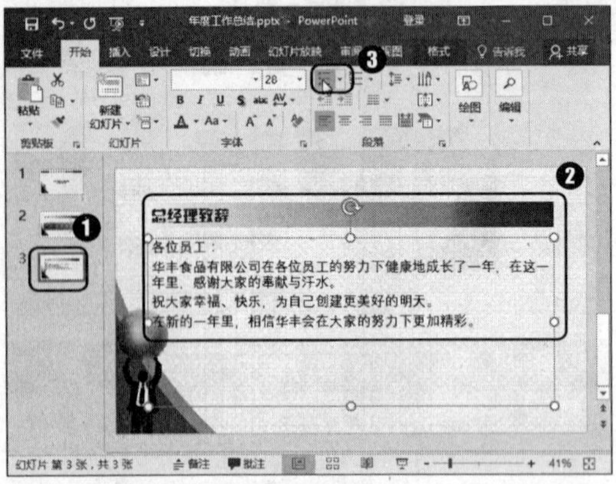

第 2 步 ❶选中内容文本中除第一行的其他文本；❷单击【开始】选项卡【段落】组中的对话框启动器，如下图所示。

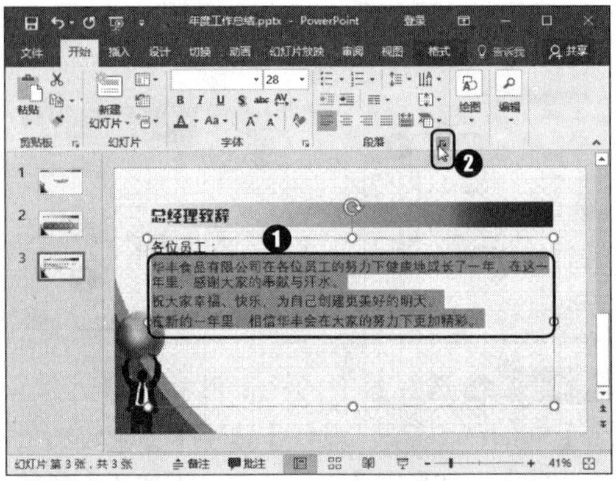

第 3 步 ❶打开【段落】对话框，设置【特殊格式】为【首行缩进】，【度量值】为默认；❷设置【行距】为【1.5 倍行距】；❸单击【确定】按钮，如下图所示。

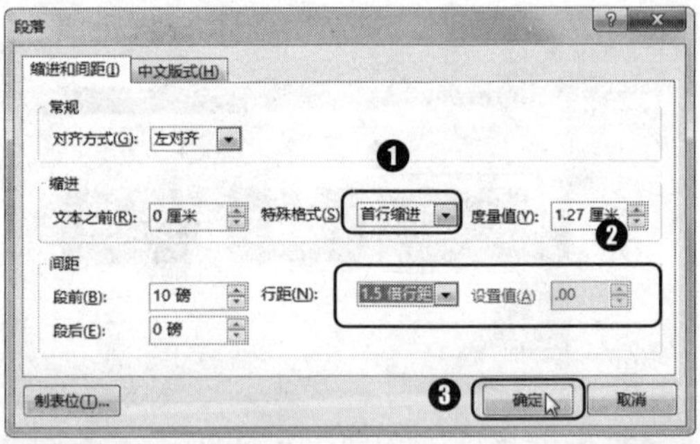

第 4 步 ❶新建一张【仅标题】版式的幻灯片，输入标题内容；❷单击内容占位符中的【插入表格】按钮；❸在弹出的【插入表格】对话框中设置【列数】为【4】,【行数】为【5】；单击【确定】按钮，如下图所示。

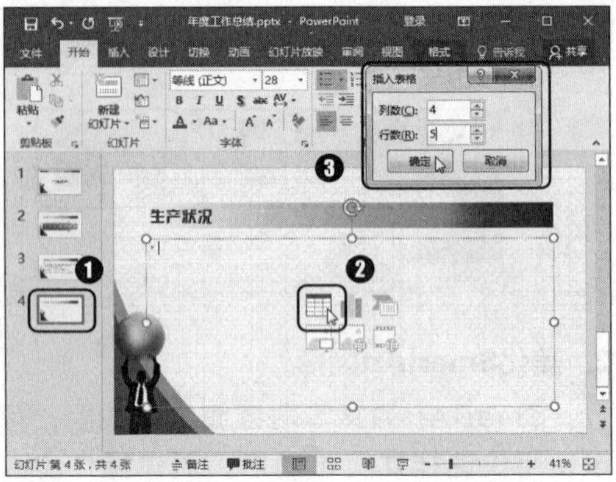

第 5 步 在表格中输入数据，如下图所示。

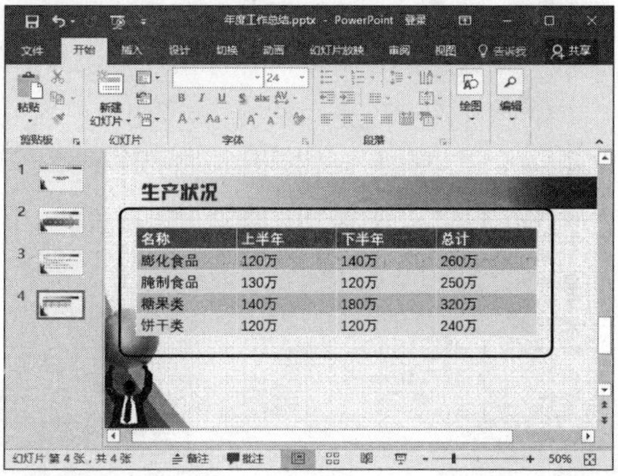

第 6 步 拖动表格四周的控制点，调整表格的大小，如下图所示。

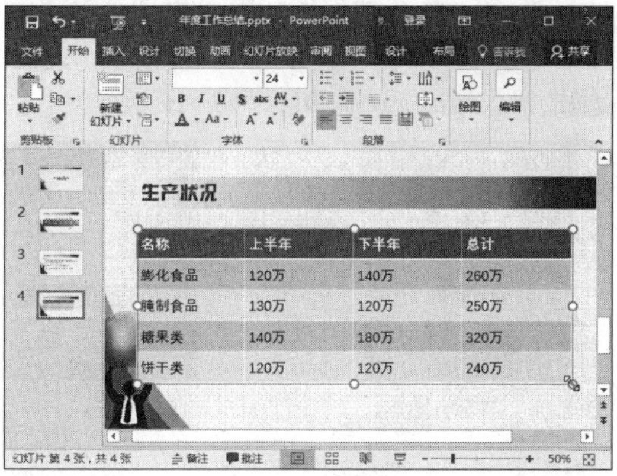

第 7 步 在【开始】选项卡的【字体】组中分别设置第 1 行和第 2~5 行的字体格式，如下图所示。

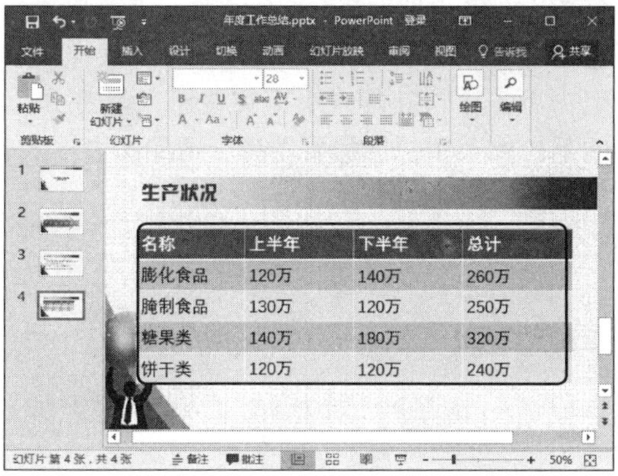

第 8 步 ❶ 选择所有表格内容；❷ 单击【表格工具 / 布局】选项卡【对齐方式】组中的【居中】按钮 ☰ 和垂直居中按钮⊟，如下图所示。

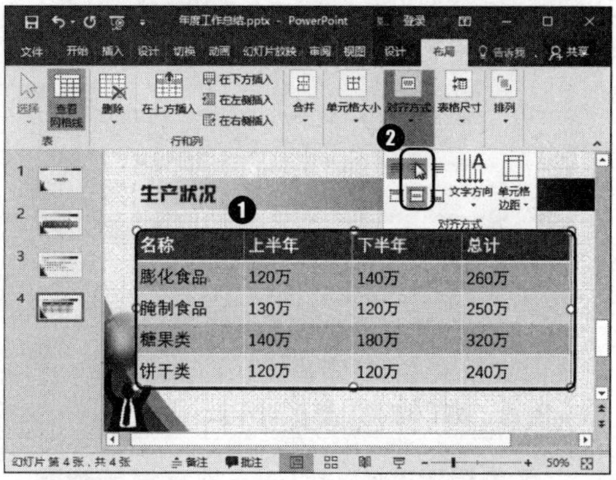

第 9 步 ❶ 在【表格工具 / 布局】选项卡的【排列】组中单击【对齐】下拉按钮；❷ 在弹出的下拉列表中选择【水平居中】选项，如下图所示。

温馨提示

为表格设置了棱台样式之后，表格看起来会更加立体。

第 10 步 ❶ 在【表格工具 / 设计】选项卡的【表格样式】组中单击【效果】下拉按钮；❷ 在弹出的下拉列表中选择【单元格凹凸效果】选项；❸ 在弹出的级联菜单中选择一种棱台样式，如下图所示。

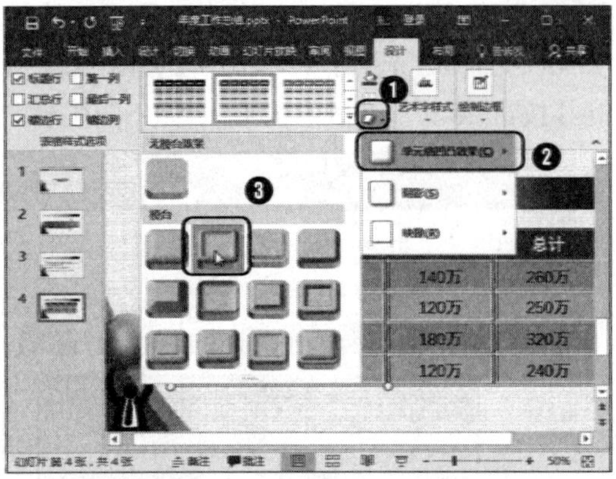

10.3.4 制作图表幻灯片

图表是以数据对比的方式来显示数据，可以清晰地体现出数据之间的关系，对于抽象的表格数据来说，图表显示更加直观。制作图表的具体操作步骤如下。

第 1 步 ❶新建一张【标题和内容】版式的幻灯片，在标题文本框中输入标题文本；❷单击内容占位符中的【插入图表】按钮，如下图所示。

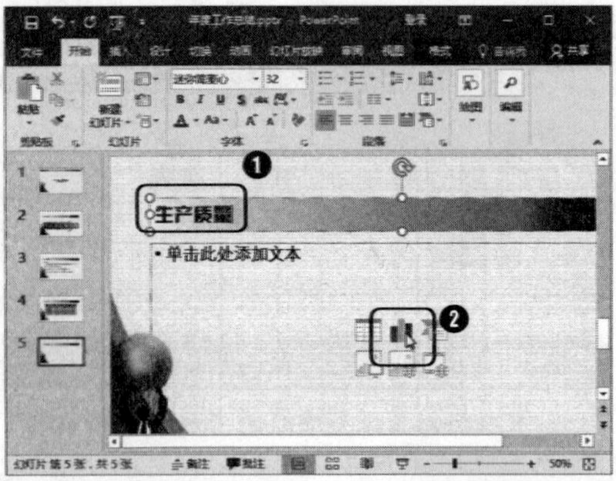

第 2 步 ❶打开【插入图表】对话框，选择图表类型；❷单击【确定】按钮，如下图所示。

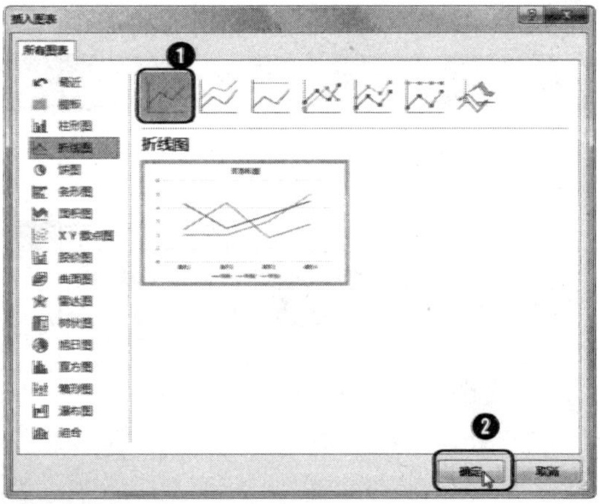

第 3 步 ❶系统自动启动 Excel 2016，在单元格中输入数据；❷选中不需要的单元格区域并右击；❸在弹出的快捷菜单中选择【删除】→【表列】命令；❹完成后单击【关闭】按钮，退出 Excel 2016，如下图所示。

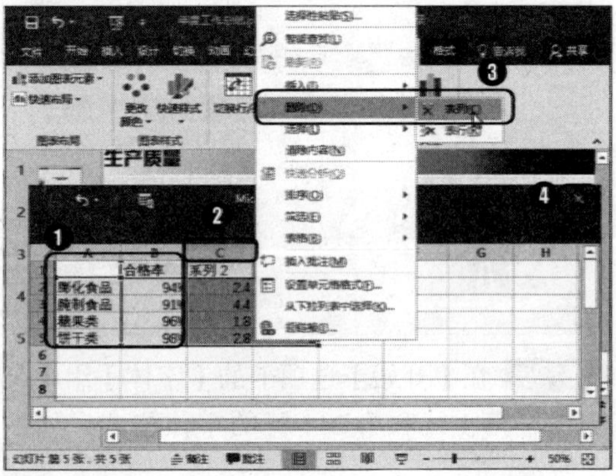

第 4 步 ❶返回幻灯片编辑页面，选择图表；❷在【图表工具 / 设计】选项卡【图表样式】组中单击【快速样式】下拉按钮；❸在弹出的下拉列表中根据需要选择合适的图表样式，如下图所示。

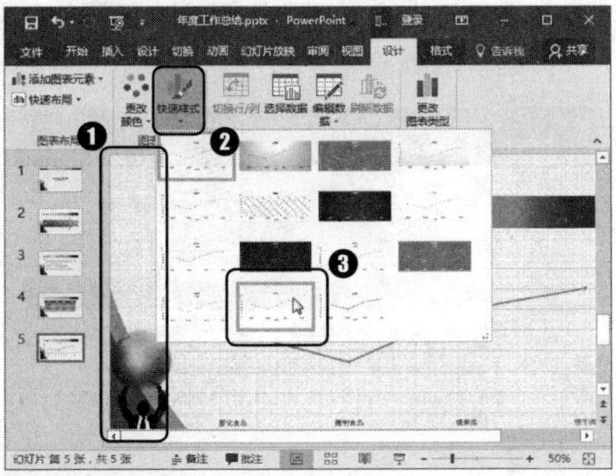

第 5 步 ❶ 在【图表工具 / 设计】选项卡【图表样式】组中单击【更改颜色】下拉按钮；❷ 在弹出的下拉列表中根据需要选择合适的颜色样式，如下图所示。

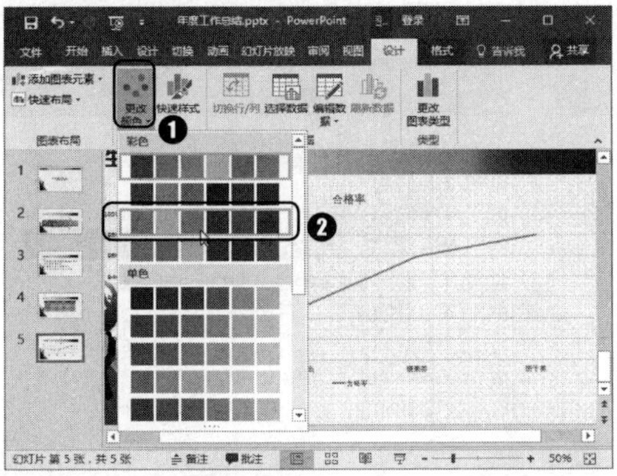

第 6 步 ❶ 在【图表工具 / 设计】选项卡【图表布局】组中单击【快速布局】下拉按钮；❷ 在弹出的下拉列表中选择一种图表布局，如下图所示。

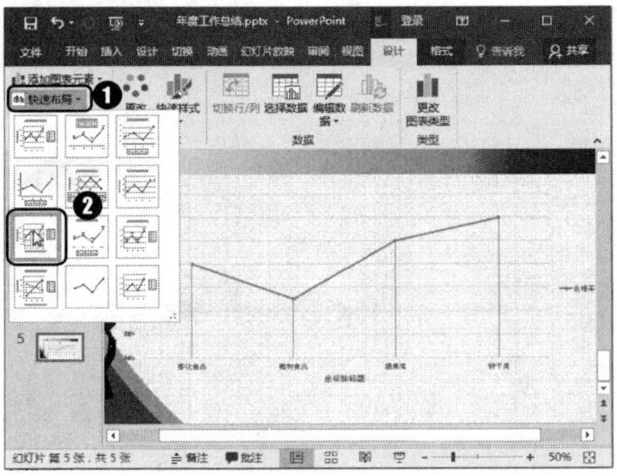

温馨提示

在美化图表时，要根据实际情况，设置得简洁、美观、大方就可以了，切忌过度追求完美，否则会耗费过多精力与时间。

第 7 步 ❶ 在【图表工具 / 设计】选项卡【图表布局】组中单击【添加图表元素】下拉按钮；❷ 在弹出的下拉列表中依次选择【数据标签】→【上方】选项，如下图所示。

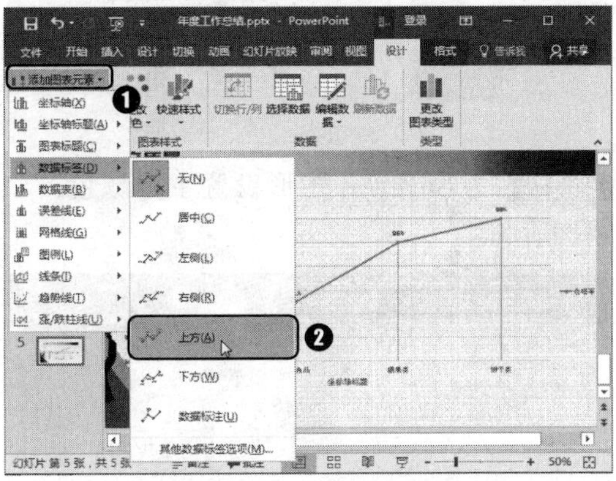

10.3.5 制作其他幻灯片和结束页

幻灯片完成文档内容制作后，还需要为文档设置封底效果。封底和封面的效果在设计上应该是和谐统一的，本例的封底效果也比较简单，具体操作步骤如下。

第 1 步 使用前文所学的方法新建一张幻灯片，并制作“销售情况”表格，如下图所示。

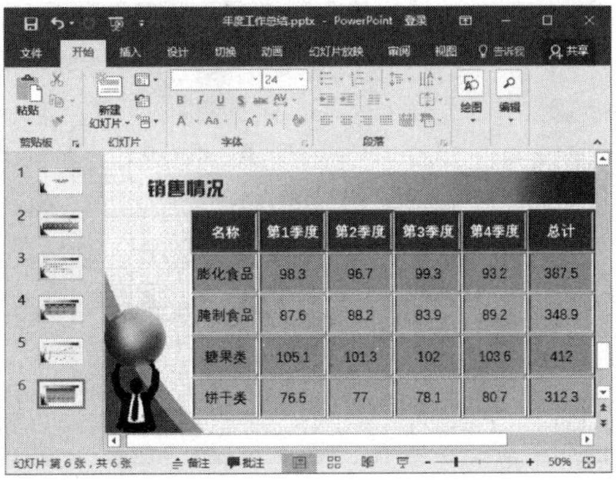

第 2 步 新建幻灯片，插入 SmartArt 图形并设置快速样式，如下图所示。

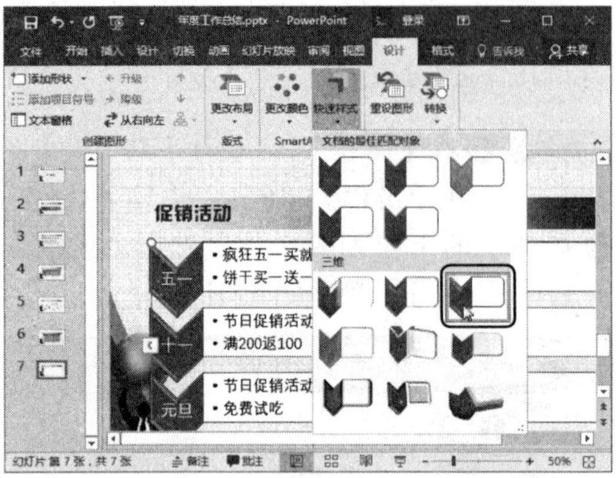

第 3 步 为 SmartArt 图形设置主题颜色，如下图所示。

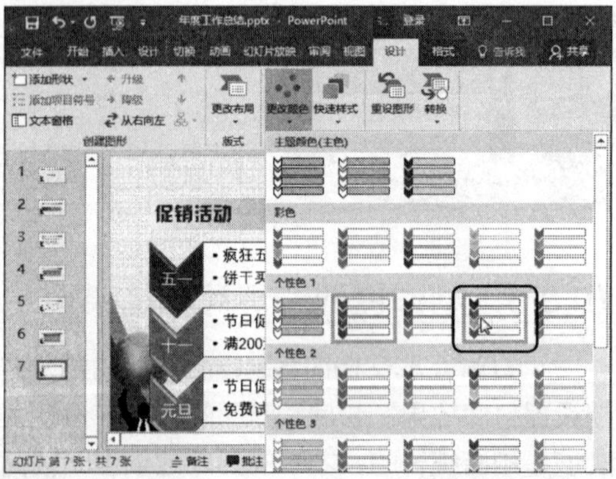

第 4 步 在【SmartArt 工具 / 格式】选项卡的【艺术字样式】组中设置艺术字样式，如下图所示。

第 5 步 新建一张【标题和内容】版式的幻灯片，在占位符中输入“总体概况”标题和内容文本，如下图所示。

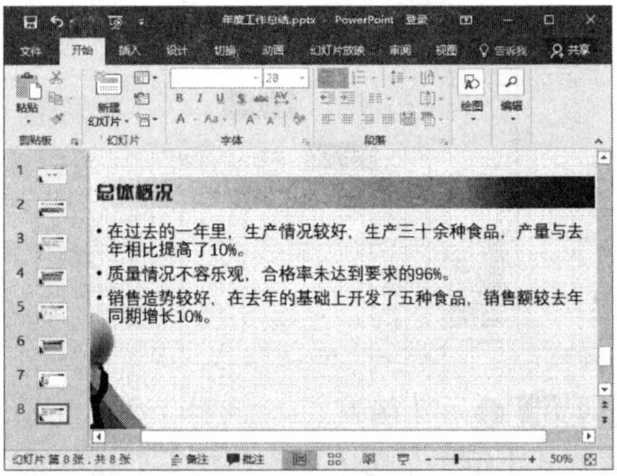

第 6 步 新建一张【标题和内容】版式的幻灯片，在占位符中输入“明年计划”标题和内容文本，如下图所示。

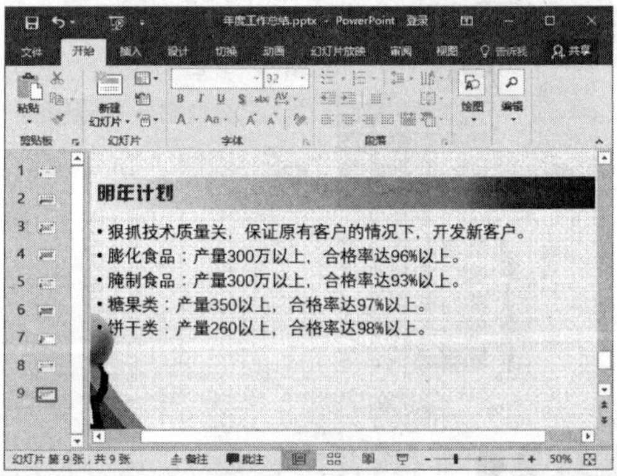

第 7 步 新建一张【标题幻灯片】版式的幻灯片，在占位符中输入结束页的内容，如下图所示。

10.3.6 设置切换和播放效果

一个好的演示文稿，除了有丰富的文本内容外，还要有合理的排版设计、鲜明的色彩搭配，以及得体的动画效果。在演示文稿制作完成后，使用动画效果为演示文稿中的对象赋予更丰富的视觉效果，使其更具吸引力，具体操作步骤如下。

第 1 步 ❶单击【切换】选项卡【切换到此幻灯片】组中的【切换效果】下拉按钮；❷在弹出的下拉列表中选择一种切换效果，如下图所示。

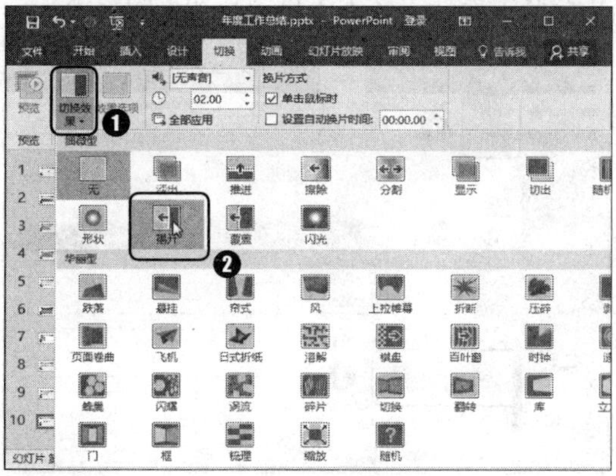

第 2 步 ❶单击【切换】选项卡【切换到此幻灯片】组中的【效果选项】下拉按钮；❷在弹出的下拉列表中选择切换效果的方向，如下图所示。

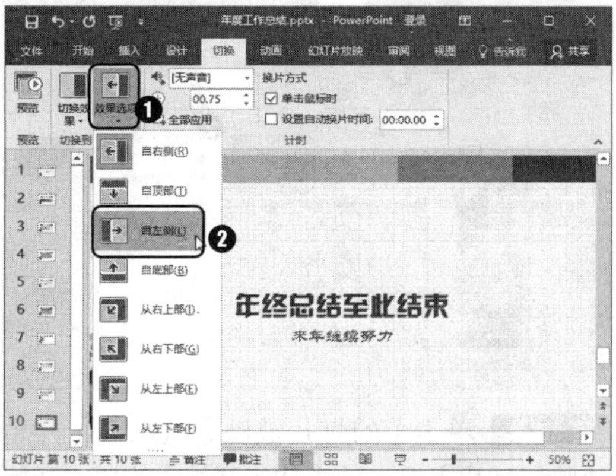

第 3 步 ❶在【切换】选项卡【计时】组中的【声音】下拉列表中选择切换时的声音；❷单击【全部应用】按钮，如下图所示。

第 4 步 ❶选择第 2 张幻灯片，选中 SmartArt 图形；❷单击【动画】选项卡【动画】组中的【动画样式】下拉按钮；❸在弹出的下拉列表中选择【更多进入效果】选项，如下图所示。

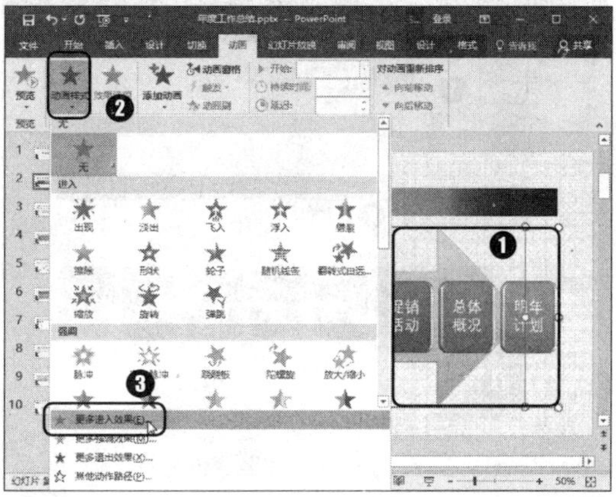

第 5 步 打开【更改进入效果】对话框，❶在列表框中选择动画效果；❷单击【确定】按钮，如下图所示。

第 6 步 ❶单击【动画】选项卡【动画】组中的【效果选项】下拉按钮；❷在弹出的下拉列表中选择【逐个】选项，如下图所示。

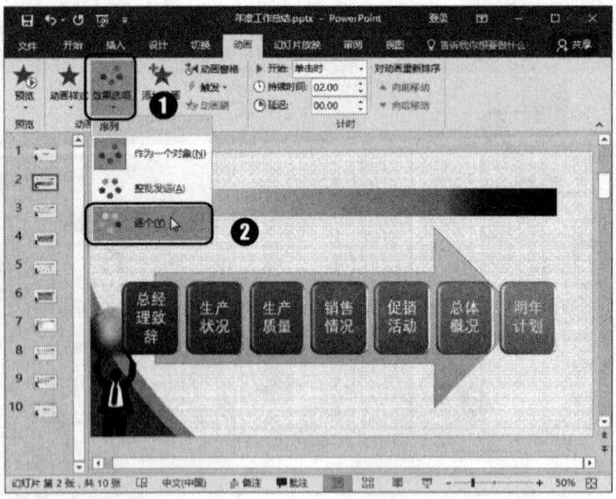

第 7 步 ❶选择第 7 张幻灯片中的 SmartArt 图形；❷单击【动画】选项卡【动画】组中的【动画样式】下拉按钮；❸在弹出的下拉列表中选择一种进入动画样式，如下图所示。

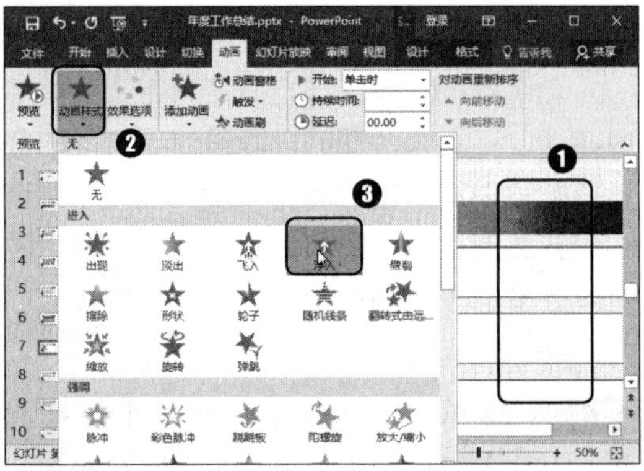

第 8 步 ❶单击【动画】选项卡【动画】组中的【效果选项】下拉按钮；❷在弹出的下拉列表中选择【逐个】选项，如下图所示。

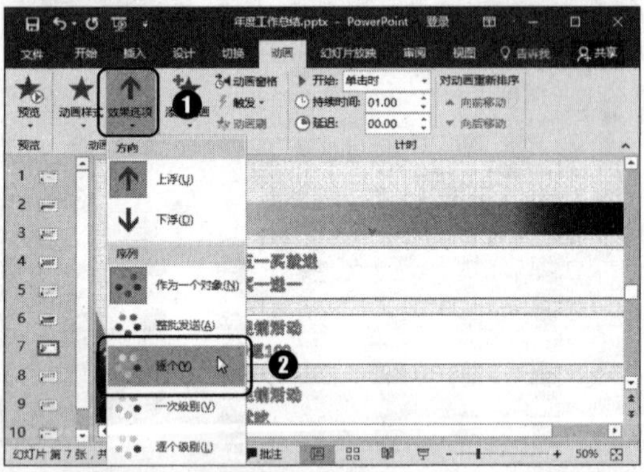

第 9 步 ❶单击【动画】选项卡【高级动画】组中的【添加动画】下拉按钮；❷在弹出的下拉列表中选择一种退出样式，如下图所示。

第 10 步 单击【幻灯片放映】选项卡【开始放映幻灯片】组中的【从头开始】按钮，开始

放映幻灯片，如下图所示。

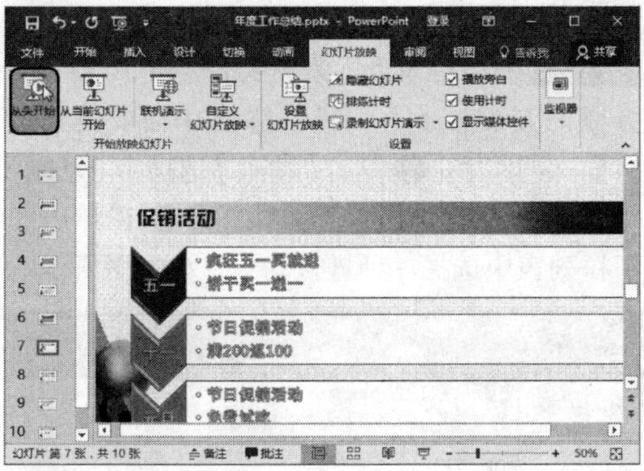

大神支招

通过前面知识的学习，相信读者已经掌握了在市场营销和销售管理工作中制作工作总结与报告相关文档的操作方法。下面结合本章内容，介绍一些工作中的实用经验与技巧。

01 使用组合图表

视频文件：光盘\视频文件\第10章\01.mp4

在创建图表时，用户可以使用单一类型的图形，也可以使用多个图形组合。例如在“光盘\素材文件\第10章\办公开支记录.docx”文件中，需要将办事员预支系列的数据用其他图形显示，具体操作步骤如下。

第1步 打开“光盘\素材文件\第10章\办公开支记录.docx”文件，❶选中图表；❷单击【图表工具/设计】选项卡【类型】组中的【更改图表类型】按钮，如下图所示。

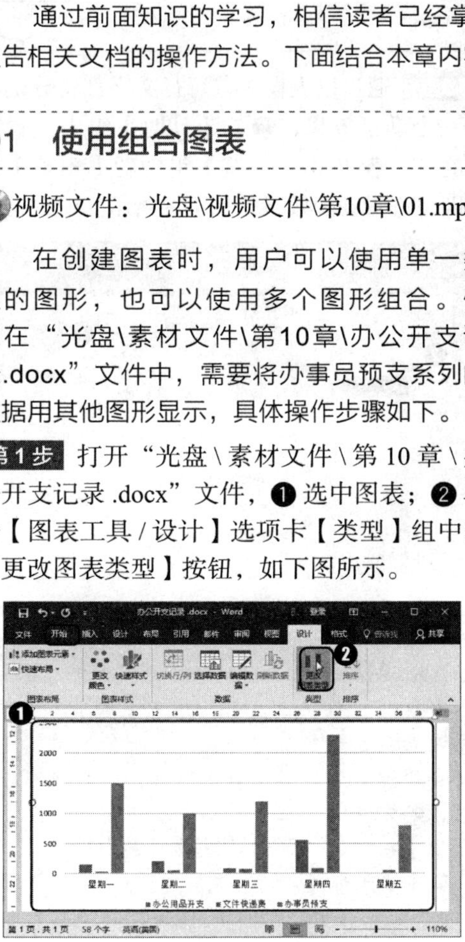

第2步 ❶打开【更改图表类型】对话框，切换到【组合】选项卡；❷在【为您的数据系列选择图表类型和轴】列表框中分别设置图表类型；❸单击【确定】按钮，如下图所示。

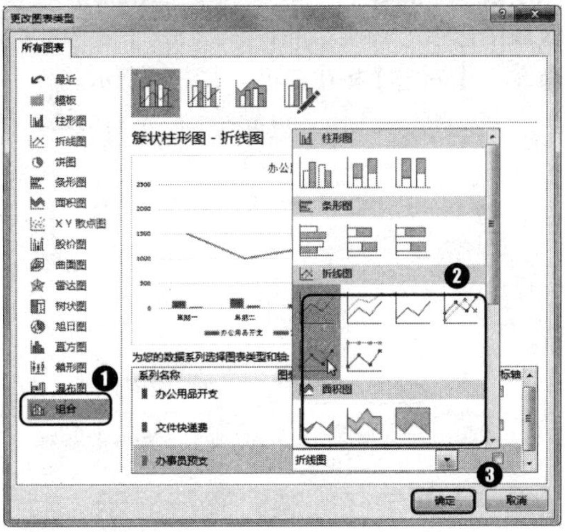

第3步 返回文档，即可看到图表已经以多种图形显示，如下图所示。

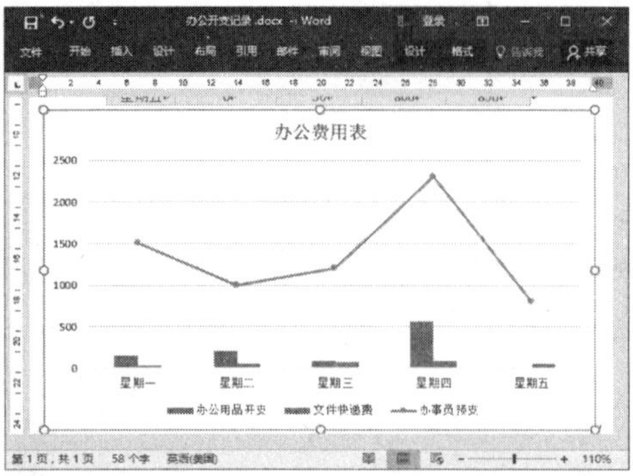

02 使 Excel 不输入等号（=）也能计算

视频文件：光盘\视频文件\第10章\02.mp4

在日常工作中，因为Excel强大的运算功能，很多人都喜欢将Excel当作计算器来使用。而在使用Excel计算时，一般情况下需要先输入等号（=）才能开始计算。为了提高工作效率，也可以设置Excel不输入等号也能计算。使Excel 不输入等号（=）也能计算的具体操作步骤如下。

❶【Excel 选项】对话框，切换到【高级】选项卡；❷在【Lotus 兼容性设置】选项区域中选中【转换 Lotus1-2-3 公式】复选框；❸单击【确定】按钮即可，如下图所示。

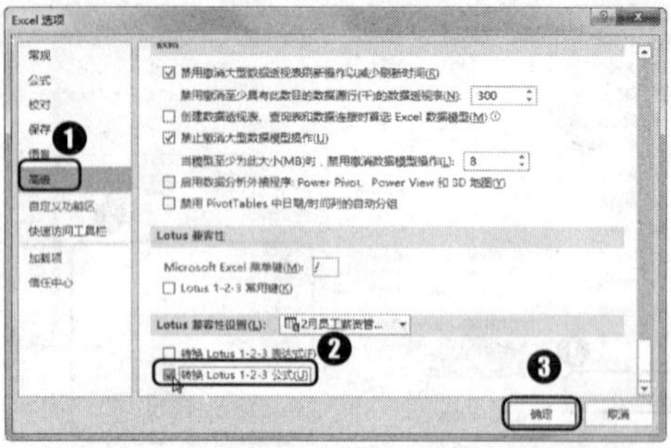

03 让文字在放映时逐行显示

视频文件：光盘\视频文件\第10章\03.mp4

在放映演示文稿时，为了方便讲解，可以让幻灯片中的文字逐行显示，具体操作步骤如下。

第 1 步 打开“光盘\素材文件\第 10 章\商务咨询方案 .pptx”文件，❶选中需要设置逐行显示的文字；❷单击【动画】选项卡【动画】组中的【动画样式】下拉按钮；❸在弹出的下拉列表中选择一种进入动画，如下图所示。

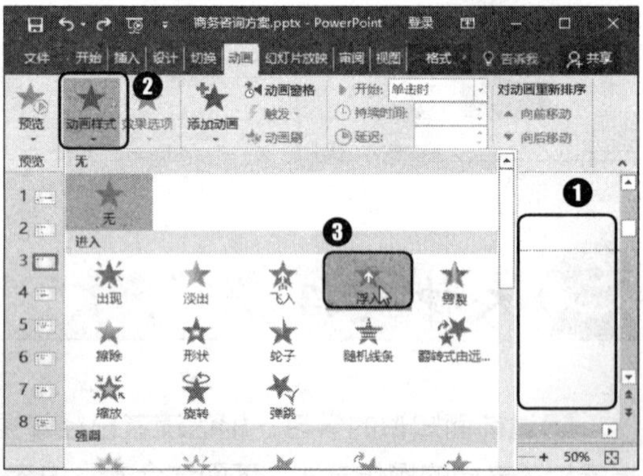

第 2 步 通过以上设置，每行文字都将分别添加一个动画效果，❶在【计时】组中设置持续时间；❷单击【预览】组中的【预览】按钮即可查看动画效果，如下图所示。

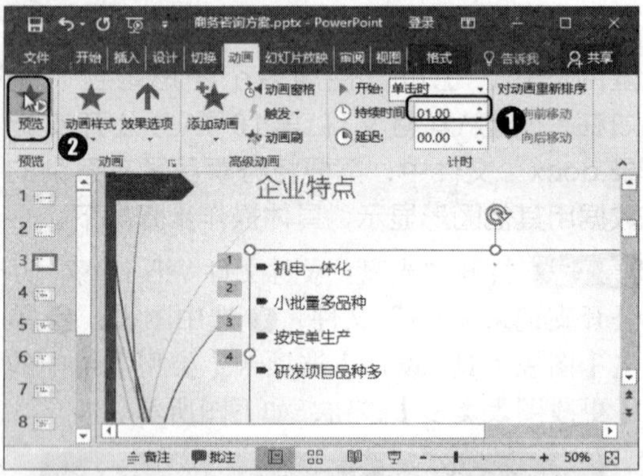

温馨提示

在PowerPoint 2016中选中文本框添加动画效果后，文本框内的段落（一行的段落）便会逐行显示，若没有逐行显示，可进行设置，其方法为：在【动画】组中单击【效果选项】按钮，在弹出的下拉列表中选择【按段落】选项即可。

附录A Word、Excel、PPT 十大必备快捷键

一、Word 十大必备快捷操作

为了提高工作效率，在用Word制作办公文档的过程中，用户可通过使用快捷键来完成各种操作。以下所有快捷键适用于Word 2003、Word 2007、Word 2010、Word 2013、Word 2016等版本。

1. Word文档基本操作快捷键

快捷键	作用	快捷键	作用
Ctrl+N	创建空白文档	Ctrl+O	打开文档
Ctrl+W	关闭文档	Ctrl+S	保存文档
F12	打开【另存为】对话框	Ctrl+F12	打开【打开】对话框
Ctrl+Shift+F12	选择【打印】命令	F1	打开Word帮助
Ctrl+P	打印文档	Alt+Ctrl+I	切换到打印预览
Esc	取消当前操作	Ctrl+Z	取消上一步操作
Ctrl+Y	恢复或重复操作	Delete	删除所选对象
Ctrl+F10	将文档窗口最大化	Alt+F5	还原窗口大小

2. 复制、移动和选择快捷键

快捷键	作用	快捷键	作用
Ctrl+C	复制文本或对象	Ctrl+V	粘贴文本或对象
Alt+Ctrl+V	选择性粘贴	Ctrl+F3	剪切至【图文场】
Ctrl+X	剪切文本或对象	Ctrl +Shift+C	格式复制
Ctrl +Shift+V	格式粘贴	Ctrl+Shift+F3	粘贴【图文场】的内容
Ctrl+A	全选对象		

3. 查找、替换和浏览快捷键

快捷键	作用	快捷键	作用
Ctrl+F	打开【查找】导航窗格	Ctrl+H	替换文字、特定格式和特殊项
Alt+Ctrl+Y	重复查找（在关闭【查找和替换】对话框之后）	Ctrl+G	定位至页、书签、脚注、注释、图形或其他位置
Shift+F4	重复【查找】或【定位】操作		

4. 字体格式设置快捷键

快捷键	作用	快捷键	作用
Ctrl+Shift+F	打开【字体】对话框更改字体	Ctrl+Shift+>	将字号增大一个值
Ctrl+Shift+<	将字号减小一个值	Ctrl+]	逐磅增大字号
Ctrl+[	逐磅减小字号	Ctrl+B	应用加粗格式
Ctrl+U	应用下画线	Ctrl+Shift+D	给文字添加双下画线
Ctrl+I	应用倾斜格式	Ctrl+D	打开【字体】对话框更改字符格式
Ctrl+Shift++	应用上标格式	Ctrl+=	应用下标格式
Shift+F3	切换字母大小写	Ctrl+Shift+A	将所选字母设为大写
Ctrl+Shift+H	应用隐藏格式		

5. 段落格式设置快捷键

快捷键	作用	快捷键	作用
Enter	分段	Ctrl+L	使段落左对齐
Ctrl+E	使段落居中对齐	Ctrl+R	使段落右对齐
Ctrl+J	使段落两端对齐	Ctrl+Shift+J	使段落分散对齐
Ctrl+T	创建悬挂缩进	Ctrl+Shift+T	减小悬挂缩进量
Ctrl+M	左侧段落缩进	Ctrl+Space	删除段落或字符格式
Ctrl+1	单倍行距	Ctrl+2	双倍行距
Ctrl+5	1.5 倍行距	Ctrl+0	添加或删除一行间距

6. 特殊字符插入快捷键

快捷键	作用	快捷键	作用
Ctrl+F9	域	Shift+Enter	换行符
Ctrl+Enter	分页符	Ctrl+Shift+Enter	分栏符
Alt+Ctrl+-（减号）	长破折号	Ctrl+-（减号）	短破折号
Ctrl+Shift+Space	不间断空格	Alt+Ctrl+C	版权符号
Alt+Ctrl+R	注册商标符号	Alt+Ctrl+T	商标符号
Alt+Ctrl+。(句号)	省略号		

7. 应用样式的快捷键

快捷键	作用	快捷键	作用
Ctrl+Shift+S	打开【应用样式】任务窗格	Alt+Ctrl+shift+S	打开【样式】任务窗格
Alt+Ctrl+K	启动【自动套用格式】	Ctrl+Shift+N	应用【正文】样式
Alt+Ctrl+1	应用【标题 1】样式	Alt+Ctrl+2	应用【标题 2】样式
Alt+Ctrl+3	应用【标题 3】样式		

8. 在大纲视图中操作的快捷键

快捷键	作用	快捷键	作用
Alt+Shift+←	提升段落级别	Alt+Shift+→	降低段落级别
Alt+Shift+N	降级为正文	Alt+Shift+↑	上移所选段落
Alt+Shift+↓	下移所选段落	Alt+Shift++	扩展标题下的文本
Alt+Shift+–	折叠标题下的文本	Alt+Shift+A	扩展或折叠所有文本或标题
Alt+Shift+L	只显示首行正文或显示全部正文	Alt+Shift+1	显示所有具有【标题1】样式的标题
Ctrl+Tab	插入制表符		

9. 审阅和修订快捷键

快捷键	作用	快捷键	作用
F7	拼写检查文档内容	Ctrl+Shift+G	打开【字数统计】对话框
Alt+Ctrl+M	插入批注	Home	定位至批注开始
End	定位至批注结尾	Ctrl+Home	定位至一组批注的起始处
Ctrl+ End	定位至一组批注的结尾处	Ctrl+Shift+G	修订
Ctrl+Shift+E	打开或关闭修订	Alt+Shift+C	如果【审阅窗格】打开，则将其关闭

10. 邮件合并快捷键

快捷键	作用	快捷键	作用
Alt+Shift+K	预览邮件合并	Alt+Shift+N	合并文档
Alt+Shift+M	打印已合并的文档	Alt+Shift+E	编辑邮件合并数据文档
Alt+Shift+F	插入邮件合并域		

二、Excel十大必备快捷操作

以下是Excel常用快捷键，适用于Excel 2003、Excel 2007、Excel 2010、Excel 2013、Excel 2016等各个版本。

1. 操作工作表的快捷键

快捷键	作用	快捷键	作用
Shift+F11或Alt+Shift+F11	插入新工作表	Ctrl+PageDown	移动到工作簿中的下一张工作表
Ctrl+PageUp	移动到工作簿中的上一张工作表	Shift+Ctrl+PageDown	选定当前工作表和下一张工作表

续表

快捷键	作用	快捷键	作用
Shift+Ctrl+PageUp	选定当前工作表和上一张工作表	Alt+O+H+R	对当前工作表重命名
Alt+E+M	移动或复制当前工作表	Alt+E+L	删除当前工作表

2. 选择单元格、行或列的快捷键

快捷键	作用	快捷键	作用
Ctrl+Space	选定整列	Shift+Space	选定整行
Ctrl+A	选择工作表中的所有单元格	Shift+Backspace	在选定了多个单元格的情况下，只选定活动单元格
Ctrl+Shift+*（星号）	选定活动单元格周围的当前区域	Ctrl+/	选定包含活动单元格的数组
Ctrl+Shift+O	选定含有批注的所有单元格	Alt+;	选取当前选定区域中的可见单元格

3. 单元格插入、复制和粘贴操作快捷键

快捷键	作用	快捷键	作用
Ctrl+Shift+ +	插入空白单元格	Ctrl+−	删除选定的单元格
Delete	清除选定单元格的内容	Ctrl+Shift+=	插入单元格
Ctrl+X	剪切选定的单元格	Ctrl+V	粘贴复制的单元格
Ctrl+C	复制选定的单元格		

4. 通过【边框】对话框设置边框的快捷键

快捷键	作用	快捷键	作用
Alt+T	应用或取消上框线	Alt+B	应用或取消下框线
Alt+L	应用或取消左框线	Alt+R	应用或取消右框线
Alt+H	如果选定了多行中的单元格，则应用或取消水平分隔线	Alt+V	如果选定了多列中的单元格，则应用或取消垂直分隔线
Alt+D	应用或取消下对角框线	Alt+U	应用或取消上对角框线

5. 数字格式设置快捷键

快捷键	作用	快捷键	作用
Ctrl+1	打开【设置单元格格式】对话框	Ctrl+Shift+~	应用【常规】数字格式
Ctrl+Shift+$	应用带有两个小数位的【货币】格式（负数放在括号中）	Ctrl+Shift+%	应用不带小数位的【百分比】格式
Ctrl+Shift+∧	应用带两位小数位的【科学记数】数字格式	Ctrl+Shift+#	应用含有年、月、日的【日期】格式
Ctrl+Shift+@	应用含小时和分钟并标明上午（AM）或下午（PM）的【时间】格式	Ctrl+Shift+!	应用带两位小数位、使用千位分隔符且负数用负号(−)表示的【数字】格式

6. 输入并计算公式的快捷键

快捷键	作用	快捷键	作用
=	输入公式	F2	关闭单元格的编辑状态后，将插入点移动到编辑栏内
Enter	在单元格或编辑栏中完成单元格输入	Ctrl+Shift+Enter	将公式作为数组公式输入
Shift+F3	在公式中，打开【插入函数】对话框	Ctrl+A	当插入点位于公式中公式名称的右侧时，打开【函数参数】对话框
Ctrl+Shift+A	当插入点位于公式中函数名称的右侧时，插入参数名和括号	F3	将定义的名称粘贴到公式中
Alt+=	用SUM函数插入【自动求和】公式	Ctrl+'	将活动单元格上方单元格中的公式复制到当前单元格或编辑栏中
Ctrl+`（重音符）	在显示单元格值和显示公式之间切换	F9	计算所有打开的工作簿中的所有工作表
Shift+F9	计算活动工作表	Ctrl+Alt+Shift+F9	重新检查公式，计算打开的工作簿中的所有单元格，包括未标记而需要计算的单元格

7. 输入与编辑数据的快捷键

快捷键	作用	快捷键	作用
Ctrl+;	输入日期	Ctrl+Shift+:（冒号）	输入时间
Ctrl+D	向下填充	Ctrl+R	向右填充
Ctrl+K	插入超链接	Ctrl+F3	定义名称
Alt+Enter	在单元格中换行	Ctrl+Delete	删除插入点到行末的文本

8. 创建图表和选定图表元素的快捷键

快捷键	作用	快捷键	作用
F11 或 Alt+F1	创建当前区域中数据的图表	Shift+F10+V	移动图表
↑	选择图表中的上一组元素	↓	选择图表中的下一组元素
←	选择分组中的上一个元素	→	选择分组中的下一个元素
Ctrl + PageDown	选择工作簿中的下一张工作表	Ctrl +Page Up	选择工作簿中的上一个工作表

9. 筛选操作快捷键

快捷键	作用	快捷键	作用
Ctrl+Shift+L	添加筛选下拉箭头	Alt+↓	在包含下拉箭头的单元格中，显示当前列的【自动筛选】列表
↓	选择【自动筛选】列表中的下一项	↑	选择【自动筛选】列表中的上一项

续表

快捷键	作用	快捷键	作用
Alt+↑	关闭当前列的【自动筛选】列表	Home	选择【自动筛选】列表中的第一项（【全部】）
End	选择【自动筛选】列表中的最后一项	Enter	根据【自动筛选】列表中的选项筛选区域

10. 显示、隐藏和分级显示数据的快捷键

快捷键	作用	快捷键	作用
Alt+Shift+→	对行或列分组	Alt+Shift+←	取消行或列分组
Ctrl+8	显示或隐藏分级显示符号	Ctrl+9	隐藏选定的行
Ctrl+Shift+(	取消选定区域内的所有隐藏行的隐藏状态	Ctrl+0（零）	隐藏选定的列
Ctrl+Shift+)	取消选定区域内的所有隐藏列的隐藏状态		

三、PowerPoint 十大必备快捷操作

熟练掌握PowerPoint快捷键可以更快速地制作幻灯片，提高工作效率。下面的PowerPoint快捷键适用于PowerPoint 2003、PowerPoint 2007、PowerPoint 2010、PowerPoint 2013、PowerPoint 2016等版本。

1. 幻灯片操作快捷键

快捷键	作用	快捷键	作用
Enter或Ctrl+M	新建幻灯片	Delete	删除选择的幻灯片
Ctrl+D	复制选定的幻灯片	Shift+F10+H	隐藏或取消隐藏幻灯片
Shift+F10+A	新增幻灯片节	Shift+F10+S	发布幻灯片

2. 幻灯片编辑快捷键

快捷键	作用	快捷键	作用
Ctrl+T	在句子中，小写或大写之间更改字符格式	Shift+F3	更改字母大小写
Ctrl+B	应用粗体格式	Ctrl+U	应用下画线
Ctrl+I	应用斜体格式	Ctrl+=	应用上标格式
Ctrl+Shift++	应用下标格式	Ctrl+E	居中对齐段落
Ctrl+J	使段落两端对齐	Ctrl+L	使段落左对齐
Ctrl+R	使段落右对齐		

3. 在幻灯片文本或单元格中移动的快捷键

快捷键	作用	快捷键	作用
←	向左移动一个字符	→	向右移动一个字符
↑	向上移动一行	↓	向下移动一行
Ctrl+←	向左移动一个字词	Ctrl+→	向右移动一个字词

续表

快捷键	作用	快捷键	作用
End	移至行尾	Home	移至行首
Ctrl+↑	向上移动一个段落	Ctrl+↓	向下移动一个段落
Ctrl+End	移至文本框的末尾	Ctrl+Home	移至文本框的开头

4. 幻灯片对象排列的快捷键

快捷键	作用	快捷键	作用
Ctrl+G	组合选择的多个对象	Shift+F10+R+Enter	将选择的对象置于顶层
Shift+F10+F+Enter	将选择的对象上移一层	Shift+F10+K+Enter	将选择的对象置于底层
Shift+F10+B+Enter	将选择的对象下移一层	Shift+F10+S	将所选对象另存为图片

5. 调整SmartArt 图形中的形状的快捷键

快捷键	作用	快捷键	作用
Tab	选择SmartArt图形中的下一元素	Shift+ Tab	选择SmartArt图形中的上一元素
↑	向上微移所选的形状	↓	向下微移所选的形状
←	向左微移所选的形状	→	向右微移所选的形状
Enter或F2	编辑所选形状中的文字	Delete或Backpace	删除所选的形状
Ctrl+→	水平放大所选的形状	Ctrl+←	水平缩小所选的形状
Shift+↑	垂直放大所选的形状	Shift+↓	垂直缩小所选的形状
Alt+→	向右旋转所选的形状	Alt+←	向左旋转所选的形状

6. 显示辅助工具和功能区的快捷键

快捷键	作用	快捷键	作用
Ctrl+F1	折叠功能区	Shift+F9	显示/隐藏网格线
Alt+F9	显示/隐藏参考线	Alt+F10	显示选择窗格
Alt+F5	显示演示者视图	F10	显示功能区标签快捷键

7. 浏览 Web 演示文稿的快捷键

快捷键	作用	快捷键	作用
Tab	在 Web 演示文稿中的超链接、地址栏和链接栏之间进行正向切换	Shift+Tab	在 Web 演示文稿中的超链接、地址栏和链接栏之间进行反向切换
Enter	对所选的超链接执行【鼠标单击】操作	Space	转到下一张幻灯片

8. 多媒体操作快捷键

快捷键	作用	快捷键	作用
Alt+Q	停止媒体播放	Alt+P	在播放和暂停之间切换
Alt+End	转到下一个书签	Alt+Home	转到上一个书签
Alt+Up	提高声音音量	Alt+↓	降低声音音量
Alt+U	静音		

9. 幻灯片放映快捷键

快捷键	作用	快捷键	作用
F5	从头开始放映演示文稿	Shift + F5	从当前幻灯片开始放映
Ctrl+F5	联机演示演示文稿	Esc	结束演示文稿放映

10. 控制幻灯片放映的快捷键

快捷键	作用	快捷键	作用
N、Enter、Page Down、→、↓或Space	执行下一个动画或前进到下一张幻灯片	P、Page Up、←、↑或Space number+Enter	执行上一个动画或返回到上一张幻灯片 转到幻灯片 number
B 或。（句号）	显示空白的黑色幻灯片，或者从空白的黑色幻灯片返回到演示文稿	W 或，	显示空白的白色幻灯片，或者从空白的白色幻灯片返回到演示文稿
E	擦除屏幕上的注释	H	转到下一张隐藏的幻灯片
T	排练时设置新的排练时间	O	排练时使用原排练时间
M	排练时通过鼠标单击前进	R	重新记录幻灯片旁白和计时
A 或 =	显示或隐藏箭头指针	Ctrl+P	将指针更改为笔
Ctrl+A	将指针更改为箭头	Ctrl+E	将指针更改为橡皮擦
Ctrl+M	显示或隐藏墨迹标记	Ctrl+H	立即隐藏指针和【导航】按钮

附录 B 索引

一、Word 功能索引

1. 文档设置与编辑操作

文档的操作与格式设置

添加页眉和页脚

页面设置